O maior revolucionário das Américas

Sudhir Hazareesingh

O maior revolucionário das Américas

A vida épica de Toussaint Louverture

Tradução:
Berilo Vargas

Copyright © 2020 by Sudhir Hazareesingh

Publicado originalmente em inglês pela Penguin Books Ltd., em Londres.
O autor assegura seus direitos morais. Todos os direitos reservados.

*Grafia atualizada segundo o Acordo Ortográfico da Língua Portuguesa de 1990,
que entrou em vigor no Brasil em 2009.*

Título original
Black Spartacus: The Epic Life of Toussaint Louverture

Capa
Vinicius Theodoro

Foto de capa
Toussaint l'Ouverture, Haiti, de William H. Johnson, 1945. Óleo sobre papel.
Smithsonian American Art Museum, Washington, DC / Art Resource, NY.

Preparação
Diogo Henriques

Índice remissivo
Probo Poletti

Revisão
Clara Diament
Adriana Moreira Pedro
Adriana Bairrada

Dados Internacionais de Catalogação na Publicação (CIP)
(Câmara Brasileira do Livro, SP, Brasil)

Hazareesingh, Sudhir
  O maior revolucionário das Américas : A vida épica de Toussaint Louverture / Sudhir Hazareesingh ; tradução Berilo Vargas. — 1ª ed. — Rio de Janeiro : Zahar, 2021.

  Título original: Black Spartacus : The Epic Life of Toussaint Louverture.
  Bibliografia
  ISBN 978-65-5979-022-7

  1. Generais – Haiti – Biografia 2. Haiti – História – Revolução, 1791-1804 3. Revolucionários – Haiti – Biografia 4. Toussaint Louverture, 1743-1803 I. Título.

21-67352   CDD: 972.9403092

Índice para catálogo sistemático:
1. Toussaint Louverture : Revolucionário : Biografia : História   972.9403092

Cibele Maria Dias — Bibliotecária — CRB-8/9427

[2021]
Todos os direitos desta edição reservados à
EDITORA SCHWARCZ S.A.
Praça Floriano, 19, sala 3001 — Cinelândia
20031-050 — Rio de Janeiro — RJ
Telefone: (21) 3993-7510
www.companhiadasletras.com.br
www.blogdacompanhia.com.br
facebook.com/editorazahar
instagram.com/editorazahar
twitter.com/editorazahar

Para Karma,
que sabe tudo sobre heróis revolucionários

Sumário

Mapas   9

Introdução: A originalidade de Toussaint Louverture   15

PARTE UM   Nasce um revolucionário   33

1. A alma de um homem livre   35

2. As portas do destino   63

3. Bravos guerreiros republicanos   97

PARTE DOIS   A formação da ordem louverturiana   135

4. Uma única família de amigos e irmãos   137

5. O agente não está indo bem   173

6. Cidadãos virtuosos   208

PARTE TRÊS   Toussaint no poder   241

7. Grande margem de manobra   243

8. Não há tempo a perder   278

9. Na região das águias   310

PARTE QUATRO O líder e o mito 345

10. Movimentos rápidos e incertos 347

11. A árvore da liberdade negra 385

12. Herói universal 424

Conclusão: Uma inspiração para a nossa época 463

Agradecimentos 479

Notas 482

Cronologia 557

Glossário 563

Créditos das imagens 565

Índice remissivo 569

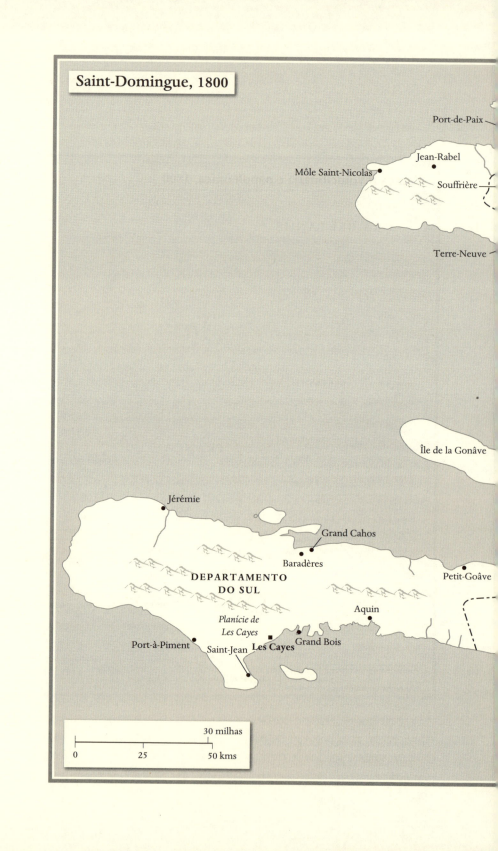

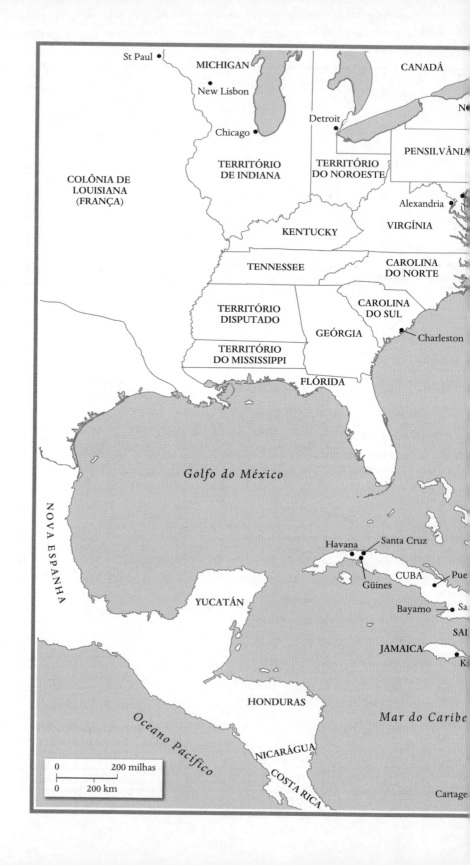

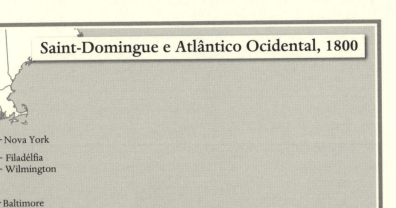

Introdução

A originalidade de Toussaint Louverture

TOUSSAINT LOUVERTURE FOI UM ESCRAVIZADO NEGRO emancipado que se tornou a figura emblemática da Revolução Haitiana. Com duração de uma década e meia, esse importante processo de mudança social e política começou em 1789, em consequência da queda da Bastilha, na França, com demandas por autogoverno e direitos iguais para pessoas de cor livres na colônia franco-caribenha de Saint-Domingue. Em seguida, a revolução deu uma guinada radical, com o lançamento de uma imensa revolta de escravizados em agosto de 1791, que levou à abolição da escravatura pelas autoridades republicanas da colônia em 1793, e ao reconhecimento de que a população negra tinha direitos sociais e políticos iguais aos de cidadãos brancos e mestiços. Como afirmou Toussaint numa de suas primeiras proclamações: "A liberdade é um direito dado pela natureza".[1]

Esses acontecimentos, e o subsequente rumo tomado pela Revolução Haitiana, são narrados neste livro.[2] A revolução em Saint-Domingue foi parte de uma série mais ampla de transformações no mundo atlântico do fim do século XVIII, as quais se refletiam em desafios cada vez mais frequentes ao domínio monárquico e imperial, no surgimento do princípio da soberania popular e no advento das repúblicas americana e francesa.[3] A ascensão de Toussaint simbolizou perfeitamente as características mais genéricas dessa era de revolução: sua natureza global (os pais dele eram escravizados nascidos na África e transportados à força para Saint-Domingue); seu militarismo desafiador (ele fez carreira militar, chegando a general francês); sua desestabilização das hierarquias sociais existentes (foi de pastor escravizado a governador de Saint-Domingue); a influência exercida pelos ideais europeus (foi criado como católico, na sincera admiração pela *grande nation* francesa); sua imersão na cultura iluminista (defendia reformas administrativas e econômicas e acreditava profundamente no poder das ideias científicas); e seu empenho em construir uma sociedade melhor, e mesmo uma espécie melhor de humanidade. Nas palavras de Toussaint: "A razão e a educação hão de espalhar-se por nosso solo regenerado; outrora esmagado sob o jugo da escravidão, que era tão odiosa quanto degradante, o homem se elevará nas asas da liberdade".[4]

Ao mesmo tempo, Toussaint personificou a singularidade da revolução de Saint-Domingue. Essa revolução foi o exemplo mais abrangente de mudança radical daquela época, combinando objetivos democráticos e republicanos com ênfase em igualdade racial, tornando-se uma guerra justa de libertação nacional que prenunciou as lutas anticoloniais da era moderna. A revolução de Saint-Domingue foi excepcional também por não ter sido impulsionada por liberais burgueses brancos, mas por escravizados negros em parte revoltados contra os senhores de escravos que apoiavam a Revolução Francesa, como os comerciantes de Bordeaux e Nantes. Além disso, foi uma revolução que obrigou líderes franceses, localmente e em Paris, a enfrentarem a questão da escravidão e a proclamarem sua abolição geral em 1794. A revolução de Saint-Domingue eliminou a antiga classe dominante da colônia, foi pioneira na guerra de guerrilha e confrontou com êxito o poderio militar do imperialismo europeu. Abalou a crença do Iluminismo na superioridade inerente de tudo que fosse europeu — seus agentes primários recorreram a formas americanas nativas de espiritualidade e a culturas políticas africanas, e incorporaram o espírito inconformista dos rebeldes afro-americanos que contestava a autoridade colonial em todo o Atlântico negro no fim do século XVIII.[5]

Em resumo, Toussaint personificou as muitas facetas da revolução de Saint-Domingue, confrontando as forças dominantes de sua época — escravidão, colonialismo, dominação imperial, hierarquia racial e supremacia cultural europeia — e subjugando-as. Com seu dinamismo, ele angariou alcunhas impressionantes. Os amigos republicanos o chamavam de "Es-

Introdução

pártaco Negro", a encarnação moderna do lendário gladiador que chefiou seus colegas escravizados contra a República Romana; nas palavras de um admirador, sua miraculosa aparição em Saint-Domingue "transformara o caos da destruição nas sementes de uma vida nova".[6] Ele também era descrito como o pai dos negros, o filho negro da Revolução Francesa, o George Washington negro, o Bonaparte do Caribe, o herói africano, o Aníbal de Saint-Domingue e o centauro da savana (tributo a suas aptidões de cavaleiro; seu cavalo branco Bel-Argent era parte essencial do mito). No começo do século XIX, os jornais da Filadélfia o chamavam de "o célebre chefe africano".[7] Até mesmo a opinião liberal inglesa comoveu-se com a visão desse herói tão atípico: em 1798, um artigo da *London Gazette* saudou Toussaint como "um rei negro", orgulhoso representante da "raça negra que o mundo cristão, para sua desonra, se acostumou a degradar".[8] Em 1802, o *Annual Register* de Londres descreveu-o como "a figura pública mais importante do ano e um grande homem".[9]

Toussaint cresceu também na imaginação coletiva do século XIX. Já se sugeriu que os acontecimentos revolucionários de Saint-Domingue inspiraram diretamente a dialética do senhor e do escravizado, de Hegel, na qual o escravizado acaba transcendendo sua alienação e alcança a autoconsciência.[10] Justamente pelo potencial subversivo, sua liderança provocou pânico entre os senhores de escravos em todo o Atlântico. Em 1799, Thomas Jefferson denunciou Toussaint e seus camaradas revolucionários como "canibais da terrível República", advertindo que seus "missionários" poderiam provocar uma "combustão" na América,[11] enquanto em 1801 o secretário de Guerra britânico, Lord Hobart, estremecia ao pensar no "poder de um Império Negro governado por Toussaint".[12] De Londres a Paris, passando por Virgínia, Louisiana, Jamaica, Cuba, Brasil e Venezuela, donos de plantations [latifúndios ou fazendas de monocultura] e comerciantes faziam eco a esses temores e criticavam ferozmente o homem que viam como o "Robespierre de Saint-Domingue". Simon Taylor, o mais opulento barão do açúcar da Jamaica, "revirava-se em sua luxuosa roupa de cama, acometido por repetidos surtos de febre", só de imaginar Toussaint e seus revolucionários chegando à plantation e lhe cortando a garganta.[13] Os escravizados desses senhores, pelo contrário, adoravam-no como uma figura estimulante, e comemoravam seus êxitos militares contra forças francesas, espanholas e britânicas.

A partir do fim do século XVIII, Toussaint e os revolucionários haitianos tornaram-se símbolos poderosos nos Estados Unidos: histórias de suas proezas civis e militares eram narradas pelos jornais americanos, notavelmente na Filadélfia e em Washington;[14] suas conquistas ajudaram a inspirar revoltas específicas como as de Nat Turner e Denmark Vesey, a formar atitudes sociais favoráveis à emancipação dos escravizados e a incorporar o próprio ideal de heroísmo negro.[15] O militante antiescravagista Frederick Douglass, o afro-americano mais eminente do século XIX, era um devoto de Toussaint e ajudou a difundir sua lenda pelos Estados Unidos, sobretudo com o expediente de usar imagens dele na publicidade de seu jornal *New National Era*.[16] A extraordinária vida de Toussaint depois da morte — em letra de imprensa, música, pintura e lenda — é o assunto dos últimos capítulos deste livro.

No FIM DO SÉCULO XVIII, Saint-Domingue era um território de aproximadamente 27 500 quilômetros quadrados que ocupava o terço ocidental de Hispaniola, reivindicada pela Espanha quando Cristóvão Colombo desembarcou no noroeste da ilha em dezembro de 1492. Cedida à França pelos espanhóis em 1697, a colônia foi dividida em três províncias: a mais populosa, a do norte, abrigava a cidade principal, Cap-Français, situada numa baía ampla e protegida e primeiro porto de escala para navios que chegavam da Europa e das Américas; a travessia da França era feita em mais ou menos 45 dias, e a da costa leste dos Estados Unidos, em cerca de vinte. Cap era circundada por uma vasta planície, a terra mais fértil da ilha, graças às chuvas regulares e à irrigação de rios e riachos; no fim do século XVIII, sediava as plantations mais ricas da colônia.[17] As outras duas províncias eram a ocidental e a meridional, tendo Porto Príncipe e Les Cayes como as cidades principais. Porto Príncipe tornou-se a capital administrativa em 1750 e era cercada por duas planícies, Cul-de-Sac e Artibonite, nomes derivados dos dois rios locais mais importantes; também na província ocidental ficavam

Introdução

os grandes portos de Gonaïves e Saint-Marc.[18] A urbanização era limitada na colônia, com apenas 8% da população vivendo em cidades de mais de mil habitantes,[19] e a acidentada topografia do interior era dominada por cadeias de montanhas, ravinas íngremes e terrenos elevados; os habitantes indígenas de Hispaniola, o povo taino, chamavam a ilha de "Ayti", terra das montanhas altas. Coberta de viçosas matas tropicais, escassamente povoada e pouco explorada pelos europeus (menos de um terço da colônia estava adequadamente mapeado), essa hinterlândia elevada separava as três províncias umas das outras e criava paisagens contrastantes e climas regionais distintos.[20] O trânsito de uma província para outra não era fácil; em meados do século XVIII, uma passagem foi aberta para a construção de uma estrada ligando Cap a Porto Príncipe, mas as carruagens só conseguiram trafegar a partir de 1787. Nas planícies, as estradas que ligavam pequenas cidades e plantations eram quase sempre rudimentares, e os terrenos elevados constituíam novos obstáculos às comunicações; o crescente nível das águas dos rios e as prolongadas estações chuvosas impossibilitavam o uso de certas estradas por longos períodos.[21] O sul — a menor das três províncias — era especialmente isolado do resto da colônia, e em muitos sentidos tinha ligações mais estreitas com a vizinha Jamaica, com a qual mantinha intercâmbio regular de mercadorias contrabandeadas. Na verdade, o meio de transporte mais comum de pessoas e produtos de uma região de Saint-Domingue para outra era o marítimo.[22]

No fim do período colonial, Saint-Domingue era amplamente conhecida como a "Pérola das Antilhas". Era o maior produtor mundial de açúcar e café, e de quantidades significativas de algodão, índigo e cacau. Esses valiosos produtos faziam da colônia a mais forte economia de exportação das Américas, lugar onde se ostentavam a opulência e o luxo e se faziam "fortunas colossais".[23] Cap era um centro cosmopolita e agitado, com uma população de quase 20 mil pessoas em 1789, oferecendo uma vida urbana que rivalizava, em qualidade e diversidade, com a de Havana, Filadélfia ou Nova York. Além do porto movimentado, havia um vigoroso setor comercial, com 25 padarias e uma animada vida cultural, incluindo um teatro com capacidade para 1500 pessoas; havia teatros também em Porto

Príncipe, Saint-Marc, Léogâne, Jérémie e Les Cayes. Cap destacava-se ainda por sua vibrante atividade científica e intelectual, com uma imprensa ativa, clubes de leitura e bibliotecas particulares com as últimas obras filosóficas da Europa.[24] Havia vinte lojas maçônicas na colônia na época da Revolução Francesa, com membros estreitamente ligados à organização científica mais renomada de Saint-Domingue, o Cercle des Philadelphes. Sediado em Cap entre 1784 e 1792, o Cercle publicou cinco volumes de relatórios científicos, sobre tópicos médicos, agrícolas, botânicos e etnográficos; tinha sócios internacionais e cultivava estreitas relações com destacados *savants* na Europa e nos Estados Unidos.[25]

Essa efervescência material e cultural, entretanto, radicava-se em desigualdades extremas. Todo o sistema produtivo de Saint-Domingue era baseado na escravidão. No fim do século XVIII havia 500 mil escravizados na colônia, a maioria nascida na África e trabalhando em árduas condições nas plantations. Escravizados não tinham direitos civis ou políticos e eram tratados quase sempre com bárbara crueldade pelos senhores; em meados dos anos 1750, eles começaram a desenvolver vários tipos de resistência individual e coletiva. Formavam irmandades nas plantations e praticavam rituais espirituais do vodu envolvendo dança, cantoria, transe e adivinhação, enquanto *marrons* escapavam em números cada vez maiores, retirando-se para o mato, onde formavam bandos, ou escondendo-se à luz do dia em vilarejos e cidades, difundindo ideias de emancipação. Uma das figuras extraordinárias desse mundo clandestino era Jean-Louis, de Cap, um *marron* que tinha "talentos especiais" e falava espanhol, holandês, inglês, francês e crioulo de Saint-Domingue — e certamente várias línguas africanas também.[26] Os brancos eram separados por classes, com um persistente padrão de contestação da hierarquia metropolitana — e especialmente de sua grande burocracia que a tudo dominava — pelos chamados *petits blancs* (pequenos fazendeiros, empregados, artesãos, soldados e marujos).[27] Incomodamente espremida entre os 40 mil colonos de origem europeia e a maioria negra, havia uma população mestiça, quase tão numerosa quanto a branca. Mas, apesar de livres, com frequência altamente letradas e por vezes ricas, essas pessoas de cor (juntamente com o pequeno número

Introdução

de negros alforriados) sofriam humilhantes discriminações jurídicas: não podiam trabalhar no serviço público nem tinham acesso a certas profissões, como a medicina; eram proibidas de comer à mesa com brancos, de se vestirem como brancos, e, no fim do século XVIII, nem sequer tinham permissão para ir à França.[28] Tentativas da administração colonial local de introduzir modestas reformas nos anos 1780 provocaram indignação entre os brancos, e ressentimento contra a França metropolitana entre os colonos; em 1784, um decreto real proibindo o tratamento "desumano" de escravizados foi ferozmente criticado pelos donos de plantations, e os tribunais da colônia recusaram-se a aplicá-lo até que ele fosse abrandado.[29]

Em resumo, Saint-Domingue, no ancien régime, era um território agitado, onde os conflitos sociais e políticos eram frequentes, e o poder branco era mantido, em última análise, pela força bruta: como reconhecia um proprietário de terras, senhores de escravos como ele "andavam sobre barris de pólvora".[30] Quando a explosão veio, em 1791, Toussaint Louverture juntou-se às fileiras dos rebeldes, como milhares de seus camaradas negros. Mas o caminho que ele percorreu até a liderança revolucionária foi complexo e continua envolto em mistério. Parte do problema se deve à personalidade de Toussaint. Muito reservado, ele não confiava em ninguém, e fazia qualquer coisa para ocultar informações importantes sobre si mesmo, seus movimentos e seus objetivos finais. Espalhava informações errôneas e boatos, às vezes assinando suas cartas com endereços falsos, e suas mensagens mais confidenciais eram ditadas em partes separadas para diferentes secretários. Certa vez disse a um diplomata britânico que seu estilo consistia em "falar pouco e fazer o máximo possível".[31] Seu único retrato autêntico, pintado quando ainda era vivo, perdeu-se,[32] e ele era conhecido pela capacidade quase mágica de aparecer nos ambientes mais inesperados e desaparecer sem deixar vestígios. Um adversário descreveu-o como "um homem que conseguia, por assim dizer, tornar-se invisível onde estava, e visível onde não estava; parecia ter tomado emprestada do tigre essa espontaneidade de movimento".[33] A crença de que ele possuía qualidades sobrenaturais tornou-se parte da cultura haitiana.[34]

[N° 52.]

AFFICHES AMÉRICAINES.
Du Samedi 25 Décembre 1784.

Poids du Pain d'un efcalin....... 21 onces.

ARRIVÉE DE NAVIRES.

Au PORT-AU-PRINCE, le 11 de ce mois, *le Marchais*, de Rochefort, Capit. Boureau, venant de Miquelon : le 14, *l'Aimable-Victoire*, de Bordeaux, Capit. Paul Oré, venant de la Martinique ; & *le Timide*, de Bordeaux, venant de S. Marc : le 16, *le Mirebalais*, de Nantes, Cap. Yves Griffé, parti le 25 Octobre : le 17, *le Chêne-Vert*, de Bordeaux, Capit. Seignoret, de relâche du Cap, par une voie d'eau : le 21, *l'Euriale*, de la Rochelle, Capit. Belleville, venant de la côte d'Or & du Cap, avec 400 Noirs.

DÉPART DE NAVIRES.

Du PORT-AU-PRINCE, le 13 de ce mois, *l'Aimable-Adide*, de Bordeaux, Capit. Pigeon, pour ledit lieu ; & *l'Alliance*, du Havre, Capit. Heurtaut, pour ledit lieu : le 14, *les Deux-Frères*, de Bordeaux, Capit Jalineau, pour la Nouv. Angleterre ; & *le Saint-Efprit*, de Marfeille, Cap. Vidal, pour led. lieu : le 15, *la Ville-de-Nantes*, de Nantes, Capit. Barré, pour ledit lieu ; & *l'Hercule*, Cap. Raguideau, de relâche des Cayes, pour Nantes : le 18, *le Blouin*, Cap. Morin : le 21, *le Prince-de-Poix*, Cap. Boyer : le 22, *la Comteffe-de-Tréville*, Cap. Chalumeau : tous trois de Bordeaux, allant audit lieu.

NÈGRES MARRONS.

A SAINT-MARC, le 13 de ce mois, eft entré à la Geole, *Marianne*, Thiamba, étampée fur le fein droit DUBOURG, au-deffous St MARC, âgée de 12 ans, taille de 4 pieds 6 pouces, fe difant appartenir à Mlle Ducernet, à Saint-Marc : le 15, *Célefte*, Congo, étampée fur le fein droit, autant qu'on a pu le diftinguer, ЯIЯ, ayant des marques de fon pays fur l'eftomac & fur le ventre, âgée de 13 ans, taille de 4 pieds 2 pouces, ne pou-

vant dire le nom de fon maître : le 19, *Neptune*, Congo, étampé fur le fein droit G, & d'autres lettres illifibles, âgé de 30 ans, taille de 5 pieds 4 pouces, fe difant appartenir à M. Capdeville, Habitant à l'Artibonite ; & *Adonis*, Congo, fans étampe apparente, marqué de petite-vérole, ayant la jambe droite courte âgé de 29 ans, taille de 4 pieds 10 p. fe difant appartenir à M. *Moreau*, dans les hauts de S. Marc.

Au PORT-AU-PRINCE, le 16 de ce mois, un Nègre nouveau, Congo, étampé AL-RAS, le milieu de l'étampe illifible : le 18, un Nègre nouveau, Congo, fans étampe apparente, ayant des marques de fon pays fur le vifage ; une Négreffe nouvelle, Congo, étampée RESSEN, au-deffous COU', & d'autres lettres illifibles ; & deux Négreffes nouvelles, Taquoas, étampées MAHOT, au-deffous St M : le 20, un petit Nègre nouveau, Congo, étampé PLANCHER ; tous fix ne pouvant dire leurs noms ni ceux de leurs maîtres.

ANIMAUX ÉPAVES.

Au PORT-AU-PRINCE, le 16 de ce mois, une Mule, fous poil bai, etampée, autant qu'on a pu le diftinguer, M : le 19, une Jument, fous poil rouge, étampée ACC, en travers ; & une Bourrique, fous poil brun, étampée illifiblement, ayant le bout d'une oreille coupé : le 20, un Mulet, fous poil brun, étampé illifiblement, ayant des marques d'anciennes bleffures & du poil blanc fur le dos : le 21, un Cheval, fous poil rouge, étampé MP entrelacés, au-deffous J JHB entrelacés ; une Jument, fous poil rouge, étampée, autant qu'on a pu le diftinguer, IBP, longue queue & une étoile au front ; un Bourriquet, fous poil brun, étampé à la cuiffe & au cou illifiblement, ayant le bout d'une oreille coupé ; & un Cheval, fous poil rouge, fans étampe apparente, ayant une étoile au front.

Publicado semanalmente em Cap e Porto Príncipe de 1764 a 1790, o *Affiches Américaines* trazia notícias de viagens, informações sobre o que se passava na região caribenha e na França e avisos, dados com destaque, sobre negros fugidos (*marrons*), incluindo descrições físicas fornecidas por seus senhores.

Introdução 23

Como todos os grandes revolucionários, Toussaint era uma figura controvertida, e isso se reflete nas formas cruas e esquemáticas como tem sido representado. Escritores colonialistas franceses, como Louis Dubroca, colocam-no entre "os monstros mais execráveis da história", por ter tido a audácia de desafiar o domínio imperial francês, enquanto a hagiografia de Thomas Prosper Gragnon-Lacoste o saudava como "o indivíduo extraordinário cuja fama se espalhou pelo mundo".[35] Depois da declaração haitiana de independência, Toussaint não teve melhor sorte nas mãos de Thomas Madiou, Beaubrun Ardouin e Joseph Saint-Rémy, os principais historiadores mestiços do país, que o acusavam de ser um governante tirânico, fomentador das divisões raciais, que traiu os ideais da revolução. Criticavam, especialmente, seu autoritarismo político, sua suposta hostilidade contra os irmãos mestiços e suas tentativas de restaurar a economia de grandes propriedades forjando uma aliança com a velha classe branca dominante, que obrigava os escravizados negros da colônia a trabalharem para seus antigos senhores. Esses continuam sendo os aspectos mais controvertidos de Toussaint como governante.[36]

Biografias mais reflexivas de Toussaint começaram a aparecer no fim do século xix. O abolicionista francês Victor Schoelcher viajou ao Haiti em 1841, usando, posteriormente, todas as fontes disponíveis nos arquivos franceses para produzir um retrato favorável e matizado.[37] A *Histoire de Toussaint Louverture* em três volumes (1920-33), do historiador e diplomata haitiano Horace Pauléus Sannon, foi a obra mais significativa surgida na terra natal de Toussaint. Baseando-se amplamente em seus discursos e proclamações, ela o reconhece como um dos fundadores da independência haitiana.[38] A obra clássica moderna em inglês continua sendo *Os jacobinos negros* (1938), de C. L. R. James, crônica eletrizante que instruiu gerações de homens e mulheres na Europa, nas Américas e no Sul global a respeito da Revolução Haitiana, e funcionou como um manual progressista de revolução em todo o mundo.[39] James ressaltou o papel da mobilização coletiva contra a escravidão na política radical de Saint-Domingue, e via Toussaint como o símbolo principal da interdependência das revoluções Haitiana e Francesa: no fim do século xx, historiadores globais aclamaram

Os jacobinos negros por seu retrato da prodigiosa combinação de elementos locais, nacionais, regionais e universais na Revolução Haitiana.[40]

A despeito de todos os méritos, no entanto, até mesmo essas biografias contribuíram em certo sentido para deturpar a nossa compreensão de Toussaint. Por exemplo, a insistência de Sannon em seu nacionalismo negro era uma simplificação exagerada de suas opiniões sobre raça e identidade nacional. Da mesma forma, o retrato de Toussaint traçado por Schoelcher como discípulo ortodoxo do republicanismo francês — até hoje uma opinião comum entre historiadores na França — subestimava as dimensões caribenha e africana de sua personalidade, bem como suas profundas convicções religiosas. A representação de Toussaint como "jacobino" francês ignorava suas inclinações monárquicas e a grande importância da autonomia local em seu pensamento político, que culminaria na Constituição de 1801. Mais fundamentalmente, e apesar de sua representação pioneira da atividade revolucionária fora da Europa, a avaliação de *Os jacobinos negros* do que aconteceu em Saint-Domingue como decorrente em última análise de ideais e formas políticas da Europa exagerava a estreiteza dos vínculos entre movimentos radicais na França e em Saint-Domingue, e minimizava a originalidade desbravadora de Toussaint e seus camaradas.

DESDE O FIM DO SÉCULO XX, quando a Revolução Haitiana saiu plenamente das sombras de suas equivalentes americana e francesa, novas ondas de acadêmicos tentam recuperar sua notável riqueza intelectual e diversidade cultural — seja em termos do papel da religião vodu local, do impacto das culturas políticas e militares africanas ou das contribuições de grupos e comunidades específicos (notavelmente mulheres, pessoas de cor livres, cidadãos sulistas e nascidos na África).[41] *Les marrons de la liberté* (1972), de Jean Fouchard, e *The Making of Haiti* (1990), de Carolyn Fick, recuperaram o significado histórico e político da tradição de *marronage* de Saint-Domingue, colocando os *marrons* da colônia no coração do processo revolucionário durante os anos 1790 e a subsequente Guerra de Independência Haitiana.[42] Estudiosos mapearam também as ramificações regio-

Introdução   25

nais da Revolução Haitiana, ressaltando o terror que ela provocou entre as classes proprietárias de escravos e o incentivo que deu a escravizados e negros alforriados em todo o Caribe e nas Américas.[43] Apesar disso, a nova pesquisa também afastou Toussaint mais ainda do centro do palco revolucionário. Para começar, sua ênfase na história social e cultural "de baixo" tirou o foco de sua heroica liderança individual. No relato de Fick, Toussaint é representado como figura marginal da tradição indígena de resistência popular da colônia, um acessório dos principais protagonistas revolucionários, os escravizados *marrons*.

As credenciais de Toussaint como revolucionário têm sido questionadas, especialmente porque descobertas recentes de documentos de arquivo indicam que ele foi emancipado da escravidão mais de uma década antes da revolução e que, como negro liberto, por um tempo foi proprietário de escravos. Estudiosas feministas ressaltam o "paradoxo" do republicanismo haitiano, argumentando que seus valores democráticos e igualitários foram desde o início — em outras palavras, a partir do momento em que Toussaint assumiu a liderança — prejudicados pela "exclusão histórica das mulheres" das esferas das políticas de Estado e da cidadania.[44] Para outros críticos, de início o papel de Toussaint foi emancipador, mas degenerou em autoritarismo, desfigurado pela recusa a distribuir terras para as massas camponesas: o "libertador" tornou-se o "liquidador".[45] As águas revolucionárias têm sido turvadas também pelo surgimento de obras revisionistas neoimperiais, que definem Toussaint como autocrata conservador que só queria substituir a classe dos proprietários brancos por uma oligarquia negra: essa era a tese principal da biografia do historiador francês Pierre Pluchon.[46] Essa abordagem foi adotada, mais descaradamente, nos escritos do historiador Philippe Girard, nascido em Guadalupe. Em sua recente biografia de Louverture, Girard rejeita enfaticamente qualquer motivação ideológica para suas ações, vendo-o como um "alpinista social" movido inteiramente por ganância material e egoísmo político, e pelo "desejo de status social".[47] Num estudo anterior da Guerra de Independência do Haiti, Girard manifestou sua avaliação "positiva" do projeto colonial francês, e sua "simpatia" pelos integrantes da força expedicionária napoleônica enviada para exterminar a liderança negra de Toussaint no fim de 1801; a rigor, ele justificou o ataque francês a Saint-Domingue com base no comportamento "traiçoeiro" de Toussaint.[48]

Essas afirmações mostram que em aspectos essenciais a literatura sobre Toussaint Louverture tende a refletir o espírito da época, como é comum acontecer. A biografia de C. L. R. James foi influenciada por uma onda revolucionária anticolonial global, e pela busca, entre intelectuais progressistas, de uma alternativa para o comunismo stalinista. O ressurgimento recente de opiniões conservadoras e neoimperialistas sobre a história colonial é uma reação à implosão desse Zeitgeist. Na verdade, desde o fim do século xx, enquanto essa época histórica dava lugar a uma era mais melancólica e pessimista, o fantasma de Toussaint é visto até mesmo na nebulosa hinterlândia do pós-modernismo. David Scott usou a narrativa de James da Revolução Haitiana para afirmar que, na era de desilusão atual, Toussaint já não representa os ideais emancipadores de "resistência e atuação", e tornou-se um trágico "recruta" da modernidade ocidental.[49] Em seu estudo do heroísmo negro, Celeste-Marie Bernier tomou Toussaint como uma de suas seis figuras icônicas, mas advertiu contra tentativas de recuperar qualquer "figura essencial ou historicamente verificável" através de pesquisas de arquivo: esse projeto seria "não apenas ilusório, mas definitivamente condenado ao fracasso".[50]

A AMBIÇÃO POR TRÁS DA PRESENTE BIOGRAFIA é abrir passagem nesse matagal e encontrar nosso caminho de volta para Toussaint: retornar, tanto quanto possível, às fontes primárias, tentar ver o mundo pelos olhos dele e recapturar a audácia de seu pensamento e a individualidade de sua voz. Como líder ele foi abençoado — e às vezes sobrecarregado — com um extraordinário senso de determinação, e os relatos oficiais que fazia dos próprios êxitos militares e políticos costumavam insistir em seu papel individual.[51] Como todos os grandes revolucionários, porém, seu poder repousava em fortes alicerces coletivos. Baseava-se no exército republicano tanto quanto na população negra livre, que depois da abolição da escravatura em

Introdução 27

1793 adotou os princípios de liberdade, igualdade e justiça. Mas Toussaint também construiu uma ampla coalizão de apoio nas estruturas administrativas e municipais da colônia, entre proprietários e líderes comerciais brancos, bem como na Igreja católica; e ajudou a estabelecer um clero negro que se tornou um dos pilares de seu governo, localmente. Por boa parte dos anos 1790, esteve subordinado ao Ministério da Marinha em Paris, que tinha responsabilidade geral pela administração das colônias. Também obteve o respaldo de figuras importantes da burocracia colonial, membros eleitos de assembleias francesas e destacados abolicionistas, como o abade Henri Jean-Baptiste Grégoire; além disso, soube cultivar relações com diplomatas americanos e até britânicos. A forma como Toussaint interagia com essas redes de contatos, como era visto nelas, e como essas relações se desenvolveram no decorrer de sua atuação como líder, é essencial para se avaliar as bases de sua autoridade.

Voltar a Toussaint é também uma questão de situá-lo em seu contexto primário — o da política escravista e colonial de Saint-Domingue no século XVIII —, onde foi exposto às grandes influências que formaram seu caráter e sua personalidade intelectual. Não era meramente uma questão de absorver o pensamento iluminista. Saint-Domingue (e em um amplo sentido as colônias caribenhas) também assistiu a um "sutil movimento de crioulização", no qual maneiras europeias de pensar eram reformuladas para se ajustar a condições locais.[52] Assim, Toussaint e os insurgentes de Saint-Domingue desenvolveram-se em, e moldaram, um ambiente vivo e fértil no qual havia uma troca de ideias e práticas entre a Europa e o Caribe, bem como entre a África e o Caribe, e no qual conceitos universais como liberdade, justiça e fraternidade eram apropriados e imbuídos de significados específicos. Inversamente, eles também pegavam ideias locais — como a abolição da escravatura, a rejeição da hierarquia racial e a definição de negritude — e lhes davam significação universal.[53]

A Revolução Haitiana gerou seu próprio conjunto de princípios emancipadores, o que fez dela "a mais magistral improvisação do Iluminismo Radical".[54] Um exemplo notável tirado dos arquivos serve de ilustração. Pouco depois do início da revolta de escravizados em agosto de 1791, um proprietário chamado Leclerc voltou para sua terra na freguesia de Limbé, norte de Saint-Domingue. Embora Leclerc se achasse um senhor de escravos "humano", sua plantation tinha sido tomada e incendiada pelos insurgentes. Quando ele voltou à área após a retirada das forças rebeldes, só havia uma construção em pé, e Leclerc soube que ela tinha sido ocupada pelo comandante local da insurgência. Ao entrar, viu que lá permaneciam seus melhores móveis, e ficou surpreso ao constatar que a propriedade fora "cuidadosamente mantida". O dono da plantation ficou ainda mais espantado ao encontrar sua edição in-quarto da *Histoire philosophique des Deux Indes*, de Guillaume-Thomas Raynal e Denis Diderot, o panfleto revolucionário do fim do Iluminismo que denunciava a escravidão. O comandante rebelde tinha tirado o livro de sua biblioteca e posto em cima de uma mesa de mogno; foi a única obra de sua coleção poupada pelo fogo. O comandante deixara o livro aberto numa página que falava das "represálias terríveis" contra os colonos que não emancipassem seus escravizados;[55] ele não só tinha se reapropriado da *Histoire philosophique*, como dera vida ao texto, numa gloriosa demonstração de cultura, arrogância e sagacidade.

Esse tipo de sinergia era essencial para o pensamento de Toussaint. Quem o observava de perto ressaltava sua "proximidade com a natureza" e seu "gênio intuitivo", virtudes radicadas em sua criação e em suas experiências locais; ele costumava comparar seu jeito de ver o mundo ao de uma ave de rapina, ao mesmo tempo elevada e capaz de perceber o mais leve movimento no chão.[56] Definia-se, ao mesmo tempo, como um homem formado pela "razão e pela boa filosofia", e acreditava, sinceramente, que a luta do povo de Saint-Domingue poderia servir de exemplo para "o universo inteiro"[57] — o que dá uma ideia melhor da originalidade de seu republicanismo. Seus discursos e cartas mostram que ele era versado na obra de Raynal, e também nas principais ideias de Maquiavel, Montesquieu e Rousseau. Seu pensamento político tinha ecos poderosos do que Quentin Skinner chamou de concepção "neorromana" de liberdade — especialmente em sua identificação explícita com a lenda de Espártaco, seu apego ao bem comum, sua constante definição de liberdade republicana

Introdução

como o oposto de "escravidão à tirania"[58] e sua firme recusa a tornar-se dependente da vontade arbitrária de outros Estados (inclusive o francês).[59] Seu republicanismo revolucionário dava ênfase à dignidade igual dos cidadãos e a um compromisso com os ideais de soberania popular e de serviço ao interesse geral nascido de sua própria experiência. Era um republicanismo no qual ele lutava para preservar a autoestima em face das tentativas de desumanização dos colonos brancos; um republicanismo de guerra radicado na prática militar, e em particular na batalha para libertar Saint-Domingue da escravidão e da ocupação estrangeira; um republicanismo de *métissage*, que integrava tradições locais de misticismo natural, como a dos tainos, a elementos de monarquismo e a ensinamentos morais católicos; e um republicanismo de fraternidade que acenava com a sedutora perspectiva de uma comunidade multirracial de iguais, ao mesmo tempo que atribuía aos cidadãos negros da colônia a responsabilidade de defender a ordem revolucionária.[60]

Voltar a Toussaint é talvez antes de tudo um exercício de recuperação, para eliminar as barreiras que o tornaram cada vez mais distante de nós. O "apagamento" da Revolução Haitiana que Michel-Rolph Trouillot denunciou em seu ensaio clássico já não é tão pronunciado quanto antes, mas sua banalização persiste.[61] Especialmente na literatura francesa moderna, ainda não se reconhece em Toussaint e nos revolucionários haitianos uma potência intelectual significativa.[62] Entre as minhas fontes primárias para corrigir essa distorção estão os valiosos materiais sobre Saint-Domingue no fim do século XVIII em arquivos franceses, espanhóis, americanos e britânicos, que trouxeram à tona uma profusão de fascinantes registros sobre a vida e a carreira de Toussaint. A maior parte encontra-se na França, nos Archives Nationales, na Bibliothèque Nationale, nos Archives Nationales d'Outre Mer em Aix-en-Provence, nos arquivos militares em Vincennes, nos Archives Diplomatiques em Nantes e Paris, bem como em numerosos arquivos regionais. Muitos desses preciosos documentos têm sido ignorados, ou citados apenas seletivamente, em estudos sobre Toussaint. Eles revelaram uma abundância de material original, e lançam uma nova luz sobre aspectos essenciais da liderança de Toussaint: daí os capítulos dedicados a suas distintas virtudes como comandante militar republicano, a suas ideias constitucionais e aos alicerces locais de seu governo.

Arquivos americanos e espanhóis, por sua vez, vêm possibilitando uma compreensão melhor dos momentos mais importantes de sua carreira, como a decisão de abraçar a causa francesa, a vitória sobre o rival mestiço André Rigaud e a invasão da vizinha Santo Domingo; essas fontes confirmam suas hábeis manobras diplomáticas, de que lançou mão para criar novas oportunidades políticas para si mesmo e para seu povo. O butim mais gratificante foi o dos Arquivos Nacionais em Kew, onde pude encontrar documentos fundamentais de Toussaint inexistentes em qualquer outra parte, bem como relatórios minuciosos e por vezes excepcionalmente informativos sobre os últimos anos de sua liderança, graças às observações de funcionários consulares britânicos baseados em Saint-Domingue entre 1799 e 1801.

Uma das mais distintas qualidades de Toussaint era sua "fé épica na palavra escrita".[63] Por essa razão, uma fonte essencial no esforço para recapturar sua voz é a grande coleção de seus discursos, proclamações e cartas. O historiador haitiano Joseph Boromé, que dedicou a vida a coletar e catalogar esses documentos, relacionou mais de 1600, guardados em mais de noventa arquivos, bibliotecas e coleções privadas espalhados em torno do Atlântico.[64] Esse volumoso material, como Boromé corretamente supôs, ajuda a pôr uma pá de cal em certas afirmações absurdas até hoje repetidas sobre Toussaint (por exemplo, a de que ele não sabia ler ou escrever),[65] e resolve alguns dos mistérios que cercam sua personalidade.[66] As cartas de Toussaint, em particular, são uma fonte crucial de informações. Vão de breves anotações, despachadas no calor do momento, a textos construídos de forma elaborada e cuidadosa. Ele era um correspondente meticuloso: suas cartas importantes costumavam ser reescritas várias vezes, e ele examinava com cuidado cada rascunho para ter certeza de que todas as palavras transmitiam exatamente sua intenção. Pela grande quantidade, elas dão testemunho de sua energia intelectual: no auge da carreira, fim dos anos 1790, ele despachava dezenas de cartas por dia, e "dava muito trabalho a seus cinco secretários".[67] A entrega de suas mensagens sempre o

Introdução 31

preocupava, e ele por vezes escrevia cartas suplementares para ter certeza de que as primeiras tinham chegado ao destino (e pelo menos em um caso escreveu uma terceira carta indagando sobre as duas anteriores). Seus escritos mostram a disposição de defender as causas dos necessitados — uma viúva tentando recuperar a propriedade da família, um dono de plantation cujos animais eram roubados, ou mesmo um gendarme estapeado pelo capitão, "numa violação de seus direitos humanos".[68]

Esse material é revelador, também, das complexas formas pelas quais Toussaint refletia sobre sua negritude, que era ao mesmo tempo uma questão de herança, orgulho, dever e (termo citado com frequência) "honra".[69] Agir com honra era defender os direitos dos negros, bem como estar do lado moralmente certo. Quando um funcionário francês branco, que certa vez declarara que não poderia "viver sob a ordem dos negros", lhe escreveu pedindo ajuda, Toussaint primeiro o fez lembrar de suas declarações anteriores, antes de concordar em ajudá-lo, com base no princípio de que a melhor maneira de "responder ao mal" era "fazer o bem".[70] A negritude era uma parte essencial de seu senso de identidade, sobretudo num mundo impregnado de preconceitos contra homens e mulheres de origem africana. Era também um conceito forjado em contraste deliberado com o comportamento de outros grupos — notavelmente os chefes administrativos da colônia, sua antiga classe branca dominante, bem como seus líderes mestiços, com quem entrou em choque em várias ocasiões. Ao mesmo tempo, a negritude de Toussaint tinha uma ressonância poderosamente moderna. Era uma resoluta afirmação daquilo que Stuart Hall chamou de "hibridismo" cultural e espiritual, que juntava elementos de múltiplas linhagens africanas, europeias e caribenhas, enquanto, ao mesmo tempo, celebrava a igualdade fundamental entre negros e outros grupos étnicos e raciais.[71]

As cartas revelam muita coisa sobre o estoicismo de Toussaint, sua sutileza e sua jovialidade (como numa de suas primeiras missivas, endereçadas a *"Monsieur Chanlatte, scélérat, perfide et troumpeur"* — "Monsieur Chanlatte, canalha, pérfido e enganador").[72] Esses documentos não são, infelizmente, tão iluminadores de sua vida íntima quanto o biógrafo gostaria que fossem:

durante a invasão de Saint-Domingue em 1802, os franceses destruíram uma grande coleção de seus documentos, incluindo um maço de *lettres galantes* trocadas por Toussaint e suas numerosas amantes brancas, como a lendária Madame Fisson, branca "de rara beleza", cujo marido se tornou um de seus agentes;[73] apenas o *billet-doux* para uma dessas mulheres sobreviveu.[74] Mas o restante de sua correspondência nos oferece fascinantes vislumbres de sua personalidade mais íntima — a preocupação com a educação dos filhos, a paixão por cavalos e rosas, o apego à higiene pessoal e os famosos hábitos espartanos de alimentação: em resposta a um pedido, uma carta de sua mulher Suzanne, de 1794, menciona o envio de roupas e toalhas limpas, e quatro pães.[75] O amor de Toussaint pela música também era digno de atenção; uma de suas primeiras cartas mostra-o supervisionando a formação de um trompetista e um clarinetista, e um de seus últimos bilhetes era uma autorização de pagamento, devidamente assinada, para um grupo de treze músicos ligados ao gabinete do governador.[76]

Todos os grandes líderes vivem em luta com suas contradições, e as cartas de Toussaint são muito reveladoras na exposição de impulsos conflitantes, que lhe deram muito trabalho ao longo de toda a sua carreira: entre o desejo de uma sossegada vida em família e sua devoção à *res publica*; entre a impaciência congênita (um de seus ditos favoritos era *"ne perdons pas notre temps"* [não percamos nosso tempo]) e a convicção de que era melhor deixar as coisas seguirem seu curso natural, divinamente determinado (ou, como gostava de dizer: "o homem propõe, Deus dispõe"); entre o sincero patriotismo francês e o dever de defender os interesses de Saint-Domingue; entre o compromisso de juntar as pessoas e o reconhecimento de que a violência era um mal necessário em momentos de mudança política; entre o gosto instintivo do segredo e a necessidade de utilizar-se da energia de seu "povo imenso"; e entre o franco pragmatismo e o desejo de conduzir os homens e as mulheres de Saint-Domingue a um novo mundo de possibilidades revolucionárias, onde pudessem realizar "seu sonho louco, nascido do amor absoluto pela liberdade".[77]

PARTE UM

Nasce um revolucionário

1. A alma de um homem livre

"NASCI ESCRAVO, MAS A NATUREZA me deu a alma de um homem livre."[1] Essa menção fugaz, num relatório administrativo redigido em 1797, é um dos poucos exemplos registrados em que Toussaint Louverture alude à sua problemática condição de escravizado antes da revolução. É um comentário típico: direto, em tom elevado e pouco revelador de suas emoções. Além disso, a declaração não conta toda a história, como veremos: ele era mestre na arte da ambiguidade calculada. Mas tinha o dom, também, da concisão; e a proximidade da natureza, a obstinação e a busca incansável de emancipar o espírito eram características definidoras de sua personalidade desde cedo. Contrastando sua escravização com o desejo de liberdade, Toussaint tocava nas duas grandes qualidades que o diferenciavam da maioria dos contemporâneos: o desejo de libertar-se de restrições externas e o poder visionário — a capacidade de "ver e prever".[2]

Os primeiros anos de Toussaint representam um desafio desencorajador para o biógrafo. Já como líder revolucionário de Saint-Domingue, ele deixou uma quantidade considerável de documentos sobre suas atividades. Além disso, os registros de contemporâneos que lidaram com ele foram preservados, tanto de colaboradores e subordinados militares como de funcionários franceses, dignitários estrangeiros e cidadãos comuns da colônia. Mas apesar da considerável documentação sobre as plantations de Saint-Domingue disponível em arquivos públicos franceses, a existência pré-revolucionária de Toussaint mal aparece nela.[3] Diferentemente de figuras como Olaudah Equiano e Frederick Douglass, Toussaint não produziu uma narrativa autobiográfica, e nenhum dos homens e mulheres que o conheceram intimamente na plantation onde foi criado — pais, padrinho, escravizados domésticos como ele, os padres da vizinha Haut-du-Cap, ou o administrador de quem ele acabou sendo o principal ajudante — deixou qualquer registro escrito sobre ele. Exceto por uma pequena quantidade de documentos fascinantes, a maioria dos quais recém-descoberta, as fontes de arquivo sobre seus anos de escravidão são escassas. O pouco que sabemos vem sobretudo de tradições orais do Haiti do século xix — valiosa fonte em muitos sentidos, mas que não fornece informações conclusivas nem mesmo sobre as características mais básicas da vida de Toussaint.

Sua data de nascimento é um bom exemplo. No mesmo relatório administrativo de 1797, Toussaint disse que tinha "cinquenta anos de idade" na época da revolução. Isso está de acordo com as memórias escritas posteriormente pelo filho Isaac, que se baseou em lembranças da família para afirmar que o pai nasceu em 1º de maio de 1740.[4] (Escravizados não tinham certidão de nascimento.) Mas outras fontes — incluindo declarações do próprio Toussaint — sugerem diferentes possibilidades, de modo que seu ano de nascimento continua incerto. Alguns sugeriram datas posteriores, até 1746, enquanto um administrador francês, um de seus colaboradores mais próximos, que conversou bastante com seus parentes, disse que ele governou até os 66 anos — o que situaria seu nascimento em 1736.[5] A tradição oral também é a principal fonte do que sabemos sobre seus ancestrais. Fontes da família sugerem que o pai de Toussaint era o segundo filho de Gaou Guinou, rei da nação guerreira dos aladás, um povo do oeste da África que vivia nas regiões meridionais da Costa do Ouro, atual Benim.[6] Pesquisa recente, no entanto, foi incapaz de encontrar qualquer vestígio de um monarca aladá com esse nome: o avô de Toussaint provavelmente foi governador de província, ou funcionário real com ampla autoridade regional.

Ao mesmo tempo, essa tradição inventada mostra Toussaint, desde muito cedo, apegado ao poder da imaginação, e impondo controle pessoal sobre a narrativa de sua vida. A história também sugere a riqueza da cultura social e política africana em Saint-Domingue durante o século xviii, com sua música, suas danças, seus jogos, crenças religiosas, conceitos da natureza e fábulas sobrenaturais.[7] Elementos de ideologia monárquica também floresceram na colônia, sobrevivendo através de rituais, lembranças históricas preservadas de guerras travadas na África e práticas culturais específicas, como a das marcações na pele.[8] Toussaint compartilhou essas crenças e práticas coletivas, absorvendo dos pais fábulas pitorescas sobre seus antepassados e transmitindo-as para os filhos; é provável que essas histórias tenham ajudado a instilar nele sua duradoura alergia ao fatalismo, e o senso do próprio destino excepcional.

Toussaint nasceu — isso, pelo menos, é fora de dúvida — na plantation de Bréda, onde os pais trabalhavam como escravizados, perto da aldeia de Haut-du-Cap. A propriedade foi adquirida pelo conde Pantaleón de Bréda, oficial de Marinha do sudoeste da França que se casou com uma herdeira local e acumulou grande fortuna na colônia nas primeiras décadas do século XVIII. De vez em quando visitava o Caribe, mas passava a maior parte do tempo na França, como muitos abastados proprietários de terras de Saint-Domingue.[9] Suas terras eram parte de um conjunto de grandes plantations de cana-de-açúcar na planície setentrional ao redor de Cap, e contavam com uma força de trabalho de cerca de 150 escravizados. Segundo o *Code Noir*, o código que governava o tratamento de escravizados nas colônias francesas, o filho herdava automaticamente a condição de escravizado dos pais.[10] Toussaint também não tinha como escolher o sobrenome: a mão de obra escravizada era vista como mera propriedade, por isso o menino era formalmente chamado de "Toussaint à Bréda" (ou simplesmente "Toussaint Bréda"); o nome "Louverture" só surgiria na época da revolução. Sua saúde era frágil nos primeiros anos, e às vezes ele ficava tão doente que a família temia por sua vida; a mortalidade infantil na Saint-Domingue do século XVIII era alta, especialmente na plantation de Bréda, onde, de cada três crianças, uma morria antes de chegar à idade adulta.[11] Sua fisionomia descarnada era objeto de zombarias, também, e foi nessa época que ganhou o apelido de "Fatras-Bâton" ("vara fina") — jogo de palavras no dialeto crioulo que satirizava sua fragilidade.[12]

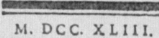

Publicado inicialmente como decreto real em 1685, o *Code Noir* era o livro de regras que tentava normatizar o tratamento de escravizados nas colônias francesas. Vistos como propriedade, os escravizados não tinham direitos jurídicos, e era permitido a seus senhores surrá-los com varas e correias.

Fatras também significava preguiçoso, mas aquele menino nada tinha de preguiçoso. Na verdade, ele mais do que compensava as deficiências físicas com sua determinação. Segundo um historiador haitiano do século XIX que conversou com sobreviventes da família de Toussaint, aos doze anos de idade ele era o nadador mais veloz entre os jovens escravizados das propriedades vizinhas.[13] Quando adolescente, começou a dominar as técnicas de equitação que mais tarde lhe valeriam o elogio de "Centauro da Savana"; seu método favorito consistia em tentar domar os cavalos montando-os quando ainda eram selvagens. Levava muitas quedas, e em pelo menos uma ocasião sofreu lesão grave, quebrando o fêmur. Mas, ao entrar na vida adulta, já era um dos cavaleiros mais talentosos da colônia; atravessavam a planície setentrional para aprender com sua expertise.[14] Nem mesmo os melhores cavaleiros da França o igualavam em velocidade e resistência, isso para não falar em bravata — certa vez atravessou um rio cheio em pé em cima do cavalo e guiando-o até a outra margem.[15] Essas jornadas de aventuras por Saint-Domingue tornaram-se uma das marcas registradas de ·Toussaint: ajudaram a forjar seu senso de liberdade espiritual, dando-lhe, nas palavras do historiador Antoine Métral, "um conhecimento íntimo das marés, das correntes, dos rios, dos lagos, da altura e forma das montanhas, dos desfiladeiros e dos caminhos menos praticáveis, das profundezas da floresta, do retorno dos ventos, das estações chuvosas, da iminência de terremotos e das tempestades violentas".[16]

A comunhão com a natureza foi reforçada pelo fato de Toussaint ter passado a maior parte de seus anos de adolescente e jovem adulto como *gardien de bêtes*, cuidador dos animais de criação de Bréda. Esse emprego desenvolveu nele uma disposição de ânimo um tanto melancólica, e um duradouro amor pela solidão. Mas o jovem pastor também desenvolveu desde cedo um caráter resoluto. Qualquer escravizado que pusesse as mãos num branco estava sujeito a castigo severo: de acordo com o artigo 33 do *Code Noir*, um escravizado que agredisse um senhor ou qualquer membro de sua família arriscava-se a ser condenado à morte,[17] e em pelo menos um caso um negro forro foi enforcado por ataque premeditado a um *colon*.[18] Mas Toussaint certa vez desafiou um jovem chamado Ferret na plantation vizinha de Linasse, em 1754. Não se sabe bem por quê: talvez Ferret o tenha provocado com a alcunha familiar de *"allada mangeur de chien"* ("aladá comedor de cachorro"). Acabaram trocando socos debaixo de uma laranjeira, com o menino branco terminando em segundo lugar, apesar de ser dois anos mais velho que Toussaint. Em outra ocasião, o jovem Fatras-Bâton descobriu que Béagé, o então administrador da plantation de Bréda, tinha tentado apossar-se de um de seus cavalos. A resposta de Toussaint foi correr ao estábulo e cortar a sela do animal, enfurecendo o administrador, que ameaçou dar-lhe uma surra. O jovem escravizado, porém, o enfrentou, dizendo: "Pois venha me bater, se tiver coragem!". O administrador desistiu, e a história virou lenda de família.[19]

Essa autoconfiança era, sem dúvida, parte da herança de família, mas também foi moldada pelas convicções católicas de Toussaint. Uma reza pública diária era feita para todos os escravizados da plantation de Bréda, e o menino foi exposto à religião cristã desde tenra idade. A Igreja católica no norte de Saint-Domingue era controlada pela ordem jesuíta; sua sede ficava em Cap, e alguns padres moravam na aldeia de Haut-du-Cap e eram conhecidos de Toussaint. Diz a tradição oral que eles o ensinaram a ler e escrever; em meados do século XIX, como relatou um professor francês que viajou pelo Haiti, acreditava-se amplamente que o jovem Toussaint estudara formalmente para ser padre.[20] Os jesuítas sem dúvida tinham uma robusta concepção do papel de missionários: patrocinavam uma "Missa negra" especial em Cap, na qual anciãos africanos conduziam os fiéis em hinos e preces. Também designavam um "padre da gente negra" para ajudar a disseminar a fé entre os escravizados. Diferentemente do resto do clero em Saint-Domingue, esses missionários eram respeitados pelos escravizados, que neles viam seus protetores.[21]

Toussaint envolveu-se entusiasticamente com as atividades proselitistas dos jesuítas, tornando-se um dos agentes em sua área. Ele pode ter sido um dos escravizados negros denunciados num relatório oficial por "espalhar com frequência o evangelho em casas da população negra do norte".[22] Os esforços da ordem para dar conforto espiritual à população escravizada eram malvistos pelas autoridades coloniais. Os proprietários de plantations queixavam-se de que os jesuítas enfraqueciam seu poder material e sua autoridade moral, especialmente por incentivarem os escravizados a se casar; casais eram mais difíceis de vender do que indivíduos. Alguns acusavam os missionários de incitar os escravizados a se rebelar contra os senhores, e a adotar ideias repreensíveis de "independência" e até mesmo de "igualdade".[23] Os jesuítas foram devidamente expulsos de Saint-Domingue em 1763, e o imponente edifício que ocupavam em Cap foi tomado pela administração colonial. Toussaint, entretanto, manteve estreitas relações com os sucessores dos jesuítas, os capuchinhos; e há indícios de que trabalhou como empregado em dois hospitais fundados pelos jesuítas que continuaram a operar na região de Cap.[24] A essa altura, sua fé estava firmemente arraigada e alicerçada nos valores cultivados pelos católicos mais velhos: harmonia, compaixão, sobriedade e, acima de tudo, fraternidade. Esse catolicismo tratava os escravizados negros como membros plenos da comunidade, e a religiosidade de Toussaint era matizada de um igualitarismo especificamente crioulo, que contestava a hierarquia social existente na colônia.

ALÉM DAS VIGOROSAS ATIVIDADES FÍSICAS, dos laços espirituais com a natureza e da religião católica, a personalidade do jovem Toussaint foi formada por suas origens africanas. Ainda se discute até onde vai essa influência, e o fato é que as relações de Toussaint com suas raízes africanas costumam ser ignoradas. Muitos historiadores tentaram fazer uma distinção entre a minoria de "crioulos" nativos, como Toussaint, nascidos em Saint-Domingue, e os *bossales*, nascidos na África, que constituíam cerca de 60% da população adulta da colônia em 1790;[25] esses escravizados vinham, na maioria, da região angolano-congolesa.[26] Costuma-se sugerir que os crioulos rejeitavam seu passado africano, associado, na cabeça deles, a atraso e humilhação, voltando-se, em vez disso, para suas raízes caribenhas, bem como para o pensamento católico romano e iluminista. No caso específico de Toussaint, houve quem dissesse que o passado africano teve um "impacto notavelmente pequeno" em sua personalidade pública e privada, que ele tentou "distanciar-se" do pai e que suas relações com o legado africano eram de "negação premeditada".[27]

Essas afirmações não convencem, principalmente porque exageram as dessemelhanças entre crioulos e *bossales* na Saint-Domingue do século

xviii. É inegável que havia diferenças materiais entre os dois grupos: os crioulos tinham uma vida menos precária, quase sempre desempenhando funções estabelecidas nas plantations, como as de serviçais domésticos, artesãos, cocheiros e capatazes. Havia, também, contrastes culturais: os *bossales* costumavam ser mais ativos na preservação de ritos sociais, línguas e práticas religiosas. Mas havia também muitas conexões entre as duas comunidades. Como já foi corretamente apontado, os *bossales* "crioulizaram-se em muitos aspectos", notavelmente através do batismo, do cultivo de seus lotes de terra e da assimilação da língua crioulo, enquanto crioulos como Toussaint estavam a "apenas uma geração de distância da África".[28] Essa conexão aparece com clareza na maneira como Toussaint foi criado: ele aprendeu a falar crioulo, a língua vernácula de Saint-Domingue, mas também foi exposto à cultura aladá desde muito cedo, pelos pais. Separado à força de sua mulher Affiba quando foram capturados e escravizados, no fim dos anos 1730, o pai Hippolyte se casou novamente ao chegar a Saint-Domingue, e escolheu para esposa uma jovem chamada Pauline, como ele de origem aladá; Toussaint foi o primeiro dos cinco filhos que ela lhe deu.

Quando menino e jovem adulto, Toussaint ouvia outras pessoas se referirem a ele como "africano": o termo era empregado sem qualquer rigor na Saint-Domingue colonial, em geral como descrição racialmente pejorativa da população negra. Escravizados eram livremente equiparados a animais domésticos: um dono de plantation mantinha um caderno com uma lista dos "diferentes remédios a serem usados para tratar as moléstias de negros, cavalos e mulas".[29] Os colonos reclamavam da dificuldade de controlar seus trabalhadores (*"malheureux qui a des nègres, plus malheureux qui n'en a pas"* — "infeliz aquele que possui negros, e ainda mais infeliz aquele que não possui"),[30] e prevalecia a opinião de que os negros eram "perigosos, supersticiosos e fanáticos".[31] Esse tipo de retrato, como observou mais tarde Frantz Fanon, era uma importante técnica de dominação colonial, reforçando a supremacia dos colonos ao apresentar as populações locais não apenas como inferiores, mas também como uma ameaça, "o requinte do mal".[32] Estimular a divisão étnica com base "científica" era outro recurso essencial do poder branco, e escritores franceses dedicavam grande esforço a atribuir características particulares a grupos de escravos segundo suas origens geográficas africanas. Na opinião do advogado colonial Moreau de Saint-Méry, um dos mais citados apóstolos da causa dos donos de plantation, os negros da nação aladá eram vistos de modo geral como "robustos e inteligentes"; no entanto, eram tidos também como "falsos, afetados, fingidos, preguiçosos e velhacos".[33] Muitos desses traços seriam atribuídos a Toussaint por seus inimigos até os últimos anos.

Entretanto, apesar dos esforços da ordem colonial para desumanizar a população "africana" de Saint-Domingue, figuras de linguagem positivas também sobreviveram e até floresceram. Os aladás eram o segundo maior grupo de escravizados africanos em Saint-Domingue, pelos quais sucessivos administradores da plantation de Bréda tinham especial predileção, acreditando que possuíam vastas aptidões agrícolas.[34] Os aladás eram também altamente reputados como uma das "raças guerreiras" mais competentes.[35] Toussaint deve ter experimentado esse prestígio em seus anos de formação: o pai era reconhecido como homem de autoridade por escravizados nascidos na África em sua plantation e nos arredores, e tratado com deferência por eles — e, pelo visto, até mesmo pelo administrador Béagé; isso lançaria mais luz sobre a relutância do administrador em confrontar o jovem Toussaint no incidente já mencionado.[36] E, embora não soubesse ler nem escrever, Hippolyte transmitiu ao filho mais velho o conhecimento prático de plantas medicinais que adquirira com os africanos mais velhos; essa habilidade também estava amplamente associada à cultura aladá na Saint-Domingue do século XVIII.[37]

Já se sugeriu que Toussaint adotou por completo a emergente religião vodu, então amplamente praticada nas comunidades negras de origem aladá nas plantations de Saint-Domingue. Oriundo da África ocidental e fundamentado também em práticas religiosas dos tainos,[38] o vodu girava em torno do culto de espíritos (conhecidos como *loa*) que, segundo a crença, presidiam diferentes aspectos da existência terrena e comunicavam-se com os seres humanos durante rituais religiosos.[39] A adoção do voduísmo por Toussaint é hoje artigo de fé para muitos haitianos: um historiador moderno observa que ele era "tido como *bòkò*" (sacerdote vodu).[40]

Curiosamente, havia um forte vínculo entre o herbalismo e o vodu no *loa* conhecido como Loko, que era o padroeiro dos curandeiros; esse espírito foi transmitido para as primeiras comunidades *marrons* de Saint-Domingue pelos tainos.[41] Toussaint sem dúvida fez essa ligação, e recorreu às receitas mágicas dos feiticeiros em sua prática da medicina natural;[42] essa é uma das fontes de sua reputação de curandeiro, dotado de poderes sobrenaturais, com muitos *bossales* reconhecendo nele um sacerdote capaz de comunicar-se com os "bons espíritos".[43]

Toussaint não só valorizava esse herbalismo tradicional, graças ao qual mereceu o título informal de *docteur feuilles* [Doutor Folhas], mas também o ampliou em suas longas viagens pela colônia. Como outros escravizados curandeiros altamente conceituados em Saint-Domingue, ele acabou combinando formas africanas e caribenhas de conhecimento médico. Seus remédios à base de plantas ajudavam a tratar ferimentos sofridos nas plantations e nas usinas de açúcar, a combater moléstias como a malária e a febre amarela e a conter surtos de escorbuto, uma das doenças que mais afligiam escravizados recém-chegados.[44] Hippolyte também ensinou ao filho mais velho a língua fon, falada pelos aladás, e somos informados de que o rapaz costumava conversar nesse dialeto africano com anciãos das comunidades na plantation e na vizinha Haut-du-Cap; o administrador da plantation de Bréda confirmou que os escravizados falavam "em suas próprias línguas".[45] Longe de dar as costas para esse patrimônio cultural na época revolucionária, Toussaint o adotou. Anos depois, o filho Isaac recordaria um episódio no qual um grupo de combatentes nascidos na África foi visitar Toussaint em seu quartel: ao notar que muitos eram patrícios aladás, ele começou a falar na língua fon, para imensa satisfação dos visitantes.[46]

Talvez o testemunho mais eloquente da duradoura importância das raízes africanas de Toussaint seja sua reação à perda dos pais. Hippolyte e Pauline morreram de infecções no peito com um intervalo de poucos meses no começo de 1774, lançando subitamente Toussaint — então com trinta e poucos anos — na posição de patriarca da família. Ele se tornou responsável pelos dois irmãos e pelas duas irmãs, além de numerosos filhos, como veremos. Administrou a crise recorrendo à ajuda de uma mulher chamada Pélagie, nascida na África, que na prática ficou sendo a mãe adotiva do clã. Significativamente, Pélagie era da nação aja, originária da mesma região dos aladás. Muito provavelmente, era uma conhecida da mãe dele, e sua presença no ambiente familiar foi uma importante fonte de continuidade cultural da herança africana de Toussaint, estendendo-se até a época revolucionária. Longe de olhá-la de cima para baixo, ou de tentar escondê-la dos olhares públicos, Toussaint protegeu e honrou sua mãe adotiva. Pagou para tirá-la da escravidão em 1789, numa época em que seus recursos ainda eram modestos e os membros de sua família imediata continuavam escravizados; também providenciou novos alojamentos para ela em Haut-du-Cap. Mais tarde, quando se tornou um dos líderes das revoluções, convidou Pélagie para morar perto dele em Ennery, e mandava uma carruagem levá-la à missa todos os domingos.[47]

Num de seus últimos panfletos, Toussaint ressaltou a desumanidade da escravidão na tendência sistemática de "arrancar o filho da mãe, o irmão da irmã, o pai do filho".[48] O fraseado impessoal servia para disfarçar o quanto falava por experiência própria. Durante toda a existência, o escravizado era governado pelo Code Noir: não tinha personalidade jurídica, não podia se casar sem a permissão do senhor nem portar armas e estava sujeito a castigos físicos, sendo preso a uma corrente ou surrado com chicotes e varas.[49] Apesar de não ser tratado pessoalmente com essa selvageria, Toussaint sabia de uma série de casos de violência humana infligida a seus colegas escravizados em toda a colônia. Essas atrocidades foram amplamente documentadas na Saint-Domingue do fim da era colonial, horrorizando até mesmo defensores da instituição da escravatura: incluíam jogar escravizados em fornalhas, sepultá-los vivos, destroçar seus corpos com pólvora e decepar seus membros; várias formas de tortura, como a castração e a mutilação genital, também eram bastante praticadas, apesar de tecnicamente proibidas pelo Code Noir.[50]

Embora esses horrores indizíveis não fossem infligidos, pelo que se sabe, aos trabalhadores da plantation de Bréda, Toussaint via a violência comum da escravidão numa base diária, com seu cruel cortejo de doenças, miséria e morte. Calcula-se que a expectativa de vida em sua propriedade não passava de meros 37 anos, e que a taxa de mortalidade de trabalhadores africanos nas plantations era a mais alta da região: ao chegar aos quarenta, Toussaint tinha visto morrer mais ou menos metade de seus contemporâneos de Bréda.[51] Testemunhou os efeitos arrasadores da escravidão em sua própria família desde muito cedo. Como já foi dito, o pai Hippolyte tinha sido separado da mulher Affiba quando foram escravizados, e achava que tinha deixado a mulher e os dois filhos em Aladá. No entanto, sem que ele soubesse, Affiba e os filhos também foram capturados e transportados para Saint-Domingue, e então vendidos para um proprietário de escravos na colônia. A jovem africana foi batizada, recebendo o nome de Catherine, e os dois filhos passaram a chamar-se Augustin e Geneviève. Quando Affiba finalmente percebeu que ela e o marido tinham ido parar na mesma ilha, e descobriu seu paradeiro, Hippolyte já tinha se casado com Pauline e formado uma segunda família; a notícia a deixou arrasada, e ela morreu de tristeza logo depois.[52] Toussaint passava tempo com o meio-irmão e a meia-irmã, consolando-os pela perda da mãe, e desenvolvendo laços particularmente fortes com Geneviève. No entanto, esta não demorou a ser vendida para um colono chamado Fontaine, e ele a perdeu de vista por décadas. Ela não saía de sua cabeça, e não é improvável que ele pensasse nela em 1797 quando escreveu sobre irmãs sendo "arrancadas" dos irmãos. Nos últimos anos de vida, sua perseverança seria recompensada, quando os dois voltaram a se encontrar, na cidade sulista de Les Cayes.[53]

Outra figura de grande importância no círculo familiar de Toussaint era Pierre-Baptiste, um aladá alforriado que trabalhava como guarda-portão na plantation de Haut-du-Cap. Educado pelos jesuítas, Pierre-Baptiste era um homem alto, imponente, que falava por parábolas e era tido como um dos sábios da localidade; era um dos homens veneráveis que conduziam os fiéis negros nas orações em Cap.[54] Adotou Toussaint como filho logo depois da morte de Hippolyte, e lhe dava aulas de história, geografia e álgebra (obviamente também influenciou o gosto do próprio Toussaint por alegorias). Como no caso da mãe adotiva Pélagie, Toussaint manteve estreito contato com o padrinho em seus últimos anos de vida, e invariavelmente parava em Haut-du-Camp para lhe prestar homenagem se estivesse passando pela região; mesmo já famoso, dizia que Pierre-Baptiste era o único homem a quem obedecia incondicionalmente.[55]

Pierre-Baptiste ainda era vivo — com mais de cem anos — quando Toussaint foi deportado para a França em 1802. Ele tinha um motivo particular para ser grato ao padrinho: Pierre-Baptiste era um eficiente casamenteiro, e apresentara Toussaint à sobrinha Suzanne, também ela escravizada na plantation de Bréda, onde o irmão era um dos *commandeurs* (capatazes). Era, igualmente, de origem aladá. Eles acabaram se juntando — de acordo com a tradição oral, por volta de 1782 — e passaram a viver como marido e mulher, Suzanne tornando-se a mãe de seus dois filhos, Isaac e Saint-Jean, nascidos em 1786 e 1791, respectivamente. Toussaint acolheu na família o filho de um casamento anterior de Suzanne, Placide, e mais tarde mandou-o estudar na França com Isaac. Vale mencionar aqui, à luz de acusações posteriores de que Toussaint teria preconceitos contra mestiços, que o pai de Placide era um homem de cor.[56]

Acreditou-se por muito tempo que Suzanne foi a única mulher de Toussaint. Pesquisas recentes nos arquivos paroquiais de Cap mostraram, porém, que ele se casou pela primeira vez no começo dos anos 1760, quando tinha pouco mais de vinte anos, com uma negra alforriada (*négresse livre*) chamada Cécile. Isso é notável quando se leva em conta que ele ainda era escravizado naquela época, sendo extremamente raro um escravizado negro casar-se com uma negra alforriada — na verdade, era raro até mesmo que homens se casassem naquelas circunstâncias. O casal teve três filhos, e o mais velho recebeu o nome do pai;[57] um certificado de sepultamento de novembro de 1785 registra a morte de um jovem chamado Toussaint, nascido em 1761, que foi enterrado na presença do pai e do irmão Gabriel. O documento traz a hesitante assinatura de "Toussaint Bréda" — seu primeiro autógrafo de que se tem notícia, na mais trágica das circunstâncias pessoais. A tristeza de Toussaint foi agravada pelo fim do casamento com Cécile, que à época da morte do filho aparentemente o havia deixado por um empreiteiro chamado Pourvoyeur.[58]

A rede familiar de Toussaint era vasta, complexa e com múltiplas camadas; perto do fim da vida ele dizia ter gerado não menos de dezesseis filhos. Esses vínculos mais amplos, somados à devoção aos padrinhos, à generosidade para com o enteado Placide e aos esforços para manter estreitas relações com os irmãos, ressaltam o valor que ele dava aos laços de família. Nesse sentido, era um representante perfeito e acabado dos costumes sociais predominantes na Saint-Domingue do fim da era colonial, e até hoje grandes famílias patriarcais são um traço saliente da vida social na zona rural do Haiti.[59] Essas filiações de sangue e clã eram também o alicerce do ideal de fraternidade de Toussaint. Em termos republicanos, fraternidade era um princípio que servia de elo entre os domínios privado e público, e assim foi para Toussaint: como líder político e comandante militar ele recrutava, sistematicamente, membros da família para servir em seu entourage imediato. Além disso, como veremos, a família ocupava lugar de destaque no pensamento político revolucionário de Toussaint, como força de coesão social e também como metáfora idealizada de todos os cidadãos.

JÁ ESTAVA CLARO ANTES DA REVOLUÇÃO que Toussaint não era um escravizado qualquer: a reputação do pai como patriarca aladá protegeu-o quando menino, e muito provavelmente possibilitou seu casamento com uma mulher de posição social mais alta como Cécile. Sua inteligência penetrante, percebida de imediato pelos que entravam em contato com ele, rapidamente atraiu a atenção da hierarquia da plantation, e ele acabou sendo recrutado para o serviço de Antoine-François Bayon de Libertat, colono branco francês que teve papel decisivo na vida pré-revolucionária de Toussaint. Bayon morava em Saint-Domingue desde 1749, e servira como administrador e advogado da propriedade de Bréda de 1772 a 1789, desenvolvendo estreitas relações com Toussaint. Como cocheiro de Bayon, Toussaint tornou-se, de fato, seu braço direito, com poderes para agir em seu nome e viajar pela colônia a seu serviço. De acordo com um oficial francês que fez exaustiva pesquisa sobre os primeiros anos de Toussaint,

Bayon "confiava totalmente [em Toussaint] e consultava-o sobre os trabalhos da plantation e até mesmo sobre seus próprios assuntos".[60]

Toussaint jamais fez um relato completo de suas atividades como cocheiro de Bayon, mas é provável que tivesse considerável poder de supervisão sobre a propriedade de Bréda, além de ajudar o patrão em outros numerosos negócios. Bayon passava muito tempo longe de Bréda cuidando desses outros interesses mais vastos, que incluíam sua própria plantation de cana-de-açúcar com 280 escravizados, adquirida em 1778 na freguesia vizinha de Limbé; ele também comprou um terreno em 1782 e uma casa em 1789, além de cotas em duas outras plantations na colônia.[61] A posição de responsabilidade de Toussaint talvez explique a entrevista dada em 1799 a um correspondente do jornal francês *Le Moniteur Universel*, na qual traçou esse retrato idílico da vida de casado com Suzanne antes da revolução: "não só vivíamos em tal abundância que dava para fazer economias, como também tínhamos o prazer de fornecer alimento aos trabalhadores negros da plantation, sempre que lhes faltava alguma coisa. Nos domingos e feriados, minha mulher, eu e meus parentes íamos à missa; e, ao voltar para casa, depois de desfrutar de uma boa refeição, a família passava o resto do dia reunida, terminando com uma oração da qual todos participavam".[62]

Essa narrativa edificante leva à pergunta óbvia, já levantada por alguns dos primeiros biógrafos de Toussaint: por que ele não usou esses recursos "abundantes" para comprar a própria liberdade?[63] O próprio Toussaint deu parte da resposta em outra carta para o Diretório francês em 1797, na qual reconhecia que o "fardo da escravidão" tinha sido tirado de seus ombros "vinte anos antes" pelo administrador da propriedade de Bréda, "o virtuoso Bayon de Libertat".[64] Toussaint não declarou se Bayon formalmente o emancipara ou simplesmente lhe dera liberdade na prática, conhecida como *liberté de savanne*.[65] Por muito tempo, supunha-se que tinha sido esse o caso. Mas pesquisas recentes nos arquivos franceses estabeleceram, conclusivamente, que Toussaint fora formalmente emancipado em 1776, talvez até antes.[66] De forma ainda mais dramática, documentos notariais mostram que, depois de sua emancipação, foi dono de pelo menos um escravizado, e alugou uma plantation de café com treze escravizados do genro, Philippe-Jasmin Désir, de 1779 a 1781.[67] Essas revelações abriram caminho para uma batelada de questões sobre o status pré-revolucionário de Toussaint e a sinceridade de sua posterior oposição à escravatura.

Os arquivos da plantation de Bréda dão algumas respostas, e lançam nova luz à posição de Toussaint na propriedade nas décadas anteriores à revolução.[68] Muito embora o documento oficial que atesta sua manumissão ainda não tenha sido encontrado, é muito provável que Toussaint tenha obtido sua liberdade graças à intervenção de Bayon de Libertat. A teoria mais plausível é a de que Bayon tenha procurado o sobrinho do dono da plantation de Bréda, o conde Louis-Pantaleón de Noé, que morou em Saint-Domingue de 1769 a 1775 e mais tarde herdaria a propriedade. Bayon convenceu Noé a libertar o cocheiro como recompensa por seu papel decisivo na restauração da ordem na *habitation* depois de um período de grande desassossego no começo dos anos 1770.[69] Um número significativo de escravizados fugira em 1773 em protesto contra o violento tratamento que sofriam nas mãos de um dos administradores de Bréda, um homem chamado Delribal, que temporariamente substituíra Bayon. Sendo um dos cocheiros da plantation, Toussaint teria atuado como um importantíssimo intermediário entre a hierarquia da propriedade e os trabalhadores; é provável que tenha ajudado a negociar a solução que encerrou esse episódio de *marronage* e trouxe os escravizados de volta à plantation. O acordo incluía a demissão de Delribal, o abandono do tratamento severo dos trabalhadores e a reintegração de Bayon como administrador, o que explicaria a gratidão de Bayon a seu cocheiro.[70]

Toussaint também continuou em dívida com Bayon: mostrou seu apreço ajudando a família do administrador a escapar da plantation quando a revolução começou, em 1791. Chegou a mandar dinheiro regularmente para seu antigo patrão, quando ele partiu para o exílio nos Estados Unidos nos anos 1790, e, mais tarde, facilitou seu retorno para Saint-Domingue, elogiando-o diante das autoridades francesas e conseguindo a liberação de sua propriedade confiscada em Limbé;[71] além disso, recrutou um dos sobrinhos de Bayon, Gilbert, como seu ajudante de ordens pessoal.[72] Posteriormente, descendentes de Bayon chegaram a dizer que o administrador de Bréda tinha criado Toussaint "como filho"[73] — quase certamente um exagero, ainda que o vínculo entre os dois homens fosse genuíno e duradouro. No entanto, quando se tornou homem livre, Toussaint não interpretou sua emancipação como sinal de que seus interesses agora estavam alinhados com os dos senhores de escravos de Saint-Domingue. Na verdade, a emancipação refletia a posição de influência que ele conseguira criar para si mesmo em Bréda graças a seu talento de conciliador. Há provas de que as estreitas relações de Toussaint com Bayon lhe permitiram incentivar um tratamento mais humano dos escravizados na plantation: os registros da propriedade de Bréda na década anterior à revolução mostram um gasto relativamente alto com serviços médicos para os trabalhadores da plantation. No ano de 1788, por exemplo, Bayon gastou 3703 *livres* na cura de doenças que afligiam seus escravizados;[74] um ano depois, apenas cerca de vinte dentre os 150 trabalhadores da plantation foram relacionados no cadastro da enfermaria, percentagem bem abaixo da média da colônia, que ia de um quarto a um terço de todos os escravizados.[75]

Assim, embora sucinta, a descrição que Toussaint fez de si mesmo na entrevista para o *Moniteur* em 1799 era bem precisa. Apesar de agora pertencer à minúscula aristocracia dos negros forros (menos de 750 nas áreas de Cap e Porto Príncipe em todo o período de 1776 a 1789),[76] o status de emancipado não alterou fundamentalmente seu estilo de vida. Como era típico de negros forros, ele vivia em alojamentos mais confortáveis do que os escravizados da plantation, com janelas, camas e cortinas, com direito a usar um lote comparativamente maior. Mas, ao contrário do que pregaram boatos posteriores, não acumulou nessa época uma grande fortuna, nem adquiriu grandes propriedades.[77] Na verdade, na Saint-Domingue do fim da era colonial, negros forros ainda eram vistos como seres inferiores pela sociedade branca: como pessoas de cor, eram proibidos de participar de jogos de azar, ou (a partir dos anos 1770) de viajar à França; seu modo de vestir era rigorosamente regulamentado, e eles estavam proibidos de adotar o nome dos antigos senhores.[78] Documentos recentemente descobertos da propriedade de Bréda mostram que Toussaint ainda morava na plantation nos anos 1780; dados cadastrais de 1785 relacionavam-no como escravizado, descrevendo-o como "sujeito inteligente, bom para tratar animais, com boas maneiras, mas preconceituoso, com tendência à doutrinação e ao proselitismo religioso".[79]

Pode parecer estranho que um negro liberto preferisse continuar residindo no lugar onde tinha sido escravizado. Mas há uma resposta simples. Se Toussaint estava emancipado, o mesmo não se podia dizer do resto de sua família: os nomes de Suzanne, Placide e Isaac aparecem no mesmo cadastro de 1785. Ele tomara claramente a decisão de ficar perto da mulher e dos filhos, ainda que isso significasse formalmente ser relacionado como escravizado, e usar sua influência para promovê-los e protegê-los; consta desse mesmo documento que Suzanne era "a *négresse* mais valente da plantation".[80] Toussaint também tomava conta de todos os familiares, especialmente o clã do sobrinho Moyse: a mãe de Moyse, Marguerite, irmã de Suzanne; o pai dele, Gilles, pedreiro; e seus irmãos Louison, Henri, Jeanne, Charles e Marie-Noëlle.[81] Dessa maneira, o cocheiro de Bréda providenciou para que parentes fossem empregados na propriedade do administrador Bayon, servindo como cozinheiros, camareiros, domésticos, costureiras e lavadeiras; eram funções relativamente privilegiadas, com tarefas mais leves e um suprimento maior de provisões. É também uma prova de sua autoridade na plantation — e de devoção filial — o fato de que ele conseguisse garantir condições de trabalho especialmente favoráveis para sua querida Pélagie, mesmo antes de tirá-la da escravidão. O cadastro de 1785 indicava, especificamente, que a mãe adotiva de Toussaint estava "isenta de todo trabalho" devido aos serviços prestados anteriormente à família de Bayon; não há dúvida de que era uma figura popular na plantation, pois uma informação adicional diz que ela era "robusta, e dança bem no estilo de sua terra".[82]

O MAIOR DESAFIO ENFRENTADO PELO HISTORIADOR da vida pré-revolucionária de Toussaint é traçar um quadro coerente de seus valores políticos. Ainda não se encontrou registro algum que o ligue, de maneira confiável, a qualquer acontecimento, grupo ou sensibilidade antes de 1791, e boa parte

A alma de um homem livre

do que ele próprio declarou posteriormente foi com a clara intenção de ser compatível com sua posição de eminente líder revolucionário francês. Os únicos vislumbres que temos, com base no cadastro de Bréda em 1785, são referências a sua "gentileza" e a seu "fervor católico", mas não devemos levar muito a sério essas observações — principalmente porque o autor dessa anotação nem sequer sabia que Toussaint tinha sido emancipado dez anos antes. O cocheiro de Bayon sem dúvida conseguia dar uma impressão de mansuetude quando lhe convinha, e já sabia disfarçar com habilidade sua aparição e não dar na vista — qualidades que lhe serviriam muito bem na vida política.

A tradição oral diz que a obra que mais influenciou o modo de ver o mundo de Toussaint foi *Histoire philosophique des Deux Indes*, de Guillaume-Thomas Raynal e Denis Diderot, uma exaustiva acusação do colonialismo europeu que denunciava a barbárie da escravidão. Seus autores advertiam que, se os europeus continuassem a "massacrar, prender e saquear" os habitantes indígenas, um "vingador" haveria de aparecer para destruir a prática da servidão humana.[83] Toussaint viria a ser comparado a esse libertador por seus admiradores franceses em Saint-Domingue, e ele aceitou de imediato o elogio — a tal ponto que ficou conhecido como o "Espártaco Negro". No entanto, apesar de o texto ser conhecido na colônia, como vimos na Introdução, é improvável que tenha formado o pensamento de Toussaint sobre sua condição de escravizado antes da revolução: na verdade, ele o adotaria posteriormente para tranquilizar seus camaradas franceses sobre a robustez de suas convicções republicanas. Uma razão mais fundamental para duvidar é que a *Histoire philosophique* não era uma convocação dos escravizados negros à luta, mas, antes de qualquer coisa, uma advertência às autoridades coloniais e às classes proprietárias de escravos. Pois até mesmo para as vertentes mais radicais do sistema filosófico europeu, a ideia de uma revolução realizada por escravizados negros em nome dos princípios universais republicanos, resultando no fortalecimento coletivo da população negra nas colônias, era simplesmente "impensável".[84] Como refletiu, com ironia, o filósofo Louis Sala-Molins: "Como é que [Toussaint] poderia surripiar do Iluminismo aquilo com que o Iluminismo jamais

A *Histoire philosophique des Deux Indes* de
Guillaume-Thomas Raynal e Denis Diderot denunciava
a crueldade da servidão humana e anunciava o advento
de um "vingador" que libertaria os escravizados.
Esta ilustração do século XIX mostra Toussaint
lendo o texto, com a mulher Suzanne atrás.

sonhou?".[85] Além do mais, as opiniões de Toussaint sobre religião se opunham diametralmente ao anticlericalismo de Diderot. O próprio Raynal publicou um panfleto sobre Saint-Domingue em 1785 que não pregava a abolição da servidão humana, apenas a introdução de um tratamento mais humano para com os escravizados, e castigos "menos severos".[86]

As fontes do pensamento político inicial de Toussaint podem ser encontradas mais perto de casa. Na verdade, a plantation de Bréda estava localizada nas proximidades do centro das primeiras revoltas de escravizados na Saint-Domingue de meados do século XVIII. Do início da década de 1740 ao final dos anos 1750, sob a liderança carismática de François

Makandal, acredita-se que escravizados *marrons* tenham formado sociedades secretas no norte da colônia com o objetivo de solapar o domínio dos colonos e alcançar, finalmente, a emancipação negra. Makandal foi capturado e executado publicamente em 1758, e os historiadores ainda não chegaram a um acordo sobre as dimensões — ou mesmo sobre a existência — dessa conspiração. Na tradição haitiana, Makandal é tido como um dos primeiros combatentes da liberdade do país: um historiador comparou seu movimento a um "carbonarismo negro", cujos membros trocavam informações e coordenavam suas ações, com o uso de veneno como um dos métodos preferidos.[87] Já se sugeriu que eles desenvolveram rituais religiosos vodus para cimentar laços de camaradagem, e estabeleceram uma complexa rede de comunicação entre cidades e plantations do norte;[88] acredita-se também que Makandal era um sacerdote vodu de origem congolesa, e que seus agentes incluíam pequenos comerciantes e escravizados com cargos importantes, como *commandeurs* e cocheiros.[89] Seja qual for a opinião que se tenha de Makandal e sua organização,[90] há fartas provas documentais de que ele foi uma figura lendária na Saint--Domingue do fim da era colonial, inspirando o terror entre os brancos e empolgando a imaginação de dissidentes e rebeldes negros. Muitos apoiadores acreditavam que os poderes sobrenaturais de seu líder garantiam sua sobrevivência; tão generalizadas eram as atividades das sociedades secretas que elas tinham até um espírito próprio, Ezili Kawoulo, cujo aniversário era comemorado todos os anos.[91]

Até que ponto a plantation de Bréda foi ativamente penetrada por essas correntes subterrâneas é difícil dizer, sobretudo porque os rebeldes tinham que operar de maneira clandestina, e a "resistência" assumia formas variadas, incluindo zombaria, fazer corpo mole, *marronage*, greves e atos abertos de rebelião. A correspondência entre a administração da propriedade e os donos durante a revolta de 1773 mencionava escravizados formando "cabalas" para resistir ao castigo, sugerindo a existência de uma espécie qualquer de organização dos escravizados no lugar, bem como uma ocorrência significativa de *marronage* (muito mais frequente no norte de Saint-Domingue do que nas demais partes da colônia).[92] No mesmo ano, Bayon de Libertat referiu-se a consultas de "adivinhos" por escravizados da plantation, indicando que as práticas vodus começavam a espalhar-se juntamente com rituais católicos tradicionais.[93] Poucos anos depois, Bayon perdoou dois capatazes, Hippolyte e Jean-Jacques, que organizaram uma greve com escravizados abandonando subitamente o trabalho numa das plantations de Noé. Em meados dos anos 1780, greves tinham se tornado comuns na planície do norte de Saint-Domingue. Outras fontes nos contam que Bayon ofereceu um prêmio pela volta de dois escravizados que tinham fugido: uma aladá de nome La Garonne e um homem de cor nascido em Martinica de nome Joseph.[94] Um relatório preparado para os proprietários de Bréda por um desolado funcionário branco denunciava a anárquica situação da plantation, comparando-a a um "carnaval" devido ao absenteísmo dos escravizados, que costuma-vam ir para Cap e desaparecer por dias seguidos; assinalava também "a propensão à indolência, à promiscuidade e à independência" entre os escravizados domésticos.[95]

À primeira vista, esse mundo makandalista africano de quebra-pau nas ruas, danças *chicas* e *kalindas* noturnas, rituais vodus e fraternidade de plantation parece muito distante das preocupações práticas de Toussaint, para não mencionar suas fortes opiniões católicas. Mas a fronteira entre vodu e catolicismo (e entre os dois e o herbalismo africano) era altamente porosa.[96] Havia substanciais sobreposições entre Toussaint e as crenças e os traços pessoais atribuídos a Makandal, que foram adotados por seus seguidores — especialmente o deísmo, a oposição visceral à escravidão, o conhecimento íntimo da medicina natural, o carisma, e acima de tudo a dedicação ao ideal de fraternidade. Além disso, as obrigações de Toussaint como cocheiro de Bayon exigiam que permanecesse em estreito contato com os trabalhadores da plantation; está claro também que ele soube me-recer seu apoio e sua confiança durante todo aquele período, e, como já foi dito, renegociar as condições de trabalho do grupo durante o conflito com Delribal. Não há dúvidas de que jamais teria conseguido sustentar essa posição sem envolver-se com — e entender — a cultura político-religiosa dos escravizados dissidentes.

A verdade é que tudo que sabemos sobre os métodos posteriores de Toussaint sugere que suas relações com o makandalismo não eram de identificação total, mas de adaptação criativa. Ele achava possível, por experiência própria, trabalhar com a população europeia de colonos, e que isso era mesmo essencial para o futuro econômico da colônia. E certamente também era contra a morte de escravizados negros por agentes de Makandal: o derramamento de sangue, especialmente sangue negro, sempre lhe pareceu repugnante. Acima de tudo, Makandal acabou capturado, e o adolescente Toussaint provavelmente assistiu à sua execução pública em Cap em 1758: ele teria visto nessa derrota uma prova de que a ideia de um confronto total com a ordem dominante tinha pouca probabilidade de dar certo. Ao mesmo tempo, seu pensamento político subsequente mostra que ele foi inspirado pela ambição makandalista de criar uma consciência comum entre os escravizados negros, pelo apelo do movimento a suas aspirações de liberdade e pela intenção de forjar uma organização revolucionária eficiente capaz de projetar sua influência nas diferentes partes da colônia.

Era nessa capacidade de pegar formas sociais e políticas existentes, absorvê-las por completo e em seguida empregá-las para seus próprios fins que estava o gênio de Toussaint. No fim dos anos 1790, ele empregou essa mesma atitude em relação ao catolicismo, adotando, para seus objetivos políticos, as redes religiosas instituídas pelos jesuítas em meados do século XVIII. Também fez empréstimos criativos da cultura vodu, como ilustra o surgimento de sua própria forma de misticismo makandalista, com o uso de expressões e contrastes retóricos particulares (luz-sombra, amargo--doce, bem-mal, terra-céus) e o gosto por pitorescos símbolos naturais. Os rituais makandalistas geralmente terminavam com *"après Bon Dieu, c'est Makandal"* [Depois do Bom Deus, Makandal], e Toussaint usava com frequência essa frase em seus discursos nos anos 1790 (substituindo "Makandal" por outros nomes). Ele também tomou emprestadas técnicas makandalistas de exibir substâncias de cores diferentes para transmitir suas mensagens políticas, e lançou mão de vários subterfúgios para aparecer e desaparecer rapidamente; isso reforçava a aura sobrenatural já associada a ele, com algumas pessoas saudando-o como um feiticeiro que era Makandal reencarnado.[97]

A DESCRIÇÃO DE SI MESMO FEITA por Toussaint como homem que tinha adquirido a alma da liberdade antes da revolução era amplamente justificada. Foi uma viagem extremamente difícil, como observaria Frederick Douglass: "Outros libertadores e salvadores de homens vêm do céu, esse homem veio do inferno da escravidão".[98] Mas ele trabalhou incansavelmente para se libertar das restrições materiais e espirituais de sua condição. Essa independência de espírito era um dos traços mais cativantes de sua personalidade, e acabaria se tornando uma das características definidores de sua política: nas palavras do poeta haitiano Roger Dorsinville, sua "vocação para a liberdade" manifestava-se no esforço para "transcender constantemente os limites que outros tentavam lhe impor".[99]

Esse esforço para se libertar de dominações externas é o principal elemento de continuidade entre sua vida pré e pós-revolucionária. Ainda antes de 1790, Toussaint juntara-se às fileiras dos poucos homens negros de Saint-Domingue que haviam conseguido, contra todas as probabilidades, escapar da servidão humana. Não se gabava de suas conquistas nos últimos anos, por claras razões políticas: na verdade, em seus discursos aos irmãos negros, gostava de ressaltar que tinha sido "escravo como todos vocês".[100] Toussaint sempre se orgulhou de sua aparência nos últimos anos, e podemos imaginar que se vestia com apuro — especialmente porque os registros mostram que Bayon de Libertat fez generosas alocações de recursos para membros de elite da força de trabalho de Bréda, incluindo jaquetas (quase sempre azuis), chapéus e botões.[101] O mais importante é que muitos traços de caráter de Toussaint nos últimos tempos já estavam plenamente formados antes da revolução: dos hábitos físicos (sempre testando os próprios limites, sempre em movimento, dormindo pouco e comendo menos ainda) ao orgulho, à prudência, à religiosidade, ao talento para fazer concessões e ao amor pelo sigilo. Também era plenamente visível durante os anos que viveu em Bréda uma de suas qualidades humanas mais cativantes: o horror à violência, que provavelmente vinha de suas atividades de curandeiro natural, e de seus valores religiosos humanistas.

Já se sugeriu que Toussaint compartilhava a ideologia comum de muitos negros forros na Saint-Domingue do fim da era colonial: uma ideologia contrária à escravatura e à dominação branca e que, ao mesmo tempo, ressaltava as virtudes do esforço individual, do trabalho duro e do progresso pelos próprios méritos.[102] Nisso talvez haja alguma verdade, ainda que talvez subestime o significado da fraternidade no esquema de valores de Toussaint. Ideais de fraternidade tinham profundas raízes nas diversas tradições culturais e religiosas de Saint-Domingue, e Toussaint identificava-se com todas elas, em graus diferentes, antes de 1791 — bem antes do advento da Revolução Francesa. Para ele, a fraternidade era menos um conceito filosófico do que uma experiência de vida, manifestada no ativo envolvimento em várias redes de contatos. De sua base na propriedade de Bréda ele se movimentava, sem obstáculos, numa série de círculos sobrepostos, indo buscar forças na família, na cultura aladá, nos irmãos crioulos e *bossales*, e nos homens e mulheres com quem partilhava sua fé católica; pela altura dos anos 1780, já tinha conquistado seu banco na igreja, à qual levava a família inteira nos domingos e nas ocasiões festivas.[103] Como patriarca, combinava idealismo e generosidade com pragmatismo e egoísmo, supervisionando seus interesses pessoais ao mesmo tempo que participava dos complexos negócios do patrão, Bayon de Libertat, e de vez em quando entrando nos nebulosos mundos dos curandeiros naturais, dos praticantes do vodu e dos comerciantes makandalistas itinerantes, que ligavam as plantations às cidades.[104] Em todas essas atividades, fez contatos preciosos, que lhe seriam úteis mais adiante.

A certa altura no fim dos anos 1780, como veremos no próximo capítulo, Toussaint também desenvolveu fortes vínculos com companheiros da elite dos escravizados (cocheiros, capatazes, camareiros) na planície do norte de Saint-Domingue, tomando parte de reuniões dominicais regulares que preparariam o terreno para a insurreição de agosto de 1791. Pesquisas de arquivo recentes revelaram novas camadas dessa sociabilidade fraterna. Um grande número de futuros insurgentes negros de Saint-Domingue interagiu estreitamente com Toussaint em Bréda na década anterior: entre eles, Jean-François Papillon e Jeannot Bullet, dois dos primeiros líderes revolucionários, e o rebelde *bossale* Sans-Souci, que viria a ser alto comandante de seu exército.[105] Talvez a mais surpreendente dessas ligações revolucionárias avant la lettre seja a conexão recém-descoberta entre Toussaint e Jean-Jacques Dessalines, um de seus generais mais bem-sucedidos, que se tornaria o primeiro líder do Estado independente do Haiti. Dessalines foi, muito provavelmente, um dos treze escravizados que Toussaint supervisionou quando tomava conta dos negócios do genro Philippe-Jasmin Désir, e que acabou sendo herdado por sua própria filha Marie-Marthe.[106] Esse fato espantoso ressalta as complexas teias de relações entre os escravizados negros de Saint-Domingue nos anos que precederam a revolução.

Contrariando insinuações de alguns críticos, Toussaint não sofria de complexo de inferioridade por causa da negritude, e seu desprezo pelo sistema branco de escravatura da Saint-Domingue do ancien régime era profundo. Ele conhecera em primeira mão sua brutalidade, desumanidade e racismo, bem como sua imoralidade, em especial a busca depravada do luxo em lugares como Cap, símbolo tétrico da ganância e da opulência coloniais. Ao mesmo tempo — e de maneira notável para um homem que sabia de dezenas de atrocidades cometidas contra negros pelos colonos brancos de Saint-Domingue que haviam ficado impunes[107] —, sua visão da natureza humana não era racializada. Seus encontros com os missionários jesuítas, e mais tarde com Bayon de Libertat, fomentaram a persistente convicção de que havia uma capacidade para o bem em todos os seres humanos. Essa é talvez uma das áreas em que Toussaint formou vínculos espirituais — com a mediação de tradições vodus e católicas — com a cultura dos tainos, conhecidos pela brandura e pelo amor à natureza.[108]

Ele não era — ainda — um revolucionário. Mas a atmosfera de rebelião na qual esteve mergulhado durante os anos que viveu em Bréda formou, sem sombra de dúvida, seu caráter e seus valores, e preparou o terreno para o seu surgimento posterior como o Espártaco Negro da colônia. Não era por acaso que a província setentrional de Saint-Domingue, com suas grandes plantations e sua alta concentração de escravizados *bossales*, fosse o centro de todas as insurreições importantes da colônia, a começar pela conspiração clandestina de Makandal em meados do século XVIII, prosseguindo com a revolta dos escravizados de 1791, que lançou a revolução em Saint-Domingue, e terminando com a rebelião popular de 1802 contra o exército francês invasor. Em outras palavras, nos anos de formação de Toussaint uma cultura revolucionária madura já estava em atividade na colônia; rejeitava o sistema de escravidão em nome da liberdade e da independência, e promovia uma visão radical de fraternidade negra que inspirava grande número de escravizados.[109]

Ainda que Toussaint não abraçasse plenamente seu programa político, essa cultura revolucionária moldou traços essenciais de seu caráter. Ajudou a alimentar nele a capacidade de operar em silêncio, sem revelar suas verdadeiras intenções, bem como a energia e a força de vontade prodigiosas, que lhe permitiram superar limitações físicas. Proporcionou-lhe também uma força moral íntima capaz de resistir a pressões do mundo exterior, mesmo no que esse mundo tinha de mais perverso. Pois, apesar dos esforços do sistema colonial para esmagar seu espírito e negar-lhe uma personalidade, como outros homens de origem africana Toussaint chegou à idade adulta com plena consciência de sua condição humana, e armado de um poderoso desejo de liberdade. Seus sentimentos de fraternidade foram reforçados pela fé católica, que cimentou a crença na possibilidade de regeneração social: havia um significado e um propósito subjacentes à existência humana, e todos os homens e mulheres eram igualmente dignos da graça de Deus, qualquer que fosse sua raça ou cor. Por fim, sua inteligência estratégica lhe permitiu explorar as fraquezas da ordem das plantations de maneira a proteger aqueles que lhe eram mais caros. Essa capacidade de construir liberdade coletiva dentro de uma estrutura restritiva seria reproduzida, em escala muito mais grandiosa, nas relações que mais tarde procurou desenvolver entre Saint-Domingue e a França.

Deve-se notar que a principal língua que Toussaint falava, e utilizou numa base diária durante as primeiras cinco décadas da vida, era o crioulo. Um dos memorialistas de Saint-Domingue no fim da era colonial que o ouviu falar notou que sua expressão era não só precisa, mas também vívida e pitoresca.[110] Combinando motivos franceses, africanos e indígenas, e uma aptidão para a ambiguidade, a ironia e o dito espirituoso, a língua era um reflexo perfeito das forças culturais que formaram a personalidade e o intelecto de Toussaint. O crioulo do norte de Saint-Domingue era distinto do crioulo do oeste e do sul — mais rico e mais dinâmico, por ter absorvido uma série de influências africanas. Era a língua da unidade, que juntava populações negras dos vilarejos e cidades e os escravizados das plantations, e expressava sua diferença da sociedade branca. Baseava-se também nas experiências comuns de opressão e nas esperanças comuns de um futuro melhor; nesse sentido, era a língua da liberdade.[111]

2. As portas do destino

"Sou Toussaint Louverture, os senhores talvez tenham ouvido falar em mim. Os senhores sabem, irmãos, que resolvi me vingar, e que desejo que a liberdade e a igualdade reinem em Saint-Domingue. Trabalho desde o começo para que isso se torne realidade e estabeleça a felicidade de todos nós."[1] Com essas palavras, Toussaint fez sua elegante entrada na vida pública. A Revolução Francesa de 1789, com sua Declaração dos Direitos do Homem e do Cidadão, sua ideia de soberania popular e seus princípios de liberdade, igualdade e fraternidade, tinha desencadeado poderosas rivalidades políticas na colônia. No começo dos anos 1790, linhas de batalha estavam traçadas entre defensores e oponentes da concessão de direitos para pessoas de cor livres, entre *pompons blancs*, os legalistas franceses, e *pompons rouges*, os autonomistas coloniais, e entre os principais grupos raciais da colônia: brancos, mestiços e negros. A questão central era a escravidão, e Toussaint surgiria como o defensor da emancipação negra e seu ideal revolucionário de fraternidade.

O mundo familiar que o cocheiro de Bréda conhecera em seus primeiros cinquenta anos de vida desintegrou-se completamente no começo dos anos 1790. Uma colossal insurreição de escravizados, lançada em agosto de 1791, destruiu a autoridade moral e política dos colonos brancos, bem como seu poder econômico: até meados da década, milhares de brancos tinham fugido da colônia, buscando refúgio nas ilhas caribenhas vizinhas, nos Estados Unidos e na França, e as prósperas plantations da planície setentrional pararam de produzir. A anarquia foi agravada pelo colapso da autoridade francesa em Saint-Domingue, com o incêndio de Cap em 1793 e a luta acirrada pelo controle do território entre forças regulares e auxiliares francesas, espanholas e britânicas. Contra esse pano de fundo de guerra civil, e de intervenção estrangeira, os primeiros anos de atividade política de Toussaint, de 1791 a 1794, ainda hoje são objeto de controvérsia. Sua posição na cambiante sequência de acontecimentos costuma ser vista como "misteriosa",[2] e seu papel em quase todos os episódios importantes alimenta debates: a exata natureza de seu envolvimento no levante de 1791; a seriedade de sua dedicação inicial ao princípio da *liberté générale*, como a emancipação era conhecida; o significado de sua lealdade à monarquia espanhola, cujas forças controlavam porções consideráveis do norte de Saint-Domingue e sob cuja bandeira ele combateu por mais de um ano; seus motivos para não se juntar ao lado republicano, mesmo bem depois de as autoridades terem proclamado a abolição da escravatura na colônia, em agosto de 1793; e a data precisa, e a base lógica subjacente, de seu *ralliement* ao campo republicano em 1794. Os críticos retratam Toussaint durante esse período como uma figura nebulosa, com poucos princípios pessoais perceptíveis, um simples oportunista que ia para onde o vento soprava.

Mas um exame mais atento das fontes de arquivo francesas e espanholas produz uma imagem mais coerente de seus primeiros anos revolucionários. Armado de uma crença inabalável na liberdade natural e de uma dedicação estratégica à libertação de seu povo, o objetivo maior de Toussaint era preservar a liberdade de manobra e evitar enredar-se nos planos de outros indivíduos ou grupos. Seu estilo político já começava a cristalizar-se: preferia pequenos passos a movimentos ousados ou extravagantes; buscar o terreno comum onde possível, e juntar pessoas de todas as raças; e limitar o uso da violência, se necessário recorrendo a subterfúgios. Ele também fazia um certo esforço para disfarçar os próprios objetivos, e desarmava tanto aliados como adversários, levando-os a acreditar que não representava ameaça para ninguém. Na verdade, ainda que os anos 1791-4 tenham sido seu período de aprendizagem na vida pública, muitas de suas opiniões como líder revolucionário já eram bem evidentes.

Uma dessas convicções, por exemplo, era de que a emancipação negra não poderia ser buscada isoladamente dos interesses dos brancos e das pessoas de cor da colônia. Isso foi claramente expresso na proclamação de

29 de agosto, na qual Toussaint se comprometeu a respeitar os direitos e as propriedades dos donos de terras brancos que aceitassem trabalhar a seu lado. Ele se dirigia explicitamente à população mestiça, recomendando que seus membros não formassem um "partido separado", e encerrando com esta fórmula notável: "A igualdade não pode existir sem a liberdade, e para que a liberdade exista precisamos de união". Também muito visível era a combinação em Toussaint de valores crioulos, republicanos e cristãos. Ele definia a si próprio como um "irmão verdadeiro", que trabalhava para o "bem público", comprometido com os preceitos de "bondade, integridade e humanidade". Ao mesmo tempo, apelava ao princípio do perdão: distinguia entre a "treva" que cegava seus inimigos e a "luz" que esperava lhes trazer, acrescentando que Deus "puniria os perversos e teria piedade dos inocentes que haviam sido pervertidos".[3]

Mais extraordinária ainda era a autoconfiança de Toussaint, capturada no novo nome que escolhera para si, e que logo se tornaria lendário. Nos primeiros momentos da insurreição, ele assumiu inteiramente o nome de escravizado: uma testemunha ocular do lado rebelde disse que as pessoas referiam-se a ele como *"Toussaint esclave nègre de l'habitation Bréda"*.[4] Quando estabeleceu sua autoridade como comandante militar insurgente, passou a ser "Monsieur Toussaint". No decorrer de 1793, apareceu o nome "Louverture", logo acompanhado por uma elaborada assinatura. Até hoje se discute o que havia, exatamente, por trás da metáfora *"ouverture"* [abertura]: há sugestões de que funcionários franceses de início usaram o termo para descrever o talento de Toussaint para a conciliação, ou, inversamente, sua espantosa capacidade de tomar territórios sob o controle dos colonos; um comissário francês teria exclamado em 1793, depois de o comandante rebelde ter capturado várias de suas posições estratégicas: *"Comment cet homme fait donc ouverture partout!"* [Esse homem está abrindo espaços em toda parte!].[5]

Toussaint, segundo consta, apropriou-se do título e fez dele um motivo de orgulho. Mas não foi só isso. "Louverture" simbolizava não apenas uma ambição pessoal, mas a aspiração de Toussaint por um futuro melhor, em particular para os negros; a "abertura" deveria ser vista como um novo ponto de partida. Ele com certeza sabia, nesse contexto, que uma das divindades vodus mais reverenciadas era Papa Legba, o espírito das encruzilhadas; um canto popular crioulo no início das cerimônias rituais dizia: *"Papa Legba, ouvri barriè pour moins!"* [Papa Legba, abra o portão para mim!].[6] Galopando por Saint-Domingue em seu cavalo, Toussaint preparava-se para abrir as portas do destino.

A INSURREIÇÃO DE 1791 FOI CONCEBIDA e executada pelos escravizados negros de Saint-Domingue e seus líderes. Mas os acontecimentos na França metropolitana, especialmente logo após a revolução de 1789, também funcionaram como um importante acelerador. A reiterada incapacidade dos revolucionários franceses em Paris de se empenhar em qualquer processo significativo de reforma colonial — e em particular de aplicar os princípios universais de liberdade e igualdade para as populações livres mestiças e negras — deixou marcas profundas em Toussaint, e fortaleceu a sua convicção de que os direitos dos cidadãos negros de Saint-Domingue só seriam garantidos se eles próprios tomassem a iniciativa política.

O símbolo da impotência colonial da revolução era a Société des Amis des Noirs, estabelecida na França um ano antes da revolução de 1789. Inspirada nos ideais do Iluminismo radical que produziu a abolição do feudalismo e a Declaração dos Direitos do Homem e do Cidadão na França, a Société denunciava a escravidão e pedia mais igualdade nas colônias, notadamente através do reconhecimento dos direitos civis das pessoas de cor livres, tão numerosas quanto os brancos. Além disso, em princípio, estava comprometida com o abolicionismo, mas só a longo prazo, e sem dar quaisquer poderes aos próprios escravizados — menos ainda por meio de uma "revolução".[7] E dessa maneira, apesar da eloquência de seus luminares, como Brissot, Mirabeau, Lafayette e Condorcet, a Société não conseguiu influenciar a opinião pública nem os primeiros atos políticos da revolução. A abolição da escravatura só era defendida em cerca de sessenta *cahiers de doléances* (livros revolucionários de reclamações) na França — de um total de 60 mil — no começo de 1789.[8] Além disso, a legislatura

As portas do destino   67

revolucionária nacional, a Assembleia Constituinte, era dominada pelos interesses da burguesia proprietária de escravos e mercantil, e as colônias eram responsáveis por dois terços do comércio ultramarino da França em 1789. Seus representantes, agrupados no Club Massiac, é que exerciam a maior influência na Assembleia francesa.[9]

Ruidosamente contrário ao princípio da igualdade racial, e apavorado com a perspectiva de qualquer extensão da Declaração dos Direitos do Homem e do Cidadão a pessoas de cor, esse lobby colonial supervisionou a promulgação do decreto de 8 de março de 1790 que criminalizava qualquer crítica à escravatura e colocava as "propriedades" dos colonos — incluindo seus escravizados — sob a proteção da nação. Um ano depois, em seu decreto de 15 de maio de 1791, a Assembleia Constituinte reconheceu a base constitucional da escravidão, e deu aos colonos brancos um direito de veto contra quaisquer reformas, determinando que o status de habitantes "não livres" só poderia ser deliberado com base em "propostas feitas por assembleias coloniais". A lógica dessa decisão era que os escravizados eram "indivíduos de um país estrangeiro"; mudar suas circunstâncias seria contra seus próprios interesses, assim como contra os interesses do "bem comum".[10] Apesar das proféticas advertências do abade Grégoire, de que todos os povos privados de sua liberdade acabariam por retomá-la, a Revolução Francesa tinha tomado claramente o partido dos proprietários de escravos.[11]

Vitorioso em Paris, esse espírito contrarrevolucionário propagou-se em Saint-Domingue. Em agosto de 1789, um dos principais porta-vozes mestiços advertiu que os franceses tinham ficado "embriagados de liberdade" e pediu às autoridades coloniais que prendessem qualquer pessoa "suspeita" vinda da França e que confiscassem escritos nos quais aparecesse a palavra "liberdade".[12] Assembleias coloniais foram formadas às pressas no norte (Cap), oeste (Porto Príncipe) e sul (Les Cayes) para proteger os interesses dos donos de plantation e dos comerciantes de Saint-Domingue. Enquanto a assembleia provincial do norte, dominada por advogados e grandes comerciantes, permanecia leal à França, a Assembleia Geral de Saint-Marc adotou uma posição cada vez mais rebelde; seus membros eram na maior parte proprietários medianos, oriundos principalmente das assembleias do oeste e do sul.[13] Em operação de abril a julho de 1790, a Assembleia Geral de Saint-Marc produziu uma carta constitucional declarando que o direito à autonomia pertencia "essencial e necessariamente" à colônia;[14] seus membros adotavam os princípios da independência e do livre comércio e rejeitavam a concessão de quaisquer direitos políticos a negros libertos e mestiços.[15] Era consenso, nas diferentes assembleias, que a Declaração dos Direitos do Homem e do Cidadão de 1789 não poderia ser aplicada a Saint-Domingue, sob pena de destruir a "imperiosa necessidade" de preservar a divisão entre as três raças da colônia.[16]

Tão ferozmente se opunham os colonos brancos a mudanças que os suspeitos de simpatia pelos escravizados eram denunciados, submetidos a humilhação pública e, em muitos casos, assassinados. Como afirmou uma das principais figuras entre os colonos: "Em Saint-Domingue só pode haver senhores e escravos".[17] Apesar dos protestos de lealdade das pessoas de cor ao sistema de plantations, os "direitos e privilégios de todos os cidadãos dignos"[18] lhes foram negados pelas novas assembleias coloniais — ainda que porta-vozes mestiços não tivessem, àquela altura, mostrado qualquer inclinação para desafiar a escravatura. Não era de surpreender: na véspera da revolução, pessoas de cor eram donas de mais ou menos um quarto dos escravizados da colônia, especialmente no sul e numa série de propriedades valiosas em cidades importantes como Porto Príncipe.[19] Na verdade, o abastado comerciante mestiço Vincent Ogé excluía especificamente "o destino dos negros que vivem em escravidão"[20] de suas demandas, pedindo aos brancos que forjassem uma aliança com eles para impedir uma revolução dos escravizados.

O principal argumento usado pelos reformistas mestiços era de que a hierarquia colonial deveria basear-se na propriedade e não na cor da pele, e de que uma aliança entre brancos e mestiços fortaleceria a escravidão.[21] Quando essa união de forças reacionárias foi rejeitada pelos brancos, Ogé lançou uma rebelião em outubro de 1790, com a ajuda de outro liberto de cor chamado Jean-Baptiste Chavannes, que havia lutado na Guerra de Independência dos Estados Unidos. A revolta foi rapidamente contida, porque seus líderes se recusaram a pedir aos escravizados que entrassem na briga, e a repressão foi severa; negros e mestiços suspeitos de apoiar a insurgência eram linchados, mutilados e assassinados por milícias brancas. Ogé e Chavannes acabaram capturados e atrozmente executados na roda de despedaçamento no começo de fevereiro de 1791 em Cap, na presença dos membros da assembleia do norte; depois de mortos, foram decapitados, e tiveram suas cabeças expostas em estacas, a de Ogé na estrada de Dondon, e a de Chavannes na de Grand-Rivière. A nova Assembleia Colonial de Saint-Domingue, eleita em julho de 1791, foi dominada por partidários da supremacia branca, que rejeitavam qualquer diluição de seus direitos exclusivos; esses fanáticos eram especialmente fortes em Porto Príncipe e Cap, onde a efígie de Grégoire foi queimada por manifestantes. Para agravar a perversão, os colonos justificavam suas reivindicações contrarrevolucionárias na linguagem republicana do patriotismo, da liberdade natural e da resistência à opressão.[22]

Embora compusessem a maioria da população, os 500 mil negros da colônia eram excluídos dos processos políticos formais. Continuaram totalmente ausentes das discussões das assembleias brancas locais entre 1789 e 1791, quer fossem leais à França ou a favor da independência — confirmando que, na cabeça dos colonos, os escravizados eram rigorosamente invisíveis. Apesar disso, esses homens e mulheres negros tiveram considerável exposição à revolução, sobretudo ao verem as assembleias coloniais praticando vigorosamente a democracia por meio de eleições locais e de deliberações coletivas. Eles foram estimulados também pelas ideias radicais que vinham da França. Nos portos da colônia, soldados e marujos recém--chegados repetiam com entusiasmo as últimas máximas sobre liberdade e igualdade dos clubes revolucionários franceses e as repassavam a escravizados nas docas.[23] Em suas memórias, um colono insatisfeito descreveu as cidades costeiras de Saint-Domingue naquela época como uma "escola fumegante de insurreição"; além disso, ele viu com os próprios olhos escravizados comprarem imagens revolucionárias e andarem com exemplares de obras subversivas, como a *Histoire philosophique* de Raynal e Diderot.[24] Apesar dos esforços das autoridades coloniais, dezenas de publicações revolucionárias — livros, panfletos, jornais — chegavam a Saint-Domingue, onde eram divulgadas por jacobinos brancos e negros e pessoas de cor que sabiam ler. Escravizados domésticos também aprendiam sobre esses escritos entreouvindo as conversas de seus senhores, cujos assuntos passavam adiante nos mercados, nas estradas e nos campos da colônia. Um administrador de plantation informou em outubro de 1790 que a visão do símbolo revolucionário, a roseta azul, branca e vermelha, dava "ideias" a seus escravizados, e "mais ainda as notícias da França, alardeadas indiscretamente".[25] Um visitante europeu ficou horrorizado ao ouvir seus anfitriões brancos discutirem abertamente ideias de liberdade e igualdade na presença de escravizados: "Falar em direitos humanos na presença desses homens lhes ensina que o poder está na força, e a força, nos números".[26]

Como na França, a revolução exercia um fascínio especial sobre a imaginação coletiva, oferecendo terreno fértil para que rumores criassem raízes na colônia. Circulavam histórias de que, apesar da oposição da Assembleia Constituinte em Paris, o rei tinha concedido liberdade aos escravizados de Saint-Domingue, mas que seus cruéis senhores brancos se recusavam a obedecer; muitos escravizados presos em 1790 e no começo de 1791 deram testemunhos nesse sentido durante seu julgamento.[27] Mais notável ainda é que os escravizados adaptavam a Revolução Francesa para que nela coubessem suas próprias aspirações de liberdade: um relato bastante difundido em Saint-Domingue dizia que "escravos brancos na França tinham matado seus senhores, e agora estavam livres, governavam a si mesmos e tinham recuperado a posse da terra".[28] Um reflexo dessa mistura de ideias revolucionárias francesas e crioulas estava nos objetos encontrados em poder de um insurgente negro capturado no fim de 1791: em volta do pescoço ele trazia um amuleto vodu que consistia em "um saquinho cheio de cabelos, ervas e pedaços de osso", e nos bolsos, "panfletos impressos na França, repletos de lugares-comuns sobre os Direitos do Homem e a Insurreição Sagrada".[29]

A insurreição de escravizados de 1791 começou com alguns milhares de rebeldes atacando plantations no norte de Saint-Domingue. Uma das primeiras a serem totalmente queimadas foi a de Gallifet, onde, segundo a

As portas do destino

mitologia branca das plantations, os escravizados levavam uma existência de beatífica satisfação.[30] Em questão de dias, toda a planície do norte estava em chamas, enquanto as plantations que produziam o melhor açúcar da colônia eram arrasadas; as chamas dos incêndios eram visíveis em Cap, onde um morador escreveu que nunca tinha visto tão "terrível espetáculo".[31] Embora alguns indivíduos tenham sido poupados, ou protegidos por seus escravizados, centenas de homens, mulheres e crianças brancos foram mortos; outros foram aprisionados.[32] Os insurgentes contaram a um dos cativos que seu objetivo era "destruir todos os brancos — à exceção dos que não têm propriedades, e de alguns padres, médicos e mulheres — e se assenhorear do país".[33] No fim de agosto, as fileiras do exército negro insurgente já tinham crescido para 10 mil, e em novembro chegaram a 80

O lançamento da insurreição de escravizados em agosto de 1791 levou ao massacre de colonos brancos no norte de Saint-Domingue e à destruição de muitas plantations. Toussaint protegeu a propriedade de Bréda e escoltou a mulher de Bayon de Libertat para um lugar seguro.

mil — quase metade da população escravizada da região norte. Apesar de não terem conseguido tomar Cap, mesmo depois de três tentativas, os rebeldes avançaram com êxito para leste durante uma segunda onda de ataques em outubro, e antes do fim de 1791 tinham assumido o controle quase total das partes norte e leste de Saint-Domingue, até a fronteira do território de Santo Domingo, controlado pelos espanhóis.

A insurgência negra de 1791 em Saint-Domingue foi lançada depois de duas reuniões: a primeira, em 14 de agosto, foi um encontro de representantes da elite dos escravizados de cerca de cem plantations do norte, que certamente contou com a participação do comandante rebelde de Limbé, leitor de Raynal, que conhecemos na Introdução. A segunda, mais ou menos uma semana depois, foi a famosa cerimônia de "Bois-Caïman", na qual a conspiração foi sacramentada num ritual religioso juntando uma grande variedade de práticas espirituais.[34] A cerimônia, que se tornou um dos mitos de fundação da cultura haitiana moderna, marcou o auge das ações de uma "vasta rede" que já vinha operando, havia algum tempo, em toda a planície setentrional.[35] O papel de Toussaint nesses primeiros momentos da revolução tem sido objeto de muitos debates. Ele impediu que a plantation de Bréda fosse invadida nas primeiras semanas da insurreição, e protegeu a mulher de Bayon de Libertat, que permanecera no local. Por muito tempo, até mesmo alguns de seus mais ardentes admiradores acreditavam que ele não havia desempenhado nenhum papel ativo no levante de agosto. Schoelcher notou que, nessa época, ele era um "defensor da ordem, e um conservador por instinto",[36] ao passo que C. L. R. James, num raro lapso de sua parte, observou que ele "não tinha a ousadia das tropas" rebeldes e "esperou para ver que rumo as coisas tomariam".[37]

Segundo essa opinião, Toussaint só aderiu formalmente à insurgência no fim daquele ano, depois que Madame Bayon foi escoltada para Cap por seu irmão Paul Louverture e que ele mandou a mulher e os filhos para um lugar seguro em território sob controle espanhol. O próprio Toussaint, porém, declarou em sua proclamação de 29 de agosto de 1793 ter participado do movimento revolucionário desde o princípio — uma deixa para que outros historiadores afirmem que ele desempenhou "um papel importante

As portas do destino

nos preparativos secretos da insurreição", mesmo continuando a residir na plantation de Bréda.[38] Para aumentar a confusão, muitos republicanos franceses achavam que a insurreição dos escravizados tinha sido provocada por "agentes do rei";[39] numa pitoresca distorção dessa narrativa, o historiador haitiano oitocentista Céligny Ardouin afirmou, com base no depoimento oral de um veterano de guerra de Saint-Domingue, que Toussaint estava no centro da insurreição de 1791, mas na qualidade de *agent provocateur* monarquista francês. O que se dizia era que, graças aos contatos que fizera por intermédio de Bayon de Libertat, servindo na milícia legalista de Cap naquela época, ele ajudara a orquestrar a rebelião para assim decapitar os proprietários de terras da colônia, que haviam, para todos os efeitos, assumido o controle das assembleias regionais de Saint-Domingue e faziam campanha a favor de mais autonomia e mesmo da independência. Dessa maneira, longe de possibilitar a tomada do poder pelos negros, seu objetivo era restaurar a autoridade do governador Rouxel de Blanchelande e impedir que a colônia continuasse se afastando da França metropolitana.[40]

Os arquivos da colônia não fornecem qualquer prova dessa conspiração. Na verdade, ela parece além da capacidade intelectual e material do desventurado governador, cuja administração desmoronava (uma carta enviada de Porto Príncipe para Blanchelande em abril de 1790 levou dois meses para chegar a Cap).[41] Os arquivos espanhóis, entretanto, contêm um "Certificado", assinado por Toussaint em julho de 1793, no qual ele reconhece que na época da revolta dos escravizados participara de um complô para reconduzir o rei francês ao trono.[42] Uma das qualidades definidoras de Toussaint, no entanto, era a capacidade de confundir os adversários; no instável contexto de meados de 1791, ele pode muito bem ter estado em contato com agentes do lado monarquista, levando-os a acreditar que a revolta dos escravizados poderia servir a seus interesses. Defensores da teoria da conspiração também chamam atenção para o uso de slogans e insígnias monarquistas por insurgentes negros, muitos dos quais se diziam *"amis du roi"*. Mas, como Toussaint esclareceu mais tarde com robusto bom senso, a França em 1791 ainda era uma monarquia, e não uma república: "Assim, era natural que apresentássemos nossas queixas ao rei, o chefe da nação".[43]

Os cidadãos negros não teriam visto nenhuma contradição entre as ideias monarquistas e a crença na emancipação: como já foi notado, administradores monarquistas haviam tentado introduzir reformas trabalhistas na colônia nos anos 1780, como o abrandamento do regime escravista, mas foram barrados pelos colonos — daí a percepção generalizada de que o rei servia de contrapeso aos proprietários de terras.[44] Ninguém precisava lembrar aos escravizados que as autoridades revolucionárias em Paris tinham falhado completamente na promoção da causa da emancipação entre 1789 e 1791, e que os mais ardentes defensores da escravidão em Saint-Domingue haviam se apropriado da linguagem revolucionária em benefício próprio.

A teoria da conspiração monarquista acaba deixando a desejar porque os acontecimentos relativos ao planejamento e à execução da insurreição de 1791 trazem todos os sinais do que viria a ser o estilo de Toussaint. Em muitos sentidos, o levante foi o primeiro ato formal da coalizão de Louverture: escravizados e negros forros (um dos primeiros cabeças, Jean-Baptiste Cap, era um liberto com recursos substanciais), negros africanos e crioulos, escravizados domésticos e *marrons*, capatazes e trabalhadores das plantations, guerreiros e clérigos (uma grande maioria de padres católicos das paróquias do norte de Saint-Domingue apoiava a rebelião dos escravizados; um deles era o abade Guillaume Sylvestre, o *curé* de Dondon).[45] Não por acaso a reunião de 14 de agosto de 1791 foi realizada na plantation de Lenormand de Mézy, onde Makandal trabalhara como escravizado antes de fugir para a *marronage*, e tornar-se figura mítica na imaginação negra de Saint-Domingue. Era exatamente nesse tipo de simbolismo que Toussaint se sobressaía, e é muito provável que essa conexão makandalista tenha dado a ideia de selar os planos da insurreição num pacto vodu.

Igualmente típico era o fato de Toussaint ter feito um esforço especial nos primeiros momentos da insurgência para aparecer como figura secundária. Veremos que, mesmo depois de aderir formalmente à rebelião, ele continuou a usar pseudônimos diferentes, obscurecendo seu grau de participação nos acontecimentos. Como concluiria depois um oficial francês, não sem admiração: "Escondido atrás da cortina, lá estava Toussaint, comandando todos os fios da trama, e foi ele que organizou a revolta e preparou a explosão".[46]

As portas do destino

A VERDADEIRA INFLUÊNCIA DE TOUSSAINT na insurreição de 1791 pode ser deduzida mais claramente a partir dos nomes e dos antecedentes dos principais líderes surgidos da reunião de 14 de agosto. Vinham todos de círculos da elite dos escravizados, com que ele mantinha contatos regulares desde o fim dos anos 1780; uma testemunha de Limbé comentou que eram os "camareiros e cocheiros, e os mais próximos de seus senhores, que geralmente desferiam os primeiros golpes".[47] Na verdade, três dos quatro homens incumbidos de dirigir a rebelião, Dutty Boukman, Jean-François e George Biassou, eram cocheiros, como Toussaint: "Zamba" Boukman, como era conhecido, tinha trabalhado na plantation de Clément, uma das primeiras a serem incendiadas; antes de tornar-se escravizado *marron*, Jean-François tinha sido empregado de um proprietário de terras da província setentrional chamado Papillon; e Biassou, homem de cor de quem Toussaint era próximo, tinha sido escravizado da ordem dos capuchinhos, que administrava os hospitais militares de Cap. Como foi dito no capítulo anterior, o quarto líder rebelde, Jeannot, era também muito conhecido de Toussaint antes de 1791, tendo trabalhado na plantation de Guillaume Bullet — nada menos do que cunhado de Bayon de Libertat. Toussaint era o único elo significativo entre aqueles quatro homens.[48]

Apesar disso, os líderes da rebelião não eram apenas marionetes: Boukman, em particular, era um combatente corajoso e determinado, cujo carisma assustava os adversários;[49] sua morte em combate no começo de novembro de 1791 (teve a cabeça cortada do corpo e exibida num espeto pelas ruas de Cap) foi lamentada pelos rebeldes, que realizaram uma cerimônia religiosa em sua homenagem.[50] Mas nem Biassou nem Jean-François, que posteriormente emergiria como a face pública da rebelião, eram figuras particularmente ameaçadoras. Como um dos poucos homens de seu entourage que sabiam ler, Toussaint estava em posição favorável para moldar a estratégia e as táticas da rebelião desde o início. Uma possível prova de que tentou fazer justamente isso é revelada numa carta endereçada a Biassou em outubro de 1791. Essa mensagem, redigida num acampamento rebelde em Grande-Rivière, trazia a assinatura de "Médecin Général", que pode ser sido um dos pseudônimos de Toussaint naquela época, devido a seu conhecimento de ervas medicinais. Se ele é de fato o autor,[51] esse seria o primeiro remanescente de seus escritos políticos do começo da era das rebeliões. De qualquer maneira, a carta lança uma luz fascinante sobre as atividades rebeldes daquele momento. Mostra que os insurgentes estavam em contato com um enviado espanhol, que pode ter ajudado a supri-los de armas e munição.[52] Os rebeldes planejavam a defesa do acampamento, e já tinham concebido um plano astuto para se apoderar do paiol de pólvora de Haut-du-Cap, graças a informações dadas por um espião (esse tipo de subterfúgio viria a ser outra marca registrada de Toussaint, o que dá credibilidade à hipótese de que ele escreveu a carta). Havia também um toque de humor louverturiano: o bilhete concluía com um comentário depreciativo sobre Jean-François, conhecido por suas inclinações frívolas, que não "se dignara escrever" por vários dias, provavelmente porque estava ocupado demais "andando de carruagem com suas *demoiselles*".[53]

Como líder revolucionário, Toussaint ficaria conhecido pela capacidade de avaliar pragmaticamente sua própria posição e executar retiradas táticas quando necessário; isso também estava evidente em suas primeiras atividades na rebelião. Em novembro e dezembro de 1791, quando cresciam os temores de uma chegada iminente de reforços militares da França, Toussaint incentivou Jean-François e Biassou a iniciarem negociações com o governador, e com os comissários franceses que tinham acabado de desembarcar na colônia. Sua mão é especialmente visível na carta de 12 de dezembro de 1791, na qual os rebeldes se comprometeram a ajudar a levar os escravizados de volta ao trabalho em troca de uma anistia para os oficiais superiores da insurgência; num esforço para garantir um acordo, Toussaint intercedeu especificamente para reduzir esse número a cinquenta. Apesar de seus apelos por "moderação e sensatez"[54] e de sua sugestão de uma data para encerrar as hostilidades (1º de janeiro de 1792), a oferta foi torpedeada por elementos inflexíveis na Assembleia Colonial e provocou alguma consternação nas fileiras de escravizados insurgentes — especialmente as mulheres rebeldes, que costumavam defender as posições mais radicais e intransigentes.

Mas, devido à capacidade de Toussaint de pensar em termos estratégicos, é improvável que ele visse aquele cessar-fogo como o fim do jogo. Em vez disso, ele o teria visto como o começo de uma sequência política na qual a rebelião ganhava legitimidade; além do mais, a oferta era claramente uma tentativa de separar os colonos brancos mais pragmáticos de Cap dos linhas-duras. Ele sabia, lá no fundo, que a liberdade que os escravizados tinham conquistado com a insurreição era irreversível. De acordo com o relato testemunhal de dois prisioneiros brancos, Toussaint fez um discurso arrebatador em crioulo — o primeiro exemplo registrado de sua carismática força retórica — explicando direito seu raciocínio e pedindo aos rebeldes presentes que endossassem sua lógica. Terá sem dúvida mencionado suas próprias experiências como escravizado, e prometido lutar pelos direitos de seus irmãos e irmãs negros. Seu "discurso comovedor" teve "efeito eletrizante", e os escravizados se declararam dispostos a "retornar a suas plantations se essa fosse a ordem dos comandantes".[55]

Toussaint viria a destacar-se pela generosidade, particularmente com os brancos, e esses sentimentos humanos já eram evidentes no começo da insurreição dos escravizados. Temos testemunhos claros disso num relato escrito por outro prisioneiro branco capturado pelos rebeldes em outubro de 1791. Publicada pela primeira vez em Saint-Domingue em 1792, a narrativa de Gabriel Le Gros descrevia, às vezes com detalhes macabros, as atrocidades perpetradas pelos insurgentes contra os colonos brancos. Mas, mesmo contra a vontade, Gros fez um relato positivo de alguns "bandoleiros" que encontrou, como o comandante insurgente Michaud, que teve piedade dele e "aliviava sua miséria sempre que possível".[56] Havia também muitas referências favoráveis a Jean-François, que o recrutou como seu secretário; a certa altura, Jean-François confirmou para Gros que jamais almejara pessoalmente ser líder da rebelião[57] — embora o relutante generalíssimo tenha deixado de mencionar que foi coroado rei por um padre local.[58]

O verdadeiro herói da história de Gros era Toussaint. Quando, em dezembro de 1791, se espalhou a notícia de que as negociações com as autoridades coloniais tinham fracassado, Biassou ficou tão furioso que deu ordem para matar todos os prisioneiros (incluindo Gros). Eles foram imediatamente trazidos para fora e postos em fila, e seu destino parecia decidido. Toussaint interveio e, enfrentando a raiva de Biassou, convenceu o comandante de que uma execução sumária prejudicaria a rebelião, e de que a única maneira de fazer justiça seria através de um julgamento adequado. O general concordou, e a vida dos prisioneiros foi poupada; não há dúvida de que, depois de outras intervenções de Toussaint, Biassou lhes concedeu perdão no dia seguinte. Na volta para Cap, os prisioneiros sofreram novas ameaças de furiosos combatentes rebeldes, e foi Toussaint, o chefe da escolta, quem mais uma vez ajudou a garantir sua volta para casa, em segurança.[59] Outras testemunhas confirmaram o relato, tendo uma delas dito que "todos os prisioneiros brancos devem a vida a Toussaint, o escravizado da plantation de Bréda, que os protegeu da fúria dos diferentes chefes do acampamento".[60]

Quando o conflito foi retomado, em 1792, Jean-François (que se autointitulou "grande almirante", embora não tivesse marinha) e Biassou (que se autointitulou "governador-geral" e "vice-rei") dividiram os territórios controlados pelos rebeldes. Apesar de nominalmente sob a autoridade de Biassou, Toussaint já se estabelecia como agente autônomo, de início comandando uma força de cerca de seiscentos homens. Deixara considerável marca na insurreição nos primeiros seis meses, influenciando a escolha dos líderes, moldando sua direção inicial, pressionando por concessões e restringindo a propensão à violência indiscriminada tanto do alto-comando como dos próprios combatentes.

A questão estratégica fundamental que a insurgência precisava resolver era sua atitude para com a emancipação dos escravizados, e por muito tempo se acreditou que as primeiras opiniões de Toussaint sobre o assunto — e as dos líderes rebeldes em geral — eram, na melhor das hipóteses, ambíguas, e, na pior, hostis. Especialmente nos relatos franceses costumeiros da Revolução Haitiana, o abolicionismo em Saint-Domingue é retratado como produto dos "ventos estimulantes da Revolução Francesa", notadamente com o fim da escravatura decretado pelo comissário Sonthonax em agosto de 1793, e não como uma manifestação de pensamento radical entre os rebeldes.[61] Apesar disso, já foi convincentemente demonstrado que o decreto de Sonthonax só se tornou possível graças às ações contínuas dos revolucionários negros.[62]

RÉCIT
HISTORIQUE
SUR
LES ÉVÉNEMENS

QUI se sont succédés dans les camps de la Grande-Rivière, du Dondon, de Ste.-Suzanne et autres, depuis le 26 Octobre 1791 jusqu'au 24 Decembre de la méme année.

Par M. GROS, Procureur-Syndic de Valière, fait prisonnier par Jeannot, chef des Brigands.

AUGMENTÉ

DU Récit historique du Citoyen THIBAL, Médecin et Habitant de la Paroisse Sainte-Suzanne, détenu prisonnier, par les Brigands, depuis 16 mois;

ET de la Déclaration du Citoyen FAUCONNET, faite à la Municipalité le 16 Juin 1792.

AU CAP-FRANÇOIS,

Chez PARENT, Imprimeur, au coin des rues Royale et Notre-Dame.

1793.

Publicado pela primeira vez em 1792, o relato testemunhal de Gros sobre a revolução dos escravizados trazia detalhes do papel de Toussaint nos primeiros meses da insurreição, e elogiava seus esforços bem-sucedidos para proteger prisioneiros brancos.

As primeiras proclamações dos escravizados eram inflexíveis quanto à necessidade de emancipação. Quando o governador Blanchelande fez um apelo para que os rebeldes se rendessem em setembro de 1791, Jeannot divulgou uma resposta feroz, retrucando que eles buscavam "apenas esse objeto querido e precioso, a liberdade", e estavam preparados para defendê-la com sua "última gota de sangue".[63] A expressão comum dos escravizados combatentes era *"bout à blancs"* [morte aos brancos], que implicava a eliminação da escravatura através da destruição física de seus agentes mais ativos. Apesar disso, também sabemos que nem todos os líderes da insurgência apoiavam a abolição, ou acreditavam que ela fosse desejável no curto prazo: Jean-François admitiu a seu secretário, Gros, que o princípio da *liberté générale* era uma "quimera", por ser ao mesmo tempo inaceitável para os franceses e inapropriado para a maioria dos escravizados "incivilizados".[64] Além disso, quando as demandas dos insurgentes assumiam um aspecto mais político, considerações táticas às vezes recomendavam objetivos mais modestos. Dessa maneira, em novembro de 1791, quando as primeiras tentativas de paz foram feitas pelos rebeldes, sua principal petição era "uma anistia geral para todos os escravos".[65] A implicação era que, uma vez perdoados, os trabalhadores retornariam para as plantations — ainda como escravizados, mas na esperança de desfrutar de melhores condições, como o direito a três dias de folga por semana, uma das exigências mais comuns entre as fileiras rebeldes. Vale notar ainda que, desde o início da insurreição dos escravizados em Saint-Domingue até o fim de 1792, houve pouco apoio dos chamados *"amis des noirs"* [amigos dos negros] na França à causa abolicionista. Ao contrário: quando a notícia da rebelião chegou à França em outubro de 1791, Brissot, horrorizado, afirmou que só poderia ser uma conspiração contrarrevolucionária, pois escravizados negros não tinham capacidade moral, intelectual e material para lançar uma insurreição naquela escala.[66]

Foi nesse contexto que um dos documentos mais notáveis do começo da Revolução Haitiana apareceu: a *Lettre originale des chefs nègres révoltés*. Datada de julho de 1792, e endereçada às autoridades coloniais, aos comissários franceses e aos cidadãos de Saint-Domingue, ela apresentava argumentos filosóficos pela abolição ressaltando a contradição absoluta entre a Declaração dos Direitos do Homem e do Cidadão de 1789 e a manutenção da escravatura nas colônias francesas. Como era possível, exclamava a *Lettre*, que "liberdade, propriedade, segurança e resistência à opressão" fossem "direitos naturais universais", celebrados na Declaração, e que se negassem esses mesmos direitos ao meio milhão de habitantes negros da colônia? A noção de que negros poderiam ser tratados como propriedade era extravagante, uma vez que o poder legítimo só poderia emanar dos princípios da "virtude e da humanidade". Apelando às autoridades para que reconhecessem o princípio da *liberté générale*, os signatários da *Lettre* juravam repelir qualquer tentativa de dividi-los com a oferta de anistias parciais: a união dos negros agora se tornara um princípio fundamental. A igualdade de direitos era a única base sobre a qual um futuro próspero poderia ser desfrutado por todos os habitantes da colônia. Dirigindo-se especificamente à população branca, a *Lettre* prometia que os escravizados libertos os tratariam com afeto, respeito e gratidão, e lhes permitiriam o "pleno gozo" de suas propriedades e rendas. Apesar disso, em contraste com os escritos rebeldes do fim de 1791, o tom aqui não era de deferência, mas de força implacável: o texto terminava advertindo que os defensores da escravidão enfrentariam a "destruição total" caso se recusassem a atender as demandas da rebelião, e que os insurgentes prefeririam "mil mortes" à capitulação.[67]

A *Lettre* foi publicada pela primeira vez em 1793 no *Le Créole Patriote*, um jornal parisiense editado pelo abolicionista jacobino Claude Milscent, ex-dono de plantation em Saint-Domingue que fora radicalizado pela revolução.[68] Mas sua autoria permanece um tanto misteriosa. Os nomes de três signatários apareciam no pé do texto: Jean-François, Biassou e Gabriel Belair. Alguns historiadores acreditam que eles de fato produziram o documento, o que, no entanto, é altamente improvável.[69] Nenhum dos dois generais mais importantes da rebelião poderia ter contribuído de maneira significativa, ou de qualquer outra maneira, na produção desse texto: não há provas de que estivessem familiarizados com o pensamento iluminista radical. Além disso, como vimos, Jean-François não acreditava em emancipação geral, e Biassou, como uma de suas cartas demonstra, na época só se interessava por projetar uma constituição monarquista.[70] Na verdade, as noções de igualdade, justiça e direito natural não aparecem em quaisquer escritos contemporâneos de Jean-François ou Biassou.[71] Já Belair[72] era um dos jovens ajudantes de campo de Biassou. Houve insinuações de que o abade Lahaye, o padre radical de Dondon, poderia ter sido o autor do texto, mas a linguagem e o tom da *Lettre* não são compatíveis com suas crenças da época, segundo registros.[73] Assim, dado o gosto de Toussaint por "comandar todos os fios da trama", é bem plausível que o texto tenha sido escrito por ele, ou sob seus auspícios. O objetivo seria radicalizar a posição da insurgência nessa questão crucial, e afastar os revolucionários negros da posição makandalista de *"bout à blancs"*: o apelo explícito da *Lettre* ao ideal de uma comunidade de iguais foi o primeiro vislumbre da posterior visão louverturiana de uma Saint-Domingue multirracial.

Há fortes semelhanças entre a *Lettre* e o estilo e as imagens posteriores de Toussaint: da celebração da modéstia (a carta sustenta que fala em nome de homens "que não escolhem palavras solenes") a expressões específicas ("nossa vida depende dos caprichos dos senhores") e apelos à natureza (que "tem prazer em diversificar as cores da espécie humana"), além da combinação característica de igualitarismo republicano e cristão ("fomos todos criados à semelhança do nosso Pai, e somos portanto iguais na lei natural"). A *Lettre* continha também uma passagem sobre Vincent Ogé, usando termos quase idênticos aos da proclamação de Toussaint de 29 de agosto de 1793, na qual se dizia que o mártir mestiço "foi morto por ter tomado o partido da liberdade". Por último, mas igualmente importante, a *Lettre* prenunciava um dos lances retóricos favoritos de Toussaint em seu trato posterior com os franceses: fazê-los agir de acordo com a melhor imagem que tinham de si mesmos. Num apelo aos soldados franceses que tinham acabado de ser despachados para Saint-Domingue a fim de combater a rebelião, muitos dos quais eram sabidamente ardorosos defensores dos ideais revolucionários,[74] ele pediu que se lembrassem de sua própria luta pela liberdade e pela igualdade, e reconhecessem que seus irmãos negros apenas seguiam seu exemplo ao preferirem a exaltação da liberdade a uma vida de servidão.[75]

Em 24 de agosto de 1792, um ano depois do lançamento da insurreição dos escravizados, Toussaint foi um dos principais convidados numa cerimônia organizada por Biassou em Grande-Rivière em homenagem ao dia de festa de Luís xvi. O convite do general (que também deu a si mesmo o título sonoro de *"chevalier de l'ordre royal militaire de Saint-Louis"* [cavaleiro da real ordem militar de Saint-Louis] pedia que todos os oficiais e soldados fossem pontuais, e comparecessem devidamente armados e trajando suas melhores roupas. Toussaint obedeceu com satisfação.[76] Essa manifestação ostensiva de monarquismo de sua parte pode parecer desnorteante justamente numa época em que a *Lettre* sinalizava sua adesão subjacente aos ideais de liberdade e igualdade. Assim como a seriedade de seu compromisso com o abolicionismo, o monarquismo de Toussaint durante esse período tem alimentado conjecturas, alguns afirmando que eram convicções verdadeiras, e outros sugerindo que se tratava apenas de posição tática.

Os indícios sugerem — como é comum no caso de Toussaint — um jeito de pensar mais complexo e original. A bandeira monarquista foi hasteada com entusiasmo por Biassou e Jean-François, e teria sido má política da parte de Toussaint distanciar-se tão abertamente dos dois comandantes rebeldes naquela fase. Além disso, a monarquia oferecia um atracadouro simbólico para os insurgentes numa época de considerável incerteza política na Europa revolucionária: na verdade, em questão de meses, a França se tornaria uma república. O monarquismo era um ponto de convergência importante, também, porque o foco na figura de um governante forte e carismático ainda tinha apelo para muitos escravizados nascidos na África, e porque dava aos "bandoleiros" um distintivo de respeitabilidade que seus adversários brancos de Saint-Domingue tentavam constantemente negar-lhes. Na verdade, Toussaint sentia-se genuinamente atraído por certos aspectos do monarquismo — notadamente a crença na autoridade providencial e nos valores do dever, do sacrifício e da honra; o compromisso com a educação e as boas maneiras; e, claro, a profunda religiosidade. Um funcionário monarquista espanhol em contato com os rebeldes nessa época disse ter assistido a uma missa oficiada, na ausência de um padre, por um alto oficial negro; não o identificou formalmente, mas é muito provável que fosse Toussaint, desde sempre conhecido por sua propensão a subir ao púlpito, metaforicamente, mas às vezes literalmente também.[77]

Toussaint também aproveitou esse período para consolidar sua posição militar e treinar suas forças no acampamento fortificado de La Tannerie; sua autoridade, cada vez maior, é mencionada em uma das cartas de Biassou, que a ele se refere como "Monsieur le Maréchal" e o descreve fazendo as rondas em áreas controladas pelos rebeldes, "estabelecendo a ordem, a paz e a tranquilidade".[78] É o primeiro vislumbre que temos de sua crença na virtude essencial da disciplina — e sem dúvida ele era bem assistido nessa tarefa pelos irmãos Paul e Jean-Pierre e pelo sobrinho Moyse, que se tornaram membros essenciais de seu entourage, e por Jean-Jacques Dessalines, um de seus futuros generais, que ele recrutou nessa época. Esses reforços se mostraram oportunos quando 6 mil soldados franceses desembarcaram em Saint-Domingue em outubro de 1792 para lançar uma grande contraofensiva, que resultou em perdas significativas de posições rebeldes — notadamente Ouanaminthe, na fronteira com Santo Domingo, e Dondon. O próprio Toussaint sofreu forte pressão quando tentava defender Morne Pélé (o posto avançado que protegia La Tannerie), e, apesar de lutar bravamente, foi obrigado a recuar depois de sofrer perdas importantes. Impressionado com sua bravura militar, Biassou, que mal sabia distinguir o cano da coronha do fuzil, promoveu Toussaint ao posto de general em dezembro de 1792; a partir desse momento, Toussaint aparecia nas proclamações de Biassou na qualidade de *"notre général d'armée".*[79]

À medida que a pressão militar aumentava, nos primeiros meses de 1793, os insurgentes começaram a fazer gestos formais de aproximação com a Espanha, que controlava o território vizinho de Santo Domingo. Como já foi dito, há provas de que o levante de agosto de 1791 tinha recebido alguma ajuda secreta de agentes espanhóis locais, sempre prontos a causar danos aos vis franceses. Embora a posição oficial das autoridades de Santo Domingo fosse de neutralidade, havia numerosos contatos entre militares e religiosos locais e líderes rebeldes, especialmente em áreas fronteiriças; segundo o testemunho de um prisioneiro em 1792, os acampamentos insurgentes eram regularmente abastecidos de munição, álcool, tabaco, peixe seco, sal e carne fresca espanhóis;[80] revelou-se também que Biassou manteve correspondência com o governador de Santo Domingo, Joaquín

García y Moreno, nos primeiros meses de 1792.[81] Mas as condições agora eram favoráveis a uma aliança real, pois a Espanha ingressara na coalizão que havia declarado guerra à França logo após a execução de Luís XVI em janeiro de 1793.

Nos primeiros meses de 1793, Toussaint foi despachado para fazer contato com os espanhóis, e eles de fato chegaram a termos extremamente satisfatórios: a emancipação imediata de todos os escravizados combatentes e sua incorporação como auxiliares nas forças espanholas, além do gozo de todas as "liberdades, isenções, propriedades e prerrogativas" a que os súditos espanhóis tinham direito.[82] Em junho de 1793, Toussaint já era general no exército auxiliar espanhol, e comandava uma força de 4 mil soldados.[83] Um mês depois, retomou a cidade de Ouanaminthe com tanta distinção que o governo espanhol lhe deu uma recompensa de quatrocentos pesos.[84] Ele rejeitou com desdém tentativas francesas de fazê-lo reconhecer a autoridade da França, respondendo que seus homens estavam "sob a proteção do rei espanhol";[85] em setembro de 1793, as cartas de Toussaint traziam como cabeçalho *Général des Armées de Sa Majesté Très Catholique et Chevalier de l'Ordre Royal et Militaire de Saint-Louis*.[86] Durante esses meses, ele lutou com vontade contra os franceses. Dondon, Marmelade, Verrettes, Petite-Rivière e Plaisance caíram em seu poder, mais em virtude de estratagemas do que propriamente de força militar; os soldados regulares do lado francês eram em sua maioria negros, e ele evitava de todas as maneiras derramar o sangue deles. Por exemplo, conquistou Marmelade recrutando um de seus principais defensores republicanos mestiços, André Vernet, que imediatamente passou a fazer parte de seu secretariado (e mais tarde casou-se com uma de suas sobrinhas).[87] Toussaint coroou essa campanha astuta tomando em dezembro a cidade costeira de Gonaïves, depois de ter sido mais uma vez convidado pelas forças republicanas que a defendiam. Foi recebido em triunfo, e a partir daquele momento a cidade se tornou um bastião louverturiano.[88] O governador García ficou tão satisfeito com sua "eficiência e habilidade", tão "diferentes daqueles de sua cor", que o saudou como um "bravo guerreiro" e o agraciou com uma medalha de ouro em nome do rei da Espanha.[89]

Enquanto isso, a situação política na França evoluía. A Assembleia Constituinte pró-colonial foi substituída por uma legislatura mais progressista, que em abril de 1792 promulgou um decreto abolindo a discriminação racial nas colônias: a Revolução Francesa tinha levado quase três anos para atingir esse ponto básico. Em setembro de 1762, a França tornou-se uma república, e os comissários do novo regime chegaram a Saint-Domingue; um deles era Léger-Félicité Sonthonax, uma das figuras mais importantes na história revolucionária da colônia, que formalmente proclamou a república em dezembro de 1792.[90] Ele era visto como defensor da reforma colonial, e em 1790 tinha escrito um artigo denunciando o tráfico de escravos e a escravidão, e saudando sua extinção.[91] Contatos foram estabelecidos entre os representantes franceses e os rebeldes, e Toussaint e Biassou trocaram cartas com Sonthonax nos meses seguintes à sua chegada à colônia.[92] No entanto, Toussaint não se sentia tentado a juntar forças com os franceses nessa altura, pois tinha poucos motivos para confiar nos republicanos. Um dos primeiros anúncios dos comissários ao chegarem a Saint-Domingue foi reafirmar que a "escravidão era necessária para a cultura e a prosperidade das colônias", e que não contestariam as "prerrogativas" dos donos de plantation nesse sentido; Sonthonax deu-se até ao trabalho de mandar traduzir o *Code Noir* (agora chamado eufemisticamente de *"code républicain du servage"*) para o crioulo.[93] Esses gestos destinavam-se a tranquilizar os colonos brancos e traziam pouco consolo aos escravizados negros. Além disso, o lado francês era pouco atraente naquela época, devido ao caos administrativo generalizado; quatro governadores foram mandados para a colônia no período de um ano. Esse espetáculo de anarquia culminou com o incêndio de Cap em junho de 1793, depois de um surto de lutas internas entre forças francesas rivais que resultou em milhares de mortos.[94]

Nem mesmo nessas circunstâncias excepcionalmente difíceis Toussaint abandonou a causa abolicionista. Ele concebeu um audacioso plano militar para a unificação da ilha de Hispaniola sob controle espanhol, com a condição de que os espanhóis concordassem em emancipar todos os escravizados negros, e não apenas aqueles que estivessem lutando em seu exército. Levou a proposta a seu superior imediato, o marquês Matías de Armona — que a rejeitou depois de consultar o governador García.[95] Toussaint sondou os franceses no primeiro semestre de 1793, na esperança de conseguir uma aliança com eles em termos semelhantes aos oferecidos pelos espanhóis: anistia a todos os rebeldes e emancipação geral dos escravizados. Embora seguissem na direção da abolição, os franceses ofereceram apenas uma emancipação limitada, e Toussaint descarregou seu ressentimento numa proclamação publicada no começo de agosto de 1793, na qual acusava os republicanos de "perfídia", de "destruírem milhares de pessoas desesperadamente pobres" e de "matarem um rei inocente num desprezível patíbulo". Não que se incomodasse especialmente com o fim do pobre Luís XVI, mas era uma boa oportunidade de devolver a acusação tradicional de comportamento bárbaro aos franceses, cujo país se tornara uma "terra de crime e carnificina", onde o "sangue inocente" de fiéis religiosos era derramado "em nome da república". Ele investiu ainda contra os novos comissários franceses em Saint-Domingue, descrevendo-os como "canalhas enviados para acorrentar (os negros)" e travar uma guerra de extermínio contra os insurgentes, infligindo-lhes "tortura e sofrimento" e perseguindo-os "como animais selvagens".[96] Essa retórica estridente não deve ser tomada inteiramente ao pé da letra, pois sabemos por outras fontes que Toussaint estava em contato com vários oficiais franceses nessa época, até permitindo que alimentos de áreas controladas por ele fossem despachados para Cap; além disso, tinha encontros marcados com comandantes republicanos no início de agosto de 1793.[97]

As declarações de Toussaint nesse período buscavam convencer seu povo de que era ele o defensor mais ardente da emancipação, e não outros líderes rebeldes, ou os republicanos franceses. Ressaltavam também, repetidamente, que a liberdade precisava ser reconhecida como princípio universal. Poucas semanas depois, num apelo aos homens de cor que ainda apoiavam os franceses, voltou ao tema, afirmando que só poderia haver liberdade em Saint-Domingue quando "todos fossem livres". Os que lançaram a rebelião de agosto de 1791 tinham sido os "arquitetos" da luta pela abolição, estabelecendo seus "alicerces". E acrescentou: "Fui o primeiro a favor de uma causa em que sempre acreditei", antes de concluir: "o que começamos, vou terminar".[98]

APESAR DISSO, assumir a liderança da revolução negra era impossível para Toussaint enquanto ele permanecesse, pelo menos tecnicamente, subordinado a Jean-François e Biassou, e general auxiliar nas forças monarquistas espanholas. Por mais elogios que Don García e seus homens fizessem a seu novo aliado, a correspondência interna entre eles mostra que ainda o viam com desconfiança, os rebeldes negros com desprezo, e a ideia de emancipação universal como uma desgraça absoluta. A posição francesa também mudou decididamente a partir de meados de 1793, com a abolição unilateral da escravatura no norte de Saint-Domingue por Sonthonax em agosto. A jogada foi repudiada por Toussaint como um golpe publicitário, e não sem razão: o comissário só quebrou a promessa de manter a escravidão nos territórios franceses porque percebeu que a emancipação era o preço a ser pago para garantir o apoio dos cidadãos negros do norte da colônia — especialmente dos homens que combatiam do lado francês. Toussaint observou também que Sonthonax de início lutou para convencer os outros comissários da necessidade do decreto, e foi incapaz de colocá-lo em vigor mesmo nos bolsões de território nominalmente sob seu controle. Enquanto isso, os desesperados colonos proprietários de escravos, pérfidos até onde era possível, convidaram os britânicos a assumirem o controle de Saint-Domingue para salvaguardar seus interesses: as cidades de Jérémie, Môle Saint-Nicolas e Saint-Marc foram entregues às forças britânicas, seguidas por Arcahaie e Port-Républicain, e tiveram a servidão humana restaurada pelas novas forças de ocupação, cujos contingentes acabariam totalizando 20 mil.[99]

Conforme o ano de 1793 chegava ao fim, a questão da escravatura havia se tornado um divisor crucial em Saint-Domingue, e Toussaint agora precisava reavaliar sua posição. A primeira ruptura veio com Jean-François. Eles nunca tinham morrido de amores um pelo outro, e, quando a estatura e a autoridade de Toussaint começaram a crescer, o generalíssimo tentou, várias vezes, cortar suas asas, provocando escaramuças com suas forças e, em certa ocasião, no fim de 1792, até capturando-o e aprisionando-o em Vallière, de onde ele precisou ser resgatado por Biassou.[100] Toussaint ficou muito agradecido por essa intervenção e diria depois que ela lhe salvara a

As portas do destino

vida — mas no começo de 1794 suas relações com Biassou também começaram a deteriorar-se rapidamente. Achando que Toussaint queria eclipsá-lo, o "vice-rei" preparou uma pérfida armadilha para seu subordinado: ordenou a seus próprios soldados que atacassem o comandante de um dos postos avançados rebeldes em Barade, um oficial de nome Thomas, e que fingissem estar agindo a mando de Toussaint. Quando este chegou ao acampamento, logo depois, as forças de Thomas abriram fogo, ferindo-o e matando sete de seus tenentes. Um deles foi Jean-Pierre, que cavalgava ao lado do irmão.[101]

Numa carta longa, ofegante, datada de 20 de março de 1794, um furioso Toussaint denuncia Biassou às autoridades espanholas. O general era um "homem simples, vulnerável, sem muito conhecimento", e "facilmente desencaminhado pelos canalhas que o cercam", em particular seu secretário pessoal, um "homem perigoso que só quer criar confusão entre nós". Entre os maiores defeitos de Biassou estavam a fraqueza mental ("suas impressões são sempre formadas pela última pessoa que conversa com ele") e o "caráter impetuoso, confuso e dispersivo". Ele culpava Biassou por ter instigado o ataque que custara a vida de seu irmão e acusava-o de provocar sistematicamente a dissensão entre as tropas auxiliares. Toussaint nessa altura declara formalmente sua autonomia militar, afirmando que de seu quartel em Marmelade era agora o "comandante geral" das forças negras, e que Biassou não era "seu superior e nunca tinha sido"; havia mais do que licença poética nesta última afirmação, mas naquele ponto o fluxo de sentimentos de Toussaint era irreprimível.[102]

Uma semana depois, Toussaint redigiu uma segunda carta, igualmente cáustica, dessa vez desancando Biassou por recusar suas ofertas de reconciliação e tramar outro atentado contra sua vida "em Carrefour-à-Vincent"; Toussaint foi informado sobre o complô, sem dúvida por um de seus espiões no acampamento de Biassou, e tomou outro caminho. O general também tinha mandado seus homens roubarem gado e tafiá, e saquearem áreas sob controle de Toussaint, ao mesmo tempo que tentava novamente jogar a culpa nele; além disso, dizia que Toussaint "planeja pegar em armas contra o rei da Espanha", a começar por um ataque a Saint-Raphaël, onde

Sob pressão dos revolucionários negros da colônia, o comissário francês Sonthonax baixou um decreto abolindo a escravidão em agosto de 1793. Esta versão em crioulo da proclamação circulou amplamente na época.

As portas do destino 91

a mulher e os filhos viviam como hóspedes das autoridades espanholas. O objetivo era claramente desacreditá-lo aos olhos dos espanhóis.[103] Por trás desses confrontos com Jean-François e Biassou havia uma diferença fundamental na questão da emancipação. Não só esse assunto não estava sequer remotamente na agenda deles, mas também, para indignação de Toussaint, os dois líderes da insurgência negra estavam ativamente envolvidos na compra e venda de escravizados. Ele deu detalhes específicos da participação de Biassou no "odioso tráfico de mulheres e crianças": despachava agentes para capturar as famílias de insurgentes enquanto eles cumpriam suas obrigações militares na linha de frente, e "vendê-las no mercado de escravos".[104]

Horrorizado com esse comportamento desprezível, Toussaint defendia a causa da emancipação nas paróquias de Gonaïves, Ennery, Plaisance, Marmelade e Dondon, incentivando os escravizados das plantations a desertarem de seu exército e prometendo-lhes liberdade e proteção. Radicalmente diferente das posições de Jean-François e Biassou, essa atitude também colocava Toussaint em conflito com os colonos contrarrevolucionários que residiam nas áreas sob controle espanhol. Muitas dessas áreas eram habitadas agora por ressentidos refugiados brancos provenientes de zonas francesas e entusiastas da escravidão (ainda legal em Santo Domingo, controlada pelos espanhóis); eles formavam milícias armadas favoráveis ao uso do terror para "recolocar os negros na linha", e alguns até sonhavam em reconquistar territórios franceses.[105] Em abril de 1794, Jean-Baptiste Laplace, um dos porta-vozes dos colonos locais, denunciou Toussaint numa carta para Don García, por "pregar a desobediência" e "prometer liberdade aos escravizados que tinham voltado a trabalhar nas plantations". Por esses crimes de "traição e sedição", trovejava Laplace, "a cabeça [de Toussaint] deve rolar".[106]

A pressão aumentava de todos os lados. Então, as relações de Toussaint com seus protetores espanhóis também começaram a deteriorar-se no fim de 1793. Por fora, tudo parecia idílico: Toussaint era festejado pelas autoridades como um guerreiro intrépido e continuava a jurar fidelidade incondicional à monarquia espanhola. Em novembro de 1793, participou de uma cerimônia "de reconciliação" organizada pelos espanhóis em Saint-Raphaël com Jean-François e Biassou, na qual concordou em fazer as pazes com os dois generais; o minucioso memorando assinado pelos três homens incluía a promessa de nunca falarem mal uns dos outros e de "esquecerem desentendimentos passados", e encerrava com o compromisso solene de permanecerem "vassalos fiéis do maior e melhor de todos os monarcas, o rei da Espanha".[107] Mesmo as cartas de março de 1794, nas quais atacava Biassou após o fracasso da reconciliação, reiteravam o apoio de Toussaint à causa da monarquia, "até a última gota de seu sangue". Ele descrevia sua fidelidade ao rei Bourbon como "inabalável" e "firme como uma rocha"; por via das dúvidas, também invocava a fé católica, comparando suas convicções monárquicas a uma "religião", e as perseguições de que era vítima aos sofrimentos de Jesus Cristo.[108]

Mas a cruz de mártir ficava cada vez mais pesada. As forças de García mal conseguiam esconder seu preconceito racial contra os ex-escravizados que formavam o exército auxiliar, e no começo de 1794 tropas espanholas enviadas para proteger a cidade de Gonaïves entraram em repetidos choques com os combatentes de Toussaint, maltratando muitos de seus antigos oficiais superiores republicanos. Pior ainda, o principal contato de Toussaint, o marquês de Armona, com quem desenvolvera relações cordiais (em sua casa realizou-se a cerimônia de reconciliação com Biassou e Jean-François), foi substituído por Don Juan Bautista Gemir y Lleonart, que era muito mais receptivo às queixas dos colonos contra Toussaint e tratava suas forças auxiliares negras com desdém ostensivo. Significativamente, Lleonart e seus superiores ficaram do lado de Biassou quando o conflito entre os dois homens se intensificou, no começo de 1794. Por um momento, forças espanholas locais mantiveram a mulher e os filhos de Toussaint em prisão domiciliar, detendo também seu sobrinho Moyse; isso provocou uma violenta explosão de Toussaint, que se disse "desolado" com o tratamento dado pelos comandantes espanhóis à sua família.[109]

Apesar de ainda haver incerteza sobre a data precisa da transferência de lealdade de Toussaint da Espanha para a França, não há dúvida de que no começo de maio de 1794 ele já estava em contato com as autoridades da colônia, e que em meados do mês deu sinais explícitos de ter adotado a causa francesa.[110] Por prudência, providenciou para que a mulher e os filhos fossem tirados de Saint-Raphaël e levados para junto dele, fazendo, insolentemente, os espanhóis arcarem com as despesas da viagem. Um dos momentos decisivos dessa transição foi um conflito que estourou em Gonaïves no fim de abril, no qual forças auxiliares negras exigiram que a guarnição espanhola se rendesse; os espanhóis fugiram e cerca de 150 *colons* brancos foram massacrados no começo de maio. Toussaint escreveu para o vigário de Gonaïves e para a comunidade branca manifestando pesar pelas mortes,[111] mas esse pode ter sido um ataque deliberado contra elementos contrarrevolucionários mais radicais entre os colonos. Reza a lenda que, antes de dar a ordem para o abate seletivo, Toussaint foi à missa.

No entanto, uma prova das qualidades mercuriais de Toussaint é que mesmo então ele não rompeu relações com seus antigos aliados espanhóis, levando-os a acreditar que ainda poderiam trabalhar juntos. Escreveu para Biassou, sugerindo que esquecessem suas antigas diferenças e convidan-do-o a passar também para o lado francês (tentou adoçar a proposta cum-primentando-o pelo casamento recente). O comandante negro rejeitou a tentativa de reconciliação. Parece, no entanto, que Don García e Lleonart caíram na armadilha, embora Toussaint, audaciosamente, tivesse hasteado a bandeira francesa em suas antigas possessões, de Gonaïves, Ennery e Pe-tite-Rivière a Dondon e Marmelade. Ele alegava que sua mudança de lado não passava de "boato" espalhado por inimigos, e sugeria falsamente que Gonaïves fora ameaçada não pelos franceses, mas pelos britânicos. Não se sabe ao certo se Lleonart acreditou nessas histórias — mas foi ingênuo o suficiente para lhe enviar gado e até munição bem depois de ele ter passado para o lado francês, e continuou a corresponder-se com ele;[112] ainda no começo de outubro de 1794, Toussaint jurava "fidelidade" à Espanha. A essa altura, o homem que Lleonart tratara desdenhosamente como "um negro vingativo e arrogante" deu um ultimato ao espanhol, e expulsou-o sem a menor cerimônia de Saint-Michel e Saint-Raphaël.[113] Don García ficou lambendo as feridas, e esbravejando contra os "impulsos ardilosos e pérfidos" de seu antigo oficial.[114]

EM MEADOS DE 1794, quando a tumultuada aprendizagem de Toussaint como revolucionário chegava ao fim, outra viagem, mais elevada, começou. A partir do momento em que ele ingressou na insurreição de 1791 até seu *ralliement* com os franceses, seu senso de direção o empurrava para um ponto fixo: a emancipação dos "irmãos", os escravizados negros de Saint--Domingue. Inspiravam-no as qualidades extraordinárias daqueles homens e mulheres: sua criatividade intelectual, sua coragem, sua humanidade e, acima de tudo, seu espírito de liberdade, que refletia seu próprio senso de liberdade natural. Ao mesmo tempo, ele buscava afastá-los do projeto makandalista de confrontar a presença dos colonos brancos na colônia e levá-los rumo à visão de uma comunidade política de iguais, na qual negros, brancos e mestiços pudessem coexistir em paz. Esse ideal fraterno ainda estava longe de ser universalmente aceito, menos ainda implementado — mas, de momento, seus contornos estavam claramente gravados na mente de Toussaint e já encarnados nos valores e nas práticas de seu exército revolucionário, agora com 6 mil soldados.

Sob essa luz, seria um equívoco ver a decisão de Toussaint de juntar-se aos franceses em 1794 como uma "conversão" ao jacobinismo republicano — ou um "abandono" da Espanha. A partir do momento em que aderiu à insurreição em 1791, suas ideias resultaram de raciocínio próprio, e combinavam a tradição revolucionária de Saint-Domingue com seus próprios elementos nativos de monarquismo e republicanismo. Havia uma distância significativa entre sua posição e a do republicanismo colonial francês dos anos 1790, como veremos mais adiante. Por exemplo, mesmo depois de abolirem a escravidão, os revolucionários franceses jamais reconheceram a legitimidade da insurreição dos escravizados de 1791 em Saint--Domingue. Mais genericamente, não deram a Toussaint razão alguma para confiar neles, fosse coletiva ou individualmente: ele os viu traírem a revolução no momento em que rejeitaram aplicar a Declaração dos Direitos do Homem e do Cidadão às colônias, e permitiram que sua política para Saint-Domingue fosse ditada exclusivamente pela burguesia mercantil escravocrata e pelos colonos mais racistas. Apesar de ter sido um importante ato simbólico, a abolição da escravatura pelo comissário Sonthonax em 1793 foi movida mais por necessidade do que por princípios, refletindo seu tardio reconhecimento de que foram os próprios escravizados, com sua insurreição, que tornaram a escravidão impossível, como Toussaint compreendeu desde o início. Vem daí a resposta desdenhosa de Toussaint à oferta de um comandante francês local para juntar-se à causa republicana: "Apresentarei armas ao senhor", respondeu ele, "quando o senhor reconhecer meu rei". Essa afirmação costuma ser vista como prova de suas simpatias monárquicas, mas a parte mais eloquente de sua resposta foi ele identificar-se como "Toussaint Bréda" — seu nome de escravizado.[115] Da mesma forma, o decreto de abolição da Convenção francesa em fevereiro de 1794 teve pouco a ver com a decisão de Toussaint: a notícia do decreto só chegou a Saint-Domingue em julho de 1794, meses depois de ele ter se juntado aos franceses.

Houve, porém, uma figura francesa de alta posição cujas interações com Toussaint foram importantes e teriam um papel fundamental em sua carreira política: Étienne Maynaud de Laveaux, um aristocrata radical que abraçou a Revolução Francesa com fervor e chegou a Saint-Domingue como oficial do Exército francês. As relações entre os dois homens não começaram num clima muito auspicioso: no início de janeiro de 1793, Laveaux invadiu o acampamento fortificado de La Tannerie e obrigou os rebeldes a se retirarem; entre os milhares de "bandoleiros" que enfrentou estava Toussaint, e é quase certo que os dois homens tenham disparado um contra o outro de suas trincheiras.[116] Em questão de meses, no entanto, Toussaint estava em contato com o comandante francês, que fora designado governador da colônia.[117] Ele sentiu que "Papa" Laveaux era um tipo raro de representante francês, um homem sincero tanto em seu republicanismo como no compromisso com a causa da emancipação negra. Respondendo a uma das primeiras cartas que recebeu de Laveaux, Toussaint reconheceu que fora "induzido a erro" pelos espanhóis, "os inimigos da república e da raça humana" — mas também lembrou sem rodeios a Laveaux que os franceses haviam rejeitado sua proposta de aliança em 1793. Ele se vira obrigado a procurar os espanhóis porque estes lhe haviam oferecido, a ele e a seus combatentes, liberdade e proteção; agora percebia, no entanto, que os "desprezíveis monarquistas" queriam apenas dividir e enfraquecer os cidadãos negros, para, assim, trazê-los finalmente "de volta à escravidão". Exortando Laveaux a "esquecer o passado", Toussaint jurou que a partir de então seria "inteiramente dedicado a esmagar os inimigos da república".[118] Quando finalmente soube que a Convenção em Paris tinha decretado a abolição da escravatura, reconheceu a Laveaux que aquele era "um grande consolo para todos os amigos da raça humana". Mas não insistiu no assunto: a maioria de suas cartas tratava de seus êxitos na frente militar contra o velho rival Jean-François.[119]

Laveaux mal podia conter o entusiasmo pelo novo recruta da causa francesa. Atestou a devoção de Toussaint ao princípio da *liberté générale*, notando que ele havia confirmado que um de seus principais motivos para desertar do lado francês fora descobrir que Jean-François e Biassou estavam "vendendo como escravos crianças, mulheres e homens tidos como '*mauvais sujets*' [maus súditos]".[120] Depois de um encontro, o governador elogiou a seus superiores esse "cidadão valente e admirável", comentando que, caso se pretendesse reorganizar a gendarmaria de Saint-Domingue, ele seria "o comandante ideal".[121] Tivesse sido informado desse louvor um tanto esnobe, Toussaint reagiria com um sorriso: suas ambições eram muitíssimo mais altas.

3. Bravos guerreiros republicanos

"COMO JÁ DEIXEI CLARO PARA OS SENHORES", disse Toussaint em tom severo a seus oficiais no começo de 1795, depois que eles falharam em seguir suas instruções ao pé da letra, "um bom soldado deve parecer frio por fora, e metódico, leal e impetuoso por dentro."[1] Essa advertência resumia seu próprio caráter, mas também ressaltava os desafios que tinha pela frente, agora que adotara a causa republicana, concentrada então na campanha para expulsar da colônia os espanhóis e os britânicos, assim como os colonos franceses, seus traiçoeiros aliados. A invasão britânica de Saint-Domingue era parte essencial da estratégia adotada em 1793 por William Pitt e seu secretário do Interior, Henry Dundas: conquistar as ricas colônias da França nas Índias Ocidentais, erradicar a ameaça naval francesa na região e preservar o sistema de escravidão nas plantations.[2] Em meados de 1794, os britânicos já tinham capturado Martinica, Santa Lúcia e Guadalupe, e tomado Porto Príncipe; como foi dito no capítulo anterior, eles acabariam controlando uma grande fatia da província ocidental, notavelmente Saint-Marc e Léogâne, bem como uma faixa em torno da cidade costeira de Jérémie. Forças espanholas, aliadas aos britânicos, controlavam partes significativas da província setentrional, bem como a maior parte do território oriental da colônia na fronteira de Santo Domingo, de Fort-Dauphin até Mirebalais.

Toussaint passou para o lado francês num momento particularmente difícil: com exceção da província do sul, ainda leal, só pequenos enclaves em torno de Cap e Port-de-Paix continuavam em poder dos republicanos. Para ele, desalojar os inimigos de seu solo natal era prioridade absoluta, especialmente porque os britânicos tinham reinstituído imediatamente a escravidão nas áreas sob seu controle, como haviam feito em outros lugares, por exemplo, na Martinica, com o apoio entusiástico de colonos franceses monarquistas. Como disse um dos *colons* que se juntaram aos britânicos: "pegar em armas contra os escravos rebelados de Saint-Domingue não é trair o nosso país; é servir a ele".[3] Os britânicos ocupavam uma forte posição tática, desfrutando do comando dos mares e de superioridade em equipamentos e recursos financeiros (o "Ouro de Pitt", como passou a ser conhecido, era empregado com liberalidade para subornar moradores).[4] O maior desafio para Toussaint, portanto — daí a impaciência em seu tom de voz —, era transformar seus desleixados combatentes, a maioria proveniente de bandos de *marrons* locais, numa força de combate eficiente. Em três anos ele tinha atingido seus objetivos, primeiro derrotando os espanhóis e em seguida expulsando da colônia os britânicos e seus aliados franceses monarquistas, e criando nesse meio-tempo um exército negro disciplinado de "bravos guerreiros republicanos"[5] sob sua liderança.

Toussaint começou sua campanha energicamente, com uma série de vitórias contra seus antigos aliados espanhóis. Seus homens infligiram pesadas perdas a seu ex-camarada Jean-François, que se mantivera leal ao rei espanhol e foi rapidamente obrigado a deixar a colônia quando os espanhóis assinaram o Tratado de Basileia com a França, em julho de 1795, pelo qual abandonaram todas as suas posições em Saint-Domingue e cederam formalmente o controle da vizinha Santo Domingo para os franceses.[6] De sua base no setor ocidental de Artibonite, uma área de 150 quilômetros quadrados na qual instalou cerca de trinta acampamentos militares, Toussaint submeteu os britânicos e seus auxiliares franceses monarquistas a uma feroz investida, com mais de duzentos encontros travados nos primeiros meses; esse esforço conseguiu expulsá-los de boa parte da província ocidental. Houve então um impasse, e os britânicos recuperaram algum terreno em 1796 — embora no fim do ano já reconhecessem privadamente que sua posição era insustentável. De fato, em meados de 1797, depois de outra campanha das forças republicanas de Toussaint, eles foram desalojados de suas principais posições estratégicas, notadamente Mirebalais, a montanha Grand Bois e as regiões de Lascahobas, Bánica e Saint-Jean. O exército de Toussaint — agora com 15 mil homens — imobilizou-os numa estreita faixa costeira no oeste, que incluía Porto Príncipe e Saint-Marc, bem como Môle Saint-Nicolas no noroeste e Jérémie no sul.

Depois de uma campanha final no começo de 1798, Toussaint concluiu um armistício com os agora exaustos britânicos, que concordaram em evacuar todas as posições na colônia, tendo perdido 15 mil homens e gastado mais de 10 milhões de libras para sustentar sua posição. Em outubro de 1798, Toussaint já tinha alcançado o objetivo de livrar a republicana Saint-Domingue dos britânicos e das tropas monarquistas francesas. Como ele e seus homens conseguiram essas proezas é o tema central deste capítulo. A dimensão dessa conquista foi prodigiosa, pois com suas vitórias esses duros combatentes negros desmentiram estereótipos raciais sobre a superioridade militar europeia e sobre a suposta incapacidade de soldados negros travarem uma guerra. Essas opiniões eram comuns no fim do século XVIII, não só entre os adversários militares e políticos de Toussaint, mas também entre quase todos os seus aliados franceses. Foram avidamente adotadas por Adolphe Thiers — que considerava as aptidões militares de Toussaint "medíocres", consistindo basicamente na "arte da emboscada" — e por vários historiadores modernos.[7] Segundo esse ponto de vista, a abordagem "modernizadora" da guerra por Toussaint, com ênfase nas tropas regulares e nas técnicas europeias de treinamento, foi um hiato temporário no estilo guerrilheiro das rebeliões locais que definiu as revoltas dos escravizados no começo dos anos 1790, e foi retomado mais tarde durante a bem-sucedida guerra popular de independência do Haiti contra o exército francês invasor.[8]

Como comandante, Toussaint notabilizou-se pelo planejamento preciso de cada operação militar. Liderava pelo exemplo, estimulando os soldados por sua presença e pela prontidão com que se expunha a perigos mortais. Além disso, desenvolveu um conjunto de técnicas militares distintas e altamente originais, combinando métodos de guerra de guerrilha e formas convencionais de combate, e explorando as habilidades de seus guerreiros africanos. Essa era a dimensão militar de sua ideia de fraternidade. Ao mesmo tempo, os objetivos de Toussaint não se limitavam aos objetivos convencionais de aquisição territorial e projeção de poder, mas estavam lastreados num conjunto mais amplo de princípios de igualdade, autonomia política, humanidade e libertação da ocupação estrangeira. Eles constituíam uma manifestação antecipada do que Karma Nabulsi chama de moderna "tradição republicana da guerra".[9]

Toussaint jamais se cansava de lembrar a seus soldados, e aos cidadãos de Saint-Domingue, que a batalha contra os espanhóis, os britânicos e seus fantoches escravistas locais era pela emancipação política. O objetivo da luta, como dizia ele a seus comandantes, era "levar a liberdade às partes do nosso território maculadas pela presença do inimigo, e onde nosso povo ainda lamenta sua opressão". A eliminação da servidão humana estava no âmago do ideal de fraternidade de Toussaint, e oferecia também ao povo negro de Saint-Domingue uma oportunidade de demonstrar seu senso de "honra", provando que "os homens que saíram da servidão para a dignidade merecem desfrutar dos benefícios da liberdade".[10]

UMA DAS FONTES QUE MAIS AJUDAM a compreender a arte da guerra de Toussaint é sua correspondência com Étienne Laveaux, o governador-geral francês que supervisionou seu *ralliement* com os franceses em meados de 1794. Laveaux permaneceu no cargo até outubro de 1796, e Toussaint lhe enviava relatórios regulares, às vezes substanciais, sobre suas atividades militares. Assim como Bayon de Libertat foi uma figura essencial em sua vida pré-revolucionária, Laveaux teve papel decisivo no início da carreira revolucionária de Toussaint. Já de início o governador reconheceu que estava lidando com um combatente excepcionalmente talentoso. Logo depois de confiar-lhe o comando da frente militar na província ocidental em 1794, ele deu um vibrante endosso de Toussaint às autoridades francesas: "este é um cidadão que eu não saberia elogiar suficientemente. Transborda de virtudes, de talento e de qualidades marciais; é impregnado de humanidade, verdadeiramente conquistador, e infatigável em suas atividades de guerreiro".[11]

Toussaint retribuiu, referindo-se repetidamente a Laveaux como seu "pai" — ainda que o governador fosse pelo menos cinco anos mais novo;

ele chamava a si mesmo de "filho respeitoso", que seguiria as determinações de seu superior com "gratidão" e "submissão incondicional".[12] Em 1976, manifestou sua devoção em linguagem lírica.

> Há, sem dúvida, amizades puras, mas não acredito que haja alguma que supere a que tenho pelo senhor, ou que seja mais sincera. Sim, general, Toussaint é seu filho! O senhor lhe é caro. O túmulo do senhor será o dele. Ele arriscará a vida para defendê-lo. Seus braços e sua cabeça estão sempre à sua disposição. Se algum dia sucumbisse, ele levaria consigo a doce alegria de ter defendido um pai, um amigo virtuoso e a personificação da liberdade.[13]

Laveaux tinha estudado muito a literatura europeia do século XVIII sobre estratégia militar, e Toussaint também se valia dessa expertise intelectual;[14] o que valorizava acima de tudo era a firme fundamentação das práticas políticas e militares do governador nos princípios da fraternidade republicana. Em sua base em Porto Príncipe, Laveaux tratava bem os soldados, ajudando-os em suas tarefas materiais e compartilhando as escassas rações entre soldados europeus e negros, por igual.[15] Toussaint também apreciava o compromisso de Laveaux com a defesa dos interesses econômicos dos *nouveaux libres*, os escravizados negros libertos de Saint-Domingue que formavam a maioria da população da colônia. Desde a emancipação em 1793, eram assalariados: se trabalhassem numa plantation, tinham direito a um quarto de sua renda (descontado o imposto governamental),[16] e Laveaux viajava muito pelas áreas sob controle francês, fazendo face, com êxito, a proprietários e administradores brancos que se recusavam a pagar seus empregados.[17]

Toussaint admirava Laveaux, em suma, por seu "amor excepcional ao povo negro".[18] Usava no chapéu uma pluma que o general francês lhe enviara como gesto de amizade e respeito, mas também para proteção pessoal: um belo exemplo de como era capaz de misturar prontamente simbolismo europeu e tradições mágicas locais (a pluma era amplamente usada em rituais vodus). Além disso, Toussaint sentia que a disposição de Laveaux baseava-se não em condescendência paternalista, mas num com-

Marcus Rainsford foi um soldado britânico que visitou Saint-Domingue em 1799, onde conheceu Toussaint. Publicado pela primeira vez em 1805, seu *Historical Account of the Black Empire of Hayti* prestava tributo às aptidões de Toussaint como líder político e militar.

promisso real com o igualitarismo republicano. Esse princípio foi posto à prova quando o abastado comerciante americano Stephen Girard pediu a Laveaux em 1795 que lhe devolvesse seu escravizado Crispin, que fugira da Filadélfia e conseguira chegar a Port-de-Paix.

O governador respondeu indignado: "O senhor não deve saber quase nada a meu respeito para ousar esperar que em desafio à nossa Gloriosa Constituição eu consentisse em obrigar um homem, contra a sua própria vontade, a deixar a terra de liberdade onde se refugiou. Na Filadélfia [Crispin] era escravo. Teria eu o direito de ordenar-lhe que voltasse a usar seus grilhões? Certamente não".[19] Numa de suas cartas posteriores, Toussaint cumprimentou Laveaux por "não tratar negros como crianças", mas "encaminhá-los e incentivá-los para o bem público": essa era, exatamente, a sua filosofia.[20]

Esse sistema compartilhado de valores aparecia nas proclamações militares de Toussaint durante aquele período, quando muitas vezes ele dizia falar "em nome do governador-geral". Por exemplo, ao pedir a um grupo de rebeldes franceses que se rendessem no começo de 1795, observou que tanto ele como Laveaux acreditavam nos princípios de "humanidade" e "paz", e em "conduzir nossos irmãos para longe do erro e dar-lhes uma mãozinha". Toussaint acrescentou: "Como todos os republicanos, sou consumido pelo desejo ardente de encontrar apenas irmãos e amigos onde quer que leve a tropa sob meu comando".[21] Em honra da Revolução Francesa, Toussaint deu a um de seus regimentos o nome de sans-culottes, e o repertório musical de seus soldados incluía numerosos cânticos revolucionários franceses, como *A Marselhesa* e *A Carmanhola*.[22]

A DEDICAÇÃO ABSOLUTA QUE TOUSSAINT esperava de seus soldados no campo de batalha era mais do que exemplificada por ele mesmo, o comandante. Ele era a síntese do líder militar carismático: modelo de sobriedade, dormia apenas quatro horas por noite, não consumia bebidas alcoólicas, e sua capacidade de resistência física era maior do que a do mais duro dos soldados.[23] Sua dieta diária consistia em um modesto prato de legumes, servido com alguns pedaços de frango ou de carne curada — ou, na falta de carne, ovos ou queijo. Ele se mantinha constantemente informado sobre operações militares por meio de um eficiente sistema de correios, que lhe entregava mensagens a qualquer hora do dia ou da noite, onde quer que estivesse; seu estado-maior era instruído a acordá-lo para receber missivas especialmente urgentes.[24]

Localizar Toussaint não era fácil, pois ele estava constantemente mudando de lugar, e cavalgava tão rápido que costumava deixar para trás os próprios guardas, embora estes fossem escolhidos pelas excepcionais habilidades equestres. Sua ubiquidade era tamanha que ele dava a suas forças militares a confortadora impressão de estar sempre por perto — sensação reforçada por sua memória notável para lugares e nomes: era comum ele ter um conhecimento topográfico melhor de lugares específicos do que os batedores que tinha enviado para lá, e quase sempre chamava seus soldados e oficiais pelo nome, ainda que os tivesse encontrado apenas rapidamente, muitos anos antes. Essas qualidades lhe davam uma aura quase mística entre os soldados, muitos dos quais consideravam o comandante uma divindade. A autoridade de Toussaint repousava, também, na capacidade de apelar para as crenças de seus homens no sobrenatural; o lenço vermelho que costumava usar na cabeça, por exemplo, com delicados nós nos cantos, era visto como símbolo de Ogum, o espírito vodu da guerra e da raiva que levava seus seguidores ao combate e os mantinha a salvo (na cosmologia da África Ocidental, esse espírito também era representado como um ferreiro e estava associado à cura e à reconciliação).[25] Havia uma crença generalizada de que decisões militares eram ditadas a ele por seu espírito protetor.[26]

A audácia era um dos principais atributos de Toussaint como comandante, e ele com frequência comandava a investida contra as linhas inimigas nas primeiras filas. Há exemplos numerosos de seus atos heroicos, muitos dos quais se tornaram lendários enquanto ele ainda era vivo. Em outubro de 1794, ao retomar Saint-Raphaël de seus antigos aliados espanhóis, ele descobriu que a posição era defendida por uma fortificação alta, armada com artilharia pesada e cercada por um largo fosso. Sua cavalaria

Bravos guerreiros republicanos   105

republicana atacou duas vezes, mas em ambas as ocasiões foi obrigada a recuar sob intenso tiroteio, com a perda de mais de duzentos homens. Toussaint finalmente conseguiu entrar no acampamento, conduzindo o que restava de suas forças montadas debaixo de uma chuva de balas e tiros de canhão; sua terceira carga de cavalaria derrotou os inimigos.[27] De forma semelhante, em agosto de 1795, na luta para retomar a região de Mirebalais do controle espanhol e britânico, Toussaint pessoalmente dirigiu o ataque contra um forte em Lascahobas defendido por quatrocentos homens fortemente armados, e conduziu o vitorioso assalto de cavalaria, que matou um quarto dos inimigos.[28]

A bravura de Toussaint como combatente da primeira linha era versátil, valendo-se da gama completa de instrumentos militares que ele tinha à disposição. Em julho de 1794, ele capturou as posições controladas por Jean-François em Dondon e Fort-Dauphin, "de sabre na mão", e perseguiu o inimigo em fuga dentro do mato, forçando-o a abandonar equipamentos, suprimentos e papéis; como informou, feliz da vida, a Laveaux, "ele só conseguiu salvar a camisa e as calças".[29] Suas aptidões de atirador também eram excelentes, e ele fazia bom uso delas: durante o ataque a outro posto avançado espanhol, perseguiu os soldados que se haviam refugiado no mato e os empurrou para uma posição exposta, onde os abateu a tiros de fuzil diante de seus cavaleiros.[30] No começo de 1795, quando capturou o forte de Saint-Malo, a ação decisiva foi uma carga de baioneta que ele mesmo dirigiu.[31] E quando tudo o mais falhava, havia a audácia total e quase temerária: no auge de uma batalha contra forças britânicas, os homens de Toussaint tentaram repetidamente tomar um reduto defendido com tenacidade pelo inimigo. Depois que vários assaltos se mostraram incapazes de desalojar os entrincheirados cavaleiros britânicos, Toussaint e o chefe do seu estado-maior, general Pierre Agé, encabeçaram um pequeno pelotão e os derrotaram completamente num combate corpo a corpo. Toussaint abraçou Agé e disse que ele era "tão valente como soldado de infantaria quanto era extraordinário como general";[32] o mesmo se aplicava ao comandante.

Essas campanhas exigiam extraordinárias façanhas de bravura, mas também imensas reservas de vigor físico. Em certa ocasião, Toussaint mencionou ter lutado sem parar por quinze dias seguidos; certamente ajudava muito o fato de precisar de poucas horas de sono por noite.[33] Mas aqueles longos períodos de combates, somados a uma consistente exposição ao fogo inimigo, às vezes afetavam sua saúde. Num desses combates, Toussaint correu para resgatar em Petite-Rivière um comandante que lhe pedira ajuda ao se ver sob ataque dos monarquistas: ele cavalgou a noite inteira, com o corpo ardendo em febre, e ajudou sua tropa republicana a repelir uma série de incursões monarquistas.[34] Ao voltar de uma inspeção em Artibonite em dezembro de 1795, informou a Laveaux que a viagem "o aquecera tanto" que estava com a "temperatura alta".[35] Cruzar os mares revoltos do norte e do oeste de Saint-Domingue também podia abalá-lo: em outra inspeção a viagem de barco o deixou "seriamente indisposto".[36]

Em julho de 1796, enquanto lutava para recapturar posições britânicas em torno de Arcahaie, Toussaint confessou ter estado "muito doente nos últimos sete dias".[37] Dezenas de cavalos que montava tinham sido mortos, e ele foi gravemente ferido em batalha dezessete vezes; o vestígio mais visível (e permanente) desses ferimentos foi a perda da maior parte dos dentes frontais, ocorrida quando uma bala de canhão explodiu perto dele — daí a crença amplamente difundida, mas falsa, de que o nome "Louverture" fosse uma referência à abertura na frente da boca. Toussaint sitiou duas vezes Saint-Marc, então sob controle britânico, e nas duas vezes foi ferido: na primeira por um cano de canhão que estava ajudando os soldados a instalar, e que ao cair lhe esmagou todos os dedos de uma das mãos; e na segunda ao sofrer um grave ferimento no braço e ser obrigado a usar uma tipoia. Esse ferimento, entretanto, não o impediu de comandar o ataque a uma coluna de soldados britânicos e obrigá-los a recuar.[38] Aconselhado por Laveaux a poupar-se, Toussaint respondeu com estoicismo: "É melhor sofrer, mas continuar fazendo coisas boas".[39] Em 1799, o comandante-chefe admitiu estar "sofrendo cruelmente de uma dor que se fixara" na perna esquerda, depois de uma lesão nos estágios finais da campanha contra os britânicos no ano anterior.[40]

Essa hiperatividade, somada à aparente invulnerabilidade física no campo de batalha, confirmava a crença dos soldados de que Toussaint se mantinha em estreito contato com espíritos vodus e que estes lhe conferiam poderes sobrenaturais. Essa qualidade mística era reforçada por acontecimentos naturais extraordinariamente cronometrados, que viravam a maré a seu favor como por milagre. Um desses momentos ocorreu em 1797, durante um combate com as tropas monarquistas de Dessources, um *colon* comandante que recuava de Verrettes para sua base em Saint-Marc a fim de evitar um confronto com as forças de Toussaint, que avançavam. Quando os monarquistas chegaram a uma estrada aberta, uma chuva forte caiu e encharcou suas armas, tornando-as impossíveis de utilizar; a chuva, no entanto, poupou as forças de Toussaint, que estavam a menos de quatro quilômetros de distância. Obrigados a defender-se apenas com as baionetas, os monarquistas foram dizimados.[41] Dessources deve ter se sentido especialmente azarado: três anos antes, depois de uma batalha de sete horas, Toussaint tinha esmagado suas forças, mandando-o de volta para Saint-Marc "sem canhão, sem bagagens, sem chapéus, sem sapatos, sem cavalos, em suma, sem qualquer tipo de ostentação".[42]

Um dos mistérios mais duradouros a respeito de Toussaint é como um homem sem qualquer formação militar antes da revolução, e cujo físico estava longe de ser um modelo de virilidade marcial, veio a adquirir aptidões de combate tão fantásticas. Como a maioria dos grandes líderes revolucionários, ele era, em grande parte, autodidata, e aprendeu com a experiência. Mas, além disso, sabia onde buscar ajuda. De acordo com as memórias do filho Isaac, Toussaint começou a receber treinamento militar imediatamente após a insurreição dos escravizados em 1791: pediu a um ex-oficial de Cap que lhe desse aulas de esgrima e de estratégia militar, e todas as manhãs, sob a orientação desse instrutor, praticava zelosamente o "manuseio de armas". O novato aprendia rápido: em pouco tempo já era capaz de dirigir as manobras dos batalhões da guarda de Biassou. Outra figura que ajudou no treinamento militar prático de Toussaint naquela época foi um oficial negro chamado Gille Lavette, que servia na milícia colonial de Saint-Domingue. Depois que Toussaint passou para o lado republicano, em 1794, vários oficiais franceses também lhe ofereceram rudimentos de instrução teórica, notadamente o general Edme Desfourneaux, que o orientou com manuais franceses, como o *Tratado* de Chevalier de Clérac sobre fortificações militares.[43] A biblioteca de Toussaint era bem provida de clássicos históricos da tradição republicana da guerra, como a *História*, de Heródoto, o *Compêndio da arte militar*, de Vegécio, os *Comentários sobre a guerra gálica*, de Júlio César, a *História das revoluções na Inglaterra e na Espanha*, de Pierre-Joseph d'Orléans, e o indefectível *Vidas paralelas*, de Plutarco.[44]

A força suprema de Toussaint nos domínios da estratégia militar — como em muitas outras áreas — vinha de sua capacidade de adaptação criativa. Ele conseguia utilizar-se de um vasto conjunto de materiais e técnicas disponíveis, estivessem nos anais do passado remoto ou nas experiências do presente imediato, em calejados especialistas militares europeus ou em *marrons* rebeldes de Saint-Domingue, nos aliados mais próximos ou nos inimigos mais obstinados. No tocante à formação de sua própria tropa, por exemplo, ele escreveu a Laveaux em meados de 1794 pedindo um exemplo do manual de treinamento militar do governador, para que pudesse "educar os soldados, tanto a infantaria como a cavalaria, e para que os oficiais possam aprender os mandamentos".[45] Essa bíblia republicana não foi suficiente, porém, e um ano depois ele revelou que tinha capturado um manual de instruções de um oficial monarquista utilizado no treinamento da legião de Dessources: achou que seria muito conveniente para seus próprios objetivos e planejava utilizá-lo, mesmo "à custa da Majestade do senhor britânico".[46] Em poucos anos, os seus melhores soldados desenvolveram habilidades prodigiosas na manipulação de armamentos. Um ex-oficial britânico que visitou Saint-Domingue no fim dos anos 1790 ficou particularmente impressionado com a destreza com que a infantaria de Toussaint manuseava as baionetas: "Com essa arma terrível, calada em mosquetes de comprimento extraordinário nas mãos, nem a cavalaria nem a artilhariam seriam capazes de subjugar a infantaria, mesmo em proporção desigual; mas, quando atacados em suas marchas, nenhum poder seria capaz de derrotá-los".[47] Esse treinamento era particularmente eficaz porque não exigia munição, sempre escassa.

Ao mesmo tempo, e contrariando a opinião convencional sobre a sua filosofia de guerra, Toussaint não acreditava que as técnicas europeias fossem os únicos recursos à sua disposição; seu pensamento estratégico e tático era criativo, afastando-se com frequência da tradição militar do velho continente. Ele insistia que seus soldados carregassem pouca coisa, e treinava-os para se orientar à noite pelas estrelas e para se movimentar com a rapidez de um raio. Essa mobilidade era enfatizada também na adaptação do treinamento militar ao terreno de Saint-Domingue, em particular ao predomínio de bosques, arbustos, morros, ravinas e montanhas. A técnica levava ao desenvolvimento de habilidades de combate que visavam à flexibilidade de movimento, sem perda do senso geral de coesão do grupo entre os combatentes. A originalidade dessas combinações também chamava atenção, como quando o exército republicano de Toussaint foi observado executando um exercício militar:

Cada oficial general tinha uma meia brigada [...] [Eles] executavam igualmente bem várias manobras aplicáveis a seu método de combate. Ao som de um apito uma brigada inteira corria trezentos ou quatrocentos metros, depois todos se separavam, jogavam-se no chão, viravam-se de costas ou de lado, mantendo intenso tiroteio o tempo todo, até serem chamados de volta; então entravam em formação num instante, em sua regularidade costumeira.[48]

A originalidade de Toussaint como estrategista militar estava não apenas no treinamento pouco convencional de sua tropa regular, mas também nas novas maneiras de preparar suas forças para o combate irregular. Era nesse campo que ele se utilizava extensamente de técnicas desenvolvidas pelos escravizados *marrons* rebeldes de Saint-Domingue: a exploração sistemática das vantagens do terreno; o encurralamento do inimigo e a captura de seu equipamento; a camuflagem; a intimidação psicológica do adversário por vários meios; e o uso de embustes, como falsas tréguas e rendições.[49] Os planos táticos de Toussaint quase sempre consistiam em enganar o inimigo, e aqui também ele foi pioneiro. O mais elaborado desses estratagemas, que se tornaria parte de sua lenda, envolveu um plano em agosto de 1794 para capturar um dos mais competentes oficiais britânicos, o major Thomas Brisbane. Poucos meses depois de passar para o lado republicano, Toussaint fingiu ter pensado melhor sobre os franceses e estar disposto a passar para o lado britânico; instruiu seus lugares-tenentes a entregarem os territórios de Verrettes e Petite-Rivière, controlados pelos republicanos, o que eles fizeram obedientemente. Os combates cessaram, soldados se confraternizaram e Toussaint teve uma série de reuniões com Brisbane e seu estado-maior num período de oito dias durante o qual trocou dezessete cartas com ele e jurou lealdade ao rei Jorge III. Mas o tempo todo tramava secretamente para capturar o oficial britânico, com a ajuda do secretário deste último, Morin, que havia convertido à causa republicana. Toussaint prometeu entregar Gonaïves a Brisbane e o convidou a tomar posse da cidade com sua comitiva; o comandante britânico enviou um de seus auxiliares monarquistas. Dois dias depois, Toussaint apareceu à frente de uma grande força e retomou a cidade, prendendo altos oficiais inimigos; só não conseguiu mesmo, e por muito pouco, capturar Brisbane.[50]

Ciladas bem-sucedidas também envolviam a emboscada de comboios inimigos, como, por exemplo, no começo de 1795, quando soldados de Toussaint esperaram escondidos por um destacamento monarquista enviado de Saint-Marc para abastecer seus acampamentos vizinhos: eles capturaram "sete carruagens carregadas de alimentos", e o infeliz Dessources, que correu para socorrer, levou mais uma surra, perdendo mais de sessenta combatentes e recebendo uma bala de cortesia na coxa.[51] Um ano depois, quinhentos soldados britânicos foram emboscados pelos homens de Toussaint perto de Petite-Montagne, com consideráveis perdas inimigas e a tomada de "sete carroças carregadas de alimentos": o elemento-surpresa e o cuidadoso posicionamento dos soldados permitiram que Toussaint alcançasse êxito com uma força que tinha menos da metade do tamanho das forças do inimigo.[52] Essas táticas foram usadas ao longo de toda a guerra contra os britânicos. Na campanha final, no começo de 1798, ele mandou um pequeno contingente apresentar-se em postos avançados britânicos na área de Charbonnière, nos arredores de Porto Príncipe, e "fingir que um ataque àqueles postos era iminente";

enquanto isso, a maioria de seus soldados tomava posição nas estradas que saíam da cidade, a fim de atacar quando os britânicos viessem em auxílio de seus camaradas acuados. "Sejam muito discretos", instruiu Toussaint aos comandantes, "porque quem espera escondido é muito mais forte do que quem é apanhado de surpresa."[53]

Esses despistamentos eram combinados com outra tática favorita de Toussaint, também extraída diretamente do repertório das rebeliões populares de escravizados: a intimidação constante do inimigo. Numa carta a Laveaux, ele chega a atribuir a maioria de suas vitórias a essa forma de guerra psicológica.[54] Podemos dar mais crédito a essa afirmação se examinarmos os testemunhos de inimigos de Toussaint, em especial o *Haitian Journal* do tenente Howard, dos hussardos de York, que participou dos últimos anos da campanha britânica em Saint-Domingue. Seu diário fala dos tormentos sofridos pelos britânicos nas mãos dos "bandoleiros" de Toussaint, destacando-se o medo permanente de ser "assassinado no meio do mato" ou "em qualquer lugar onde possam achar uma oportunidade de [nos] isolar".[55] Igualmente debilitante era a prática de Toussaint de enviar pequenas unidades, altamente ágeis, para desestabilizar postos avançados sob controle britânico tarde da noite, provocando o caos e impedindo que os soldados dormissem direito. Howard contou que, certa vez, "um grupo de vários homens" tinha vindo até a entrada de seu acampamento às onze horas da noite e feito uma série de disparos antes de desaparecer na escuridão; o oficial juntou um grupo de soldados e os perseguiu por oito quilômetros, mas foi incapaz de encontrar os agressores. Howard voltou e foi dormir, mas acordou às quatro horas da madrugada com mais tiros; dessa vez, ele acordou todos os homens sob seu comando e vasculhou toda a planície em volta do acampamento, mas "não deparou com uma alma sequer". Mais tarde ficou sabendo que outras posições britânicas tinham sido atacadas aquela noite, exatamente da mesma maneira, por invisíveis combatentes de Toussaint.[56]

Essas técnicas de intimidação, elevadas à condição de arte refinada por Louverture e seus soldados, criavam um estado de desconforto permanente entre as forças britânicas, minando gradativamente sua confiança

— sobretudo porque elas sabiam estar sob a vigilância constante de um adversário que não conseguiam ver nem ouvir. Toussaint era criativo na coleta de informações sobre as atividades do inimigo: fosse por meio de espiões, de informantes, da interceptação de comunicações, ou ouvindo relatos de primeira mão de refugiados, desertores e cidadãos locais, como camponeses e pescadores.[57] Essas *"grandes intelligences"*, como ele as chamava, proporcionavam conhecimentos de valor inestimável sobre os planos inimigos, que ele então usava para preparar suas próprias ações.[58] Elementos naturais também serviam como camuflagem para operações militares. Toussaint, por exemplo, criou o hábito de atacar os britânicos durante tempestades de raios e trovões, especialmente as mais fortes, que por vezes eram espetaculares em Saint-Domingue. Howard descreveu uma dessas tormentas, que durou seis horas, como "um dos mais grandiosos efeitos de Horror que já vi"; essa associação de tempestades com potenciais ataques claramente infundia pavor aos soldados inimigos.[59] Os homens de Toussaint recorriam também a barulhos assustadores, do tipo produzido pelos rebeldes *marrons* no começo dos anos 1790, como "gritos, ruídos sibilantes e violentas batucadas de tambor" durante certas operações de combate; diante desse "barulho ensurdecedor", os soldados britânicos fugiam "aterrorizados".[60]

Graças a todas essas aptidões, as forças de Toussaint eram capazes de executar ataques ousados no coração do território controlado pelos britânicos; na noite de 16 de abril de 1797, Howard anotou que um "grupo de bandoleiros" veio à noite "até o meio do regimento em Saint-Marc sem que ninguém percebesse" e levou seis cavalos de sela. Esse furto no quartel do exército assombrou os britânicos, e foi descrito por Howard como "um dos feitos mais audaciosos jamais realizados nos anais da história militar".[61]

Os escritos de Toussaint oferecem vislumbres fascinantes de suas operações militares, mas ele deixou poucos relatos completos de suas campanhas. Numa de suas cartas posteriores, ele relacionou mais de cinquenta grandes vitórias contra forças espanholas e britânicas entre 1794 e 1798.[62]

Bravos guerreiros republicanos

Mas, embora possamos delinear seus movimentos no terreno durantes esses episódios, notadamente através de sua correspondência com sucessivos governadores franceses, faltam-nos com frequência datas e locais específicos, informações sobre seus planos estratégicos e movimentos de tropa e descrições precisas de batalhas. Uma exceção importante é sua bem-sucedida campanha de quinze dias para retomar a bacia de Mirebalais dos britânicos em abril de 1797, depois da qual ele produziu um relato minucioso.

A região tinha considerável importância militar, por ser uma fortaleza natural, servindo como via de acesso ao interior a partir das províncias do norte, do oeste e do sul, além de oferecer uma rota de fuga em potencial para território espanhol. Suas fazendas de criação de gado, exploradas por brancos e pessoas de cor livres, eram fonte vital de carne, e suas plantations de algodão, índigo e café tinham sido pouco afetadas pela devastação dos primeiros anos revolucionários.[63] A área foi invadida e controlada pelos britânicos até 1795, permitindo que forças monarquistas estendessem seu controle para leste até a fronteira de Santo Domingo. Toussaint contra-atacou e recuperou boa parte da região em junho de 1795. Mas os britânicos e seus aliados reagruparam-se e acabaram revidando, e em agosto de 1796 infligiram severa derrota a suas forças: reunindo todos os seus soldados de Grand Bois, Arcahaie, Croix-des-Bouquets e Porto Príncipe, os monarquistas tomaram posições republicanas em torno de Lascahobas e praticamente eliminaram o 4º regimento do exército republicano; sobreviveram uns cinquenta soldados, se tanto.[64] Nos primeiros meses de 1797, enquanto Toussaint se preparava para retomar a luta, os britânicos já haviam consolidado suas posições na área, com uma rede de acampamentos protegidos por fortes quase sempre empoleirados no alto de morros.

Toussaint partiu de Gonaïves em 15 de março e viajou pelo cordão ocidental, inspecionando sua tropa e montando uma força de mais de 12 mil homens do 4º, do 6º, do 7º e do 8º regimentos em torno de Verrettes em 24 de março. A caminho de Petite-Rivière, sofreu um ferimento grave quando seu cavalo tentou fazer bruscamente uma passagem difícil e o atirou no chão, tendo de seguir para Verrettes de carruagem. Ali estabeleceu o quartel, sob o comando de Christophe Mornet, com a incumbência de ocupar a estrada principal que ligava Mirebalais e Porto Príncipe, e dessa maneira impedir a chegada de possíveis reforços britânicos. A tropa de Mornet abriu caminho até o local e manteve a posição, derrotando uma força de auxiliares monarquistas; durante esse combate morreu o filho de Desbruges, o comandante inimigo da região. Toussaint então ordenou às outras colunas, sob o comando de Clervaux e Dessalines, que avançassem imediatamente contra duas importantes posições britânicas, as fortificações de Bourré e La Selle, ambas situadas em terreno elevado, e cujos defensores provocavam os assaltantes com cânticos de "Vive le Roi"; os soldados republicanos respondiam com cânticos revolucionários enquanto arrastavam suas peças de artilharia por estreitas trilhas de montanha. Os fortes não resistiram aos canhões de Dessalines, e, quando os monarquistas em fuga tentaram chegar ao rio Artibonite, foram estraçalhados pela cavalaria republicana. A cidade de Mirebalais logo caiu em mãos republicanas, forçando os monarquistas a recuar para a montanha Grand Bois. Toussaint anotou que os britânicos não se esforçaram muito para defender Mirebalais, ainda que a cidade estivesse protegida por uma imponente fortaleza; o inimigo "retirou-se em pânico ao avistar as baionetas republicanas".[65]

Nessa altura, embora ainda se recuperasse do ferimento provocado pela queda do cavalo, Toussaint entrou na luta pessoalmente: como disse em seu relato, "Eu ainda estava sofrendo muito, mas o êxito das armas republicanas me tornou insensível à dor, e eu estava louco para completar a vitória e escorraçar o inimigo da região".[66] Uma de suas maiores vantagens táticas era o conhecimento do terreno, que agora explorou ao máximo. Ele assumiu o comando da coluna de Clervaux, à qual somou seu próprio regimento de cavalaria, e perseguiu os monarquistas em retirada até a área de Grand Bois; num período de 36 horas, cercou e queimou os fortes inimigos dos acampamentos Cotineau, Coupé, Guerrier, Bobin e Sainte-Victoire, enquanto Dessalines expulsava o inimigo das posições fortificadas dos acampamentos Des Cayettes, Dattis e Basile. Ao término da campanha, Toussaint e seus homens tinham recapturado Mirebalais e expulsado os inimigos da montanha Grand Bois; *colons* senhores de escravizados na área tinham se rendido, centenas de monarquistas haviam sido mortos e uma quantidade considerável de equipamento inimigo fora capturada, incluindo canhões de vários tamanhos, fuzis, pistolas e munição. Toussaint, informado de que os moradores das cidades de Bánica, Lascahobas e Neyba haviam saqueado as lojas britânicas após a retirada dos ingleses, exigiu que a munição fosse imediatamente entregue a seus soldados; caso se recusassem, ameaçou fazer buscas nas casas.[67] Cerca de sessenta prisioneiros foram enviados de volta para Gonaïves; eram, na maioria, monarquistas franceses locais e mercenários negros, e além disso havia um pequeno número de britânicos e alemães.

CONSOLIDAR ESSAS VITÓRIAS POR VEZES ERA FRUSTRANTE; um mês após o êxito dos rebeldes em Mirebalais, os britânicos voltaram sorrateiramente, e Toussaint foi obrigado a retornar e expulsá-los mais uma vez.[68] Um fator adicional que dificultava a manutenção do território conquistado, como Toussaint costumava dizer, era a má qualidade do equipamento: uma de suas preocupações constantes como comandante militar, sobretudo nos primeiros anos de luta contra os espanhóis e os britânicos, era a falta de armas e de suprimentos para os soldados. Durante toda a campanha de Mirebalais em 1797, cada um deles recebia uma ração diária de três biscoitos.[69] A correspondência de Toussaint com Laveaux está repleta de queixas sobre os problemas que enfrentava: certa vez, ele comentou que sua tropa em Artibonite não dispunha de carne curada, e tinha pouca roupa; três quartos dos homens andavam "sem camisa ou calça", e muitos "nus comme des vers de terre" [nus como minhocas].[70]

Seus oficiais e soldados, apesar de aguentarem estoicamente essas privações, com verdadeiro espírito republicano, de vez em quando resmungavam: em janeiro de 1796, Toussaint recebeu uma petição, assinada por oficiais do 5º regimento, estacionado na remota região de Dondon, informando-o de que estavam passando "as maiores dificuldades". Não recebiam soldo e suas rações tinham acabado; sobreviviam graças a um pequeno suprimento de bananas e peixe salgado.[71] Essa situação nada tinha de excepcional: outro comandante local informou a Toussaint que não tinha como segurar seus homens, pois não havia mais provisões e roupas e eles foram "obrigados a sair por aí saqueando para garantir a subsistência".[72] Em julho de 1796, o próprio Toussaint informou a seus superiores que não estava pronto para lançar um ataque a posições britânicas porque sua tropa não recebia suprimentos havia três meses. As reservas de farinha estavam no fim, e as chuvas torrenciais haviam destruído as lavouras de produtos básicos que tradicionalmente os sustentavam, como as de banana e batata-doce, e ele teve que mandar os soldados irem buscar cana-de-açúcar nos campos. A ração diária dos homens fora reduzida a um único pedaço de arenque ou bacalhau salgado.[73] Um ano depois, Toussaint conseguiu mandar 250 barris de farinha para Cap, notando, entretanto, que seus soldados em Jean-Rabel estavam em situação de "extrema necessidade"; e chorou ao receber a notícia de que um navio de suprimentos destinado a seu setor se perdera.[74] A situação não melhorou significativamente nem mesmo após a derrota dos britânicos em 1798: Toussaint informou que os soldados na frente ocidental sofriam de "extrema escassez de alimentos" e tinham que recorrer a provisões locais, que não eram "abundantes";[75] e reclamou a seus superiores que os soldados continuavam, na grande maioria, "sem casacos, camisas ou calças".[76]

Não bastasse isso, havia também uma terrível escassez de equipamento. Faltavam selas para os cavalos, e Toussaint queixava-se muito desse problema.[77] Havia também a questão das munições, assunto obsessivo em sua correspondência com Laveaux. "Estou praticamente sem munição, tendo utilizado tudo nos diversos ataques contra o inimigo", escreveu ele, em tom de urgência, em 1794; logo depois, enquanto preparava uma ofensiva contra Saint-Marc, declarou precisar "do dobro das munições" disponíveis em seus estoques militares. Mais tarde, quando passava em revista as linhas de defesa de Gonaïves, pediu "canhão, morteiro e bombas" e passou a aguardar "apreensivamente" a chegada desse material.[78] Comparou a promessa de quatrocentas libras de pólvora a uma maravilhosa redenção: "É como se eu estivesse doente", disse a Laveaux, "e o senhor me mandasse o remédio certo para a minha doença". Mas às vezes surgiam

Bravos guerreiros republicanos

problemas: em 1796, ele pediu e recebeu 2 mil fuzis; no entanto, as armas estavam "em péssimas condições, com a perda de cerca de 150 baionetas". Toussaint prometeu "consertá-los" da melhor maneira possível; improvisar era outra habilidade indispensável em sua arte da guerra.[79]

Toussaint não apenas sabia lidar com essas limitações, mas também, em certo sentido, transformava-as em vantagens. Nenhum tiro era disparado pelos soldados "sem um bom motivo", ele informou a Laveaux, acrescentando que era "muito severo" em suas exortações para que se poupasse munição: ele disse a um grupo de comandantes locais que os consideraria "responsáveis pela pólvora até o último grão".[80] Além disso, Toussaint fazia questão de que todos os fuzis e munições capturados dos britânicos e seus aliados fossem levados ao depósito militar, a fim de serem reciclados para o esforço de guerra, e exigia dos oficiais que "ficassem de olhos abertos" para o cumprimento rigoroso dessa ordem.[81] Ao que parece, havia para ele algo especialmente poético num êxito militar alcançado graças ao uso de munição do inimigo.

Prova da coragem instilada por Toussaint em seus homens é que algumas de suas maiores proezas foram alcançadas a partir de posições de inferioridade numérica e tática. Obstáculos naturais ou criados pelo homem não costumavam estorvá-los, fossem barreiras defensivas tradicionais erguidas fora de fortificações, faxinas, cavalos de frisa ou terrenos elevados. No começo de 1795, a tropa de Moyse, sobrinho de Toussaint, lançou um assalto contra Fort Baombay, uma posição inimiga construída no alto de uma montanha íngreme quase inacessível. Armas penduradas nos ombros, eles galgaram a encosta mesmo sem poder revidar o fogo contínuo que vinha de cima; tendo alcançado o cume, e apesar de terem perdido alguns camaradas, aniquilaram o inimigo a golpes de baioneta.[82] Em 1798, quando Toussaint invadiu a posição britânica de Fort Churchill com sua tropa de elite, os soldados perceberam que as escadas eram curtas demais, e por isso tiveram de ficar de pé sobre os ombros uns dos outros durante meia hora, sofrendo pesadas baixas, até conseguirem abrir uma brecha na posição inimiga.[83] O uso de escadas humanas era, sem dúvida, uma técnica valiosa, tendo sido empregada num ataque bem-

-sucedido a outra posição britânica, o acampamento Martineau, situado em Arcahaie: nas palavras de Toussaint, "nossos homens tiveram que se amontoar para chegar à altura do muro" — um caso de fraternidade levada a limites extremos.[84]

Era comum os soldados de Toussaint enfrentarem contingentes maiores de forças inimigas. No fim de 1794, por exemplo, trinta homens foram enviados para repelir um ataque monarquista em Verrettes. Chegando lá, depararam com um inimigo dez vezes mais numeroso, que investiu três vezes contra eles; e três vezes foram rechaçados, com o comandante monarquista, Bisquet, morrendo na terceira tentativa.[85] Um ano depois, Toussaint foi informado de que a tropa de Moyse se metera em apuros durante um combate na área de Dondon com a milícia de Jean-François, cujas forças eram numericamente superiores. Quando Toussaint chegou lá, com apenas cinquenta soldados de seu regimento de sans-culottes, os homens de Moyse estavam em situação difícil, já sem munição e com apenas "um barril de pólvora". Apesar disso, Toussaint ficou muito feliz ao ver que seus homens continuavam na ofensiva, atacando o inimigo... com pedras. Ele reuniu então seus soldados, que investiram com tal ferocidade que a tropa de Jean-François fugiu em debandada.[86]

Esses exemplos de bravura militar, e muitos outros, mostram que Toussaint costumava transformar em arma a inferioridade de sua tropa, fosse ressaltando a importância da coragem, fosse instilando em seus homens uma crença inabalável na justiça de sua causa: um exército que lutava para libertar seus irmãos negros jamais poderia ser derrotado pelos adversários, por mais bem equipados, financiados e armados que fossem. Um exemplo maravilhoso de como Toussaint instruiu bem seus soldados nessa filosofia republicana veio à luz quando eles receberam um convite de Jean-François para abandonar a causa francesa e se juntar ao rei da Espanha. Os soldados reagiram a esse chamado à traição com uma proclamação magnificamente desdenhosa: "Nossa liberdade é muito diferente da sua", responderam. "Vocês são apenas os escravos de um rei, e nós somos republicanos livres que desprezam o seu monarca." Quanto à profusão de armas e munições que Jean-François havia recebido do rei, os homens de

Toussaint zombaram delas com arrogância: "Não deixem de usá-las para apertar suas correntes, pois só precisamos de paus e pedras para fazê-los dançar a carmanhola".[87]

A FRATERNIDADE MILITAR TAMBÉM TINHA a ver com a disciplina, uma característica central do comando de Toussaint, e era reconhecida por seus adversários como uma pedra angular dos êxitos de seu exército em campo. Um general francês que mais tarde enfrentaria Toussaint em combate chegou mesmo a afirmar que a união que ele forjava entre seus combatentes era "a conquista mais notável de Louverture".[88]

Essa coesão começava no topo da hierarquia militar. Toussaint formou um grupo talentoso de oficiais superiores, que faziam carreira para assumir posições de comando em seu exército; muitos viriam a ser figuras-chave na Revolução Haitiana. Alguns desses homens, como Henri Christophe, eram comandantes negros de grande habilidade, encarregados de regimentos que ele havia criado ao assumir pela primeira vez a responsabilidade das operações no front ocidental. Christophe acabou se tornando o comandante militar de Cap, e foi elogiado por Toussaint pelo "patriotismo" e a "sabedoria e prudência", bem como por sua rigorosa observância da ordem.[89] O mais espalhafatoso dos oficiais superiores de Toussaint era Jean-Jacques Dessalines. Desde o início, ao ser promovido a comandante de Saint-Michel, Dessalines revelou-se um dos lugares-tenentes mais confiáveis de Toussaint; duro, destemido e resoluto, era um combatente temível, e foi incumbido de operações militares importantes contra os espanhóis e os britânicos. Num relatório preparado logo após a retomada de Mirebalais em 1797, Toussaint o destacou por sua "firmeza, coragem e prudência".[90] Ele também era enviado sempre que desordens civis locais precisavam ser reprimidas pelo uso avassalador da força. Era melhor não estar andando à toa pela rua quando Dessalines entrasse a cavalo com seus combatentes do 4º regimento para executar um de seus "expurgos";[91] quem se envolvesse em sérios atos de violência era submetido à corte marcial no ato e, se tivesse culpa, executado.[92]

Muitos parentes próximos faziam parte da comitiva militar de Toussaint: notadamente seus irmãos Pierre (que serviu com ele no exército espanhol) e Paul (que se tornou general), o cunhado Claude Martin (coronel) e os sobrinhos Moyse, Charles Bélair, Bernard Chancy e Jacques Chancy.[93] Mas a comitiva estava aberta também a todos os talentos disponíveis, representando, num microcosmo, a futura sociedade fraternal que ele esperava construir em Saint-Domingue. Entre seus oficiais superiores havia combatentes mestiços talentosos como Augustin Clervaux, os coronéis Morisset e Gabart, os cabeças de seus regimentos de cavalaria de elite (Gabart viria a ser o comandante da gendarmaria), e um coronel também chamado Dessalines (sem qualquer parentesco com o xará). Havia, também, muitos brancos europeus no círculo militar mais próximo de Toussaint — notadamente o general Agé, chefe de seu estado-maior, que já vimos em combate, e vários ajudantes de ordens, como Dubuisson, Birète e o subordinado mais leal, Augustin d'Hébécourt.[94] E, diferentemente da crença generalizada de que seu corpo de oficiais era dominado por crioulos negros naturais de Saint-Domingue, muitos de seus quadros militares eram *bossales* nascidos na África. Vindos do grupo étnico africano predominante em Saint-Domingue, os "congos", esses combatentes, muitos dos quais ex-escravizados *marrons*, foram recrutados quando Toussaint unificou as diferentes forças negras rebeldes sob seu comando. Incluíam seu velho conhecido dos tempos de Bréda, Sans-Souci, que alcançou a patente de coronel e continuou ferozmente leal a Toussaint até o fim; outros comandantes *bossales* notáveis eram Jasmin, Noël Prieur, Labelinaye, Mademoiselle, Sylla e Laplume.[95] "O bravo Laplume", como o chamava Toussaint, era um oficial bem-educado que chamou atenção quando prendeu seu chefe, o líder miliciano Pierre Dieudonné, e levou seus camaradas para o lado republicano; foi imediatamente promovido a coronel, e acabaria se tornando general do exército de Toussaint.[96] Mademoiselle ganhou a patente de coronel no 12º regimento, que era formado inteiramente de antigos *marrons* de outro grupo étnico africano, os "docos"; Toussaint tinha predileção por esses combatentes robustos, a quem chamava de "seus indomáveis *montagnards*".[97]

Para inspirar um *esprit de corps* fraternal entre esses diferentes elementos, Toussaint constantemente pregava as virtudes da união republicana. Sempre que a tensão se agravava, como invariavelmente ocorria nos primeiros anos, fosse entre brancos e não brancos, negros e mestiços, ou crioulos e *bossales*, o comandante reunia a tropa e a submetia a uma longa preleção na qual não media palavras. Depois de uma dessas ocasiões, ele informou a Laveaux que tinha feito uma "severa reprimenda" a seus oficiais e soldados durante uma revista de tropa, e que um "senso de união" estava "começando agora a surgir entre eles".[98] Em outra ocasião, alguns soldados negros reclamaram da designação de um coronel branco como comandante militar de Saint-Louis; Toussaint ignorou os resmungos, dizendo-lhes que o homem salvara sua vida durante uma das batalhas em torno de Saint-Marc e que o considerava "seu filho mais velho".[99] Os efeitos positivos desses sermões podiam ser vistos nas petições dirigidas a Toussaint por brancos de seu exército, assegurando ao comandante-chefe que não tinham "problema algum" com seus camaradas negros ou mestiços, e que suas relações se baseavam na "amizade e na fraternidade" — garantias que demonstravam que a integração racial e étnica de seu exército era uma das preocupações constantes de Toussaint.[100]

Toussaint também advertia seus comandantes a respeito da absoluta necessidade de "subordinação e disciplina". "Essas", dizia ele, "são as duas virtudes militares que noutros tempos fizeram dos romanos o mais guerreiro de todos os povos, e que hoje possibilitam a nossos exércitos republicanos na Europa triunfar sobre os inimigos."[101] Ele dava instruções precisas e minuciosas a seus oficiais superiores antes de cada confronto militar, e esperava que estes lhe apresentassem relatórios regulares e detalhados durante suas operações. No começo de 1798, por exemplo, quando enviou seus homens para combater os britânicos, suas ordens de marcha para Dessalines especificavam as manobras a serem executadas por colunas individuais, os locais onde preparar emboscadas, as posições estratégicas a serem ocupadas, as rotas a serem seguidas pelos guias, o tipo de homem a ser empregado em operações individuais, os sinais secretos a serem utilizados para dar início a ações coordenadas e até mesmo os incentivos a serem oferecidos a soldados incumbidos de missões especialmente perigosas.[102]

Toussaint tratava seus principais comandantes com rédea curta. Quando, nos estágios finais da campanha contra os britânicos, soube que Christophe tinha deixado o posto sem sua permissão e voltado para Cap, repreendeu-o severamente por deixar que "intrigas locais" interferissem em suas obrigações militares.[103] Lembrava a todos da importância das virtudes de coordenação e comunicação: disse a Dessalines que a hora de executar sua manobra específica era crucial, e que "a mais leve negligência" de sua parte "poderia resultar no fracasso de toda a operação".[104] Às vezes cutucava e até provocava seus comandantes. Instruindo Dessalines a capturar um forte sob controle britânico, não só lhe deu detalhes sobre como executar a operação, mas também lhe recomendou que escolhesse "soldados confiáveis, bravos e experientes" que pudessem "encabeçar o assalto decisivamente" e não "fingir que estão atirando contra o inimigo".[105] (Dá para imaginar o quanto Dessalines, que raramente fazia qualquer coisa sem a máxima energia e rapidez, deve ter ficado ressentido com essa ordem.) Mas Toussaint também era humano, e consciente dos perigos a que expunha seus soldados; se uma fortificação inimiga só pudesse ser tomada com um considerável número de baixas, ele normalmente instruía os comandantes a cercar a posição e imobilizar o inimigo, em vez de colocar em risco as preciosas vidas de seus combatentes. Defendia seus oficiais, também, se achasse que suas ações estavam sendo injustamente avaliadas; apoiou um de seus capitães acusado de conduta traiçoeira durante um combate em Dondon em 1797.[106]

Toussaint sempre esperava muito de seus oficiais, e repreendia qualquer comandante que deixasse de cumprir ordens específicas, sobretudo se — como quase sempre era o caso — tivesse ido ao campo para demonstrar, exatamente, o que precisava ser feito. Quando, em janeiro de 1795, os chefes militares de Petite-Rivière não executaram devidamente seu plano para atravessar o rio Artibonite e retomar posições controladas pelos britânicos do outro lado, Toussaint teve uma explosão de fúria: "Ordenei aos senhores que fizessem esta manobra três vezes, e os senhores ignoraram flagrantemente minhas instruções [...] Falei que deviam usar canhões de

Bravos guerreiros republicanos

dezoito e doze libras e cheguei a visitar o lugar e mostrar aos senhores, exatamente, onde as três peças de artilharia deveriam ser colocadas [...] a atitude dos senhores foi negligente e irresponsável".[107] O comandante-chefe nem sempre seguia sua própria regra de parecer "frio por fora".

Toussaint insistia também na disciplina quando se tratava de seus soldados; na verdade, a disciplina era essencial em sua concepção de conduta militar virtuosa. A regra mais importante aqui, repetia ele antes de cada operação, era o dever de cumprir ordens. Essa era uma necessidade absoluta, sempre citada com destaque em seus discursos. No comovente apelo antes da campanha final contra os britânicos em 1798, por exemplo, ele ressaltou a disciplina dos exércitos revolucionários franceses, "sua arma mais importante para derrotar os tiranos da Europa". Ele exortava seus homens a seguirem aquele exemplo: "Obedeçam incondicionalmente às ordens de seus superiores, sigam as disciplinas mais rigorosas e observem a maior subordinação a seus comandantes: só assim teremos certeza de derrotar os inimigos da república".[108]

Toussaint estava sempre alerta contra as tentativas britânicas de corromper seus soldados. No começo da campanha, os britânicos despacharam dois homens de cor para falar com Toussaint, numa tentativa de suborná-lo; ele, por sua vez, os enviou a Laveaux, que mandou julgá-los e executá-los por traição.[109] Os monarquistas sabiam que Toussaint estava fora de seu alcance, mas isso, em vez de detê-los, os estimulava a ir ainda mais longe em seus esforços para subornar os soldados, obrigando-o a criar regras extremamente rigorosas para desencorajar deserções. Durante um ataque a um forte britânico no começo de 1798, o inimigo convidou oito soldados de Toussaint a seu complexo e, depois de puxá-los com cordas, ofereceu-lhes comida, bebida e dinheiro se concordassem em conquistar o apoio de seus camaradas quando voltassem para o acampamento. O plano traiçoeiro foi descoberto pelo oficial comandante e os soldados executados perto do forte, à vista dos britânicos.[110] Os mais altos comandantes de Toussaint geralmente matavam espiões britânicos, mas ele próprio tentava, sempre que possível, poupar-lhes a vida. Certa vez, ao saber que o general Laplume tinha descoberto dois espiões e executado um deles, correu para o local, e não só impediu a morte do outro como o convenceu "da justiça dos ideais republicanos" e o enviou de volta a Porto Príncipe para pregar a causa de seus camaradas negros que lutavam do lado britânico.[111]

A proibição dos saques era o princípio essencial da virtude militar segundo Toussaint. Suas regras eram igualmente draconianas nesse sentido: o código de prática militar de seu exército estipulava que qualquer oficial ou soldado que fosse flagrado cometendo um saque seria submetido à corte marcial e, se considerado culpado, condenado à morte; como nos casos de traição, a execução deveria ocorrer "imediatamente e no local".[112] Além disso, exigia-se de cada membro do exército que exercesse suprema vigilância, e relatasse diretamente a Toussaint qualquer ato de pilhagem que testemunhasse — fosse da parte de um colega soldado ou de um oficial comandante. A definição de saque era ampla, incluindo "a apropriação, para fins pessoais, de armas, sabres, munição e qualquer equipamento militar de um acampamento, forte ou cidade"; também nesse caso o castigo era a morte.[113]

Mas Toussaint não se contentava apenas com a ameaça de punição: a disciplina que cultivava entre seus soldados baseava-se também num aprimoramento das virtudes republicanas. Perseverança era uma das principais, e ele incessantemente recomendava a seus homens que permanecessem confiantes, especialmente diante dos reveses: "Um bom republicano", escreveu ele para um oficial que acabara de ser traiçoeiramente derrotado, "não se deve deixar desanimar".[114] Insistia também na necessidade de salvaguardar territórios libertados com o máximo cuidado: "Agora que plantamos a árvore da liberdade nestas áreas", disse ele à sua tropa, "precisamos nos tornar os principais defensores de suas propriedades". Toussaint advertia reiteradamente a seus oficiais e soldados que nenhuma casa ou plantation deveria ser incendiada.[115] Mais fundamentalmente, dizia que estavam travando uma guerra justa, na qual "a sedução das recompensas materiais" era irrelevante. Na verdade, ele transformou a proibição dos saques numa lição de ética: "Lutamos não para fazer fortuna pessoal: tere-

Bravos guerreiros republicanos

mos tempo de sobra para pensar nessas coisas depois que expulsarmos os inimigos das nossas terras, das nossas casas. Lutamos por nossa liberdade, a maior riqueza a que podemos aspirar, e precisamos preservá-la para nós e para nossos filhos, para nossos irmãos e para nossos cidadãos".[116]

Esse apelo a uma ética superior era um sucesso notável, como se podia ver pelo tratamento, geralmente escrupuloso, dispensado aos civis pelos soldados de Toussaint nas zonas de combate — sobretudo civis brancos. Após derrotar completamente um acampamento controlado pelos espanhóis, eles encontraram um grupo de mulheres europeias famintas e as tomaram sob sua proteção. Alimentaram-nas e vestiram-nas, apesar de eles próprios estarem há dias sem comer.[117] Logo depois de uma das muitas batalhas em torno de Mirebalais, a tropa de Toussaint capturou um comboio de vinte *colons* que fugiam do território controlado pelos republicanos com tudo que possuíam: o que incluía duzentos cavalos carregados de joias e objetos preciosos de vários tipos, assim como escravizados. Toussaint ordenou que os *colons* fossem levados à sua presença, e começou perguntando se algum de seus bens havia sido tomado pelos soldados. Diante da confirmação de que nem uma única peça de ouro tinha sido tocada, ele lhes disse que estavam livres para continuar a jornada levando todas as suas posses — exceto os escravizados, que foram soltos imediatamente.[118]

Esse tipo de comportamento, combinando práticas emancipadoras republicanas com a mais estrita disciplina e humanidade para com civis em áreas de combate, tornou-se uma marca distintiva dos soldados de Toussaint. O rigoroso senso de autocontrole desses "homens quase nus" foi observado quando eles entraram em Cap no fim de março de 1796 para pôr fim à revolta de mestiços contra Laveaux.[119] A mesma conduta virtuosa foi demonstrada pela tropa de Toussaint — cuidadosamente escolhida pelo comandante-chefe entre suas forças de elite[120] — quando ela voltou a entrar nas cidades sob controle britânico de Porto Príncipe e Saint-Marc em 1798. Toussaint atribuiu a seu enviado Huin o crédito de impedir um êxodo em massa de Porto Príncipe, graças às palavras tranquilizadoras que dirigiu aos moradores, especialmente porque os que resolveram ficar para trás tinham sido avisados pelos monarquistas em fuga de que seriam massacrados.[121] Funcionários municipais não pouparam elogios a Toussaint pela "disciplina e boa ordem" observadas por seus soldados.[122] Notando que o exército libertador que entrara em Porto Príncipe não cometera qualquer ato de pilhagem, apesar de ficar sem rações nos dois primeiros dias, um morador perguntava a si mesmo: "Que soldados europeus teriam mantido uma disciplina tão rigorosa nas mesmas condições?".[123] O contraste com a tomada de Porto Príncipe pelos britânicos em 1794, quando dezenas de republicanos foram massacrados, era extraordinário.[124]

Mais difícil era a questão do tratamento dos combatentes inimigos. A luta costumava ser feroz, e não era boa ideia acabar do lado perdedor: em outubro de 1794, Toussaint informou a Laveaux que, depois de invadir a posição fortificada espanhola nos arredores de Saint-Raphaël, tinha "passado à espada uns noventa espanhóis"; acrescentou que se tratava, "na maioria", de homens que haviam se recusado a se entregar, mas não está claro até que ponto ele de fato indagou quais eram as intenções deles.[125] Em setembro de 1795, quando suas forças atacavam a posição monarquista do acampamento Dubuisson, o inimigo resistiu com tal perseverança que, quando o acampamento foi finalmente invadido, Toussaint confessou que "foi impossível conter o fervor da tropa [...] todos que estavam no acampamento foram massacrados".[126] Inimigos derrotados às vezes se transformavam em macabros troféus de guerra. Quando Jean Jeanton, comandante monarquista "fanático", foi morto numa emboscada nas montanhas de Saint-Marc, no dia do aniversário da Revolução Francesa, os vencedores exibiram sua cabeça e suas dragonas num desfile pela região, e Toussaint deu a notícia com alegria a seu superior.[127] Às vezes os restos desses inimigos eram enviados ao chefe por seus lugares-tenentes, como prova de zelo revolucionário: um comandante informou a Toussaint que seus soldados tinham "cortado fora as cabeças de trinta monarquistas", que lhe seriam enviadas.[128] Em 1796, durante a ocupação da cidade de Bánica, sob controle espanhol, pelos soldados de Toussaint, alegou-se que alguns destes cometeram atos de represália.[129]

Mas incidentes dessa natureza eram mais típicos dos primeiros anos da luta contra ocupantes estrangeiros e seus auxiliares; períodos posteriores

Bravos guerreiros republicanos

foram marcados por consistentes atos de humanidade da parte de Toussaint e seu exército republicano. Prisioneiros negros, em particular, eram tratados "como irmãos", com toda a cortesia possível; os que se ofereciam voluntariamente eram recrutados para o seu exército, e muitos, mais tarde, destacaram-se no campo de batalha.[130] As deserções de soldados negros que combatiam do lado britânico eram ativamente estimuladas — em maio de 1797, por exemplo, 250 combatentes de Porto Príncipe passaram para o lado republicano[131] —, e esse número aumentou de maneira consistente nos últimos meses da campanha.[132] Boa parte do cavalheirismo demonstrado era extraordinária segundo qualquer critério. Depois do confronto de 1797 em que suas tropas foram esmagadas, o oficial monarquista Dessources caiu em poder dos republicanos, mas o comandante local de Toussaint mandou-o, escoltado por dez soldados, até os portões de Saint-Marc, onde recebeu comida e foi solto para retornar à sua base.[133] O próprio comandante-chefe costumava instruir seu exército a tratar todos os prisioneiros de maneira humana, e segundo as "leis da guerra"; seu próprio comportamento era tipicamente meticuloso nessa questão. Ele costumava soltar os prisioneiros se lhe dessem a palavra de honra de que deporiam as armas: depois de capturar Mirebalais pela primeira vez em 1795, ele deparou com trezentos brancos franceses que tinham chegado do norte de Saint-Domingue para ingressar na milícia monarquista; permitiu que todos voltassem para casa depois de fazerem um juramento de lealdade à república; fez isso, como disse a Laveaux, por um sentimento de "humanidade".[134]

Num episódio famoso, Toussaint permitiu que o marquês d'Espinville, um monarquista francês a quem acabara de derrotar no campo de batalha, partisse de Saint-Domingue para Cuba com todo o seu estado-maior. Toussaint incorporou o restante dos soldados a seu próprio exército, ainda que eles pudessem, tecnicamente, ser processados por alta traição ao pegarem em armas contra a França.[135] Sempre atento ao exemplo que dava, os atos de misericórdia de Toussaint às vezes beiravam a teatralidade. Quando quatro franceses que tinham passado para o lado britânico foram recapturados por seus soldados em 1798, ele ordenou que fossem levados à sua igreja no domingo seguinte; eles não tinham ideia do que ia acontecer e certamente esperavam ser executados, pois eram culpados de traição qualificada. No entanto, exatamente quando o sermão do padre enaltecia as virtudes da absolvição cristã, Toussaint foi até o banco onde os prisioneiros estavam sentados e anunciou aos presentes que eles seriam perdoados.[136]

Toussaint também trocava prisioneiros com os britânicos, e sua correspondência com os oficiais europeus mostra que as negociações entre os dois lados ocorriam regularmente, e costumavam ser implementadas num clima de boa-fé. Em novembro de 1795, por exemplo, ele recebeu catorze prisioneiros republicanos dos britânicos e comprometeu-se a enviar um jovem de cor chamado Davy, cujo pai tinha combatido do lado monarquista e naquele momento estava baseado na Jamaica.[137] Essas permutas continuaram até 1798, ainda que Toussaint se irritasse com o hábito britânico de trocar apenas prisioneiros brancos; suspeitava, com razão, que a intenção deles fosse manter os cativos negros como escravizados.[138] O problema é que essas civilidades não eram observadas pelos combatentes monarquistas em campo, especialmente quando comandados por *colons* ou exilados franceses. Em relatório para seus superiores, Toussaint mencionou incidentes separados nos quais dois de seus bravos comandantes locais, os brigadeiros Biret e Michaud, foram capturados e sumariamente executados pelos monarquistas. Biret tinha deposto as armas, e apesar disso foi estraçalhado a golpes de baioneta; Michaud teve uma morte tão pavorosa que Toussaint se limitou a informar que fora morto com "requintes de crueldade".[139]

Esses incidentes eram claramente incentivados por altos oficiais monarquistas. Isso se confirmou quando, durante a captura de um forte britânico, Toussaint encontrou uma carta de autoria do sádico comandante Jean-Baptiste Lapointe a seus oficiais, que terminava assim: "Não devemos demonstrar misericórdia alguma com os bandoleiros. Nada de prisioneiros".[140] Lapointe, um proprietário mestiço de plantation e dono de escravos no sul de Saint-Domingue, fora posto no comando de um regimento de monarquistas depois de entregar Arcahaie aos britânicos; detestava Toussaint, a quem considerava um "escravo miserável".[141] Depois que Lapointe massacrou duzentos homens em Saint-Domingue e Saint-Marc, Toussaint, indignado, escreveu uma longa carta de reclamação ao comandante-chefe das forças britânicas em Saint-Domingue, o major-general John Whyte. Começou, em defesa dos "princípios de humanidade e virtude republicana", denunciando o assassinato de seus oficiais e a ordem "bárbara" de Lapointe a suas forças, que era "contrária às leis da guerra". Em seguida, fez uma lista dos numerosos casos de misericórdia para com prisioneiros monarquistas demonstrada por ele mesmo e por seus soldados, acrescentando que os "republicanos de Saint-Domingue são incapazes de assassinar a sangue-frio um inimigo que acabaram de derrotar". Na verdade, apesar do "ressentimento" com o assassinato de seus homens, Toussaint tinha mandado seis soldados da legião irlandesa capturados de volta para Saint-Marc, assim como um capitão. E repreendeu com severidade o oficial britânico: "Apesar de ser apenas um negro, e de não ter recebido uma educação refinada como o senhor e seus oficiais, eu consideraria esses atos desonrosos se fossem cometidos pelas minhas forças, uma mácula na glória do meu país".[142]

A EXPULSÃO DAS FORÇAS DE OCUPAÇÃO BRITÂNICAS de Saint-Domingue em setembro de 1798 elevou a reputação de Toussaint e de seus duros combatentes republicanos a novas alturas. Pouco depois da partida dos soldados britânicos da colônia, o representante do Diretório francês Philippe Roume escreveu um relatório a seus superiores em Paris no qual reconhecia que às vezes era difícil lidar com Toussaint por causa de suas tendências "rebeldes". No entanto, acrescentou que

> este é um rebelde cuja vontade conta com o assentimento de nove décimos da população de Saint-Domingue; um rebelde cuja coragem, disciplina e inteligência estratégica na condução da guerra colonial superaram a força e as artimanhas dos britânicos; um rebelde que praticamente nunca dorme e que parece capaz de multiplicar a si mesmo e estar presente em vários lugares ao mesmo tempo; um rebelde que sabe quais são os lugares ideais para emboscadas em todas as partes deste território entulhado de montanhas,

rios e desfiladeiros; um rebelde que comanda um exército infatigável, capaz de alimentar-se de qualquer coisa que possa ser digerida e até mesmo de dispensar roupas.[143]

A grandeza de Toussaint como comandante militar não era só uma questão de vitórias contabilizadas no campo de batalha. Na verdade, ainda que seus êxitos fossem frequentes (seu papel na expulsão dos espanhóis foi decisivo), ele também sofria reveses — especialmente contra os britânicos. Apesar de sua determinação de forçá-los a sair de seus redutos no oeste (Em especial Porto Príncipe, Saint-Marc e Arcahaie), o sucesso escapava-lhe repetidamente, e a retirada final britânica foi conseguida por meio de negociações, mais do que por rendição incondicional. Dito isto, a imensa acumulação de tropas de Toussaint foi uma das muitas razões que forçaram os britânicos a negociar, e sua estratégia de imobilizar e molestar o inimigo havia sem dúvida alcançado seu principal objetivo psicológico: em 1798, as forças britânicas estavam completamente desmoralizadas.[144] Escrevendo sobre a campanha de cinco anos contra os britânicos, da qual tomou parte do começo ao fim, um oficial europeu do exército de Toussaint foi categórico: a derrota das forças de ocupação foi alcançada pela "força de nossas baionetas, e pela coragem, inteligência e sabedoria do nosso comandante-chefe".[145] As doenças também tiveram seu papel, claro, pois a febre amarela fez um grande estrago entre os soldados britânicos, mas nem de longe as forças republicanas de Saint-Domingue sucumbiram ao mesmo nível de infecções e enfermidades. A razão disso estava, em parte, na imunidade natural desenvolvida pelos soldados nascidos na região, e também na preparação superior de seu comandante-chefe, notadamente em sua capacidade de manter uma rede de hospitais militares onde seus soldados pudessem receber tratamento decente.[146]

Também está claro que Toussaint dispunha de amplas reservas daquilo que Napoleão definiu como uma das maiores qualidades de um general no campo de batalha: *la chance*. Ele sobrevivera a incontáveis encontros com a morte, e numerosas tentativas de assassinato. Apesar disso, diferentemente de Napoleão, Toussaint não era um homem de temperamento marcial:

Bravos guerreiros republicanos

ainda que tivesse uma grande paixão pela música militar, sobretudo peças para trompete e instrumentos de percussão, sua fé cristã lhe ensina a virtude da compaixão (ele descrevia a si mesmo como alguém com "um coração aberto, sempre disposto a perdoar");[147] ficava particularmente horrorizado, em suas próprias palavras, com "guerreiros com gosto pelo derramamento de sangue".[148] Se era capaz de encontrar uma maneira não violenta de alcançar seus objetivos, ele a preferia. Sempre dava ultimatos a seus adversários antes de atacá-los, convidando-os a se entregar e prometendo clemência se depusessem as armas: falando para os monarquistas franceses de Arcahaie em março de 1798, recomendou-lhes que, "em nome da república, venham para o nosso exército, a fim de evitar qualquer inconveniente que possa surgir como consequência do conflito; assim, vocês se preservam e protegem suas propriedades"; jurou que não haveria atos de represália, "por sua honra, como homem honesto".[149]

Nesse sentido, a verdadeira medida do êxito militar de Toussaint está em seus objetivos políticos mais amplos — notadamente o senso de fraternidade que infundiu na tropa republicana, a qual cresceu e se transformou numa força magnífica de quase 20 mil homens em 1798. Formou um grupo de comandantes aptos e resolutos, que seguiam fielmente suas instruções — apesar de, como todo *grand capitaine*, achar que sua presença era a única garantia eficaz de vitória no campo de batalha. Como certa vez disse a Laveaux, depois que um de seus subordinados sofreu um contratempo militar: "Quando o chefe principal está ausente, as coisas nunca vão bem".[150] Já os oficiais subalternos e os soldados idolatravam seu comandante-chefe, e cantavam seu nome ao fim de toda operação militar vitoriosa; seguiam-no para onde os levasse, por planícies, montanhas e rios, através do calor mais ardente, da chuva mais forte, sobrevivendo tipicamente com as rações mais escassas. E Toussaint, apesar de fazer questão absoluta de disciplina, brincava muito com eles também, divertindo-os com casos do tempo em que vivia na plantation de Bréda e lembrando que seu apelido era "Fatras-Bâton", o que sempre provocava muitas risadas.[151] Toussaint adorava esses soldados como um pai: segundo ele mesmo dizia, "são meus filhos";[152] em troca, eles repetiam as expressões favoritas de Toussaint, imitavam jocosamente sua voz anasalada e o chamavam de "Papa Toussaint", ou *vié* [velho] Toussaint".[153]

A analogia paterna era apropriada, porque Toussaint, num sentido muito real, de fato tomava conta desses homens, fazendo deles uma força de combate que exibia todas as qualidades militares esperadas, como disciplina, coragem, resistência e orgulho coletivo. Ele conseguiu isso a despeito das expectativas negativas de amigos e aliados: até mesmo Laveaux, grande admirador de Toussaint, achava que "levaria muito tempo, talvez uma geração, para transformar africanos em bons soldados";[154] até então, ele achava que o governo republicano em Saint-Domingue precisaria ser preservado por uma "força europeia capaz de impor respeito".[155] Um dos testemunhos mais notáveis do senso de autoestima do exército negro de Toussaint foi uma proclamação assinada por seus mais altos oficiais no fim de 1795, quando ele ainda estava encarregado do cordão ocidental; endereçada à Convenção francesa, ela expressava sua implacável determinação de combater os inimigos da república e mostrar com suas vitórias no campo de batalha que "os soldados franceses das Antilhas, como seus irmãos europeus, sabem como portar armas e usá-las com eficiência". Esse texto é um dos primeiros documentos a trazer as assinaturas dos bravos homens que viriam a ser os mais destacados comandantes militares de Toussaint — Vernet, Maurepas, Noël Prieur, Moyse, Christophe e Dessalines.[156] No fim dos anos 1790, esse senso de superioridade militar negra estava tão entranhado que aparecia num dito popular crioulo em Saint-Domingue, endereçado aos brancos: *"Zautres pas capable battre la guerre contre nègres"* [Vocês não são capazes de travar uma guerra contra os negros].[157]

Tão importante quanto isso é que os soldados de Toussaint eram instruídos nas virtudes militares, que absorviam com entusiasmo. Ele afirmava frequentemente que a "honra era [a] primeira",[158] e seus soldados e oficiais buscavam imitá-lo nesse sentido. Seu senso de solidariedade era igualmente exemplar. Apoiavam-se uns aos outros, lutavam uns pelos outros, e a perda de camaradas só fortalecia sua determinação. Como atestou Laplume, uma das motivações dos soldados que atacaram com êxito o acampamento Martineau foi a raiva provocada pela morte de seu herói tombado, o brigadeiro Biret: antes de partir para o ataque, eles juraram vingar seu covarde assassinato. O que mais teria agradado a Toussaint no relatório de Laplume era que todos os diferentes segmentos de seu exército trabalhavam em total harmonia, como "verdadeiros republicanos": soldados europeus, tropa regular e milícias de *bossales* locais — fato ainda mais significativo quando se leva em conta que o próprio Laplume, como já foi dito, era congo.[159]

Laplume acrescentou, e isso também é digno de nota, que seus homens lutavam como "bons franceses". Em certo nível, isso ilustrava a universalidade dos princípios republicanos de fraternidade e boa cidadania, e demonstrava que eles tinham sido adotados com gosto pelos revolucionários de Saint-Domingue. Mas ser francês, nesse caso, tinha um toque local significativo, que era a chave do sucesso de Toussaint na mobilização de seus homens na guerra contra forças espanholas e britânicas. Pois eles entendiam que não se tratava apenas de uma luta contra ocupantes estrangeiros, mas de uma luta para erradicar a escravidão da colônia. Esse espírito republicano animava a tropa de Toussaint, como simbolizado por outro momento revelador durante a batalha do acampamento Martineau: no auge da operação, um sargento chamado Gabriel, mesmo estando sob intenso tiroteio, subiu num mastro onde tremulava a bandeira britânica e "rasgou a bandeira infame da tirania".[160] Para ele e seus companheiros, o "espírito francês" refletia a determinação dos negros de Saint-Domingue de preservar sua liberdade e resistir a qualquer nova tentativa de escravização. Quando se dirigia a seus soldados, Toussaint costumava comparar-se a uma ave de rapina, que não encontrava lugar para pousar enquanto a "liberdade de seus irmãos" continuasse ameaçada.[161]

A coesão do exército republicano de Toussaint pode também ser medida por seus elevados padrões éticos: a rigorosa obediência dos soldados a suas ordens contra a pilhagem e o tratamento humano dispensado aos prisioneiros de guerra. Ele se gabava de que a conduta de suas forças tinha sido exemplar: "Os soldados queriam superar a generosidade demonstrada por seus oficiais, e os oficiais queriam superar a de seus comandantes". Talvez houvesse um exagero nisso, mas Toussaint claramente tinha boas razões para elogiar suas forças pela disciplina. Na verdade, para ele, a maior gratificação de todas era o fato de esse senso de compaixão não ter ficado limitado à sua tropa: seus apelos à humanidade tinham sido ouvidos pelas populações negras em territórios controlados por republicanos. Citando vários casos de camponeses que haviam ajudado soldados inimigos em dificuldade, ele contou a história de um soldado britânico que lhe disse que devia a vida a um *cultivateur*, que o encontrara em estado lastimável ao término de uma batalha. Esse trabalhador de plantation — quase certamente ex-escravizado — o levou para seu casebre humilde, cuidou de seus ferimentos, deu-lhe de comer e beber e escoltou-o até a posição militar republicana mais próxima, entregando-o às forças de Toussaint.

O comandante-chefe exultava de orgulho: "É com esse tipo de conduta que, apesar da crueldade dos inimigos, o povo de Saint-Domingue convencerá o universo inteiro de que, embora tenha apenas começado a jornada para a regeneração, ele sabe apreciar a liberdade em seu verdadeiro valor, e praticar as virtudes republicanas".[162]

PARTE DOIS

A formação da ordem louverturiana

4. Uma única família de amigos e irmãos

EM 1º DE ABRIL DE 1796, o governador republicano Étienne Laveaux organizou uma grandiosa cerimônia na praça principal de Cap em homenagem a Toussaint Louverture, a quem acabara de promover a seu vice. Àquela altura, os republicanos tinham recuperado os territórios sob controle espanhol e estavam, ativamente, desafiando os britânicos nos enclaves por eles controlados. Mas a tensão tinha aumentado entre Laveaux e alguns de seus comandantes mestiços, culminando numa tentativa de golpe contra ele por um grupo de rebeldes mestiços. Durante essa "conspiração de 30 de ventoso" (20 de março), ele foi acusado de defender interesses dos negros em detrimento da gente de cor, maltratado e arrastado para uma cela, e os conspiradores divulgaram uma proclamação exigindo sua substituição pelo comandante mestiço da região norte, o general Jean Villatte. O golpe fracassou graças à indecisão de Villatte, e também à intervenção providencial de soldados negros, comandados por Toussaint, que chegaram para enfrentar os rebeldes e obrigá-los a soltarem Laveaux.[1] Na presença dos altos oficiais do exército colonial francês, e ao som de canhões atirando de fortes vizinhos, Laveaux agora saudava Toussaint como "o salvador da autoridade legítima", antes de chamá-lo de "o Espártaco Negro, o líder anunciado pelo filósofo Raynal para vingar os crimes perpetrados contra sua raça".[2]

Pela primeira vez Toussaint era publicamente comparado a Espártaco. Nada anda mais rápido do que o tempo revolucionário, mas nem mesmo ele teria imaginado, ao abraçar a revolta de escravizados em 1791, que cinco anos depois o governador de Saint-Domingue o compararia a um antecessor trácio tão ilustre. Os historiadores também passaram a ver esse momento como decisivo, e não apenas para a carreira pessoal de Toussaint. Pamphile de Lacroix o via como "um golpe mortal contra a autoridade da França metropolitana; é nessa declaração que o fim da dominação branca e o nascimento do poder negro podem ser datados".[3] Da mesma forma, em meados do século XIX, Thomas Madiou via o episódio de 30 de ventoso como "um dos momentos mais importantes da nossa história, garantindo, definitivamente, a preponderância negra no Norte e em Artibonite"; a partir de então, acrescentou, cidadãos mestiços só exerciam funções "subalternas" nessas duas províncias, enquanto a autoridade de agentes franceses brancos tornava-se "nula".[4] Para historiadores progressistas como C. L. R. James, houve mais uma dimensão: o discurso de Toussaint confirmou suas credenciais como "vingador do novo mundo" de Raynal, e um verdadeiro filho da Revolução Francesa; seu pensamento político trazia as marcas essenciais do republicanismo jacobino, com o culto da razão, a mobilização popular das massas e a divisão do mundo entre o bem e o mal.[5]

Defender a *liberté générale* que os escravizados negros tinham conquistado estava no cerne da política revolucionária de Toussaint, como vimos no capítulo anterior. E ainda que o pensamento iluminista não o influenciasse de maneira decisiva, ele pronta e orgulhosamente aceitou a descrição de Laveaux, apresentando-o como discípulo de Raynal: segundo um visitante francês em Saint-Domingue, um busto do filósofo radical ocupava um lugar de destaque em seus escritórios.[6] Ao mesmo tempo, sua maneira de pensar jamais foi meramente imitativa: na verdade, em face das circunstâncias específicas de Saint-Domingue, notadamente a questão racial, as opiniões de Toussaint sobre cidadania representavam uma visão de fraternidade muito mais ousada do que a dos jacobinos franceses. Depois que ele se juntou à causa francesa, seu ideal de uma futura Saint-Domingue livre de dominação o impeliu a travar uma guerra implacável contra forças espanholas e britânicas e a resistir a qualquer tentativa de restaurar a supremacia branca. Levou-o, também, a contestar o paternalismo mais sutil, nem por isso menos aviltante, dos franceses, cujas autoridades administrativas por vezes tentavam usá-lo para alcançar seus próprios objetivos.

Por ser Toussaint ao mesmo tempo soldado, estadista e homem de ideias, sua linguagem variava de acordo com o contexto; suas ideias sobre fraternidade vinham de noções republicanas, mas também cristãs, africanas e indígenas, e, especialmente quando se dirigia a populações camponesas, eram expressas através de pitorescas parábolas e metáforas crioulas, que seus irmãos *bossales* entendiam; um admirador contemporâneo escreveu sobre o "gênio africano" de Toussaint.[7] Acima de tudo, seu ideal de poder negro jamais foi exclusivo, sendo temperado pela admiração por Laveaux e seus sentimentos de "estima e afeição" por numerosos brancos de sua comitiva, como o engenheiro civil Charles Vincent, um homem com quem conversava em crioulo e que era muito amado por sua família (em particular, pela mulher Suzanne);[8] numa carta a Vincent, Toussaint disse que o apoio de "irmãos republicanos sinceros" como ele lhe dava muito consolo.[9] Na verdade, a ambição de Toussaint era criar, a partir de várias pessoas brancas, negras e mestiças de Saint-Domingue, "uma única família de amigos e irmãos".[10]

Poucos dias depois de o golpe ter sido esmagado, Laveaux prudentemente retirou-se de Cap para a vizinha cidade costeira de Petite-Anse. Cerca de cem mulheres mestiças apoiadoras de Villatte entraram na região ao anoitecer e começaram a espalhar o boato de que o governador e seus aliados brancos haviam trazido recipientes contendo correntes para escravizados em dois navios. Diziam que a carga já tinha sido desembarcada, e era parte de uma grande conspiração dos colonos para restaurar a servidão humana em Saint-Domingue. O boato causou alvoroço geral, e soldados e moradores armados apareceram para confrontar Laveaux em frente à casa onde ele estava hospedado, aos gritos de "morte aos brancos" — o slogan makandalista da insurreição de escravizados de 1791. Com impecável senso de melodrama, Laveaux apareceu no balcão e desnudou o peito para a multidão, advertindo que se o alvejassem estariam matando "o pai que sempre defendera a liberdade deles". O parricídio felizmente foi evitado quando Toussaint, mais uma vez, chegou a tempo: ele acalmou a situação em Petite-Anse dando seu testemunho de que o governador era "amigo dos negros", e escancarando as portas do armazém local para mostrar que não havia ali nenhuma corrente para escravizados, apenas sacos de farinha e de carnes curadas.

O incidente mostrou como as populações negras frágeis e vulneráveis se sentiam a respeito da possibilidade da volta da escravidão em Saint-Domingue, e também como era fácil para inescrupulosos líderes locais — brancos, negros ou, nesse caso, mestiços — manipular os temores sobre sua condição. Os conflitos de Toussaint com Villatte remontavam a 1794, quando este recusara insultuosamente a proposta de Toussaint de abandonar a causa espanhola e se unir ao lado francês, por não conseguir lidar com um "escravo miserável".[11] Mais tarde Villatte o acusou falsamente de ameaçar matar os camponeses da região de Gonaïves por venderem seus produtos agrícolas em Cap e, mais seriamente, tentou convencer os soldados de Toussaint a desertarem do regimento do norte com a promessa de melhor soldo e melhores condições. Toussaint queixou-se amargamente a Laveaux de que esse tipo de intriga não era um comportamento digno de um "verdadeiro irmão". Além disso, Villatte era um íntimo aliado do general mestiço sulista André Rigaud (eles haviam lutado na legião americana em Saint-Domingue em 1779), e Toussaint desconfiava do envolvimento de Rigaud na tentativa de enfraquecer o governador francês.[12] Laveaux, de início, ignorara os avisos de Toussaint sobre intrigas de líderes mestiços. Mas, depois do episódio de 30 de ventoso, não pôde mais disfarçar o seu desdém: "As pessoas de cor", escreveu ele, "são movidas por um ódio insuperável contra os brancos [...] elas acham que deveriam controlar o país sozinhas e ditar suas leis. Mas a França não fez tantos sacrifícios pela causa da liberdade e da igualdade apenas para transmitir o poder a um bando de administradores retardados".[13]

Toussaint estava cem por cento de acordo: Villatte, o *"fin merle"* [camarada escorregadio], era apenas mais um numa longa lista de mestiços suspeitos que conhecera desde o começo da revolução. A seu ver, a tentativa de Villatte de usurpar o poder em 1796 era compatível com as estratégias equivocadas dos líderes mestiços da colônia desde o começo dos anos 1790, quando se recusaram a apoiar a emancipação dos escravizados, preferindo chegar a um acordo com *colons* brancos. Numa carta a Laveaux, ele se refere incisivamente a Vincent Ogé e Jean-Baptiste Chavannes, os líderes da rebelião de 1790, como os "chamados mártires da liberdade"; eram motivados não por amor à liberdade geral, mas pelos interesses egoístas de sua casta, e ele dizia ter "provas" de sua falsidade. Ainda que a medonha execução de ambos tivesse sido lamentável, eles não mereciam ser colocados no mesmo pedestal dos revolucionários negros que haviam sacrificado a vida pela liberdade de todos.[14] Toussaint tinha escamoteado esse ponto quando tentara atrair os líderes mestiços em 1793 — mas agora que Villatte havia contestado a autoridade republicana, não podia haver margem para dúvida. Além disso, Toussaint lembrou que, na esteira da rebelião de escravizados de 1791, as pessoas de cor tinham por um momento aderido à causa dos revolucionários negros, antes de se voltarem contra eles, quando direitos políticos lhes foram outorgados pela lei de abril de 1792. Figuras de destaque tinham publicamente defendido uma aliança de brancos e mestiços para "destruir" os rebeldes, e obrigar os escravizados a voltar para as plantations.[15] Para Toussaint, essa traiçoeira deserção tinha origem em arraigados preconceitos raciais dos líderes mestiços contra os negros, e no temor de que seus interesses fossem afetados negativamente pela abolição da escravatura.[16] A crença de que pessoas de cor não mereciam confiança como aliadas também era compartilhada por funcionários franceses, especialmente depois que Villatte tentou o golpe em 1796.[17]

A desconfiança de Toussaint cresceu com o comportamento militar de grupos mestiços locais na guerra contra os espanhóis e os britânicos. Em outubro de 1794, ele atribuiu a perda de várias posições na região de Verrettes à "traição" de combatentes mestiços, que passaram para o lado espanhol num momento crucial da batalha e tentaram ajudar as forças inimigas a capturá-lo. Ele também investiu com veemência contra a "perfídia da gente de cor desta região, que nunca teve comportamento tão falso, e que confirmou seu horrendo caráter".[18] Em janeiro de 1795, um grupo de republicanos locais concebeu outro plano para capturar o oficial britânico Brisbane e entregar a cidade de Saint-Marc para os franceses; o plano fracassou porque um dos conspiradores, um homem de cor, traiu os camaradas.[19] No mês seguinte, na região montanhosa de Cahos, Blanc Cazenave, um comandante mestiço, foi preso por Toussaint por executar quarenta prisioneiros brancos, roubar suprimentos, incentivar seus soldados a desertarem, espalhar boatos maldosos contra Laveaux e Toussaint e tentar criar um feudo sob seu controle pessoal.[20] Cazenave morreu em sua cela, "sufocado de raiva biliosa".[21] Para arrematar esse catálogo de sedição, Toussaint prendeu vários comandantes regionais implicados na conspiração de 30 de ventoso: Guy, em Petite-Rivière; Chevalier, em Terre-Neuve; e Danty, em Gros-Morne — todos eles também pessoas de cor. A mulher de Danty, acompanhada de "cem mulheres de cor", suplicou em vão para que Toussaint libertasse o marido.[22] Em junho de 1796, Toussaint descobriu outro complô para entregar a região de Verrettes aos britânicos; o líder era um mestiço chamado Vallery.[23]

Toussaint nem sempre ignorava apelos de misericórdia — sobretudo se dissessem respeito a combatentes comuns facilmente desencaminhados pelos líderes. Quando, por exemplo, capturou um forte inimigo na área de Grand Cahos, em março de 1796, descobriu que os combatentes eram na maioria pessoas de cor. Entretanto, apesar de terem "disparado contra a bandeira tricolor", um ato de traição, perdoou todos eles depois de ouvir os apelos das mulheres e dos filhos.[24] E, mais importante ainda, Toussaint não permitia que esses múltiplos casos de traição afetassem a opinião geral que tinha das *gens de couleur* ou minassem sua visão de fraternidade entre comunidades diferentes. Ele se esforçava para assegurar que via os mestiços como "irmãos", e que, apesar do ocorrido em 30 de ventoso, estava seguro de que havia um grande número de cidadãos mestiços "virtuosos" em Saint-Domingue.[25] Em visita ao reduto de Toussaint na região de Gonaïves, Laveaux constatou com satisfação "a maior tranquilidade e ordem entre todos: homens, mulheres, crianças, brancos, negros, pessoas de cor, militares, camponeses e *propriétaires*".[26] Elogiou também importantes aliados de Toussaint em Gonaïves, "homens patrióticos e leais, dedicados ao princípio da *liberté générale*".[27] E quando, na esteira do episódio de 30 de ventoso, Toussaint recebeu permissão para criar seu próprio regimento de cavalaria com noventa cavaleiros recrutados entre "os homens mais

Uma única família de amigos e irmãos

arrojados e corajosos de seu exército", escolheu como chefe um oficial mestiço, "o intrépido Morisset", que permaneceria leal a ele durante toda a sua carreira.[28]

FORJAR UM SENSO DE UNIÃO na população negra de Saint-Domingue — a maioria nascida na África — foi a grande preocupação de Toussaint depois de 1794. Tratava-se de um imperativo militar, sobretudo porque as forças espanholas e britânicas dependiam quase completamente de mercenários recrutados entre a população local, na maioria negros. Mas era também uma necessidade política, para garantir que os ganhos revolucionários, as conquistas feitas pelos escravizados no começo dos anos 1790, fossem consolidados. Para Toussaint, fraternidade era um conceito de múltiplas camadas: todos os negros de Saint-Domingue eram potencialmente seus "irmãos", mas essa fraternidade não se limitava a uma comunidade, incluindo também brancos e mestiços, republicanos da França e todos os homens e mulheres do Atlântico que participavam de uma guerra justa contra a escravidão. Ao saber que escravizados *marrons* tinham iniciado uma insurreição na Jamaica em 1795, ele manifestou a esperança de que "nossos irmãos dessa região alcancem seu objetivo; é o que desejo de todo o coração".[29]

"Meu único objetivo", disse a Laveaux, "é a união e felicidade de todos os meus irmãos republicanos."[30] Mas os desafios eram colossais. Sua própria tropa de sans-culottes era mal equipada.[31] Ele não tinha como igualar o soldo de um *portugaise* por mês oferecido pelos espanhóis: "a essa taxa", comentou, melancolicamente, "eles pagam bem aos recrutas".[32] As forças britânicas não eram menos pérfidas: ao escrever sobre um confronto militar no planalto de Cahos no começo de 1796, Toussaint notou que os britânicos "não apenas nos molestam o tempo todo, como enviam emissários entre os cidadãos de Petite-Montagne para corrompê-los e seduzi-los de todas as formas imagináveis".[33] Boatos espalhados pelos *"méchants"* contrários à república também podiam prejudicar a ambição de Toussaint de conseguir o apoio das comunidades locais, e em meados de 1796 eles eram numerosos e difundiam-se rapidamente: "Virei o lobo branco: para alguns minha intenção é destruir a raça amarela [mestiça], para outros é entregar a colônia aos britânicos e escravizar os negros".[34]

De que forma Toussaint neutralizava esses boatos daninhos e promovia uma maior união entre os cidadãos negros de Saint-Domingue? Dentro de sua estrutura militar, como vimos no capítulo anterior, ele se valia de sua liderança carismática e de um regime disciplinar rigoroso, mas também do cultivo de um sentimento de camaradagem republicana entre os soldados. Por vezes, tinha de usar abordagens mais diplomáticas para lidar com situações de insatisfação trabalhista nas plantations, não raro insufladas por forças antifrancesas. Era aí que suas aptidões de pacificador se mostravam mais eficazes. Ao aconselhar Laveaux no começo de 1796 sobre a melhor maneira de lidar com um grupo de "irmãos infelizes" que tinham iniciado uma insurreição na região de Port-de-Paix depois de sofrerem tratamento abusivo da parte de brancos e mestiços locais, Toussaint recomendou cautela: só atuando com "a máxima prudência" conseguiriam trazê-los de volta para o caminho da "integridade".[35] Num longo relatório, ele explicou que tinha reconquistado a confiança de *cultivateurs* locais depois de realizar uma série de reuniões com eles, prometendo-lhes que todos os atrasados seriam pagos e pedindo-lhes que viessem falar com ele se precisassem de proteção contra inescrupulosos administradores de plantation; recomendou que esquecessem conflitos passados e "vivessem como irmãos e verdadeiros cidadãos franceses".[36] Julien Raimond, um líder mestiço que se tornou aliado leal de Toussaint e assistiu a muitas intervenções desse tipo, ficava deslumbrado com seus notáveis talentos retóricos quando se dirigia a homens e mulheres comuns, combinando paternalismo com a dose certa de severidade.[37] Nessas ocasiões, seu repertório de provérbios crioulos também vinha a calhar; um de seus favoritos era este alerta para quem escolhia uma rota perigosa: *"Monde qui doit marcher pied nus, doit bien voir dans chemin à yo si pas gagné piquants"* [Quem tem de andar descalço precisa ver se não há espinhos na estrada].[38]

Outra preocupação premente era neutralizar milícias negras, em geral formadas com o remanescente de forças de combate *marrons* surgidas durante o levante de escravizados de 1791. Essas milícias podiam ser venais, como as encabeçadas pelo antigo camarada de armas de Toussaint, Jean-François, que divulgou uma série de proclamações convidando seus "irmãos" negros a abandonarem a causa francesa em 1795. Toussaint descreveu a situação na região de Montagne Noire e Grande-Rivière nos seguintes termos: "a área é atacada de vez em quando pelos bandoleiros de Jean-François; mas assim que eles se apresentam são repelidos por nossas bravas forças francesas".[39] Acima de tudo, esses combatentes tinham uma desconfiança visceral dos brancos e uma atitude ambígua — quase sempre por motivos pessoais legítimos — em relação à causa francesa abraçada por Toussaint. Ele tentava chegar a acordos com eles, notadamente fazendo apelos à união republicana e racial. Em fevereiro de 1796, escreveu ao comandante miliciano Pierre Dieudonné dizendo não conseguir acreditar que um "bom republicano" como ele pensasse na possibilidade de apoiar os britânicos, "inimigos jurados de sua liberdade e igualdade". Toussaint citou também seu próprio caso: "Voltei para casa e fui recebido de braços abertos pelos franceses, que me recompensaram por meus serviços; peço a você, caro irmão, que siga o meu exemplo". Observando que ambos eram negros, e precisavam confiar um no outro com base nisso ("meu caro irmão, você não me recusará sua amizade, sendo eu negro como você"), disse que as disputas entre seus grupos armados deveriam ser resolvidas por meio de conversas, não pelo uso da força: "A república é a mãe de todos nós, e não quer ver irmãos lutando uns contra os outros". Concluiu com um lema característico: "Quando irmãos lutam entre si, são sempre os pobres que sofrem as consequências".[40]

Toussaint esforçava-se ao máximo para convencer essas pessoas da sinceridade da causa republicana francesa. Certa ocasião, em abril de 1796, passou horas em companhia de um líder miliciano chamado Noël Artaud, que era "extremamente desconfiado e resistiu muito" a Toussaint porque este chegara para o encontro acompanhado de "uma quantidade muito grande de brancos": "Fui obrigado a cavalgar até ele para tranquilizá-lo, e provar-lhe que minhas intenções eram sinceras". Os dois homens então se instalaram à beira de um rio e tiveram uma longa conversa, na qual Toussaint usou argumentos parecidos com os que usara com Dieudonné sobre união republicana e racial; acrescentou que lutas internas de negros só serviam para fortalecer seus inimigos comuns. Toussaint também falou demoradamente com os oficiais de Artaud; o acordo foi firmado talvez quando ele lhes mandou "quatro garrafas de tafiá".[41] Toussaint também fortaleceria seus vínculos com plateias negras fazendo apartes humorísticos sobre brancos e pessoas de cor; contrastando a firmeza dos *nouveaux libres* com a disposição volúvel de muitas *gens de couleur*, ele comentava: "Mostre a uma pessoa de cor um pedaço de presunto e pode ter certeza de que ela estará disposta a correr por toda a colônia para você".[42]

Em outro exemplo, no começo de 1796, Toussaint conseguiu conter Étienne Datty, líder miliciano negro que encabeçara uma revolta violenta contra a exploração de administradores brancos de plantation nas montanhas de Port-de-Paix. Ele viajou até a área à procura de Étienne, que de início se mostrou esquivo; Toussaint chegou a pensar em usar a força nesse momento, mas refletiu que isso apenas "pioraria a situação". Acabou por localizar o líder rebelde, com quem teve vários encontros, usando de todas as suas aptidões retóricas para levá-lo de volta à causa republicana. Começou aconselhando-o a tomar cuidado com os sofismas dos inimigos da liberdade, como os britânicos e seus apoiadores proprietários de escravos, que difamavam a causa republicana distorcendo seus objetivos e valores, "fazendo o bem parecer o mal, e o mal parecer o bem; o que é amargo parecer doce, e o que é doce, amargo; e o que é luz parecer envolto em treva, e o que é treva parecer luz". De qualquer maneira, acrescentou, as Escrituras Sagradas intimam os homens "a amar seus inimigos, e a responder ao mal com boas ações". Toussaint apelou ainda para o senso de "fraternidade" de Étienne, descrevendo-se como um "irmão que busca a felicidade de todos os negros de Saint-Domingue". Referindo-se a si mesmo na terceira pessoa, acrescentou: "Toussaint Louverture é o verdadeiro amigo daqueles de sua cor, e sua dedicação à causa deles é tamanha que preferiria morrer mil vezes a vê-los voltar ao jugo tirânico do qual lutou para tirá-los". Depois de mencionar essa combinação característica de valores crioulos, católicos e republicanos, Toussaint injetou uma dose de eletricidade carismática na transação: "Sou a pessoa que os negros veem quando se olham no espelho, e é a mim que eles devem recorrer se quiserem saborear os frutos da liberdade".[43]

A pacificação também envolvia uma série de encontros face a face com a tropa *bossale* de Étienne e com camponeses locais, a quem Toussaint pregava o que chamava de "a moralidade da razão". Em certa ocasião, depois que eles se rebelaram violentamente contra autoridades francesas locais, Toussaint repreendeu-os com severidade pela desordem que haviam provocado, invocando, mais uma vez, ideais religiosos: "Deus disse, 'peçam e lhes será dado', não 'cometam crimes para obter aquilo de que necessitam'". Mesmo que suas queixas fossem justas, disse ele, o recurso à violência cobria-os de "vergonha", e a ele também, e servia apenas para provar aos inimigos de Saint-Domingue que "os negros não estão preparados para a liberdade". Os rebeldes pediram perdão e reconheceram Toussaint como seu "pai"; ficaram especialmente impressionados com o senso de harmonia reinante entre os negros, brancos e mestiços de seu exército: como disse um camponês, todos pareciam "irmãos nascidos da mesma mãe".[44]

Em seus discursos para a população negra em geral, Toussaint também insistia em ressaltar a abolição da escravatura em Saint-Domingue, contrastando-a com a persistência da servidão em áreas controladas pelos espanhóis e com sua restauração pelos britânicos quando de sua chegada à colônia em 1793; numa carta para Laveaux, comentou que "uma vasta população de cidadãos, tanto homens como mulheres, deixou Saint-Marc, Mont-Rouy, Verrettes e outras áreas sob controle inimigo, abandonando todos os seus pertences para viver aqui sob as leis humanas da República"; poucos meses depois, observou que esses *ralliements* vinham ocorrendo numa base diária.[45] Toussaint fazia discursos desse tipo com frequência. Pediu desculpas pela brevidade de outra de suas cartas para Laveaux, explicando que estava "muito ocupado reunindo os camponeses e os *conducteurs* para instilar neles o amor ao trabalho duro, inseparável da liberdade".[46] As homilias às vezes eram proferidas por emissários confiáveis, "pessoas instruídas" enviadas para áreas rurais "a fim de instruir cidadãos negros, para que aprendam a avaliar melhor quem são os verdadeiros amigos e inimigos"[47] (observando, no entanto, que sua própria presença era muito mais eficaz do que a de qualquer representante).[48] Esses discursos quase sempre davam resultado — mas nem sempre: num incidente em junho de 1795, Toussaint foi a uma comunidade nas montanhas depois de saber que camponeses locais tinham se rebelado contra funcionários franceses. Mal começou o "sermão", os *cultivateurs* pegaram suas armas e apontaram para ele: "A recompensa que recebi por meus esforços foi uma bala na perna, que ainda me causa muita dor".[49]

A maior dificuldade que Toussaint enfrentava para conseguir apoio dos *nouveaux libres* era o fato de que a maioria não tinha nascido em Saint-Domingue. Na paisagem turbulenta e fragmentada pós-revolução, a lealdade fundamental de muitos desses *bossales* africanos era étnica e tribal: eles se viam não como cidadãos da França (cuja língua poucos falavam), mas como congos, aladás, ibos, daomeanos, senegaleses ou moçambicanos. As milícias costumavam ser formadas com base nessas "nacionalidades", e seus líderes eram figuras carismáticas, que Toussaint e as autoridades republicanas tentavam apaziguar. Um dos mais magníficos era Halaou, um arrojado líder dos rebeldes de Cul-de-Sac: esse homem de imensa estatura física e "força hercúlea" levava sempre consigo um grande galo branco que, segundo ele, lhe transmitia diretamente os desejos dos céus. Em fevereiro de 1794, o comissário Sonthonax convidou-o para uma conferência em Port-Républicain e ele chegou com 12 mil guerreiros, que puderam ver seu rei-feiticeiro, quase nu e enfeitado de talismãs, tratado com um banquete suntuoso no palácio oficial, o galo branco de confiança sentado ao lado.[50]

Esse tipo de universo místico, com seu ocultismo vodu, suas sociedades secretas e seus cânticos pagãos, parece muito distante do racionalismo filosófico republicano, e os historiadores costumam contrastar o africanismo instintivo, místico, dos *bossales* com a cultura militar e política "europeia" de Toussaint.[51] Sua linguagem às vezes refletia essa tensão: uma das expressões a que ele recorria com mais frequência era a necessidade de fazer os negros *"entendre raison"* [ouvir a razão].[52] Não há dúvida de que ele ficava horrorizado com a violência de algumas dessas milícias africanas, e de que se opunha à sua estratégia de eliminar os colonos brancos de

Saint-Domingue. De vez em quando também expressava sua frustração com "nossos infelizes irmãos africanos, tão fracos e fáceis de seduzir".[53] Mas, apesar disso, Toussaint conseguia estabelecer relações com esses combatentes africanos. Queria tratar todos eles com respeito e dignidade, e iniciar conversações nesse espírito: mesmo estando equivocados, ou tendo cometido crimes, os *bossales* de Saint-Domingue eram seus "irmãos". Ele tentou protegê-los de insultos verbais, baixando um decreto que proibia os trabalhadores de serem chamados de "bandoleiros" ou "rebeldes".[54] Um dos êxitos significativos dessa estratégia foi a aliança com o velho conhecido seu Sans-Souci, de Bréda, um dos chefes da área de Petite-Rivière; numa carta para Laveaux, ele falou de sua satisfação por tê-lo trazido para a causa republicana. Sans-Souci seria um devoto aliado de Toussaint até o começo da Guerra de Independência do Haiti em 1802.[55]

Toussaint também sabia tirar partido das afiliações tribais e religiosas de seus próprios soldados e oficiais, notadamente para abrir canais de comunicação com líderes de milícia africanos, ou para incentivar a deserção de recrutas *bossales* que lutavam do lado espanhol ou do lado britânico; em julho de 1795, ele explicou a Laveaux que tinha trazido para o seu lado soldados africanos baseados em Saint-Marc "através de inteligências e relações". O que queria dizer com isso era que conexões vodus (muito provavelmente a troca de amuletos e a apresentação de cânticos específicos) tinham sido utilizadas — como, sem dúvida, em muitos outros casos.[56] Durante um encontro na região de Mirebalais com o chefe *marron* Mademoiselle e seu bando de rijos combatentes, os "docos", Toussaint teve a satisfação de encontrar muitos africanos de sua própria nação aladá, aos quais proferiu um de seus vigorosos discursos na língua jeje-fon; dá para imaginar que essa versatilidade linguística teve grande peso na conquista de Mademoiselle para a causa republicana.[57]

A complexidade das conexões entre Toussaint e esses líderes milicianos africanos pode ser vista em suas instáveis relações com o congolês Macaya. Na região de Acul, sua base de operações no começo dos anos 1790, Macaya comemorava orgulhosamente seu monarquismo, descrevendo-se como súdito de três reis — França, Espanha e Congo. Toussaint deteve-o e prendeu-o em Gonaïves poucos anos depois, mas ele fugiu e voltou para Acul: ali, como Toussaint queixou-se a Laveaux, "todos os dias promove danças e assembleias com os africanos de sua nação e lhes dá maus conselhos".[58] No começo de 1796, parece que Macaya se colocou sob a proteção de Villatte, sem dúvida por causa do ódio que ambos sentiam contra os europeus.[59] Mas a ideologia monarquista de Macaya e seus seguidores continha muitos elementos com os quais Toussaint se identificava — notadamente o cristianismo devoto, o resoluto anti-individualismo e a oposição à ganância material, a crença nos princípios universais de justiça e o compromisso com a harmonia transnacional entre comunidades negras. Com ajustes mínimos, esses ideais poderiam ser igualmente expressos em termos de fraternidade republicana. Era esse o terreno comum que Toussaint buscava no trato com líderes milicianos negros, e não a recomendação de Macaya para executar um "massacre geral de brancos".[60]

A retórica de fraternidade republicana de Toussaint era, portanto, um instrumento eficaz para atrair populações negras para a sua causa. Isso nunca foi demonstrado com mais vigor do que na proclamação que dirigiu em abril de 1796 a seus "irmãos africanos" de Saint-Louis-du-Nord, que se haviam rebelado violentamente contra autoridades republicanas recusando-se a ingressar na Guarda Nacional. O sangue que eles haviam derramado, lamentou Toussaint, era o de um povo que fizera grandes sacrifícios pela "liberdade geral, pelos direitos do homem e pela felicidade da humanidade". Ao pegar em armas contra a França, eles haviam se comportado como "crianças desencaminhadas" e permitido que "monstros criminosos" os extraviassem do caminho da retidão. Ele concluiu apelando não apenas para o seu senso de "razão", mas para o ideal de força coletiva que encarnavam: "nós, o povo negro, somos o mais forte, e cabe a nós manter a ordem e a tranquilidade e dar o bom exemplo". Mas isso só poderia acontecer se eles acatassem a orientação correta de seu "chefe"; pois que ninguém se enganasse, os cidadãos negros de Saint-Domingue agora tinham um, ainda que levasse alguns anos para que a sua liderança viesse a ser formalizada.[61]

LAVEAUX DEIXOU SAINT-DOMINGUE em outubro de 1796. Incentivado por Toussaint, ele foi eleito um dos deputados da colônia no Conseil des Cinq Cents, a câmara baixa do parlamento francês sob o Diretório.[62] Com a situação política na França tomando uma direção mais conservadora na vigência da Constituição de 1795, Toussaint considerava essencial que a revolução de Saint-Domingue fosse poderosamente representada em Paris. Laveaux era a pessoa ideal para essa função, sendo "o verdadeiro amigo do povo negro".[63] Como um dos principais membros progressistas do legislativo francês, ele viria a desempenhar um papel crucial na aprovação da lei de 12 de nivoso do ano VI (1º de janeiro de 1798), que buscava consolidar as conquistas da revolução nas colônias;[64] de volta a Paris, Laveaux também defendeu a liderança de Toussaint em reuniões da Société des Amis des Noirs, às quais comparecia regularmente.[65]

O sucessor de Laveaux foi Léger-Félicité Sonthonax, o ex-enviado francês à colônia que proclamara o fim da escravidão em agosto de 1793. Como a abolição estava diretamente associada a seu nome, e graças às suas poderosas conexões em círculos do governo francês, Sonthonax era uma figura de substância real. Genuinamente popular em certos setores da comunidade negra e, em sentido inverso, odiado pelos *colons* brancos de Saint-Domingue, sobretudo pelos monarquistas que havia mandado para o exílio: seu estilo de vida fora destruído pela revolução e os ativos de suas *plantations* continuavam congelados. No ano seguinte, as interações de Toussaint com o autoproclamado "fundador da liberdade geral"[66] dominaram a política da colônia, e seus confrontos culminariam no retorno de Sonthonax à França. Essa vitória foi outro marco político para Toussaint, após o caso Villatte. E, mais importante ainda, representou a primeira indicação significativa da diferença entre sua visão de Saint-Domingue e a de seus homólogos coloniais franceses.

Ainda que os dois homens nunca tivessem se encontrado antes — Sonthonax deixara a colônia um mês depois de Toussaint passar para o lado republicano em meados de 1794 —, seus contatos iniciais em 1796 foram construtivos. Sonthonax escreveu uma série de cartas entusiásticas para Toussaint, e anunciou que chegara à colônia a fim de "auxiliar lealmente" seus esforços para defender o território francês e "organizar o regime de liberdade geral".[67] Toussaint retribuiu, escrevendo ao governador na França para dizer que a presença de Sonthonax era "essencial para o bem-estar de Saint-Domingue, para sua plena recuperação e para sua prosperidade", acrescentando: "Esse homem conta com a confiança total dos negros".[68] Os dois homens trocaram presentes: sabendo do amor de Toussaint pela música, o comissário francês lhe deu um trompete, e em troca recebeu um magnífico cavalo.[69] Poucos meses depois de sua chegada, Sonthonax promoveu Toussaint à patente de general de divisão, descrevendo-o a seus superiores como um "homem valente merecedor da estima dos republicanos por sua coragem, humanidade e apego à liberdade";[70] disse ainda que era "exemplar em suas virtudes públicas e privadas" e via "todos os homens como irmãos".[71]

Impressionado com as notáveis conquistas militares de Toussaint na luta contra espanhóis e britânicos, Sonthonax elogiou sua "infatigabilidade", e chamou-o de seu "melhor amigo".[72] Além disso, esforçou-se ao máximo para cair nas graças da família Louverture. Ao saber, por intermédio de Laveaux, que Toussaint queria mandar os dois filhos estudarem na França, Sonthonax escreveu para o ministro da Marinha, Laurent Truguet, um republicano progressista que era um de seus principais aliados em Paris;[73] os jovens Isaac e Placide partiram de navio para a França no começo de julho de 1796.[74] Havia uma ligação ainda mais pessoal entre Toussaint e Sonthonax, cuja esposa, uma mulher de cor chamada Marie Eugénie Bléigat, fora casada em primeiras núpcias com um administrador da plantation de Bréda antes da revolução; Toussaint o conhecia muito bem.[75]

Apesar disso, ficou claro, desde o início, que havia uma divergência significativa entre os dois homens. Não era uma diferença apenas na aparência física (Sonthonax era gorducho, Toussaint, rijo) ou na idade (Sonthonax era vinte anos mais jovem). Toussaint apresentava-se, como escreveu para Laveaux em 1798, como um "militar franco",[76] com gosto pela simplicidade e pela ordem. Sonthonax era muito mais político, um jacobino que adorava intrigas e ambiguidades. Eles também tinham temperamentos opostos. Toussaint era reservado por natureza e cuidadoso com as palavras; Sonthonax,

Uma única família de amigos e irmãos

advogado por profissão, era irreprimível, e às vezes imprudentemente taga-rela (ou, segundo o ditado crioulo, *"sa bouche n'a pas de dimanche"* [para sua língua, nunca era domingo]). Além disso, era efusivo e tátil; Toussaint diria depois, incisivamente, que o comissário francês tinha segurado sua mão du-rante o primeiro encontro, e essa demonstração explícita de intimidade não foi muito bem aceita. Sua desconfiança de Sonthonax era agravada pela lem-brança de que, em sua primeira temporada em Saint-Domingue, no começo dos anos 1790, ele defendera vigorosamente a escravidão e os direitos exclu-sivos dos colonos brancos — o que explica a suspeição inicial de Toussaint sobre a conversão da França ao abolicionismo, para ele pouco mais do que um "estratagema".[77] Em resumo, Toussaint confiava facilmente em "Papa" Laveaux, cuja sinceridade para com ele e para a causa da emancipação negra era indiscutível, mas se sentia bem menos seguro a respeito de Sonthonax.

Para piorar as coisas, desde o início a conduta de Sonthonax em rela-ção a Toussaint foi altamente desdenhosa. Como a maioria de seus cole-gas metropolitanos franceses, seu igualitarismo era, sem a menor dúvida, sincero no nível abstrato; mas ele não conseguia de fato tratar como igual um homem como Toussaint — mais ainda porque se julgava o salvador dos negros, por ter abolido a escravidão na colônia em 1793. Depois da ruptura entre os dois, Sonthonax revelou suas verdadeiras opiniões num relatório para o governo francês, no qual descrevia Toussaint como um "cabeça-dura, tão reles quanto seu primeiro emprego de pastor escravi-zado; normalmente fala crioulo e tem dificuldade para entender a língua francesa". No mesmo relato, Sonthonax também manifestou desdém pela religião de Toussaint, que via como prova de fraqueza moral: "Sua pro-funda ignorância o faz sentir-se totalmente em dívida com os padres, que, em Saint-Domingue como na França, se utilizam de todos os meios para aniquilar nossas liberdades".[78] Por trás da fachada de igualitarismo repu-blicano, era um poço de desdém pelos negros: certa vez disse a um oficial francês branco que "os negros buscam cargos militares para conseguir mais bebidas, dinheiro e mulheres".[79]

Embora não revelasse essas ideias abertamente, Sonthonax sem dúvida manifestava seus sentimentos de desprezo por Toussaint em suas conversas casuais com outras pessoas. E como Saint-Domingue era um lugar pequeno, e Toussaint tinha ouvidos em toda parte, ele acabava sabendo. De qualquer maneira, esse descuido não se limitava à língua: a atitude desdenhosa aparece também em suas cartas. Por exemplo, ele alterou a frase de abertura de um dos discursos de Toussaint antes da publicação, alegando que a mudança o tornaria mais "correto".[80] Quando Toussaint escreveu a Sonthonax pedindo melhor equipamento para sua tropa, a resposta que recebeu foi uma pretensiosa aula de história sobre virtudes revolucionárias: a privação que ele e os soldados estavam sofrendo era uma característica inevitável de todas as guerras de liberdade contra o despotismo, e "toda página da história está repleta desses exemplos". O comissário-professor citou ainda uma relação de casos de forças populares mal equipadas e em inferioridade numérica que derrotaram seus inimigos, tanto na Revolução Francesa como na Revolução Americana, antes de instruir Toussaint a "lembrar aos republicanos sob seu comando essas características heroicas". Até mesmo a menção de Sonthonax à depreciativa alcunha usada pelos britânicos para se referir aos soldados negros de Toussaint, "congos nus", que deveria ser um cumprimento por analogia com os sans-culottes revolucionários, tinha qualquer coisa de degradante. Para Toussaint, essa não era a linguagem de um homem que acreditava na verdadeira fraternidade.[81]

Diferenças políticas substanciais também surgiram entre eles, notadamente em relação aos exilados. Toussaint era favorável a uma anistia generosa, para incentivar os agricultores e *propriétaires* que aceitassem a nova ordem a voltar para a colônia e ajudar na reconstrução. Sonthonax era muito mais dogmático, vendo nos exilados inimigos incorrigíveis da revolução; era, portanto, contra o seu retorno. Essas abordagens divergentes da fraternidade chegaram a um ponto crítico quando Toussaint convidou seu antigo administrador na propriedade de Bréda, Bayon de Libertat, a voltar dos Estados Unidos, onde vivia no exílio. Ele providenciara uma remessa de dinheiro, prometendo que Bayon seria removido da lista de exilados e que sua propriedade em Limbé lhe seria devolvida.[82] Insistiu com Sonthonax para suspender o confisco dos bens e pediu que o cônsul francês na Filadélfia facilitasse a volta desse "respeitável senhor" a

Saint-Domingue;[83] chegou a escrever para o Diretório dando ótimas referências de Bayon, descrevendo-o como um administrador "virtuoso" que tratava os escravizados com humanidade e era visto pelos trabalhadores como um "pai".[84] Sonthonax, no entanto, ordenou que Bayon fosse preso quando chegasse a Saint-Domingue e enviado à França, para enfrentar um processo de traição por cumplicidade com os britânicos nos primeiros anos da revolução.[85] Toussaint teve que ir às pressas a Cap suplicar ao comissário, mas recebeu uma recusa absoluta; a única concessão que ele fez, em "consideração" a Toussaint, foi expulsar Bayon de volta para os Estados Unidos.[86] Mais tarde, Sonthonax tentou corrigir-se um pouco, permitindo que ele desse apoio financeiro ao ex-patrão, mas insistindo que a volta de Bayon tinha sido "criminosa", sobretudo por causa de suas estreitas ligações com traidores monarquistas, e que a letra da lei sobre exilados exigia que ele fosse condenado à morte.[87]

A contrarrevolução não era só um assunto do passado: a partir de 1796, forças monarquistas iniciaram uma volta política em Paris. Esses defensores da monarquia, como veremos adiante, eram ruidosamente hostis ao regime revolucionário na Saint-Domingue colonial. Toussaint e Sonthonax naturalmente concordavam que o desafio representado por essas forças precisava ser contido, mas nesse caso também tinham opiniões divergentes sobre como alcançar esse objetivo. Toussaint buscava concentrar suas energias em âmbito local, confiando, enquanto isso, em vozes amigas em Paris (como Laveaux), enquanto Sonthonax flertava com grandiosos planos para transformar Saint-Domingue num "posto avançado seguro para patriotas republicanos franceses".[88] Além disso, ele partiu para a ofensiva ideológica, encomendando uma peça intitulada *La Liberté générale, ou les colons à Paris*, representada em Cap em 1796: nela, atacava a facção colonial em Paris e seus aliados em Saint-Domingue (muitos deles citados pelo nome verdadeiro).[89] Mais dramaticamente, ele parece ter acalentado a ideia de que a colônia poderia seguir um caminho diferente da França adotando sua própria Constituição. Toussaint posteriormente se apropriaria da ideia, mas naquele momento a condenava e usava para desacreditar Sonthonax.[90]

Questões militares agravavam as diferenças entre os dois homens. Um mês depois de chegar, Sonthonax encarregou-se do esforço geral de guerra, e a maior parte de sua correspondência dizia respeito a assuntos militares. Nessa área, porém, ele se mostrou altamente incompetente, alienando as autoridades da província meridional sob controle de Rigaud. Pior ainda, imiscuía-se nas responsabilidades de Toussaint, para grande irritação deste.[91] Questionou, por exemplo, sua decisão de conceder anistia ao "bandoleiro" Noël Artaud, e afirmou que uma das regiões controladas pelos homens de Toussaint era "desordem pura".[92] A obsessão revolucionária que o fazia ver conspirações em toda parte o levava a tomar decisões que pareciam erráticas e arbitrárias, como a prisão dos generais Desfourneaux e Pierre Michel, ambos oficiais de grande popularidade, a quem acusou sem qualquer prova clara de conspirar contra sua autoridade.[93] O caso de Michel era especialmente controvertido: tratava-se de um oficial negro que chefiara um grupo de escravizados insurgentes em 1792 e em seguida lutara bravamente contra os britânicos, conquistando louvores das autoridades nacionais;[94] tinha acabado de ser promovido a brigadeiro-general, por seu vigoroso papel na derrota da conspiração de 30 de ventoso. Ainda que Sonthonax o tivesse designado comandante-chefe do exército de Saint-Domingue em maio de 1797, suas desastradas e caóticas intervenções deixavam um gosto amargo e não ajudavam a inspirar a confiança de Toussaint.

A paciência de Toussaint com Sonthonax finalmente acabou, e depois de um encontro em maio de 1797 ele o forçou a concordar em deixar Saint-Domingue e voltar a Paris a fim de ocupar uma cadeira no Conseil des Cinq Cents junto com Laveaux. Mas o imprevisível Sonthonax mudou de ideia, e mobilizou apoiadores civis e militares em Cap. Saindo às ruas, eles gritavam vivas a seu nome; petições e discursos de soldados e oficiais da divisão norte (inclusive o sobrinho de Toussaint, Moyse, com quem Sonthonax mantinha estreitas relações) exigiam que ele permanecesse na colônia.[95] Para surpresa de Toussaint, estava claro que o "fundador da liberdade" ainda desfrutava de considerável apoio entre os cidadãos negros por causa de seu passado abolicionista; até mesmo a municipalidade do feudo de Toussaint em Gonaïves pediu que Sonthonax permanecesse em Saint-Domingue.[96] Charles-Cézar Télémaque, juiz de paz (e futuro prefeito) de Cap, escreveu manifestando seu "enorme desgosto" com a notícia da partida de Sonthonax, comentando que ninguém era capaz de "garantir a ordem" como ele;[97] houve até histórias de famílias rezando pelo seu bem-estar.[98]

Mas trazer o conflito à luz do dia foi um erro, considerando-se os recursos superiores de Toussaint. Ele enviou uma dura carta a Sonthonax, afirmando que "o povo e os soldados têm confiança em mim" e advertindo que toda a responsabilidade por qualquer conflito que viesse a ocorrer seria dele, se violasse o acordo entre os dois.[99] Além disso, divulgou uma severa proclamação à municipalidade de Cap, que também pedira publicamente a permanência de Sonthonax,[100] advertindo que "cabalas" estavam promovendo desordem e que era de sua responsabilidade impedir quaisquer novas manifestações públicas de apoio ao comissário. E sugeriu, sombriamente, que deixar de fazê-lo teria "consequências".[101] Como Sonthonax ainda hesitasse, Toussaint mandou o chefe de seu estado-maior, o general Agé, conversar com Julien Raimond, colega mestiço do comissário, para informá-lo de que, se não convencesse Sonthonax a ir embora por bem, ele tinha ordens de Toussaint para expulsá-lo da colônia.[102] O recado era reforçado por uma proclamação assinada por Toussaint e por seus principais comandantes militares.[103] Depois que Sonthonax embarcou, Toussaint temeu que ele pudesse descer na vizinha Port-de-Paix para tentar reunir soldados; e ordenou ao comandante local que usasse a força contra ele.[104] Recomendou ainda aos cidadãos de Cap e aos trabalhadores das plantations da planície setentrional que sepultassem todas as divergências e se unissem como "um povo de irmãos".[105]

No fundo, o conflito entre Toussaint e Sonthonax era sobre a liderança da revolução negra em Saint-Domingue, e o âmbito de aplicação do ideal de fraternidade que os dois homens, de maneiras divergentes, desejavam encarnar. Em carta posterior a Laveaux, na qual relacionava os "crimes" de Sonthonax com exaustivos detalhes, Toussaint esforçou-se ao máximo para rejeitar a ideia de que Sonthonax era "mais amigo dos negros do que eu".[106] Isso nada tinha a ver com a diferença na cor da pele, mas com o fato de que sua própria ideia de fraternidade era muito mais abrangente. Sonthonax, em essência, era um branco esclarecido e paternalista que sem dúvida abominava a escravidão, mas ao mesmo tempo não reconhecia nos negros pessoas verdadeiramente iguais a ele. Com efeito, acreditava que Saint-Domingue não conseguiria sobreviver sem a sábia orientação de suas elites europeias. Deixava isso claro no jeito prepotente de tratar Toussaint e nas frequentes reservas que fazia à capacidade de luta dos soldados negros, em sua opinião inferiores aos europeus. Era ainda mais enfático a respeito da supremacia branca na correspondência privada com seus superiores em Paris: "Para organizar a liberdade geral com lucro e evitar transformar os moradores desta terra numa horda de selvagens sem leis nem modos, os europeus precisam dar as ordens em Saint-Domingue".[107] Uma carta posterior asseverava a incapacidade dos "selvagens" de exercer a soberania política: se o poder fosse entregue inteiramente aos negros, previa ele, a colônia estaria "para sempre perdida para as artes, a civilização e a agricultura, e se tornará outra Guiné, onde a única atividade comercial será o tráfico de escravos".[108]

A opinião de Toussaint, naturalmente, era muito diversa. Ele a expôs num longo relatório endereçado ao Diretório logo após a partida de Sonthonax, no qual fornece detalhes obscenos das conversas secretas que dizia ter tido com o agente francês ao longo de meses. O documento de 44 páginas era uma magnífica peça de ficção, incluindo diálogos entre Toussaint e Sonthonax que pareciam escritos para uma apresentação dramática; o teatro era uma vibrante forma de diversão pública em Saint-Domingue no fim do período colonial. Era também uma eloquente resposta aos comentários pejorativos de Sonthonax sobre a inteligência limitada de Toussaint (e suas deficiências linguísticas), uma denúncia contundente e por vezes espirituosa dos defeitos de caráter de Sonthonax e um ataque arrasador aos limites de sua concepção de fraternidade. Toussaint dizia que Sonthonax o procurara com um plano para declarar Saint-Domingue independente da França, a fim de que o poder pudesse ser exercido "para os negros"; ao que tudo indica, sugerira também que todos os brancos da colônia eram "inimigos da liberdade" que precisavam ser "massacrados".

Sonthonax negou com veemência ter expressado tais ideias, e, embora seja possível que o tenha feito (sobretudo em conversas com soldados e oficiais negros, com quem gostava de falar "livremente"), não há prova de que planejasse eliminar todos os brancos da colônia. Mas, como vimos, também não havia dúvida de que alimentava a ideia de autonomia do território, e de que tinha um longo histórico de desprezo pelos *colons* brancos em Saint--Domingue, entre os quais contava com poucos aliados e nenhum amigo. O verdadeiro objetivo de Toussaint no relatório, porém, era jogar a cartada da conspiração, que sabia ter forte apelo para a imaginação revolucionária francesa em Paris, e, ao mesmo tempo, desacreditar a afirmação de Sonthonax de ser amigo sincero dos negros. Ele destacou as muitas e diferentes tentativas do comissário francês de afastar os soldados e oficiais negros de Toussaint de seu comandante-chefe, notadamente chamando-os de "bandoleiros", negando-lhes suprimentos e equipamentos e enviando emissários para semear a discórdia entre os seus soldados no oeste; como resultado disso, Toussaint afirmava ter prendido 67 oficiais por insubordinação.

Mais eficaz, porém, era a descrição de Toussaint de suas conversas com Sonthonax. Com as palavras que coloca na boca do outro, Toussaint traçou um retrato contundente do desprezo de Sonthonax pelos negros, evidenciado por sua vaidade ("Sou o único amigo dos negros"), seu desprendimento arrogante ("Faço isto por vocês negros, não preciso de nada, meu pai na França é um homem rico"), sua insegurança narcisista (ele reiteradamente perguntava se Toussaint o "amava"), suas lisonjas transparentemente insinceras ("Considero-o o salvador da colônia") e seu cômico senso de hipérbole (ele "sempre dizia a verdade", e amava tanto os negros que se dispunha a "retirar-se para as montanhas" com eles "e sobreviver com uma dieta de raízes"). Toussaint também o faz repetir, ao estilo de um bufão de Molière, "*je suis philanthrope*". O único objetivo de Sonthonax era controlar Toussaint. Até mesmo seu plano de promover a independência de Saint-Domingue parece um subterfúgio interesseiro: "Seremos os senhores da colônia", proclamou Sonthonax a Toussaint. "Você chefiará as forças armadas e eu serei seu conselheiro." Mas não se tratava de uma parceria entre iguais, pois o comissário acrescentou: "Vou dirigi-lo".

No fim, entretanto, Sonthonax é que foi posto para fora: invertendo a fórmula que tinha usado antes, Toussaint agora declarou que a partida do funcionário francês tinha sido "essencial para o bem-estar de Saint--Domingue". Também reinterpretou o insulto de Sonthonax a respeito de seu uso do crioulo citando um provérbio local sobre o porco que depois de comer a galinha quer sempre mais, mesmo de olhos fechados: *"Yon cochon qui déjà mangé poule, vous borgné yon yeux li, vous borgné l'autre yeux li, ça pas empeché li quand li passé côté poule, li va cherché mangé li toujours"* [O porco que já comeu uma galinha, você pode tapar um olho dele, pode tapar o outro; isso não vai impedi-lo de, quando passar por outra galinha, sempre tentar comê-la]. A fabulazinha era ao mesmo tempo uma crítica não muito sutil à aparência suína de Sonthonax e um sumário de sua deficiência moral: "As pessoas ruins são sempre incorrigíveis". Ao mesmo tempo, Toussaint ressaltava que sua noção de vício e virtude nada tinha a ver com raça: "Há bons e maus entre pessoas de todas as cores".[109]

Toussaint agravou a humilhação de Sonthonax publicando trechos de seu relatório oficial em Cap, incluindo, claro, as afirmações mais controvertidas.[110] Seu objetivo, nesse caso, era desacreditá-lo entre seus seguidores em Saint-Domingue. Toussaint fez o possível para difamar a "facção" sediciosa de Sonthonax convidando seus próprios aliados nas municipalidades a fazer proclamações de apoio à sua liderança. As mensagens eram todas redigidas numa rebuscada prosa republicana, e foram despachadas pelo correio, de forma coordenada, para o Diretório em Paris. Essa técnica, que se tornou um dos métodos mais eficazes de mobilização política de Toussaint, levou a municipalidade de Jean-Rabel a condenar os "planos perversos do pérfido Sonthonax", notadamente o de "assassinar todos os cidadãos franceses nascidos na colônia".[111] Ainda bem, diziam os administradores municipais de Petite-Rivière, que Toussaint estava atento, e elogiavam seu "coração puro e virtuoso, que preferia derramar a última gota de sangue a consentir com um crime" — embora a descrição dele como "incorruptível", três anos após a eliminação de Robespierre, mostrasse que eles estavam um tanto desatualizados quanto às últimas reviravoltas na política parisiense.[112]

Talvez a mais reveladora das cartas recebidas pelo Diretório tenha sido a do juiz de paz Lamontagne, baseado na comuna de Limbé. Ele elogiava Toussaint pela virtuosa combinação de "prudência" e "energia", notando que ele havia demonstrado "coragem verdadeiramente heroica" ao enfrentar "o inimigo externo Sonthonax", considerando que tinha "tão pouco poder, e recursos tão limitados a seu dispor": nessa imaginativa recriação da batalha entre o Golias francês e o Davi de Saint-Domingue, a força armada de Toussaint, de 20 mil homens, foi tranquilamente posta de lado.[113] Mas havia aqui uma verdade mais profunda: a determinação moral de Toussaint de "preservar a liberdade de seus irmãos" era, por si só, uma arma poderosa, em certo sentido a mais formidável de todas.

Mestiços trapaceiros, covardes imperialistas espanhóis e britânicos, negros mercenários ou desencaminhados, arrogantes administradores republicanos — a batalha de Toussaint para forjar um novo sentimento de fraternidade entre as diferentes comunidades de Saint-Domingue tinha que ser travada em várias frentes locais. Mas ele também precisava seguir com atenção o que ocorria na França, especialmente por causa do ressurgimento de um poderoso lobby colonial representando os interesses de milhares de colonos brancos que tinham voltado para o país e agora tentavam reverter os avanços progressistas do começo dos anos 1790. Toussaint monitorava de perto essa tendência contrarrevolucionária lendo os jornais republicanos franceses, que passou a receber regularmente a partir de 1796.[114] Os defensores mais veementes da causa conservadora estavam associados ao movimento monarquista, e Toussaint ficou particularmente assustado quando eles conquistaram a maioria nas eleições legislativas de abril de 1797. Seus representantes no Conseil des Cinq Cents se revezavam para denunciar a política colonial do Diretório, especialmente a concessão de direitos civis e políticos para os cidadãos negros de Saint-Domingue; um deles afirmou que no ancien régime os escravizados da colônia eram bem tratados e tinham "comida farta, alojamentos limpos, acesso a tratamento médico", acrescentando que no geral eram "muito mais felizes do que os camponeses franceses"; encerrou dizendo que a única maneira de restaurar a ordem era com uma expedição militar para pacificar a colônia, como tinha sido feito com êxito na Vendeia.[115] Nas discussões em andamento sobre o futuro das colônias francesas, muitos panfletos defendiam a restauração da escravatura; um escritor que fora cativo dos negros rebeldes após a insurreição de 1791 resumiu tudo com simplicidade: "Sem escravidão não há colônias".[116]

O discurso que causou a maior celeuma foi o de Vincent-Marie Viénot, conde de Vaublanc, em 29 de maio de 1797. Viénot, orador e polemista feroz, era um dos mais destacados intelectuais reacionários do movimento monarquista; vinha de uma família de senhores de escravos que perdera sua fortuna em Saint-Domingue. Era uma figura importante nos círculos de colons expatriados, não só na França, mas também na vasta comunidade de exilados franceses nos Estados Unidos, notadamente na Filadélfia, onde o advogado colonial exilado Moreau de Saint-Méry tinha uma livraria que funcionava como ponto de encontro de ressentimentos contrarrevolucionários; foi da capital da Pensilvânia que Toussaint recebeu um exemplar do discurso de Viénot.[117] O que dava ao discurso uma repercussão ainda mais forte era o fato de que sua denúncia de supostas deficiências da administração colonial em Saint-Domingue baseava-se em relatórios vazados para Viénot por fontes oficiais francesas, notadamente o general Donatien de Rochambeau. Viénot fez uma série de acusações danosas ao governo incompetente e tirânico de sucessivos agentes franceses (especialmente Laveaux e Sonthonax), e desancou a "anarquia" que tomara conta de Saint-Domingue na administração desses "cabeças quentes" ("têtes sulphureuses"). Lamentou a "precariedade e a dor extremas" sofridas pela população branca, afirmando que os europeus se tornaram párias em Saint-Domingue: eram excluídos da administração colonial, perseguidos como contrarrevolucionários por agentes franceses, marginalizados na hierarquia do exército, massacrados por pessoas de cor no sul e por insurgentes negros no norte, e maltratados e explorados em seus direitos fundamentais de propriedade. Chegavam a ser abertamente ridicularizados e criticados em peças revolucionárias no teatro de Cap, e acusados de planejar o assas-

Uma única família de amigos e irmãos 163

sinato de toda a população negra; uma prova cabal do horror, anunciou Viénot dramaticamente, era que essas apresentações teatrais eram "assistidas por negros". O mundo do nobre francês fora, claramente, virado de pernas para o ar.

Mas havia coisa ainda pior. Em nome dessa "monstruosíssima doutrina de igualdade revolucionária", funcionários franceses como Laveaux e, em seguida, Sonthonax esforçavam-se ao máximo para "fazer os negros felizes", e, como resultado disso, Saint-Domingue passou de fato a ser controlada por seus comandantes militares negros. "E que governo militar!", vociferou Viénot. "É formado por negros ignorantes e rudes, incapazes de perceber a diferença entre a mais monstruosa licenciosidade e o austero senso de liberdade governado pela lei." Toussaint não foi poupado, e, embora prestasse tributo a sua oportuna intervenção para salvar Bayon de Libertat das mãos vingativas de Sonthonax, Viénot citou um relatório no qual se afirmava que o general negro "agora dá instruções aos representantes franceses na colônia, em vez de receber ordens". Em outro trecho do discurso, Viénot foi ainda mais longe, sugerindo que a estratégia de Toussaint era incitar rebeliões locais para intimidar agentes franceses, assumir aos poucos o controle das cidades principais, botar as mãos nos suprimentos de alimentos e de armas e "massacrar sistematicamente todos os brancos".[118]

Toussaint ficou consternado com o discurso de Viénot: Julien Raimond, que discutiu o assunto com ele em várias ocasiões, notou que seu rosto perdia a "expressão serena de costume".[119] O comandante sabia que a intervenção, com suas alegações difamatórias e o retrato pejorativo que traçava dos negros, era um veemente manifesto contrarrevolucionário, uma ameaça à *liberté générale* conquistada pelos cidadãos negros desde o começo dos anos 1790. Mais ainda porque o autor não era um *colon* amargurado, mas um membro influente do legislativo francês que buscava atingir mortalmente o coração da revolução de Saint-Domingue. Houve algumas respostas adversas ao discurso de Viénot na França, notadamente uma réplica de Laveaux, que àquela altura ocupava sua cadeira no legislativo.[120] Mas, apesar de o ex-governador ter cumulado Toussaint de elogios ("um homem extraordinário pela gama de virtudes que possui") e louvado o importante papel desempenhado pelos negros na preservação de Saint--Domingue para a França, a maior parte de sua resposta foi dedicada a defender o próprio desempenho durante seus anos no cargo.[121] Diante disso, Toussaint resolveu que era imperativo ele mesmo produzir uma refutação, respondendo diretamente aos argumentos "caluniosos" de Viénot.[122] O panfleto que redigiu — do qual enviou imediatamente uma cópia escrita à mão para o Diretório em Paris[123] — era polêmico na mais fina tradição republicana: uma demonstração enérgica de algumas das mais gritantes imprecisões de Viénot; uma defesa da revolução de Saint-Domingue e do papel patriótico que os negros nela desempenharam; e, acima de tudo, uma vigorosa reafirmação do ideal de fraternidade em resposta às insinuações racistas de Viénot.

Um dos fios condutores do discurso de Viénot, que explorava estereótipos sobre negros na imaginação europeia, era a predileção destes pela violência. Desde que foram libertados da escravidão, afirmava ele, os negros de Saint-Domingue não tinham feito outra coisa que não fosse saquear, roubar, massacrar e incendiar prédios e plantations; chamavam atenção em particular a destruição de Cap em 1793 e as carnificinas perpetradas pelas milícias de Jean-François.[124]. Em resposta, Toussaint reconheceu que a guerra civil testemunhara atrocidades terríveis cometidas pela população negra de Cap. Apesar disso, observava, os cidadãos europeus é que haviam colocado as tochas nas mãos de seus "pobres irmãos" e eram os principais instigadores dos assassinatos. Além disso, a medonha violência perpetrada pelas milícias negras era obra de uma pequena minoria de "bandoleiros" sem lei. De qualquer maneira, o comportamento dos cidadãos negros de Saint-Domingue tinha de ser julgado à luz de seu subsequente desejo de se tornarem cidadãos franceses respeitadores da lei: "Por seus atos de bondade e humanidade, por seu retorno à ordem e ao trabalho, e por seu apego à França, eles em parte se redimiram dos erros anteriores, que foram levados a cometer pelos inimigos, ou pela própria ignorância". Toussaint lembrava que a luta entre o despotismo e a liberdade na França no começo dos anos 1790 também testemunhara espantosos atos de violência, apesar

Uma única família de amigos e irmãos

da longa tradição de civilização e sociabilidade do país; se os "ignorantes e rudes" cidadãos negros de Saint-Domingue não haviam se comportado pior durante sua luta pela liberdade, e em muitos sentidos haviam mostrado muito mais moderação contra os opressores, certamente "qualquer juiz imparcial" lhes seria favorável.[125]

Depois de expor esse raciocínio escorreito, Toussaint atacou com firmeza a alegação de Viénot de que Saint-Domingue mergulhara no mais absoluto caos porque soldados negros tinham assumido o controle das forças armadas, as quais, consequentemente, se tornaram corruptas, ineficientes e desmoralizadas. Esse era outro lugar-comum racista amplamente difundido, como já vimos, e que Sonthonax também havia usado: afirmava que os africanos eram maus soldados e só os europeus eram verdadeiramente capazes de travar uma guerra. Sem perda de tempo, Toussaint lembrou a Viénot que seus amigos monarquistas franceses é que haviam traído o país e entregado grandes áreas da colônia para os espanhóis e os britânicos no começo dos anos 1790, e que os africanos é que haviam usado "suas armas e mãos nuas para que a colônia continuasse francesa"; soldados negros "derramaram seu sangue pela república, e asseguraram o seu triunfo". Além disso, eles é que haviam corrido em defesa do governador Laveaux durante a conspiração de 30 de ventoso e devolvido o poder a quem de direito.[126] Toussaint assinalou ainda que a colônia de Martinica, defendida por soldados brancos europeus, caíra facilmente em poder dos britânicos em 1794, ao passo que Saint-Domingue, protegida por combatentes negros e mestiços, permanecera fiel à causa francesa. Por fim, ele aproveitou a oportunidade para, irreverentemente, dobrar o tamanho de sua tropa, afirmando ter "50 mil" soldados sob seu comando em Saint-Domingue.[127]

Na confusa demonologia dos senhores de escravos, os negros eram não só violentos e caóticos, mas também indolentes. Viénot saboreou essa imagem, sugerindo que desde a revolução os *cultivateurs* de Saint-Domingue tinham abandonado a terra, provocando anarquia nas plantations e uma grande crise na produção agrícola em toda a colônia. Toussaint respondeu que os camponeses tinham deixado as plantations não por preguiça, mas para pegar em armas e defender as liberdades republicanas — e os interesses coloniais da França — contra seus inimigos. Apesar dessa perturbação, todas as provas indicavam que a produção agrícola estava aumentando na colônia, no norte e no oeste, bem como no sul; em Gonaïves, o general Rochambeau chegara a cumprimentá-lo pela "boa ordem e disciplina" que tinha visto nas plantations (Rochambeau faria uma declaração oposta em seu relatório, o que para Toussaint era uma demonstração de que não se tratava de um homem honrado). Segundo Toussaint, a grande maioria dos cidadãos negros compreendia que sem trabalho não poderia haver liberdade, e estava totalmente empenhada em restaurar a glória econômica de Saint-Domingue. Mas a França também precisava saber que esse contrato social só perduraria se os negros preservassem a liberdade que tinham conquistado através da luta revolucionária; qualquer tentativa de escravizá-los novamente encontraria a mais firme resistência. Toussaint lembrou ao Diretório a história do povo *marron* das Blue Mountains na Jamaica, que tinha forçado os britânicos a "respeitar os direitos que são seus por natureza".[128]

E quanto aos brancos? Toussaint rejeitou categoricamente a acusação de Viénot de que os negros de Saint-Domingue queriam tirá-los da colônia. Ele fazia distinção entre a minoria de "brancos antirrepublicanos", que se comportaram traiçoeiramente e portanto tiveram uma punição merecida, e a maioria de europeus que tinha "mais ou menos sinceramente" aceitado a nova ordem de coisas depois da revolução, e que foi "recebida de braços abertos e protegida" quando voltou.[129] Para provar que era falsa a afirmação apocalítica de Viénot sobre limpeza étnica da população europeia, ele assinalou que o número de brancos em Cap era equivalente ao de negros e mestiços; que mais da metade das plantations de cana-de-açúcar na fértil planície do norte continuava nas mãos de *colons*; e que essa "união de fraternidade entre homens de todas as cores" era especialmente visível no exército: nas províncias do norte da colônia, a maioria dos comandantes militares era branca, incluindo o general Agé, chefe do estado-maior de Toussaint, elevado pessoalmente por ele a essa posição. O mesmo ocorria na administração e no judiciário: quase todas as funções executivas eram exercidas por brancos, e Toussaint destacou que essa hierarquia era plena-

Uma única família de amigos e irmãos

mente aceita pelos cidadãos negros de Saint-Domingue, cientes de ainda não terem as habilidades necessárias para exercer essas funções. Tudo que eles pediam, em termos de igualdade, era poder servir nas forças armadas e arriscar a vida em defesa da pátria.[130]

Por trás da abordagem de Viénot estava a velha opinião escravista de que os negros não eram plenamente humanos e de que lhes faltava a capacidade de fazer juízos morais — opinião que Toussaint acreditava ser ainda amplamente difundida na França e cuja falsidade ele tinha, portanto, que expor. Primeiro, recorreu a Rousseau: embora os negros de Saint-Domingue não tivessem instrução formal, também era verdade que haviam permanecido perto da natureza e eram inspirados por seus ensinamentos; essa proximidade dos elementos lhes dava poderosas intuições sobre justiça e bondade.[131] A humanidade dos negros de Saint-Domingue era tão grande, acrescentou Toussaint, que eles ainda demonstravam muito carinho e afeição por seus antigos senhores brancos e estavam prontos para considerá-los irmãos, apesar do terrível legado da escravidão.[132]

Viénot afirmara também que os negros não tinham qualquer noção de metafísica, e eram incapazes de compreender o conceito de lei: só compreendiam a autoridade em termos individuais, tal como encarnada na pessoa de seu senhor. Isso também, claro, foi tirado diretamente do manual do proprietário de escravos, assim como a perversa noção de que as vítimas só deviam culpar a si mesmas por sua servidão. Na cabeça de Viénot, uma prova definitiva da imoralidade dos negros era sua tendência a vender os próprios filhos como escravos, como tinha acontecido nas comunidades montanhesas em Grande-Rivière. Mas essas práticas abomináveis, se tinham sobrevivido nos territórios sob controle britânico em Saint-Domingue, respondeu Toussaint, não ocorriam em nenhum dos setores republicanos da colônia. Além disso, a responsabilidade por essas ações certamente não era daqueles que se viram forçados a praticá-las pela pobreza e pela ignorância, mas dos europeus que tinham estabelecido e administrado o sistema de escravidão, e lucrado com ele. Os verdadeiros "monstros", concluiu Toussaint, eram não a comunidade negra desumanizada de Grande-Rivière, mas homens como Viénot, que se julgavam "civilizados", mas, em sua "ganância bárbara", tinham enviado navios à costa africana para escravizar as populações locais e agora queriam trazer esse sistema odioso de volta para Saint-Domingue.[133]

A alegação de que os negros não eram plenamente humanos tinha também um objetivo político no plano racista de Viénot: negar a "francesidade" deles. "Eles não só afirmam que o território lhes pertence, e que não querem ver ali um único homem branco: expressam também um ódio permanente contra os brancos, o que significa contra os verdadeiros franceses."[134] Era uma reprise sinistra da linguagem do início da era revolucionária francesa, que negava aos escravizados negros cidadania igual com base no argumento de que eram "estrangeiros".[135] Toussaint deu a Viénot uma lição de republicanismo cívico: patriotismo não era questão de raça ou de cor, mas uma qualidade que se manifestava pela vontade política de homens "unidos pelo coração e pelo espírito à Constituição francesa e suas preciosas leis". Era assim que os cidadãos negros de Saint-Domingue se sentiam, e sempre dariam valor à sua "francesidade", para eles sinônimo de sua liberdade.[136]

Quando o panfleto de Toussaint chegou à França, o Diretório já tinha tomado uma medida decisiva contra os monarquistas mais conservadores, após descobrir que muitos deles vinham conspirando para derrubar o regime: no *coup d'état* de 18 de frutidor do ano v (4 de setembro de 1797), muitas de suas principais figuras foram presas e deportadas para a Guiana, e o próprio Viénot teve que fugir para a Itália. Toussaint gostou da notícia, e escreveu para o Diretório dizendo que a conspiração era parte de um movimento contrarrevolucionário mais amplo, que visava reinstaurar a escravidão para Saint-Domingue com o apoio de *colons* exilados na França e nos Estados Unidos.[137] Toussaint enviou cópias do panfleto para Charles Vincent e Sanon Desfontaines, que ele tinha feito cruzar o Atlântico para justificar suas ações contra Sonthonax; pediu-lhes que mandassem imprimir mais cópias, se necessário, para informar plenamente o executivo e o legislativo franceses da "pureza" de suas intenções.[138] Toussaint enviou também uma cópia de sua resposta a Vaublanc para o conselheiro de Estado Daniel Lescallier, membro da ressuscitada Société des Amis des Noirs e um de seus aliados mais confiáveis na administração colonial em Paris, explicando que pegara na pena para "defender a honra" de seus "irmãos negros".[139]

Toussaint queria que sua refutação dos argumentos de Viénot fosse lida o mais amplamente possível na França. Com sua singular visão da fraternidade e seu firme empenho em preservar os direitos dos negros recém-libertados, era um poderoso apelo às autoridades francesas para que fossem leais à nova ordem revolucionária em Saint-Domingue. A mais radical formulação da fraternidade surgida no fim do Iluminismo, o ideal de Toussaint foi forjado na resistência: contra tentativas, da parte dos líderes mestiços, de colher os ganhos da revolução em benefício próprio; contra planos monarquistas mercenários de enfraquecer as novas liberdades dos cidadãos negros; contra esforços colonialistas republicanos paternalistas para não lhe dar o devido valor e tratar os negros em geral com desdém; e contra o ressurgimento de ideias racistas brancas que tentavam — e isso poucos anos depois da abolição da escravatura em Saint-Domingue e na França — excluir cidadãos negros de sua própria comunidade política, e na verdade da raça humana. Sua resposta era que os cidadãos de uma república eram todos iguais, e por isso a única distinção real, que de fato importava, era entre os que cumpriam ou não suas obrigações cívicas: "negros, pessoas de cor e brancos, quando se submetem às leis, deveriam ser protegidos por elas, e igualmente punidos quando as violam".[140]

Fraternidade significava construir uma comunidade com a qual cidadãos de todas as cores concordassem, e cujas regras decidissem aceitar, um conjunto de valores comuns, como igualdade e respeito à lei; como disse o filho Isaac, a cor da pele era para ele uma "questão de acaso".[141] Nos primórdios da França revolucionária, a fraternidade por vezes esteve associada à exclusão de outros e a casos de violência; já o ideal de Toussaint dizia respeito à compaixão: quando, em 1799, o exilado conde Noé, que herdara a plantation de Bréda onde Toussaint tinha vivido como escravizado, lhe escreveu pedindo ajuda financeira depois de ter sido "reduzido

RÉFUTATION

D E quelques Assertions d'un Discours prononcé au Corps législatif, le 10 Prairial, an cinq., par VIENOT VAUBLANC.

TOUSSAINT LOUVERTURE,

Général en chef de l'Armée de St-Domingue,

AU DIRECTOIRE EXÉCUTIF.

Citoyens Directeurs,

Au moment où je pensais que je venais de rendre un service éminent à la République et à mes Concitoyens ; alors que je venais de prouver ma reconnaissance de la justice du Peuple français à notre égard ; alors que je croyais m'être rendu digne de la confiance que le Gouvernement a placée en moi, et que je ne cesserai jamais de mériter, un Discours prononcé dans le sein du Corps législatif, dans sa séance du 10 Prairial, an cinq, par Vienot Vaublanc, vient de m'être adressé des États-Unis, et j'ai la douleur, en le parcourant, d'y voir à chaque page mes intentions calomniées, et l'existence politique de mes frères menacée. Un pareil Discours, dans la bouche d'un homme à qui la révolution, à Saint-Domingue,

A

Após a publicação do ataque de Viénot de Vaublanc à revolução de Saint-Domingue, Toussaint produziu esta poderosa réplica de seus principais argumentos; sua *Réfutation* também celebrava o papel dos cidadãos negros da colônia.

à miséria pelos azares da revolução", Toussaint permitiu a seu representante legal que viesse a Saint-Domingue coletar os rendimentos de seus ativos;[142] ele declarou que "o acaso mudou a minha posição, mas não o meu coração".[143] Escolheu esse caminho da generosidade apesar da oposição de muitos companheiros, e estava ciente de que um grande número de brancos na colônia ainda olhava os *nouveaux libres* com desprezo. Ao mesmo tempo, havia um elemento estratégico na cordialidade de Toussaint com os *colons*: a compreensão de que só eles dispunham dos recursos materiais e das habilidades tecnológicas necessários para a reconstrução de Saint-Domingue.

Ao caracterizar o sistema de valores de Sonthonax como "falso republicanismo" e "patriotismo desnaturado",[144] Toussaint contestava o pensamento revolucionário francês e combinava valores universais com a situação específica de Saint-Domingue. Pois dentro da estrutura republicana comum a todos, e tomando cuidado para não se afastar muito do olho vigilante da pátria-mãe francesa, Toussaint apresentava um conceito inovador de ordem cívica, no qual a cidadania era baseada não apenas em princípios abstratos, como igualdade e fraternidade, mas também na participação ativa em defesa da comunidade; paralelamente, legitimava a revolta de escravizados de 1791, fazendo dela um dos pilares de sua visão de Saint-Domingue republicana. Ele lembrou, incisivamente, que os cidadãos negros haviam lutado pela emancipação por conta própria, a despeito da ativa oposição que frequentemente encontravam da parte dos brancos e das pessoas de cor; a luta negra pela liberdade merecia ser posta no mesmo nível da luta dos revolucionários que derrubaram o ancien régime na França em 1789.[145] Ao exaltar a contribuição prática de seus concidadãos negros para a revolução em Saint-Domingue, Toussaint lhes dava o poder e a legitimidade que lhes foram consistentemente negados por todos os regimes coloniais franceses, da era revolucionária até a Terceira República.[146]

Mas transformar esse sonho fraterno em realidade viva na colônia não seria fácil, porque, no plano geral de Toussaint, a posição privilegiada dos negros trazia consigo poucos direitos e muitas obrigações. Esse era o verdadeiro desafio, para ele e para sua gente. Cabia a seus irmãos mostrar, através do esforço comum sob sua liderança, que eram capazes de superar suas divisões internas e agir como uma força política unida; através do exemplo comum, que eram dignos das liberdades que conquistaram; através da disposição para perdoar os antigos opressores brancos, que estavam à altura dos mais nobres ideais de virtude republicana e compaixão cristã; e através da intransigente prontidão para lutar até a morte para salvaguardar sua liberdade, que eram os guardiães mais eficazes do futuro de Saint-Domingue. Isso explica a nota desafiadora com que Toussaint encerrou a resposta a Viénot: seu povo preferiria "sepultar-se nas ruínas de seu país a admitir a possibilidade de restauração da escravatura".[147]

5. O agente não está indo bem

Um dos momentos definidores da história da Saint-Domingue colonial foi a expulsão do agente do Diretório Gabriel de Hédouville em outubro de 1798, seis meses depois de ter assumido o cargo. O episódio confirmou a crescente consolidação do poder de Toussaint na esteira da partida de Laveaux em 1796 e da eliminação de Sonthonax um ano depois. A partir de então, ele parecia mais apto — e mais disposto — a desafiar abertamente a autoridade da França. O Espártaco Negro tornava-se mais confiante, e seus horizontes se alargavam.

Graças à preservação da correspondência oficial completa entre Hédouville e Toussaint nos arquivos coloniais franceses, podemos examinar minuciosamente o conflito entre os dois homens. Aqui observamos Toussaint de perto para entender como exercia influência sobre subordinados e aliados e como ativamente defendia o precioso princípio da fraternidade — cuidando dos interesses de seu exército republicano, promovendo o ideal de reconciliação nacional e protegendo seu povo contra a perspectiva de escravização britânica. O episódio de Hédouville também joga luz sobre certos aspectos de seu caráter: o orgulho, a autoconfiança, o travesso senso de humor — e a suscetibilidade também. Quando o confronto com o agente francês atinge o ponto crítico, podemos aferir suas habilidades de manipulador político revolucionário: o julgamento astuto; o senso de oportunidade; a criatividade com que inventava maneiras de alcançar objetivos; e a capacidade de aproveitar os próprios pontos fortes enquanto explorava as fraquezas dos adversários.

O confronto com Hédouville é significativo também porque coincide com a primeira grande incursão de Toussaint na arena diplomática. Em

1798, quando a luta para expulsar as forças de ocupação britânicas de Saint-Domingue chegava ao fim, Toussaint aproveitou a oportunidade para negociar sua retirada diretamente com comandantes britânicos locais. A posição de Toussaint como líder autônomo saiu fortalecida dessas permutas, aumentando consequentemente a apreensão que a revolução negra em Saint-Domingue causava entre os governantes coloniais e entre os agricultores escravistas em todo o Caribe. O medo de um possível contágio revolucionário era particularmente intenso na Jamaica, controlada pelos britânicos, situada a apenas quatorze horas de Saint-Domingue; seu governador, Alexander Lindsay, conde de Balcarres, aristocrata escocês que ocupava o cargo desde 1795, declarou que a colônia francesa se tornara uma "ilha bandoleira", e ameaçava difundir ideias insurrecionais entre "nossos negros", e em última análise comprometer a "segurança" da ilha.[1] Como veremos, essas opiniões davam a Toussaint poder de barganha para aumentar sua margem de manobra com as potências regionais e com as autoridades francesas e britânicas.

Toussaint também usou o conflito com Hédouville para melhorar sua posição interna, mobilizando abertamente seus apoiadores pela primeira vez. Nesse sentido, os acontecimentos de 1798 oferecem novos insights sobre sua educação política dos *nouveaux libres* da colônia, discutida no capítulo anterior, mais uma vez ressaltando a natureza eclética de seu sistema de valores, com sua mescla de noções crioulas, europeias e africanas. Isso era especialmente importante no trato de Toussaint com seus seguidores mais leais, os *bossales*, que formavam a maioria da população. O conflito com Hédouville revelou vividamente a cultura política da Saint-Domingue revolucionária e o apego entusiástico dos homens e mulheres negros a seu novo status de cidadãos livres. Seu vínculo com Toussaint assumiu a forma de um contrato social tácito, no qual ele simbolizava a promessa de um futuro melhor para eles e os filhos, a proteção de seus novos direitos, uma garantia de ordem e estabilidade, a autoridade paterna à qual poderiam apelar se fosse necessário, e um baluarte contra qualquer possível retorno à escravidão. Em termos locais, Toussaint combinava as ilimitadas possibilidades de Papa Legba com o espírito guerreiro de Ogum. Juntos, esses cidadãos negros e seu líder representavam uma força colossal, capaz de sacudir os alicerces do poder francês em Saint-Domingue.

TOUSSAINT NÃO ALIMENTAVA QUALQUER ilusão sobre Hédouville. A par dos últimos acontecimentos em Paris, ele sabia que o novo agente era visto favoravelmente pelos conservadores, que acreditavam que a Revolução Francesa tinha sido severa demais com os agricultores brancos[2] e que o Diretório o instruíra explicitamente a cortar as asas do comandante-chefe, jogando cidadãos negros contra pessoas de cor.[3] A nomeação de Hédouville também foi calorosamente recebida pelos *colons* monarquistas e contrar-revolucionários exilados na Filadélfia, que o saudaram como "amigo dos colonos" que "colocaria os negros em seu devido lugar".[4] Hédouville era um nobre empobrecido de 42 anos da Lorena que tinha aderido à causa revolucionária. Conquistara reputação militar como chefe do estado-maior do exército francês na França ocidental, função na qual combatera ativa-mente os *chouans* antirrepublicanos na Vendeia. Chegou a Saint-Domingue com uma comitiva de centenas de servidores públicos, dando a entender que uma de suas tarefas principais era reafirmar o controle das questões administrativas da colônia.[5]

Ao mesmo tempo, levando em conta a poderosa posição que Toussaint havia estabelecido e a estima em que era tido na colônia por todas as co-munidades — inclusive os brancos —, Hédouville sabia que precisava agir com cautela. Antes de viajar para Saint-Domingue, ele escreveu a um *colon* conhecido pedindo informações confidenciais sobre os principais funcio-nários administrativos e militares com quem trabalharia. O resumo que recebeu sobre Toussaint dizia que ele era "um homem excelente", "infini-tamente reservado", mas "capaz de avaliar muito bem aqueles com quem lidava".[6] Toussaint também começou por cumprimentar, cordialmente, o governo francês pela nomeação,[7] e por prometer a seu aliado francês Lescallier que o general Hédouville teria nele sempre um servo da lei "obe-diente e leal".[8] Nessa mesma veia, escreveu para Hédouville ressaltando o desejo de ajudá-lo de todas as maneiras possíveis, embora seus meios fossem "fracos e limitados", não se achando "no mesmo nível daqueles que receberam uma educação brilhante, mas apenas aquela fornecida pelo Ser Supremo".[9] Sem dúvida para induzir no representante francês uma falsa sensação de segurança, essa demonstração de modéstia chegou ao ponto de pedir a Hédouville que atuasse como seu mentor: "Não tendo a sabedoria de um homem culto, às vezes cometo erros, e é por isso que ficaria muito feliz se encontrasse no senhor alguém que alertasse para os erros que eu possa cometer".[10]

Mas Toussaint era incapaz, também, de resistir a um toque de insolência, como quando disse a Hédouville, numa de suas primeiríssimas cartas: "Tratarei o senhor com o respeito que sempre tive pelos representantes da República Francesa"[11] — um claro lembrete de como acabara seu antecessor, Sonthonax. Na verdade, mesmo antes de seu primeiro encontro pessoal, em junho de 1798, o confiante Toussaint tinha feito uma franca advertência ao funcionário francês: "Não dê ouvidos àqueles que são movidos por interesses pessoais, e não pelos interesses da república, que representa o interesse geral; nem se deixe enganar por aqueles que são movidos por ambição pessoal, e não por amor ao bem comum: há pessoas que superficialmente se dizem comprometidas com a *liberté générale*, mas que, no fundo, são seus maiores inimigos".[12] Era uma carta importante, tanto que, quando suas relações com Hédouville azedaram, Toussaint voltaria a referir-se a ela.

As dúvidas que Hédouville tivesse sobre as dificuldades de conquistar a confiança de Toussaint, fossem quais fossem, foram certamente reforçadas pela fugidia presença física do comandante-chefe depois que ele chegou a Saint-Domingue. Apesar de ter escrito que estava "ansioso por conhecer" o novo chefe, mencionando que sua residência em Ennery ficava perto, Toussaint manteve-se longe. Os dias se transformaram em semanas, e mesmo assim nem sinal dele; Toussaint alegava que sua presença urgente no front militar o impedia de fazer a viagem, e que Hédouville precisava armar-se de "paciência".[13] Quando mais semanas se passaram, Hédouville insistiu, de forma pouco convincente: "Venha para cá o mais rápido possível, a eficiência de nossas operações o exige, e nada se compara à minha impaciência por conhecê-lo".[14] Toussaint respondeu que chegaria dentro de uma semana. Mesmo assim, não apareceu, e suas desculpas começaram a parecer quase insultuosamente levianas: um dia era a necessidade de comparecer a um lauto banquete em sua honra em Port-Républicain; noutro, o cavalo do emissário que levava uma mensagem importante tinha morrido; e noutro, ainda, o rio Artibonite estava caudaloso demais, por causa das chuvas fortes, para que ele o pudesse atravessar — logo ele, um dos cavaleiros mais hábeis da colônia.[15]

Em junho de 1798, quando os dois homens enfim se encontraram, na *fête des victoires*, uma comemoração oficial em Cap, Toussaint foi publicamente efusivo com Hédouville, saudando "a alta reputação que ele com justiça adquiriu como pacificador da Vendeia", e jurando absoluta lealdade a ele como agente oficial da república. Mas uma pessoa presente notou que o discurso foi lido sem qualquer demonstração de entusiasmo, e que o comandante-chefe permaneceu "frio" durante toda a cerimônia: "Nem mesmo o mais leve sorriso lhe iluminou o rosto".[16] O discurso trazia um lembrete inequívoco sobre a singularidade histórica de Saint-Domingue, que ele esperava que o agente francês respeitasse: "Aqui, mais do que em qualquer outro lugar nas colônias, e na verdade mais do que na Europa, o homem tem sofrido mais, e os diferentes matizes da cor da pele distinguiram o opressor do oprimido".[17] Hédouville precisava entender que ainda estava passando por um período de experiência.

Para confundi-lo ainda mais, Toussaint de início deu ao agente francês sinais animadores de seu desejo de cooperar. Era em parte questão de interesse próprio: a fim de manter seu sistema florescente de apadrinhamento político, precisava do imprimátur de Hédouville para continuar com suas nomeações para vários cargos administrativos, e a correspondência inicial entre os dois homens demonstra que ele conseguiu. Toussaint também pediu a Hédouville que escrevesse ao governo francês apoiando a volta de Bayon de Libertat para a colônia, e, em nítido contraste com o obstrucionismo de Sonthonax, ele atendeu o pedido de imediato.[18] Sem dúvida ciente da importância para Toussaint da municipalidade de Gonaïves,

Liberté.   Égalité.

A   le   l'an sixième de la République
française, une et indivisible.

TOUSSAINT LOUVERTURE,
Général en chef de l'Armée de Saint-Domingue,

Au Général et agent particulier

Du directoire a saint domingue

Citoyen a gut
va lant et venant

Ennui de la chose publique, Ennui de
l'ordre et la tranquilité, de homme
pour leur interé particulier, de
homme, au busieux. veut ferga cé
le mal pour le bien. et le bien pour
mal, on faitga cé les tenebre pour
la lumier. et la lumier, pour les tenebre,

Esta carta escrita à mão captura o francês fonético de Toussaint, e seu gosto pelos contrastes (entre bem e mal, luz e treva, doce e amargo). Lembra incisivamente a Hédouville que ele é recém-chegado à colônia, e recomenda-lhe que não duvide da boa-fé de Toussaint e trabalhe com ele no interesse da república.

il vêt que ce qui et dou foi aiser, et
que ceuqui et amer foi dous,
il et dous heureux pour de hanenue,
dou neur ◼ tre té de la foite: conte
Citoijen a gent, fur tounaint louverture
et fa parolle. les remed pallia
tife ni fon que fla té le mal. et
il fau la lé a la fource pour
le Guérire, comme vous ne conné
cé pa la colonni. je crin con
vous de tourne de tou votre ⸺

Bonne intantion pour le bien
de la republique, et au coura
Gé vos fubordonné qui périron
mille foi pour les falut de la
colonni. et les ~~xxx~~ xecution
de lordre du directoire quil nous
ce ça transmètre f a vous,
falut et respee ⸺
louvainst louvert...

Hédouville graciosamente lhe pediu que indicasse dois homens para servir como comissários oficiais na câmara municipal.[19] Depois de assegurar a nomeação de seu aliado Sanon Desfontaines ("homem virtuoso e bom republicano"), Toussaint manifestou profusamente sua gratidão ao agente francês: "Mesmo antes de conhecê-lo, eu já tinha muita fé no senhor, e depois que o conheci essa confiança aumentou ainda mais, e vejo em todos os seus atos sinais de uma amizade verdadeira, à qual dou o maior valor".[20]

No mesmo espírito, a correspondência inicial enviada por Toussaint do front militar era de cartas longas, minuciosas e até obsequiosas, e ressaltavam, reiteradamente, sua determinação de seguir as instruções de Hédouville.[21] Essa ênfase na disciplina era um dos principais assuntos das primeiras missivas de Toussaint. Sua intenção era tranquilizar Hédouville não só quanto a ele mesmo, mas também quanto à sua crença na virtude da hierarquia e da boa ordem, na esfera civil tanto quanto na militar. Assim, quando Dessalines suspendeu um decreto de Hédouville mudando os nomes das ruas principais da recém-libertada cidade de Saint-Marc, Hédouville ordenou que ele fosse punido por insubordinação e detido por quatro dias; Toussaint, no entanto, propôs uma pena muito mais severa de quinze dias, e instruiu Dessalines a escrever um servil pedido de desculpas a Hédouville, o que ele fez, confessando seu "grande arrependimento" por ter deixado de cumprir suas instruções e prometendo que a partir de então sua conduta seria exemplar.[22]

Mais notável ainda foi o discurso que Toussaint fez em julho de 1798, na cerimônia de plantio da árvore da liberdade em Port-Républicain, pouco depois que a cidade voltou ao controle republicano. Agora que a liberdade tinha sido conquistada, ele disse aos trabalhadores de plantation ali reunidos, não havia tempo para "ociosidade"; na verdade, proclamou, "o homem só pode concretizar sua liberdade através do trabalho". Num eco tropical de *A fábula das abelhas* de Mandeville, comparou a república perfeita ao mecanismo de uma colmeia: "As abelhas nos dão um grande exemplo de diligência e felicidade. Reunidas numa colmeia, elas constituem uma república: todas trabalham, e cada criatura, com seu empenho individual, participa da felicidade coletiva, e elas até expulsam aqueles membros que

O agente não está indo bem

se recusam a trabalhar, não tolerando qualquer ociosidade em seu meio".[23] Como veremos, esse elogio da arregimentação da força de trabalho era, em parte, uma armadilha para Hédouville, que de nada suspeitava, e tinha como objetivo incentivá-lo a propor planos para regulamentar as condições de trabalho nas plantations de Saint-Domingue. Mas a filosofia subjacente, com a ênfase no irrestrito esforço coletivo, na disciplina rigorosa e no serviço para o bem comum, também era inequivocamente louverturiana.

O CLIMA DE CORDIALIDADE entre Toussaint e Hédouville não tinha como durar muito tempo, e não durou. Uma vez instalado em Saint-Domingue, e consciente das dimensões do poder de Toussaint, o agente francês percebeu que esse poder não se limitava à esfera militar, mas transbordava para todos os setores da administração civil, incluindo todo o sistema de governo local. Como indicou num de seus primeiros relatórios,

> as assembleias no interior são formadas por homens das plantations incapazes de tomar qualquer decisão por conta própria, e que se deixam dirigir completamente pelos comandantes militares regionais de Toussaint. Quando cheguei, todos os poderes judiciais, civis e militares estavam também nas mãos de Toussaint, e ele tinha reduzido os juízes de paz e as municipalidades a posições da mais completa insignificância.[24]

Hédouville tentou conter Toussaint buscando, primeiro, impor limites a suas intervenções administrativas. Ciente de que o controle do comandante-chefe sobre as instituições de Saint-Domingue tinha aumentado em parte graças a uma combinação de hábito e necessidade militar (notadamente a necessidade de combater os britânicos em bolsões de território ainda sob seu controle), ele o advertiu de que no sistema republicano de governo os militares estão subordinados ao governo civil; Toussaint não poderia ter a pretensão de exercer os mesmos poderes nas partes de Saint--Domingue que não estivessem nas zonas de combate, ou fossem contíguas a elas: "Há uma grande diferença entre os poderes de um comandante-

-chefe operando em solo inimigo e um cujo exército se encontra no território da república".[25] A alocação de recursos financeiros para diferentes distritos tornou-se imediatamente um pomo de discórdia entre os dois homens. Hédouville revogou uma instrução de Toussaint para transferir receitas tributárias das regiões de Charbonnière e Montagne Noire da cidade costeira sulista de Léogâne para Port-Républicain: com esse decreto aparentemente inócuo, Toussaint tentou um golpe duplo: tirar recursos de seu rival mestiço, o general Rigaud, que controlava Léogâne, e transferi-los para suas próprias forças em Port-Républicain. A resposta de Hédouville foi direta: "Nenhum administrador pode executar quaisquer instruções nesse sentido que não sejam minhas".[26] Toussaint recuou prontamente, e alegou que tudo não passara de um *"malentendu"* [mal-entendido] — ou, nas suas palavras, num erro de ortografia ao mesmo tempo divertido e solene, um *"mal attendu"* [mal esperado].[27]

Mas Toussaint nem sempre reagia mansamente às instruções de Hédouville para seguir os procedimentos administrativos apropriados. Certa ocasião, depois que Toussaint mandara prender um agricultor chamado Bourges por causa de uma questão envolvendo o roubo de animais de fazenda, Hédouville observou que isso era assunto da gendarmaria e do judiciário, e não do comandante do exército. Acrescentou, certamente para atenuar o golpe, que talvez Toussaint tivesse assinado a ordem sem examinar direito. A resposta foi dura: "É um grave insulto sugerir que eu possa assinar uma ordem ou uma carta sem ler ou ditar pessoalmente, seria como dizer que sofro de uma grave fraqueza de caráter, e eu não me reconheço nessa descrição. Como tenho a honra de repetir para o senhor, não coloco meu nome em qualquer documento sem que eu mesmo o leia ou dite".[28] Era verdade, mas também típico da ardileza verbal de Toussaint, empregar o ataque como a melhor forma de defesa, e Hédouville imediatamente pediu desculpas por dar a entender que seu comandante-chefe pudesse agir com negligência. O infeliz Bourges, por sua vez, permaneceu na cadeia.

Esse tipo de escaramuça era contornável, desde que Hédouville não mexesse com os protegidos de Toussaint na administração. Com o tempo, porém, foi o que ele começou a fazer: por exemplo, demitiu o chefe dos

O agente não está indo bem

oficiais médicos do exército, Lacoste, um aliado próximo de Toussaint, e o substituiu por seu próprio médico, Ferrié. Nesse ponto o conflito com o comandante-chefe começou a agravar-se. Toussaint tinha uma preocupação especial com um alto administrador financeiro chamado Vollée, baseado em seu reduto em Gonaïves e um valioso subordinado (era um dos pouquíssimos homens, juntamente com seu tesoureiro e representante diplomático Joseph Bunel, que conheciam as finanças de Toussaint). Alertado de que Hédouville vinha investigando Vollée por supostas irregularidades financeiras, Toussaint escreveu pessoalmente uma longa carta defendendo-o de "alegações caluniosas" e atestando sua competência e integridade. Na verdade, de acordo com Toussaint, Vollée era um homem sem quaisquer recursos financeiros próprios, que dependia do genro para sustentar sua "grande família"; era o "administrador mais pobre e responsável de Saint-Domingue".[29] Apesar dos reiterados protestos de Toussaint, Vollée foi removido do cargo e ameaçado de processo, tendo Hédouville declarado, sombriamente, que "o crime cometido aqui é de importância tão grande para a ordem pública que sou obrigado a processar seus autores com todos os rigores da lei".[30] As gentilezas tinham definitivamente acabado.

UMA QUESTÃO QUE MUITO CONTRIBUIU para azedar as relações entre Hédouville e Toussaint foi a negociação da retirada britânica de seus últimos postos avançados na colônia, notadamente Port-Républicain e Môle Saint-Nicolas, onde havia uma guarnição. Nos primeiros meses de 1798, o governo britânico percebeu que sua posição em Saint-Domingue ficara insustentável, e encarregou o brigadeiro-general Thomas Maitland de encerrar o conflito o mais depressa possível, de uma maneira que não fosse "desonrosa".[31]

Maitland era um homem astuto, e sabia que chegava a Môle Saint-Nicolas sem poder de barganha — àquela altura, como vimos no capítulo 3, a situação militar era desesperadora. Exacerbar a tensão entre Hédouville e Toussaint era uma das poucas cartas que ele tinha na manga, e ele a jogou com competência — dando, por exemplo, a cada um dos homens a garantia de que só queria negociar com ele. Hédouville alertou o comandante-chefe: "O general Maitland está evidentemente tentando semear a discórdia entre nós em benefício de sua própria causa; portanto, é melhor não negociarmos com ele nada que não tenha relação com nossos respectivos prisioneiros".[32] Toussaint, aparentemente, concordou: "A intenção dos britânicos é separar-nos, e não vou manter correspondência com eles, nem tentar qualquer jogada sem primeiro consultar o senhor e obter sua aprovação". Era uma promessa bastante desonesta, uma vez que Toussaint já tinha iniciado discussões de cessar-fogo com Maitland e concedido a seu negociador, Huin, "plenos poderes" para fazer um acordo com os britânicos em Port-Républicain.[33]

Maitland logo se deu conta de que Toussaint era o contato mais valioso, em termos táticos tanto quanto estratégicos. No fim de abril, o comandante-chefe descobriu que seu antigo chefe e protetor Bayon de Libertat tinha chegado a Port-Républicain, onde encontrava-se detido pelos britânicos; escreveu para Maitland, pedindo que o antigo administrador de Bréda fosse solto e entregue a ele de imediato. Maitland polidamente concordou, e Bayon por fim chegou a Gonaïves, onde foi recebido com entusiasmo por Toussaint.[34] As conversas entre Huin e Maitland foram rapidamente concluídas, resultando numa ordeira retirada britânica de Port-Républicain, Saint-Marc e Arcahaie; a principal condição britânica — que a vida e as propriedades dos *colons* que haviam apoiado os monarquistas fossem protegidas — foi prontamente aceita por Toussaint.[35] Acordos sobre Jérémie e Môle Saint-Nicolas foram logo firmados, sendo que a evacuação de Môle Saint-Nicolas ocorreu apesar da oposição veemente do governador da Jamaica, Balcarres, e do comandante naval britânico, sir Hyde Parker, que nas palavras de Toussaint desejavam desesperadamente manter um ponto de apoio em Saint-Domingue.[36]

Esses acordos prepararam o caminho para um avanço importante no fim de agosto de 1798: a assinatura de uma "convenção secreta" entre Toussaint e Maitland. Tratava-se de muito mais do que a simples cessação dos combates, buscando estabelecer uma estrutura para a coexistência pacífica entre o governo britânico e as autoridades revolucionárias de Saint-Domin-

O agente não está indo bem 185

gue. Maitland prometeu que os britânicos não interfeririam, em termos militares ou políticos, nos assuntos internos da colônia francesa, enquanto Toussaint se comprometeu a não exportar sua revolução para a vizinha Jamaica. Ele também obteve a garantia britânica de que provisões vindas por mar chegassem aos portos de Saint-Domingue sem a interferência de cruzadores britânicos.[37] Maitland explicou a Balcarres que o acordo era de "forte" interesse britânico, e recomendou-lhe que iniciasse negociações "amistosas" com Toussaint sobre a reabertura de relações comerciais com a colônia francesa.[38]

Toussaint também tomou providências para divulgar a notícia de que os britânicos o consideravam seu contato privilegiado, e que o controle de Port-Républicain, Môle e Saint-Marc tinha sido transferido para suas forças, e não para Hédouville.[39] Ele jogou sal na ferida contando a Hédouville que os britânicos haviam lhe dado uma casa em Môle (o edifício anteriormente ocupado por Maitland), e enviou-lhe um relatório entusiástico da magnífica recepção que lhe foi oferecida por Maitland dias depois, pouco antes de o comandante britânico deixar a colônia: "As forças britânicas me fizeram um cumprimento majestoso, e com todas as honras militares. Como prova de estima, em consideração ao tratamento humano que dispensei aos prisioneiros de seu país, e à minha generosidade tanto durante a guerra como no decorrer das negociações, o general Maitland me pediu que aceitasse uma pistola de bronze e duas espingardas de dois canos primorosamente trabalhadas". Ciente de sua vitória, Toussaint fingiu surpresa pela maneira como foi tratado: "Não esperava tanta deferência".[40] A data desse relatório era tão significativa quanto o conteúdo: Toussaint escreveu para Hédouville quatro meses depois de ter recebido as armas de Maitland — uma indicação de sua crescente autoconfiança.[41]

A conclusão das negociações com os britânicos foi não apenas um êxito diplomático para Toussaint: mostrou que ele começara a adotar uma estratégia diferente, baseada num exercício de prestidigitação. Ele continuava fiel aos princípios republicanos fundamentais de eliminar a presença britânica de sua terra natal e defender vigorosamente os interesses dos cidadãos negros; em nome do sagrado princípio da fraternidade, ele exigiu de Maitland que todos os soldados e escravizados negros alistados do lado britânico tivessem permissão para ficar em Saint-Domingue, em vez de acompanhar seus senhores na retirada para a Jamaica; tão logo entregues a Toussaint, os 6 mil homens foram, na maioria, despachados para trabalhar nas plantations como assalariados.[42] O acordo com Maitland revelou que Toussaint buscava não apenas executar uma política francesa, mas fazê-lo de uma forma que favorecesse os futuros interesses políticos e econômicos de Saint-Domingue. E, se houvesse conflito entre os dois objetivos, estava claro que para ele o bem da colônia vinha em primeiro lugar.

Prioridade parecida determinou a atitude de Toussaint para com um assunto ainda mais controvertido: os termos da política de anistia a ser aplicada nos territórios recém-libertados. Desde o início, enquanto Toussaint negociava a saída britânica de Port-Républicain, Hédouville informou a Toussaint que, como comandante-chefe, era sua obrigação respeitar o artigo 373 da Constituição francesa de 1795, que proibia anistiar qualquer pessoa que tivesse pegado em armas contra a república ou apoiado, ativamente, seus inimigos.[43] Como vimos em sua disputa com Sonthonax, a atitude de Toussaint para com esses exilados era muito mais flexível e, provavelmente, mais perspicaz, uma vez que ele estava ansioso para perdoar em nome da paz social e da reconciliação. Quando as negociações sobre a retirada de Môle Saint-Nicolas e Jérémie começaram, Hédouville voltou a insistir em sua posição: fez um anúncio severo dizendo que nenhuma exceção deveria ser aberta à nova lei, pois perdoar qualquer exilado representaria uma "séria ameaça" à ordem pública.[44]

Toussaint não só ignorou as instruções de Hédouville como anunciou publicamente sua intenção de perdoar todos aqueles que haviam tomado o partido dos ocupantes britânicos nas cidades costeiras da colônia. Numa missa em Port-Républicain, concedeu anistia total a um grupo de exilados franceses de Jérémie; de acordo com uma testemunha, começou comparando-se a Jesus Cristo, que absolveu pecadores em nome do pai, e em seguida anunciou que os perdoava "em nome da república".[45] Escreveu para Hédouville poucos dias depois citando o evangelho de Lucas, com ar superior: "Perdoa-nos os nossos pecados, pois também nós perdoamos aos nossos devedores".[46] Era uma provocação tríplice, pois ele não só desobedecera ao agente francês, mas também escarnecera dele proclamando o perdão publicamente, e ainda por cima durante uma cerimônia religiosa, sabendo que isso irritaria o pacificador anticlerical da Vendeia, que (como seu antecessor Sonthonax) via os padres como "perturbadores da paz".[47] Como era de esperar, Hédouville respondeu, de mau humor, que Toussaint não tinha o direito de conceder perdões, menos ainda no ambiente de uma igreja, o que infringia frontalmente a prática constitucional republicana. Toussaint replicou que sua política de anistia destinava-se a um pequeno grupo de homens "mais infelizes do que culpados", que tinham sido levados equivocadamente a seguir os britânicos; sem dúvida, perguntou, matreiramente, um "perdão generoso" era uma política mais compatível com essas pessoas, não?

Toussaint também alegou que os anistiados eram em sua maioria mulheres, crianças, velhos e trabalhadores de plantation; num pequeno número de casos, como o dos artilheiros negros do extinto regimento monarquista de Dessources, mencionou necessidade militar: precisava trazer esses soldados de volta ao serviço ativo por conta da escassez de bons artilheiros em suas próprias fileiras.[48] Então, caracteristicamente, partiu para a ofensiva: era um insulto, disse a Hédouville, sequer insinuar que ele pudesse agir contra a Constituição; de qualquer maneira, uma manifestação de fé em Deus dificilmente violaria a lei francesa. E acrescentou, de maneira reveladora: "Atribuo ao Todo-Poderoso, único autor de tudo que existe, todas as boas ações que pratiquei na minha vida política, e quem dera que nossos irmãos compartilhassem minha atitude religiosa; sua apreensiva consciência seria orientada para o bem, e a França não teria defensores mais fervorosos da constituição, e sua constituição não teria defensores mais zelosos e fiéis".[49]

Hédouville tentou recuperar o controle da situação baixando um decreto que reafirmava a política oficial francesa sobre exilados. Como explicou a Toussaint, seria particularmente perigoso perdoar inimigos da república, como os oficiais que tinham colaborado com as forças britânicas, que podiam aproveitar para "semear as sementes da discórdia" em Saint-

-Domingue. Seu decreto lançava a rede longe demais: tentava excluir de qualquer anistia os exilados, aqueles que tinham deliberadamente servido nas forças britânicas e também "todos aqueles que nunca moraram em Saint-Domingue antes do conflito, mas vieram apoiar a ocupação britânica".[50] Foi ativamente sabotado, como ele mesmo reconheceu depois, por elementos da administração colonial de Saint-Domingue, alegremente incentivados por Toussaint.[51] No fim de setembro de 1798, Toussaint não só estava concedendo perdões a exilados locais, mas também convidando exilados antirrepublicanos de fora de Saint-Domingue a retornar,[52] e publicando suas proclamações em jornais locais: *Le Citoyen véridique, ou Gazette du Port-Républicain* divulgou o texto de um decreto concedendo anistia a um grupo de exilados franceses nos Estados Unidos. Numa sonora bofetada em Hédouville, ele declarava altivamente que "os melhores interesses da república" seriam atendidos reunindo-se famílias até então divididas e reintegrando-se antigos inimigos à comunidade, "como a volta de filhos pródigos". Acrescentou, numa expressão característica de seus valores católicos e republicanos, que sua política de anistia era também compatível com "o sublime sentimento da fraternidade".[53]

A disputa sobre a concessão de anistias, portanto, terminou com uma grande e pública humilhação de Hédouville. Também expôs os limites do controle que ele exercia sobre sua administração, pois Toussaint conseguiu não só perdoar numerosos exilados, em direta violação de seu decreto, mas emitir passaportes oficiais para pessoas que Hédouville rotulara como traidoras, permitindo que retornassem a uma série de portos (incluindo Cap) e desfilassem em Saint-Domingue como prova viva de seu compromisso com a reconciliação. Outra consequência danosa foi que o confronto permitiu que Toussaint começasse a espalhar boatos negativos sobre Hédouville. Histórias — que só podiam ter partido de Toussaint e seu entourage — diziam, por exemplo, que Hédouville ainda guardava muitos preconceitos aristocráticos, que ele e seu comandante-chefe não se davam bem, e que esses conflitos eram prejudiciais para a integridade da administração; naturalmente, a culpa era atribuída à "rigidez" e "arrogância" do general francês.[54]

O agente não está indo bem 189

O próprio Hédouville admitiu mais tarde que esses boatos chamuscaram sua reputação. Um deles dizia que, vestido de mulher, ele comparecera a um encontro secreto com o comandante do porto de Cap a fim de planejar a rendição da cidade aos britânicos.[55] Outra história que nasceu entre os trabalhadores robustamente republicanos das plantations de Saint-Louis-du-Nord, antes de circular pelas partes do norte e do sul da colônia, afirmava que Hédouville tinha tentado ir embora de Saint-Domingue com "dois baús cheios de dinheiro" (fornecidos, claro, pelos pérfidos britânicos), mas fora detido pelos virtuosos e vigilantes cidadãos de Cap. Em seguida, tentara convencer os britânicos a prenderem Toussaint: o general Maitland não só se recusara como mostrara a carta traiçoeira ao comandante-chefe.[56] Na imaginação popular, Hédouville começava a ser visto como uma figura corrupta, desonesta e impotente, enquanto Toussaint era esperto, firme e vitorioso.

ESSES DESENTENDIMENTOS CONTRIBUÍRAM para o rompimento de relações entre os dois homens. Mas talvez fosse possível superá-los se Hédouville também não tivesse decidido medir forças com Toussaint em sua principal esfera de responsabilidade: a militar. Hédouville chegara com instruções para reduzir o tamanho do exército republicano de Saint-Domingue, pôr fim aos "abusos generalizados" cometidos por seus oficiais e soldados negros e, finalmente, contestar a autoridade de Toussaint como o chefe das forças armadas.[57] Esse programa de confronto estava condenado a provocar uma resposta feroz de Toussaint, principalmente porque sua longa batalha contra as forças imperiais de ocupação atingiu o clímax na primeira metade de 1798. Toussaint corretamente via a saída dos britânicos de Saint-Domingue como um triunfo militar pessoal, e sentia que seus bravos combatentes mereciam ser tratados de forma respeitosa e honrada pelo representante oficial da França.

Em vez disso, Hédouville baixou um decreto em 9 de messidor (27 de junho) tirando rações de alimento de vários funcionários públicos — incluindo os soldados de Toussaint. Essa medida não era baseada em neces sidade, mas na convicção de Hédouville de que as rações eram supérfluas, e não estavam disponíveis para servidores públicos na França.[58] O decreto, como era de esperar, foi recebido com consternação no exército, especialmente porque veio acompanhado de rigorosas instruções para que a administração militar parasse de fornecer rações de farinha e carnes-secas aos mais altos oficiais de Toussaint. Este, não tendo sido consultado, rapidamente procurou Hédouville, sublinhando que os soldados que serviam em territórios recém-libertados enfrentavam "dificuldades extremas", uma vez que os alimentos eram escassos e proibitivamente caros;[59] em Saint-Marc, com a chegada do exército republicano após a partida dos britânicos, soldados e oficiais haviam sido obrigados a juntar seus parcos recursos para comprar comida.[60] No fim, Hédouville permitiu, com relutância, que Toussaint tratasse altos oficiais como Laplume (na época com oito filhos) como casos especiais, mas instruiu-o a abrir essas exceções com muita cautela. Recusou-se a revogar o decreto, alegando que a maioria dos soldados vendia o pão que recebia — o que era altamente improvável, levando em conta que a ração diária se limitava a oito onças (227 gramas).[61] Hédouville demonstrou notável incapacidade de julgamento ao forçar heróis de guerra republicanos negros como Laplume, que tinham padecido os mais duros extremos da escravidão e arriscado a vida em incontáveis ocasiões no campo de batalha para preservar a posição francesa na colônia, a suplicar por rações de alimento para suas famílias. Com esse episódio mesquinho as relações de Hédouville com o exército negro de Toussaint começaram mal.

Longe de tratar os soldados de Toussaint com consideração, Hédouville parecia esforçar-se ao máximo para tratá-los com desprezo. Em suas primeiras cartas para o comandante-chefe, queixou-se de "numerosos abusos diários e constantes" cometidos por oficiais e soldados, incluindo roubo de animais de fazenda e ataques a plantations em busca de comida; o regimento de Dessalines em Saint-Marc foi explicitamente acusado de cometer atos de "bandidagem".[62] Toussaint respondeu com indignação, afirmando que o regime disciplinar aos quais os militares de seu exército estavam sujeitos era draconiano, e que qualquer soldado que transgredisse o regulamento era severamente punido: ele tinha baixado ordens estritas para que fosse detido qualquer soldado flagrado até mesmo pedindo comida dos moradores, quando estacionado numa cidade ou plantation.[63] Dessalines ficou tão furioso com a alegação contra seu regimento que obteve testemunho, sob juramento, de três supervisores de plantations vizinhos que confirmaram nunca terem sido vítimas de qualquer pilhagem significativa.[64] Parece altamente improvável que houvesse algum vestígio de verdade nessas histórias de indisciplina coletiva, levando em conta tudo que se sabe sobre a insistência de Toussaint para que seus soldados dessem exemplo de virtude — especialmente porque Hédouville também reclamou, sem nenhuma preocupação com a coerência, que Dessalines tinha ordenado a execução de um de seus soldados por furto.[65]

Hédouville também se recusou a promover Christophe Mornet e Paul Louverture, irmão de Toussaint, ambos fortemente recomendados pelo comandante-chefe à luz dos valentes serviços prestados na campanha contra os britânicos. Hédouville alegou que não "tinha permissão" para elevar oficiais à patente de brigadeiro-general, o que parecia a mais furada de todas as desculpas: Toussaint respondeu com desgosto, dizendo que estava "muito chateado".[66] Da mesma maneira, nos preparativos para a libertação de Saint-Marc e Port-Républicain, Toussaint tinha prometido a seu exército vitorioso que um quarto das receitas ali coletadas (basicamente da venda de açúcar) lhes seria dado como "indenização de guerra"; explicou a Hédouville que seus soldados mereciam esses espólios por todas as provações sofridas durante a campanha.[67] Hédouville indeferiu o pedido, alegando que qualquer dinheiro encontrado em territórios libertados deveria ser transferido para os cofres públicos e usado para pagar o soldo de todos os soldados: talvez uma boa resposta republicana, mas que dificilmente satisfaria os homens de Toussaint — sobretudo porque seus pagamentos e suas condições materiais continuavam sendo questões extremamente sensíveis.[68]

Na correspondência de Toussaint com Hédouville, a remuneração e o equipamento dos soldados eram tema recorrente, quase obsessivo. Nada parecia ter mudado muito desde seus primeiros apelos a Laveaux. Toussaint queixava-se regularmente de que seus bravos guerreiros não recebiam, e careciam até mesmo do equipamento mais básico, como roupas. Devolveu a Hédouville o argumento sobre tratamento igual: se todos os soldados tinham o direito de desfrutar das mesmas condições, por que o exército de Rigaud no sul era pago em dia, e muito bem equipado, enquanto seus próprios homens viviam em estado de indigência?[69] Depois de ouvir uma séria de vagas promessas, Toussaint voltou a escrever, agora mais exasperado: a situação material de sua tropa era para ele motivo de "extrema preocupação"; "a triste posição em que eles se encontram não deixa de tocar um coração sensível como o meu; é penoso para um comandante que viu suas forças padecerem sede e fome, e serem expostas aos maiores perigos para expulsar os britânicos do território de Saint-Domingue, é penoso, repito, ver esses mesmos soldados privados até mesmo de roupas para cobrir sua nudez".[70] A situação, disse a Hédouville em outra carta, tornara-se um constrangimento pessoal para ele: tinha prometido aos soldados que iam poder "entrar na cidade completamente vestidos", e apesar disso eles continuavam nus e sem receber os atrasados. "Aquele que recebe o golpe", concluiu Toussaint, "é que sente a dor", antes de transmitir para seus soldados um alerta sinistro: "O diabo, quando bebe demais do próprio veneno, acaba morrendo".[71]

EM 17 DE OUTUBRO DE 1798, Toussaint enviou a Hédouville um relatório triunfante anunciando a libertação do território: "Finalmente tive êxito, alcancei o objetivo que estabeleci para mim mesmo, o de expulsar os ingleses de Saint-Domingue e substituir as insígnias do despotismo pela bandeira da liberdade e o estandarte da nação francesa. Não desejo mais nada".[72] Essa expressão de orgulho patriótico era sem dúvida sincera, mas Toussaint não foi inteiramente franco sobre suas aspirações: quando mandou esse relatório, já tinha resolvido orquestrar a remoção de Hédouville da colônia.

Quando, exatamente, chegou à conclusão de que suas relações com o agente francês já não tinham conserto é algo que só podemos supor. Seus críticos sugerem que Toussaint queria derrubar Hédouville desde o início, mas não há prova alguma que confirme essa hipótese, e na verdade suas interações iniciais dão a entender exatamente o contrário. O cauteloso Toussaint não desejava protagonizar outro grande incidente com o Diretório logo depois da partida de Sonthonax no ano anterior — quanto mais não fosse para não dar munição a seus inimigos monarquistas e conservadores em Paris. Tentou, portanto, estabelecer uma relação de trabalho com Hédouville, mas com o tempo ficou claro que suas opiniões divergiam em quase tudo. Além disso, ele percebeu que o representante francês fora oficialmente instruído a contestá-lo de maneira sistemática, de modo a reduzir sua influência política: como disse numa carta impregnada de frustração, "o senhor tem contrariado tudo que faço, difamando cada movimento meu, e pondo em dúvida todas as minhas propostas".[73]

Toussaint convenceu-se de que esses embates não se limitavam a Hédouville: muitos de seus principais administradores, que tinham vindo com ele de Paris, estavam dispostos a minar o relacionamento; Toussaint contava com escutas em toda parte, e Hédouville depois percebeu que um de seus ajudantes de ordens mestiços era informante.[74] Um dos colegas do agente francês, por exemplo, disse a Toussaint que ficaria muito feliz em vê-lo levado para a França, onde poderia tirar "todo o descanso de que precisava". Toussaint respondeu acerbamente: *"Bâtiment à vous pas li gagné grandeur assez pour porter en France Général Toussaint"* [Seu navio não é grande o suficiente para levar o general Toussaint à França].[75] Esses "inimigos da esfera pública, da ordem e da tranquilidade", informou a Hédouville, estavam tentando "fazer o mal passar por bem, e o bem por mal, a treva pela luz e a luz pela treva, o doce ser amargo, e o amargo doce"; observou que era "penoso para homens de honra serem tratados dessa maneira".[76] Em setembro de 1798, Toussaint queixava-se abertamente sobre o papel danoso dessa "cabala", da qual faziam parte homens que eram "inimigos jurados dos negros"; o agente francês, alegava ele, era consistentemente enganado por "relatórios insidiosos de homens que só desejam a comoção geral". Toussaint suspeitava que uma conspiração estava sendo tramada não só para diminuir sua influência, mas talvez até para tirá-lo do cargo de comandante-chefe. Num discurso oficial comemorando a fundação da república, Hédouville declarou, de maneira expressa, que quando as forças armadas não são totalmente obedientes, "a ordem pública é ameaçada, e logo substituída pela anarquia".[77] Era um ataque mal disfarçado a Toussaint, que também se queixava — corretamente, como se veria — de que Hédouville tentava enfraquecer seu poder militar incentivando o general mestiço sulista Rigaud a contestar sua autoridade.[78]

Toussaint provavelmente começou sua campanha para confrontar Hédouville de maneira pública em julho de 1798, pois foi quando decidiu apanhá-lo numa armadilha. Incentivou-o a seguir adiante com os planos de reformar o sistema de trabalho agrícola, discutindo-os longamente com o agente francês e, privadamente, descrevendo-os como "muito vantajosos e úteis para a agricultura"[79] — a ponto de Hédouville agradecer-lhe profundamente a ajuda, e comemorar o fato de que as principais cláusulas dos novos regulamentos tinham sido elaboradas pelos dois.[80] Toussaint, no entanto, jamais associou seu nome publicamente ao novo decreto. E por um bom motivo: anunciado no fim de julho de 1798, *Arrêté concernant la police des habitations*, de Hédouville, provocou insatisfação geral entre os trabalhadores das plantations, pois os forçava a firmar contratos vinculantes com os empregadores. O novo sistema fora projetado para favorecer os donos de plantation: o período mínimo desses *engagements* era de três anos, e os trabalhadores ficavam obrigados a dar aviso prévio de um ano se quisessem trabalhar em outro lugar. O castigo para qualquer *cultivateur* que deixasse sua plantation sem acordo era drástico: um mês de prisão na primeira vez, seis meses na segunda e um ano na terceira.[81]

As novas medidas foram amplamente vistas pelos trabalhadores das plantations como uma ameaça à sua liberdade de trabalho, que sofria poucas restrições desde a abolição da escravatura. Toussaint de início nada fez para alterar essa percepção, enquanto, calmamente, atiçava os ressentimentos dos *cultivateurs* contra o decreto em todas as suas áreas de influência. Explorando o fato de que os funcionários de Hédouville não haviam feito qualquer esforço para explicar as novas regras aos trabalhadores (o decreto foi enviado às municipalidades em francês, sem tradução em crioulo), ele reforçou os temores de que as medidas se destinavam a diminuir sua liberdade e seus interesses materiais. Propagados através das amplas redes políticas e militares de Toussaint, boatos sinistros também começaram a circular: o decreto era descrito como uma ameaça à *liberté générale* que os cidadãos negros de Saint-Domingue tinham conquistado desde a revolução; havia até insinuações de que a única maneira de salvaguardar a liberdade dos negros era "um massacre de todos os brancos". Assustado com as conotações makandalistas dessas histórias, Hédouville pediu a Toussaint que mandasse uma carta-circular para seus comandantes militares, instruindo-os a suprimir esses rumores "absurdos".[82] Ele atendeu obedientemente, e até garantiu ao agente francês que, caso visse seus "irmãos negros" saírem do caminho da retidão, os "corrigiria".[83] Mas na verdade o que fazia era o contrário, insuflando ativamente — mas ainda de maneira furtiva — a insatisfação contra as medidas de Hédouville. No distrito de Petit-Goâve, por exemplo, a revolta contra o decreto era encabeçada por um rebelde local carismático e influente chamado Singla,[84] cujas ligações com Toussaint foram cuidadosamente ocultadas — a tal ponto que, quando os trabalhadores das plantations naquela área entraram em greve no fim de setembro de 1798, a municipalidade se voltou desesperadamente para Toussaint em busca de ajuda, sem desconfiar que ele era a fonte da agitação.[85]

Ao incentivar essas rebeliões locais contra Hédouville, Toussaint evidentemente sinalizava a seus comandantes militares regionais que um confronto público com ele era iminente. E, como o agente francês nada fizera para cair na simpatia dos oficiais e soldados do exército republicano de Saint-Domingue, eles certamente passaram a aguardar o confronto com a maior expectativa. De fato, em setembro de 1798, havia indícios generalizados de que o sentimento anti-Hédouville estava sendo atiçado dentro das fileiras negras, tanto entre soldados comuns como no corpo de oficiais. Um relatório de Saint-Marc sustentava que "a existência de oficiais brancos está por um fio".[86] Hédouville teve uma série de discussões acaloradas com Moyse, o sobrinho de Toussaint, de quem exigiu explicações sobre supostos "abusos" (como sempre, relacionados a suprimentos alimentares); o confronto terminou com esta brutal reprimenda de Hédouville: "Aquele que deseja ser comandante de tropas republicanas precisa mostrar também que sabe obedecer".[87]

Toussaint esperou que Hédouville cometesse uma série de erros táticos antes de intensificar o conflito. O agente francês ofereceu-lhe uma oportunidade de ouro em outubro de 1798, ao ordenar o desarmamento da guarnição militar nortista de Fort-Liberté, que contava com um contingente de setecentos homens, e onde o regimento de Moyse estava estacionado. Hédouville despachou uma força de centenas de soldados europeus para desarmar a guarnição sob o comando de Manigat, um juiz de paz negro de Fort-Dauphin. Na violência que se seguiu, o irmão de Moyse, Charles Zamor, foi morto, juntamente com outros duzentos soldados negros. O enviado de Hédouville exacerbou ainda mais o conflito detendo uma dezena de oficiais negros do regimento e despachando-os para Cap, e ordenando que Moyse fosse suspenso por insubordinação. Tropas leais a Toussaint acabaram recuperando o controle da guarnição, com o apoio notável de uma força camponesa de 3 mil homens reunidos por seu aliado Jean-Baptiste Sans-Souci, das montanhas de Grande-Rivière, Vallière e Sainte-Suzanne.[88] A hora de agir contra Hédouville tinha chegado.

Em meados de outubro de 1798, exatamente quando os acontecimentos em Fort-Liberté se intensificavam, Toussaint aproveitou o momento para iniciar um levante total contra Hédouville. Como explicaria mais tarde ao governo francês, os atos do agente tinham provocado raiva generalizada: "O derramamento de sangue dos defensores do nosso território nesse infeliz incidente reacendeu as chamas da discórdia, e logo as exortações à vingança se espalharam por toda parte, chegando aos rincões mais remotos da colônia".[89] De seu quartel-general na plantation d'Héricourt, Toussaint coordenava os protestos por intermédio de seus comandantes militares, organizando uma marcha de centenas de cultivateurs contra Cap, onde Hédouville e seus funcionários tinham sua base. À medida que a grande multidão — com um número significativo de mulheres — se aproximava da cidade, o medo de saques foi tomando conta dos moradores, especialmente a população branca, quando correu a notícia de que os manifes-

O agente não está indo bem

tantes estavam equipados com sacos, cestos e cordas; muitos se diziam "agradecidos a Deus porque sua viagem não seria inútil".[90]

Um visitante francês descreveu a cena "aterradora" em La Fossette, nos arredores de Cap: "Imagine 10 mil negros de todas as idades e sexos, quase nus, reunidos em volta de fogueiras de acampamento, entregando-se sem qualquer inibição a todas as paixões: danças obscenas, contorções, gritos".[91] Havia, claro, mais do que um mero aroma de vodu no ar, e Hédouville relataria depois que os *cultivateurs* mobilizados por Toussaint haviam lançado um feitiço sobre ele num ritual envolvendo "dança em volta da cabeça de um touro, na qual uma iluminação fora introduzida".[92] A municipalidade de Cap enviou uma delegação para conversar sobre as reclamações dos manifestantes. O chamado "exército popular" respondeu agourentamente, dizendo que estava indo "vingar" o tratamento dado aos oficiais e soldados do 5º regimento em Fort-Liberté, e ameaçando acabar com a cidade. Além disso, eles declararam que "um banho de sangue poderia ser evitado" se Toussaint Louverture fosse chamado para intervir e restaurar a ordem.[93] Essas conversas foram imediatamente transmitidas ao comandante-chefe, dando-lhe a cobertura de que precisava para agir.

Toussaint agiu com rapidez, primeiro fazendo uma proclamação para a municipalidade de Cap, recomendando a seus oficiais que tomassem todas as medidas necessárias para garantir que a ordem fosse mantida, e prometendo apoiar seus esforços para que "as leis e a Constituição da república sejam plenamente respeitadas". Havia nisso uma deliciosa ironia, uma vez que ele estava em meio ao processo de destituição do representante oficial do governo francês em Saint-Domingue.[94] Para completar, Toussaint fez uma reunião pública com os cidadãos de Cap, reunidos um tanto desconfortavelmente do lado de fora da prefeitura, na qual anunciou estar "muito feliz" por ter chegado a tempo de ver que a segurança havia sido restaurada. Ele advertiu que havia uma ameaça verdadeira de "revolta geral", mas prometeu fazer o que fosse possível para pôr tudo em "boa ordem" novamente. A primeira providência que tomou foi instruir seus oficiais a assumirem o controle dos postos militares em volta da cidade, e, por via das dúvidas, também despachou o exército para sua velha comuna de Haut-du-Cap a fim de "garantir a segurança de todos os moradores e de todas as propriedades".[95] Mas até mesmo esse gesto de tranquilidade tinha uma conotação de ameaça, uma vez que o oficial que cavalgava à frente de seu 4º regimento não era outro senão o formidável Dessalines. O verdadeiro objetivo desse movimento era imobilizar Hédouville e impedir sua fuga de Cap, em particular que deixasse a colônia levando documentos oficiais da Agência Francesa.[96]

Enquanto se desenrolavam os turbulentos acontecimentos em Cap, relacionados à crise em Fort-Liberté, Toussaint tomou medidas para debilitar a autoridade de Hédouville nas plantations. Em outubro de 1798, numa série de ações coordenadas no norte e no oeste da colônia, ele mobilizou milhares de trabalhadores, conclamando-os a largar as ferramentas e iniciar uma onda de protestos em suas localidades. Esse movimento grevista era uma rejeição direta do *arrêté* baixado por Hédouville em 6 de termidor, que previa punições de até dois anos de prisão para qualquer *cultivateur* que "criasse dificuldades e comprometesse a ordem e a disciplina nos locais de trabalho". Mas nessa ocasião o principal agente da sedição não era outro senão o próprio Toussaint, e portanto os trabalhadores das plantations não precisavam ter medo. Na verdade, ele usou todo o seu poder e influência em apoio ao movimento: indo a todos os pontos de protesto, ele falava aos trabalhadores em greve, incitando-os a levar suas queixas às municipalidades, para que pudessem ser mais amplamente notadas e compartilhadas.

Com a bênção de Toussaint, essas reuniões de trabalhadores das plantations e funcionários municipais ajudaram a injetar uma dose de energia popular revolucionária no sistema de governo local de Saint-Domingue. Por exemplo, os protestos deram origem a novas formas de diálogo entre representantes municipais e eleitorado. Em algumas regiões, os manifestantes iam em grandes grupos às municipalidades, ao passo que em outros nomeavam delegados para conversar com funcionários municipais; em Gonaïves, como notou escrupulosamente um servidor, havia 22 cidadãos manifestantes.[97] Esses encontros por sua vez radicalizaram o entendimento, pelas municipalidades, de seu próprio papel: elas agora costumavam se descrever, em termos revolucionários, como "órgãos do povo". Em face de uma "multidão prodigiosa de cidadãos trabalhadores nas plantations, tanto homens como mulheres", os funcionários municipais de Petite-Rivière anunciaram que eram "as sentinelas do povo",[98] e que tinham o dever sagrado de ouvir e retransmitir suas vozes.

Seguindo instruções de Toussaint, as petições dos trabalhadores das plantations eram transcritas pelas municipalidades e encaminhadas para o gabinete de Hédouville em Cap. As demandas eram leitura deprimente para o agente francês acuado, pois todas começavam com uma expressão enfática de desconfiança nele. Depois de se reunirem com seus eleitores, os vereadores e funcionários de Plaisance proclamaram que Hédouville tinha "envenenado a atmosfera" em Saint-Domingue e provocado um surto de "anarquia"; a única solução era ele ir embora "o mais depressa possível" da colônia.[99] Num gesto de magnanimidade, os peticionários de Marmelade pediam simplesmente que o agente fosse "suspenso"[100] — mas essa era uma visão minoritária. A partida de Hédouville era cobrada por quase todos os cidadãos mobilizados, e, para evitar qualquer ambiguidade, os de Gros-Morne disseram com todas as letras: "A presença de Hédouville aqui é a causa do movimento que provocou a agitação dos trabalhadores das plantations".[101]

Diferentemente dos protestos em Cap, eram as reformas agrícolas de Hédouville que representavam o maior problema para os manifestantes das províncias, que denunciavam o *arrêté* em todas as suas proclamações. Os manifestantes de Gonaïves afirmaram que o sistema de *engagement* era nada menos do que uma tentativa de "lesar nossas liberdades", e exigiram que os contratos que tinham sido obrigados a assinar fossem rasgados de imediato.[102] Mas não se tratava apenas de uma disputa trabalhista comum, pois o seu objetivo final era provocar mudanças políticas. Os trabalhadores de Port-à-Piment e Terre-Neuve declararam solenemente: "Enquanto Hédouville não for embora da colônia, não voltaremos a trabalhar".[103] Os trabalhadores das plantations de Toussaint Louverture (nessa altura já havia uma cidade com o nome do herói da revolução) declararam em termos ainda mais dramáticos: "Preferimos viver no mato pelo resto da vida a trabalhar nessas condições".[104]

Ao mesmo tempo, Toussaint tomou providências para que as cenas dramáticas de Fort-Liberté não fossem ignoradas pelos manifestantes das províncias. Na verdade, quando a notícia da prisão de Moyse e do desarmamento dos soldados negros se espalhou pelas plantations, os acontecimentos foram mais distorcidos ainda pela central de boatos, e as demandas dos manifestantes pela reintegração de Moyse misturaram-se a histórias mais inquietantes, como, por exemplo, a de que todo o 5º regimento tinha sido massacrado, ou a de que todos os soldados leais a Toussaint corriam o risco de ser desmobilizados. É possível que houvesse um elemento de desinformação deliberada, com Toussaint tentando insuflar a indignação local contra Hédouville. Mas esses temores não eram descabidos: como já notamos, houve considerável perda de vidas negras em Fort-Liberté, e o agente francês tinha de fato chegado a Saint-Domingue com o objetivo explícito de reduzir o tamanho do exército de Toussaint. Esse era o cerne da questão, e explicava o grande êxito de Toussaint na mobilização de milhares de trabalhadores das plantations por causa das sangrentas escaramuças em Fort-Liberté: na cabeça de muitos *cultivateurs*, o exército negro era o principal defensor de seus interesses, e qualquer tentativa de enfraquecê-lo era prelúdio de um ataque contra seus direitos fundamentais. Essa ligação ficou mais explícita numa das proclamações municipais: "Exigimos que o general Moyse receba de volta seu comando, para que possa nos defender daqueles que tentem nos escravizar".[105] O sobrinho de Toussaint começava a despontar como uma das figuras mais poderosas e populares no departamento do norte.

Os apoiadores de Toussaint nas províncias eram extraordinários em sua energia, determinação e disciplina, que foram notadas, em tom de admiração, pelo comandante militar de Port-à-Piment e Terre-Neuve, que deparou com um grande número deles na frente de sua casa.[106] Mas aqueles homens e mulheres também testemunhavam o tamanho do apelo de Toussaint entre os cidadãos negros: ele era capaz de mobilizar os camponeses das montanhas de Sans-Souci, bem como os trabalhadores comuns da agricultura, sem dúvida bem reforçados por um grupo considerável de *conducteurs*, que eram os principais agentes de Toussaint nas plantations.

Sua coesão era visível tanto na obediência às ordens de Toussaint como no espírito de entusiástico autocontrole que demonstravam: combinavam as qualidades clássicas das multidões revolucionárias, como a comemoração festiva, o humor desdenhoso e a ameaça retumbante. Na verdade, o que havia de mais notável nesses homens e mulheres era a autoconfiança e a poderosa assimilação de ideias republicanas. Em suas declarações e petições aos funcionários municipais, formulavam suas queixas contra Hédouville não em termos dos próprios interesses ou em categorias raciais, mas na linguagem revolucionária da liberdade, da justiça e da igualdade e no apelo aos princípios do bem público, em cujo nome alegavam estar agindo, referindo-se com frequência à Constituição: em Petite-Rivière, por exemplo, afirmaram que "os direitos do homem são inalienáveis e inalteráveis, e garantidos a todos os cidadãos pela Constituição".[107]

O direito mais sagrado que a Constituição tinha dado ao povo de Saint-Domingue era o da cidadania. Os seguidores de Toussaint demonstravam que isso para eles não era apenas uma abstração filosófica, mas uma realidade viva. Em seus encontros com funcionários municipais, falavam não como peticionários humildes, mas como *cultivateurs* e *cultivatrices* que detinham direitos legítimos, conquistados através da luta revolucionária; a presença de um grande número de mulheres tanto em Cap como nas províncias era particularmente notável nesse sentido. Podiam ser insolentes, também: aproveitando-se de seu patrono especial, os peticionários da cidade de Toussaint Louverture aproveitaram a oportunidade para pedir a seu amado chefe uma promoção para o comandante militar local.[108]

Essa confiança ficou mais evidente na exigência de que seus nomes fossem adicionados às proclamações municipais. Não se tratava do desejo de reconhecimento individual, mas de uma celebração de sua força coletiva, exatamente como Toussaint tinha ressaltado em sua resposta a Viénot de Vaublanc. Assim, por exemplo, juntamente com os dos funcionários municipais, o texto produzido em Marmelade trazia uma relação dos nomes de mais de cem trabalhadores das plantations: era, sem dúvida, a primeira vez que gente como Cofie, Lespérance, Sansfaçon, Pompom, Fidelle e Gracia era reconhecida num documento público desse tipo. Algumas de suas declarações foram até transcritas em crioulo. Mais de metade do texto dos trabalhadores das plantations de Petite-Rivière foi publicada no idioma vernáculo de Saint-Domingue, incluindo esta sucinta rejeição de Nédouville: *"Nous pas content avec li, d'abord li pas capable meté l'ordre dans pays-ci, li vlé meté désordre pitau"* [Não estamos satisfeitos com ele, não consegue manter a ordem no país, só consegue provocar desordem].[109]

DIFAMADO PELOS CIDADÃOS REVOLUCIONÁRIOS de Saint-Domingue e superado em esperteza por seu líder Toussaint, cujas forças o imobilizaram em Cap por vários dias,[110] Hédouville foi literalmente expulso da colônia no fim de outubro de 1798, juntamente com sua comitiva de 1800 servidores públicos civis e militares. Passou os últimos dias contemplando o próprio destino a bordo do *Bravoure*, um navio francês ancorado na baía de Cap. O fato de não se sentir seguro sequer para passar os últimos momentos em terra, e de recusar um convite de Toussaint para descer e conversar, temendo ser feito prisioneiro, dá uma boa ideia de sua impotência.[111] Ele terminou sua curta carreira em Saint-Domingue em circunstâncias degradantes, "tratado", nas palavras de seu sucessor Roume, "como um general vencido obrigado a abandonar uma posição militar".[112]

Antes de deixar a colônia, Hédouville fez uma dramática proclamação atribuindo sua partida a "exilados" cuja volta para Saint-Domingue tinha envenenado a atmosfera política. Acusou-os de encabeçar uma campanha de "alegações difamatórias" contra ele, principalmente ao dizer que ele buscava minar a *liberté générale* da população negra. Esses rumores só tinham ganhado força porque eram incentivados por pessoas, na administração, que haviam "se vendido aos britânicos". Era um previsível ataque a Toussaint, e não o único: Hédouville afirmou que os que agora buscavam a "independência" finalmente revelavam suas verdadeiras intenções e, apesar das aparências, se mostravam "inimigos cruéis" da liberdade de Saint-Domingue.[113] Numa mensagem separada, redigida no mesmo dia, Hédouville também livrou o rival mestiço de Toussaint, Rigaud, da obrigação de obedecer às ordens do comandante-chefe, a quem acusava de estar "na folha de pagamento dos britânicos, dos exilados e dos americanos". Ele o aconselhou a "assumir o controle do departamento do sul", com isso estimulando diretamente a disputa civil que levaria à brutal *guerre des couteaux* [guerra das facas] um ano depois.[114]

Mas, por ora, o triunfo de Toussaint era indiscutível. Um de seus grandes talentos era o senso de teatralidade política, e forçar o agente francês a refugiar-se num navio na baía de Cap no auge do escaldante verão caribenho, no meio dos restos dos milhares de escravizados mortos jogados ao mar diante de seus navios atracados no porto, foi um toque característico: essa humilhação de um *grand blanc* poderoso seria saudada por seus soldados negros — especialmente os *bossales* — como uma justa retaliação simbólica, tanto contra o seu desdenhoso tratamento dos soldados de Tousssaint nos meses anteriores como pelos sofrimentos de que eles e suas famílias tinham padecido na viagem da África para Saint-Domingue. Toussaint ressaltou essa ligação com seus soldados num discurso comovente logo depois de retomar o controle de Fort-Liberté, no qual jurou defender as conquistas da revolução de Saint-Domingue, acima de tudo a emancipação dos escravizados. Zombou de seu adversário com um vívido contraste: "Quem é o maior defensor de vossa liberdade, o general Hédouville, ex-marquês e cavaleiro de Saint Louis, ou Toussaint Louverture, o escravo de Bréda?".[115]

A derrota de Hédouville permitiu a Toussaint fazer suas primeiras incursões na arena diplomática, firmando a convenção de 1798 com Maitland. O acordo elevou o status de Toussaint na região, e foi o primeiro passo na separação formal entre os interesses da colônia e os da França. Também deu início a uma reaproximação gradual entre Saint-Domingue e a Grã-Bretanha, baseada não apenas no interesse comum, mas também num respeito crescente por Toussaint — ainda que ele fosse a negação de tudo o que o Império Britânico representava. Resumindo sua experiência na colônia francesa, Maitland foi impiedoso com Hédouville ("um homem de reconhecidos talentos, apesar de, no meu trato com ele, não ter tido essa impressão"), ao mesmo tempo que reconhecia as prodigiosas aptidões militares e políticas de Toussaint. Mas havia algo ainda mais fundamental. Maitland prestou tributo à "moderação e paciência" de Toussaint como governante, no que dizia respeito tanto à sua "humanidade" na guerra como ao tratamento ético dos exilados brancos, e recomendou a seu governo que continuasse a política de diálogo construtivo com ele.[116] Na mesma linha, o enviado de Maitland a Saint-Domingue, Edward Harcourt, comentou que a política favorável de seu governo com Toussaint era uma resposta à "boa-fé" que ele tinha demonstrado para com os interesses britânicos.[117]

Essas impressões favoráveis foram expressas também num artigo entusiástico sobre o acordo, publicado na *London Gazette* em dezembro de 1798. Ele apresentava a retirada britânica de Saint-Domingue como um triunfo diplomático, pois trazia a promessa de "comércio exclusivo" com a colônia, e de sua "independência" do controle francês. Mais notável era a descrição de Toussaint, elogiado como "um negro nascido para justificar as reivindicações de sua raça, e para demonstrar que o caráter de um homem independe de sua cor". O fato de esse "chefe" ter elevado "o padrão negro" em Saint-Domingue era nada menos do que uma "revolução", o que merecia ser comemorado por "todos os britânicos liberais": "Todo homem virtuoso se alegrará de saber que a raça negra agora é reconhecida como uma raça de irmãos".[118] Era uma versão um tanto cor-de-rosa do que se passara entre Toussaint e Maitland, e, como veremos, muitos no establishment político e militar britânico continuavam se opondo implacavelmente à revolução de Saint-Domingue. Mas o artigo da *Gazette* demonstrava o forte apelo que o general negro exercia na opinião britânica esclarecida.

A briga entre Toussaint e Hédouville ilustrou a versatilidade do poder do líder revolucionário. Hédouville tinha achado que seria possível cumprir a missão de conter Toussaint e começar a desarmar o exército negro recorrendo aos meios clássicos à disposição de um alto representante do Estado francês, que além disso tinha significativa experiência militar: afinal, ele ajudara a subjugar os camponeses da Vendeia. Na verdade, ele era um homem branco. Que chance poderia ter um ex-escravizado, estorvado por sua "extrema ignorância",[119] contra superioridades tão evidentes? Mesmo assim, Toussaint subjugou seu adversário, e o fez porque era muito mais criativo e habilidoso no uso do poder. Sua conclusão sobre o fracasso de Hédouville foi que ele "não está bem" ("*li va pas bien*") e teria tido mais sucesso se se "curvasse para levantar-se, em vez de levantar-se para esparramar-se no chão".[120] Era uma observação caracteristicamente perspicaz, um reflexo da filosofia de Toussaint de seguir em frente dando pequenos passos, e também de sua convicção de que o poder precisava ser exercido com finura e de que a coerção só devia ser empregada em último caso.

Essa sutileza transparece nas 27 páginas do relatório que ele enviou ao Diretório logo depois que Hédouville fugiu da colônia. Tratava-se de um poderoso exemplar de prosa louverturiana, combinando atenção meticulosa aos detalhes, vigor e uma boa dose de bravata. Toussaint rejeitava categoricamente qualquer responsabilidade pelos acontecimentos caóticos das semanas anteriores e até começava pedindo uma "honrosa aposentadoria" de suas funções. Afirmava não ter tomado parte na agitação em Cap e nas plantations, e que "nenhum agente do governo francês recebera apoio mais decidido" de sua parte do que Hédouville. Fingia ter ficado "aflito" com a notícia de que uma grande multidão de manifestantes marchava para a cidade, e "surpreso" quando soube que Hédouville e sua comitiva se preparavam para deixar a colônia. As autoridades francesas certamente não se deixaram enganar por esses protestos de inocência, mas o argumento apresentado em seguida por Toussaint era mais difícil de rebater: o tumulto em Saint-Domingue fora provocado, basicamente, por fracassos morais e políticos de Hédouville nos meses anteriores — notadamente sua tentativa de contestar a autoridade militar de Toussaint, sua incapacidade de compreender as sensibilidades locais e seu comportamento "despótico" para com leais funcionários administrativos locais, muitos dos quais foram afastados sem que ele fosse consultado. Os preconceitos "aristocráticos" de Hédouville também foram criticados, notadamente sua tendência a receber cidadãos comuns que lhe apresentavam petições com *"aigreur repoussante"* [repulsivo rancor].

Depois dessa censura ao Diretório por ter enviado um funcionário claramente incompetente a Saint-Domingue veio a verdadeira aguilhoada: Toussaint descreveu todo o episódio como uma ação de retaguarda para contestar o poder negro em nome da supremacia branca. Lembrou as autoridades francesas do "alarme generalizado" que o "discurso liberticida" de Vaublanc provocara em 1797, e sugeriu que Hédouville tinha procurado seguir o mesmo caminho — notadamente introduzindo uma reforma agrícola especificamente influenciada pelas ideias racistas de Vaublanc. Toussaint citou um trecho do discurso de Hédouville sobre a necessidade de "fazer os negros permanecerem nas plantations" (embora, claro, sem mencionar que ele mesmo tinha tranquilamente incentivado o agente francês nessa questão); a reforma trabalhista foi vista pelos trabalhadores negros das plantations como "os grilhões de uma nova forma de escravidão". O relatório também fazia várias referências ao golpe antimonarquista de 18 de frutidor, e descrevia Hédouville como um homem que compartilhava as ambições dos conspiradores.

Em Saint-Domingue, Hédouville tinha tentado, sistematicamente, semear a discórdia entre comunidades negras, brancas e mestiças; levantando dúvidas sobre o patriotismo de oficiais negros de seu exército; perseguindo funcionários negros da administração; contestando a decisão de Toussaint de conceder anistia a artilheiros negros do regimento de Dessources treinados pelos britânicos, julgando que poderiam servir honradamente à república (ao mesmo tempo que permitia que Rigaud recrutasse esses soldados para seu exército do sul); tentando reduzir significativamente o número de soldados negros, para que a defesa de Saint-Domingue ficasse a cargo de um exército "puramente europeu"; difamando Toussaint como alguém que "se vendeu" aos britânicos e espalhando falsas histórias sobre seu desejo de independência, como a alegação de que em todos os territórios controlados por ele não era a bandeira tricolor que estava hasteada nos prédios oficiais, mas seu próprio estandarte pessoal, "uma bandeira branca com a cabeça de um negro" — um insulto à "honra" de Toussaint.[121] Qualquer dessas ações seria, claro, traição, acrescentou Toussaint, antes de afirmar, incisivamente, que "os negros são bastante fortes para derrotar qualquer conspiração" — uma advertência codificada, mas clara, ao Diretório de que qualquer nova tentativa de desarmar sua força militar encontraria a mais feroz resistência.

O agente não está indo bem 207

A intenção principal do relatório, porém, não era entrar em confronto com seus superiores franceses, e sim tranquilizá-los. Durante toda a crise ele se esforçara ao máximo para impedir qualquer ameaça séria à segurança de pessoas e propriedades: nenhum sangue civil foi derramado. Na verdade, o relatório de Toussaint ressaltava a rota "constitucional" seguida pelos trabalhadores das plantations que canalizaram suas queixas através das instituições municipais — uma maneira astuta de sugerir que Hédouville fora rejeitado não por Toussaint, mas pelo povo e por seus representantes eleitos. O documento afirmava que tanto funcionários municipais como manifestantes tinham agido segundo princípios republicanos, dentro do espírito da Constituição francesa. Essa ênfase nas funções legítimas do governo municipal em tempos de crise culminou com a instrução de Toussaint de que a municipalidade de Cap "assuma plenamente a autoridade civil", agora que Hédouville tinha ido embora.[122] Isso também era típico da abordagem mais geral de Toussaint, que consistia em promover a causa revolucionária tanto quanto possível de dentro das instituições oficiais; ele ressaltou esse ponto para seus apoiadores em Paris, notadamente no legislativo francês, e negou ter quaisquer ambições de "independência".[123]

Toussaint andava numa corda bamba, sem dúvida, mas ninguém era mais habilidoso nisso do que "o virtuoso comandante-chefe", como seus seguidores o chamavam.[124] Um relatório anônimo enviado de Saint--Domingue para o governo francês logo após a partida de Hédouville notava que o controle que Toussaint tinha da população era como "uma espécie de poder mágico": a colônia agora estava claramente sob seu feitiço. Essa força poderia ser usada "para contê-la ou para empurrá-la rumo à revolução". Apesar disso, concluía o relatório, com todos os seus defeitos, Toussaint ainda era "o único homem capaz de garantir que a colônia permaneça em mãos francesas".[125]

6. Cidadãos virtuosos

A BEM-SUCEDIDA MOBILIZAÇÃO DOS APOIADORES de Toussaint nas plantations nos últimos estágios de seu conflito com Hédouville foi tudo, menos
fortuita. A revolução de escravizados de Saint-Domingue havia trazido um
florescente padrão de atividade democrática popular que se expressava
em assembleias de cidadãos, em irmandades nas plantations e em redes
de ex-escravizados *marrons*, geralmente organizadas em pequenos bandos
milicianos no interior e nas regiões montanhosas mais remotas de Saint-
-Domingue. No fim dos anos 1790, essa tradição popular ainda estava viva,
e, embora continuasse amplamente a favor de Toussaint, especialmente
em seus confrontos com autoridades francesas e em suas batalhas contra
facções dissidentes, era na verdade uma força social independente que
jamais esteve totalmente sob seu controle.

Um pouco por isso, e também por causa do baixo nível de urbanização,
Toussaint tentava criar suas próprias redes em toda a colônia. Compreendia
— provavelmente melhor do que qualquer outra pessoa — as divisões naturais entre o norte, o oeste e o sul, e as lealdades territoriais de seus compatriotas, as quais, por vezes, podiam deflagrar rivalidades ferozes entre
comunidades vizinhas: compreendia que, na Saint-Domingue pós-revolucionária, a política tinha, acima de tudo, caráter local. Conflitos aparentemente paroquiais podiam rapidamente crescer e tornar-se grandes crises,
como ocorrera durante os confrontos em Fort-Liberté em 1798. De qualquer maneira, criar uma base firme entre as populações locais condizia,
naturalmente, com seus instintos de líder: a penosa atenção aos detalhes, a
notável capacidade de lembrar nomes e situações e os vínculos espirituais
com a geografia física de Saint-Domingue. A proximidade dos elementos

era um dos traços definidores de seu caráter, fazendo dele, aos olhos do que trabalhavam com ele, "o homem extraordinário do Caribe, criado pela Natureza para governar o povo notável do qual se tornou líder".[1] Sua mobilidade, também, era lendária. Ele estava sempre em movimento — fossem turnês programadas por regiões, viagens rápidas a localidades para resolver distúrbios, inspecionar determinados pontos ou fazer visitas de improviso a indivíduos; ele certa vez foi de Gonaïves a Cap, a uma distância de trinta *lieues* (cerca de 150 quilômetros), em doze horas, cavalgando continuamente a partir das três da madrugada; a notícia de sua chegada juntava grandes multidões em sua casa.[2] Anúncios de sua visita iminente a uma localidade criavam um clima de grande animação e deflagravam uma onda de preparativos festivos em sua homenagem, incluindo a produção de alimentos fáceis de mastigar, como pães de ló, por causa da falta de dentes frontais.[3]

Os críticos de Toussaint achavam que sua autoridade vinha exclusivamente da força militar, de seus vastos poderes de apadrinhamento e da capacidade de inspirar uma forma quase religiosa de devoção entre seus seguidores. Essa aura messiânica era particularmente ressaltada pelos detratores; nas palavras do general francês Pamphile de Lacroix: "Seus soldados viam nele um homem extraordinário, e os trabalhadores das plantations o adoravam como se fosse uma divindade".[4] Ainda assim, havia muito mais coisas no apelo de Toussaint do que o poder de inspirar temor ou lealdade fetichista. Desde o início sua estratégia fora cooptar vários grupos territoriais e ao mesmo tempo recorrer às instituições sociais e políticas existentes, de autoridades da Igreja a membros da Guarda Nacional e administradores municipais — uma empreitada muito republicana, ancorada na crença na bondade natural do homem e no ideal de fraternidade. Mas era também um republicanismo crioulo, uma combinação única de elementos europeus, africanos e indígenas.

Essa mistura era representada mais prodigamente em comemorações locais em sua homenagem, que eram demonstrações pitorescas de entusiasmo coletivo, tributos ao poder de Toussaint e prova da nova ordem social, apelando a todos os cidadãos de Saint-Domingue. As cerimônias quase sempre reuniam autoridades civis e religiosas, como em 1798, quando Toussaint entrou pela primeira vez na Port-Républicain libertada, pouco depois da retirada dos britânicos. Ele foi saudado nos arredores da cidade por uma imensa multidão de homens e mulheres primorosamente vestidos, encabeçada pelo clero carregando cruzes, turíbulos e bandeiras. Foi convidado a caminhar debaixo de um dossel carregado por quatro dos agricultores brancos mais ricos da cidade; ele se recusou, declarando que aquela honra deveria ser reservada a divindades.[5] Mas não houve como escapar do tributo que os dignitários tinham preparado para ele: depois de marchar através de uma série de arcos de triunfo, construídos no trajeto para o centro da cidade, Toussaint foi recebido por autoridades municipais, que solenemente lhe deram as boas-vindas como o libertador de Saint-Domingue e lhe entregaram uma medalha com a inscrição "Depois de Deus, ele".[6]

Foi um momento raro. Esse mesmo lema costumava ser cantado em honra a Makandal por seus seguidores no ponto alto de cerimônias vodus, quando planejavam eliminar os agricultores brancos de Saint-Domingue por envenenamento: agora ele tinha sido apropriado simbolicamente e transferido para seu novo herói.[7] Essa reencarnação de Makandal tinha apelo para sensibilidades tanto católicas como caribenhas, e também para os aspectos mais cerebrais do nacionalismo republicano. A abordagem da política local por Toussaint combinava com seu estilo, que consistia em progressivamente adaptar as instituições existentes a seus próprios objetivos e aproveitar oportunidades para criar novos arranjos políticos ao longo do tempo. Vinha daí um de seus ditos crioulos prediletos: *"Doucement allé loin"* [Devagar se vai ao longe].

Os métodos que Toussaint usava para arregimentar essas comunidades locais eram variados e criativos. Um desses grupos eram os maçons. Não há provas de que Toussaint fosse, ele mesmo, maçom, mas sua assinatura floreada incluía um símbolo maçônico comum na era da revolução: duas barras inclinadas com três pontos no meio. Seu ex-patrão Bayon de Libertat era um dignitário maçônico em Cap cujas lojas foram particularmente ativas na década anterior à revolução;[8] e os valores básicos da maçonaria — solidariedade, discrição, fraternidade e caridade — coincidiam muito com os seus. A lista de membros da loja La Réunion Désirée à l'Orient, de Port-Républicain, revela que vários de seus companheiros mais próximos eram maçons ativos: incluíam seu irmão Paul, mestre de cerimônias da loja, e Christophe Huin, comandante militar de Port-Républicain e um dos subordinados mais confiáveis de Toussaint; além disso, pertenciam a essa loja muitos de seus apoiadores entre as elites administrativa, jurídica, comercial e agrícola.[9] A própria comitiva de Toussaint tinha vários funcionários da Gasconha, notadamente seus secretários Pascal e Dupuis, seu intérprete Nathan, e Lacoste, o chefe dos oficiais médicos da colônia (que Hédouville tentara demitir); muitos desses homens eram filiados a redes maçônicas. E um de seus mais fervorosos admiradores na hierarquia administrativa de Saint-Domingue era o engenheiro Charles Vincent, também maçom convicto.[10] Portanto, ainda que ele próprio talvez não fosse maçom, Toussaint estava cercado de homens que eram, e encontrava meios de recorrer a essa rede em busca de apoio para sua liderança e da promoção de seus objetivos e valores.

O estilo político local de Toussaint exibia-se mais notavelmente em seu reduto de Gonaïves, de onde expulsara os espanhóis. Ele reconstruiu completamente a cidade, pavimentando as ruas principais, alargando o canal e enfeitando os prédios mais importantes. Depois da saída de Laveaux em 1796, Toussaint transformou o distrito de Gonaïves num "enclave mais ou menos independente" sob seu comando político e militar.[11] Providenciou para que os cargos da administração fossem preenchidos por homens leais e competentes, e seguia com muita atenção as deliberações da câmara municipal. Além disso, desenvolveu laços fortes e duradouros com homens de negócio da elite, como Cazes, um comerciante abastado (também conhecido como "Gros-Cazes"), que viria a ser um de seus conselheiros financeiros e emissários mais confiáveis (foi pelas mãos dele que chegou a Paris seu relatório de 22 de brumário sobre o episódio Hédouville).[12] Toussaint estabeleceu sua sede numa *habitation* na comuna vizinha de

Ennery, emprestada por Madame Descahaux, de uma das famílias brancas mais poderosas da colônia.[13] Esse lugar lendário, famoso pelos longos becos, pelos roseirais perfumados e pelo esplendor de sua casa principal, era o refúgio favorito de Toussaint: um lugar isolado onde realizava reuniões secretas, tanto com seus agentes como com enviados estrangeiros; um centro de operações militares, onde oficiais de toda Saint-Domingue vinham receber instruções; e uma base de onde administrava a restauração das plantations da colônia.[14] Era, além disso, uma corte, onde organizava noites de cultura e reuniões sociais. Ele dizia sentir um "prazer inefável" nas apresentações de música, especialmente música militar, e costumava chamar seus trompetistas e percussionistas para tocarem para ele logo depois do jantar.[15]

Toussaint recebia visitantes em suas *grands cercles* (reuniões para convidados) e *petites cercles* (audiências públicas) com "educação, graça e dignidade", fossem eles administradores, colonos, capitães de navios americanos e dinamarqueses, agricultores ou comerciantes. Ali, aqueles que passavam por dificuldades, em particular ex-exilados brancos, podiam apresentar seus pleitos, entre lágrimas, diretamente ao comandante-chefe.[16] Um de seus visitantes locais no fim dos anos 1790 descreveu-o como "de aspecto varonil, estatura acima da média, com um semblante destemido e marcante, mas cheio da mais simpática suavidade — terrível para um inimigo, mas acolhedor para os objetos de sua amizade ou de seu amor". O traje era sempre o mesmo nessas ocasiões: "Uma espécie de paletó azul, com uma grande capa vermelha sobre os ombros; punhos vermelhos, com oito carreiras de renda nos braços, e um par de grandes dragonas douradas jogadas para trás; colete e calças escarlate, botinas; chapéu redondo, com pena vermelha, e um laço nacional".[17]

A partir de 1796, a posição de Toussaint fortaleceu-se com a ocupação por candidatos seus de cargos de agrimensor, padre, oficial médico, gendarme e juiz de paz.[18] Ele intercedia constantemente junto a sucessivos agentes franceses e autoridades nacionais em Paris em favor de seus protegidos: por exemplo, escreveu uma carta para o ministro da Marinha pedindo que o filho de um dos "virtuosos" cidadãos de Port-de-Paix, Granville,

Cidadãos virtuosos

fosse admitido no Institut National em Paris, onde seu próprio filho Isaac e seu enteado Placide estudavam. Granville, mestiço de poucos recursos, era tutor do filho caçula de Toussaint, Saint-Jean;[19] muitos dos principais comandantes negros também mandavam os filhos procurá-lo.[20] Toussaint prestava muita atenção na situação de dificuldade em que muitas vezes se encontravam as mulheres de Saint-Domingue, especialmente quando caíam em desgraça na administração civil ou militar. Em março de 1798, ele tomou providências para resolver os problemas de Madame Flanet, uma moradora branca da Île de la Tortue com quatro filhos pequenos. Ela era mulher de um ex-oficial que tinha servido em seu exército republicano e voltara para a França; em sua ausência, a propriedade tinha sido ocupada por Lesuire, um dos comandantes militares locais. Ao mandar Lesuire desocupá-la, Toussaint observou que, "aos olhos da lei, o rico e o pobre, o cidadão individual e o administrador público são iguais, e têm o mesmo direito à proteção. Assim, o líder que dá seu apoio aos que se sentem oprimidos apenas pratica essa lei natural".[21] Esses gestos individuais de apoio, repetidos inúmeras vezes, consolidaram a reputação de Toussaint como líder compassivo e generoso, especialmente na população de *colons* europeus: como disse um administrador francês, o general negro era amplamente admirado por sua "extrema humanidade para com a espécie branca".[22]

Quando intervinha para solucionar esses problemas humanos em nível local, Toussaint adotava abordagens criativamente diversas: no caso de Madame Flanet, ele recorreu aos ideais republicanos de igualdade e imparcialidade. Mas sua filosofia também era motivada por sua moralidade crioula natural e altamente original, quase sempre expressa na forma de parábolas. Assim, por exemplo, quando um grupo de trabalhadores da agricultura em Grande-Rivière se revoltou contra os patrões brancos e mestiços, a quem acusavam de prepotência, Toussaint saiu às pressas de Gonaïves acompanhado por uma comitiva de oficiais brancos, negros e mestiços. Enfrentando os trabalhadores furiosos, muitos deles armados de porretes, fuzis e lanças, Toussaint acalmou a situação primeiro apontando para seus oficiais e enaltecendo a fraternal harmonia

Liberté. *Egalité.*

Au Cap Français le 25 Germinal l'an septième de la République française, une et indivisible.

TOUSSAINT LOUVERTURE

Général en chef de l'Armée de Saint-Domingue,

à Isaac & Placide Ses fils, a l'institut National, a Paris.

Toussaint enviou os filhos Isaac e Placide para estudar em Paris. Nesta carta de 1799, ele os informa da chegada iminente do filho de Granville, tutor do irmão mais novo deles, Saint-Jean. Lembra aos filhos as virtudes da religião e do trabalho, e diz que sua conduta é uma questão de honra familiar.

Cidadãos virtuosos

que representavam. Em seguida derramou água numa taça de vinho tinto e mostrou a mistura para a multidão: em todas as cidades e aldeias da colônia, disse ele, as pessoas em Saint-Domingue eram como aquela combinação, unidas organicamente, impossíveis de separar, e destinadas a amarem umas às outras; o uso de substâncias coloridas para transmitir mensagens políticas era uma arte makandalista, agora magistralmente dominada por Toussaint.[23]

Nessas homilias, Toussaint costumava ressaltar a importância das virtudes mais brandas da compaixão e do perdão, que eram parte integral de seu sistema de valores republicanos e de seu misticismo caribenho, mas também de sua fé cristã. Apesar do anticlericalismo da revolução na França, o catolicismo era uma inspiração poderosa para Toussaint, tanto pessoalmente (fazia questão de que os filhos fossem criados de acordo com os ensinamentos católicos) como na regeneração cívica de Saint-Domingue. Aqui, também, desenvolveu cuidadosamente poderosas redes que se estendiam a partir de seu feudo em Gonaïves. Trocava cartas com o abade Grégoire na França, nas quais de vez em quando se queixava do anticlericalismo dos enviados franceses a Saint-Domingue.[24] Além disso, cultivava fortes vínculos com a hierarquia eclesiástica em sua paróquia, e através dela com o clero católico em toda a colônia. Todos os domingos, Toussaint se deslocava de Ennery a Gonaïves para assistir ao serviço religioso, acompanhado por seus mais altos oficiais e escoltado por um destacamento de guias. Às vezes usava uma carruagem, mas em geral preferia ir a cavalo, o que lhe permitia apostar corrida com os guias até seu destino. Desnecessário dizer que sempre chegava primeiro.[25]

Toussaint tinha numerosos capelães servindo em sua equipe, notadamente seus confessores Antheaume e Molière, que eram também conselheiros. Confiava-lhes missões importantes, incluindo transmitir recados a autoridades civis e militares[26] — prática que levou seus inimigos jurados em Saint-Domingue e na França (notadamente, como já vimos, Sonthonax) a acusá-lo de sofrer indevida influência clerical. Mas isso era apenas um tosco estereótipo anticlerical e racista que distorcia a opinião de Toussaint sobre as funções educativas e sociais da religião. Ele mantinha uma considerável rede de ajudantes religiosas em posições estratégicas na colônia: era dever dessas *aumonières* oferecer assistência beneficente a cidadãos necessitados (em particular indigentes, mulheres com famílias grandes e soldados feridos), e ensinar o catecismo a crianças pequenas. Eram recrutadas entre todas as raças e conhecidas em Saint-Domingue tanto pelo zelo religioso como pela fervorosa dedicação a seu amado comandante-chefe: desse grupo faziam parte Madame Balthasar, fabulosa eminência negra de Cap; Madame Gariadete, senhora branca de Terre-Neuve, de consideráveis recursos; e a senhorita Nanete de Marmelade, *mulâtresse* que percorria seu distrito a cavalo transportando incansavelmente alimento, bebida e suprimentos médicos para os necessitados.[27] Outra integrante essencial dessa brigada feminina era Madame Marie Fanchette, negra liberta casada com o tesoureiro de Toussaint, Joseph Bunel; ela, que segundo boatos tinha sido amante de Toussaint,[28] era amplamente conhecida como "protetora dos pobres" em Cap.[29]

A religiosidade de Toussaint era uma combinação de idealismo espiritual e egoísmo temporal. Como já vimos, ele estava inteiramente mergulhado na cultura e na mitologia vodu, e havia uma crença generalizada de que se valia dos serviços de adivinhação de seus sacerdotes, que atuavam como videntes, prevendo seu futuro. Em seus discursos locais, empregava noções vodus sempre que necessário, tanto para apresentar argumentos sérios como também, vez por outra, em tom de brincadeira; costumava dizer, gracejando, que sua voz anasalada era resultado do feitiço de um *houngan*, que o impedia de falar pela boca.[30] Acreditava, de fato, nas virtudes cristãs, e com frequência compunha suas próprias orações, que declamava no altar durante a missa.[31] Era sincero quando dizia que seus triunfos políticos e militares eram guiados pelo Todo-Poderoso. Ao ser designado comandante-chefe do exército, declarou que era "instrumento do poder de Deus" e que seus soldados eram executores de sua "vingança".[32] Da mesma forma, na proclamação de vitória depois da evacuação britânica de Saint-Domingue, atribuiu seu êxito ao "Deus dos guerreiros", acrescentando que "o homem não consegue nada sem a ajuda do Criador".[33]

Cidadãos virtuosos

Compreendia também o potencial de cura da religião numa colônia assolada pela escravidão e pela guerra, reconhecendo, pragmaticamente, o valor do catolicismo como fonte de disciplina e ordem social. Intervinha junto às autoridades municipais para garantir que os padres praticassem seu culto sem constrangimentos indevidos,[34] e dizia regularmente aos soldados que seu primeiro dever (antes mesmo do serviço à terra natal) era "honrar a Deus".[35] Dava instruções para que todos os comandantes de batalhão guiassem os soldados em oração duas vezes ao dia, de manhã e de noite, e que os soldados fossem levados à missa aos domingos com os trajes e equipamentos adequados e "na melhor ordem possível".[36] Quando perguntado por que insistia em levar seus oficiais à igreja, respondeu que esperava que as preces e os hinos religiosos os ensinassem "a amar e adorar a Deus, e também a temê-Lo"; e acrescentou, certamente com uma piscadela: "E para que aprendam a respeitar melhor a disciplina militar".[37]

Este era um dos lemas de Toussaint quando falava aos soldados e oficiais: "Pautem todas as suas ações pelos verdadeiros princípios da divindade e da religião; assim, da mesma forma que um comandante exige a obediência de seus subordinados, todo mortal tem que se curvar ao poder divino". Toussaint esperava que seus virtuosos militares, através do exemplo, pudessem incentivar homens e mulheres de Saint-Domingue a acatar os ensinamentos dos Evangelhos, e dessa maneira servir ao interesse público. Como disse a seus soldados em maio de 1797: "Adorem a Deus e sejam irrepreensíveis na prática da religião. Isso, por sua vez, servirá de inspiração a todos os homens e mulheres da colônia, dos proprietários de terras aos trabalhadores da agricultura, para que sejam bons cidadãos".[38]

JUNTAMENTE COM SUAS REDES maçônica, beneficente e religiosa, o apoio a Toussaint dependia muito das instituições municipais, que ele descrevia como representantes do "bem comum", guardiãs da Constituição e do direito, e fiadoras da "sabedoria, da prudência e da tranquilidade".[39] Ele tirava partido das cerimônias municipais para se dirigir às populações locais, e falar de suas esperanças de regeneração social e econômica de Saint-Domingue. Uma dessas reuniões ocorreu nos arredores de Môle Saint-Nicolas, cidade costeira do noroeste, em outubro de 1798. Os moradores tinham acabado de ser libertados do domínio britânico, depois do armistício negociado por Toussaint e Maitland, e ele aproveitou a ocasião para plantar a árvore da liberdade. Construiu todo o seu discurso de inauguração em torno da árvore — uma estratégia retórica que também lhe possibilitou temperar a fala com alusões ao *loa* vodu Grand Bwa (Grande Mata), o espírito guardião da floresta sagrada.

Para Toussaint, o "broto sagrado" de Môle Saint-Nicolas representava o acesso de homens e mulheres de todas as idades, profissões e cores ao "belo título de cidadão". Equiparando a "francesidade" à liberdade, Toussaint lembrou ainda ao público que a libertação do domínio britânico tinha trazido a emancipação do "jugo da escravidão". Prestou entusiástico tributo a seus soldados, muitos dos quais, estacionados na guarnição vizinha, estavam presentes, por sua "valentia e intrepidez" nessa luta heroica. Mas não era hora de triunfalismos vazios, e Toussaint lembrou especificamente a seus combatentes que esperava que fossem, como ele, portadores das virtudes da abnegação e do desprendimento. Além disso, não deviam esperar recompensas materiais por seus êxitos no campo de batalha, mas a "generosa satisfação" de ver que os antigos escravizados de Môle Saint-Nicolas eram agora homens e mulheres livres, reunidos em segurança em torno da árvore da liberdade.[40]

Ao mesmo tempo, a liberdade simbolizada pela árvore da liberdade não dizia respeito apenas ao usufruto de direitos, mas também à aceitação de responsabilidades. Os que faziam parte da velha ordem na cidade — os milicianos que combateram do lado das forças de ocupação, ou os agricultores e comerciantes que trabalharam com os britânicos, ou que até se envolveram na compra e venda de escravizados — tinham o dever de "arrepender-se genuinamente" dos erros passados e de comprometer-se "sinceramente" a seguir o caminho reto da virtude republicana. Isso incluía todos os franceses denunciados como exilados pelas autoridades

Cidadãos virtuosos

republicanas, e generosamente anistiados por Toussaint. O tempo de desunião tinha ficado para trás: fazendo um apelo aos ideais de "concórdia" e "fraternidade", Toussaint convidou esses novos cidadãos franceses a "serem um só coração, uma só alma, e a sepultarem para sempre ao pé desta árvore sagrada, símbolo da liberdade, todas as velhas divisões". Mais uma vez, a referência a Grand Bwa terá sido óbvia para a maioria dos cidadãos negros presentes: como o *loa*, a árvore republicana era símbolo de cura e proteção. Mas Toussaint também tinha um recado especial para os ex-escravizados, quase certamente transmitido em crioulo para que fosse claramente entendido: "Que a visão desta árvore lembre a vocês que liberdade não pode existir sem trabalho". E complementou com um de seus lemas: "Sem agricultura não há comércio, e sem comércio não há colônia".[41]

Com sua mistura eficiente de elementos crioulos e republicanos, o discurso de Toussaint em Môle Saint-Nicolas esboçou, de forma estimulante, sua visão do futuro de Saint-Domingue, e o papel que esperava que as comunidades locais desempenhassem em sua definição. Ele oferecia a promessa de paz civil, a cura de feridas antigas em nome da reconciliação nacional e a segurança e a proteção dos direitos iguais para todos os cidadãos, fossem homens ou mulheres; brancos, mestiços ou negros; proprietários, comerciantes ou trabalhadores; do norte, do oeste ou do sul. Mas era também uma perspectiva exigente, pois Toussaint deixava claro que os direitos traziam obrigações políticas, morais e econômicas, e que esperava que os cidadãos de sua virtuosa república estivessem à altura deles.

Desde o início, Toussaint prestou especial atenção às atividades das instituições municipais. Sua correspondência com Laveaux, a partir de 1794, contém atualizações frequentes sobre áreas que haviam caído sob controle republicano: em 1795, por exemplo, ele informou ao governador que tinha convocado os cidadãos de Mirebalais a eleger seus representantes municipais.[42] O funcionamento adequado das assembleias era uma de suas preocupações constantes, e, como escreveu um dos memorialistas mais bem informados de Saint-Domingue, era nessa "correspondência privada" com órgãos administrativos locais que "estavam os segredos do poder de Toussaint".[43] Membros importantes das assembleias municipais, como Sanon Desfontaines em Gonaïves, eram usados para manter os vínculos de Toussaint com dignitários políticos locais, e às vezes até viajavam à França para entregar as mensagens do comandante-chefe a seus aliados metropolitanos.[44]

Toussaint mantinha estreito contato com os funcionários locais da colônia, que lhe forneciam informações detalhadas sobre incidentes sociais e políticos, fofocas e boatos. Lia escrupulosamente os registros de câmaras municipais, a começar pelos de Gonaïves, e pedia regularmente a comandantes militares regionais que o mantivessem a par da condução das reuniões da câmara.[45] Ainda que a regulamentação das municipalidades fosse tecnicamente da alçada do agente francês em Saint-Domingue, e não do exército, os comandantes de Toussaint na prática supervisionavam as operações de assembleias locais, como está refletido numa proclamação dirigida a administrações municipais no fim de 1798. Assinada por figuras do alto escalão militar de Toussaint, ela recomendava a funcionários locais que usassem todo o seu poder e influência para apoiar a liderança de Toussaint, lembrando que ele sempre havia "lutado pelas suas liberdades".[46] Toussaint também costumava intervir para dar opiniões sobre questões como o desempenho de funcionários individuais e a nomeação de clérigos e intérpretes, a reconstrução de cidades, a limpeza de canais e rios, a atracação de navios, as especificações precisas do redesenho de áreas portuárias, o traçado de ruas e a emissão de passaportes para moradores locais.

Em momentos de turbulência política, Toussaint também falava diretamente com funcionários municipais: durante a tentativa de golpe de 1796 contra Laveaux, por exemplo, ele pediu a membros da câmara de Cap para instruir os moradores a não apoiarem a "cabala" que queria minar a república.[47] Quando soube que a municipalidade de Verrettes espalhava informações "pérfidas", denunciou-as.[48] Poucos anos depois, convocou à sua casa oitenta funcionários locais de Cap e de comunas próximas e os

Cidadãos virtuosos

repreendeu por não implementarem seus decretos com suficiente zelo;[49] também lidava com pedidos de assembleias locais que solicitavam isenção de regras administrativas específicas.[50] Suas intervenções oferecem vislumbres de algumas de suas principais políticas sociais e econômicas: sua portaria de dezembro de 1794, dirigida à comuna de Gros-Morne, ressaltava que a agricultura local não deveria ser dominada por "interesses egoístas", e aconselhava o comandante militar da região a "tomar todas as medidas necessárias para manter os trabalhadores nas plantations, empenhados em restaurar a prosperidade da colônia";[51] esse era exatamente o objetivo que ele buscava atingir numa escala geral no fim dos anos 1790.

O governo local de Saint-Domingue era um sistema piramidal. Funcionários municipais eram designados para cada comuna por uma assembleia de cidadãos. Esses vereadores eram recrutados nas classes de proprietários, e Toussaint era sempre muito ativo nos bastidores para garantir que os homens escolhidos fossem favoráveis à ordem pós-revolucionária; prefeitos de localidades importantes no norte e no oeste da colônia, como Bernard Borgella em Port-Républicain, eram, de modo geral, seus aliados próximos. Toussaint entendia também que era vital recrutar homens competentes, de espírito público, em comunidades locais. Não era tarefa fácil, por causa da turbulenta história de Saint-Domingue desde 1791, e especialmente em razão dos conflitos políticos e raciais dos primeiros anos revolucionários. Ele resumiu o que considerava as qualidades morais desejáveis nesses funcionários:

> [...] homens sábios, honestos e progressistas, cuja primeira paixão seja a devoção à república, à humanidade e à liberdade; cidadãos sem preconceitos, dignos de louvor tanto pelo raciocínio como pelo senso de virtude; esclarecidos, mas prontos para receber ideias construtivas de seus concidadãos, e para ajudar a traduzi-las em providências que possam ser proveitosas para o bem comum; imunes à intriga e à corrupção, e determinados a abster-se, pelo menos durante a vigência de seus honrados mandatos, das paixões mesquinhas que embotam o espírito coletivo e degradam a comunidade.[52]

Les Généraux & Chefs de Brigade de divers Régimens Coloniaux des parties du *Nord*, *Est* & *Ouest* de Saint-Domingue, tant en leurs noms qu'en ceux des Officiers, Sous-Officiers & Soldats defdits Régimens.

Aux Administrateurs Municipaux des divers Départemens de Saint-Domingue.

CITOYENS MAGISTRATS,

SI les défenseurs de la Patrie ont des inquiétudes; fi les atteintes réitérées que l'on porte à leur liberté & à celle de leurs frères les cultivateurs, leur font craindre pour elle, à qui doivent-ils s'adresser? Dans le sein de qui peuvent-ils épancher les chagrins qu'ils éprouvent? Dans celui des Magistrats du Peuple, qui doivent, par la place qu'ils occupent, non feulement les rassurer, mais encore déjouer les projets liberticides des oppresseurs, par des mesures sages & fermes.

C'est aux Magistrats du Peuple à être leur organe & l'interprète de leurs sentimens auprès du Directoire exécutif, lorsque le salut public l'exige. Oui, citoyens Magistrats, non-seulement le bonheur du Peuple de Saint-Domingue exige de vous que vous rendiez au Directoire, compte de la conduite de ses Agens à Saint-Domingue, & de celle des Défenseurs de la Patrie, mais votre devoir vous en fait la loi. Comme Magistrats du Peuple, vous êtes sa sentinelle, & comme chefs de la force armée, nous sommes la vôtre; & la loi nous ordonne de maintenir votre autorité. Que l'amour de la liberté vous anime! embouchez sans partialité la trompette de la vérité, & devoilez sans crainte, aux yeux du Directoire, la perfidie de ses Agens. Si vous teniez, dans cette circonstance, une conduite pusillanime, vous perdriez la confiance du Peuple, sans laquelle vous ne pouvez parvenir à rendre, à Saint-Domingue, sa tranquillité. Si, au contraire, toujours vrais, vous développez cette mâle énergie qui doit caractériser toutes vos actions, en conservant la confiance du Peuple, vous concourrerez sans peine, au bonheur de cette infortunée Colonie; rendus à eux-mêmes, les cultivateurs s'adonneront à leurs travaux agrestes, & les militaires concourront, de leur côté, à faire respecter votre autorité & chérir les Lois bienfaisantes de la République.

Prenez en main la balance de la justice, & vous verrez que notre conduite n'avoit pour but que le maintien de la liberté & le désir de rendre à la France, ses possessions. Que celle des Agens, au contraire, ne tendoit qu'à anéantir la liberté, & à priver la France de ses Colonies.

Que l'homme impartial, ami de la liberté, analyse la conduite que nous avons tenue, les services que nous avons rendus depuis l'époque où la France, nous rendant nos droits politiques, que la cupidité & la soif de l'or nous avoient ravis, nous reçut au nombre de ses enfans. & il verra que jamais nous n'avons trahis la Mère Patrie.

Avant cette époque, à notre tête le Brave Général en Chef TOUSSAINT LOUVERTURE, n'avons nous pas combattu sans relâche les ennemis de la liberté? Sans secours, sans moyens, sans d'autres armes que celles que nous prîmes sur l'ennemi, ne sçûmes nous pas conserver notre liberté & défendre nos droits? n'est-ce pas à vos bras, à l'experience de notre Général, à notre valeur & à celle des Soldats, que nous dûmes les conquêtes multipliées que nous fimes sur l'Espagnol & les Anglais? qu'elles ressources avions nous? Qu'elles étoient alors nos moyens? Aucun.

Assinada por figuras do alto escalão militar de Toussaint e endereçada a administrações municipais no fim de 1798, esta proclamação recomendava que os funcionários locais usassem todo o seu poder e influência para apoiar a liderança de Toussaint, lembrando que ele sempre havia "lutado pelas suas liberdades".

Cependant, fupportant, à l'exemple du chef qui nous commande, toutes les fatigues
& les privations, endurant la faim & la foif, nous fcûmes par notre perfévérance
& celle des foldats de la République, non feulement atterrer la puiffance Anglaife,
mais nous parvinmes à l'expulfer pour jamais du fol de la Liberté.

La conduite du Général en Chef, la nôtre, & la valeur de nos foldats, méri-
toient, à n'en pas douter, la follicitude de l'Agent du Gouvernement : Nous devions
efpérer la tranquillité à laquelle nous foupirons depuis fi longtems ; l'éloignement
des Anglais devoit nous la faire efpérer ; en Officiers d'honneur, nous ne deman-
dions pour toutes récompefe que l'approbation de l'Agent du Directoire : Et certes nos
prétentions étoient bien fondées ; au lieu de nous l'accorder, l'Agent HEDOUVILLE,
du fond de fon cabinet, prépare le deshonneur des Officiers fupérieures qui avoient
fi bien défendu la caufe de la liberté, & trame l'affaffinat des détenfeurs de la patrie.

Un Général recommandable par fon amour pour la liberté, qui a répandu fon
fang pour la défendre ; qui perdit un œil en combattant pour elle, eft deftitué,
mis hors de la lôi. La majeure partie d'un régiment eft affaffiné, & le vertueux
Général en Chef eft accufé de vifer à l'indépendance ; on projette fon affaffinat.
Le deshonneur ou la mort font la récompenfe des fervices qu'il a rendus. Nous
nous arrêtons, parce qu'en écrivant, nous frémiffons de toutes ces horreurs.

Que ces cruelles vérités vous faffent faire de férieufes réflexions ; qu'elles vous
faffent déployer l'énergie néceffaire dans de pareilles circonftances ; qu'el a vous obli-
ge à dire la vérité : Car nous ne pouvons, ni ne devons nous le diffimuler ; fi nous ef-
pérons tout du Directoire, nous craignons tout de la perfidie de fes Agens qui
nous ont fi fouvent & fi cruellement trompés.

Nous vous fupplions donc, au nom de la troupe que nous commandons, & au
nom de l'humanité, de donner au Directoire les renfeignemens bafés fur la vérité,
& dictés avec l'énergie qui doit les caractérifer : en leur donnant la publicité que
nous donnons à la préfente, vous repandrés dans nos feins, dans ceux de tous les
amis de la liberté, le baume confolateur de la tranquillité, & vous nous prou-
verés que comme Magiftrats du peuple, vous favez défendre fes droits, lors qu'ils
font attaqués. Salut & refpect, ont Signé.

Deffaline, général de brigade, Commandant l'arrondiffement de Saint-Marc.-Clervaux,
Commandant en chef les dépendances du Môle & du Port-de-Paix. — Laplume, général
de brigade, Commandant en chef à Léogane —Henry Chriftophe, chef de brigade,
Commandant en chef l'arrondiffement du Cap.—Jofeph Flaville, *Id.* Commandant en chef
de la Cul. —Char es Mauvefin, chef de brigade, Commandant en chef au Port-Français.
— Noël Prieur, *Idem*, Commandant à Caracol — Romain, *Idem*, Commandant au Limbé.
— Rodney. *Idem*, Commandant au Borgne. —Je n-Pierre Dumenil, *Idem*, Commandant
à Plai ance. —Jean Baptifte Papare, *Idem*, Commandant à la Marmelade. — Vernet,
Idem, Commandant aux Gonaïves.—Jean-Pierre Imbaud, Commandant au Gros-Morne.
—Ignace, chef de bataill on, Commandant à Terre Neuve.—Julien Audigé, *Idem*,
Commandant au Quartier-Louverture.—Rouffelot, chef de brigade, du 4e Régiment.—
Dominique, Vaillant, Ferbos, chefs de bataillon dudit Régiment. — Adrien Zamor,
chef de brigade, du 5e Régiment.—L'Africain & Charles Simon, chefs de bataillon
dudit Régiment. —Laurent Bouché, chef de brigade du 6e. Régiment.—Raphaël, chef
de bataillon du même Régiment. Charles Bélair, chef de brigade, du 7e Régiment,
Commandant à l'Arcahaye. —Alexis & Vontauban, chefs de bataillon dudit Régiment.
—Chriftophe Mornet, chef de brigade du 8e Régiment & Commandant en chef
l'arrondiffement du Port-Républicain.—Pierre-Louis Valet & Pierre-Louis Maffon,
chefs de bataillon dudit Régiment. — Maurepas, chef de brigade du 9e Régiment
Commandant au Port-de-Paix. —Gallard & Baudin, chefs de bataillon dudit Régiment.
==Paul Louverture, chef de brigade du 10e Régiment, Commandant en chef l'arrondiffe-
ment de la Croix-des-Bouquets. = Lacroix, chef de bataillon, du 11e Régiment,
Commandant aux Verrettes. - Lafortune, chef d'efcadron, Commandant en chef la
Gendarmerie de l'Oueft.=Gingembre Trop Fort, Jean-Pierre Pavaut, chefs d'efcadron
du 1er Régiment de cavalerie.

Pour Copie Conforme,

Port-Républicain, le 19 Frimaire l'an 7e. de la République Françaife, une &
indivifible.

Le Général en Chef.

TOUSSAINT LOUVERTURE.

Toussaint não acreditava que "paixões mesquinhas" pudessem ser totalmente erradicadas da vida municipal, e suas expectativas sobre o que os funcionários podiam conseguir por conta própria eram temperadas pelo realismo. Uma grande preocupação, por exemplo, era a manutenção da ordem pública nas cidades e aldeias mais remotas de Saint-Domingue, sobretudo diante do alarmante crescimento da criminalidade nas plantations no fim dos anos 1790. Toussaint tentou resolver esse problema recorrendo a empresas de gendarmaria, criadas por Sonthonax em 1796: elas eram ligadas a cada comuna e financiadas através de colaborações fiscais locais.[53] Felizmente, um dos oficiais do novo corpo que ele encontrou foi Ferret, o jovem branco com quem tinha lutado debaixo de um pé de laranja na plantation de Linasse em 1754, e que agora era um alto comandante da gendarmaria. Os dois homens se abraçaram calorosamente e gracejaram a respeito de suas aventuras juvenis.[54] Em 1797, como comandante da gendarmaria de Cap, Ferret foi a Gonaïves comprar cavalos para sua unidade, e Toussaint lhe deu conselhos.[55]

Mas apesar de Ferret e seus camaradas sem dúvida ajudarem a combater o crime, não eram suficientemente numerosos, e com frequência não tinham a necessária familiaridade com as áreas onde eram colocados para garantir eficientemente a segurança. Uma das proclamações de Toussaint ilustrava tanto seu conhecimento íntimo da topografia local como suas maneiras criativas de lidar com a criminalidade. Ao notar uma onda de furtos nas comunas de Petite-Rivière, Saint-Michel, Saint-Raphaël, Hinche e Bánica, ele observou que os ladrões estavam acostumados a coletar seus despojos em determinada estrada perto de Petite-Rivière. Ordenou que todos os cidadãos que usassem aquela rota portassem passaportes válidos, e que agricultores locais ficassem responsáveis por assegurar que esses documentos de viagem fossem inspecionados pelas autoridades militares regionais mais próximas. Sempre atento aos detalhes, Toussaint atribuiu aos proprietários e administradores de determinada plantation (a *"habitation Marion"*) esse dever de segurança pública; além disso, especificou que os passaportes dos viajantes incluíssem "a descrição exata de todos os animais em sua posse".[56]

Toussaint procurou fomentar um senso de espírito público entre os cidadãos providenciando escolas primárias, elemento importante de seu programa republicano para a regeneração social de Saint-Domingue. Fez tudo para assegurar que cada localidade tivesse um professor capaz de ensinar as crianças a ler e escrever.[57] Consolidou uma rede de instituições de ensino, incluindo uma escola central de preparação de professores em Cap, graças à qual milhares de crianças negras de oito a quinze anos puderam receber educação do Estado.[58] Um relatório de 1799 ao governo francês sobre a extensão da educação a trabalhadores negros das plantations era outro indício de como esses valores eram adotados e trabalhados localmente. O que se viu depois da revolução foi que se tornou comum esses trabalhadores pagarem três quartos de um *gourde* de seus salários para que os filhos pudessem frequentar a escola, o que as crianças faziam sem hesitar, ainda que às vezes tivessem que andar quilômetros para encontrar a mais próxima. Essa crença no valor absoluto da aprendizagem demonstrava que as atitudes sociais dos ex-escravizados tinham mudado profundamente, e que agora o ideal de cidadania virtuosa de Toussaint era amplamente abraçado.[59]

As comunidades locais também recebiam exortações de seu líder sobre a conduta social virtuosa, que incluía um senso de solidariedade com os soldados do exército revolucionário. Exemplos do progresso de altos oficiais competentes eram submetidos à atenção dessas comunidades, como quando o coronel Jacques Maurepas foi promovido a brigadeiro-general: Toussaint enviou seu assistente Augustin d'Hébécourt a Môle Saint-Nicolas, onde o oficial estava baseado, para o juramento. A cerimônia foi realizada na presença de uma entusiástica multidão de moradores, que ouviu Maurepas ser louvado por Toussaint devido ao seu "zelo, patriotismo e talento militar", bem como pelo extraordinário compromisso com a "ordem, a disciplina e a subordinação".[60] Conflitos militares em curso desfalcavam seriamente o exército republicano de Toussaint, e ele de vez em quando pedia a assistência caridosa de comunidades locais para os soldados feridos — sobretudo roupas velhas que pudessem ser usadas como ataduras nos hospitais.[61] Fossem ociosos incorrigíveis, vereadores morosos, cidadãos insuficientemente patrióticos ou até mesmo animais viajando na estrada para Petite-Rivière sem a documentação adequada, não havia lugar para se esconder na república virtuosa de Toussaint.

VALE A PENA FAZERMOS UMA PAUSA agora para examinar como as ideias de Toussaint para a regeneração de Saint-Domingue eram recebidas pelos funcionários municipais. Temos como fazê-lo graças à sobrevivência de uma ampla coleção de *arrêtés* da municipalidade de Môle Saint-Nicolas. Datados de 1798 ao começo de 1802 — os últimos anos do governo de Toussaint —, esses documentos oferecem vislumbres fascinantes das impressões que ele

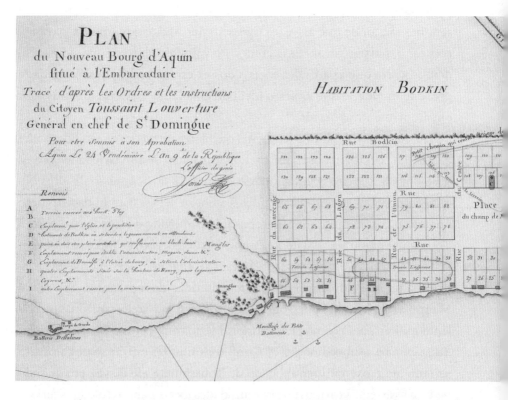

O gosto de Toussaint por projetos urbanísticos e reconstrução é ilustrado por este plano ambicioso para a cidade costeira de Aquin, submetido de acordo com as "ordens e instruções" do comandante-chefe em outubro de 1800.

causava e do modo como sua filosofia social e política era interpretada por esses funcionários — e também de como suas diretrizes eram executadas.

Localizada numa bela baía, e abençoada com um clima agradável, Môle Saint-Nicolas era um símbolo do novo tipo de sociedade que Toussaint esperava construir em Saint-Domingue. Além disso, ilustra os duros desafios que ele enfrentou. Môle era uma cidade de poucos recursos naturais, cuja economia local e infraestrutura urbana tinham sido seriamente avariadas na campanha contra os britânicos, quando muitos moradores fugiram da cidade. Tanto era assim que quando Toussaint exigiu que as comunas utilizassem impostos locais para a manutenção adequada da gendarmaria, os funcionários municipais de Môle convocaram uma sessão extraordinária e pediram isenção, afirmando que isso seria oneroso demais para suas finanças já combalidas.[62] Toussaint também precisava preservar a confiança de *propriétaires* locais, e impedir que deixassem a colônia; abordando as preocupações desse grupo quanto ao futuro, fez uma proclamação assegurando que todos seriam beneficiados pela anistia e poderiam contar com "a proteção total da república", tanto em termos pessoais quanto em termos de seus bens.[63]

Os funcionários de Môle eram pessoalmente avaliados por Toussaint antes da nomeação: eram, para todos os efeitos, os transmissores locais de seu poder. Graças ao meticuloso registro do escrivão municipal de Môle, Rochefort — republicano fervoroso —, temos detalhes não só da composição precisa da câmara em todo esse período, mas também das partes mais amplas da comunidade de onde os membros eram recrutados. Esse grupo maior é descrito no relatório "Lista das pessoas mais capazes de administrar os negócios da comuna de Môle", preparado por Rochefort em novembro de 1800, em resposta a um pedido formal do sempre vigilante Toussaint. A relação de dezoito nomes traz detalhes sobre as ocupações desses dignitários, bem como uma avaliação de seus valores morais e políticos. Muitos eram homens de recursos consideráveis, como latifundiários, comerciantes e *propriétaires*. Havia também dois prateiros, um construtor e um funcionário da saúde. A maioria esmagadora (quinze) era branca. Muitos eram *grands blancs* típicos que

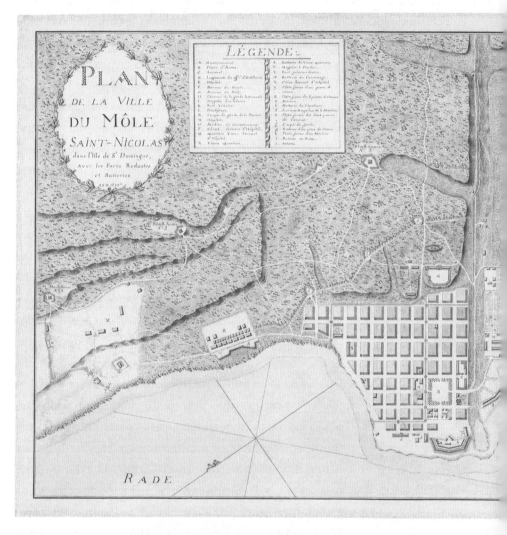

Este mapa de Môle Saint-Nicolas do começo do século XIX mostra a reconstrução da cidade nos últimos anos do governo de Toussaint, bem como as fortificações militares recém-construídas.

Cidadãos virtuosos

haviam jurado lealdade a Toussaint em toda a Saint-Domingue: incluíam o comissário de governo Pierre Ramadou, o juiz de paz presidente, Pierre Prevost, e o presidente da câmara, Joseph Jujardy, um agricultor rico que tinha servido no tempo dos britânicos.[64]

Juntamente com esses pilares da comunidade havia numerosos *petits blancs*, como Bourgeau Fils, Jacques Roumillat e Guillaume Kanapaux, descritos pelo escrivão municipal como "homens de vida simples, cuja inteligência limitada é compensada pelo zelo" (o jovem Bourgeau aparece em outra parte dos arquivos de Môle como capitão da Guarda Nacional: era, obviamente, um homem que adorava atividades físicas). Na mesma categoria estavam Pierre Noël, funcionário administrativo "devoto de todas as boas causas", e Barthélémi Boissieu, *propriétaire* que "se comportava de maneira plausível" (não exatamente um endosso entusiástico: Boissieu provavelmente chamuscou sua reputação em transações com os britânicos). Os dois vereadores mestiços, Nicolas Dumai e Charles List, eram relacionados como as únicas pessoas de cor alfabetizadas da cidade. Era o mesmo caso do único vereador negro, "cidadão Toiny", descrito como "o único negro de Môle capaz de assinar o nome" — e de fato, sua assinatura, exibida com destaque no fim de cada *arrêté* municipal, era espalhafatosa.[65] A presença desses três homens numa câmara predominantemente branca comprovava a intenção de Toussaint de atrair para a vida pública cidadãos talentosos de todos os grupos raciais — mas num ritmo moderado, compatível com o seu lema *"Doucement allé loin"*.

Sob o olhar atento do comandante militar regional Clervoux, os vereadores de Môle empenhavam-se ao máximo em cumprir a missão de Toussaint de regeneração cívica. Por exemplo, eles convocaram uma reunião especial para endossar uma de suas proclamações gerais sobre a reconciliação de casamentos fracassados, afirmando que consideravam um "dever absoluto" dar ao decreto a maior publicidade possível.[66] Mas também deram valioso apoio político a Toussaint, reunindo-se em agosto de 1800 em outra sessão extraordinária para enviar a proclamação ao ministro da Marinha da França celebrando as qualidades heroicas de seu líder. O objetivo dessa missiva, escrita por Rochefort, era defender Toussaint de "calúnias" espalhadas em Paris por seus inimigos. Não há dúvida de que Toussaint os incentivou a enviá-la, para demonstrar ao governo francês a amplitude e solidez de seu apoio em comunidades locais. O documento começava descrevendo-o como figura providencial "que parece ter sido trazida à terra para liderar seus semelhantes". Em seguida, enumerava uma longa lista das virtudes excepcionais de Toussaint como líder, antes de solicitar ao governo francês que lhe confiasse "as rédeas da colônia". Significativamente, uma das qualificações assinaladas era "a profundidade de seu conhecimento local", que era necessário para "liderar um novo povo, cujos hábitos eram diferentes dos costumes e tradições da Europa, assim como são diferentes seu clima e seu sol abrasador";[67] esse sentimento autonomista viria a ser usado por Toussaint para justificar sua Constituição de 1801.

Os funcionários municipais de Môle também apoiavam o projeto cívico de Toussaint adotando sua retórica de virtude republicana, como se pode verificar na comemoração pública anual da abolição da escravatura em Saint-Domingue. Esse aniversário era conhecido como o "festival da liberdade geral", e comemorado em 16 de pluvioso (4/5 de fevereiro), para marcar a adoção pela Convenção francesa do decreto abolindo a escravidão em Paris em 1794. O festival era anunciado pela municipalidade de Môle numa proclamação que saudava a data como "o primeiro dia da emancipação do Caribe francês". As atividades começavam cedo, às sete da manhã, com uma concentração da Guarda Municipal na praça principal da cidade; seguia-se uma procissão de dignitários locais da municipalidade para um "altar patriótico" especialmente projetado, no qual estava inscrito o artigo

18 da versão de 1793 da Declaração dos Direitos do Homem e do Cidadão: "Nenhum homem pode se vender ou ser vendido; sua pessoa não é propriedade alienável". Os cidadãos de Môle eram calorosamente convidados a participar da cerimônia e a imergir em sua atmosfera de "recordação religiosa". Para enfatizar a solenidade da ocasião, a municipalidade decretava o fechamento de todas as lojas, todos os negócios e todas as fábricas.[68]

O clímax da cerimônia era o discurso do escrivão municipal, Rochefort; o arquivo de Môle contém suas falas em três anos seguidos (1799, 1800 e 1801). Eram notáveis peças de oratória republicana, mas, além disso, ajudam a entender como Toussaint inspirava funcionários locais em seus esforços para virar a página das cruéis divisões do passado recente e conciliar a transformação revolucionária com a ordem social. O desafio para Rochefort consistia em apresentar a abolição da escravatura como um princípio revolucionário palpitante, mas não um princípio cuja intenção fosse minar os interesses metropolitanos franceses, menos ainda danificar o sistema social e político colonial. Ele combinou, portanto, um tributo progressista e uma recriação idealista do acontecimento, abrindo caminho para uma visão do futuro de Saint-Domingue sob a liderança esclarecida de seu comandante-chefe. Inspirado pelo discurso feito por Toussaint em 1798 nos arredores da cidade, Rochefort começou equiparando a abolição da escravatura à "simbólica árvore da liberdade", cujos galhos estavam agora "sendo proveitosamente estendidos por toda a nossa colônia". O fim da escravidão tinha marcado a "ressurreição de um povo" pelo triunfo dos princípios de igualdade e fraternidade, e da formação de cidadãos unidos em Saint-Domingue pela "destruição do preconceito".

Depois de celebrar sua universalidade, Rochefort deu um jeito de desistoricizar a abolição da escravidão e atenuar qualquer conotação política radical que pudesse ter tido. Apresentou o 16 de pluvioso não como um processo, mas como um acontecimento isolado; não como o produto das ações de homens e mulheres, mas como um retorno ao estado "natural" de perfeição humana; e não como resultado de uma luta revolucionária para a qual os próprios escravizados tinham contribuído — a revolta de 1791 em Saint-Domingue, que teve papel decisivo na abolição da escravatura, foi completamente apagada de sua narrativa. Em vez disso, o ato da abolição em 1794 tinha assinalado a vitória da filosofia iluminista, "a eloquente e corajosa voz da Razão". Essa característica definidora do espírito francês anunciava por que o 16 de pluvioso merecia ser comemorado: ele testemunhava a aclamação universal da França pelos povos do mundo. Embalado por essa onda de patriotismo, Rochefort não via limites geográficos para a reputação do grande país: "Até mesmo as tribos errantes da Arábia falam com admiração de nossas conquistas em seus desertos".

Os princípios revolucionários de liberdade e igualdade eram a base necessária para uma sociedade ordeira. Falando diretamente para os ex-escravizados, seus "irmãos e concidadãos", Rochefort encontrou uma maneira criativa de reconciliar mudanças revolucionárias com estabilidade política. Descreveu o fim da servidão humana como o primeiro estágio de um processo mais amplo de transformação social: "A regeneração perfeita é não apenas uma função da destruição da escravatura", observou, "depende também da necessária prática de todas as virtudes". Desde o antigo esplendor das cidades-Estado da Grécia e de Roma, atravessando todas as eras, o espírito republicano tinha progredido por meio do "império sagrado da virtude". A mais importante dessas virtudes era a apreciação adequada da liberdade, à qual não se deveria dar "perigosas extensões", que só poderiam levar ao "furor enlouquecido de seu abuso". A liberdade era um "dever sagrado", e existia apenas na "submissão às leis, e na subordinação às autoridades legítimas, incumbidas de garantir o respeito religioso a essas normas".

O símbolo perfeito da fusão dos princípios revolucionários com a ordem correta era Toussaint Louverture. Rochefort não fez qualquer menção ao comandante-chefe em seu discurso de 1799,[69] porém mais do que compensou essa omissão nos outros dois. Ele o saudou como o "sucessor de Espártaco", cujas virtudes exemplares eram as do herói republicano arquetípico: "uma atividade infatigável, voltada para a manutenção da harmonia social"; "uma afeição natural por todos os homens, produzida por uma alma sensível"; e "uma determinação viril, jamais detida por qualquer obstáculo". Mas Toussaint era também a personificação do legislador íntegro, dando ao sistema colonial "uma nova força moral" e imprimindo "um

Cidadãos virtuosos

movimento firme e zeloso às nossas leis" — sendo por isso que todo cidadão republicano tinha o dever absoluto de observá-las. Rochefort fechou o círculo, transformando um escravizado revolucionário num guardião da estabilidade e da prosperidade da colônia, e, com um ousado floreio retórico, no "amado benfeitor dos imigrantes coloniais".[70]

Os funcionários de Môle respaldavam essa mensagem cívica com recomendações destinadas a promover um senso de responsabilidade social coletiva. As crenças de Toussaint com relação ao bem comum serviram de inspiração neste caso também. Por exemplo, Rollin, o comandante da Guarda Nacional da cidade, observou que, na qualidade de "representantes do general-chefe da comuna", funcionários locais tinham a obrigação de promover uma ampla compreensão de "como levar uma vida boa". Não se tratava apenas de obediência "passiva" da lei, mas também do cultivo entusiástico de virtudes privadas: "pois ninguém pode ser bom cidadão", disse ele, se não for também, como Toussaint, "bom marido, bom pai e bom amigo".[71]

Uma mensagem igualmente robusta era transmitida no tocante à educação. Logo depois que a cidade passou para o governo republicano francês, a municipalidade de Môle fundou sua primeira escola primária, "aberta para filhos de todos os cidadãos, sem distinção"; um quarto dos alunos vinha de famílias "indigentes". O anúncio municipal para a contratação do professor refletia exatamente a visão republicana de Toussaint sobre o objetivo da educação primária: "Preservar as crianças dos perigos da ignorância, e prepará-las para a felicidade individual e para dar sua contribuição ao bem coletivo". Uma das outras tarefas do professor de Môle era produzir um relatório bienal sobre o progresso dos alunos, "mostrando aqueles que se destacaram pela conduta e pela aplicação". Toussaint usava esses relatórios municipais, que lhe eram enviados de todas as partes de Saint-Domingue, para premiar alunos, enviando os melhores à França para continuar os estudos.[72]

Os funcionários de Môle também seguiram o exemplo de Toussaint convidando os moradores da cidade a realizar tarefas cívicas, socialmente responsáveis. A municipalidade tinha grande interesse em higiene pública, pedindo aos cidadãos que limpassem o lixo acumulado em volta das casas e o jogassem na ravina fora da cidade;[73] insistiam também na limpeza regular de chaminés para evitar o risco de incêndios, que poderiam ter consequências arrasadoras para comunas inteiras.[74] Convocavam regularmente voluntários para limpar o canal nos arredores da cidade, a fim de remover os entulhos que obstruíam e contaminavam a água. Numerosas *corvées générales* (tarefas gerais gratuitas em obras públicas) foram decretadas, pedindo-se a cidadãos que pegassem suas enxadas e pás para trabalhar sob a supervisão de um dos engenheiros civis da cidade — tarefa pouco adequada para os fracos, uma vez que os voluntários deveriam se reunir às seis da manhã.[75] A mudança da linguagem usada nessas proclamações sugere que as exortações por si sós não estavam produzindo a mobilização popular necessária: um dos decretos posteriores advertia que "qualquer pessoa que deixe de participar da *corvée* estará sujeita a multa no valor de três dias de trabalho".[76]

As obrigações de higiene pública não se limitavam ao povo de Môle: em 1800, Toussaint ordenou aos moradores de Cap — de todas as idades e cores — que participassem da limpeza de uma ravina nos arredores da cidade; a pena para qualquer indivíduo do sexo masculino que deixasse de comparecer era de um ano de serviço militar obrigatório, embora fosse permitido aos cidadãos pagar para encurtar o tempo.[77] Funcionários também tomavam providências para conter os lucros abusivos de comerciantes inescrupulosos. Os preços de artigos básicos como pão, carne e frutas eram fixados pela municipalidade, e uma série de decretos advertia aos comerciantes que seus produtos seriam confiscados se desobedecessem; especificava-se até que ovos confiscados seriam doados ao hospital militar, enquanto bananas e figos seriam dados aos gendarmes.[78] Estes últimos eram obviamente beneficiados com tratamento especial: outro decreto pedia aos moradores que mantivessem seus porcos presos, advertindo que se os animais fossem encontrados andando pela rua apenas seus corpos seriam devolvidos ao donos: as cabeças seriam doadas à gendarmaria.[79]

Acima de tudo, a municipalidade dava respaldo aos esforços de Toussaint para promover uma ética de sobriedade, tomando medidas específicas para frear a propensão dos moradores às farras, que sempre podiam resultar em perturbação pública. O "passatempo desaconselhável" de caçar nas vizinhanças dos muros da cidade de Môle foi proibido porque os moradores se assustavam com o barulho dos tiros — reflexo dos persistentes efeitos traumáticos da guerra na população civil de Saint-Domingue.[80] Aos bares era vedado permitir jogos de azar, notadamente roleta e dados.[81] Um decreto estipulava que os bailes fechassem o mais tardar "duas horas depois do pôr do sol", e, num claro esforço para conter rituais vodus, reuniões não autorizadas foram banidas e os cidadãos explicitamente proibidos de "dançar antes do nascer do sol". Essa proposta veio mais de um ano antes da proibição geral do vodu decretada por Toussaint — outro exemplo de que suas políticas eram testadas localmente antes de serem decretadas em toda a colônia.[82]

Como o próprio Toussaint, os funcionários de Môle descobriram que o apelo a sentimentos nobres não ia muito longe, e passaram a adotar, cada vez mais, medidas reguladoras. Um estrito regime de controles foi imposto à movimentação de pessoas: os cidadãos eram obrigados a avisar a municipalidade sobre a presença de qualquer visitante de fora, definido como não residente da localidade;[83] num esforço para conter o problema da vadiagem, exigia-se que todos os homens e mulheres que trabalhavam como empregados domésticos fossem registrados e recebessem um cartão com nome e endereço dos patrões;[84] e, para pôr fim à prática generalizada de hospedar oficiais dentro da cidade, e não em suas casernas (descrita como "profundamente prejudicial à ordem e à disciplina"), os moradores de Môle estavam proibidos de alugar alojamentos privados para militares — decreto que sugeria que, longe do campo de batalha, a férrea disciplina atribuída ao valoroso exército de Toussaint nem sempre era evidente.[85]

Ainda que de vez em quando desabafasse sua frustração com funcionários municipais e com populações locais, Toussaint sabia muito bem que alcançar seus objetivos mais altos de regeneração social exigiria paciência e tolerância. Quando as autoridades francesas lhe perguntaram se recomendaria um promotor público chamado Fouqueau para servir como prefeito de Saint-Marc, ele respondeu: "Jamais achei que ele fosse um republicano particularmente forte, mas sempre acreditei que fosse um homem perfeitamente honesto".[86] Fouqueau foi levado para trabalhar no tribunal de apelação de Saint-Marc, e mais tarde nomeado por Toussaint para um dos principais cargos do judiciário de Saint-Domingue. Sua política era de reconciliação nacional: integridade e competência eram considerações mais importantes do que ideologia ou raça. Dito de outra forma numa carta para Christophe sobre assembleias locais, o mais importante era que seus membros eleitos fossem "verdadeiros amigos da liberdade": homens que reconhecessem a escala das mudanças revolucionárias ocorridas em Saint-Domingue desde 1791, e não só as aceitassem mas também as refletissem em certa medida em sua vida pública e privada.[87]

A promoção por Toussaint de funcionários negros locais continuou modesta. Embora as câmaras elegessem alguns descendentes de africanos, e prefeitos negros tivessem se destacado no fim do período revolucionário de Saint-Domingue — notadamente Charles-Cézar Télémaque, em Cap —, Toussaint não se empenhou muito em instituir uma forma de "poder negro" entre as elites administrativas e municipais, como demonstrava com clareza o exemplo de Môle Saint-Nicolas, onde só havia um vereador negro. Sua abordagem consistia em deixar líderes de origem africana surgirem naturalmente, ao mesmo tempo que promovia a igualdade civil e impedia que mentalidades racistas prevalecessem. Seus métodos preferidos, neste como em muitos outros casos, eram a persuasão e o exemplo. Assim, quando ficou sabendo que alguns *colons* em Port-Républicain ainda tratavam cidadãos negros e mestiços com desprezo, organizou uma soirée musical em que um de seus ajudantes de ordem mestiços, o capitão Coupé, se apresentou ao lado do ajudante general Médard, oficial negro que era um talentoso tocador de harpa. Inteiramente financiada por Toussaint, a soirée foi um grande sucesso, e os convidados, que incluíam os funcionários municipais da cidade e suas mulheres, voltaram para casa encantados.[88]

Cidadãos virtuosos 237

Havia, claro, desvantagens nessa abordagem, notadamente a influência desproporcional que os agricultores e comerciantes brancos tradicionais continuaram a exercer, e o limitado alcance concedido aos interesses dos cidadãos negros. Isso viria a ser um problema mais sério nos últimos anos do governo de Toussaint. Mas, de início, e levando em conta os modestos recursos materiais disponíveis, sua política municipal foi um sucesso inegável. Assim como as comemorações da abolição da escravatura em Môle Saint-Nicolas, ela deixava claro que a revolução transformara Saint-Domingue de maneira fundamental e que a mudança era irreversível. Trouxe para a arena pública muitos homens competentes, genuinamente dedicados ao bem comum e a garantir o bem-estar de suas comunidades; suas realizações mais notáveis incluíam a promoção da higiene, a luta mais eficiente contra os crimes comuns e a proteção dos moradores contra práticas comerciais extorsivas. Talvez mais importante ainda é que as instituições municipais de Toussaint tenham dado a comunidades arrasadas pela guerra, e quase sempre divididas, um primeiro vislumbre de ordem social pacífica. A população de Môle Saint-Nicolas foi alertada severamente para essa realidade em meados de 1799, quando uma revolta na guarnição, fomentada por forças dissidentes, pôs a cidade novamente sob controle hostil durante um breve período. Subsequentemente, o prefeito Jujardy lembrou aos cidadãos o que eles haviam conquistado desde a partida dos britânicos, exortando-os a não acharem que a harmonia da comunidade era uma condição natural.[89]

Em termos de poder do próprio Toussaint, também, essa estratégia local trouxe dividendos substanciais. Em 1798, quando expulsou os britânicos da colônia, ele já contava com apoio considerável em todas as comunidades: nas palavras de um observador, que o acompanhou numa de sua excursões galopantes pela colônia, "a recepção ao general em todas as cidades e aldeias por onde passava, e em todos os portos que visitava, seria capaz de satisfazer a vaidade do potentado mais orgulhoso".[90] O historiador haitiano Placide David sustentou que um elemento essencial do apelo exercido por Toussaint em suas muitas amantes na colônia era o efeito eletrizante gerado por essas aparições locais, reforçado pelos trajes imponentes dele e de sua guarda de cavalaria.[91] As andanças de Toussaint por Saint-Domingue eram ingrediente tão importante de sua liderança que ele chegou a pensar em adquirir uma fragata dos britânicos para acelerar ainda mais suas viagens.[92]

As relações entre Toussaint e as comunidades locais de Saint-Domingue demonstram a originalidade do sistema de poder que ele estabeleceu no fim dos anos 1790. Como dissemos, Toussaint forjava vínculos sociais com os homens e mulheres de Saint-Domingue apelando para uma combinação de princípios republicanos e católicos, além de sua própria forma crioula de moralidade natural, pitorescamente ilustrada com parábolas caseiras. Essa mistura improvisada, porém, tinha coerência ideológica, pois era motivada por sua crença na bondade natural e no bem comum, e sustentada pelo ideal de fraternidade. Ele sistematicamente recorria a noções de fraternidade para promover os valores que considerava essenciais — amizade, solidariedade e união entre as raças; generosidade, compaixão e perdão; desprendimento, disciplina e diligência.

Seria exagero afirmar que só as palavras e os atos de Toussaint bastaram para despertar esses sentimentos entre os cidadãos de Saint-Domingue. Mas sua retórica de virtude republicana os reforçava e lhes dava legitimidade pública. Outro sinal de seu êxito é que a solidez de seu apoio local se tornou uma profecia autorrealizada. Bombardeados por cartas e proclamações de municipalidades celebrando seu apelo, funcionários coloniais franceses adotaram a mensagem e passaram a transmiti-la para seus superiores em Paris: como dizia um relatório administrativo para o Diretório, "o comandante-chefe conta com a confiança, o respeito e o amor de nove décimos da população".[93] Com o tempo houve também uma perceptível alteração na imagem local de Toussaint, que nos anos 1790 evoluiu de herói revolucionário para pai da pátria. Nos festejos oficiais organizados nas cidades e aldeias de Saint-Domingue, ele ainda era apresentado como um Espártaco moderno — o emblema da emancipação negra, o libertador da pátria e a personificação das virtudes guerreiras da bravura e da tenacidade.[94] Em maio de 1797, os funcionários municipais de Ennery deram um toque literário à sua "veneração do virtuoso Toussaint", saudando-o como o "vingador da humanidade", exatamente como descrito por Louis-Sébastien Mercier em seu romance *L'An 2440*.[95]

Cidadãos virtuosos

Mas os moradores preferiam, cada vez mais, ressaltar sua liderança moral e política, insistindo, por exemplo, em que ele simbolizava a santidade cristã; apreciavam que ele tivesse ordenado a celebração de festas católicas como a de Corpus Christi em toda a colônia.[96] Outros o cumulavam de louvores, vendo nele a encarnação da estabilidade e da legalidade constitucional; a câmara municipal de Arcahaie o saudou como um chefe que contava com "a confiança absoluta dos *colons*",[97] enquanto as autoridades municipais de Terre-Neuve se maravilhavam com suas "qualidades de estadista" e falavam com entusiasmo de suas "finas habilidades de negociação";[98] num ousado toque empirista, afirmaram também que "a sublime experiência de Toussaint lhe dá o conhecimento que nem mesmo as teorias mais inteligentes podem dar".[99] Em Port-Républicain, onde era venerado como "figura paterna e como libertador", a municipalidade foi ainda mais longe e ofereceu-lhe um terreno como tributo à sua liderança incomparável,[100] enquanto um poema em sua homenagem na *Gazette du Port-Républicain* o saudava como o "novo Alcides";[101] depois da partida de Hédouville, pediram ao governo francês que pusesse em suas "mãos firmes as rédeas do governo".[102]

Para as autoridades municipais de Gonaïves, Toussaint era o protetor republicano por excelência, firme em seu apoio dos "irmãos de todas as cores", bem como um "legislador, pai e amigo";[103] dois anos depois ele se tornara "o gênio sapiente enviado dos céus para proteger os necessitados, vingar os crimes cometidos contra a humanidade, defender as liberdades de todos e consolidar as instituições da república".[104] Seus colegas em Cap não eram menos extravagantes, louvando Toussaint por seu conhecimento ímpar dos assuntos locais e apresentando-o como alguém motivado apenas pela promoção do "interesse público".[105] Esses elogios culminaram numa cerimônia festiva em Cap em 1801, quando uma multidão de mulheres de todas as cores "cumprimentou, coroou e abraçou" o herói local e implorou ansiosamente que ele jogasse seu lenço na direção delas, enquanto os homens "se acotovelavam em volta dele, tentando chegar o mais perto possível, para tocar sua mão"; como notou um observador, a cerimônia foi digna de "um soberano da colônia".[106]

PARTE TRÊS

Toussaint no poder

7. Grande margem de manobra

"QUE INFELICIDADE PARA A FRANÇA E PARA NÓS", escreveu Toussaint ao Diretório no fim de setembro de 1798, "que Saint-Domingue fique tão longe da pátria-mãe, que as relações entre nós sejam tão infrequentes, e que as comunicações às vezes sejam interrompidas por anos a fio."[1] A declaração é um testemunho do afrouxamento geral dos laços entre a colônia e a França a partir de meados dos anos 1790, mas também das relações cada vez mais frias entre o comandante-chefe e sucessivos governadores franceses: a calorosa lealdade de sua ligação com Laveaux tinha dado lugar à *mésentente cordiale* com Sonthonax, e depois à dramática ruptura com Hédouville. Ao mesmo tempo, Toussaint estava sendo bastante dissimulado, pois essa separação era também uma oportunidade. Ele estava convencido de que Saint-Domingue precisava preservar um forte vínculo com a França, mas também desenvolver sua autonomia, para forjar novas relações com ilhas vizinhas e potências regionais no Caribe.

É muito fácil entender como ele tinha chegado a essa conclusão. Em meados da década de 1790, depois de anos de agitação revolucionária, a colônia estava economicamente em ruínas: as plantations tinham sido arrasadas, com o capital imobilizado (especialmente as fábricas e os sofisticados sistemas de irrigação) em estado de abandono total; dezenas de milhares de trabalhadores morreram durante o conflito. A escala do colapso na produção de mercadorias pode ser avaliada por estes números simples: atribuindo-se ao ano de 1789 o índice 100, em 1795 as exportações de café tinham caído para 2,8, as de açúcar para 1,2, as de algodão para 0,7 e as de índigo para 0,5.[2] Toussaint, portanto, estava desesperado para reabrir as relações comerciais da colônia com os países vizinhos — especialmente os Estados Unidos, que tinham se tornado uma fonte vital de farinha, peixe e carne salgados, madeira e cavalos para Saint-Domingue desde os anos 1770. Esse objetivo, porém, não poderia ser alcançado sem maiores entendimentos com os britânicos, que estavam entrincheirados na Jamaica e comandavam os mares.

No acordo firmado com Maitland em agosto de 1798, Toussaint tinha obtido garantias de que as provisões vindas por mar teriam permissão para entrar em Saint-Domingue sem interferência britânica. Mas isso deveria ser apenas o prelúdio da restauração de plenas relações comerciais com as potências da região, uma necessidade amplamente reconhecida pelas elites econômicas de Saint-Domingue, bem como por observadores bem informados na França. O argumento foi destacado pelo parlamentar Louis Rallier, um dos aliados de Toussaint em Paris: "O maior desastre para a colônia [de Saint-Domingue] seria as plantations deixarem de produzir devido à impossibilidade de gerar lucros, e a agricultura ser totalmente abandonada. É indispensável, portanto, que a colônia mantenha relações comerciais externas não apenas com a França, mas também com os inimigos da França, e com potências neutras". Concluiu dizendo que Saint-Domingue precisava dispor de "grande margem de manobra" concedida pela França para determinar seus níveis industriais, agrícolas e tributários, bem como suas relações comerciais.[3]

Esse objetivo era havia muito tempo desejado pelos *colons* brancos de Saint-Domingue, tanto antes da revolução como logo depois. Toussaint o adotou, mas, caracteristicamente, refinando-o para seus próprios fins. Ele tinha o cuidado de não enunciá-lo em público, pois alcançá-lo poderia ser diabolicamente complicado. A expulsão de Hédouville tinha causado uma ruptura com a França, e Toussaint sabia que era imperativo que as boas relações fossem restauradas o mais rápido possível. Além disso, os interesses das potências regionais que ele queria cortejar estavam sempre mudando. Os espanhóis, que controlavam a vizinha Cuba e o território adjacente de Santo Domingo, eram, nacionalmente, aliados da França desde 1795. Mas viam com extrema desconfiança qualquer mudança revolucionária e não tinham a menor intenção de seguir Saint-Domingue na rota da abolição da escravatura, da qual seu sistema de plantations dependia; na verdade, em 1799, as autoridades cubanas suspenderam a venda de uma escuna de bom tamanho para os enviados de Toussaint, e o regime escravista em Cuba foi brutalmente reforçado nos anos que se seguiram à abolição em Saint-Domingue.[4] Apesar disso, Toussaint estabeleceu uma linha de comunicação com o governador espanhol de Santiago, tirando partido do senso de isolamento do governador de sua própria capital, bem mais distante do que o porto mais próximo em Saint-Domingue; em 1800, Toussaint chegou a oferecer-se para mandar provisões para a cidade, que sofria de uma falta total de alimentos essenciais.[5]

Ainda ressentidos com a derrota militar sofrida nas mãos de Toussaint, os britânicos estavam divididos entre o desdém racial pelo comandante negro (o comandante da Marinha britânica era contra qualquer "comunicação de cor"[6] com a colônia) e o desejo de desgrudar Saint-Domingue dos franceses. Foi nesse espírito que Maitland fez "ofertas sedutoras"[7] a Toussaint, cumulando-o de presentes e até se oferecendo para reconhecê-lo como monarca independente. Os americanos também estavam divididos. De um lado, temiam a perspectiva de que a revolução de escravizados de Toussaint se espalhasse para suas cidades e plantations, notadamente pela presença de refugiados "franceses negros" da colônia. De outro, importantes jornais americanos publicavam notícias favoráveis sobre Toussaint e seus camaradas a partir de 1797, especialmente suas campanhas militares,[8] e os comerciantes americanos ansiavam por estabelecer relações comerciais lucrativas com Saint-Domingue.[9] Ainda que estivesse mais longe, a França continuava ciumentamente atenta, e qualquer movimento ostensivo de Toussaint para se aproximar dos Estados Unidos e da Grã-Bretanha poderia ser interpretado como potencialmente traiçoeiro — sobretudo depois da imposição pelo Congresso americano de um embargo comercial contra a França e suas colônias em junho de 1798, em retaliação a ataques a navios de sua frota por bucaneiros franceses. A essa "quase guerra" acrescentaram-se as hostilidades entre o Diretório francês e os britânicos na Europa, no Levante e no Caribe.

Na cabeça de Toussaint, diplomacia era a continuação da política nacional por outros meios. Reconstruir uma saudável relação comercial com os

Estados Unidos era uma maneira de consolidar sua liderança, mas também de fortalecer sua mão no trato com os inimigos internos. Antes de sua partida, Hédouville tinha incentivado abertamente o líder mestiço sulista Rigaud a repudiar a autoridade de Toussaint; quando essa rebelião evoluiu para uma insurreição total a partir de meados de 1799, Toussaint procurou usar sua influência diplomática para angariar apoio político e militar contra Rigaud entre as potências regionais. Mas o comandante-chefe sabia que precisava agir com cuidado nesse caso também: uma reaproximação muito pública com os britânicos poderia enfraquecer sua posição perante os *cultivateurs* negros, que tinham lembranças sinistras da escravidão nas partes de Saint-Domingue controladas pelos britânicos e acataram sinceramente a descrição republicana da Inglaterra como uma tirania corrupta e sanguinária.

Sem se intimidar com o tamanho desses desafios, Toussaint pôs-se a agir em busca de seus objetivos, com plena consciência de que talvez precisasse ser muito criativo, até mesmo manhoso, para atingir seus fins. Criticava com ferocidade seus adversários, mas era perfeitamente capaz do mesmo maquiavelismo se achasse que os interesses maiores de Saint-Domingue estavam em jogo. Finesse e flexibilidade eram os mantras de sua abordagem diplomática, que ele resumia, caracteristicamente, como *"raffiner de politique"* [refinar a política].[10]

A TAREFA DIPLOMÁTICA MAIS URGENTE de Toussaint era garantir um sucessor para Hédouville como agente francês em Saint-Domingue. Seu candidato ideal era Philippe-Rose Roume de Saint-Laurent, o representante oficial francês em Santo Domingo, controlada pelos espanhóis. Roume vinha da região caribenha (era um crioulo branco de Granada); conhecia muito bem Saint-Domingue, tendo servido por um breve período como enviado francês à colônia nos primeiros anos da revolução;[11] era um idealista totalmente dedicado à nova ordem social fraterna, e sua companheira Marie-Anne Elizabeth Rochard, com quem se casaria mais tarde, era mestiça (o nome de Toussaint aparece como testemunha na certidão de nascimento da filha deles Rose-Marie).[12] Roume era uma figura humana educada e amável, sem a impetuosidade de Sonthonax ou a arrogância de Hédouville; republicano convicto, tinha imensa admiração por Toussaint. A intimidade entre os dois homens era visível já no início de sua correspondência, notadamente quando Roume saudou o comandante-chefe como "o salvador de Saint-Domingue", mas também insistiu com ele para cuidar da saúde, em especial reduzir suas "violentas cavalgadas";[13] assinava suas cartas com a expressão *Je vous aime tendrement"* [literalmente, "eu o amo ternamente"]. Toussaint deu a Roume um retrato que ele levou para a França, e segundo se acredita foi usado posteriormente por Nicolas Maurin para sua clássica litografia de Louverture produzida em 1832 (ver Prancha i).[14]

Crucialmente, Roume estava por perto e pôde logo preencher a vaga, antes que as autoridades francesas tivessem tempo de pensar melhor e optar por uma alternativa menos obsequiosa. Ciente de que não tinha autoridade formal nessa questão, Toussaint ainda assim conseguiu, habilidosamente, tornar a nomeação um fato consumado. Despachou cartas para Roume em Santo Domingo por seu emissário Charles Vincent, descrevendo a situação como uma crise de soberania popular. Hédouville fora obrigado a voltar para a França depois de "perder a confiança do povo", e Roume era a escolha óbvia para sucedê-lo por causa de seu "apego a princípios verdadeiros, conduta virtuosa e amor à França e à república". O convite de Toussaint foi feito em seu próprio nome, na qualidade de comandante-chefe do exército, mas também em nome de um "povo que não cessa e jamais cessará de dar valor à república e a sua constituição".[15] Para ressaltar ainda mais a legalidade processual republicana, Vincent também levava uma carta da municipalidade de Cap, escrita a pedido de Toussaint. A carta endossava enfaticamente o convite para que ele fosse a Saint-Domingue "em nome da segurança pública e do patriotismo", acrescentando que Toussaint "não tem o menor desejo de receber as rédeas de um governo que o amedronta cada vez mais, sobretudo porque teme ser incapaz de suportar o fardo".[16] Toussaint observou, também, que era "grato demais à pátria-mãe" para se permitir desviar-se do caminho do patriotismo francês — embora houvesse certa ambiguidade no uso do termo *"mon pays"*, que podia ser interpretado como uma referência a Saint-Domingue.[17]

Essas grandiosas declarações de lealdade ao representante francês, como veremos, não eram plenamente compatíveis com as verdadeiras intenções de Toussaint. A prova real de sua identificação com Roume foi a decisão de transferir o escritório da Agência de Port-Républicain, tradicional sede administrativa da potência colonial, para Cap. É verdade que preparou um grande desfile militar em homenagem ao novo agente quando de sua chegada — mas até isso podia ter um significado diferente, pois tratava-se também de um lembrete da força coercitiva de Toussaint.[18] Fingindo não perceber esse rebaixamento geográfico, Roume prometeu trabalhar em estreita colaboração com o "grande homem" e "perfeito republicano" que tinha sido o "protetor de Saint-Domingue", e comprometeu-se a colaborar com todos os seus esforços para o bem público dos cidadãos. Roume também se comprometeu a ser um amigo sincero, compensando os "problemas" que seu antecessor tinha causado, mas sem jamais hesitar em "dizer a verdade" quando achasse que o comandante-chefe estava saindo do caminho da retidão.[19] No entanto, apesar de seus desentendimentos, que se intensificariam até se tornarem irreparáveis, Roume continuou hipnotizado por Toussaint. O funcionário francês espantava-se com a sua energia e inteligência, com a atenção que ele prestava às dificuldades dos necessitados; frequentemente o saudava como um "filósofo virtuoso", e dizia-lhe que ele já se tornara uma lenda na França e na Europa. Escreveu que Toussaint ainda seria celebrado como "um líder que transcendia todos os gêneros: um excepcional cidadão francês, um notável estrategista político, e um dos grandes generais do mundo".[20]

Toussaint não era o único *grand capitaine* que atraía a atenção pública no apagar das luzes do século XVIII. A posse de Roume no cargo em Saint-Domingue coincidiu com um momento decisivo na França — a ascensão militar e política de Napoleão Bonaparte. Foi Roume que chamou a atenção de Toussaint para Bonaparte, mencionando frequentemente em suas conversas a estrela em ascensão da Córsega, e descobrindo muitas similaridades entre os dois; certa vez, ele observou que Toussaint era "maior

Grande margem de manobra

até do que Bonaparte".[21] Sabendo do gosto de Toussaint por paradigmas republicanos e de sua capacidade de aprender com as experiências militares alheias, destacou as proezas de Napoleão durante a campanha de 1799 no Egito. Mandou para o comandante-chefe um exemplar de um livro parisiense muito popular, de autoria de Roux, que apresentava em detalhes os êxitos do exército de Bonaparte, notando no processo as semelhanças entre Toussaint e Napoleão: "A mesma coragem, a mesma bravura, produzida por gênios, e a mesma capacidade de estar em todos os lugares ao mesmo tempo, observando, julgando, marchando, agindo e destruindo o inimigo antes mesmo que este percebesse o que estava acontecendo, e acima de tudo a mesma visão, abrangendo o passado, o presente e o futuro".[22]

Embora Toussaint tenha ficado lisonjeado com essas comparações, havia outro aspecto de Bonaparte, mais político, que o teria impressionado com o mesmo entusiasmo: sua capacidade de inovação e transgressão. Essa qualidade veio à luz quando ele contestou o sistema decadente do Diretório, culminando no golpe de 18 de brumário (9 de novembro de 1799), pelo qual assumiu o poder como parte de um novo triunvirato de cônsules. Toussaint foi informado do golpe de Bonaparte por uma carta de Vincent, escrita de Paris no dia do acontecimento, bem como por uma longa comunicação de Roume detalhando as medidas tomadas pelos novos cônsules para restaurar a ordem na França e tentar pôr fim às hostilidades militares com adversários do país. Para o estrategista político Toussaint, as lições da ascensão de Napoleão ao poder supremo eram claras, e influenciariam sua imaginação fértil nos meses e anos seguintes: era legítimo buscar a paz com ex-inimigos sem impugnar a integridade da república; era apropriado, também, que um novo contrato social fosse subscrito redigindo-se uma nova Constituição, e que um indivíduo assumisse o poder em nome da república para acabar com a "anarquia" e promover "a ordem e a tranquilidade".[23] Como seu homólogo francês, o Bonaparte de Saint-Domingue estava pronto para ignorar as convenções a fim de seguir o seu destino singular.

Assegurada a nomeação de Roume, Toussaint voltou a atenção para o cerne econômico de sua estratégia: restaurar as relações comerciais de Saint-Domingue com os vizinhos regionais. A colônia importava a maioria dos alimentos que consumia, além de material militar como a pólvora. Descrevendo sua chegada a Cap em maio de 1796 para assumir o cargo de administrador do departamento do norte, o funcionário francês Joseph Idlinger disse ter deparado com uma situação calamitosa, com o porto bloqueado por navios britânicos para impedir a entrada de quaisquer navios neutros, e armazéns "totalmente desprovidos de alimentos".[24] Em meados de 1798 a situação era grave: as exportações continuavam prejudicadas pelos efeitos da destruição da frota mercante francesa durante a guerra naval com a Grã-Bretanha, e Saint-Domingue corria o risco de enfrentar escassez de alimentos. Para agravar o desastre iminente, os comerciantes americanos que agora eram a principal ligação do território com o mundo exterior estavam oficialmente impedidos de entrar em seus portos pelo embargo comercial do Congresso contra produtos franceses.[25]

Se quisesse impedir que a revolução de Saint-Domingue morresse sufocada, Toussaint precisava agir sem perda de tempo. Ele resolveu estabelecer contato direto com o presidente John Adams, que estava no cargo desde março de 1797, enviando seu tesoureiro, Joseph Bunel, para conversar com ele. Bunel, um abastado comerciante de Cap, era um dos membros mais importantes do círculo íntimo de Toussaint. Como enviado aos Estados Unidos, era o homem ideal: pragmático, ousado e não muito ético, e dono de uma grande rede de contatos comerciais nos Estados Unidos. Bunel encontrou-se com o secretário de Estado Timothy Pickering, que via com simpatia a revolução negra de Saint-Domingue, e jantou com Adams em janeiro de 1799. Entoava louvores a Toussaint como um líder eficiente e pragmático para todas as pessoas que encontrava, e entregou a Adams uma carta amistosa do comandante-chefe.[26] Nessa missiva, Toussaint notava com "grande surpresa" que navios americanos tinham sumido dos portos de Saint-Domingue, e que o resultado tinha sido desvantajoso para as duas partes. As razões mais gerais para o embargo imposto pelo Congresso eram irrelevantes: a volta de navios americanos a Saint-Domingue, dizia

Grande margem de manobra

ele a Adams, era "do seu interesse, bem como do nosso". Toussaint comprometia-se a proteger os navios americanos de ataques de bucaneiros franceses, e garantia que todos receberiam "pagamento exato" por suas cargas. Dessa maneira, concluía Toussaint, poderiam trabalhar juntos para restabelecer as harmoniosas relações que deveriam existir entre as repúblicas americana e francesa.[27]

O texto hábil de Toussaint apelava sedutoramente para as aspirações mercantis dos Estados Unidos, ao mesmo tempo que se equilibrava no fino gume entre a lealdade à França e a defesa dos interesses próprios de Saint-Domingue. Apesar de Adams decepcioná-lo por não responder diretamente, Toussaint logo conseguiu o resultado que queria: em fevereiro de 1799, o Congresso aprovou legislação suspendendo as restrições comerciais a várias colônias francesas, incluindo Saint-Domingue; como tributo a seu arquiteto, ela chegou a ser chamada de "Cláusula Toussaint". Meses depois da aprovação do projeto de lei, Edward Stevens, médico antilhano da Filadélfia e amigo de infância do pai fundador Alexander Hamilton, chegou a Saint-Domingue como representante diplomático, ou "cônsul", dos Estados Unidos. O título costumava ser reservado a embaixadores permutados por Estados soberanos, e não era fortuito: Stevens tinha instruções para chegar a um acordo que protegesse os navios americanos das "depredações de bucaneiros franceses" e desenvolver vínculos comerciais com Saint-Domingue — e também, a longo prazo, pressionar Toussaint a declarar a colônia independente da França;[28] havia uma noção geral, entre comerciantes e congressistas, de que Saint-Domingue era uma "mina de ouro" esperando exploração americana.[29]

Toussaint não tinha a menor intenção de romper completamente com a França, mas não rejeitou essa possibilidade de imediato em suas conversas com Stevens. A partir do momento em que o cônsul americano pôs os pés na colônia, Toussaint fez o possível para fazê-lo sentir que tinha status privilegiado, e que forjar uma relação especial com os Estados Unidos era uma prioridade. Tão logo foi informado do desembarque de Stevens, Toussaint correu a Cap para recebê-lo — uma cortesia que, como vimos, não tinha estendido a Hédouville, que teve que esperar meses. Também conversou com Stevens separada e demoradamente, antes de conduzi-lo ao prédio da Agência em Cap para o encontro inicial com Roume: essa conversa privada lhe permitiu ser mais franco sobre o seu empenho em contar com a presença americana em Saint-Domingue. Na primeira reunião com Roume, enquanto discutiam a proteção de navios americanos contra bucaneiros franceses, Toussaint reiteradamente tomou o partido de Stevens, e usou seus poderes de persuasão para convencer o cético agente francês de que as demandas americanas não eram essencialmente prejudiciais aos interesses franceses. Toussaint também apresentou a criativa solução que acabaria sendo aceita pelos dois lados: não haveria nenhuma proibição imediata e total à pirataria francesa, mas um compromisso para revogar todas as licenças existentes e deixar de emiti-las. Stevens, satisfeitíssimo, escreveu para o secretário de Estado Pickering elogiando "o poderoso apoio, a perspicácia e o bom senso"[30] do comandante-chefe. Toussaint tinha, obviamente, causado uma excelente primeira impressão.

Toussaint fez tudo que estava a seu alcance para que o arranjo funcionasse. Procurou convencer Roume, que de início foi hostil à presença americana e tentou insistentemente vincular o tratamento dos americanos em Saint-Domingue ao destino de navios franceses nos Estados Unidos; a certa altura, chegou a sugerir que Stevens e seus companheiros fossem presos em retaliação à captura de quaisquer navios franceses ao largo da costa americana.[31] Fiel à sua estratégia, Toussaint argumentou que essas considerações diplomáticas mais amplas não deveriam minar os arranjos econômicos da colônia com os Estados Unidos, e acabou convencendo Roume — tanto que o agente francês manifestou publicamente seu apreço pelo pragmatismo do cônsul Stevens, e cumulou de elogios as "medidas patrióticas [de Toussaint] para a renovação do comércio americano".[32]

A satisfação de Roume era compreensível: poucos meses depois do acordo com Stevens, dezenas de navios americanos (assim como navios com bandeiras da Espanha e de Hamburgo) começaram a chegar a Saint--Domingue, reabastecendo de alimentos lojas e mercados. Ele agradeceu a Toussaint e passou a aguardar com ansiedade "os dias de fartura";[33] gostou também de saber, por intermédio de Stevens, que os americanos haviam despachado três fragatas para proteger seus navios mercantes e que não "tolerariam qualquer insolência" dos britânicos.[34] Um observador local saudou o retorno da "maior fartura de provisões", notando que a concorrência levara a uma significativa queda nos preços de artigos de primeira necessidade, como farinha — uma bênção para os cidadãos comuns.[35] As exportações americanas para Saint-Domingue, que tinham caído para US$ 2,7 milhões em 1799, pularam para US$ 5,1 milhões em 1800 e para US$ 7,1 milhões no ano seguinte.[36] Um próspero comércio de produtos de Saint-Domingue também foi retomado: um relatório de Cap de 1800 indicava que três quartos das exportações de açúcar e dois terços de seu café iam para os Estados Unidos;[37] houve também um boom nas exportações de madeira, com os comerciantes americanos interessados especialmente em botar as mãos em madeiras tintoriais.[38] A correspondência de Toussaint mostrava que ele não media esforços para que os americanos se sentissem bem-vindos em Saint-Domingue; quando o capitão de um navio lhe pediu permissão para comemorar um aniversário com uma salva de artilharia na baía de Cap, por exemplo, ele atendeu prontamente a solicitação.[39]

Toussaint estimulou a integração dos comerciantes americanos nas comunidades locais, baixando claras instruções para que seus comandantes militares protegessem os cidadãos, negócios e propriedades americanos. Além disso, facilitou a designação de Nathan Levy e de Robert Ritchie como cônsules em Cap e no departamento do oeste, respectivamente, e chegou a nomear alguns comerciantes americanos para funções administrativas: Eugene Macmahon Sheridan foi nomeado assessor do tribunal de Léogâne.[40] Uma comunidade americana de expatriados logo se desenvolveu, sobretudo em Cap, e seus representantes manifestavam regularmente uma entusiástica admiração por Toussaint, que era transmitida aos Estados Unidos; artigos favoráveis ao "incorruptível general Toussaint" apareciam com frequência na imprensa da Filadélfia.[41] Quando estava em Cap, o comandante-chefe costumava visitar o Hôtel de la République, uma taverna onde figuras importantes da comunidade americana e de Saint-Domingue se misturavam alegremente.[42]

A boa primeira impressão que Toussaint causara em Stevens só crescia. Stevens aproximou-se muito dele, com frequência passando a noite em sua residência em Ennery — um privilégio raro.[43] Toussaint lhe entregava recados para Roume; a proteção oferecida pelos navios militares americanos era tão confiável que Stevens até ajudava a transmitir cartas oficiais destinadas ao governo francês via Filadélfia. Seus relatórios sobre Toussaint eram entusiásticos. Ele disse a Pickering que tinha a "mais perfeita confiança" na disposição de Toussaint de honrar seus acordos com os Estados Unidos e proteger negócios americanos em Saint-Domingue.[44] Stevens ficava impressionado também com o apoio que ele tinha em diferentes comunidades, em virtude de sua "conduta humana e gentil"; esforçava-se ao máximo para ressaltar a seus superiores, racialmente conscientes, que Toussaint era endossado não apenas pela "maioria dos cidadãos negros", mas também por "todos os brancos".[45] Não havia dúvida, em sua mente, de que Saint-Domingue progrediria sob a liderança de Toussaint, no comércio, na agricultura e na boa administração.[46]

Numa flagrante porém astuciosa quebra de etiqueta, Toussaint também mostrava a Stevens cópias de sua correspondência com o agente francês, incluindo uma "carta severa" na qual o comandante-chefe acusava seu superior de "fraqueza, indecisão e descaso com suas obrigações".[47] A ideia aqui, claro, era enfraquecer a autoridade de Roume, dando, ao mesmo tempo, a impressão de que Toussaint era o único aliado americano confiável em Saint-Domingue. Na verdade, Toussaint, que tinha um talento para dizer às pessoas o que elas queriam ouvir, incentivou Stevens a acreditar que ele estava, ativamente, pensando numa separação da França. A tática funcionou: numa das cartas subsequentes a seus superiores, Stevens informou que "as conexões com a França não tardarão a ser rompidas", e que Toussaint brevemente proclamaria a colônia "independente".[48] Com o incentivo óbvio de Toussaint, Stevens também se juntou à trama contra Roume: associou-se ao que este último chamou de "cabala de anglófilos" em Cap, cujo objetivo era enfraquecer a posição do agente francês e, em última análise, forçar sua volta para a França; um desses conspiradores era Christophe, o comandante militar de Cap.

Grande margem de manobra

Quando Roume lhe pediu explicações, Stevens recuou, prometendo abster-se dessas atividades nada diplomáticas no futuro; como gesto de boa vontade, convidou o agente francês a subir a bordo de seu navio para um passeio de reconciliação pela baía de Cap. Roume aceitou, mas sua paranoia era tão grande que desconfiou de um complô anglo-americano para sequestrá-lo, e deu ordem para afundarem o navio se ele parecesse estar indo para a Jamaica.[49]

APESAR DA IMPORTÂNCIA DE SEU SUCESSO diplomático com os Estados Unidos, Toussaint percebeu que sua estratégia seria inútil se os britânicos não fossem totalmente incluídos na equação. No começo de 1799, uma proclamação britânica permitiu à Jamaica estabelecer relações comerciais com Saint-Domingue, uma medida que sugeria um desejo de tratar com Toussaint. Uma vez que possuíam interesses materiais significativos na região, os britânicos estavam extremamente preocupados com a propagação de ideias revolucionárias de Saint-Domingue, especialmente quando começaram a circular boatos sobre um plano do Diretório para invadir a Jamaica. Embora essas histórias fortalecessem a posição de Toussaint, ele também compreendia as próprias vulnerabilidades. Apesar de terem sido expulsos de Saint-Domingue, os britânicos ainda eram capazes de infligir danos locais — em especial ao incentivar a dissidência de Rigaud, o rival sulista de Toussaint. E o poderio marítimo britânico era tão grande que seria possível, efetivamente, manter um bloqueio naval contra a colônia e asfixiar as renovadas relações comerciais entre os Estados Unidos e Saint-Domingue.

Em janeiro de 1799, o general Maitland escreveu uma carta de Londres, anunciando ter sido instruído pelo governo britânico a voltar a Saint-Domingue para negociar uma extensão dos termos do acordo; concluiu reafirmando sua "estima pessoal" por Toussaint.[50] Depois de uma escala na Filadélfia em abril para conversas com Pickering, o enviado britânico tomou o caminho de volta para Saint-Domingue e chegou a Cap em meados de maio.[51] Ciente de que a visão de oficiais britânicos de uniforme em

Saint-Domingue poderia ser inquietante para muitos de seus apoiadores, e da necessidade de manter as conversas com Maitland longe de Roume, ele rapidamente se retirou para Gonaïves.[52] Rejeitou a sugestão de Roume de deter o enviado britânico e levá-lo para Cap como "prisioneiro": esse ato, respondeu, seria uma traição ao país, e contrário tanto à sua "honra" como à prática de "países civilizados". Ressaltando a impotência do agente francês e o seu próprio poder, Toussaint mostrou a carta de Roume, e sua resposta, a Maitland.[53] Numa nota preliminar expondo sua posição ao enviado britânico, disse estar agindo "no interesse de seu país" ("*mon pays*"). Não foi um ato falho: estava se acostumando a pensar em Saint-Domingue como entidade separada da França.[54]

Após semanas de duras negociações, em 13 de junho de 1799, os dois homens assinaram, na presença de Stevens, o que ficaria conhecido como a Convenção Maitland.[55] Estendendo e formalizando os termos do acordo de 1798, a convenção estipulava que Cap e Port-Républicain seriam abertas ao transporte marítimo anglo-americano, e que a Grã-Bretanha e os Estados Unidos não molestariam nenhum navio (desde que não estivessem transportando armas) e não se envolveriam em nenhuma ação militar hostil contra partes do território controlado por Toussaint, nem interfeririam em seus assuntos políticos. Em troca, o comandante-chefe repetiu sua promessa de que Saint-Domingue não seria usada como base para lançar qualquer expedição contra interesses coloniais britânicos na região, ou contra os Estados Unidos. Na verdade, Toussaint prometeu a Stevens e a Maitland fazer tudo que estivesse a seu alcance para se opor aos planos do Diretório de invadir a Jamaica, e mais uma vez desconversou sobre uma completa ruptura com o controle francês. O governador da Jamaica, Balcarres, entendeu como era difícil decifrar as reais intenções de Toussaint, informando no fim de 1799: "Do que observei da conduta geral [de Toussaint], desconfio que ele está jogando não apenas conosco, mas também com o Diretório, e que seu objetivo é a independência".[56]

A Convenção Maitland incluía uma lista exaustiva de restrições à capacidade de Toussaint de navegar e formar sua própria força naval — concessões penosas, especialmente à luz do conflito com Rigaud, como logo

Grande margem de manobra

veremos.[57] Mas o comandante-chefe também conseguiu impor condições. Ciente de que a presença de diplomatas e representantes comerciais britânicos seria controvertida, Toussaint exigiu que os navios mercantes britânicos entrassem na colônia sob bandeiras internacionais ou neutras, e que (diferentemente do representante americano) o principal enviado britânico a Saint-Domingue previsto no acordo não recebesse formalmente o título de cônsul; de início, recusou-se a credenciar o representante britânico, tenente-coronel Grant.[58] Maitland foi convencido até mesmo a recomendar a Balcarres que a Jamaica desse assistência militar a Toussaint, na forma de pólvora, armas e pederneiras.[59] O governador concordou, ainda que com relutância, e os suprimentos, consistindo em cem barris de pólvora, duzentos conjuntos de armas e 7 mil pederneiras, foram devidamente entregues.[60] Assim como seu conteúdo, o acordo por si só foi uma grande vitória simbólica de Toussaint, representando uma confirmação internacional de sua legitimidade diplomática.

A promoção de mudanças revolucionárias na região foi o primeiro teste para o pacto de não agressão de Toussaint com os britânicos. Houve muitos planos republicanos franceses para libertar as colônias britânicas e espanholas no Caribe durante os anos revolucionários, mas nada foi executado sistematicamente. Em 1799, porém, com o incentivo de seus superiores no Diretório, Roume concebeu um plano audacioso para expulsar os britânicos da Jamaica. Ele envolvia o patrocínio de uma insurreição local através da mobilização dos rebeldes *marrons* das Blue Mountains, e de uma iniciativa para conquistar apoio no pequeno contingente de negros franceses e exilados brancos da ilha; o golpe de misericórdia seria desferido por uma força expedicionária francesa de 4 mil homens, treinados e equipados em Saint-Domingue e comandados pelo general mestiço Martial Besse. Um dos agentes mais importantes da operação era Isaac Sasportas, um jovem judeu idealista e comerciante de tecidos de Cap que se ofereceu para "ter a honra de levar a morte e a desolação para o inimigo britânico".[61] Em sua carta formal de instruções para Sasportas, escrita em meados de julho de 1799 (um mês após a assinatura da Convenção Maitland), Roume dispara um ataque verbal aos britânicos, denunciando-os como "canibais maquiavélicos" por sua oposição global à causa revolucionária francesa, e pela escravização de "povos africanos" nas colônias, onde capturavam homens livres e os mantinham "como gado torpe"; também condenou o envio britânico de agentes e espiões para criar o caos em Saint-Domingue.[62] Ainda que não conhecesse os termos exatos do acordo de Toussaint, Roume ficara claramente indignado com a presença recente de Maitland na colônia; no fim de agosto de 1799, baixou um decreto proibindo navios britânicos e americanos nos portos de Saint-Domingue.[63] A expedição à Jamaica era uma contestação frontal da política obsequiosa de Toussaint com os britânicos.

Toussaint estava diante de um sério dilema. A expedição fora aprovada nos mais altos níveis do Diretório, e ele não podia, portanto, expressar suas reservas abertamente. Na verdade, fingiu concordar com o plano, envolvendo-se ativamente em todas as fases preparatórias: foi com Roume ver Sasportas e concordou que ele era o candidato perfeito para encabeçar a operação; ajudou a organizar a primeira visita do jovem conspirador à Jamaica, durante a qual o rapaz fez contato com os rebeldes das Blue Mountains, planejou o início da insurreição (que incluía pôr veneno no café da manhã do governador Balcarres), e na volta informou que estavam prontos para lançar uma insurreição contra os britânicos, desde que pudessem contar com apoio militar francês; e supervisionou o treinamento e o equipamento da tropa de combate a ser enviada à Jamaica. Pressionado por Roume quanto a seu apoio à invasão, Toussaint assentiu, chegando a referir-se a ela como "nossa expedição".[64] Fez uma observação que deixou Roume impressionado, dizendo que, apesar de preocupar-se com a possibilidade de a população de colonos brancos da Jamaica ser massacrada pelos insurgentes, achava que no fim das contas eles não oporiam nenhuma resistência significativa — sobretudo porque não queriam sofrer o mesmo destino dos *colons* de Saint-Domingue nos primeiros anos da revolução.[65]

Em princípio, claro, Toussaint estava sinceramente empenhado em libertar os negros da Jamaica do jugo britânico. Numa carta para Vincent no fim de 1798, ele descrevia os britânicos como "opressores", acrescentando que, "se dependesse apenas da minha vontade, a Jamaica logo estaria

Grande margem de manobra

livre".[66] Em conversas privadas com sua comitiva, porém, Toussaint fazia críticas mordazes ao plano do Diretório — e não só por causa de seus compromissos com Maitland. O plano colocava em risco sua estratégia para alcançar a autonomia, e era um desperdício de contingentes militares num momento em que ele precisava concentrar-se em conter as rebeliões internas. Ele suspeitava, também, que alguns elementos do governo francês queriam usar a operação como um estratagema para lançá-los, ele e seu exército negro, numa arriscada aventura no exterior — mais ou menos como o Diretório havia feito ao enviar Bonaparte ao Egito, na esperança de que jamais voltasse. A derrota possibilitaria a substituição de Toussaint por um líder mais dócil, que teria carta branca para restaurar a escravidão na colônia. Ele não era o único que pensava assim: essa opinião era amplamente compartilhada por seus mais altos oficiais, bem como por observadores solidários, como o ex-comissário francês Raimond, que advertiu que a expedição jamaicana poria em risco todas as conquistas da revolução em Saint-Domingue, notando que um de seus principais objetivos era "livrar-se de Toussaint, de seus principais oficiais e de seu exército".[67]

Diante desse dilema, Toussaint recorreu a uma série extraordinária de ações: primeiro revelou os planos jamaicanos a um dos agentes britânicos em Saint-Domingue, Charles Douglas, que imediatamente passou a informação para o governador Balcarres; os documentos incluíam uma apresentação de doze páginas de Martial Besse para Toussaint em 25 de setembro de 1799.[68] Toussaint também vazou os planos para o cônsul americano, que informou numa carta de 30 de setembro de 1799 que o comandante-chefe está "determinado a impedir que a invasão ocorra", acrescentando que "ele dá a impressão de incentivá-la para poder impedi-la". Toussaint insistiu com Stevens para "neutralizar as operações do agente utilizando-se de todos os meios possíveis".[69] Seus desejos logo se realizaram: Sasportas foi capturado ao chegar à Jamaica no fim de novembro, julgado e executado em 23 de dezembro — três dias antes da data prevista para o início da insurreição.[70] Não há praticamente dúvida alguma de que o vazamento de Toussaint foi diretamente responsável por esse desfecho e que, ao entregar material confidencial sobre uma iminente operação militar a representantes de potências estrangeiras, poderia facilmente ser acusado de traição.[71]

Se achava que seus esforços acrobáticos para honrar os compromissos de não agressão com a Jamaica poderiam resultar na boa vontade dos britânicos, Toussaint sofreu uma decepção. Escrevendo para Stevens, o governador Balcarres expressou sua crença na "boa-fé e nas honradas intenções do general-chefe Toussaint Louverture".[72] O conde chegou a reconhecer num relatório a seus superiores que Toussaint tinha feito "todos os esforços para salvar a Jamaica". Mas apenas, acrescentou, "para favorecer a própria ambição".[73] Balcarres recusou-se categoricamente a atender o pedido de Toussaint de mais armas e munição, incluindo 6 mil fuzis, alegando que não dispunha desse material na Jamaica e que repassaria a lista para o governo britânico em Londres — o que era, claro, uma maneira diplomática de engavetar o pedido.[74] Mas o pior ainda viria. Logo depois da prisão de Sasportas, os britânicos fizeram uma demonstração de força naval capturando quatro navios militares de Toussaint enviados ao sul para ajudar no esforço de guerra contra Rigaud. Os navios foram capturados e levados para a Jamaica ainda que apresentassem as devidas autorizações, assinadas pelo representante britânico em Port-Républicain, Hugh Cathcart, e também por Stevens. Toussaint despachou um emissário a Kingston imediatamente, mas os britânicos venderam os navios, confiscaram as armas e munições encontradas a bordo e detiveram a tripulação.[75] Antes desse incidente, a capacidade naval de Toussaint consistia em treze navios: a perda de quatro — e quase metade de seus marujos — foi sem dúvida um revés significativo.[76]

Toussaint ficou furioso, e disse a Cathcart que o comportamento britânico era nada menos do que "desonroso", e que ele jamais sonharia em agir dessa maneira, "mesmo sendo negro"[77] — apesar de, na verdade, ter se recusado a liberar um navio britânico capturado por um corsário francês poucos meses antes.[78] Numa carta de protesto a Balcarres, descreveu a notícia como "aflitiva no mais alto grau".[79] Reconheceu que o nível de armamento dos quatro navios ultrapassava os limites impostos pela Convenção Maitland; no entanto, ressaltou que destinavam-se apenas a operações defensivas. Ele não só tinha obtido a documentação exigida, mas também escrevera para o comandante da Marinha britânica, almirante sir Hyde Parker, informando-o sobre os movimentos das embarcações; não tinha havido qualquer tentativa de agir de forma enganosa.[80] No fim de janeiro de 1800, Toussaint ainda se queixava amargamente do incidente aos representantes britânicos locais, declarando que, apesar de considerar Maitland um "amigo" de Saint-Domingue, ainda se sentia, pessoalmente, "magoado" pelo jeito como fora tratado pelo almirante britânico, a quem chamou de "animal feroz".[81] Ele lembrou aos enviados que os britânicos estavam "em dívida com ele" por tê-los advertido sobre a invasão à Jamaica — e que em vez de ser tratado como um "benfeitor" ele fora tratado como um "inimigo". "Depois desse incidente", perguntou, em tom melodramático, "como é que vou poder confiar novamente em vocês?"[82]

Foi exatamente essa a reação de Roume, que demonstrou sua satisfação com o fato de os britânicos, ao tomarem os navios de Toussaint, terem mostrado sua verdadeira face. Repreendeu Toussaint pela ingenuidade: "Você nunca mais poderá dar crédito às mentiras e promessas desses monstros, cujo único objetivo foi sempre destruir nossa colônia, e você com ela".[83] Toussaint respondeu em duas cartas sucessivas, criticando Roume duramente por sua falta de "discrição" a respeito da operação, e alegando que o agente francês fora incapaz de guardar segredo sobre a planejada invasão jamaicana; em setembro de 1799, sua iminência era do conhecimento de todos, até mesmo das mulheres e crianças de Cap.[84] Toussaint afirmou, descaradamente, que esse vazamento tinha levado à captura dos conspiradores franceses na Jamaica, e provocado também a captura de seus navios. Aproveitando a ocasião, anunciou a Roume que os planos para a invasão jamaicana estavam suspensos por tempo indeterminado, uma vez que os britânicos estavam inteiramente a par dos planos franceses e tinham ficado tão assustados com a perspectiva de novos distúrbios revolucionários que expulsaram todos os cidadãos franceses da ilha. Torcendo gratuitamente a faca na ferida, culpou Roume pelo fiasco: "Seu plano, sobre o qual não conseguiu guardar segredo, nos fez muito mais mal do que bem, na verdade nos arruinou completamente".[85]

O desentendimento entre Toussaint e Roume sobre a expedição jamaicana expôs as filosofias diametralmente opostas dos dois homens com relação ao futuro de Saint-Domingue. O objetivo estratégico do agente francês estava totalmente alinhado com os interesses de seu governo nacional: "extinguir o despotismo marítimo da Inglaterra"; a obrigação de todos os cidadãos franceses nas colônias era se juntarem num esforço coletivo para "destruir a influência do governo britânico em suas colônias, por todos os meios possíveis".[86] Toussaint, por sua vez, não precisava que ninguém lhe recordasse a perversão britânica; tinha lutado implacavelmente contra eles, e jamais esqueceria, "como ex-escravo", que eram defensores da servidão humana;[87] repetiu o argumento poucos meses depois numa carta para Roume.[88] Certamente não descartava o objetivo de confrontar a posição britânica na Jamaica: no começo de 1800, ofereceu-se secretamente para fornecer aos espanhóis "voluntários armados" para recapturar a Jamaica (tomada pelos britânicos em meados do século XVII), em troca da remessa de 20 mil fuzis. A oferta, transmitida por Miguel de Arambarri, lugar-tenente de Toussaint, foi recusada pelo governador cubano, Someruelos.[89] Isso mostrava, no entanto, a disposição de Toussaint de adotar uma política externa firme, contanto que não fosse conduzida de maneira isolada. A política unilateralmente agressiva de Roume contra os interesses britânicos no Caribe lhe parecia altamente perigosa, por não levar em conta a vulnerabilidade de Saint-Domingue, tanto a ameaças de fora como à subversão interna; como disse ele, reveladoramente, sua prioridade era "a segurança do meu país"[90] — a mesma frase que tinha dito a Maitland poucos meses antes.

Numa carta "franca" escrita mais tarde a Roume, Toussaint apresentou sua posição de maneira ainda mais crua, afirmando que jamais hesitaria em "usar os ingleses, ainda que sejam os nossos inimigos mais cruéis, se isso fosse do melhor interesse de Saint-Domingue". A convicção do agente francês de que um "golpe decisivo" poderia ser desferido contra os interesses britânicos no Caribe era absurda, uma vez que Saint-Domingue não tinha forças navais. Para Toussaint, republicanismo não significava fazer grandes declarações retóricas, mas agir concretamente, em defesa dos interesses dos cidadãos da colônia. À luz do desequilíbrio de forças e do "maquiavelismo" dos britânicos, a única maneira de lidar com eles era uma combinação de conciliação e astúcia, que Toussaint assim explicou: "Estou preparado para usá-los de qualquer maneira que possa ser útil à segurança, à preservação e à prosperidade da colônia". Talvez ainda sentindo uma pontada de remorso pelas medidas extremas que acabara de tomar a fim de impedir a expedição jamaicana, concluiu que "o tempo dirá se tomei as decisões certas ou erradas".[91]

Roume não se comoveu com as alegações de Toussaint, e continuou a argumentar contra qualquer crescimento dos interesses comerciais britânicos em Saint-Domingue; a certa altura, chegou a exigir que todos os ativos comerciais britânicos e jamaicanos em Saint-Marc, Arcahaie e Port-République fossem apreendidos, juntamente com qualquer navio britânico navegando sob bandeira neutra ou americana.[92] O choque entre o agente e o comandante-chefe chegou a um ponto crítico nos primeiros meses de 1800, quando Roume soube que dois enviados britânicos, Hugh Cathcart e Charles Douglas, vinham operando havia algum tempo em Port-Républicain sob a proteção de Toussaint — que negava repetidamente a existência deles. Roume manifestou sua indignação ao comandante-chefe, e fez uma proclamação ordenando que os dois homens fossem presos e expulsos de Saint-Domingue, juntamente com todos os demais britânicos.[93] Toussaint rejeitou as demandas de Roume, por considerá-las "impolíticas" e "desastrosas para os interesses comerciais da colônia", acrescentando que não poderia permitir que suas "políticas imprudentes" prevalecessem.[94]

As manobras diplomáticas de Toussaint com os americanos e os britânicos ficaram mais complicadas depois da explosão de um grande conflito interno com seu rival sulista André Rigaud. Antes de deixar Saint-Domingue, como vimos, Hédouville isentara o general mestiço de seus deveres militares para com o comandante-chefe, patrocinando abertamente a dissidência. As relações entre os dois homens ficaram cada vez mais tensas, e no começo de fevereiro de 1799 Roume tinha tentado intermediar uma reconciliação durante as comemorações de aniversário da abolição da escravatura em Saint-Domingue em 16 de pluvioso. Nessa reunião em Port-Républicain, Rigaud jurou lealdade, e, como gesto de boa vontade, concordou em transferir para as forças de Toussaint o controle das cidades de Petit-Goâve e Grand-Goâve, situadas na fronteira entre os departamentos do sul e do oeste.

No entanto, Rigaud continuou silenciosamente preparando sua contestação a Toussaint e entrando em choque com tropas leais a ele; num desses incidentes em Jérémie, quarenta soldados foram mortos, e em outra grotesca atrocidade 31 seguidores de Toussaint (trinta negros e um branco) morreram sufocados na cela superlotada onde estavam detidos; em seguida, os corpos foram jogados no mar.[95] Com o aumento das tensões, Rigaud fez uma proclamação no começo de junho de 1799 na qual denunciou Toussaint por preparar seus soldados para atacar o sul, entregar a colônia a interesses de exilados e britânicos e promover a "guerra civil".[96] Poucos dias depois, acabou com a paz ao retomar violentamente o controle de Petit-Goâve e Grand-Goâve; mais uma vez, dezenas de homens leais a Toussaint foram massacrados. No começo de julho, Roume oficialmente declarou Rigaud traidor, e deu permissão para Toussaint usar "todos os instrumentos e estratagemas de guerra para destruir a rebelião". A feroz guerra das facas tinha começado.[97]

A violência da guerra de palavras começou de imediato. Os dois líderes divulgaram uma enxurrada de panfletos e proclamações nos quais um denunciava o outro; numa única missiva, Toussaint descreveu Rigaud como "difamador, falaz, ardiloso, orgulhoso, intrometido, ciumento, injusto, perverso, indiferente, cruel, tirânico, vingativo, desagregador, assassino e traidor".[98] Para Toussaint, o grande motivo por trás da insubordinação do sulista era "sua ambição indisfarçável", bem como o "desejo de governar todo o território". Esse não era um fenômeno recente: como observou numa carta a Roume, a disposição sediciosa de Rigaud já era evidente durante o episódio de 30 de ventoso do ano IV, quando instigara a rebelião de Villatte para depor o governador Laveaux e enfraquecer as legítimas autoridades francesas da colônia. De acordo com Toussaint, o compro-

Liberté **RÉPUBLIQUE FRANÇAISE.** **Egalité.**

TOUSSAINT LOUVERTURE,

Général en chef de l'Armée de Saint-Domingue,

Aux Cultivateurs et aux Hommes de Couleur égarés par les Ennemis de la France et de la vraie Liberté.

CITOYENS, FRÈRES ET AMIS,

JE n'entrerai pas, mes Frères, dans le détail des manœuvres que la malveillance a employé jusqu'à ce jour pour égarer votre opinion, pour tromper votre bonne foi ; vous avez appris par vous-même jusqu'où le désir de la domination, l'envie du commandement pouvaient porter ces Hommes méchans. La plupart d'entr'eux, tranquilles spectateurs de la lutte qui a existé entre les Anglais et les Républicains de Saint-Domingue, ils n'ont pas daigné seconder vos efforts courageux, qui ont forcé les Ennemis de la France à une fuite honteuse. Mais à peine avez-vous obtenu ce brillant succès, à peine les Anglais se sont-ils éloignés, qu'on les a vu s'armer et former une coalition impie pour abattre le Gouvernement de Saint-Domingue, pour anéantir vos Chefs légitimes, s'emparer du commandement, et forger pour vous les fers d'un nouvel Esclavage. Et voilà quel sera le fruit des manœuvres criminelles d'un seul Homme ; la majeure partie des Hommes de couleur, qui devaient sentir que leur existence politique était attachée à la Liberté des Noirs, ont été assez aveuglés pour se laisser séduire par les mensonges de RIGAUD; ils ont épousé sa querelle et entrepris sa défense. Le désir de régner l'a emporté chez eux sur le bonheur résultant de la soumission aux Lois et aux Autorités légitimes. Ne voyez, mes Amis, dans cette conduite odieuse de ces Hommes perfides, qu'un désir bien prononcé d'anéantir à Saint-Domingue la Constitution qui vous assure imperturbablement la jouissance de vos Droits, une volonté ferme de saper jusques dans les fondemens l'Autorité nationale, et d'amener enfin une Indépendance qu'ils nourrissent depuis trop long-temps dans leur cœur, et dont ils ne craignent pas de rejeter l'odieux sur un Homme qui a affronté tous les dangers pour conserver à la France cette partie précieuse de la République française. Nouveaux Caméléons, voyez-les prendre toutes les formes, tantôt pour égarer les Noirs, tantôt pour tromper les Hommes de couleur ? Rien ne leur coûte pour parvenir à leur fin criminelle : la destruction des Blancs, l'anéantissement du Gouvernement français, l'esclavage des Noirs, la prépondérance sans réserve des Hommes de couleur; voilà quel est leur but, quel est leur projet, quel est le résultat de leurs tentatives liberticides !

Mais, j'en jure par vous-mêmes, mes Amis, jamais ils ne parviendront à pervertir l'ordre établi ; tant que le feu sacré d'un pur républicanisme animera nos ames, tant que la reconnaissance que nous devons à la France les échauffera , nous saurons venger ses droits, et faire repentir ses Ennemis de leur audace criminelle.

Pour moi, tous mes momens, que depuis long-temps je consacre à l'affermissement de votre bonheur, seront employés encore à vous débarrasser de vos nouveaux Ennemis , à maintenir l'Ordre constitutionnel dans toute l'étendue de cette Colonie, soumise à la France république.

J'invite les Administrations municipales de chaque Commune à éclairer la Religion de leurs Concitoyens, qui seraient assez faibles pour se laisser gagner par ces Hommes imbus de principes destructeurs ; et ordonne à tous les Commandans desdites Communes de redoubler de surveillance pour arrêter leurs Emissaires et leurs Complices dans toute l'étendue de leur commandement.

Fait au Port-de-Paix, le 12 Thermidor, an sept de la République française, une et indivisible.

Le Général en chef de l'Armée de Saint-Domingue ,

Signé TOUSSAINT LOUVERTURE.

Au Cap-Français, chez P. Roux, imprimeur du Gouvernement, rues Nationale et du Panthéon.

Publicada no fim de julho de 1799, esta proclamação de Toussaint denunciava a "coalizão profana de homens traidores" que se rebelaram contra sua autoridade sob a liderança do general mestiço André Rigaud; o objetivo dos rebeldes era destruir toda a população branca, romper com a França e escravizar novamente os negros.

misso de Rigaud com o ideal republicano de fraternidade era só fachada, uma vez que ele era movido por um ódio profundo à população branca. Certa vez, Rigaud teria lhe dito que só negros e mestiços eram "habitantes naturais" de Saint-Domingue, e que sua aspiração secreta era "eliminar" de uma vez por todas a presença europeia na colônia; esta era, claro, a antítese da visão de Toussaint.[99] Durante a guerra, Toussaint recebeu muitos relatórios sobre os maus-tratos de brancos nas mãos de rebeldes sulistas: em Jérémie, por exemplo, vários europeus foram assassinados, e muitos sobreviventes fugiram para Cuba; a maioria dos que ficaram foi recrutada à força pelo exército de Rigaud.[100]

A guerra com Rigaud era intensificada por fortes conotações fratricidas. Numa carta particular a Vincent, escrita no começo do conflito, Toussaint afirmou que só poderia "confiar totalmente nos brancos e negros" de Saint-Domingue, e que a conspiração contra ele era obra de apoiadores mestiços de Rigaud "ingratos e desnaturados"; jurou que, enquanto vivesse, a colônia jamais se tornaria "propriedade de pessoas de cor".[101] Pouco tempo depois, ao saber dos ataques assassinos realizados pelos rebeldes contra civis inocentes, Toussaint voltou a escrever a Vincent, notando que "três de cada quatro homens de cor eram criminosos";[102] numa proclamação pública, declarou que a "maior parte" da população mestiça se deixara "seduzir pelas manobras criminosas de um homem".[103] Rigaud, por sua vez, apresentava-se como líder de uma população mestiça acuada e vitimizada em toda a colônia. Exortou seus compatriotas a apoiá-lo na batalha contra Toussaint, a quem acusava de ameaçar varrer do mapa a comunidade mestiça — num discurso pronunciado em fevereiro de 1799 na principal igreja de Port-Républicain, e amplamente divulgado, Toussaint teria dito que não hesitaria em "exterminar" as pessoas de cor se elas não se comportassem direito. Elas eram, observou, como convidados gananciosos à mesa do jantar, tentando servir-se de todos os pratos; mas não deveriam tocar no prato de Toussaint Louverture, sob pena de se "queimarem".[104]

Quando Roume cobrou uma explicação, Toussaint disse que se referia apenas àqueles que cometiam atos de sedição em apoio do "Rei Rigaud". Acrescentou que havia, inegavelmente, pessoas de cor incapazes de aceitar ordens de "Toussaint Louverture, negro e ex-escravo".[105] Apesar disso, recusava-se a ver o conflito com Rigaud como uma guerra racial, ressaltando sua fé absoluta nos "virtuosos homens de cor cumpridores de seus deveres". A título de exemplo, lembrou — corretamente — que confiava sua vida todos os dias a oficiais mestiços que permaneciam em seu entourage mais próximo, e que serviam como seus ajudantes de ordens e no regimento de elite dos guias; havia também dezenas de oficiais mestiços em posições de comando em seu exército. Isso, concluiu ele, era simplesmente incompatível com a acusação de Rigaud de que ele tinha "um ódio visceral às pessoas de cor".[106]

A confirmação de que a guerra não era basicamente racial estava na simples escala da insurreição de Rigaud, que não ficou geograficamente confinada à província do sul. Numa série de movimentos cuidadosamente coordenados — que comprovavam, como notou Toussaint, que a sedição do general rebelde vinha sendo planejada havia pelo menos seis meses[107] —, rebeliões foram lançadas nos departamentos do norte e do oeste, notadamente em Arcahaie, Jean-Rabel, Gonaïves, Saint-Marc e Môle Saint-Nicolas; até mesmo o controle de Toussaint sobre Cap chegou a ser brevemente ameaçado. "Quase todos" os funcionários municipais e administrativos que o traíram nessas localidades eram pessoas de cor.[108] No entanto, para seu imenso desgosto, vários *anciens libres* (negros libertos) também aderiram à rebelião, bem como alguns de seus mais altos oficiais negros — inclusive o coronel Christophe Mornet, um dos heróis da guerra contra os britânicos: recém-selecionado para promoção por Toussaint, por sua "constância e coragem",[109] ele conspirou para abrir os portões de Port-Républicain e entregar o chefe aos insurgentes. Os rebeldes de Rigaud também empreenderam várias fracassadas tentativas de assassinato contra Toussaint, uma delas nos arredores de Saint-Marc e outra perto de Gonaïves: no primeiro caso, sua carruagem foi crivada de balas, e ele só sobreviveu porque vinha a cavalo atrás dela; na outra, duas balas entraram em seu chapéu, e dois oficiais que viajavam ao seu lado foram mortos. Ele tinha um bom motivo para ser grato à pluma que Laveaux lhe dera de presente em 1796, e que desde então usava no chapéu para dar sorte.[110]

Mais desconcertante ainda para Toussaint era o fato de que comandantes negros como Pierre Michel e cidadãos negros em numerosas localidades também haviam aderido à insurgência. Por exemplo, a "massa inteira" dos *cultivateurs* de Port-de-Paix passou para o lado dos rebeldes; Toussaint culpou um grupo de mestiços encrenqueiros de Jean-Rabel e Moustique por ludibriar esses trabalhadores agrícolas, acrescentando que os agitadores sempre foram "agentes da discórdia e da destruição" na localidade.[111] Embora muitos tivessem de fato aderido ao levante por razões materiais (vantagens pessoais, recompensa financeira ou promessa de saque), havia uma razão mais importante para comunidades negras na colônia se sentirem inseguras com o governo de Toussaint: os propagandistas de Rigaud haviam explorado com eficácia suas renovadas ligações diplomáticas com a Grã-Bretanha, alegando que o acordo com Maitland incluía uma cláusula secreta para restaurar o regime monarquista e a escravidão em Saint--Domingue.[112] Segundo uma história, o preço tinha até sido combinado: três *gourdins* por um escravizado e dois por uma escravizada. Outro boato que circulou amplamente em 1799 entre os camponeses negros do sul dizia que, em consequência de sua aliança com os britânicos, Toussaint já tinha tirado a bandeira tricolor de Port-Républicain; havia também muitas histórias segundo as quais Roume tinha sido aprisionado por ele.[113] A capital administrativa era, claramente, o foco das mais absurdas invencionices: um oficial europeu que ingressou no lado de Rigaud afirmava ter visto pessoalmente Toussaint confraternizar com oficiais britânicos num suntuoso banquete, e "chutar oficiais negros e mestiços no traseiro e rasgar suas dragonas".[114]

O mais irônico era que, longe de dar a Toussaint qualquer apoio em sua luta contra a insurreição, os britânicos alegremente o enfraqueciam, fortalecendo a posição de Rigaud, seguindo o clássico princípio imperial de que seus interesses seriam mais bem servidos numa Saint-Domingue dividida pela guerra civil. Como disse o almirante Parker: "Enquanto Rigaud e Toussaint continuarem nesta disputa, nenhum grande perigo pode vir de um ou de outro".[115] Quando deixou Saint-Domingue depois de negociar com Toussaint, Maitland notou que Rigaud estava "completamente abastecido de armas e munição da Jamaica".[116] Dessa maneira, enquanto

Grande margem de manobra

criticava Toussaint por se vender à Pérfida Albion, Rigaud estava recebendo armas, dinheiro e suprimentos dos britânicos — o que garantia que seus soldados, apesar de menos numerosos, estivessem mais bem equipados (e bem pagos) do que os do exército regular republicano.[117] Os britânicos também forneceram a Rigaud uma frota de navios que interceptava as comunicações de Toussaint e praticava numerosos atos de pirataria contra navios franceses e americanos, assassinando as tripulações e jogando passageiros no mar.[118] Toussaint denunciou a Roume essa colaboração britânica com Rigaud, notando que as autoridades espanholas em Cuba — incluindo o ignóbil governador de Santiago — também vinham dando assistência aos rebeldes.[119]

A GUERRA DAS FACAS FOI UMA VASTA contestação ao poder social, político e militar de Toussaint, e sua resposta não foi menos soberba. Ciente de que as acusações dos rebeldes sobre o seu conluio com os britânicos ganhavam força, ele fez uma série de proclamações negando vigorosamente que tivesse feito qualquer acordo com eles que pudesse afetar suas liberdades. "Peguei em armas para que vocês pudessem ser livres", disse aos insurgentes da guarnição de Môle Saint-Nicolas. "Sozinho expulsei os ingleses de Saint-Domingue, e como vocês eu também já fui escravo."[120] Mobilizou seus apoiadores prometendo mais um dia de folga para os trabalhadores das plantations e organizando procissões católicas e *kalindas*, nas quais eles elegiam, de brincadeira, seus reis e rainhas. Procurou também rebater a propaganda de Rigaud enviando emissários para tranquilizar cidadãos preocupados em toda a colônia: o general Laplume, muito admirado pelos *bossales* negros, foi despachado para desmentir o persistente boato de que a cidade de Léogâne tinha sido entregue às forças britânicas.[121] Toussaint também usou sua rede de agentes municipais para martelar sua vantagem fundamental: ele era o representante da autoridade legítima, Rigaud e seus seguidores é que se haviam rebelado contra a república, colocando-se, como disse o prefeito de Saint-Louis-du-Nord, na posição de "usurpadores".[122]

Toussaint assumiu o comando imediato da resposta militar às insurreições em seus próprios redutos. Percorreu com grande rapidez os diferentes pontos de revolta, repelindo rebeldes que tinham pegado em armas, surpreendendo-os antes que tivessem chance de se organizar, e em várias ocasiões chegando a tempo de salvar da morte certa seus próprios oficiais e soldados. Em Port-de-Paix, por exemplo, o comandante local Jacques Maurepas se entrincheirara no forte principal e estava quase sem munição quando Toussaint chegou e, numa decisiva carga de cavalaria, pôs os insurgentes para correr.[123] Embora reclamasse de uma "profunda exaustão física"[124] por conta dessas múltiplas operações, ele logo se impôs, e pelo fim de agosto de 1799 as regiões do oeste e do noroeste já estavam de volta a seu controle; em Môle Saint-Nicolas, os moradores aliviados — para todos os efeitos reféns dos rebeldes — o saudaram com festivas iluminações.[125] Toussaint então concentrou sua atenção no sul, confiando a recaptura do território rebelde a seu fiel lugar-tenente Dessalines, escolhido pela "precisão, bravura, prudência e impecáveis princípios republicanos".[126] As forças de Dessalines levariam um ano para derrotar completamente Rigaud: sua primeira grande conquista foi o porto de Jacmel, que caiu em março de 1800, seguido por Grand-Goâve em abril, antes de Toussaint entrar na capital sulista de Les Cayes no começo de agosto. Rigaud tinha fugido da colônia poucos dias antes; só voltou a Saint-Domingue em 1802, como parte da expedição francesa enviada por Bonaparte para derrubar o regime de Toussaint.

A vitória militar foi um resultado lógico da superioridade numérica de Toussaint, mas refletiu também o espírito robusto de seu exército republicano. Os relatórios enviados por Dessalines contêm relatos extraordinários de bravura, como quando o 3º batalhão de sans-cullotes (ajudado por Laplume) foi incumbido de desobstruir uma fortificação inimiga construída no alto de uma encosta íngreme na região de Acul. Apesar de recebidos com tiroteio intenso, eles avançaram destemidamente, galgando o baluarte com "baionetas em riste", e tomaram a posição, juntamente com um grande suprimento de munição e armas. Dessalines contou que qua-

Grande margem de manobra 271

tro combatentes inimigos foram arrancados dos soldados por seus oficiais e feitos prisioneiros; o resto foi "passado a fio de espada".[127] A fúria dos soldados, nesse caso, foi motivada pelo desejo de vingar a perda recente de mais de cem camaradas da 7ª meia brigada assassinados numa emboscada pelos homens de Rigaud; os rebeldes fingiram ser trabalhadores agrícolas alistados à força no exército de Rigaud, e disseram estar tentando desertar e voltar para suas plantations. Quando a 7ª meia brigada chegou para ajudá-los, foi massacrada. No relatório do incidente que mandou para Roume, Toussaint notou que os líderes eram todos de cor.[128]

Essa explosiva combinação de antagonismo racial, conflito fratricida e senso visceral de traição é que explica a terrível violência da guerra das facas. As atrocidades de Rigaud, cuja longa lista era metodicamente repassada por oficiais de Toussaint, visavam especialmente à população branca do sul: além de Jérémie, houve assassinatos em massa em Les Cayes, e agricultores eram sistematicamente perseguidos e mortos, sem qualquer misericórdia nem mesmo para com mulheres e crianças.[129] Embora jamais tenha praticado a mesma implacável limpeza étnica, Toussaint também foi arrastado pela espiral de violência — especialmente porque os rebeldes haviam tentado assassiná-lo. Até o polido Roume insistia em que ele "exterminasse"[130] os insurgentes. Pouco comedimento foi demonstrado com os oficiais que o traíram: tanto Christophe Mornet como Pierre Michel foram condenados à morte, destino que também tiveram muitos de seus subordinados acusados de fomentar a "guerra civil".[131] Pelo menos Michel enfrentou o pelotão de fuzilamento: Mornet foi morto a baioneta, e os homens que tramaram contra Toussaint em Gonaïves foram executados a tiro de canhão; um deles sobreviveu à primeira descarga e a execução da sentença teve que ser concluída pelo pelotão de fuzilamento.[132] Houve histórias de execução em massa, tanto em territórios controlados por Toussaint como por oficiais excessivamente zelosos no sul. De acordo com fontes entre os expatriados franceses, houve represálias contra soldados e civis mestiços em Port-Républicain, Arcahaie, Saint-Marc e Gonaïves depois do fracasso da insurreição: muitos foram executados pelo pelotão de fuzilamento, e alguns foram acorrentados uns aos outros e jogados no mar;[133] uma carta enviada ao Ministério da Marinha da França estimava que 6 mil pessoas de cor tinham sido mortas, e comparava as atrocidades aos massacres de São Bartolomeu.[134] O próprio Toussaint reconheceu que "alguns pobres inocentes"[135] haviam perecido na luta, e culpou Rigaud pelas mortes.

Até mesmo figuras simpáticas a Toussaint, como seu emissário Vincent, notaram que ele procurava "aterrorizar os culpados de insubordinação com exemplos terríveis e chocantes".[136] É por isso que, quando repreendia um de seus oficiais por causa do derramamento excessivo de sangue, jamais parecia estar falando sério: *"Moué dit baliser, yo dessoucher même"* [Eu lhe disse para podar (a árvore), não arrancá-la]. Como talvez fosse de esperar, o oficial respondia laconicamente, citando um dos ditos favoritos de Toussaint: *"Quand la pluie tombé, tout ca qui dehors mouillé"* [Quando chove, tudo que está lá fora molha]. Mas nem todos eram tão sedentos de sangue: apesar da reputação de ferocidade, Dessalines, notavelmente, fazia o possível para proteger civis mestiços. Depois, Toussaint tentou refrear a violência da tropa, e suas proclamações passaram a oferecer anistia a todos no sul que se dispusessem a depor as armas e retomar seus afazeres; ele prometeu "perdoar e esquecer tudo",[137] e mandou Vincent a Les Cayes para negociar o fim do conflito com Rigaud.[138] Também insistia nas virtudes de humanidade. Uma homilia do comandante-chefe foi lida em voz alta para seus soldados antes de uma de suas tentativas de entrar em Jacmel, lembrando-lhes que os inimigos contra os quais iam lutar eram seus irmãos, muitos dos quais só haviam pegado em armas por terem sido desencaminhados por Rigaud; recomendou que "respeitassem os vencidos" e jamais comprometessem sua glória "derramando o sangue de um homem que depôs suas armas".[139]

Esse ataque pelas forças de Dessalines foi repelido pelos insurgentes, que haviam construído sete fortes, cada qual cercado por uma trincheira profunda, para impedir que o exército republicano chegasse à cidade; como reconheceu Toussaint depois de realizar um reconhecimento do terreno, "grandes medidas" seriam necessárias para vencer aquelas defesas.[140] Essa contribuição decisiva acabou vindo do apoio naval americano: depois de

Grande margem de manobra 273

resistir por seis meses, os homens de Rigaud se renderam quando o uss *General Greene* bombardeou as fortificações de Jacmel; o *Experiment* e o *Augusta* também participaram do bloqueio.[141] Na verdade, a partir do momento em que a guerra no sul foi declarada, o cônsul Stevens deu assistência total a Toussaint, prometendo suprir seu exército mal equipado de alimentos, armas e munição.[142] Além disso, denunciou o "temperamento inconstante e tirânico" de Rigaud às autoridades americanas, ressaltando "a necessidade absoluta de apoiar Toussaint por todos os meios legais".[143] Seus apelos foram ouvidos, e o apoio incansável dos Estados Unidos não só possibilitou a vitória crucial de Jacmel: navios americanos (incluindo o uss *Constitution*) transportavam soldados e pólvora de Toussaint para o front meridional, e bloqueavam os portos de Rigaud enquanto as forças de Dessalines atacavam por terra; também patrulhavam os mares e travavam combate com barcaças de Rigaud, infligindo perdas severas aos rebeldes.[144] Toussaint manifestou sua satisfação aos comandantes navais americanos, ressaltando sua enorme dívida de gratidão.[145] A operação também foi imensamente lucrativa para comerciantes americanos e mesmo para oficiais de Marinha: Christopher Perry, o capitão do *General Green*, recebeu uma recompensa de 10 mil libras (4535 quilos) de café do comandante-chefe por sua contribuição para a libertação de Jacmel.[146]

Ao ENTRAR NA CAPITAL SULISTA de Les Cayes em agosto de 1800, Toussaint estava muito sério. Recomendou a seus compatriotas em toda a Saint-Domingue que permanecessem vigilantes, e declarou que o homem era mais propenso "ao mal do que ao bem"[147] — um claro sinal de que a guerra das facas também o afetara. Nomeou Laplume comandante do departamento do sul: escolha sensata, que refletia seu desejo de restaurar a normalidade o mais rápido possível.[148] Elogiou seus soldados pela bravura e disciplina, e ordenou que comemorassem a vitória assistindo à missa de domingo — talvez para se redimir da violência extrema a que tinham recorrido.[149] Responsabilizou inteiramente a "criminalidade" de Rigaud pelos confrontos, ressaltando que este havia "declarado guerra à república", ao passo que ele próprio fora motivado por "princípios de humanidade, religião e amor" por seus compatriotas; nessa veia, estendeu a mão do perdão e da reconciliação ao povo do sul, a quem prometeu a partir de então considerar "amigos e irmãos".[150] A retórica era totalmente republicana, incluindo o ideal de fraternidade expresso em termos exclusivamente cívicos: não havia mais menção a pessoas brancas, negras ou mestiças. Com Saint-Domingue agora ansiando por um futuro de paz e prosperidade, Toussaint manifestou sua gratidão ao "Ser Supremo", concluindo, misticamente: "Sem Sua orientação, a obra do homem é perecível, e seus desígnios são mais efêmeros do que as agitadas ondas do mar".[151]

Toussaint tinha bons motivos para ser grato ao Todo-Poderoso ao fim da sequência de 22 meses que começou com a expulsão de Hédouville e terminou com sua vitória contra Rigaud. Tinha rompido o isolamento econômico e político de Saint-Domingue, sobrevivido a um grande desafio à sua autoridade e reafirmado a influência diplomática autônoma da colônia na região. No decorrer desse processo, consolidara seu controle sobre a burocracia colonial de Saint-Domingue, em tese subordinada a Roume — tanto assim que todos os pedidos de passaporte, por exemplo, agora precisavam ser sancionados diretamente por Toussaint.[152] Ele era o encarregado absoluto das finanças da colônia, também, como demonstrado pelo controle dos arrendamentos de propriedade[153] e pela concisa instrução dada a um de seus principais funcionários do tesouro: "Nem um centavo deve sair dos cofres sem a minha permissão".[154] Em sua mente, bem como em suas ações, ele havia se distanciado da França: no começo de 1800, disse aos representantes britânicos em Saint-Domingue que "o poder que detinha não vinha da França".[155]

Mas essas conquistas haviam tido um custo considerável, tanto humano quanto político. Ele se tornara ainda mais discreto em suas maneiras, mais religioso em suas intuições mais profundas e menos confiante em seus camaradas. Centenas de valentes soldados republicanos de sua tropa tinham morrido na guerra das facas. E até mesmo para muitos admiradores, suas negociações com os britânicos, o vazamento dos planos secretos de seu próprio governo com relação à Jamaica e sua conspiração

sistemática pelas costas de sucessivos agentes franceses pareceram inspirados mais pela busca do poder do que por preceitos de moralidade cristã
ou republicana. Apesar disso, os atos de Toussaint eram motivados por
princípios fortes, cuja coerência subjacente lhe parecia evidente. Como
explicou a Roume, ele perseguiria sem descanso o ideal de uma Saint-
-Domingue que continuasse a fazer parte da República francesa, mas que
também tivesse liberdade para defender interesses específicos — mesmo
que entrassem em conflito com os alinhamentos diplomáticos e os objetivos políticos da França.

Não foi apenas ao agente francês que Toussaint explicou a diferença
entre a França e Saint-Domingue. Respondendo a um pedido de Vincent,
que queria permissão para deixar a colônia e voltar para a metrópole, ele
declarou que "amava demais seu país" para permitir que o engenheiro
retornasse à França — uma distinção reveladora.[156] Esse embate atingiu
um ponto crítico em sua oposição à expedição jamaicana. Na cabeça de
Toussaint, rejeitar a intervenção nesse caso estava plenamente justificado
por seus próprios cálculos revolucionários — sacrificar a vida de Sasportas para impedir a morte de centenas de soldados republicanos, preservar
suas forças militares para lidar com a traiçoeira insurreição de Rigaud, ou
sabotar um plano francês mal concebido e potencialmente fracassado para
salvaguardar anos de paciente consolidação republicana em Saint-Domingue. Ele também não desistira totalmente do sonho de libertar seus irmãos
escravizados: de acordo com as memórias do filho, em seus últimos anos
ele falava com frequência de chefiar uma força expedicionária à África para
acabar com o tráfico de escravos.[157]

Toussaint, sem dúvida, às vezes ficava desanimado em suas negociações com os britânicos. Seus quatro navios capturados jamais foram
devolvidos, nem os tripulantes aprisionados, embora Balcarres tentasse
interferir por ele junto a Hyde Parker. As autoridades civis e militares jamaicanas continuavam preocupadas com a revolucionária Saint-
-Domingue, especialmente depois da vitória de Toussaint contra Rigaud.[158] Frustrado com a falta de progresso com seus agentes locais,
especialmente Parker, que o considerava "inimigo",[159] Toussaint resolveu

tratar diretamente com o governo britânico. Mandou um emissário a Londres (um *colon* branco chamado Pennetier) para reafirmar que era uma força estabilizadora na região.[160] Com o apoio de Maitland em Londres,[161] Pennetier causou uma impressão favorável, ressaltando que o único interesse de Toussaint era a "felicidade de seu povo"[162] — tanto que acabou levando o secretário do Exterior, o duque de Portland, a concluir que era do interesse da Grã-Bretanha "cultivar um bom entendimento" com o governante de Saint-Domingue.[163]

A mensagem rapidamente começou a chegar aos comerciantes britânicos, muitos dos quais proveitosamente estabelecidos em Port-Républicain e Gonaïves desde 1799. Outra prova da finesse diplomática de Toussaint era sua capacidade de encantar enviados britânicos a Saint-Domingue e convencê-los a escrever relatórios favoráveis a seu respeito para os superiores. Tinha êxito: um dos primeiros, por exemplo, louvou Toussaint pela "exatidão e fé" com que honrava seus compromissos; elogiou também sua "calma e humanidade", e notou que ele era "muito amado por seu povo".[164] Mas não era fácil lidar com Toussaint: sobretudo após a captura de seus navios no fim de 1799, ele preferia manter os britânicos em seu lugar; não só negou a seu agente em Port-Républicain o status de "cônsul" como lhe pediu que se apresentasse como americano, levando o agente a ter a distinta impressão de estar ali "por tolerância".[165] Além disso, a trégua com os britânicos não diminuía sua capacidade de insolência: quando outro representante local britânico lhe perguntou por que uma recente remessa da Jamaica não tinha sido paga, Toussaint respondeu "friamente" que "não era a administração", e que "como soldado" não se envolvia nesses assuntos banais.[166]

Toussaint ficou muito feliz quando viu sua estratégia de forjar laços diplomáticos com os Estados Unidos render bons dividendos sob a presidência de John Adams. Graças à forte relação que estabeleceu com o cônsul Stevens, ele conseguiu contornar as rígidas limitações impostas às atividades navais de Saint-Domingue pela Convenção Maitland e recorrer à ajuda americana para esmagar a rebelião de Rigaud. Em setembro de 1800, Toussaint recebeu encomendas de 20 mil fuzis, 10 mil pares de pistolas e 60 mil libras (27 215 quilos) de pólvora através de seus canais comerciais com os Estados Unidos.[167] Os americanos se tornaram tão populares na Saint-Domingue revolucionária que eram conhecidos como "brancos bons".[168] Navios mercantes americanos levaram centenas de marinheiros afro-americanos para Saint-Domingue, que ao voltar para os Estados Unidos espalharam histórias sobre a revolução e seus corajosos líderes.[169] Artigos entusiásticos sobre Toussaint apareceram na imprensa americana: o *National Intelligencer* e o *Washington Advertiser* saudaram-no como um "homem extraordinário".[170]

A prova definitiva para Toussaint de que a Providência estava do seu lado, no momento em que a guerra das facas chegava ao fim em Les Cayes, veio de uma fonte mais íntima. Durante décadas ele não tinha visto ou tido notícias de sua meia-irmã Geneviève, filha de Affiba, a primeira mulher de seu pai Hippolyte. Ela fora separada da família quando jovem e vendida para um senhor de escravos que morava no sul. Ao saber que talvez estivesse vivendo em Les Cayes, ele a procurou e encontrou muito bem casada com Bernard Chancy, um abastado agricultor branco que a libertara da escravidão, e com quem tinha nove filhos. Toussaint passou alguns momentos de grande felicidade com Geneviève, relembrando o pai e o passado comum na plantation de Bréda. Ele imediatamente recrutou um dos filhos dela para ser seu ajudante de ordens, e convidou duas filhas para viverem com ele. Uma delas, a graciosa Louise Chancy, acabou se casando com seu filho Isaac.[171] Toussaint tinha conseguido virar de cabeça para baixo um de seus próprios aforismos: da amargura, afinal de contas, era possível sair algo doce.

8. Não há tempo a perder

EM JUNHO DE 1800, uma delegação de três homens chegou a Saint-Domingue proveniente da França. Seu pretenso objetivo era informar as autoridades locais das intenções do regime consular que substituíra o Diretório depois do golpe de 18 de brumário. No artigo 91 de sua Constituição de 22 de frimário do ano VIII, os novos governantes franceses tinham decretado que as colônias seriam governadas por "leis especiais", adaptadas a seus hábitos e interesses.[1] Mas por trás dessa nobre mesura ao ideal de proteger os costumes locais estava um claro esforço — liderado pelo primeiro cônsul Bonaparte — de restaurar o controle central sobre os negócios de Saint-Domingue; pelos novos arranjos, as colônias já não tinham direito a representantes no legislativo. Cientes de que suas propostas poderiam causar reações adversas entre os *nouveaux libres* da colônia, os cônsules prometeram publicamente que os "princípios sagrados de liberdade e igualdade desfrutados pelos negros jamais serão infringidos ou alterados".[2]

Em mais um esforço para acalmar Toussaint, um dos membros da delegação era seu próprio emissário, Charles Vincent. Mesmo não tendo gostado da expulsão de Hédouville, o jovem engenheiro ainda era tido em alta estima por Toussaint. Bonaparte estava ciente disso, e depois de ouvir, em Paris, no fim de 1799, um relato de Vincent sobre a situação na colônia, mandou-o atravessar o Atlântico de volta. Após algumas dificuldades iniciais — foi detido por uma patrulha militar zelosa demais na estrada de Cap, surrado e encarcerado por três dias, durante os quais sobreviveu à base de uma mísera ração de bananas e água —, Vincent conseguiu chegar a Port-Républicain, onde teve acesso ao comandante-chefe no fim de junho de 1800. Minuciosamente transcritas, as conversas que teve então

Não há tempo a perder 279

com Toussaint traçam um retrato fascinante do líder revolucionário de Saint-Domingue nessa fase decisiva da história da colônia.[3]

O que mais chamou a atenção de Vincent foi a integridade intelectual de Toussaint: "Não há homem mais comprometido com o ideal de republicanismo francês". Notável, também, era sua "prodigiosa atividade": um dia típico de trabalho durava normalmente dezesseis horas, e seu "infatigável zelo" era tamanho que todos em seu *entourage* — fosse o chefe do estado-maior, o general Agé, os ajudantes de ordens ou os secretários — viviam "assoberbados de trabalho e cansaço". Ele despachava uma média de duzentas cartas, e era capaz de viajar até quarenta *lieues* (cerca de duzentos quilômetros) por dia, e, a pleno galope, ninguém o igualava em resistência. Num episódio testemunhado pelo enviado francês, Toussaint partiu de Port-Républicain abruptamente às duas da madrugada, ordenando a quatro secretários que o seguissem a cavalo; só um deles, porém, conseguiu acompanhar seu passo vertiginoso. Tendo emasculado a autoridade de Roume, Toussaint agora cuidava de todos os assuntos, tanto civis como militares, e, para dar conta dessa concentração de poder, transformou sua carruagem num pequeno escritório e estabeleceu um sistema de comunicação imediata.[4] Sempre que chegava a um lugar, ordenava ao comandante militar da região que lhe trouxesse de imediato todos os bilhetes e cartas — fossem de seus oficiais, de administradores ou de cidadãos comuns. Sempre lia essas missivas em pé, e respondia a algumas no ato. Grupos de emissários viajavam pela colônia, levando e trazendo mensagens urgentes para o comandante-chefe. "Em nenhum lugar", comentou Vincent, com admiração, "a correspondência é entregue tão prontamente como em Saint-Domingue."

Os emissários da França chegaram justamente no momento em que terminava a guerra no sul; como vimos no capítulo anterior, Toussaint aproveitou a oportunidade oferecida pela presença de Vincent para enviá-lo a Rigaud com uma proposta de paz. A missão foi inconclusiva, mas permitiu a Vincent observar de perto os soldados e oficiais em combate. Ele ficou impressionado com o elevado moral e a intensa lealdade ao comandante-chefe, para eles "um modelo de virtudes essenciais". A disciplina e a coragem deles não eram menos impressionantes: Vincent notou que todas as posições inimigas tomadas nos últimos meses do conflito com Rigaud foram capturadas depois de acirrado combate corpo a corpo. Também chamou a atenção de Vincent a interação de Toussaint com os cidadãos comuns. Além de responder a suas cartas, todos os dias às sete da noite ele recebia trinta homens e trinta mulheres em *"petits cercles"*, ouvindo pacientemente seus pleitos e dando instruções para que suas queixas, quando justificadas, fossem atendidas prontamente. Seguindo-o por várias cidades, Vincent notou que, embora cidadãos de todas as cores e origens estivessem presentes, de trabalhadores humildes a comerciantes ricos, havia uma proporção significativa de visitantes europeus, e que Toussaint era altamente respeitado, até mesmo amado, por eles. Idolatravam-no como seu "protetor", e o chamavam de "o pai dos *colons*".

Observando Toussaint em atividade, Vincent percebeu outra faceta de sua eficiência: os papéis em seu escritório eram meticulosamente arquivados, como reparou numa ocasião em que ele foi pegar uma carta que tinha recebido do ministro da Marinha da França, encontrando-a imediatamente no meio de um monte de documentos. Como todos que entravam em contato pessoal com o comandante-chefe, Vincent ficou assombrado com suas qualidades intelectuais: a memória e a capacidade de concentração, e a aptidão para tomar decisões rápidas. Vincent só fazia uma restrição ao "caráter firme e absoluto" de Toussaint, resultado de sua confiança total no próprio julgamento, que "raramente o levava a cometer erros". Mas essa autoconfiança podia ser problemática: "Quando se decidia por um plano de ação, seguia-o sem se preocupar suficientemente com os obstáculos e custos de sua execução". Na verdade, Vincent não pôde deixar de notar que acontecimentos recentes — a rebelião em seu próprio centro de apoio, a longa e rancorosa guerra no sul e as relações cada vez mais tensas com representantes nacionais e locais da autoridade francesa — o tinham afetado. Toussaint reclamava que os *cultivateurs* não trabalhavam direito, e jurava que tomaria "medidas" para lidar com eles quando a guerra terminasse. Embora não tivesse a menor dúvida de que estava prestes a derrotar Rigaud, sentia-se de certa forma apreensivo.

Não há tempo a perder 281

Em particular, Toussaint parecia bem menos confiante em suas futuras relações com a França, cuja política descrevia como "cruel", acrescentando, em tom pessimista: "Não conheço a França, e jamais conhecerei". Mesmo para alguém tão frugal, seu consumo de alimento tinha diminuído consideravelmente: a refeição principal com frequência consistia em um único pedaço de carne curada, e ele estava extremamente magro. Depois das numerosas tentativas de assassinato que havia sofrido, mais recentemente durante a guerra das facas, ele ficara mais esquivo e desconfiado, até mesmo daqueles em seu círculo íntimo. Vincent notou que seus guias e cavalos estavam sempre preparados para uma viagem súbita, de dia ou de noite — mas o destino de suas viagens só era comunicado dez minutos antes da partida. Toussaint ainda dava uma impressão de determinação revolucionária, mas Vincent percebeu também um toque de apreensão, resumida numa frase que ele repetia com frequência: *"Ne perdons pas notre temps"* [Não há tempo a perder].

Vincent foi muito observador ao detectar esse senso de urgência. Na época de seus encontros com o enviado francês, Toussaint já tinha lançado sua última empreitada militar e diplomática: a tomada, por suas forças republicanas, do território de Santo Domingo, sob controle espanhol.

Pelo Tratado de Basileia, de 1795, a Espanha tinha concordado em entregar à França essa província, que ficava na parte leste da ilha de Hispaniola e era duas vezes maior do que Saint-Domingue. No entanto, as autoridades francesas na época decidiram adiar a tomada de posse, inicialmente para não agravar a instabilidade que afligia Saint-Domingue; na verdade, pela maior parte dos anos 1790, Santo Domingo permanecera praticamente isolada dos conflitos que assolavam a colônia francesa. Era ponto pacífico, no entanto, entre todos os interessados, que os franceses entrariam assim que a ordem fosse restabelecida em Saint-Domingue. Tendo eliminado Rigaud, Toussaint achava, sem a menor dúvida, que era hora de fazer valer os termos do tratado de 1795 — especialmente porque acreditava que a derrota dos espanhóis em Saint-Domingue tinha sido possível graças aos esforços de seus destemidos sans-culottes republicanos. Mais fundamentalmente — e esse era o instinto do Toussaint caribenho e crioulo —, ele achava que a ilha de Hispaniola formava um todo lógico, e que a unificação política e administrativa era compatível com "as leis da natureza". Foi com base nisso que declarou aos representantes americanos e britânicos, em maio de 1795, que sua ambição era "alcançar a autoridade suprema e única em *toda* a ilha".[5]

Mas àquela altura a situação tinha ficado mais complicada não só em âmbito local e nacional, mas também em termos de diplomacia europeia. Os britânicos, é verdade, já se resignavam à tomada do território espanhol por Toussaint, ainda que não gostassem da ideia; o sempre temeroso governador Balcarres temia que aquilo pudesse ser o prelúdio para uma tentativa conjunta da França e de Saint-Domingue de atacar a Jamaica.[6] No entanto, o Diretório francês estava cada vez mais insatisfeito com o poder de Toussaint, e até incentivara a secessão de Rigaud para enfraquecê-lo; enquanto isso, o agente francês em Santo Domingo, Antoine Chanlatte (pessoa de cor), apoiara ativamente "seu amigo" Rigaud.[7] Essa política de contenção foi adotada depois do golpe de 18 de brumário pelo novo regime consular em Paris, que claramente não gostava nem um pouco de ver a influência de Toussaint estender-se ao território vizinho — especialmente porque Bonaparte, pelo menos por ora, buscava afastar-se do expansionismo revolucionário do Diretório, e não queria, portanto, provocar os espanhóis.

Toussaint tinha razões convincentes para querer enviar suas forças a Santo Domingo — e rápido. Uma delas era que ele sabia que o novo governo francês se opunha à operação, e queria agir preventivamente: o ministro da Marinha do Consulado, Pierre-Alexandre Laurent Forfait, tinha escrito aconselhando-o, em nome da "boa política e também da conveniência", a "evitar qualquer ação contra o território espanhol".[8] Além disso, ele estava perfeitamente ciente de que Santo Domingo era regularmente usada como porto de desembarque pelos franceses. Ali tinha desembarcado Hédouville em 1798, assim como a delegação de três homens enviada pelos cônsules; em tese, o território podia, portanto, servir de base para qualquer expedição invasora.

Esse argumento não era puramente teórico: a mudança conservadora de regime em Paris tinha alterado o fiel da balança em favor das forças contrárias à ordem igualitária de Saint-Domingue, e já se falava em despachar um contingente militar para depor Toussaint. Em meados de 1799, por exemplo, um relatório de autoria de Godard, alto funcionário do Ministério da Marinha, advertiu que os negros de Saint-Domingue estavam fora de controle, e eram estimulados por seu comandante-chefe a "acreditar que agora estão acima de nós brancos". Ele descreveu o governo de Toussaint como uma forma de "absolutismo despótico", no qual os representantes oficiais do governo francês tinham se tornado completamente impotentes; afirmou ainda que os europeus na colônia viviam "em estado de terror pelo menos igual ao da escravidão". A época de persuadir, a seu ver, tinha passado: a única maneira de restaurar a ordem legítima era "usar de força coercitiva contra esses rebeldes, para que aprendam a respeitar e submeter-se às leis da república".[9] Como vimos, Toussaint desfrutava de significativo apoio entre os *colons* de Saint-Domingue, mas havia alguns moradores ressentidos que também pensavam dessa forma, como o proprietário de terras Paul Alliot, que escreveu para o ministro da Marinha em 1800 dizendo que a única maneira de fazer Toussaint tomar juízo era enviar "mil soldados europeus à colônia".[10]

Havia um motivo mais profundo para Toussaint ver a extensão do governo republicano a Santo Domingo como um imperativo absoluto: a servidão humana ainda era praticada ali, e gangues oriundas de áreas controladas pelos espanhóis faziam incursões rotineiras a assentamentos na fronteira com a colônia francesa para capturar jovens negros de ambos os sexos e vender como escravizados. Quando era agente francês em Santo Domingo, o general François-Marie de Kerverseau não apenas fazia vista grossa à prática, mas também permitia que escravizados capturados em Saint-Domingue fossem vendidos em outras colônias caribenhas, notadamente Cuba.[11] Toussaint exigiu que as autoridades cubanas devolvessem todas as vítimas negras desse tráfico.[12] Informado de que o "comércio infame" era praticado "todos os dias",[13] Roume pediu ao comissário Chanlatte que investigasse. Chanlatte acabou confirmando as alegações de

Toussaint, e disse ter conhecido uma jovem chamada Flore que fora vendida a um espanhol de Santo Domingo e comprada de volta pelos franceses pela soma de duzentos *gourdes*;[14] um mês depois, Chanlatte indicou que tinha descoberto vários outros casos, bem como provas da existência de uma organização criminosa, e queixou-se oficialmente às autoridades espanholas.[15] De acordo com investigações do próprio Toussaint, que incluíam a tomada de depoimentos de cidadãos franceses e espanhóis, o comércio não era praticado nas principais cidades de Santo Domingo, mas em regiões mais remotas, como a cidade sulista de Azua, onde as autoridades nada faziam a respeito.[16] Detratores de Toussaint sugeriram que ele inventou as alegações sobre escravidão como pretexto para invadir o território espanhol, mas o problema era real.[17]

A instalação do controle republicano francês em Santo Domingo era para Toussaint uma questão de justiça histórica, uma exigência estratégica e uma necessidade moral. Já em 1795, pouco depois de concluído o Tratado de Basileia, ele advertira "Papa" Laveaux de que os colonos espanhóis eram totalmente indignos de confiança e tão ferozmente contrários à abolição da escravatura que prefeririam entregar o território aos britânicos a vê-lo sob governo republicano francês.[18] Em 1796, uma transferência gradual para as autoridades francesas teve que ser adiada porque se soube que os espanhóis estavam agindo de má-fé e incentivando populações locais a se rebelarem contra as tropas francesas quando elas chegassem.[19] Quatro anos depois, Toussaint achou que era hora de agir, mas havia um obstáculo importante: ele não poderia fazer nada sem o assentimento formal de Roume, que era implacavelmente hostil à ocupação. Mas, como Vincent tinha corretamente conjecturado, nada era capaz de deter o comandante-chefe quando ele se resolvia a adotar um plano de ação. Toussaint imporia sua vontade, mas somente à custa de outra ruptura espetacular com o representante do governo francês.

TOUSSAINT FEZ O QUE PÔDE para convencer Roume de que a hora republicana de Santo Domingo havia chegado. Bombardeou-o com cartas sobre os casos de escravização que tinham chegado a seu conhecimento, tocando no assunto pessoalmente e incentivando seus mais altos oficiais a conversarem com ele. Diante dessa barragem, Roume procurou ganhar tempo: em resposta a um apelo de Moyse, por exemplo, declarou que a ocupação francesa de Santo Domingo só poderia ocorrer depois da "pacificação total de Saint-Domingue e talvez até da pacificação geral da Europa". Valendo-se de seus três anos de serviço como comissário francês naquele território, Roume acrescentou que uma invasão sem dúvida provocaria resistência em massa dos dominicanos brancos, pelo menos "10 mil" dos quais se mobilizariam para pegar em armas contra o exército de Toussaint.[20]

Então Toussaint tentou outra abordagem, numa carta que seu ajudante de ordens, d'Hébécourt, entregou pessoalmente: se não era possível pensar na ocupação de todo o território de Santo Domingo, Roume deveria permitir a tomada por tropas francesas de regiões como Azua e áreas adjacentes, que claramente se haviam transformado no centro de operações dos traficantes de escravizados; era o mínimo que poderia ser feito "para proteger nossos cidadãos negros contra a servidão".[21] Percebendo que precisava tratar do assunto construtivamente, o agente francês respondeu poucos dias depois. Toussaint estava autorizado a prender quaisquer pessoas de Santo Domingo suspeitas de envolvimento no tráfico de escravizados e levá-las para Cap, onde seriam detidas e julgadas; esperava-se também que entregassem quaisquer escravizados em seu poder, ou que os comprassem de volta para devolvê-los às autoridades francesas. Mas na questão mais ampla de controle territorial, Roume continuava inflexível. Dada a contínua instabilidade na colônia francesa, a ocupação de qualquer parte de Santo Domingo seria uma "traição à França, a Saint-Domingue, a você mesmo e ao exército sob seu comando". Apresentou ainda três argumentos: as populações da região de Azua tinham sido manipuladas por agentes britânicos", e portanto seriam hostis a qualquer presença militar francesa duradoura; o ex-comissário francês Kerverseau, que se tornara um desertor, tinha espalhado boatos sobre uma invasão francesa iminente antes de partir e instigara o sentimento antirrepublicano em Santo Domingo; e qualquer ocupação francesa futura só poderia ser realizada por forças europeias, que naquele momento eram numericamente insuficientes em Saint-Domingue.[22]

Toussaint sem dúvida ficou ofendido com a sugestão de que seus soldados altamente disciplinados e garbosos, que haviam libertado a colônia da ocupação espanhola e britânica, agora já não serviam para executar essa operação. Do fim de fevereiro de 1800 em diante, convocou Roume a Port-Républicain reiteradamente: o bem-estar da colônia estava em jogo.[23] Roume insistia na recusa, e Toussaint resolveu forçar a mão. Adotando o modelo usado com êxito contra Hédouville, na primeira semana de abril, organizou uma mobilização popular de apoiadores de Dondon, Petite-Anse, Grande-Rivière, Gros-Morne, Sainte-Suzanne e Limonade. Milhares de membros da Guarda Nacional dessas comunidades — muitos deles armados — rapidamente se dirigiram a Haut-du-Cap, onde se reuniram e exigiram que Toussaint os recebesse, ameaçando marchar contra Cap se suas queixas contra Roume não fossem ouvidas imediatamente por representantes do governo francês. Em 11 de abril, Roume, que manteve um diário das atividades,[24] foi escoltado por Moyse para conversar com os manifestantes; estava acompanhado por toda a municipalidade de Cap. Foi um exercício de clássica política de *journée révolutionnaire*, com o uso de manifestações públicas para arrancar concessões específicas das autoridades. A diferença é que, dessa vez, Toussaint introduziu um refinamento caribenho: em vez de durar um ou dois dias, como a *journée* parisiense típica, o movimento estendeu-se por catorze dias e noites. Durante esse calvário, Roume e seus colegas ficaram encarcerados num galinheiro de menos de dez metros quadrados, expostos às intempéries. O precário telhado do *poulailler* oferecia pífia proteção contra a chuva, e, como notou sombriamente o diarista, choveu forte por quatro dias.

Com o tempo, surgiu uma série de petições populares, escritas em rebuscada prosa republicana e assinadas por representantes civis e militares das diferentes localidades. Invocando o princípio do bem público, que Toussaint tinha citado em cartas anteriores para o agente francês, eles propunham um voto de desconfiança em Roume, a quem acusavam de crimes hediondos contra a república, tais como apoiar Rigaud, acumpliciar-se com agentes britânicos na Jamaica (um toque de humor ácido de Toussaint),

Não há tempo a perder 287

desperdiçar recursos públicos, conspirar com exilados e recusar encontrar-se com Toussaint, apesar de repetidas solicitações do comandante-chefe. Ao mesmo tempo, o tom dos manifestantes era otimista: a declaração de Gros-Morne expressava o orgulho dos cidadãos por pertencerem à nação francesa, que tinha "ditado a lei para todas as potências da Europa e mesmo para o universo".[25]

Em meio a todo esse teatro revolucionário, o herói — fiel a seu estilo de liderança — estava ausente; os peticionários de Dondon notaram, com apreensão, que havia anos não viam Toussaint.[26] Três cartas sucessivas foram enviadas, pedindo-lhe que fosse a Haut-du-Cap, mas ele mandou um recado dizendo que estava sendo retido por problemas militares mais prementes (é verdade que o episódio coincidiu com a recaptura de Jacmel no sul). Achando que tinha acalmado Roume, ele anunciou que estava a caminho, e até sugeriu aos cidadãos mobilizados que voltassem para suas *plantations*. Finalmente, mais de uma semana depois, Toussaint chegou a cavalo, sob os aplausos entusiásticos da multidão, que, segundo Roume, tinha inchado para 8 mil homens e mulheres. Toussaint suspendeu a mobilização anunciando, solenemente, que tomaria as medidas necessárias para "garantir a tranquilidade e responder às preocupações do povo";[27] em 24 de abril, ordenou a Moyse que escoltasse Roume de volta para a Agência em Cap. Pelo menos o agente francês conseguiu ir montado: os representantes municipais tiveram que retornar a pé.

O último ato da queda de Roume começou três dias depois, em 7 de floreal (27 de abril), quando ele foi convocado à residência de Toussaint às nove da manhã, mais uma vez escoltado por Moyse; os representantes da municipalidade de Cap também estavam presentes, juntamente com o tesoureiro de Toussaint, Bunel. Em tom sombrio, Toussaint mais uma vez exigiu o endosso de Roume à tomada de Santo Domingo. O agente francês reiterou os motivos de sua oposição, que trazia na ponta da língua, acrescentando um novo argumento: ouvira dizer que as autoridades espanholas faziam questão de ficar com Santo Domingo, mas estavam dispostas a oferecer a Louisiana em troca — proposta altamente vantajosa para os franceses. Toussaint respondeu de maneira sucinta, dizendo que "um ganho certo não pode ser sacrificado por uma simples probabilidade". Da mesma forma, rejeitou sumariamente as demais objeções de Roume, sobretudo o medo de que a ocupação francesa pudesse provocar instabilidade e talvez até resistência armada. A essa altura, Toussaint perdeu as estribeiras. Acusando Roume de ser "inimigo da colônia", virou-se, em tom melodramático, para os membros da municipalidade de Cap e perguntou com ar ameaçador: "O que se pode fazer com um homem como este?". Com a ameaça pairando no ar, dispensou os atônitos representantes, e mandou Roume de volta para o prédio da Agência, onde Moyse o trancafiou numa saleta do primeiro andar, ameaçando "cortar sua cabeça", e as de sua mulher e filha, se não concordasse de imediato. Roume respondeu que estava preparado para morrer como mártir republicano, e Moyse ameaçou lançar uma invasão militar total para espalhar morte e destruição no território espanhol. Roume cedeu, e redigiu um decreto promulgando a tomada de Santo Domingo pelos franceses; o documento foi assinado poucas horas depois sob o olhar severo de Toussaint.[28]

A ruptura com Roume agora era irreversível. Toussaint, para todos os efeitos, confinou-o nos escritórios da Agência em Cap, passou a monitorar suas comunicações e destacou soldados para guardar o prédio e impedir a entrada de visitas. A mulher de Roume, Marie-Anne, também foi proibida de ir à cidade, e em certa ocasião os guardas impediram que a roupa suja de Roume fosse retirada.[29] Apesar disso, de posse da assinatura que queria, Toussaint tentou fazer as pazes com o agente francês, pelo menos no nível pessoal. Convidou Madame Roume a sua residência e confessou que tinha vergonha das indignidades a que submetera seu marido, mas a verdade era que perdera a confiança nele. Mas a tensão foi demais para Roume, que logo adoeceu. Ficou mais de um mês acamado, e durante esse período Toussaint o visitou várias vezes. A certa altura, a doença piorou, e o médico achou que a situação era crítica. Toussaint correu para a cabeceira da cama e chorou profusamente — embora deixasse escapar que o principal motivo de sua tristeza era o medo de que os inimigos o responsabilizassem pela morte de Roume.[30]

1. Litografia de Toussaint, de autoria de Nicolas-Eustache Maurin, publicada pela primeira vez na França em 1832. Segundo o historiador haitiano Joseph Saint-Rémy, ela se baseia numa pintura original oferecida por Louverture ao agente francês Philippe Roume, que a levou para a França depois de deixar Saint-Domingue.

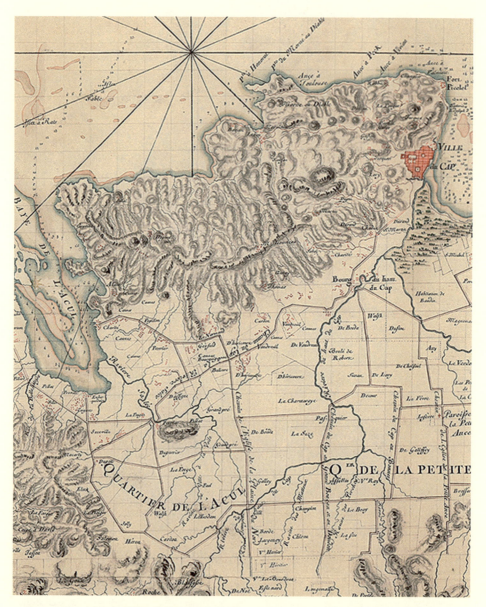

2. *Carte topographique du Nord de Saint-Domingue, 1760*, mostrando a fértil planície do norte de Saint-Domingue, com as maiores e mais prósperas plantations da colônia. Ao sul do vilarejo de Haut-du-Cap fica a *habitation* [propriedade] de Bréda, onde Toussaint nasceu e viveu por cinco décadas antes da revolução.

3. Representações um tanto idealizadas da vida nas plantations da colônia.
(No alto) Plantations de cana-de-açúcar ao centro, engenho e refinaria à esquerda, e cabanas dos escravizados à direita; a casa do dono da plantation aparece ao longe.
(Embaixo) O processamento de tabaco e de mandioca por escravizados, com a casa do senhor ao fundo.

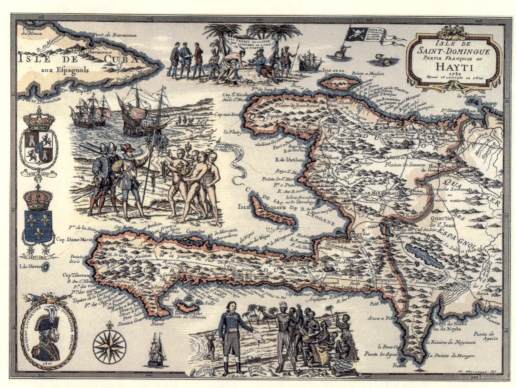

4. Baseado num original do século XVIII, este mapa francês de Saint-Domingue do começo do século XX, de autoria de Daniel Dervaux, reflete a visão republicana de acontecimentos do passado colonial: o desembarque de Cristóvão Colombo, a chegada de colonos espanhóis e franceses e a emancipação dos escravizados pela Revolução Francesa (embaixo, no centro). Embaixo, à esquerda, está Toussaint Louverture, como o último governador colonial de Saint-Domingue.

5. Duas cenas contrastantes dos primeiros anos revolucionários em Saint-Domingue e na França: *O incêndio da cidade de Cap-Français em 21 de junho de 1793* (no alto) e uma representação do legislativo francês em fevereiro de 1794 (embaixo), logo após o decreto de 16 de pluvioso abolindo a escravidão; cidadãos negros emancipados festejam em primeiro plano, observados do pódio por uma mulher negra que teria, segundo se acredita, mais de cem anos de idade.

6. Os principais interlocutores e adversários de Toussaint: os comissários franceses Léger-Félicité Sonthonax (no alto à esquerda) e Gabriel Hédouville (no alto à direita), ambos os quais ele superou em esperteza; o enviado britânico Thomas Maitland (embaixo à esquerda), que o apoiou perante as autoridades britânicas; e o comandante da força expedicionária francesa, Charles Emmanuel Leclerc (embaixo à direita), que o capturou e despachou para o exílio na França em 1802.

7. Três retratos, que pertenceram aos descendentes de Toussaint, representam membros da família Louverture: o enteado Placide (no alto à esquerda), o filho Isaac (no alto à direita) e a mulher de Isaac, Louise Chancy (embaixo à esquerda), filha de Geneviève, a meia-irmã de Toussaint. Embaixo à direita aparece uma pintura de Toussaint de 1877, de autoria do artista haitiano Louis Rigaud.

8. *Épisode de la guerre coloniale: Noir sur un cheval cabré* (1818-9), de Théodore Géricault. Géricault era um fervoroso adversário da escravidão e produziu retratos extraordinários de figuras negras. Esta pintura, que segundo se acredita representa uma cena de batalha durante a Guerra de Independência do Haiti, mostra as qualidades heroicas dos soldados de Toussaint.

9. Retrato de autoria de Denis Volozan, do começo dos anos 1800, mostrando Toussaint em seu cavalo Bel-Argent numa clássica postura marcial; os traços de Toussaint são muito parecidos com os do retrato de Maurin; há uma acentuada semelhança com a famosa pintura de David, de 1801, que mostra Bonaparte atravessando os Alpes.

10. *O juramento dos ancestrais* (1822), de Guillaume Guilaon-Lethière, expressa o ideal haitiano de reconciliação nacional depois da independência através da aliança de cidadãos negros e mestiços, aqui simbolizados pelos líderes revolucionários Jean-Jacques Dessalines (à esquerda) e Alexandre Pétion (à direita).

11. Estas imagens de Jacob Lawrence (no alto, de sua série *A vida de Toussaint L'Ouverture*, de 1938) e de William H. Johnson (à esquerda, *Toussaint L'Ouverture, Haiti*, 1945) confirmam o contínuo apelo de Toussaint para a imaginação afro-americana em meados do século xx como símbolo de liderança carismática, igualdade racial e resistência à ocupação imperial.

12. *Toussaint emanando amarelo* (2008). Charmosa evocação, de autoria do artista haitiano Edouard Duval-Carrié, do Toussaint crioulo, caribenho, e uma homenagem às vibrantes tradições políticas e religiosas (em particular o vodu) do Haiti moderno e suas profundas raízes em culturas espirituais africanas.

13. Toussaint e os revolucionários haitianos têm sido amplamente comemorados em selo (à esquerda) o 150º aniversário da revolução, em 1954, mostrando Lamartinière e a mulher Marie-Jeanne na Batalha de Crête-à-Pierrot; (no centro, da esquerda para a direita) o bicentenário da morte de Toussaint em 2003, um selo do Daomé (1963) e um carimbo da França (1991, ao lado de Charles de Gaulle), descrevendo Toussaint como o "libertador do Haiti"; (embaixo) o bicentenário da revolta dos escravizados de Saint-Domingue comemorado em Cuba em 1991.

14. A imagem de Toussaint aparece regularmente no dinheiro haitiano, como nesta moeda de prata de dez *gourdes* (1968, no alto) baseada numa pintura de Toussaint de autoria de Gustave Alaux e nesta cédula de vinte *gourdes* (2001, embaixo). Em 2007, uma moeda senegalesa (no centro) foi cunhada para o bicentenário da Lei de Abolição do Comércio de Escravos de 1807.

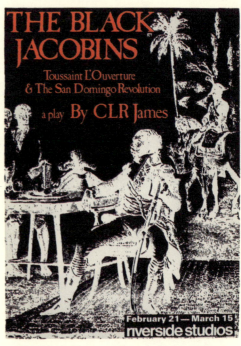
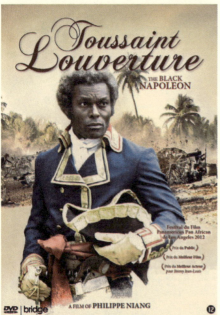

15. Toussaint e a Revolução Haitiana têm sido tema de peças, romances e filmes no Caribe, na Europa e nas Américas, como mostram aqui a capa da primeira edição inglesa de *O reino deste mundo* (1957), de Alejo Carpentier, e os cartazes da apresentação em 1986 da peça *Os jacobinos negros*, de C. L. R. James, e do filme de Philippe Niang para a tv, *Toussaint Louverture* (2012).

16. A lenda de Toussaint continua a crescer em nossa época. Estas esculturas o mostram (no alto à esquerda) numa pose marcial em Aladá, Benim (1989); (no alto à direita) desafiador em seu cárcere na prisão do Fort de Joux (2002); (embaixo à esquerda) absorto na leitura de sua Constituição de 1801 em La Rochelle (2014), esculpido pelo premiado Ousmane Sow; e (embaixo à direita) resoluto na cidade de Montreal, no Canadá (2017).

17. Representação pela artista haitiana contemporânea Nicole Jean-Louis da cerimônia vodu de Bois-Caïman realizada em agosto de 1791, um dos mitos de fundação da moderna nação haitiana. Muitos escravizados portam facas como parte dos preparativos para a insurreição; as cicatrizes nas costas comprovam o tratamento cruel que recebiam de seus senhores. À esquerda, vestido de branco e segurando um livro (daí o seu nome), o líder *marron* Dutty Boukman [homem dos livros] discursa para os escravizados reunidos. Nas palavras da artista: "Os haitianos se libertaram da escravidão porque acreditam que Deus nos criou iguais".

Não há tempo a perder 289

O COMEÇO DA OPERAÇÃO em Santo Domingo foi um desastre. Achando que seu enviado não encontraria qualquer resistência da parte dos espanhóis, Toussaint despachou o chefe do estado-maior, general Agé, para o território sem escolta militar e armado apenas de quatrocentos exemplares do decreto de Roume de 7 de floreal e de uma carta melíflua de sua própria autoria, prometendo que a França "respeitaria todas as pessoas e propriedades, e todos os hábitos e costumes dos espanhóis, ao submetê-los às leis da república".[31] Agé foi devidamente levado à presença de Don Joaquín García, o matreiro e cruel governador, de quem Toussaint se lembrava muito bem dos tempos em que servira sob bandeira espanhola.[32] García acolheu o enviado de Toussaint servilmente, aceitando com visível ganância as belas joias que ele trouxera de presente. Reconheceu o direito francês de assumir pleno controle de Santo Domingo em virtude do tratado de 1795, e chegou a afirmar que isso seria um alívio, pois poderia ir embora pacificamente para Havana. No entanto, disse que precisava de tempo para consultar seus superiores e tomar as providências necessárias para uma retirada "ordeira;" não poderia, portanto, atender ao pedido de Toussaint "com a rapidez desejada".[33]

A resposta de Don García era apenas tática protelatória: ao ficar sabendo dos planos de Toussaint, ele escrevera a seus superiores na Espanha dizendo que "esse negro vai encontrar entre os nossos habitantes uma resistência muito maior do que deve estar esperando".[34] De fato, poucos dias após a chegada de Agé, a oposição local à ocupação francesa começou a aglutinar-se nos *cabildos* (municipalidades) do território. Incentivada por García, uma petição assinada pelos mais destacados dignitários crioulos de Santo Domingo pedia que a operação fosse "adiada" enquanto o assunto era submetido aos governos francês e espanhol, e uma delegação era enviada a Paris para uma audiência com Bonaparte; também para apelar à convicção do primeiro cônsul de que as colônias deveriam ser governadas por leis adequadas a seus costumes locais.[35] Outra declaração notava que uma transferência de controle para a França, devido às circunstâncias do momento em Saint-Domingue, seria "inconveniente" — expressão codificada do horror desses dignitários à perspectiva de perderem seus escravizados e serem submetidos a um governo republicano negro.[36] Animado por esse apoio das classes dominantes reacionárias do território, e apoiado em silêncio pelo representante francês, Chanlatte, García baixou um decreto que para todos os efeitos suspendia a transferência de poder, e exortou todas as forças francesas a deixarem Santo Domingo até que a disputa fosse completamente resolvida.[37] Com o aumento das tensões, o enviado de Toussaint precisou ser colocado sob proteção militar no convento Santa Clara, onde estava residindo, enquanto lá fora multidões bradavam "morte a Agé". O general francês não demorou a sair da cidade, escoltado pelo governador e uma delegação dos *cabildos*. O enviado de Toussaint tinha sido humilhado — e Don García ficara com as joias.

Àquela altura, Roume, que se restabelecera da doença, lembrou a Toussaint que tinha previsto que as coisas não iam funcionar, e que suas objeções nas acaloradas discussões entre os dois deveriam ter sido ouvidas.[38] Ele endossou uma posição conciliatória sugerida por García (e que tinha sido feita primeiro pelo próprio Toussaint) de que a transferência de poder fosse adiada, mas que comissários franceses fossem estacionados em Azua e Santiago, a fim de impedir novas ocorrências de tráfico de escravizados. Recomendou, ainda — e não sem malícia —, que Agé fosse nomeado comissário em Azua, sugestão impertinente em se tratando do chefe do estado-maior de Toussaint.[39] Roume jogou mais sal na ferida atribuindo todo o fiasco a Agé, cujas "indiscrições", segundo ele, teriam assustado os espanhóis, acrescentando que seu conhecido "gosto pela bebida" também não tinha ajudado em nada.[40] Então fez uma proclamação declarando seu próprio decreto de 7 de floreal "nulo e sem efeito" à luz da "insurgência em massa" que havia provocado em Santo Domingo, e da possibilidade de "guerra" entre Saint-Domingue e sua vizinha; além disso, aprovou os arranjos propostos pelas autoridades espanholas para impedir o tráfico de escravizados franceses.[41]

Como era de esperar, Toussaint ficou exasperado com o novo rumo que as coisas tomaram. Disse a Roume que estava "muito preocupado", especialmente com a possibilidade de continuação do tráfico de escravizados na fronteira. Via a conduta das autoridades de Santo Domingo como

Não há tempo a perder 291

"desonesta", e a expulsão de Agé como um "grave insulto" não apenas à república, mas também a ele mesmo. Responsabilizou, particularmente, os *cabildos* por criarem uma atmosfera de "intriga" e espalharem boatos absurdos sobre as prováveis consequências da tomada de posse francesa. Observou que aqueles dignitários locais, geralmente calmos, certamente não tinham agido por conta própria, e suspeitou de um conluio entre funcionários franceses e espanhóis contra ele; não por acaso um dos empregados de Roume, um naturalista chamado Gonzalez, fora visto em Santo Domingo durante a revolta.[42]

Numa nova carta foi ainda mais explícito, acusando Roume de pessoalmente estimular a revolta espanhola contra Agé devido à sua oposição visceral à tomada de Santo Domingo. Também defendeu a reputação do chefe de seu estado-maior, que tinha desempenhado a missão com "sabedoria e prudência"; até abandonara a bebida depois de seu "casamento com uma boa mulher" (Toussaint, claro, foi o casamenteiro; tinha por hábito buscar esposas para seu entourage militar e administrativo).[43] Mas encerrou a nota num tom pacífico, afirmando que já aceitava a ideia de um adiamento sem data da operação em Santo Domingo: "Parei de pensar nisso".[44] Absolutamente, não era verdade, como veremos, mas pelo menos por ora Toussaint resolvera tranquilizar Roume e os funcionários de Santo Domingo, garantindo que ia cuidar de outros assuntos. Mesmo em situações de urgência revolucionária, às vezes era boa política aguardar o momento apropriado.

ROUME COMPREENDEU QUE O DESENTENDIMENTO sobre Santo Domingo tinha estragado suas relações com Toussaint. Mas ainda se importava apaixonadamente com o futuro da colônia. E, como o comandante-chefe, preocupava-se com as forças reacionárias, tanto dentro como fora dos círculos governamentais franceses, que agora determinavam a política do novo regime para com Saint-Domingue, e em particular a propensão, cada vez mais forte, a usar de força militar contra Toussaint. Em junho de 1800, ele produziu uma longa carta recomendando um curso de ação alternativo e a remeteu a Paris. Era um relatório notável pelo tom elevado, pela análise da situação, pela capacidade de conjecturar de maneira otimista sobre o futuro e de imaginar uma relação consensual entre Saint-Domingue e a França. Acima de tudo, era perspicaz no retrato sensível que traçava da liderança de Toussaint e das fontes subjacentes de seu poder. Ao mesmo tempo, revelava, no tom paternalista, a incompreensão que havia mesmo entre os funcionários coloniais franceses mais bem-intencionados e os líderes revolucionários de Saint-Domingue.

Roume começou ressaltando o quanto o poder de Toussaint estava arraigado na cultura política revolucionária de Saint-Domingue. Os escravizados tinham conquistado sua liberdade rebelando-se contra seus opressores e obrigando as autoridades francesas a reconhecerem essa liberdade. Durante o processo, os "africanos", como ele os chamava, tinham desenvolvido um vasto conjunto de práticas democráticas centradas nas "assembleias populares", nas quais conduziam seus negócios com "sagacidade e energia". Nos últimos anos da revolução, mesmo com o poder de Toussaint cada vez mais consolidado, essa vibrante democracia local manteve-se viva e recebeu "formas republicanas", notadamente em instituições como a Guarda Nacional de Saint-Domingue, que atuava como assembleia deliberativa, um "grande conselho da comuna". Os cidadãos participavam em todas as decisões importantes, e Roume sustentou que, embora geralmente seguissem as recomendações dos líderes, sua obediência não era "cega"; na verdade, em algumas ocasiões, recusavam-se a seguir o curso de ação que lhes era prescrito. Roume tinha visto recentemente esses princípios em ação, durante sua estada de catorze dias em Haut-du-Cap. Ali tinha sido alvo de muitos e vigorosos ataques verbais, mas prestou generoso tributo à robustez dos sentimentos republicanos dos *cultivateurs*. Ordem, tranquilidade e sigilo eram as características desse espírito democrático africano, disse ele, e não por acaso eram também as marcas registradas do poder de Toussaint.[45]

Para Roume, Toussaint contava com o apoio "incondicional" dos cidadãos negros de Saint-Domingue justamente por causa de sua defesa consistente e zelosa dos direitos deles. Também desfrutava da "estima e confiança absolutas" da população europeia da colônia: Roume testemunhara isso pessoalmente em inúmeras ocasiões, e achava divertido que os brancos, mesmo quando se queixavam de uma decisão de Toussaint, costumassem pôr a culpa no entourage, que explorava sua "bondade". Por tomar a dianteira nas ações para expulsar da colônia primeiro os espanhóis e depois os britânicos, Toussaint tinha a gratidão eterna da república. E, apesar disso, justamente porque devia essas conquistas apenas a si mesmo, e às qualidades naturais de que se utilizava, ele não havia, na opinião de Roume, adquirido qualquer das convenções da disciplina militar europeia; na verdade, os triunfos políticos e militares tinham "exaltado seu *amour propre* além dos limites da razão".[46] Motivado pelo "caráter indomável" e pelo "gênio transcendental", bem como pelo medo de que a Revolução Francesa pudesse ser derrotada por seus inimigos europeus, Toussaint estava pondo a colônia numa posição na qual seu destino já não dependia do destino da França; ele não queria que seu povo fosse "desmembrado". Era nesse contexto que Roume advertia contra qualquer invasão militar francesa de Saint-Domingue: essa guerra seria prolongada, onerosa em recursos materiais e humanos, e os cidadãos negros resistiriam a ela "até o extremo final".[47]

Para evitar essa calamidade Roume propôs um plano, a ser implementado em duas fases. Na primeira o governo francês retiraria formalmente seu agente — ele próprio — da colônia, e depositaria nas mãos de Toussaint todas as funções executivas não apenas militares, mas também civis. A ideia aqui era tranquilizá-lo sobre as intenções da França a respeito dele, e também forçá-lo a tomar decisões mais eficientes. Era particularmente importante que sua carta de nomeação fosse assinada pessoalmente por Bonaparte: seu recebimento "encheria o comandante-chefe de gratidão", "reconciliaria Toussaint consigo mesmo" e "o impregnaria de veneração pelo primeiro cônsul". A carta seria complementada com instruções mais minuciosas do Ministério da Marinha, lembrando a Toussaint suas obrigações para com a França, a necessidade de conduzir os negócios da colônia com rigor financeiro e imparcialidade, e alertando-o sobre o perigo de aproximar-se demais dos vis britânicos. Essa era a "única solução"[48] prática para Saint-Domingue no curto prazo.

Após o estabelecimento de uma paz mais geral entre a França e seus rivais europeus, a segunda fase do plano poderia ser posta em prática: nela Bonaparte escreveria novamente a Toussaint, agora com um grandioso convite para visitar Paris e comemorar suas conquistas, e também para "esclarecer o governo francês com suas sugestões sobre o futuro da colônia". Com fé característica no universalismo francês, Roume achava que passar um tempo na capital do mundo teria um efeito miraculoso em Toussaint: "com um mês" de permanência, ele seria "totalmente curado de todos os seus planos de autonomia colonial",[49] colocando-se "no nível dos melhores cidadãos franceses". Ao mesmo tempo — enquanto Toussaint estivesse ausente de Saint-Domingue —, teriam início os trabalhos de elaboração de um novo "código orgânico" para reformular o sistema político e administrativo da colônia, o qual seria promulgado após consultas com representantes de diferentes grupos raciais e territoriais. Toussaint só teria permissão para voltar quando essa tarefa estivesse concluída.

Havia qualquer coisa de ingenuamente encantador na fantasia de Roume sobre Toussaint e Bonaparte entrando a cavalo, lado a lado, na Place de la Concorde sob os aplausos de multidões parisienses, depois de celebrado um te-déum na catedral de Notre-Dame. Ele merece grande crédito e respeito por não permitir que seus tempestuosos desentendimentos com Toussaint nos últimos meses — para não falar nas duas semanas que passou num galinheiro em Haut-du-Cap — obscurecessem seu julgamento. E muito embora os acontecimentos tomassem um rumo bem diferente, a visão de Roume é um lembrete de que o rompimento entre a França e Saint-Domingue não era inevitável, e de que cenários alternativos baseados numa cooperação sustentável eram possíveis, e na verdade claramente vislumbrados dos dois lados do Atlântico. Ao mesmo tempo, com sua infantilização de Toussaint e sua crença na superioridade da civilização gaulesa, o plano de Roume revela os limites da imaginação republicana francesa diante da audácia da revolução de Saint-Domingue. Toussaint não seria seduzido com um convite para ir a Paris e ser recebido pelos cônsules com tapinhas nas costas, como um servil caipira tropical; ele tinha ideias próprias sobre como deveria ser a boa vida para ele mesmo e sua gente — e essas ideias eram muito diferentes das dos franceses.

Não há tempo a perder

Enquanto isso, Toussaint também empregava seus talentos criativos para estabelecer uma linha de comunicação com as novas autoridades consulares, e resolveu usar o general Claude-Étienne Michel, o chefe da delegação de três homens que fora enviada de Paris a Saint-Domingue, como seu canal principal. Preparou o terreno desestabilizando psicologicamente o enviado francês, ordenando a Moyse que o prendesse quando chegasse e o mantivesse sob condições severas por cinco dias numa aldeia remota. Quando Michel finalmente chegou a Cap, Moyse (sob ordens de Toussaint) o impediu de fazer contato com Roume, ainda que essa fosse uma parte essencial de sua missão, e também de encontrar-se com Toussaint. Quando, semanas depois, Michel teve acesso a Toussaint, sentiu-se agradecido pelo simples fato de ser admitido em sua presença: dessa maneira, o líder revolucionário iniciou o encontro já com uma grande vantagem.[50]

Aquilo era apenas a jogada de abertura. Em seus dois longos encontros, Toussaint fez uma espetacular encenação especialmente preparada para Michel. O enviado francês já tinha formado uma opinião muito negativa de Moyse, a quem descreveu como "vaidoso, bárbaro e despótico"; Toussaint deu a impressão de ter a mesma opinião, e de também se sentir intimidado pelo sobrinho, dizendo que não "ousava contrariá-lo", nem, por falar nisso, qualquer dos outros generais mais importantes, como Dessalines e Christopher, que seguiam cada passo seu. As únicas pessoas em seu *entourage* nas quais de fato confiava eram o chefe do estado-maior, Agé, e o conselheiro espiritual, o padre Antheaume; os outros não passavam de "parasitas". Disse, em tom de confidência, que sua situação pessoal era precária e que ele poderia "ser tirado do poder a qualquer momento" por seus subordinados ambiciosos, que o pressionavam a agir decisivamente a respeito de Santo Domingo. O poder dos generais fugira de seu controle, acrescentou, melodramático, e eles até cometiam "extorsões e atrocidades" em seu nome (referência à campanha militar contra Rigaud); nessa altura, Michel notou que Toussaint tornou-se choroso, sussurrando que "temia pela própria vida".[51]

O objetivo dessa representação teatral era convencer o governo francês da necessidade urgente de dar total apoio a Toussaint: só nessas circunstâncias, ele disse a Michel, é que "o edifício vacilante" de seu poder poderia ser estabilizado. O estratagema funcionou: o enviado francês concluiu seu relatório notando que Toussaint era a única figura na colônia que, além de contar com o apoio de todos os setores da população, era capaz de promover os interesses do governo francês, ao qual "é sinceramente apegado". Recomendou que "plenos poderes" lhe fossem concedidos para que pudesse lidar eficientemente com os adversários, e que essa medida fosse formalizada com uma "carta escrita à mão pelo general Bonaparte", de quem Toussaint estava ansioso para receber instruções.[52] O conselho de Michel era, nesse sentido, idêntico ao de Roume, ainda que os dois homens não tivessem trocado ideias antes do envio desse relatório.

Toussaint completou sua abordagem confiando a Michel uma carta endereçada a Bonaparte. Estava claro que ele via o primeiro cônsul como seu interlocutor em Paris, e não o ministro da Marinha, Forfait ["crime", em francês], de cujo nome gostava de zombar. A carta de Toussaint começava lamentando que Michel não tivesse chegado à colônia trazendo uma nota do primeiro cônsul: essa "carta preciosa" teria sido "uma fonte de grande consolação, e disseminaria um bálsamo reconfortante através de seu sangue". Ele esperava que os dois passassem agora a manter uma correspondência constante. Tinha apresentado a Michel um relato "total e franco" da situação em Saint-Domingue, e manifestado seus "temores e preocupações" sobre os desafios que enfrentava; mencionou, especificamente, o "tratamento insultuoso" recebido por Agé em Santo Domingo e condenou as "intrigas" das autoridades espanholas locais. Ciente de que havia funcionários no governo francês que espalhavam histórias hostis a seu respeito, Toussaint reafirmou sua lealdade à França e sua integridade pessoal: não era dono de uma grande fortuna e, na verdade, considerava o dinheiro um *métal corrupteur* [metal corruptor]. Para fortalecer o vínculo pessoal que esperava estabelecer com o novo governante da França, falou também do orgulho que tinha dos dois filhos mais velhos, Isaac e Placide, que estudavam no Institut National na França, e pediu a Bonaparte que lhes estendesse sua "benevolência paternal" e mandasse um deles de volta para Saint-Domingue.[53]

Não há tempo a perder 297

Mas, apesar de tentar estabelecer um diálogo direto com Bonaparte, Toussaint não alimentava ilusões sobre ele. Na mesma época em que remeteu a carta, enviou os tenentes Huin e D'Hébécourt à França numa missão secreta para trazer de volta os dois filhos.[54] Toussaint recusou-se terminantemente a atender seu pedido, transmitido por Vincent, de bordar no estandarte da Guarda Nacional de Saint-Domingue a inscrição: "Bravos negros, lembrai-vos de que só a França reconhece vossa liberdade e vossos direitos iguais". Como disse a Vincent, sem rodeios: "Não buscamos uma liberdade circunstancial, concedida apenas para nós: queremos o reconhecimento do princípio de que nenhum homem, seja vermelho, negro ou branco, pode ser propriedade de outro homem. Somos livres como resultado da nossa luta, e porque somos mais fortes. O cônsul mantém a escravidão na ilha Bourbon, e também seremos seus escravos se ele for forte".[55]

E dessa maneira, na carta para Bonaparte, Toussaint apresentou sua versão da crise em Saint-Domingue. Tinha "incentivado [Roume] com vigor, mas sem coação", a assinar o decreto de 7 de floreal — um jeito criativo de descrever o que de fato acontecera. Lamentou a recepção humilhante dada ao general Agé quando ele tentou tomar posse do território "em nome da República Francesa", notando também que a oposição espanhola se beneficiara da "conivência rasteira" do lado francês. Esforçou-se ao máximo para justificar a tomada de posse, falando da indignação popular em toda a colônia com a captura e venda de cidadãos franceses. O general Michel poderia confirmar, independentemente, a realidade do fenômeno, e foi o que aconteceu: em sua viagem de Santo Domingo para Cap, o enviado francês tinha visto, pessoalmente, três cidadãos franceses negros serem levados por um grupo de espanhóis até um embarcadouro para serem vendidos como escravizados; Michel tinha parado e abordado os traficantes, exigindo que soltassem os cativos.[56] As implicações eram claras: não se poderia permitir que o impasse no território controlado pelos espanhóis continuasse por mais tempo.

Nos meses seguintes à constrangedora saída de Agé de Santo Domingo, tudo se acalmou. Toussaint parecia ansioso para aliviar a tensão. Além da carta garantindo a Roume que já não pensava na tomada de posse, escreveu a Don García em tom conciliatório, dizendo-se aliviado pelo fato de o assunto agora estar nas mãos das autoridades francesas e espanholas, e prometendo aguardar a decisão.

Então fez uma série de intervenções muito alardeadas para reforçar a impressão de que seus pensamentos estavam inteiramente voltados para questões internas. Em outubro de 1800, produziu uma proclamação sobre a reorganização do trabalho agrícola destinada a acabar com "o ócio e a vagabundagem" entre os trabalhadores, e a colocar administradores, *conducteurs* e trabalhadores, em última análise, num regime draconiano de vigilância militar: a proclamação deixava claro que agora a função do exército era supervisionar a produtividade econômica do território.[57] Mandou Vincent para a extremidade ocidental da colônia, Môle Saint-Nicolas, a fim de inspecionar as fortificações locais, e com isso não atrapalhar. Toussaint tinha razão ao desconfiar dele: quando finalmente voltou para a França, em 1801, Vincent forneceu ao governo mapas detalhados da colônia, além de informações sobre membros do entourage do comandante-chefe.[58] Além disso, Toussaint comemorou a pacificação de Saint-Domingue. No fim de novembro de 1800, após ser festejado como herói em Gonaïves, ele visitou Cap, onde compareceu a uma lauta recepção em sua honra, ao estilo dos triunfos romanos: um *arc de triomphe* foi construído para saudar sua chegada e uma mulher branca "de beleza excepcional" solenemente depositou uma coroa de louros em sua cabeça. Os representantes municipais, ainda se lembrando das cenas aterradoras com Roume poucos meses antes, e claramente decidindo que a bajulação era o melhor caminho, pronunciaram discursos comparando-o ora a Baco, ora a Hércules, ora a Alexandre, o Grande; Bonaparte também foi mencionado, só para garantir.[59]

Mas, justamente quando os adversários tinham baixado a guarda, Toussaint atacou com força. De Cap, em meio à adulação cerimonial, mandou uma carta para Roume acusando-o de promover "discórdia e anarquia" na colônia ao cercar-se de "conspiradores perversos", que se aproveitavam

Não há tempo a perder 299

de pessoas de mente fraca, espalhando novos boatos sobre sua conivência com os britânicos e fazendo acusações difamatórias contra ele para seus superiores franceses — imputação que confirmava que Toussaint lia a correspondência de Roume (como observou um diplomata americano, eufemisticamente, as cartas em Saint-Domingue estavam "sujeitas a acidentes").[60] A respeito de Santo Domingo, repetiu a alegação de que Roume se acumpliciara com García e com o comissário francês, Chanlatte, para humilhar Agé e impedir a tomada de posse do território espanhol.[61] Roume já tinha ouvido tudo aquilo, mas dessa vez a ferroada veio no fim da carta: Toussaint ordenava que o agente francês fosse transportado sob escolta militar (indefectivelmente, por Moyse) com a mulher e a filha para a região remota e úmida de Dondon, onde deveria permanecer até ser chamado de volta pelo governo francês; os escritórios da Agência em Cap seriam fechados. Embora Toussaint prometesse que Roume não sofreria maus-tratos físicos, esse desterro do representante oficial do governo francês era um castigo extremo, especialmente porque Toussaint divulgou de imediato a notícia.[62]

A justificativa de sua ação só ficou clara poucas semanas depois, quando Toussaint mandou uma carta firme para García. Exigindo "reparação" pela maneira "insultuosa" com que as autoridades de Santo Domingo haviam tratado seu enviado Agé, anunciou a intenção renovada de assumir o controle do território, prometendo, mais uma vez, respeitar as pessoas e as propriedades dos espanhóis, bem como seus costumes religiosos. Dessa vez, a operação seria executada por "uma força armada suficientemente poderosa para garantir o cumprimento do tratado [de 1795] e a proteção de toda essa parte da colônia contra as maquinações dos inimigos da república".[63] Ele alertou os moradores contra qualquer resistência, oferecendo-lhes uma escolha simples: "entre a felicidade e a miséria, a escolha é de vocês".[64] Não haveria mais formalidades diplomáticas: Toussaint estava novamente disposto a tudo, e dessa vez tinha tomado todas as providências para que Roume não atrapalhasse.

A operação militar mobilizou uma força de mais de 10 mil homens, agrupados em três divisões republicanas que se aproximaram da capital de Santo Domingo num movimento de pinça. A coluna do norte, sob o comando de Moyse, tinha ordens para seguir para Santo Domingo pela cidade de Santiago, enquanto o próprio Toussaint chefiava uma segunda força que seguiu pela rota do sul através de San Juan e Azua, respaldada por um terceiro contingente confiado a seu irmão Paul.[65] Moyse alcançou Santiago em meados de janeiro de 1801, depois de derrotar uma força espanhola de tamanho considerável em El Portezuelo; pôs o brigadeiro-general François Pageot no comando da cidade e continuou avançando rapidamente.[66] Enquanto avançavam, soldados republicanos negros exortavam os escravizados das plantations a se revoltarem contra seus senhores, e prometiam-lhes emancipação plena.[67] Toussaint entrou em San Juan no começo de janeiro de 1801, de onde voltou a escrever para Don García, que ignorara sua comunicação anterior: a carta chegou à capital no dia da Festa da Epifania, mas definitivamente não trazia o tipo de revelação que o governador espanhol esperava. García respondeu de forma evasiva e despachou uma força para enfrentar a tropa de Toussaint, que àquela altura já havia tomado as cidades de Azua e Bani, a vinte *lieues* (cem quilômetros) da capital. Um dos que se ofereceram para combater do lado dominicano foi o comissário francês, Chanlatte, designado por García para chefiar a tropa despachada para confrontar Toussaint. A principal batalha da tomada de posse republicana do território espanhol foi travada, portanto, por comandantes franceses de ambos os lados. Chanlatte nomeou seu antecessor Kerverseau, que estava em Santo Domingo na época, para a chefia do estado-maior, e aproveitou entusiasticamente a oportunidade de pegar em armas contra Toussaint.

Mesmo com esses reforços traiçoeiros, a milícia espanhola não era páreo para o exército de Toussaint. Sua tropa de infantaria marchava tão depressa que percorria 25 *lieues* (120 quilômetros) por dia, ultrapassando até mesmo a cavalaria, cujos cavalos eram na maior parte incapazes de sustentar esse ritmo frenético.[68] Graças à sua eficiente rede de informantes, recrutados entre a população local, os soldados de Toussaint sabiam exatamente onde estavam os inimigos. Toussaint deu ordem para que suas forças acampassem na margem direita do rio Nizao e mantivessem a posi-

Não há tempo a perder 301

ção a fim de atrair os soldados de Chanlatte. Quando as tropas espanholas se agruparam na margem oposta, as forças de Toussaint atravessaram sorrateiramente o rio, ocultaram-se na floresta durante a noite e lançaram um ataque surpresa na manhã de 22 de janeiro. Acossada em três lados pelas colunas de Toussaint, a perplexa milícia espanhola fugiu e, nas palavras do próprio Chanlatte, "foi absolutamente desbaratada". Toussaint demonstrou humanidade — e bom senso tático — ao libertar imediatamente todos os prisioneiros espanhóis e fornecer-lhes salvo-condutos, ressaltando que seus soldados não desejavam mal aos cidadãos de Santo Domingo e aconselhando-os a desistir de qualquer resistência.[69]

O recado foi prontamente entendido, e Don García capitulou logo depois. Com sabedoria, os renegados Chanlatte e Kerverseau tomaram o primeiro navio para a Venezuela.[70] O vitorioso Toussaint, cujos soldados se juntaram aos de Moyse, entrou em Santo Domingo em 26 de janeiro de 1801. Atravessou os portões lentamente, em seu cavalo favorito, Bel-Argent, como se quisesse exorcizar a humilhação infligida anteriormente a Agé, e parou na frente da catedral onde estava sepultado o irmão de Cristóvão Colombo. Uma delegação de mulheres de todas as cores o recepcionou, ao som de música e fanfarras; elas também vinham montadas, portando estandartes, ramos de louro e flores. Toussaint foi escoltado até os escritórios governamentais, onde dignitários locais o receberam e conduziram ao gabinete do governador García.[71]

A vida de Toussaint foi marcada por episódios extraordinários desde 1791, mas poucos se igualaram àquele momento, em que o líder revolucionário negro se viu mais uma vez na companhia do governador espanhol, sob o qual tinha servido e a quem humilhara em 1794, ao passar para o lado francês. A incontestável derrota das milícias de García foi agravada quando Toussaint recusou seu convite para fazer um juramento solene de proteger Santo Domingo; "seria a primeira vez", respondeu o comandante-chefe, "que o vitorioso se rende ao vencido".[72] Altivamente, Toussaint pediu a García que lhe entregasse a chave da capital. O governador o levou à sala da Assembleia e apontou para um conjunto de chaves cerimoniais em cima de uma mesa, achando que Toussaint as pegaria; mas, sempre consciente do poder do simbolismo político, Toussaint pediu a García que as entregasse. Lembrou então ao governador o que tinha acontecido no começo dos anos 1790, quando era um oficial a serviço da Coroa espanhola e concebera um plano criativo para a invasão e conquista do lado francês da ilha. García rejeitara o plano com desdém; a maré da sorte tinha virado, e ele agora entregava as chaves de Santo Domingo a um oficial francês. Toussaint acrescentou, com insolência: "Se o senhor tivesse adotado o meu plano original, eu ainda estaria a serviço de Sua Majestade Católica, e a Espanha estaria de posse de toda a ilha de Saint-Domingue".[73]

"NE PERDONS PAS NOTRE TEMPS": nunca Toussaint foi tão fiel a seu lema revolucionário como nos meses que se seguiram à vitoriosa campanha em Santo Domingo. Em fevereiro de 1801, sem a menor cerimônia, ele despachou da ilha Don García e sua comitiva, depois de aliviar o governador dos 298 mil *gourdes* em seus cofres;[74] "nem um só *gourde*" teria permissão de deixar a colônia, escreveu ele dissimuladamente a García, para que não corresse o risco de cair em mãos britânicas.[75] Com típico sangue-frio, Toussaint induzira o governo espanhol a acreditar que a invasão de Santo Domingo contava com apoio total da Grã-Bretanha e dos Estados Unidos.[76]

O conquistador também enviou a Bonaparte um conciso bilhete dizendo que toda a ilha de Hispaniola agora estava sob controle republicano, e convidando-o a chamar Roume de volta para a França, uma vez que o agente francês fora envenenado "por intriga e malícia".[77] Numa carta mais longa ao primeiro cônsul no mesmo dia, permitiu-se algum exibicionismo, elogiando seus soldados pela bravura e pela força moral durante a campanha de Santo Domingo. Informou-o ainda de que promovera Moyse e Dessalines à patente de general de divisão — este último por seu papel fundamental na derrota de Rigaud, e o primeiro por sua bravura contra os espanhóis.[78] Havia no elogio a Moyse uma trágica ironia, uma vez que o sobrinho não demoraria a traí-lo. Mas não há dúvida de que Moyse merecia o elogio: até os inimigos reconheciam que era um guerreiro corajoso e temível.[79]

Não há tempo a perder 303

Na cabeça de Toussaint, o descomissionamento dos enviados espanhol e francês havia empurrado Saint-Domingue um pouco mais em sua estrada mercurial para a autonomia. Em abril de 1801, depois de casualmente lhe dar notícias de Santo Domingo e perguntar sobre sua saúde e a saúde de sua família, Toussaint ordenou a Roume que fosse embora de Saint--Domingue — mas a intenção real de sua carta era ressaltar que ele tinha razão desde o início, a despeito das objeções do agente francês.[80] Roume fora mantido em extremo confinamento por cinco meses, sem qualquer possibilidade de movimento ou comunicação; não fosse pela ajuda discreta do cônsul americano, Stevens, ele e sua família poderiam ter morrido de fome. Roume respondeu com raiva, dando oportunidade a Toussaint para um toque final de crueldade: ele informou à municipalidade de Cap que o agente se tornara mentalmente desequilibrado, e que, devido à idade e às doenças, precisava deixar a colônia de imediato.[81]

A proteção dos trabalhadores do território era uma das mais altas priori-dades de Toussaint, especialmente quando soube que famílias espanholas es-tavam abandonando as plantations de Santo Domingo aos bandos e levando consigo seus escravizados domésticos e do campo. Estimava-se que, no fim de janeiro de 1801, mais de 3 mil homens e mulheres tinham sido removidos à força por seus donos e levados para domínios espanhóis vizinhos, espe-cialmente Cuba. Toussaint tomou providências imediatas, lembrando aos espanhóis que muitos desses escravizados eram cidadãos de Saint-Domingue capturados ilegalmente. Quando soube que um navio chamado *Trois Mâts* estava prestes a partir de Santo Domingo com um grande contingente de escravizados a bordo, ordenou a sua libertação, acrescentando que era seu dever "preservar essa força de trabalho para o cultivo da terra".[82]

Isso significava, como alegam alguns detratores de Toussaint, que ele não queria de fato libertar os escravizados de Santo Domingo e só estava interessado em sua capacidade de trabalho? A começar por Ardouin, que observou que não houve proclamação formal de emancipação, alguns es-tudiosos têm se perguntado se os escravizados de Santo Domingo foram realmente libertados;[83] outros chegaram a sugerir que Toussaint só conse-guiu o apoio dos agricultores espanhóis ao prometer que poderiam manter seus escravizados, e que a servidão humana persistiu "de fato, se não de direito".[84] Há, no entanto, provas claras da emancipação dos escravizados de Santo Domingo por Toussaint: no dia em que formalmente tomou posse do território das mãos de García, 15 mil trabalhadores foram emancipados.[85] Ele fazia questão de que recebessem pagamento pelo trabalho, e impediu que outros agricultores deixassem o território levando seus escravizados; Toussaint também tinha absoluta certeza de que o velho sistema de racismo institucionalizado não poderia subsistir.[86] Isso é apoiado pelas memórias de aristocratas locais, que se queixavam amargamente das novas dificuldades que enfrentavam, e de terem sido obrigados a tolerar novas formas de igualdade social que julgavam ignominiosas. Num baile em homenagem às forças armadas francesas, um nobre de Santo Domingo foi convidado a dançar com sua antiga escravizada negra; como disse ele, desconsoladamente, "ela devia sua liberdade à entrada de negros no país".[87]

Na verdade, Toussaint contestou as hierarquias raciais da sociedade colonial espanhola logo que assumiu o controle do território, notadamente pela nomeação de negros e mestiços para cargos públicos no exército, na administração e nos *cabildos*. A nova municipalidade de Santiago, por exemplo, era composta de três membros plenos: um branco, um funcionário mestiço e um oficial negro do exército chamado Casimiro.[88] No começo de fevereiro de 1801, ao fazer uma proclamação prometendo liberdade a todos os escravizados de Santo Domingo, Toussaint especificou que eles receberiam um quarto da safra como salário, exatamente como na parte francesa da ilha. Ao mesmo tempo, teve o cuidado de advertir os trabalhadores das plantations de que seus novos direitos também traziam responsabilidades:

> Aqui é um bom pai falando com os filhos, que está lhes mostrando o caminho da felicidade, para eles e para suas famílias, e que quer vê-los contentes. Jamais acreditei que liberdade e licenciosidade fossem a mesma coisa, e que homens que se tornaram livres possam se entregar à preguiça e à desordem; minha intenção clara é que todos os *cultivateurs* permaneçam vinculados a suas respectivas plantations, onde devem receber um quarto das receitas das

safras, e que qualquer tratamento injusto de que sejam alvo seja punido; no entanto, também quero que trabalhem com mais afinco ainda do que antes, sejam obedientes e cumpram suas obrigações escrupulosamente.[89]

Em outro decreto baixado no mesmo dia, Toussaint declarou que todos os habitantes de Santo Domingo estavam a partir de então sujeitos à lei francesa, que proibia explicitamente a escravidão. Observou que "inimigos da república" vinham espalhando boatos odiosos sobre a nova ordem em Santo Domingo para incentivar a fuga da população espanhola: em particular, sugeriam que ele tinha concedido a seus soldados "quatro horas de saques", e que suas forças haviam preparado uma lista de espanhóis importantes a serem assassinados. Depois de desmentir essas histórias, Toussaint declarou que garantia pessoalmente a segurança de "todas as pessoas e propriedades", e terminou dizendo que "todos os cidadãos, sem distinção", ficavam a partir de então "sob proteção da república".[90] A linguagem não poderia ser mais clara.

Nas semanas e nos meses seguintes, Toussaint dedicou todas as suas energias a Santo Domingo, introduzindo uma série de amplas reformas atingindo todos os setores das atividades públicas e privadas. Designou um novo chefe dos arquivos públicos, reorganizou o tribunal de comércio na capital, trouxe novos funcionários municipais, criou um corpo de gendarmes em todas as comunas (com a importante condição de que cada um tivesse seu próprio corneteiro), estabeleceu escolas públicas, designou oito defensores públicos (quatro em Santo Domingo e quatro em Santiago), construiu novas estradas (em especial a de Santo Domingo a Laxavon, que ficava a oito *lieues* de distância, cerca de quarenta quilômetros) e abriu seis portos ao comércio exterior, enquanto, ao mesmo tempo, reduzia impostos e taxas para atrair investimentos de fora; também introduziu carruagens puxadas a cavalo no território, que logo percorriam Santo Domingo a velocidades louverturianas.[91] Encontrou tempo até para atuar como conselheiro matrimonial: escreveu a García exigindo que um de seus oficiais honrasse a promessa de casar com a filha de Doña Guerrero; "A moralidade", comentou, "precisa ser protegida".[92]

Nessa torrente de proclamações, uma das mais notáveis convidava "novos colonos" de Saint-Domingue a aproveitarem as oportunidades oferecidas pelo novo território. Aqui vemos Toussaint exibindo suas qualidades maravilhosamente ecléticas: lirismo visionário, proximidade da natureza e, neste caso, um toque de empreendedorismo colonial. Enaltecia os méritos da "magnífica planície de Samaná", sobre a qual "a Providência parece ter espargido todos os seus favores". Era um eldorado: "Boa para todos os tipos de agricultura, apresenta um grau espantoso de fertilidade, e uma temperatura mais amena do que a de todas as demais planícies de Saint-Domingue; é também abençoada pela facilidade de acesso e irrigada por rios de todas as direções, em particular pelo rio Yuna, que, depois de percorrer grandes distâncias vindo do interior, deságua na magnífica baía de Samaná, que forma o porto natural mais vasto e mais seguro da região". Prometendo distribuir concessões de terras para "qualquer cidadão francês trabalhador" que quisesse estabelecer-se naquela área, Toussaint garantia "retornos de cem vezes" sobre seus investimentos e seu trabalho — promessa que demonstrava também que ele via os destinos da França e de Saint-Domingue como inextricavelmente ligados num futuro previsível.[93] Ao mesmo tempo, para não incentivar um súbito êxodo de trabalhadores negros das plantations do lado francês, proibiu a venda de qualquer terreno de menos de cinquenta *carreaux* (sessenta hectares).[94]

Outra característica de Toussaint, que complementava o gosto por projetos grandiosos, era a obsessão pelo detalhe, e isso também ficou profusamente claro quando assumiu a gestão de Santo Domingo. Logo depois da capitulação espanhola, ele percorreu o território para fazer uma avaliação meticulosa de suas potencialidades agrícolas, e encomendou um relatório detalhado ao agente florestal de Saint-Domingue.[95] Além disso, autorizou o naturalista francês Michel Descourtilz a catalogar a flora da região.[96] Em suas próprias andanças por Santo Domingo, Toussaint ficou impressionado com a visível falta de desenvolvimento: havia apenas 22 plantations de cana-de-açúcar, e nenhuma de índigo ou de algodão à vista; café e tabaco só eram cultivados para consumo local. Ele então fez uma proclamação convidando a população a concentrar-se na produção de commodities agrícolas, especificamente açúcar, café, algodão e cacau. Sugeriu que agricultores ousassem além dos produtos tradicionais de subsistência favoritos, como banana, batata-doce e inhame; só fazendo essa transição poderiam escapar da pobreza.[97]

Toussaint também se interessou particularmente pelo destino das árvores de mogno: lembrava-se, de suas visitas anteriores, que Santo Domingo era coberta de mogno, mas dessa vez teve dificuldade de encontrar "cem metros quadrados". Descobriu, para grande irritação sua, que as árvores tinham sido abusivamente exploradas pelos espanhóis, que as haviam derrubado sem piedade para exportação; notou, com particular indignação,

Depois da invasão de Santo Domingo em 1801, Toussaint convocou a população local a concentrar-se na produção de commodities agrícolas, citando especificamente açúcar, café, algodão e cacau. A tradução espanhola aparece do lado direito.

que os troncos tinham sido cortados de tal maneira que impossibilitava o cultivo futuro das árvores. Diante disso, baixou um decreto proibindo a exportação de mogno e limitando o seu uso à construção local;[98] isso viria a ser corrigido, atendendo a reclamações dos agricultores locais, mas Toussaint instruiu os funcionários de alfândega a vigiarem com rigor as exportações de mogno, para garantir o pagamento das necessárias taxas de exportação e impedir fraudes. Toussaint avisou ao recém-nomeado chefe da alfândega de Azua que ele tinha uma "responsabilidade terrível" e que pagaria pela mais leve impropriedade "com a própria cabeça".[99]

O ativismo do comandante-chefe era incansável; ele alinhou o valor do *gourde* de Santo Domingo ao do de Saint-Domingue;[100] foi atrás da viúva de seu velho comandante, general Biassou, para quem vinha mandando uma pensão regular, e a convidou a voltar para a capital de Saint-Domingue, onde viria a receber outros sinais de estima pública;[101] depois de uma explosão no furto de gado, ele proibiu a venda de animais domésticos, e mandou prender no ato qualquer pessoa flagrada levando rebanhos de uma comuna para outra, a menos que portasse "passaportes válidos", ou tivesse obtido licença assinada por ele ou pelos governadores militares dos dois departamentos.[102] Informado sobre os arranjos insatisfatórios para o culto religioso na região em torno de Santiago, imediatamente criou quatro novas paróquias e determinou o número exato de padres que deveriam celebrar em cada uma, a frequência de sua presença e os serviços que deveriam oferecer.[103]

Além dos ideais revolucionários, a fé religiosa de Toussaint era, claro, um importante fundamento de seu apelo político; isso acabou sendo o caso também na profundamente piedosa Santo Domingo. Clérigos que nutriam preconceitos raciais mostravam-se claramente insatisfeitos com as novas autoridades, e houve incidentes entre brancos e negros na catedral de Santo Domingo; segundo uma testemunha, Toussaint acalmou os ânimos com uma de suas intervenções peculiares, observando que tinha a "infelicidade" de ser negro, mas que "ninguém seria capaz de superá-lo em conhecimento científico".[104] A maioria dos padres ostentava pelo menos uma aparência de consentimento. Em cerimônias realizadas em honra do novo governador em muitas cidades e aldeias, os padres tocavam os sinos das igrejas e saíam para saudá-lo com estandartes e incenso; mulheres colocavam coroas em sua cabeça.[105]

O regime de Toussaint era apoiado em muitos setores da sociedade, de negros e pardos à burguesia comercial branca; só os nobres preconceituosos eram majoritariamente hostis.[106] Assim, ao voltar para uma visita em janeiro de 1802, ele foi saudado com euforia em todo o território; uma testemunha notou que "foi recebido com as maiores demonstrações de entusiasmo e alegria pelos ex-escravos".[107] Numa carta a seu padre, uma espanhola moradora de Santiago o chamou de "Toussaint, o Sublime", e observou: "Não daríamos uma recepção mais calorosa ao nosso próprio monarca".[108] Ele recrutou um grupo de músicos do batalhão de Fijo em Santo Domingo e os mandou de volta a Port-Républicain para serem incluídos em sua guarda de honra.[109] Talvez esse êxtase popular tenha sido o que o levou, pouco depois, a ordenar que três moedas fossem cunhadas em Santo Domingo, sob a direção de um ourives francês chamado Tessier. Os novos *double-escalins, escalins* e *demi-escalins* deveriam ter curso legal em toda a ilha, e eram adornados de um lado com "République Française" e do outro com "Colonie de Saint-Domingue".[110] Diz a lenda que alguns traziam a inscrição "Toussaint Louverture", mas isso talvez fosse apenas um sinal do quanto ele se tornara onipresente na tórrida imaginação dos habitantes locais.

9. Na região das águias

A IMAGINAÇÃO DE TOUSSAINT ERA MAIS FÉRTIL quando ele estava em atividade. No começo de fevereiro de 1801, enquanto seus decretos começavam a transformar Santo Domingo, ele fez uma proclamação para todos os cidadãos da ilha. Depois de cumprimentar o exército por cumprir suas ordens com "coragem e inteligência" e de desejar felicidade a Saint-Domingue (que agora chamava rotineiramente de *"mon pays"*), convidou as autoridades municipais a selecionarem representantes para uma Assembleia Central, que se reuniria em Port-Républicain em meados de março. Sua tarefa seria redigir um novo conjunto de leis que fossem "adequadas aos nossos hábitos, nossos costumes, nosso clima, nossa indústria, e ao mesmo tempo fortalecendo ainda mais nossos laços com a República Francesa". O documento seria enviado ao governo em Paris para aprovação, antes de se tornar a lei do território. Depois de expulsar tropas estrangeiras da colônia, estabelecer sua autoridade militar como comandante-chefe, subjugar os rebeldes sulistas, neutralizar e destituir sucessivos enviados franceses, ludibriar as autoridades espanholas em Santo Domingo e unificar a ilha de Hispaniola sob governo republicano francês, Toussaint agora se lançava em sua mais ousada aventura: uma nova Constituição.[1]

Era uma jogada louverturiana caracteristicamente imaginativa e pegou todo mundo de surpresa. O artigo 91 da Constituição de 22 de frimário do ano VIII, estipulando que as colônias seriam governadas por "leis especiais", destinava-se a permitir controle local mais rigoroso pelo governo central em Paris. Toussaint o estava interpretando ao pé da letra, mas, na verdade, subvertendo-o para servir a seus próprios objetivos revolucionários. Apropriava-se dos argumentos reacionários dos crioulos espanhóis sobre

Na região das águias

especificidade cultural e histórica, que tinham sido usados apenas algumas semanas antes em protesto contra sua invasão de Santo Domingo. A ideia de uma nova Constituição era perfeitamente compatível com o gosto de Toussaint por generalização e codificação, e com sua consistente capacidade de transgressão. A jogada era também o clímax natural de sua marcha rumo ao poder supremo — como ele próprio reconheceu ao confessar, numa conversa, que era "incapaz de desacelerar seu ritmo tremendo" e que se sentia "arrastado por uma força oculta à qual não podia resistir".[2]

Os biógrafos de Toussaint costumam ver esse projeto constitucional como a extensão lógica de sua busca de independência. A começar pelo uivo angustiado de Louis Dubroca em 1802 contra a "solene ruptura pelo africano fanático dos laços que unem a colônia à pátria-mãe",[3] seus críticos conservadores o descrevem como o epítome da perfídia, prova inequívoca da ambição de Toussaint de romper os laços com a França. Seus admiradores progressistas o veem como a apoteose de sua luta contra a escravidão, embora prejudicada pela incapacidade de comunicar suas reais intenções ao povo e pelo mergulho no despotismo.[4] Para outros, ainda, os planos constitucionais de Toussaint foram uma extravagância arrogante de um homem que perdera o rumo, "ofuscado pelos favores da sorte, e impelido por uma espécie de fatalismo rumo ao abismo".[5] Mais recentemente, houve um redespertar do interesse acadêmico pela Constituição de 1801, em particular no que diz respeito a suas implicações filosóficas mais amplas.[6]

Mas, nessa enxurrada de argumentos e contra-argumentos, a natureza dinâmica do pensamento de Toussaint sumiu. Em sua cabeça, tornara-se imperativo estabelecer alguma distância entre Saint-Domingue e a França. A medida era necessária tanto para promover melhor governança interna como para proteger a colônia contra instabilidade política francesa, e contra legislação futura que pudesse danificar seu tecido social e econômico. Como já vimos, forças hostis à ordem revolucionária nas colônias ganhavam terreno sistematicamente em Paris: em abril de 1799, a Société des Amis des Noirs foi efetivamente fechada,[7] e depois do golpe de Estado de Bonaparte a nova Constituição francesa de 22 de frimário não continha declaração de direitos nem concedia cidadania automática aos nascidos fora da França. Pior ainda, criara um limbo jurídico no qual a escravidão podia ser tolerada para certas categorias de pessoas, como os empregados domésticos. Era crença geral que a falta de clareza do artigo 91 tinha como objetivo abrir caminho para uma restauração total da escravidão nas colônias, e para o reconhecimento de direitos civis plenos apenas aos brancos — como ocorreu subsequentemente na Martinica, em Guadalupe e na Guiana, em 1802.[8]

A Constituição de Saint-Domingue também foi resultado das relações cada vez mais tensas entre Toussaint e as autoridades francesas ao longo de toda a guerra das facas. Seu confronto com Rigaud ensinou-lhe uma poderosa lição: ainda que tivesse apenas respondido à "agressão" do líder mestiço à sua autoridade legítima, o governo francês nada fizera para ajudá-lo e, na verdade, até insuflara as chamas do conflito — e depois o responsabilizara por sua continuação. Isso explica a carta contundente que redigiu para o ministro da Marinha da França em fevereiro de 1801: "Peguei em armas para suprimir a revolta de Rigaud; se não tivesse agido assim, a colônia ainda estaria sendo consumida pelos horrores da guerra civil. E nesta circunstância importante o governo se omitiu, não dizendo a Rigaud que ele não deveria utilizar as armas que lhe haviam sido confiadas contra a república. Eu simplesmente respondi à força com a força, e se houve derramamento de sangue foi por autodefesa justificada".[9]

Assim, se os franceses nada fariam para ajudá-lo contra seus inimigos internos, Toussaint achou que cabia a ele mesmo preservar os ganhos da revolução de Saint-Domingue e proteger a colônia de ataques externos. Tanto o espírito como a letra de sua Constituição foram inspirados por esse objetivo republicano: como declarava o artigo terceiro, "escravos não podem existir neste território e a servidão está para sempre abolida. Aqui, todos os homens nascem, vivem e morrem livres e franceses".[10] Seu nobre pensamento refletia-se numa de suas metáforas tipicamente pitorescas: "Levantei voo da região das águias; preciso ser prudente ao retornar à terra: só posso pousar numa rocha, e essa rocha tem que ser o edifício da Constituição, que garantirá meu poder enquanto eu estiver entre os mortais".[11]

Na região das águias 313

No começo dos anos 1800, conversas animadas já ocorriam em diferentes partes do mundo sobre o futuro constitucional de Saint-Domingue e o lugar de Toussaint nesse futuro. Como vimos no capítulo anterior, Roume achava que ele deveria envolver-se em discussões sobre a criação de novo código orgânico para a colônia. Alexander Hamilton o descrevia como chefe de um regime militar feudal,[12] enquanto para os agricultores exilados proprietários de escravos que haviam lutado contra ele num esforço desesperado para reverter a maré da emancipação negra Toussaint ainda era um "escravo rebelde" cujo poder precisava ser "detido" a qualquer custo, sob o risco de se espalhar para "os negros de todas as outras colônias da região"[13] — argumento repercutido num relatório do governador da Venezuela, controlada pelos espanhóis, que entendia que a nova ordem política de Toussaint estava "roubando os direitos e a tranquilidade de Estados".[14] Alguns de seus escravizados mais militantes e dos negros forros que o apoiavam na área atlântica de fato pensavam que ele estava transformando a colônia numa república exclusivamente negra. Os britânicos começavam a vê-lo como o rei de uma Saint-Domingue independente, enquanto os *colons* locais rezavam secretamente para que ele pudesse presidir uma restauração saneada da velha ordem das plantations. Em meados de 1801, graças a algumas conversas deliberadamente indiscretas de um de seus enviados a Londres, o astucioso Toussaint até levara os britânicos, cuja "tola ingenuidade"[15] o divertia, a acreditar que logo nomearia um "governo branco" em Saint-Domingue.[16]

Embora ele estivesse satisfeito de saber que o futuro constitucional de Saint-Domingue era objeto de conjecturas, nenhum dos planos propostos influenciou diretamente o pensamento de Toussaint. Na verdade, há provas convincentes de que o processo constitucional que ele seguia foi concebido pela primeira vez em discussões com seu aliado próximo, o antigo comissário Julien Raimond. O dignitário mestiço era o terceiro membro da delegação (ao lado do general Michel e de Charles Vincent) enviada a Saint-Domingue em 1800 para tranquilizar as elites locais sobre as "leis especiais" prometidas pelo artigo 91 da Constituição francesa. Em seu relatório a Bonaparte, Raimond apoiou a ideia de diferentes regimes jurídicos entre a França e Saint-Domingue, e propôs um breve documento que consistia em três artigos: sobre o status particular da colônia, sobre seu comércio exclusivo com a França e sobre a proibição da escravatura; este último, assim: "Em todas as colônias francesas onde foi abolida, a servidão humana jamais poderá ser restaurada". Raimond acrescentou que esses regulamentos administrativos especiais, a que chamava de "leis orgânicas", precisavam ser redigidos não por distantes legisladores franceses, mas por homens com conhecimento e experiência locais. Raimond propôs que as leis orgânicas de Saint-Domingue fossem elaboradas por uma "comissão ad hoc" presidida por três homens, um dos quais deveria ser Toussaint, e outro um "europeu que representasse o Cônsul", "conhecesse a colônia e desfrutasse da confiança de seus habitantes"; eles deveriam ser assistidos por determinado número de representantes de cada departamento.[17]

Toussaint redigiu sua Constituição seguindo ao pé da letra essas propostas, ao mesmo tempo que subvertia seu espírito de prudente lealismo. Depois de designar os membros da Assembleia Central, ele os convocou a Port-Républicain em março de 1801 para começarem a trabalhar no documento. A presidência foi entregue a Bernard Borgella, o ex-prefeito da cidade, um influente agricultor branco e um bom aliado político de Toussaint. De formação e opiniões parecidas eram Gaston Nogérée e André Collet, que defendiam os interesses de agricultores brancos sulistas, e três nomeados de Santo Domingo: os luminares locais Mugnoz e Roxas, e Mancebo, um padre católico, todos três ardorosos apoiadores da revolução (um quarto nomeado morreu antes da primeira reunião).[18] Além de Raimond, havia mais duas pessoas de cor: um homem chamado Lacour, cujo primeiro nome não está registrado; e Étienne Viard, um dos assistentes de Toussaint, que atuava como secretário. O único negro era o general Moyse, escolhido para representar o departamento do norte, onde era imensamente popular entre os *cultivateurs*. Ele se recusou a servir na Assembleia, achando que talvez fosse ceder terreno demais aos *colons* — um primeiro gesto explícito de resistência.

As relações de Toussaint com os nove membros da Assembleia têm sido assunto de muita conjectura. Para alguns historiadores, todo o pro-

Na região das águias 315

cesso de redação foi apenas um espetáculo à parte para distrair a atenção, e os verdadeiros autores do texto foram o secretário do comandante-chefe Henri Pascal (genro de Julien Raimond, supostamente sob sua influência), ajudado por seus padres Marini e Molière.[19] Para outros, os membros da Assembleia trabalharam com afinco, mas se limitavam a seguir as instruções do patrão: um observador contemporâneo referia-se a eles como "legisladores fantoches", ao passo que para Sannon "aqueles homens eram na verdade representantes de Toussaint Louverture, mais do que do povo de Saint-Domingue".[20] No entanto, para outros, ainda, Toussaint é que foi manipulado pela Assembleia: isso explica a excessiva representação dos donos de plantation de Saint-Domingue e a codificação de leis sobre propriedade e trabalho que atendia aos interesses de colonos e exilados e abriu caminho para uma espécie de despotismo econômico. Laurent Dubois afirma, portanto, que a Constituição de 1801 foi um "documento possibilitando uma nova ordem colonial".[21]

Como é sempre o caso com Toussaint, a verdade era mais intrincada. Na cerimônia de abertura da Assembleia, ele disse aos legisladores para não divulgarem o conteúdo das discussões, e lembrou-lhes que suas recomendações só entrariam em vigor se ele as aceitasse. Além disso, ofereceu-lhes um roteiro preciso — como notado nas atas da primeira sessão, a única cujos registros sobreviveram.[22] A razão de ser da Constituição era criar um conjunto de princípios legais "amadurecido pelas lições da experiência e pelo conhecimento das localidades", disse Toussaint; sua necessidade vinha do vazio jurídico deliberadamente criado pelas Constituições francesas de 1795 e 1799 para a administração das colônias.[23] De posse dessas instruções, Toussaint deixou os legisladores trabalharem como bem entendessem. Eles se reuniam diariamente, das nove da manhã às duas da tarde; as deliberações eram quase sempre muito animadas, e lançam luz sobre sua visão de Saint-Domingue e sobre a centralidade da liderança de Toussaint. É claro que Raimond contribuiu para a redação do artigo abolindo a escravidão, cuja linguagem era muito parecida com sua própria primeira versão para Bonaparte; teve menos sorte, porém, ao defender a noção de comércio colonial exclusivo com a França: Toussaint contornou-a com uma cláusula que astutamente dava ao governador "todos os poderes necessários para assegurar provisões para a colônia".[24] Ao mesmo tempo, com sua astúcia habitual, as instruções de Toussaint tinham deixado de fora o ponto mais importante. A função primordial da Assembleia era externa: mandar uma mensagem de tranquilidade para o governo francês. Ele precisava que essas figuras respeitáveis atestassem seu compromisso com a preservação dos interesses franceses em Saint-Domingue; na verdade, sua primeiríssima discussão formal foi a respeito da "ilha de Saint-Domingue em sua relação moral com a metrópole".[25]

O primeiro rascunho de texto preparado pela Assembleia continha seções separadas sobre a agricultura e o comércio de Saint-Domingue (título VI), os poderes de seu novo chefe do executivo, o governador (título VIII), a reforma geral do sistema de justiça (título IX), a reforma municipal (título X) e a racionalização das finanças da colônia (título XIII). O rascunho também refletia a preocupação de Toussaint com questões de moralidade pública: propunha que o catolicismo fosse declarado a religião oficial (título III), e o divórcio proibido "com o propósito de incentivar e fortalecer a unidade familiar" (título IV); os deveres do governador incluíam a proibição de qualquer texto subversivo que pudesse "corromper a moralidade coletiva" (artigo 39), e a supervisão de qualquer atividade que pudesse ameaçar o "espírito público, a segurança, a saúde ou a fortuna dos cidadãos" (artigo 69).[26]

Amostras fascinantes do pensamento dos legisladores podem ser encontradas nas anotações de Gaston Nogérée, cujos documentos pessoais sobreviveram; ele tomou parte ativa nas deliberações, e também na redação da série de "leis orgânicas" que acompanhavam a Constituição, adotadas entre meados de julho e meados de agosto de 1801. Nogérée não era nenhum agitador revolucionário, mas um *grand blanc* que conhecera Toussaint em Port-Républicain em outubro de 1798, depois da evacuação de Jérémie pelos britânicos, com os quais — como a maioria dos agricultores sulistas — tinha colaborado ativamente; antes de 1791, também havia sido proprietário de muitos escravizados. Fiel à sua filosofia de reconciliação nacional, Toussaint não guardou rancor contra ele e deu-lhe permissão para fundar uma escola de matemática, com a condição de que concedesse

Na região das águias

quatro bolsas para estudantes negros excepcionais. Isso também era típico da ética republicana de Toussaint: fazer as pessoas se redimirem de seus pecados praticando atos de caridade.[27]

A partir desse momento, Nogérée tornou-se um devoto de Louverture, vendo, com admiração, o ex-escravizado comandar o retorno da ordem, da prosperidade e da harmonia a Saint-Domingue: "Vi a tranquilidade desenvolver-se onde quer que ele exercesse sua influência". Impressionava-o particularmente a forma como seus "pobres compatriotas, os colonos", começaram a ser "tratados com consideração novamente pelos negros, graças às ordens e ao exemplo dados pelo comandante-chefe". Nogérée comentou o carinho com que Toussaint era saudado pela população sempre que voltava a Port-Républicain depois de uma ausência prolongada: os moradores festejavam com "iluminações espontâneas, que podiam durar dois ou três dias". E sintetizou a atitude dos *colons* brancos para com seu protetor nesta fórmula surpreendente: "Se ele adoecesse, ficávamos todos muito preocupados, achávamos que nossa existência estava ligada à dele".[28]

As anotações de Nogérée — o único registro adicional das discussões constitucionais da colônia que chegou até nós — oferecem vislumbres cativantes das discussões da Assembleia. Ele registrou as solenes diretrizes dadas por Toussaint aos legisladores no primeiro encontro com eles em março de 1801: deveriam pensar em si mesmos como "magistrados incumbidos de assegurar a felicidade de Saint-Domingue". Levava muito a sério suas obrigações, e num momento de discordância com Toussaint até escreveu que, embora fosse "grato pelo líder que a Providência nos mandou", sua maior ambição era "conquistar a estima" de seus concidadãos. Era, acima de tudo, ferozmente leal à França: aceitava completamente a premissa de Toussaint de que o texto que estavam elaborando juntos era apenas um rascunho, que só se tornaria lei depois de aprovado pelo governo francês. Nogérée chegou a se oferecer para levar o documento a Bonaparte; Toussaint persuadiu-o de que ele era a pessoa "ideal" para desempenhar essa tarefa patriótica.[29] Na carta em que apresentou Nogérée às autoridades francesas, Toussaint observou que ele tinha "testemunhado todos os acontecimentos em Saint-Domingue desde a revolução", e estava, portanto, "em perfeitas condições de informar o governo da situação atual na colônia".[30]

As atas de Nogérée mostram exatamente por que Toussaint achava que ele seria um enviado ideal ao governo francês e seus aliados no lobby colonial francês. Era um agricultor branco amante da ordem, com opiniões sociais basicamente conservadoras. Aplaudia as propostas de restauração da religião católica e citava Toussaint como "exemplo de devoção religiosa". Defendia vigorosamente o ideal de uma economia de plantations consagrado no título VI, notadamente a prioridade dada à agricultura, e a definição de propriedade como "o asilo sossegado de uma família trabalhadora e metódica, cujo administrador é, necessariamente, o pai".[31] Era contra a compra de pequenos lotes de terra por *cultivateurs* negros, que parecia continuar a despeito da proibição formal de Toussaint. Manifestamente hostil a qualquer forma de empreendedorismo negro em pequena escala, Nogérée condenava também a proliferação de "pequenas barracas à beira das estradas principais, onde se vendiam tafiá e alimentos". Achava que os negros e pessoas de cor crioulos tinham propensão para a "arrogância", e reprovava os hábitos recreativos dos escravizados domésticos e dos trabalhadores das plantations de Saint-Domingue, notando que as *kalindas* tendiam a degenerar em "batalhas sangrentas, com espingardas e sabres"; sem dúvida sua própria cabeça aparecia em efígie em uma ou duas estacas nessas reuniões amistosas.[32]

O mais interessante de tudo são os pensamentos de Nogérée sobre os futuros arranjos do poder executivo de Saint-Domingue. Ele endossava francamente a proposta (contida no que viria a ser o artigo 28) de que Toussaint fosse designado governador vitalício, com a qual sem dúvida os membros da Assembleia unanimemente concordavam; em seu discurso na sessão de abertura, Lacour saudara Toussaint como "o salvador e restaurador da colônia".[33] Nogérée não só concordava, mas manifestou a esperança de que ele vivesse para governar ao menos "pelos próximos vinte anos" — "uma receita para vinte anos de tranquilidade e felicidade para a colônia e para minha família". Mas ficou horrorizado com a sugestão de que Toussaint tivesse o poder de designar seu sucessor: essa prerrogativa, anunciou, era um "conceito monárquico".[34] A oposição de Nogérée talvez se baseasse em sua avaliação da provável linha de sucessão: ele achava que nenhum dos comandantes militares do exército de Toussaint tinha a mesma estatura política e intelectual do comandante-chefe, e o mais óbvio candidato a sucedê-lo seria Dessalines — possibilidade que, devido à temível reputação deste, o deixava muito apreensivo.

No entanto é provável que esse medo também tivesse desempenhado um papel importante no pensamento de Toussaint, e fosse uma das principais razões para ele desejar que Nogérée fosse a Paris — para repetir as histórias que tinha ouvido sobre Dessalines. Ele havia contado uma delas a Toussaint e a outros membros da Assembleia. Era sabido por todos que Dessalines tinha dito a seus soldados no fim da guerra contra Rigaud em meados de 1800 que o exército republicano de Saint-Domingue ainda tinha dois conflitos pela frente: o primeiro contra os espanhóis em Santo Domingo, que seria simples, e o segundo contra os franceses, se eles despachassem uma expedição armada para trazer de volta a escravidão. Nesse caso, advertiu Dessalines, seria uma guerra de extermínio, e *"il fallait tout le monde levé tous ensemble, les femmes commes les hommes"* [deve haver uma revolta de todos juntos, homens e mulheres].[35] Apesar de ter sido enviado a Paris com a Constituição, Nogérée jamais conseguiu transmitir a Bonaparte essa ameaça de insurreição em massa, como queria Toussaint. Foi uma lástima, pois as palavras de Dessalines previram exatamente o que aconteceu ao exército francês invasor após sua chegada a Saint-Domingue em 1802.

Toussaint recebeu o texto preliminar da Assembleia no começo de maio de 1801. Por ser um perfeccionista, trabalhou no documento e nas "leis orgânicas" a ele relacionadas durante dois meses, antes de achar que estavam prontos para divulgação. Tinha consciência das restrições dos legisladores a várias questões, especialmente a designação de seu sucessor e até onde iam os poderes do governador. Mas sabia que precisava assumir total autoridade executiva — sobretudo porque a ideia de nomear um governador que combinasse todas as funções civis e militares começava a ganhar força em Paris.[36]

Esses planos quase invariavelmente viam o governador como europeu, mas Toussaint se considerava, claro, a pessoa certa para o cargo, principalmente porque o vinha exercendo efetivamente havia alguns anos. Nesse sentido, como em muitos outros, para ele a Constituição apenas formalizava as realidades políticas existentes em Saint-Domingue.

Tudo comprova que havia um entusiasmo generalizado na colônia pela liderança de Toussaint. Era o caso em Santo Domingo, como já vimos, e não havia dúvida sobre sua popularidade esmagadora junto à população branca da colônia, que o via como protetor. Nas palavras de um desses brancos, Toussaint tinha usado o poder "apenas para o bem dos *colons* e para a restauração da colônia";[37] outro elogiou sua "humanidade e respeito pela religião", e sua compreensão de que a presença dos europeus era essencial para a "preservação do comércio e das artes"; e terminou dizendo que, "se ele morresse, seria devastador para a colônia".[38] Esses sentimentos encontravam amplo eco entre os cidadãos negros, e Toussaint os testemunhava em suas viagens por Saint-Domingue. O apoio para que assumisse plenos poderes executivos também era vigorosamente manifestado sempre que comunidades locais expressavam suas opiniões políticas. Durante sua mobilização contra Roume em 1799, por exemplo, quando a municipalidade de Gros-Morne fez uma proclamação exigindo que o agente francês fosse mandado de volta para a França, suas opiniões sobre governança foram claras: "Não precisamos [de Roume] ou de qualquer outro agente. Só confiamos no comandante-chefe, e ele adquiriu nossa confiança não só por sua firmeza e apego à França, mas por seu zelo em defender nossa liberdade, e por sua humanidade e suas virtudes". Ela terminava propondo ao governo francês "conceder todos os poderes executivos ao comandante-chefe".[39] A Assembleia de Croix-des-Bouquets declarou que "só o comandante-chefe pode restaurar a velha glória de Saint-Domingue; só ele conhece as singularidades das diferentes regiões, as quais refletem seus variados climas; só ele compreende o espírito, o caráter, os hábitos e costumes do povo que habita esta colônia".[40] Houve numerosos exemplos parecidos.

Era tão grande a confiança de Toussaint na própria popularidade às vésperas de publicação de sua Constituição que ele estendeu a mão do

Na região das águias 321

perdão aos apoiadores de Rigaud que ainda restavam, alguns dos quais apodreciam nas cadeias. No fim de maio de 1801, mandou levar um grupo desses homens à igreja de Cap, onde se dirigiu a eles do púlpito, numa típica homilia; falando-lhes "como um pai", lamentou todas as dores que tinham sofrido, e lhes disse que voltassem em paz para suas famílias e para serem consolados, pois estavam sendo "generosamente" perdoados (Toussaint sempre cuidava da própria publicidade). Para ter certeza absoluta de que o recado fosse entendido tanto por pessoas de cor como por seus próprios subordinados, escreveu a Dessalines poucos dias depois, pedindo-lhe para divulgar que esses rigaudianos mestiços eram agora seus "irmãos e filhos", e que seu único desejo era de que eles "sigam o caminho da retidão, pratiquem a fé e criem seus filhos no temor de Deus".[41] Podemos ter certeza de que o recado foi entendido: o castigo divino não era nada em comparação com o medo que tinham de Dessalines.

No começo de julho, Toussaint finalmente anunciou a cerimônia constitucional: seria realizada no dia 7 em Cap.[42] Seus cidadãos não dormiram direito na noite da véspera, pois os bateristas e os tocadores de instrumentos de sopro de sua cavalaria começaram a convocar a população às três da madrugada, e às cinco os soldados do exército e da Guarda Nacional estavam reunidos, com seus melhores trajes, na Place d'Armes. Toussaint chegou exatamente às cinco e meia, precedido por uma procissão de autoridades civis e militares. A essa altura, uma grande multidão já se reunira, incluindo numerosos professores e alunos, que formaram um círculo em torno do palanque oficial; entre os convidados mais ilustres estavam os membros da Assembleia, o novo embaixador americano, Tobias Lear, e seu antecessor, Edward Stevens, que ainda se achava na colônia e fora pessoalmente convidado por Toussaint. Moyse também estava presente: ele não teria permissão para ficar de mau humor de maneira indefinida, e Toussaint claramente o queria à vista de todos, para que soubessem quem mandava.

Toda a cerimônia foi uma justificativa meticulosamente elaborada por Toussaint, tanto filosófica quanto prática, dos poderes que Saint-Domingue exigia da França, e nele investidos pelas novas propostas constitucionais. O tom dessa vez era bem diferente do tom de suas discussões com os membros da Assembleia. Depois do sigilo em torno da preparação do texto, essa ocasião seria amplamente divulgada em toda a ilha; um longo relato das atividades foi imediatamente produzido pelas autoridades de Cap e enviado a todas as municipalidades. Houve três discursos: primeiro o de Borgella, seguido pelo de Toussaint e, finalmente, o de Fouqueau, o presidente do tribunal civil; cada um apresentou dimensões complementares da base lógica do documento. Pode-se ver pela linguagem, pelas imagens e pela sofisticação dos argumentos que Toussaint não só examinou cuidadosamente os outros dois discursos como na verdade canalizou as próprias opiniões através de Borgella e Fouqueau.[43]

Esse ventriloquismo era talvez mais evidente na ousada medida anunciada perto do fim do discurso de Borgella, pouco antes de ele começar a leitura dos 77 artigos da Constituição. O presidente da Assembleia anunciou que, ainda que o plano original fosse "submeter" o rascunho constitucional ao governo francês para aprovação, a "ausência de leis" em Saint-Domingue tinha criado uma situação de "perigo iminente" para a colônia. Nessas circunstâncias, Toussaint tinha que ser convidado a "pôr a Constituição em execução imediata". Ele não poderia deixar de responder afirmativamente a um apelo tão urgente — em primeiro lugar porque ele mesmo o planejara. Assim, o texto preliminar recebeu sua bênção formal na cerimônia de Cap e Toussaint aprovou a própria nomeação como governador (o efeito teatral perdeu-se um pouco junto à multidão, uma vez que sua autoconfirmação foi abafada pelo rugido entusiástico, sem dúvida misturado com alívio, que saudou o fim do longo discurso de Borgella). Houve um argumento ainda mais audacioso utilizado para justificar essa autorização legislativa: a ação pronta e decisiva era necessária, segundo Borgella, porque o governo francês não dera a conhecer suas opiniões sobre Saint-Domingue, e estava "calado há demasiado tempo". Esse também foi outro gesto de prestidigitação esplendidamente louverturiano: o governo francês estava sendo repreendido por não responder com suficiente rapidez a um documento que ainda nem tinha recebido.

As políticas simbólicas da Assembleia Central foram inteiramente projetadas para tranquilizar a França sobre seus interesses nacionais e os

PROGRAMME

DE la Cérémome qui aura lieu le 18 Messidor , l'an neuvième de la République française , une et indivisible , pour la Proclamation de la Constitution.

TOUSSAINT LOUVERTURE ,

Général en Chef de l'Armée de Saint - Domingue.

L'ASSEMBLÉE centrale m'ayant prévenu qu'elle avait fixé le 18 Messidor pour proclamer la Constitution. Afin de donner à cet Acte important toute la pompe et la solennité qu'il exige, le Général de division, commandant le Département, donuera des ordres pour faire exécuter les dispositions suivantes.

Le 18 Messidor, à trois heures du matin, la Générale battra dans toutes les Sections. Les Corps de Musique seront également distribués avec les Tambours, pour jouer et battre tour à tour.

Toutes les Trompettes de la Cavalerie et le Corps de Musique attaché à la Garde du Général en chef, seront assemblés dans la cour du Gouvernement, d'où ils partiront, à trois heures du matin, pour sonner et jouer la Générale ; ils recevront des ordres du Trompette major du 1er Escadron, qui leur tracera la marche qu'ils auront à suivre.

La Generale cessera a quatre heures.

A quatre heures les mêmes Corps de Tambours, de Musique et de Trompettes, battront l'Assemblée.

A cinq heures précises toute la Troupe de ligne et la Garde nationale seront sous les armes, sur la place d'Armes, en bon ordre, bonne tenue, et le plus proprement possible. Chaque Officier, à son poste, aura l'attention de faire observer la plus exacte discipline.

Toutes les Autorités, civiles et militaires, en grand costume, se réuniront au Gouvernement à cinq heures et demie du matin, d'où elles se rendront, avec le Général en chef, au lieu de la Cérémonie.

La marche des Autorités, civiles et militaires, sera disposée ainsi qu'il suit :

La Commission du Commerce.
L'Administration de la Marine.
La Municipalité.
Le Tribunal de Commerce.
Le Juge de Paix,
Le Tribunal civil.
L'Assemblée centrale.

Le Général en chef, accompagné des deux Généraux commandant le Département et l'Arrondissement.

Tous les Officiers militaires qui ne tiennent à aucun Corps, ou qui ne sont pas en activité de service, seront à la suite du Général en chef.

La municipalité invitera tous les Instituteurs et Institutrices à se rendre sur la place d'Armes avec leurs Elèves ; elle s entendra avec le Commandant de la Place pour leur choisir une place convenable.

La Municipalité prendra également des mesures pour inviter tous les Citoyens à se trouver à cette Cérémonie.

Rendues sur la place d'Armes , les Autorités, civiles et militaires , seront placées en cercle , selon leur rang , pour entendre la proclamation de la Constitution, dont l'assemblée centrale doit donner connaissance au Peuple.

Au moment où la lecture de la Constitution sera terminée, une pièce de canon de 4 , qui sera sur la place, tirera 5 coups de canon, pour servir de signal à tous les Forts de commencer une salve de 23 coups de canon pour chacun des Forts et pour chacun des bâtimens de l'Etat qui sont en rade.

La pièce de quatre restera sur la place pour saluer le Saint Sacrement, de vingt-trois coups de canon, au moment de son élévation.

Les Ministres du Culte catholique sont et demeurent invités à faire leurs préparatifs, et à disposer tout ce qui sera nécessaire pour rendre cette Cérémonie auguste et imposante.

La lecture de la Constitution terminée, les Autorités, civiles et militaires, la Troupe, les Instituteurs, Institutrices et leurs Elèves, entreront dans la Cathédrale pour assister à une Grand'Messe solennelle qui sera chantée pour rendre des actions de grâces à Dieu, le prier de répandre ses faveurs sur la Colonie, ses bienfaits sur tous ses Habitans, éclairer le Peuple de Saint-Domingue sur ses devoirs, les Magistrats sur l'exécution des Lois, pénétrer tous les esprits d'affection et de respect pour la Constitution qui doit consolider la liberté publique, fixer la destinée, la paix et la prospérité de Saint-Domingue.

Le Général de division , commandant le Département , est chargé de donner les ordres les plus précis pour que le plus grand ordre soit observé pendant la Cérémonie , et le plus profond silence pendant la lecture de la Constitution. Le même ordre et le même silence sera observé à l'Eglise pendant toute la Cérémonie.

Le présent Programme sera imprimé, adressé, par le Secrétaire général , à toutes les Autorités civiles et militaires, afin de leur servir de règle dans les Villes de Départemens et les principales Villes de la Colonie , suivant leurs localités, lu, publié et affiché par tout où besoin sera, afin que personne ne l'ignore.

Fait au Cap-Français , le 15 Messidor , l'an neuf de la République française , une et indivisible.

Le Général en chef ,
Signé TOUSSAINT LOUVERTURE.

Au Cap-Français, chez P. Roux, imprimeur du Gouvernement.

No começo de julho de 1801, Toussaint convidou a população de Saint--Domingue para celebrar a nova Constituição numa cerimônia a ser realizada na praça principal de Cap. A Constituição iria "consolidar a Liberdade pública e estabelecer o destino, a paz e a prosperidade da colônia".

interesses de seus *colons* brancos; já as justificativas da Constituição de 1801 na cerimônia de Cap, diferentemente, foram voltadas para os cidadãos de Saint-Domingue e estavam impregnadas de clássicos argumentos republicanos sobre liberdade. Borgella afirmou que os donos do poder na França pela maior parte dos anos 1790 tinham ignorado as necessidades dos cidadãos da colônia e às vezes violado seus direitos fundamentais; pior ainda, de uma perspectiva republicana, eles os haviam forçado a aceitar leis que não tinham "feito nem admitido". De qualquer maneira, os direitos dos cidadãos de governarem a si mesmos por leis de sua própria autoria eram reconhecidos não só pela Constituição francesa, mas também pelas "leis da natureza". Isso explica a redação dada por Toussaint à abolição da escravatura no artigo 3, descrita não como um direito formal vinculado à cidadania e que poderia ser tirado, mas como uma qualidade inerente a todo homem e toda mulher nascidos na colônia. Borgella celebrou o espírito de harmonia natural que tinha orientado a batalha de Toussaint contra "preconceitos antiquíssimos", permitindo-lhe reforçar "os doces laços de fraternidade" entre os cidadãos de Saint-Domingue.[44]

Juntamente com o princípio do consentimento, outra justificativa para a Constituição era a necessidade de a colônia ser governada por boas leis. Devido à distância da França, observou Fouqueau, e à ausência de qualquer contribuição de representantes de Saint-Domingue, a legislação aprovada em Paris costumava ser inadequada para a colônia e por vezes prejudicial a seus interesses; na verdade, tão grande tinha sido a "incoerência" da abordagem francesa dos assuntos coloniais nos últimos anos, sob o notoriamente ineficiente Conseil des Cinq Cents, que Saint-Domingue ficara privada de leis apropriadas e reduzida a um estado de "anarquia completa". Essa situação seria remediada pelas iminentes leis orgânicas preparadas pela Assembleia. Fouqueau afirmou ainda, como prova desse caos institucional, que sucessivos governos franceses haviam tentado manter os poderes do comandante militar separados dos do administrador civil. Felizmente, acrescentou, Toussaint tinha percebido essa incoerência, reconhecendo que "não poderia haver governo digno desse nome se a autoridade fosse distribuída sem regras claras, e diferentes ramos estivessem

Na região das águias 325

em conflito constante uns com os outros" (argumento inteiramente justo contra a doutrina da separação de poderes de Montesquieu, embora omitisse o fato crucial de que no caso em questão Toussaint é que tinha sido a fonte principal desses conflitos). E dessa maneira Fouqueau ungiu Toussaint, o "libertador e protetor" da colônia, também como seu *"législateur"* [legislador], salvando seus cidadãos da desordem graças a suas virtudes extraordinárias e a sua capacidade de agir em nome do interesse geral; isso foi tirado diretamente do *Contrato social* de Rousseau.[45]

O discurso de Toussaint — seu primeiro como governador da colônia — fortaleceu essa mensagem republicana discorrendo sobre o tema da liberdade. Ele elogiou a França e prometeu cultivar uma relação de "fraternidade e amizade" com seu povo. No entanto — e aqui está a medida real do radicalismo do documento de 1801 —, a liberdade da colônia já não dependia do pensamento político ou da prática política da França. Aludindo mais uma vez ao artigo que abolia a escravidão na colônia, ele observou que agora era a própria Constituição de Saint-Domingue que garantia a liberdade de seus cidadãos, independentemente de "idade, condição ou cor"; o objetivo principal do documento era "imortalizar a liberdade" na colônia. Toussaint tomou cuidado para não soar triunfante: aquele não era exatamente um discurso de vitória, mas um chamamento a todos os cidadãos para que permanecessem vigilantes e mobilizados para defender a soberania coletiva de Saint-Domingue. Falando "a linguagem da verdade" para seus concidadãos, Toussaint declarou que a Constituição defenderia seus direitos, mas ao mesmo tempo lhes imporia "o dever de praticar as virtudes". Essas virtudes incluíam qualidades privadas, notadamente a posse de "princípios morais e a religião de Jesus Cristo", mas, acima de tudo, virtudes públicas como a busca do bem comum.[46]

Isso tocava no cerne do ideal de liberdade de Toussaint: uma cidadania ativa, na qual todas as seções da sociedade estivessem atentas ao interesse geral. Ele apelou aos funcionários públicos para que sempre servissem ao povo e se comportassem com honestidade e integridade. Da mesma forma, disse aos *cultivateurs* que o artigo 16 da Constituição lhes garantia uma parte justa nas receitas das plantations e os defenderia vigorosamente de qualquer violação de seus direitos. Mas a Constituição também lhes imporia a obrigação de "evitar a preguiça, mãe de todos os vícios". Essa robusta concepção de liberdade foi expressa com mais vigor na mensagem de Toussaint aos soldados e oficiais: seu dever era não apenas praticar as virtudes da disciplina e da subordinação, mas também "proteger a Constituição contra inimigos internos e externos que possam tentar atacá-la".[47] A mensagem não poderia ser mais clara: a integridade de Saint-Domingue como comunidade política era inseparável da defesa da revolução. Isso foi sublinhado no penúltimo artigo: "Todo cidadão tem o dever de servir ao país que lhe deu vida e sustento, para a manutenção da liberdade e da partilha equitativa de propriedades, sempre que a lei exigir sua defesa".[48]

A cerimônia foi seguida por um te-déum na igreja de Cap, e o dia findou com um suntuoso banquete na Casa do Governo, do qual participaram seiscentos convidados. Houve brindes ao governador, aos membros da Assembleia, aos governos francês e americano e aos generais Christophe e Moyse (mas não, curiosamente, a Dessalines, que parece não ter ido à cerimônia). De acordo com uma testemunha, Moyse deu um jeito de fazer uma intervenção impertinente, pedindo aos convidados que erguessem suas taças à "República Francesa" — um gesto cifrado de desafio ao novo governador.[49] Desnecessário dizer que o registro oficial não faz menção a esse breve acorde dissonante. Mas nota que os "olhos [de Toussaint] brilhavam de contentamento" enquanto ele saboreava a notável conquista que alcançara "por pura força de caráter". Isso era, sem dúvida, verdade. Mas talvez sua felicidade tivesse também outra fonte: ao olhar para as mesas à sua volta, ele deve ter visto que os dignitários civis e militares da colônia, na maioria brancos, repartiam seu pão com convidados cujos nomes eram Hector, Jean-Louis, Granjean e Lafricain.[50] Esses negros tinham nascido escravizados ou vinham de famílias de escravizados, mas agora, graças à Constituição que ele tão habilmente engendrara, podiam usufruir dos direitos de cidadania igualitária em Saint-Domingue, e da promessa de que jamais voltariam a sofrer uma vida de servidão.

CONSTITUTION

RÉPUBLICAINE;
DES COLONIES FRANÇAISE

DE SAINT–DOMAINGUE,

EN SOIXANTE-DIX-SEPT ARTICLES,

Concernant la liberté des Negres, des gens de couleurs et des Blancs,

ENVOYÉ AU PREMIER CONSUL DE FRANCE

Par le citoyen TOUSSAINT-LOUVERTURE, général en chef et gouverneur des colonies française de St.-Domaigue.

CONSTITUTION de la colonie française de St-Domaingue.

» LES députés des départemens de la colonie de St.-Domaingue, réunis en assemblée centrale, ont décidé et assis les bases constitutionnelles d'un régime (system) pour la colonie française de St.-Domingue. »

TITRE Ier. *Territoire* Art. 1. St-Domingue dans toute son étendue, ainsi que *Samana*, *la Tortue*, *la Gouave*, *les Caïmites*, *l'Isle-à-Vache*, *la Saone*, et les autres îles adjacentes, forment le territoire d'une seule colonie, laquelle fait partie de l'empire françias, mais qui est gouvernée par des lois particulieres.
2. Le territoire de cette colonie est divisé en départemens, cercles ou arrondissemens et paroisses.

TITRE II. *de ses habitans.* 3. Les esclaves né sont point soufferts (permitted) dans ce territoire; l'esclavage est aboli pour jamais. Tous les homes nes dans ce pays, vivent et meurent hommes libres et françis.
4. Chaque homme, de quelque couleur qu'il puisse être, est éligible a toute les places.
4. Il n'y a parmi eux d'autre distinction que celui des talens et des vertus, et de supériorité que celle que la loi confie par l'exercice de quelque fonction publique. La loi est la même pour tous, soit qu'elle punisse ou protege.

TITRE III. *De la religion.* 6. La religion catholique, apostolique et romaine, est la seule professée publiquement.
7. Chaque paroisse doit défrayer son culte et les ministres. Les reve-

---

A Constituição de 1801 de Toussaint reafirmava a contínua filiação da colônia ao Império Francês, mas observando, ao mesmo tempo, que era governada por "leis especiais". O artigo 3 estipulava que a escravidão estava abolida "para sempre" e que todos os cidadãos nasciam, viviam e morriam "livres e franceses".

LOGO APÓS A CERIMÔNIA EM CAP, Toussaint convocou Charles Vincent para lhe confiar a tarefa de levar a Constituição ao governo francês. Mesmo discordando com veemência de parte de seu conteúdo — e até mesmo da premissa de que Saint-Domingue adotasse uma carta constitucional separada —, Vincent concordou em cumprir a missão. Mais tarde, diria que era a única maneira de sair da colônia, mas isso provavelmente foi uma justificativa pensada depois, para evitar maiores problemas com as autoridades francesas. De qualquer forma, suas conversas com Toussaint sobre a Constituição, registradas com a costumeira meticulosidade, ajudam a compreender as intenções e o estado de espírito do governador naquele momento.

A escolha de Vincent, em si, já merece comentário. Em certo sentido, era o candidato óbvio. Homem de grande integridade e de impecáveis credenciais republicanas, era um defensor ardoroso da revolução; Henri Christophe, o comandante militar de Cap, descreveu-o como "o único europeu que realmente ama o povo de Saint-Domingue".[51] Vincent já tinha representado Toussaint três vezes em Paris, e, como vimos no começo do capítulo anterior, fora mandado recentemente por Bonaparte (junto com Julien Raimond) para tranquilizar a colônia sobre as intenções constitucionais da França; era, portanto, o canal ideal entre as duas partes. Raimond tinha dito a Vincent que Toussaint o escolhera para a missão muito tempo antes — o que confirma que as ideias de Raimond influenciaram o pensamento de Toussaint, e que ele vinha planejando sua Constituição metodicamente. Ao mesmo tempo, Toussaint começava a desconfiar de Vincent e a achar que sua presença na colônia poderia vir a tornar-se incômoda. Ele se opusera à operação em Santo Domingo, considerando-a motivada pelo desejo de Toussaint de "dominar a colônia".[52] E, significativamente, Vincent era também o principal engenheiro civil da colônia, e Toussaint dera instruções para que todas as fortificações costeiras fossem reforçadas em 1801, justamente quando seguia em frente com o seu projeto constitucional. Toussaint não queria que Vincent se envolvesse nessa tarefa, mesmo sendo uma das pessoas mais qualificadas para supervisioná-la: obviamente, temia que divulgasse informações sigilosas sobre as defesas da colônia para seus superiores militares em Paris. Enviá-lo à França com a Constituição foi, portanto, em vários sentidos, uma manobra esperta.

Embora pensasse nele havia muito tempo para essa importante missão, Toussaint não divulgou, inicialmente, parte alguma de seu conteúdo para Vincent. Para desviar sua atenção, chegou a mandá-lo a Gonaïves numa visita de cortesia a Madame Louverture poucos dias antes da cerimônia em Cap, que ele, consequentemente, perdeu. Estava claro que Toussaint não queria que Vincent soubesse muita coisa de suas justificativas para traçar uma rota independente da França — por mais que elas fossem expressas em termos republicanos. O resultado foi que, ao pôr os olhos no documento pela primeira vez, Vincent levou um susto. Particularmente perturbadoras para ele foram a forma de governo proposta no título VIII, que concedia poderes absolutos ao governador, e a sensação de que o texto rejeitava "todas as obrigações da colônia para com a metrópole". Ele levantou suas objeções a Toussaint, e perguntou-lhe o que esperava que o governo francês fizesse ao receber o documento que, efetivamente, eliminava o seu direito de nomear funcionários coloniais. Toussaint respondeu em tom solene: "Vão mandar comissários para negociar comigo". Era uma resposta significativa, confirmando que Toussaint vislumbrava futuras interações com a França a respeito do texto. Vincent então tentou outra abordagem: certamente aquela Constituição incentivaria outros países, como os Estados Unidos, a Espanha e "até mesmo" a Grã-Bretanha, a estabelecerem relações diplomáticas formais com Saint-Domingue a fim de enfraquecer seus laços com a França, não? Toussaint tentou tranquilizá-lo, dando a seguinte justificativa para suas negociações com Maitland: "Sei que os britânicos são os mais perigosos para mim e os mais pérfidos para a França, e que fizeram tudo que estava a seu alcance para obter direitos comerciais exclusivos na colônia, mas só lhes concedi o que era impossível recusar, pois precisava deles na época".[53]

As respostas de Toussaint procuravam transmitir a ideia não apenas de que ele tinha um objetivo, mas também de que era capaz de alcançá-lo: ainda acreditava que tinha controle sobre os acontecimentos e que poderia moldá-los a seu favor. Mas, quando Vincent insistiu, e suas conversas ficaram mais acaloradas, começou a perder a compostura. Ele admitia que talvez fosse um erro enviar cópias impressas da Constituição ao governo francês, e não um rascunho escrito à mão, que não desse uma impressão tão forte de fato consumado (mas o argumento era irrelevante do ponto de vista prático, uma vez que Toussaint já tinha aprovado publicamente a Constituição na cerimônia de Cap). Quando Vincent lhe disse que ele devia seu poder à "proteção do governo francês e à força de baionetas europeias", Toussaint ficou irritado e rejeitou terminantemente a alegação, que com certeza feriu seu orgulho; e era inexata, pois minimizava a legitimidade popular da revolução de Saint-Domingue. Diante da teimosa crítica de Vincent à sua suposta insubordinação e ingratidão, Toussaint acrescentou, com desdém, que não acreditava ter cometido qualquer erro a respeito das autoridades francesas. Encorajado pela iminente saída da colônia, Vincent manteve-se firme e retrucou que a Constituição de Saint-Domingue era nada menos do que um "manifesto contra o governo francês".[54]

Essa conversa — a última que os dois tiveram — não poderia terminar bem. Vincent não contribuiu para melhorar o clima quando perguntou se o governador gostaria de receber alguma honraria ou gratificação das autoridades francesas. Dito daquela maneira, ficou parecendo uma tentativa de suborná-lo ou apaziguá-lo com a perspectiva de uma magnífica aposentadoria, exatamente como Roume tinha imaginado antes. Toussaint respondeu com aspereza: "Não quero nada para mim. Sei que os franceses querem me derrubar, e que meus filhos não vão usufruir do que consegui guardar. Mas não estou disposto a me tornar presa dócil de meus inimigos". E acrescentou algumas reflexões que Vincent não transcreveu, notando apenas que elas lhe causaram "a dor mais cruel". O encontro final entre os dois homens terminou com um gesto característico de extravagância da parte de Toussaint: de repente, ele saiu correndo por uma porta lateral, pulou em cima do cavalo que o aguardava e partiu em louca disparada, deixando o perplexo Vincent com o cortejo de atônitos guias de Toussaint, que tiveram de dar a notícia de sua partida para a paciente multidão que queria vê-lo.[55]

VINCENT DEIXOU SAINT-DOMINGUE em 21 de julho. Toussaint lhe deu uma carta de recomendação endereçada ao cônsul-geral francês nos Estados Unidos, Louis-André Richon, a quem pedia que facilitasse sua rápida chegada à França, pois estava incumbido de "missão importante".[56] Nos dias anteriores à sua partida, Vincent continuou a manifestar suas preocupações constitucionais para o entourage de Toussaint. Disse o que pensava a Pascal, o secretário do governador, que alegou concordar inteiramente com as críticas de Vincent — mas sugeriu, com o afiado instinto de preservação do burocrata, que seria melhor ele apresentar suas objeções diretamente a Toussaint.[57]

Quando interrogado por Vincent sobre a Constituição criada por seu filho adotivo, o padrinho de Toussaint, Pierre-Baptiste, deu uma resposta obscura: *"Ci là qui conné planté patate, cé ci là qui doit mangé patate"* [Quem planta batatas deve comer batatas].[58] Vincent também teve uma conversa franca com dois membros da Assembleia, Lacour e o presidente, Borgella, dizendo-lhes que o documento que levaria a Paris teria mais apelo para o governo francês se eles tivessem enfrentado Toussaint na questão dos poderes do governador. Os membros discordaram, e defenderam vigorosamente seu trabalho. Uma discussão com Christopher mostrou o quanto o assunto se tornara polêmico, mesmo entre os mais leais a Toussaint: falando com "grande emoção", o comandante militar de Cap declarou que a Constituição tinha sido produzida pelos "mais perigosos inimigos de Saint-Domingue", pois se apropriava de "poderes que por direito não nos pertencem". O impetuoso Moyse foi igualmente crítico: ao saber que Toussaint tinha se queixado a Vincent de que Bonaparte não respondia a suas cartas no exato momento em que o primeiro cônsul escrevia para o supremo inimigo da França, o rei da Inglaterra, ele explodiu de raiva, chamando o tio de "velho maluco e delirante" que agora se julgava o "rei de Saint-Domingue".[59]

Apesar do fim abrupto da conversa entre os dois, Vincent não perdeu a esperança de convencer Toussaint a mudar de rumo. Antes de embarcar em Cap, escreveu para o comandante-chefe acusando recebimento dos exemplares da Constituição enviados por Borgella e o secretário de

Toussaint. Mas repreendeu-o por não lhe entregar cartas de saudações a seus fiéis aliados em Paris, como o representante eleito Rallier e o conselheiro de Estado Lescallier — homens que tinham imensa admiração por ele, acreditavam na ideia de maior autonomia colonial e talvez pudessem ser úteis na difícil missão de conseguir o endosso do governo francês para a carta constitucional. Vincent também expressou "grande preocupação" com o estado de Toussaint, que associava a uma "doença": parecia que ele já não era capaz de confiar em ninguém, e que se isolara das pessoas que mais se importavam com ele. Ele o alertou sobre os perigos desse tipo de isolamento: "Não há nada mais cruel para um homem do que achar que não tem amigos, e que está sozinho no mundo".[60]

Um mês depois, Vincent chegou à Nova Inglaterra. Primeiro foi a Georgetown para se encontrar com o cônsul-geral francês, Pichon, que lhe forneceu documentos de viagem. Os dois já se conheciam bem e tinham as mesmas opiniões republicanas progressistas. Quando informado por Vincent do que se passava em Saint-Domingue, Pichon também teve as mesmas dúvidas e resolveu manifestá-las. Escreveu para Toussaint, ressaltando que o texto integral da Constituição já tinha sido publicado na imprensa americana e era visto por todos como presságio de uma separação de Saint-Domingue da França.[61] Essa medida causaria imensa "dor" a todos aqueles que acreditavam na sinceridade do apego de Toussaint à República Francesa. E a separação só poderia levar ao isolamento da colônia: Pichon advertiu que Saint-Domingue já era vista como "uma Argel do Caribe" por seus inimigos, e agora enfrentaria a oposição ativa de quase todos os Estados europeus; pereceria sem o apoio da pátria-mãe francesa.[62] Poucos dias depois, Pichon mandou uma segunda carta, mais pessoal, dessa vez aconselhando Toussaint a lembrar-se de tudo que a França fizera por ele e por seus filhos; observou também que ele tinha tirado três agentes sucessivos da colônia, e que seu comportamento errático parecia inversamente proporcional à fé e à confiança que a França depositara nele. Por fim, recomendou ao governador que desistisse de seguir um caminho que contrariava sua "glória, sua honra e seus interesses".[63]

Antes de deixar Pichon, e sem dúvida incentivado pelas conversas que teve com ele, Vincent escreveu uma segunda carta para Toussaint. Essa mensagem era importante porque ele retornava com franqueza ainda maior a muitos dos temas que havia abordado com o governador em suas últimas conversas em Cap, e era sua oportunidade de ficar com a última palavra. Vincent começou, como Pichon, notando, com grande consternação, que o texto da Constituição já tinha sido publicado nos Estados Unidos, e que as autoridades francesas sem dúvida ficariam sabendo dela antes que ele pudesse chegar a Paris — situação mais calamitosa ainda porque a opinião geral entre os americanos era de que ela equivalia a "uma declaração formal de independência" da França. Agora que Vincent tinha acabado de digerir o conteúdo do documento, seu veredicto foi ainda mais devastador: a Constituição de Saint-Domingue, disse a Toussaint, não passava de uma "pálida imitação"[64] da versão francesa e não trazia nada que expressasse verdadeiramente as particularidades locais da colônia.

Vincent voltou a lembrar Toussaint de que os poderes do governador eram mais amplos do que os do primeiro cônsul: ele ocuparia o cargo pelo resto da vida, com direito a escolher o próprio sucessor — a mesma objeção feita por Nogérée. Ironicamente, Vincent não sabia que Bonaparte estava prestes a imitar Toussaint nesses dois quesitos. E continuou: embora seu papel estivesse formalizado na Constituição, a Assembleia era um órgão fraco, inteiramente subordinado ao governador: só poderia votar projetos de lei propostos por ele e não tinha qualquer influência em suas decisões. Era uma crítica inteiramente justa; e ainda que o artigo 12 garantisse as liberdades básicas de todos os cidadãos e o artigo 63 a segurança de suas casas, os vastos poderes de Toussaint criavam potenciais violações dessas proteções, notadamente o seu direito de proibir quaisquer escritos ou assembleias populares que julgasse sediciosos e de prender os "autores e cúmplices de qualquer conspiração contra a tranquilidade da colônia".[65] Essa proposta constitucional poderia permitir qualquer ato executivo arbitrário.

Igualmente preocupantes, da perspectiva republicana de Vincent, eram as disposições sobre o sistema de plantations da colônia (como explicitado no título vi), que era coercitivo com os *cultivateurs* negros da colônia e efetivamente os mantinha presos às suas propriedades; isso não era, a seu ver, uma receita de estabilidade ou fraternidade. E os que mais se beneficiariam com os novos arranjos em Saint-Domingue não eram os homens e mulheres negros que tinham sido os defensores mais vigorosos da revolução, mas empresários britânicos e americanos, exilados e colonos europeus — os mesmos grupos que desprezavam a doutrina de direitos humanos da Revolução Francesa e achavam inconcebível que as raças branca, amarela e negra pudessem viver juntas em harmonia e igualdade, como vinham fazendo em Saint-Domingue. Os homens de negócios americanos com os quais Vincent conversara tinham expressado opiniões toscas, racialmente preconceituosas, sobre os negros, provocando este juízo contundente: "O senhor foi sequestrado, meu caro general, pelos inimigos da França e da liberdade, por homens ignóbeis que só se interessam pelas riquezas da colônia, e estão cheios de desdém por seus habitantes".[66]

Retornando às implicações internacionais da quase declaração de independência de Toussaint — umas das grandes razões do desentendimento entre eles em Cap —, Vincent sugeriu que o governador tinha, na verdade, pintado um alvo imenso sobre a colônia. Repetindo a opinião de Pichon, declarou que uma república negra seria vista como ameaça pelas potências imperiais: não só os britânicos, mas também os espanhóis, os portugueses e os holandeses, todos conhecidos como "senhores cruéis" no trato com populações negras. Eles veriam a Constituição de Toussaint como uma "tocha" a ser usada para "atear fogo em seus próprios assentamentos" e fariam o que estivesse a seu alcance para "apagar" as chamas revolucionárias, com a maior urgência.[67] Não era uma conjectura imprecisa. A notícia da Constituição foi recebida com apreensão na Jamaica, segundo o comissário francês na Filadélfia, particularmente entre os agricultores, que achavam que se tratava da primeira fase da ambição de Toussaint de atacar a colônia britânica e "subjugar todo o Caribe".[68]

O argumento fundamental de Vincent, que agora repetiu para Toussaint, era que ele tinha escolhido a estratégia errada: mesmo que estivesse numa posição "delicada" em suas negociações com o governo francês, seria preferível que lhes tivesse enviado "secretamente" seu texto preli-

Na região das águias

minar da Constituição, com sinceros protestos de estima e gratidão à nação francesa. A "França", anunciou ele, ingenuamente, "só pode pensar bem a seu respeito". Vincent estava particularmente consternado com o que lhe parecia a atitude inadequada de Toussaint para com Bonaparte, o "homem extraordinário que hoje infunde respeito e admiração no mundo inteiro", que, afirmava ele, tinha a maior boa vontade com Saint-Domingue. Bonaparte o enviara em 1800 com "garantias inteiramente satisfatórias" da preservação das conquistas revolucionárias da colônia, notadamente a liberdade e a igualdade dos cidadãos negros — mas Toussaint impensadamente desprezara seus gestos de aproximação. Tinha sido, concluía ele, um grave erro: ele deveria não só ter aceitado a mão da amizade que lhe foi estendida, mas também ter confiado que o primeiro cônsul produziria leis capazes de atender da melhor maneira os interesses do povo de Saint-Domingue.[69]

TOUSSAINT NÃO TINHA, como Vincent parecia estar dizendo, rompido abertamente com a França e não pretendia que a nova Constituição da colônia provocasse a ruptura das relações entre a França e Saint-Domingue; como deixou claro em conversas privadas, esperava que os franceses viessem negociar com ele. Não era uma pretensão descabida: afinal, Bonaparte se preparava para negociar com os britânicos, seus inimigos declarados. Assim, por que não faria o mesmo com os negros de Saint-Domingue, que eram seus aliados? Mas Toussaint não alimentava nenhuma das ilusões de Vincent sobre a suposta benevolência do primeiro cônsul para com ele ou a revolução em Saint-Domingue. Essa desconfiança era plenamente justificada, em sua cabeça, pela posição ambivalente de Bonaparte sobre a escravidão, e pelo silêncio com que suas cartas para ele eram respondidas. Diante desse dilema — não podia ignorar Bonaparte, mas também não tinha como lhe prometer lealdade da maneira humilhante que Vincent e Roume esperavam —, o governador concebeu sua própria abordagem, uma combinação característica de singularidade, ousadia e atrevimento.

Todas essas qualidades estavam presentes na carta que pediu a Vincent para entregar ao primeiro cônsul. Ele começava informando Bonaparte de que tinha iniciado seu projeto constitucional depois da unificação dos territórios francês e espanhol, tornando Saint-Domingue "um só país, sob o mesmo governo"; não era exatamente um começo conciliador, uma vez que as autoridades francesas haviam sido contrárias à anexação de Santo Domingo. Toussaint, no entanto, deu às suas ações um verniz positivo, ressaltando que as novas leis da colônia estavam inteiramente em conformidade com o artigo 91 da Constituição de 22 de frimário do ano VIII: seu objetivo tinha sido apresentar uma proposta que refletisse fielmente "interesses e costumes locais". Agora que o documento estava pronto, ele o enviava para "aprovação e sanção" do governo de Bonaparte. Esse lealismo foi imediatamente atenuado quando acrescentou que a Assembleia lhe pedira "provisoriamente" para colocar a Constituição em vigor, que atendera a solicitação, e que a decisão tinha sido "recebida com prazer por todas as classes da sociedade". Apresentado dessa maneira, parecia que o documento praticamente só precisava do carimbo de Bonaparte: não havia menção alguma a quaisquer emendas ou alterações possíveis. Para enfatizar o que dizia, Toussaint enviou a carta no novo papel com o timbre de "Governador de Saint-Domingue", e bruscamente lembrou ao primeiro cônsul que lhe escrevera várias vezes, mas continuava aguardando "o prazer de uma resposta". Não era um subordinado dirigindo-se a seu superior: era supostamente uma carta entre iguais.[70]

No fim de agosto de 1801, Toussaint mandou outra carta para Bonaparte; essa foi levada por Nogérée, o membro da Assembleia que, como já vimos, estava ansioso para aceitar a missão. Desmentindo a crença de que Nogérée foi despachado porque Toussaint tinha perdido a confiança em Vincent, essa ação em duas frentes sempre fez parte de seus planos. Enviar dois emissários separadamente com a mesma missão era típico de Toussaint: enquanto o republicanismo de Vincent talvez aplacasse seus aliados progressistas, Nogérée deixaria satisfeitos os elementos mais conservadores e reacionários do entourage de Bonaparte — notadamente o lobby colonial. Assim, sem o tom um tanto impertinente da anterior, a carta de Toussaint apresentando Nogérée era imaculada, descrevendo-o como um importante proprietário de terras na colônia, um homem "res-

Na região das águias 337

peitável tanto por suas qualidades pessoais como por suas virtudes sociais", "tão apegado à colônia como devotado à França". Na carta enviada por Vincent, Toussaint não fazia referência alguma ao patriotismo francês.

Junto com a Constituição, Nogérée levou uma cópia das "leis orgânicas" produzidas pela Assembleia entre meados de julho e meados de agosto de 1801. Toussaint queria que Bonaparte examinasse com atenção esses abundantes detalhes legislativos para descobrir "tudo que pudesse desejar saber" sobre os arranjos de Saint-Domingue. (Alguém deve ter-lhe falado sobre a obsessão do primeiro cônsul pelos detalhes, uma das muitas qualidades que os dois homens compartilhavam.) Em suma, o objetivo da missão de Nogérée era tranquilizar Bonaparte quanto à lealdade de Toussaint à França, e confirmar que o território estava no caminho da paz e da prosperidade "sob a administração de um negro". Apesar de sua imaculada conduta epistolar, Toussaint não conseguiu resistir a essa pequena cutucada — mas a ideia aqui era também refutar as "calúnias" sobre Saint-Domingue que vinham sendo espalhadas por seus inimigos em Paris, os quais pressionavam por "medidas que causassem a desorganização da ordem que foi estabelecida na colônia".[71]

Um dia depois de ter escrito a carta para Nogérée levar, Toussaint pegou da pena novamente, desta vez para informar Bonaparte de que estava autorizando Roume a deixar Saint-Domingue. Toussaint não agia por acaso, e o fato de ter escolhido aquele momento para fazer o anúncio — meses depois de ter decidido libertar o agente francês da prisão domiciliar — era claramente significativo. Como costumava acontecer com Toussaint, os motivos eram vários. O mais óbvio era que não desejava que Roume, que estava doente, morresse na prisão, especialmente porque a notícia de sua situação já havia chegado aos Estados Unidos, e começavam a circular boatos de que ele fora executado; o cônsul-geral francês Pichon insistiu repetidamente com Toussaint para soltá-lo, dando detalhes sobre as degradantes condições de sua detenção que Toussaint talvez achasse constrangedores.[72] Mas estava claro também que ele queria indicar que, com a partida do agente francês da colônia, as relações da França com Saint-Domingue tomavam novo rumo — e portanto era melhor que Bonaparte levasse a sério sua Constituição. Mais indiretamente, a libertação de Roume sem dúvida estava ligada, na cabeça de Toussaint, ao destino de seus próprios filhos. Nas primeiras cartas a Bonaparte, ele pedira a devolução dos filhos, e isso ainda não tinha acontecido: na verdade, eles se haviam tornado reféns na França. Ao libertar Roume, Toussaint praticava um gesto de boa vontade na esperança de que o governo francês fizesse o mesmo.

Na verdade, Toussaint estava ansioso para mostrar que ainda operava dentro da cadeia de comando francesa. Informou Forfait, o ministro da Marinha, de que sua Constituição tinha entrado em vigor "temporariamente" a pedido da Assembleia Central (versão econômica da verdade),[73] e pediu-lhe ainda uma lista dos exilados que deveriam ter acesso negado a suas propriedades em Saint-Domingue, nos termos do artigo 73 da nova Constituição.[74] Toussaint até reconheceu, numa outra carta para Bonaparte, que mantinha uma relação hierárquica com ele, mencionando duas vezes que esperava receber "ordens"[75] a respeito de Roume. Como não lhe mandaram instruções, tinha tomado a iniciativa de soltá-lo: era sua maneira de ressaltar a própria humanidade, claro, levando em conta a "idade considerável [de Roume] e a fraqueza natural de seu caráter". Mas, ao declarar que concedera a Roume "a liberdade de embarcar" para os Estados Unidos, havia também uma ponta de ameaça, lembrando a Bonaparte, caso isso lhe tivesse escapado, que o governante de Saint-Domingue tinha poder de vida ou morte sobre os cidadãos franceses da colônia.

O FUNDADOR DA PÁTRIA ESTAVA MUITO satisfeito com sua Constituição. Recompensou generosamente os membros da Assembleia por seus esforços, nomeando-os para altos cargos no judiciário e na administração financeira; Borgella tornou-se senescal de Port-Républicain, e Raimond, *intendant des finances*, apesar de não ter desfrutado por muito tempo do novo cargo porque morreu em outubro de 1801.[76]

Toussaint tomou providências para que exemplares de bolso da Constituição circulassem amplamente na ilha, e festividades públicas foram organizadas em homenagem à Carta, nas quais cidadãos juravam lealdade

Na região das águias 339

às novas leis. Invariavelmente chamava a atenção do público para a Constituição durante suas excursões regulares a diferentes locais. Na verdade, até se tornou um pouco chato com isso: numa visita a Santiago, no antigo território espanhol, aproveitou um de seus *grandes cercles* para tirar um exemplar, triunfantemente, do bolso do casaco. Em seguida convidou o cidadão Hatrel, um de seus comissários de guerra, a ler o texto do começo ao fim. Hatrel teve que fazer muitas pausas, para que o governador intercalasse comentários eruditos sobre o significado desse ou daquele título ou artigo. A palestra foi recebida com aplausos pelos convidados locais; a única pessoa que no fim pareceu um tanto prostrada foi o infeliz Hatrel, que "estava muito necessitado de um descanso".[77]

A Constituição de 1801 foi muito comentada, tanto pelos contemporâneos de Toussaint como por gerações de historiadores, cientistas políticos e, mais recentemente, filósofos políticos. Seu significado tem sido debatido em muitos contextos, como os das revoluções francesa e haitiana, a difusão do pensamento iluminista fora da Europa, a resistência global à escravidão e a emergência do pós-colonialismo. De uma perspectiva biográfica, o que ela revela sobre as preocupações do novo governador na época? O pensamento de Toussaint não era impulsionado nem por arrogância nem por capricho, mas — como sempre — por cálculos políticos racionais.

Quando finalmente respondeu a Toussaint, numa carta enviada com seu exército invasor, Bonaparte observou que o maior defeito do texto era não reconhecer a "soberania do povo francês".[78] Tratava-se de um comentário descarado vindo do homem que pisoteara instituições republicanas em seu golpe de Estado de 18 de brumário, que restauraria a escravidão e cujo império daria as costas a boa parte do legado da revolução. Mas a alegação de Bonaparte colou e é uma das principais críticas à Constituição. Apesar disso, é categórica demais para capturar a sutileza do documento, ou as intenções de Toussaint. É verdade que Saint-Domingue era mencionada como *"ce pays"* no texto: um ato falho semântico que refletia a confiança crescente sobre o status emancipado da colônia. Mas ele estabelecera a Assembleia com o objetivo primordial de tranquilizar o governo francês, e tentou repetidamente chamar sua atenção para o assunto; seus dois enviados, Vincent e Nogérée, eram patriotas franceses incondicionais. Não há dúvida, também, de que colocar os títulos sobre a ordem das plantations e a religião católica nas primeiras partes do texto foi uma manobra tática, destinada a mostrar que sua intenção era permanecer dentro da *grande nation* francesa. Seu interesse em manter o status de Saint-Domingue como colônia francesa estava reafirmado no próprio título da Constituição, na frase inicial, no reconhecimento de que os direitos franceses de sucessão se aplicavam às propriedades na colônia, e no artigo provavelmente mais importante de todo o documento: a cláusula que abolia a escravidão, a qual equiparava liberdade a "francesidade"; ser um cidadão de Saint-Domingue era ser "libre *et français*".[79]

O secretário de Toussaint, Pascal, deu seu testemunho sobre as intenções do governador em sua resposta de doze páginas a uma carta do cônsul-geral francês, Pichon.[80] Escrevendo logo depois que Nogérée foi despachado para a França, Pascal resumiu o pensamento de Toussaint nas palavras do próprio governador. Respondendo às acusações que circulavam na Filadélfia e em Paris de que ele estaria conduzindo a colônia à independência, Toussaint afirmou que uma ruptura com a França era "impossível, insensata e absurda" — em primeiro lugar porque Saint--Domingue não tinha marinha, e também porque não era sua intenção "trair" a França e "tornar-se fantoche dos britânicos". A colônia estava ligada à França pela história, por uma luta compartilhada pela liberdade, por uma língua comum e, acima de tudo, por um líder revolucionário que "nunca hesitou" em suas relações com a França e dedicou os últimos dez anos a lutar contra "os inimigos da república e expulsá-los das nossas terras".[81]

Mas Toussaint não insistiu muito no passado, ou na questão da soberania. A Constituição de 1801 e as leis orgânicas a ela associadas cuidavam basicamente de questões de boa governança, como a racionalização dos sistemas de finanças e de justiça da colônia, a organização de suas instituições municipais e religiosas e a criação de estabelecimentos de ensino. Todos os decretos legislativos produzidos pela Assembleia, nos quais o governador passava um pente-fino, demonstravam sua preocupação meticulosa com a administração adequada de Saint-Domingue e o bem-estar de

Na região das águias 341

seus cidadãos.[82] Os tribunais civis e comerciais reorganizados, por exemplo, eram ocupados por dez figuras altamente respeitadas, das quais três eram negras.[83] Nenhum detalhe era insignificante para ele, quer dissesse respeito ao número exato de paróquias em cada departamento; à operação dos tribunais de apelação; à designação de bancos de famílias nas igrejas; aos direitos das crianças nascidas fora do casamento (com um decreto para pais ainda vivos e outro para pais mortos); às atividades de tabeliães, agrimensores, funcionários da saúde, farmacêuticos, vendedores, carcereiros e porteiros; à regulamentação de dívidas; à administração de propriedades confiscadas; e às (severas) diretrizes sobre sentenças para crimes como furto, assalto à mão armada, incêndio criminoso e ataques físicos, incluindo estupro.[84] As idiossincrasias de Toussaint também eram evidentes, como quando dedicou uma lei orgânica especial aos trajes exigidos para os altos funcionários públicos: prefeitos deveriam usar "chapéu de aba redonda, virada para cima de um lado, com penacho tricolor".[85] Também deixou escrito na Constituição que esconderia o nome de seu sucessor num "pacote selado", mas com "claras instruções sobre sua localização"[86] para membros da Assembleia. A nomeação do próximo governador começaria como uma louverturiana caça ao tesouro.

A Constituição de 1801 de Toussaint correspondia claramente ao padrão rousseauniano de servir ao bem coletivo. Mas de um ponto de vista republicano restavam duas áreas muito controversas: os consideráveis poderes outorgados ao governador, quase absolutamente irrestritos, e o fato de o sistema de produção agora ser favorável aos interesses dos proprietários de terras, com medidas que pareciam forçar os *cultivateurs* de Saint-Domingue a fazer parte do sistema de plantations. Essas duas áreas têm sido muito criticadas, e costumam ser responsabilizadas pela longa tradição de absolutismo institucional no Haiti pós-independência.[87] O governo republicano de Toussaint estava ancorado numa visão altamente paternalista da sociedade. Ele era celebrado como figura providencial e via-se como o "pai" de Saint-Domingue: havia referências frequentes à "família" em seus discursos e escritos — era uma das maneiras de seus valores republicanos, caribenhos e cristãos se fundirem. Esse princípio paternalista estava embutido na Constituição através da descrição do sistema de plantations, erigido em torno do ideal de família, com o proprietário ou administrador como figura "paterna". Mas isso dificilmente demonstra, como os detratores de Toussaint costumam afirmar, que ele tenha descartado o princípio da fraternidade e abandonado os negros à própria sorte: a Constituição declarava explicitamente que a implementação das obrigações dos agricultores para com sua força de trabalho era um dos deveres do governador.[88]

É em termos de fraternidade revolucionária, também, que a justificativa mais ampla de Toussaint para a consolidação das propriedades da colônia deve ser entendida. Sua política agrária não era um fim em si: a prioridade era defender as conquistas de Saint-Domingue contra intervenção externa, e para ele isso só era possível com a revitalização da economia de plantation, que geraria receitas de tarifas e exportações sobre safras de commodities como açúcar e café, que então seriam usadas para "o bem comum"; essa também era a lógica do artigo 73, que buscava atrair de volta para a colônia proprietários de terra ausentes. A única alternativa ao sistema de Toussaint era a fragmentação de grandes propriedades em pequenas glebas. Mas embora isso certamente agradasse a muitos cidadãos negros da colônia, teria alienado o governo francês e os agricultores brancos locais, e destruído a capacidade produtiva de Saint-Domingue no curto prazo. Como veremos no próximo capítulo, algumas pessoas do entourage de Toussaint acreditavam que talvez valesse a pena pagar esse preço — mas ele não concordava, e é difícil criticar sua lógica de uma perspectiva estritamente revolucionária. Também é importante ter em mente que, embora não houvesse separação formal de poderes na Constituição, ela possibilitava, efetivamente, uma forma de pluralismo social entre as elites predominantemente brancas, que tinham o poder econômico na colônia, e o exército negro, de onde se esperava que seu sucessor fosse tirado e que continuava sendo o avalista definitivo dos arranjos políticos de Saint-Domingue.[89]

A Constituição de 1801 também trouxe à luz um dos aspectos mais fascinantes da personalidade de Toussaint: sua complexa concepção do tempo. Como para todos os grandes revolucionários da idade moderna, o tempo era uma obsessão: era, simultaneamente, um limiar irreversível, que permitia transformações progressistas; uma extensão infinita, que testemunhava o potencial ilimitado da perfectibilidade humana; uma mercadoria preciosa, que não deveria ser desperdiçada; uma limitação física, que poderia ser superada com um esforço quase sobre-humano; e um horizonte de possibilidades, que precisava ser administrado cuidadosamente. Tudo isso colidia, em magnífica polifonia, na Constituição. Caracteristicamente, o espírito do texto era de desassossego: isso explica sua promulgação imediata na cerimônia de Cap, sem esperar a permissão de Bonaparte, e a redação urgente do artigo 14, que rejeitava "até mesmo a mais leve interrupção" dos trabalhos agrícolas da colônia. Isso explica também a determinação no artigo 3 de que todos os habitantes deveriam viver e morrer livres, fazendo eco ao slogan revolucionário francês *"liberté-égalité-fraternité ou la mort"*, que inculcava um dever perene de ativo patriotismo republicano no cerne do ideal de cidadania de Saint-Domingue.

Mas a Constituição de Toussaint era também um projeto inacabado: havia uma prescrição para sua revisão periódica pela Assembleia, característica raramente mencionada que mostra que Toussaint achava, genuinamente, que o documento poderia ser aprimorado. Isso explica, também, o limite de cinco anos para o mandato de seu sucessor, refletindo sua prudência — e sua insistência em dar um pitaco em tudo, mesmo de além-túmulo. Em seus momentos mais otimistas, e apesar das crescentes dúvidas sobre Bonaparte, Toussaint continuava a ver as relações entre Saint-Domingue e a França como de longo prazo — ainda que se houvessem tornado menos uma aliança de revolucionários que pensavam igual, como nos tempos dourados do governador Laveaux, e mais um casamento de conveniência. Da mesma maneira, governadoria "vitalícia" sugeria um senso otimista de continuidade, expresso na visão esperançosa de Nogérée de "vinte anos de tranquilidade" sob o governo de Toussaint. No lado mais abrangente desse espectro estava a abolição da escravatura "para sempre", refletindo a convicção de Toussaint de que a revolução de Saint-Domingue tinha criado um novo conjunto de arranjos políticos que combinavam, de um jeito único, dinamismo africano, modernidade europeia e voluntarismo caribenho.

PARTE QUATRO

O líder e o mito

10. Movimentos rápidos e incertos

A CONSTITUIÇÃO DE TOUSSAINT VEIO com uma homenagem pessoal: a criação de um novo departamento chamado Louverture, que estava inscrita na primeiríssima lei orgânica de 13 de julho de 1801.[1] A ideia foi aventada pela primeira vez pelos membros da Assembleia Central, e o governador não se fez de rogado: àquela altura já se habituara a esse tipo de bajulação de seus apoiadores. Mas havia um significado histórico real na homenagem, pois o território incluía muitos dos lugares onde alcançara seus primeiros êxitos militares, como Gros-Morne, Plaisance, Marmelade e Dondon.

A cidade designada para ser capital do departamento foi Gonaïves, muito amada por Toussaint, que ele esperava transformar na principal cidade da colônia. Feliz com a oportunidade de lustrar ainda mais sua glória, encomendou um plano ambicioso para reformular a zona comercial de Gonaïves. Num esforço para atrair investimento, decretou que toda madeira importada pela cidade para a construção fosse isenta de impostos, e que as taxas sobre outras mercadorias fossem significativamente reduzidas. O tratamento preferencial não era inteiramente justo com outras cidades, mas Toussaint não estava preocupado com isso, sobretudo porque suas ambições não eram nada modestas: "Os moradores desse novo departamento em geral, e da cidade de Gonaïves em particular, devem esforçar-se ao máximo para se mostrarem dignos da honra que lhes foi concedida. Precisam redobrar o zelo e o senso de competitividade para tornar a capital deste novo departamento tão próspera quanto as principais cidades da colônia".[2]

A expansividade de Toussaint era contagiosa: havia um senso real de confiança no ar imediatamente depois da entrada em vigor da Constituição de 1801. Isso podia ser constatado na prosperidade do mundo dos espetáculos: nos principais teatros, onde os grandes atores eram na maioria negros, shows de comédia e pantomina eram disputadíssimos. As atividades comerciais, também, viviam um boom: na edição do começo de julho do *Bulletin Officiel de Saint-Domingue*, junto com as notícias costumeiras sobre chegadas e partidas da colônia, anunciava-se que a loja de ferragens Graille acabara de receber um carregamento de fechaduras e revestimentos de cobre para armários, e que a Pourcin estava bem estocada de cal virgem e cal extinta. Laforgue proclamava que sua loja era "muito grande e espaçosa", e repleta de finas provisões de Bordeaux, enquanto Hulin, que não queria ficar para trás, avisava à freguesia que tinha uma excelente coleção de sementes francesas para jardim, bem como aletria e macarrão, e "outros comestíveis de qualidade"; Marthe Guenon anunciava que era única depositária da poção mágica capaz de curar os doentes de escorbuto. Eram tempos animadores para ladrões, também: o reservado cônsul americano, Edward Stevens, divulgou a notícia de que ladrões tinham entrado em seu quarto de dormir e levado seu relógio de ouro inglês, sete colheres de chá de prata ("com a marca ehs"), uma colher de sopa de prata, um par de brincos de ouro e um gorro feminino.[3]

Nos velhos tempos, o acesso a esses artigos de luxo era exclusividade da comunidade de *colons* brancos. No entanto, no fim da era Toussaint, uma burguesia negra começara a emergir, no setor comercial, na administração e nos níveis mais altos do Exército; seus membros às vezes ostentavam riqueza, mas havia neles também uma polidez e uma elegância de maneiras que eram notáveis.[4] Na segunda metade de 1801, Toussaint percorreu a ilha às pressas, baixando dezenas de decretos, criando um serviço postal para os departamentos do norte e Samaná, participando da inauguração de igrejas, inspecionando plantations e fortificações, ordenando o alargamento de estradas, a escavação de valas e a construção de pontes. Sua equipe esforçava-se mais do que de costume para acompanhar esse ritmo insano, o que também se refletia no grande volume de cartas que ele despachava.[5]

Ele mantinha seu ativismo diplomático, também: no fim de 1800, escreveu para o governo britânico sugerindo que era vantajoso para os dois lados desenvolver as relações existentes. Nesse espírito construtivo, enviou Joseph Bunel à Jamaica, onde Bunel ficou vários meses e deu início a negociações com Balcarres e seu sucessor no governo, George Nugent; um de seus principais objetivos era a extensão da Convenção Maitland aos portos do sul da colônia.[6] Paralelamente, e respondendo a uma carta de Pichon, o cônsul-geral francês nos Estados Unidos, Toussaint tentou usar os canais oficiais para consolidar suas conexões com comerciantes americanos. Ao mesmo tempo, estava atento ao número cada vez maior de ex-*colons* de Saint-Domingue residentes nos Estados Unidos que solicitavam passaportes para retornar e reivindicar suas propriedades; certamente queria esses brancos de volta, mas não a qualquer preço. Notando que a maioria deles não se livrara de seus "velhos preconceitos", pediu a Pichon que lhe enviasse uma relação de nomes para que pudesse decidir se a volta deles representaria alguma ameaça à "ordem estabelecida".[7]

Internamente, ele enfrentava novos obstáculos, com desafios crescentes à sua autoridade entre os *cultivateurs* negros, numa minoria na comunidade branca e até mesmo entre altos quadros de seu exército revolucionário; mais para o fim do ano seria obrigado a recorrer a medidas severas para abafar uma rebelião na região norte. Para seus detratores, essa demonstração de força simplesmente revelava a falência do regime de Toussaint e sua traição aos princípios revolucionários que o tinham orientado ao longo da carreira. No entanto, mesmo quando Toussaint se desviava do caminho republicano, suas ações eram ditadas pelo que julgava serem os melhores interesses de Saint-Domingue e pelo bem-estar moral e material dos cidadãos; o bem comum continuava sendo o princípio norteador de todas as decisões importantes que tomou nesse período. Jamais perdeu de vista o juramento feito na cerimônia de Cap: defender Saint-Domingue dos inimigos internos e externos.

ACOMPANHAR TOUSSAINT DURANTE AQUELES MESES era tarefa quase impossível, tanto para seu entourage exausto como para os espiões que tentavam segui-lo: como dizia um desolado relatório diplomático, "ele está sempre em cima de um cavalo, e a rigor não tem residência fixa; está constantemente correndo de um lugar para outro".[8] O novo cônsul americano, Tobias Lear, ficou perplexo quando ambos se encontraram no começo de julho, chamando-o de "homem extraordinário", e observando que seus movimentos eram "muito rápidos e incertos".[9] Toussaint intercedeu graciosamente em favor de Lear para ajudar a quitar dívidas pendentes com comerciantes americanos,[10] e envolveu-o na compra de um de seus cavalos: o governador deixou claro que a cor não tinha importância, desde que o corcel fosse "veloz".[11] Resumindo as qualidades de Toussaint nessa época, seu secretário Pascal relacionou "assiduidade em qualquer tipo de tarefa, sabedoria, força de caráter, impenetrabilidade, extrema sobriedade, energia e uma coragem quase temerária na hora de agir", e, claro, sua "atividade obsessiva".[12]

Essa inexorabilidade era mais visível na série de decretos promulgados por Toussaint em 1801 relativos à administração pública da colônia. Com impaciência típica, ele nem sequer esperou que sua Constituição fosse adotada formalmente para iniciar essas reformas: suas *Instructions aux fonctionnaires publics* (maio de 1801) pregava as virtudes da "subordinação e da disciplina militar" a todos os funcionários, em nome do "interesse público da colônia". O aspecto mais interessante dessa proclamação era a clara tentativa de Toussaint de impedir que altos oficiais do Exército invadissem o terreno do serviço civil, notadamente em questões de justiça, finanças e administração de terras públicas. Nesse sentido, até encontrou virtude no ideal de separação de poderes de Montesquieu: "Chefes militares e altos funcionários civis têm que permanecer estritamente dentro dos limites de suas respectivas atribuições, e agir de forma independente uns dos outros. Não pode haver bom governo sem que os poderes dos diferentes ramos sejam distintos".[13] Desnecessário dizer, o governador reservava para si mesmo uma silenciosa isenção desse princípio geral.

Como nenhuma regulamentação louverturiana estaria completa sem um elemento de excentricidade, ele inseriu um sistema gloriosamente complexo de controles dos principais tesoureiros de Saint-Domingue, alguns dos quais não tinham sido exatamente honestos na prestação de contas do dinheiro público. Pelas novas diretrizes, o tesoureiro-chefe da colônia deveria estabelecer um cofre de reserva, separado das despesas ordinárias, equipado com duas fechaduras independentes, com uma das chaves em poder de Toussaint. Os tesoureiros dos departamentos deveriam proceder da mesma maneira, exceto que seus cofres teriam três fechaduras, com uma chave em poder do tesoureiro-chefe e outra em poder de Toussaint. Sempre que fosse necessário liberar fundos dessas reservas gerais ou departamentais, a chave do governador seria mandada "através de um de seus lugares-tenentes de confiança".[14] Não se especificava o que esses funcionários deveriam fazer se não pudessem localizar o esquivo chaveiro-chefe, que era capaz de desaparecer da vista do público durante dias, às vezes semanas.

Esse distanciamento sem dúvida era intencional, pois Toussaint sempre foi extremamente cuidadoso para permitir qualquer saque do erário: vejamos um de seus ditos favoritos, que os mais altos funcionários administrativos devem ter ouvido inúmeras vezes: "O dinheiro é um espírito esperto, sempre que se toca nele desaparece; precisamos, portanto, ser muito prudentes antes de abrir nossos cofres".[15] Mas seu conservadorismo fiscal não o impedia de ajudar os necessitados. Sua correspondência nesse período mostra que ele era tão receptivo como sempre fora aos apelos dos que enfrentavam dificuldades financeiras, notadamente mulheres. Uma dessas mulheres era uma "alma infeliz" que tentava recuperar sua propriedade, e cujo caso ele recomendou ao administrador das propriedades nacionais;[16] havia também Madame Flanet, a mulher de um ex-oficial de seu exército, a quem já tinha auxiliado antes.[17] Não tendo conseguido levantar fundos para a viagem de volta à França a fim de reencontrar os parentes, ela foi ao governador, que pagou sua passagem para os Estados Unidos e a recomendou aos cuidados do cônsul-geral francês Pichon, a quem pediu que lhe fornecesse a passagem de volta para Paris. Dizia que dar apoio a uma família de militares franceses era para ele questão de "humanidade e honra".[18]

À medida que Toussaint consolidava seu poder, as receitas da colônia foram se tornando uma de suas prioridades. Exigiu uma auditoria completa do dinheiro devido às autoridades, fosse em impostos ou arrendamento de propriedades, e designou dois comissários especiais para recuperá-lo; não houve menção alguma a chaves especiais nesse caso.[19] Tendo ouvido "as observações de homens instruídos, defensores do bem comum", ele também baixou um decreto reformando totalmente as alfândegas e tarifas. Segundo o bem informado representante britânico em Port-Républicain, as receitas mensais de Saint-Domingue provenientes de taxas de exportação em 1801 foram da ordem de 100 mil dólares.[20] Numa tentativa de reduzir a fraude generalizada cometida por navios mercantes estrangeiros, que não costumavam declarar todo o conteúdo de suas cargas, ele tornou compulsório que cada remessa fosse subscrita por uma instituição comercial francesa; reservava-se o direito de distribuir concessões a empresas estrangeiras, mas apenas à luz dos "serviços que possam ter prestado à colônia, de sua boa-fé, de seu crédito na praça e de sua moralidade". Atento às necessidades dos pobres, Toussaint também reduziu de 10% para 6% a taxa de importação sobre "produtos essenciais", como farinha, biscoitos, carne curada, madeira de construção, corda e implementos agrícolas. Diferentemente do mito promovido tanto por seus críticos conservadores como por seus críticos progressistas, de que ele só se importou com as classes proprietárias em seus anos finais de governo, o bem-estar de homens e mulheres comuns continuava a ser uma de suas principais preocupações.[21]

Outra área importante, à qual Toussaint dedicou sua atenção em 1801, foi a reforma do sistema judiciário de Saint-Domingue, que se tornara caótico. No fim de maio, ele reorganizou o tribunal cível do departamento do norte, designando funcionários competentes para substituir os atuais encarregados, homens bem-intencionados mas ineficientes. Dezesseis tribunais municipais foram estabelecidos em toda a colônia, para lidar com casos cíveis, comerciais e penais.[22] Havia um sério acúmulo de processos no sistema de justiça penal, e tão logo a Constituição entrou em vigor Toussaint pediu uma auditoria completa das prisões de Saint-Domingue, para que se pudesse preparar uma lista completa dos detentos e dos motivos de sua prisão. Seu objetivo era conceder anistia aos culpados de infrações menores, e garantir que os acusados de graves perturbações da paz, como assassinato e roubo

Liberté. **RÉPUBLIQUE FRANÇAISE.** Égalité.

AVIS.

TOUSSAINT LOUVERTURE,
Gouverneur de Saint-Domingue.

Instruit qu'on dit en Public que pour obtenir Justice du Gouvernement de Saint-Domingue, aux Réclamations qui sont journellement faites par les Particuliers, l'on est obligé de payer les moindres faveurs. Instruit qu'il y a des Agioteurs qui, colportant de Bureaux en Bureaux les Réclamations des Particuliers, et qui faisant valoir des prétendus sacrifices exigés, ont particulièrement donné naissance à ces bruits injurieux. Je préviens le Public que toute Pétition, de quelle nature quelle soit, tendante à réclamer Justice du Gouvernement, toutes Pièces ayant pour objet l'obtention de quelques faveurs, seront répondues, et remises *Gratis*. En conséquence, tout Particulier de qui, à dater de ce jour, on exigerait une rétribution quelconque pour la remise de ses Papiers, soit par mes Secrétaires, Aides de Camp, ou autres Personnes de ma suite, soit par les Hommes qu'ils auraient fait agir, sont invités à m'en instruire de suite; et le Délinquant, n'eût-il exigé que *sept sous six deniers*, sera puni. Le Public est invité à me dénoncer sur-tout les Hommes qui se feront un métier d'accaparer les Créances des Particuliers pour les acheter à vil prix ou les remettre au poids de l'or à leurs légitimes Propriétaires; et immédiatement après la dénonciation qui m'en sera faite, avec preuve, ces Hommes seront jugés et punis conformément aux Lois les plus rigoureuses, les regardant comme de *Maîtres Voleurs*.

Comme Homme public, je dois rendre la Justice *Gratis*, ainsi tous les Actes qui émaneront de moi, seront remis gratuitement aux Particuliers; les Passe-Ports seuls, pour sortir de la Colonie, continueront à être payés, ainsi qu'il l'a été prescrit, pour leur produit, versé dans une Caisse particulière, être partagé, d'après mes ordres, aux Secrétaires du Gouvernement, en formes d'indemnités. Nulles Pièces, autres que ces Passe-Ports, ne pourront être payées.

Cette mesure sera générale pour toute la Colonie et pour toutes les Autorités. Nul Fonctionnaire public ne pourra exiger de rétributions, en raison des Opérations de son Ministère, que celles auxquelles il a pu être autorisé par la Loi ou par des Règlemens antérieurs à la présente.

Les Généraux et tous autres Commandans tiendront la main à l'exécution des présentes Dispositions, qu'ils feront publier si tôt leur réception, par les Commandans de Place, afin que Personne n'en prétende cause d'ignorance.

Donné au Cap-Français, le 9 Thermidor, l'an neuvième de la République française, une et indivisible.

Le Gouverneur de Saint-Domingue,

Signé **TOUSSAINT LOUVERTURE.**

Au Cap, chez P. Roux, imprimeur du Gouvernement.

Divulgada no fim de julho de 1801, esta notícia de Toussaint declarava que a partir daquela data, com exceção de passaportes, documentos oficiais deveriam ser fornecidos gratuitamente; quaisquer servidores públicos que violassem a regra seriam processados como "ladrões mestres".

(delito muito grave a seus olhos), fossem levados aos tribunais "dentro de três meses". A administração adequada da justiça era para Toussaint "um dos grandes benefícios da Constituição de Saint-Domingue".[23]

Para assegurar-se de que o sistema judiciário repousasse sobre alicerces firmes, ele estabeleceu tribunais de apelação em Cap, Saint-Marc e Santo Domingo, e um tribunal de cassação em Port-Républicain, inaugurado com grande solenidade: "Abaixo de Deus", anunciou, "vem a justiça".[24] Mas, para ele, a verdadeira medida da eficácia das instituições jurídicas era a capacidade de servir ao público com probidade. Num decreto do fim de julho de 1801, ele observou com consternação que se tornara prática corrente em Saint-Domingue o público ser solicitado a pagar por documentos legais, como certidões cíveis, e até por decisões dos tribunais: esse sistema corrupto era sustentado por "especuladores", que cobravam para prestar o serviço, e por servidores públicos inescrupulosos, que só entregavam os documentos mediante pecúnia. Toussaint declarou que a partir daquele momento, com a exceção dos passaportes, para os quais haveria uma taxa modesta, "a justiça será gratuita", e nenhum funcionário público poderia exigir pagamento pela emissão de documentos oficiais. O público foi convidado a denunciar funcionários que tentassem desrespeitar o decreto: ainda que pedissem apenas "sete centavos ou seis cêntimos", como disse ele, pitorescamente, seriam processados como "ladrões mestres".[25]

COMO VIMOS NAS DISPOSIÇÕES ESPECÍFICAS de sua Constituição, uma grande prioridade para Toussaint em 1800-1 era defender Saint-Domingue de um possível ataque estrangeiro, e ele continuou a tomar medidas apropriadas enquanto enviava emissários à França para apaziguar Bonaparte. Contratou engenheiros civis que tinham ido para a Jamaica com as forças britânicas em 1798, e que concordaram em voltar e trabalhar para ele. Em maio de 1801, ordenou uma revisão completa (estava claramente propenso a auditorias) das estruturas de defesa da colônia, e instruiu todos os altos oficiais do Exército a tomarem medidas para que seus subordinados ficassem em estado de prontidão, com todos os reparos necessários executados "ao menor custo possível"; a título de incentivo, prometeu inspecionar os lugares e elogiar formalmente os oficiais responsáveis pelas melhores obras.[26] E, dessa maneira, durante os meses seguintes à proclamação de sua Constituição, Toussaint viajou pelas áreas costeiras do norte e do leste, vistoriando as fortificações das cidades principais, visitando os pontos elevados dos arredores e ordenando que canhões adicionais fossem levados para determinadas localidades. Supervisionou pessoalmente a construção de baluartes em torno de várias cidades por forças de trabalho formadas por milhares de homens.[27]

Essa consolidação das defesas de Saint-Domingue não se baseava em ameaças hipotéticas. Linguagem belicosa sobre a necessidade de restaurar a ordem em Saint-Domingue era ouvida com frequência cada vez maior em Paris, notadamente no entourage de Bonaparte, entre altos funcionários do lobby colonial.[28] A partir de meados de 1800, houve numerosos incidentes nos quais navios britânicos regularmente interceptavam navios locais navegando ao longo da costa de Saint-Domingue com objetivos comerciais, capturando suas cargas e em alguns casos aportando para lançar ataques a comunidades pesqueiras. Toussaint insistiu inutilmente com Balcarres para que intercedesse junto às autoridades navais britânicas e freasse sua *bête noire*, Hyde Parker, que aprovava esses atos de pirataria e continuava violentamente hostil a seu regime.[29] No começo de 1801, num relatório ao irmão, Paul Louverture informou que esses ataques ocorriam numa base diária, em flagrante violação da Convenção Maitland. Toussaint queixou-se ao representante britânico desse comportamento "insultuoso", ressaltando que seus navios só não revidavam porque ele tinha observado "religiosamente" o estipulado no acordo com Maitland, o qual proibia que os navios de Saint-Domingue fossem armados.[30] Toussaint exigiu que esses cruéis ataques britânicos cessassem, e declarou que sua "fé" na Grã-Bretanha estava "quase completamente destruída";[31] em abril de 1801, fez uma proclamação colocando as áreas costeiras da colônia, "desoladas por agressões e insultos reiterados de navios estrangeiros", em estado de alerta.[32]

Toussaint completou os preparativos ordenando que seu exército fosse equipado com uniformes novíssimos,[33] e divulgando uma proclamação arrebatadora para seus soldados e oficiais no fim de abril de 1801. Ele notou que a ilha inteira agora estava unida sob um "único governo republicano com leis francesas", e celebrou suas conquistas militares na derrota dos inimigos estrangeiros da colônia, vinculando essas campanhas de emancipação à sua cruzada pessoal pela liberdade republicana: "Desde o alvorecer da revolução lutei pela liberdade, e já demonstrei suficientemente pela minha conduta que não quero esta liberdade apenas para mim. Sempre os tratei como meus filhos, e nessa qualidade os conduzi constantemente pelos caminhos da glória". Assegurou a seu exército que não haveria aventuras militares em terras distantes: "Não combateremos em países estrangeiros", mas apenas "pela defesa dos nossos territórios". Ciente de que alguns "perturbadores da paz" poderiam tentar dividi-los e levá-los a tomar "a treva pela luz e a luz pela treva", exortou-os a continuarem sendo "um exército de irmãos" e a jamais se voltarem uns contra os outros: "Suas armas foram postas em suas mãos para proteger os seus direitos, os princípios de igualdade e fraternidade e o seu país".[34]

A educação moral dos cidadãos continuava tão importante para Toussaint como sua proteção física. No auge de seu poder, ele promovia assiduamente a religião como o alicerce da ordem social. Mesmo antes de sua Constituição ser promulgada, cada cerimônia que organizava incluía uma missa, durante a qual um te-déum era apresentado. O comparecimento à igreja pelos cidadãos mais importantes da colônia nunca tinha sido tão grande como nesse período — especialmente se houvesse uma chance de receber a comunhão na presença de Toussaint. Em toda a ilha, oficiais do Exército escoltavam seus soldados para a igreja todos os domingos depois da tradicional inspeção de tropas, e eles cantavam com entusiasmo hinos celebrando o comandante-chefe. Nas cidades principais, Toussaint patrocinava ativamente a formação de congregações religiosas, nas quais jovens mulheres dedicavam-se a propagar o evangelho sobre os desígnios de Deus e as boas ações do governador: as duas coisas combinavam facilmente na imaginação popular. Nem mesmo as amantes de Toussaint estavam isentas de suas obrigações religiosas: uma das primeiras perguntas que lhes fazia, quando entravam em seus aposentos, era se tinham feito a comunhão.[35]

Movimentos rápidos e incertos

Não é de surpreender que uma das primeiras leis orgânicas da Assembleia tratasse da organização de instituições religiosas, dando ao governador controle rigoroso sobre a nomeação de padres locais.[36] Isso apenas codificava uma prática existente: em meados de 1801, Toussaint tinha dirigido em silêncio a formação de uma nova classe de clérigos negros, sob a supervisão das autoridades eclesiásticas da colônia; esses "padres de um novo tipo", como um relatório francês os designava, estavam presentes em quase todas as partes da ilha e eram "completamente dedicados" ao governador.[37] Aqui também Toussaint inspirou-se na convenção política francesa, adaptando o processo a seus próprios fins. O princípio da subordinação das instituições espirituais aos poderes temporais tinha sido aplicado na França pela revolução em 1790, levando a um cisma na Igreja e à criação de um corpo separado de *prêtres assermentés* [padres juramentados]; e, na verdade, ainda em 1797, Toussaint tinha escrito a seu fervoroso aliado, o abade Grégoire, pedindo que doze padres "de conduta exemplar" fossem mandados para a colônia "a fim de trazer as ovelhas extraviadas de volta ao rebanho".[38]

No entanto, quando, no começo de 1801, pouco antes da assinatura da Concordata com o Estado, autoridades religiosas francesas despacharam Guillaume Mauviel para assumir o cargo de arcebispo de Saint-Domingue, Toussaint, sabendo de seu preconceito racial contra negros, recusou-se a instalá-lo. Confinou-o após sua chegada a Santiago, no antigo território espanhol, e atrevidamente incentivou uma petição dos padres da colônia rejeitando a presença de qualquer ministro religioso que não fosse incondicionalmente devotado ao papa.[39] O tolo Mauviel ficou preso em Santiago, e aprendeu mais sobre a capacidade casuística de Toussaint: explorando os sentimentos ultramontanistas e antirrevolucionários dos católicos locais em Santo Domingo, os representantes religiosos de Toussaint descreveram os franceses como "uma nação de ateístas monstruosos, sem religião ou princípios morais"; já Toussaint, diferentemente, era retratado como um líder profundamente religioso e temente a Deus.[40]

Toussaint, claro, não deixava a promoção de valores religiosos inteiramente por conta dos padres: muitos de seus decretos buscavam influenciar diretamente as atitudes morais de seus compatriotas. Em maio de 1801, ele proibiu casas de jogos "em nome da ética, do bom funcionamento do comércio, da manutenção da ordem pública e da proteção da vida da família"; também ameaçava punir severamente não só quem fosse flagrado patrocinando essas atividades, mas qualquer servidor público ou oficial do Exército apanhado jogando.[41] Além de tornar o catolicismo a religião oficial da colônia, a Constituição e suas leis orgânicas confirmaram a proibição do vodu, que fora proclamada no decreto de janeiro de 1800 banindo "assembleias e danças noturnas".[42] Isso era menos a expressão de uma oposição moral do que um reflexo da relutância de Toussaint em permitir qualquer instituição social sobre a qual não tivesse controle absoluto.[43]

Um Estado bem ordenado não estaria completo sem uma dimensão estética, e, dessa maneira, depois de sua portaria sobre os trajes de funcionários públicos, Toussaint projetou as roupas de seus assistentes mais próximos, incluindo o secretário-geral, Pascal, e o intérprete de línguas estrangeiras, Nathan, e de seus secretários particulares, bem como o uniforme a ser usado pelos membros mais trabalhadores de sua equipe: os amanuenses. O *couturier-en-chef* presenteou seus principais funcionários com um sabre dourado, a ser usado numa alça abaixo do colete branco; Nathan, além disso, deveria ostentar uma medalha "do lado esquerdo do colete", com uma inscrição que resumia as qualidades que Toussaint esperava de todos que trabalhavam com ele: "Idoneidade e discrição".[44]

A DOUTRINA DE INTERESSE PÚBLICO de Toussaint foi posta em prática com mais vigor — e polêmica — em suas políticas agrárias. Uma das justificativas para a Constituição de 1801 era a necessidade de revitalizar as exportações agrícolas da colônia, que tinham sido reduzidas a nada em meados dos anos 1790: como já se disse, a produção de café, açúcar, algodão e índigo, a espinha dorsal da economia de Saint-Domingue em seu apogeu, tinha entrado em colapso total nos anos seguintes ao levante de escravizados. Em suas *Instructions*, Toussaint lembrava aos servidores civis e aos oficiais militares que a prosperidade da ilha dependia inteiramente da produção agrícola, "a condição da nossa liberdade, a causa da riqueza do nosso país e da felicidade de todos os indivíduos, e o fundamento da ordem pública".[45]

Ele acreditava que a única maneira de conseguir um aumento rápido nas exportações de commodities era restaurando a economia das plantations. Jamais pensou seriamente em dividir a terra em pequenas glebas, pois esse sistema só daria certo se houvesse uma burocracia grande e eficiente e uma rede de transportes altamente desenvolvida — e a Saint-Domingue do fim do século XVIII não contava com nada disso. A tarefa de revitalizar as plantations não foi confiada apenas a agricultores brancos: propriedades abandonadas foram assumidas pelo Estado e arrendadas para funcionários públicos e militares de alto escalão. Tratava-se de uma feliz coincidência de interesse público e privado: os beneficiários do sistema incluíam gente como Christophe, Moyse e Dessalines, que haviam acumulado fortunas consideráveis (Dessalines controlava cerca de trinta plantations de cana-de-açúcar, cada uma rendendo 100 mil francos por ano).[46] Para Toussaint, também, os tempos eram bons: ele já possuía algumas plantations, e, além disso, comprou uma grande propriedade na planície de Cap pertencente a um rico proprietário de terras chamado Lefevre, que morava nos Estados Unidos; confiou a operação ao cônsul-geral francês, Pichon.[47] Houve boatos de que ele tinha depositado uma grande soma de dinheiro num banco da Filadélfia, mas não surgiram provas que confirmassem essa alegação — que parece altamente improvável, devido à aguda escassez de moedas e de ouro na colônia nos anos 1790.[48]

O desafio era hercúleo: no fim dos anos 1790, muitas plantations ainda eram caóticas, com uma força de trabalho que relutava em voltar para os campos e não tinha nada a ganhar no sistema produtivo. Apelando mais uma vez à ideia do "bem comum", Toussaint afirmou que a revitalização da agricultura precisava de uma "medida salutar", que ele se via obrigado a tomar "pelos deveres do cargo". Seu decreto de outubro de 1800 foi uma ação draconiana, impondo, para todos os efeitos, uma ordem marcial na produção agrícola e exigindo "submissão e obediência" dos trabalhadores. E não era só isso: a ociosidade era denunciada, os trabalhadores não podiam deixar suas plantations sem autorização, e esperava-se dos administradores que lhes impusessem uma disciplina militar; qualquer fugitivo deveria ser tratado com a mesma severidade reservada aos soldados que desertavam do posto, e castigos severos eram impostos a qualquer cidadão que desse guarida a um vagabundo. Os comandantes do exército de Toussaint eram considerados "pessoalmente responsáveis" pelo funcionamento do sistema de trabalho — uma medida de eficácia redobrada, porque os altos oficiais tinham interesse pessoal em seu sucesso. O papel de disciplinador-chefe ficou com Dessalines; as inspeções que fazia nas plantations no oeste e no sul da colônia ganharam péssima fama pela meticulosidade e por sua propensão a dar violentas surras em administradores e capatazes de pouca capacidade — mesmo, e especialmente, se fossem brancos.[49] Dessalines também realizava inspeções regulares nas grandes cidades, como Port-Républicain, e qualquer pessoa que andasse sem a documentação apropriada era despachada no ato para as plantations.[50]

Esse regime severo inevitavelmente despertava lembranças da escravidão nas massas negras de Saint-Domingue, ainda que elas recebessem a tarifa legal — um quarto da safra — como pagamento por seu trabalho. Os chicotes, odiosos símbolos do sistema das plantations antes da revolução, continuavam proibidos, mas *cocomacacs* [cacetes] foram trazidos de volta e, pelo visto, usados amplamente, provocando enorme ressentimento. Alguns agricultores brancos achavam que o decreto de outubro de 1800 dera novamente permissão para o exercício do domínio absoluto sobre os trabalhadores, e que estes não contavam com qualquer proteção legal — o que obrigou Toussaint a fazer outra proclamação, punindo essa conversa "incendiária" com multa pesada, se o culpado fosse agricultor, e com rebaixamento a soldado, se fosse oficial. Mas o simples fato de oficiais usarem essa linguagem humilhante já era revelador.[51] Como no tempo da escravidão, os trabalhadores reagiam a esse tratamento cruel fugindo em bandos das plantations. As estimativas numéricas variam, e havia diferentes realidades na ilha; mas há indícios de que, em 1800, em certos distritos do departamento do norte, havia mais *marrons* do que antes de 1791.[52]

Diante dessa situação que só piorava, Toussaint procurou formas de aumentar o suprimento de trabalhadores agrícolas, e o artigo 17 da Constituição de 1801 mencionava, especificamente, "a introdução de trabalhadores em Saint-Domingue" — eufemismo para a compra de escravizados. Ele pediu a Joseph Bunel, seu negociador na Jamaica, que conseguisse ajuda britânica para trazer mão de obra da África.[53] Os escravizados, claro, seriam alforriados ao chegarem à colônia e teriam direito ao salário normal: mas, devido ao severo código agrícola já em vigor, esse compromisso público não pôde deixar de causar alarme na força de trabalho de Saint-Domingue, alimentando boatos de que o governador tencionava reintroduzir a servidão humana e estava agora em conluio com os inimigos da revolução. Na antiga parte espanhola da ilha, era voz corrente que Toussaint pretendia comprar 40 mil escravizados. Essas histórias prejudicaram ainda mais a reputação de Toussaint entre os *cultivateurs* negros de Saint-Domingue.[54]

Nos meses seguintes à proclamação da Constituição, outra preocupação de Toussaint era o sequestro de cidadãos negros de Saint-Domingue por traficantes de escravizados: em setembro de 1801, ele baixou um decreto mencionando vários casos que haviam chegado a seu conhecimento nos Estados Unidos, notadamente o de um residente de Cap chamado Bonhomme, que fora vendido em Charleston, Carolina do Sul. Pediu às autoridades portuárias que examinassem rigorosamente as listas de passageiros para ter certeza de que navios que partiam da colônia não levavam homens destinados a uma vida de escravidão nos Estados Unidos.[55] Além disso, escreveu várias cartas para o cônsul-geral francês, pedindo a Pichon que fizesse o possível para localizar cidadãos de Saint-Domingue vendidos nos Estados Unidos, ou que estivessem perdidos, como vadios, e viabilizasse a sua volta para a colônia; falou com ele sobre a situação difícil de Joseph Petitoire, cidadão negro capturado no mar e vendido para um francês chamado Fontaine, no porto de Wilmington, Carolina do Norte.[56]

Apesar disso, em seu empenho incansável para revitalizar a economia de plantation de Saint-Domingue, Toussaint foi se enredando cada vez mais numa espiral de autoritarismo. Seu tom se tornou mais estridente, e ele recorria cada vez menos às exortações e cada vez mais a medidas coercitivas. Suas intervenções já não se restringiam ao desempenho de atividades públicas pelos cidadãos: ele queria regular também o seu comportamento privado. Esse paternalismo foi ilustrado da maneira mais espetacular por seus esforços para promover um senso de responsabilidade social entre casais. Proibiu o divórcio na Constituição, e em outubro de 1801 baixou mais dois decretos sobre o casamento. No primeiro, observava que essa instituição sagrada estava sendo desvirtuada na ilha pelo que chamou de espírito de "corrupção e vagabundagem". De maneira dramática — e sem dúvida dolorosa —, ele reconhecia que membros de suas próprias forças armadas tinham contribuído para essa dissipação moral, notadamente aproveitando-se de mulheres jovens. Toussaint decretou que nenhum membro das forças armadas poderia, a partir de então, casar sem sua autorização expressa, que só seria concedida se o comandante militar do departamento se responsabilizasse pela "moralidade" do oficial e confirmasse que os pais da noiva aprovavam o casamento. Da mesma maneira, a aprovação pessoal de Toussaint passaria a ser exigida para qualquer união entre trabalhadores do sexo masculino e do sexo feminino em diferentes plantations; os casais interessados deveriam dar informações sobre seu emprego e situação financeira à municipalidade local, que então repassaria as informações para Toussaint com uma recomendação "imparcial". Funcionários municipais e religiosos estavam "expressamente proibidos" de celebrar qualquer casamento sem que essas formalidades fossem cumpridas.[57]

A segunda proclamação concentrava-se na questão dos casamentos falidos. Também dirigida a todas as municipalidades, que ainda desempenhavam papel essencial na promoção das políticas sociais de Toussaint, começava ressaltando que a desunião de esposos tinha consequências sociais e econômicas desastrosas, causando "grande infelicidade nas famílias", especialmente para meninos e meninas pequenos, cada vez mais condenados a uma vida de "preguiça, devassidão, promiscuidade e falta de religião". A fim de evitar isso, o governador convidava maridos e mulheres não legalmente divorciados a fazerem todo o esforço possível para se reconciliar. Se essa "harmonia perfeita" ainda assim lhes escapasse, esperava-se que os casais separados apresentassem um relato completo de suas diferenças para os vereadores locais, que então redigiriam um relatório endereçado a Toussaint para "arbitragem". Ele também ressal-

Movimentos rápidos e incertos

tava que os pais eram responsáveis pela educação dos filhos, e que os que não cumprissem essa determinação seriam denunciados publicamente como *"mauvais citoyens"* [maus cidadãos].[58]

Dessa maneira, Toussaint levou os cidadãos de Saint-Domingue ao limite, tentando, só com a força de sua vontade revolucionária, mantê-los fiéis a seus ideais de produtividade econômica, de concórdia social e de bem comum. Até que ponto essa mobilização geral contribuiu para revitalizar a produção agrícola da colônia? Os críticos conservadores de Toussaint afirmam que sua estratégia econômica foi um fracasso estrondoso: baseando-se em relatos contemporâneos de *colons* brancos insatisfeitos, um deles conclui que no fim de 1801 a economia de Saint-Domingue apresentava um "espetáculo de anarquia africana", no qual o sistema de plantations estava "em ruína total".[59] Toussaint informou que, graças a seus esforços, a "agricultura e o comércio" da colônia tinham alcançado um "grau de esplendor" jamais visto.[60] Apesar disso, ainda que alguns setores, como o do índigo, não dessem sinais de recuperação, e que muito mais investimento de capital fosse necessário, havia provas significativas de melhora em muitas áreas. Uma tabela oficial relativa ao ano de 1800 mostrava que as receitas totais de taxas de importação e exportação tinham atingido 8,3 milhões de francos.[61]

De acordo com muitos observadores contemporâneos, o efeito das regulamentações de Toussaint na agricultura foi imediato, chegando a decuplicar a produção em determinadas plantations; no geral houve crescimento na produção de açúcar e café, que no fim de 1801 chegou a um terço dos níveis de 1789; um ano depois, as exportações de algodão estavam a quase 60% dos níveis pré-revolucionários, e um relatório do governo francês estimava que as rendas de Toussaint provenientes só dos impostos sobre cargas passavam dos 20 milhões de francos em 1801.[62] Em termos estritamente econômicos, o sistema de plantations do governador revelou-se "notavelmente eficiente".[63] Mas, como logo veremos, o custo político foi alto.

Os *CULTIVATEURS* NÃO ERAM O único grupo insatisfeito: no lado oposto do espectro, havia resmungos contra Toussaint entre os moradores brancos de Saint-Domingue. Sem dúvida alguma o governador continuava contando com forte apoio entre os *grands blancs* nas plantations e na burguesia mercantil das cidades pequenas e grandes, os principais beneficiários de suas medidas econômicas; sua generosa política de anistia e de reconciliação nacional, sobretudo em áreas anteriormente sob controle britânico, também não foi esquecida.[64] As camadas superiores da administração colonial de Saint-Domingue eram inteiramente formadas por brancos, e eles também ainda eram leais a Toussaint; incluíam figuras importantes como seus secretários pessoais Allier e Guybre, seu confiável esteio jurídico Borgella, de Port-Républicain, seu chefe financeiro Vollée, seu tesoureiro e emissário diplomático Joseph Bunel, o administrador de propriedades públicas Joseph Idlinger, o presidente do tribunal Fouqueau e o comissário do governo Lagarde.

Esse respaldo branco, no entanto, era mais amplo do que profundo. Estava condicionado ao apoio contínuo de Toussaint pelo governo francês, e devia-se às suas qualidades pessoais, tidas como extraordinárias, não à nova ordem social e política que emergira depois da revolução. Acima de tudo, baseava-se em interesses pessoais, mais do que em qualquer noção de bem comum, uma vez que os *colons* (que costumavam pensar em termos de curto prazo) contavam com o governador como seu protetor mais confiável. Descrevendo as principais figuras do comércio e das plantations, Charles Vincent observou que "elas só pensam em sua fortuna, e o único governo que lhes interessa é aquele que a aumente o máximo possível".[65] O endosso de Toussaint pelos brancos coexistia com crenças velhíssimas sobre supremacia branca e arraigados estereótipos raciais sobre os cidadãos negros de Saint-Domingue. Uma década depois da revolução, a visão de mundo da velha elite de *colons* tinha mudado, mas certamente não se transformara inteiramente.

Essas opiniões refletiam-se nas cartas, nos relatórios, nas memórias e nas propostas de reforma enviados individualmente por *colons* às autoridades francesas no começo dos anos 1800. Os documentos são uma fonte

Movimentos rápidos e incertos 365

preciosa para a reconstrução da variedade de atitudes brancas em relação a Toussaint. Vale notar que, a partir do fim dos anos 1790, ele se manteve cada vez mais atento à correspondência para Paris, chegando a vistoriar e apreender conteúdos de malotes do correio em Cap (toda a correspondência de Roume era lida por Toussaint, por exemplo).[66] Apesar de a vigilância não ser sistemática, ocorria com frequência suficiente para provocar um senso de preocupação entre os críticos potenciais de Toussaint na ilha: um deles comentou que corria um grande risco pessoal ao escrever para as autoridades francesas sobre a situação na colônia, pois "todas as comunicações aqui são vigiadas, bloqueadas e interceptadas".[67] O fato de essa carta em particular ter chegado a Paris provava, claro, exatamente o contrário. Mas até mesmo o exagero era prova do tipo de poder que Toussaint supostamente exercia.

Pode-se ver isso também no fato de que o endosso dos colonos a suas políticas costumava ser formulado em termos mais sóbrios e práticos do que os da animada retórica pública utilizada oficialmente. Escrevendo para um amigo em Paris, um morador branco de Cap observou em dezembro de 1799: "Preciso ser franco: não há dúvida de que o general Toussaint é um homem honesto. Ele quer fazer o bem. Seria um grande atraso de vida se o perdêssemos: grandes desgraças desabariam sobre nós".[68] Era exatamente essa a opinião do agricultor sulista Nogérée, discutida no capítulo anterior, e repetida em outra carta enviada para a França em outubro de 1800, poucos meses após o fim da guerra brutal contra Rigaud. Aqui, o sentimento predominante sobre a vitória de Toussaint é resumido com cautela: a grande maioria dos cidadãos de Saint-Domingue "confiava" nele, e o via como "menos sanguinário do que o rival, e mais amigo dos brancos".[69]

O entusiasmo dos brancos fundamentava-se na capacidade de Toussaint de garantir a estabilidade, especialmente nas plantations; aquela era uma época em que os "europeus eram felizes e tranquilos em suas propriedades, e os negros davam duro".[70] Uma carta de um agricultor da planície de Cul-de-Sac anunciava o líder revolucionário como um enviado divino: "A graça de Deus é infinita, e não nos é dado saber que meios a Providência escolheu para fazer uso de Toussaint; mas é inteiramente possível que um negro esteja destinado a dar o primeiro exemplo de renovada submissão à ordem".[71] Esse poder costumava ser visto como uma de suas qualidades "africanas": nas palavras do memorialista Duboys, a autoridade de Toussaint estava radicada num "espírito de dominação que é natural aos países escravistas".[72] Um mês após a publicação do código de trabalho de Toussaint, em outubro de 1800, um advogado de Port-Républicain chamado Guilhou (correspondente regular) escreveu para o primeiro cônsul dizendo que aquele "sábio decreto" merecia ser bem recebido, porque "destrói a vagabundagem e a anarquia, e restaura a ordem e a assiduidade nas plantations"; e se alguém tentasse sabotar essas novas regras, ele tinha plena confiança de que os generais Toussaint e Dessalines "cuidarão dele".[73] Guilhou também escreveu para o governador, cumulando-o de elogios por sua "constância, firmeza, sabedoria e humanidade", e celebrando o fato de que triunfara sobre todos os "perturbadores da paz, que mudam de opinião como trocam de camisa".[74] Essa aprovação não era, de modo algum, apenas política. Toussaint era elogiado por sua religiosidade, generosidade e integridade pessoal; como seria de esperar num ambiente colonial, sua habilidade como cavaleiro também provocava muitos comentários favoráveis; o oficial médico-chefe do departamento do sul, claramente um fervoroso botânico amador, escreveu com admiração para as autoridades francesas a respeito do conhecimento do governador sobre a vida das plantas, e de seu êxito na promoção do cultivo em Saint-Domingue de certas sementes, como a malva-almiscarada e o cânhamo; chegou a mandar-lhes algumas amostras, avisando que vingariam bem no solo fértil do sul da França.[75]

Os críticos de Toussaint, também, eram muito variados. Nem sempre calavam suas opiniões, e alguns falavam diretamente com ele. Uma dessas cartas mais fascinantes veio de Jean-Michel Deseulle, médico de Cap universalmente respeitado como amigo da comunidade negra, de cujas necessidades médicas tratara dedicadamente desde muito antes da revolução. Toussaint confiou-lhe a delicada missão de explicar a expulsão de Sonthonax às autoridades francesas em 1797;[76] além disso, recomendou-o calorosamente a Roume "como um cidadão virtuoso".[77] Deseulle amava Toussaint, mas era um republicano fervoroso, cristão devoto e patriota

Movimentos rápidos e incertos 367

francês apaixonado, e nessas três condições lhe escreveu com franqueza no começo de setembro de 1801, fazendo críticas aos novos arranjos políticos da colônia. Sem medir palavras, acusou o governador de ceder à "ambição, à conduta impetuosa e às más paixões". Adaptando a clássica expressão segundo a qual não havia salvação fora da Igreja, Deseulle declarou que "não pode haver liberdade fora da república", alertando Toussaint sobre o perigo de descambar para o "despotismo" e de tratar seus compatriotas como "escravos".[78]

Como bom patriota, o que deixava Deseulle especialmente indignado com a Constituição era a aparente ruptura com a França, e citou Rousseau para contestar as justificativas de Toussaint de que suas ações visavam ao bem comum: "A lei numa república é a expressão da vontade geral, e portanto é inconcebível que uma minoria imponha seus desejos à maioria". E prosseguiu: "Como parte do Império Francês, Saint-Domingue pode adotar uma Constituição que a isole da pátria-mãe e da grande família francesa?". A pergunta era retórica, mas, caso o governador tivesse alguma dúvida, o bom médico acrescentou um *"Non!"* enfático. A Constituição de Toussaint era, portanto, um "ato antipolítico" e ilegal, que representava uma tentativa de "separar-se da França". Ele aconselhou o governador a retornar ao "seio da pátria-mãe", depois do que "todos os pecados seriam perdoados".[79]

O tema da excessiva concentração de poderes nas mãos de Toussaint era com frequência abordado nesses documentos. O autor anônimo de "Mémoire sur la colonie de Saint-Domingue", escrita na segunda metade de 1801, sugeria que ele continuasse como governador, mas que seu controle sobre as forças armadas fosse tirado, a fim de que "a autoridade militar possa imediatamente ser devolvida à raça branca, da qual nunca deveria ter sido tirada". Uma convicção comum entre seus críticos brancos (tanto na colônia como na França) era que Toussaint era bobo e fácil de manipular pelos que o cercavam: o autor da "Mémoire" concordava com essa opinião, sugerindo que, "sendo Toussaint Louverture supersticioso, como todos os negros, precisamos nos esforçar para conquistar a confiança de seu padre e, por meio dele, garantir a lealdade do governador à França".[80] Uma "Notice sur Toussaint Louverture", de autoria anônima, era ainda mais acerba, descrevendo Toussaint como nada além de "um homem muito medíocre" que havia tirado proveito dos anos de caos revolucionário, em grande parte por conta de intrigas britânicas e da incompetência de sucessivos agentes franceses. Os que o consideravam capaz de conduzir Saint-Domingue à independência "lhe davam crédito demais". O autor recomendava que o governo francês agisse depressa e "acabasse com" Toussaint, acrescentando que isso não seria muito difícil, pois o infeliz governador era incapaz de pensamento lógico: "Seu francês falado é ruim, ele conversa quase sempre em crioulo, e é difícil lidar com ideias abstratas nesse dialeto tropical".[81]

A convicção de que os negros eram incapazes de raciocínio conceitual porque não falavam francês ou qualquer outra língua europeia era um dos mitos persistentes do racismo dos colonos brancos, e foi explicada exaustivamente na "Lettre d'un colon de Saint-Domingue au premier consul", escrita no começo de 1802. O missivista, um agricultor que tinha passado pela experiência dos anos revolucionários, afirmava que palavras como "cidadania, patriotismo, direitos humanos e liberdade" eram "incompreensíveis" para o morador negro comum da colônia. A única Liberdade que um trabalhador negro conseguia entender era o ócio de que desfrutava depois de um dia de trabalho nos campos, debaixo da "sombra deliciosa de uma bananeira perto de sua cabana". O ideal iluminista de perfectibilidade humana estava fora de seu alcance: "Não há educação que consiga aprimorar suas faculdades, ou moralizar o seu ser". Nesse sentido, ainda que fosse denunciado como "usurpador sombrio, pérfido e sanguinário", Toussaint era visto apenas como sintoma de um defeito muito mais grave nos arranjos políticos de Saint-Domingue; essa falha só seria reparada quando os direitos concedidos aos negros pela revolução fossem abolidos, e restabelecida a hierarquia apropriada entre as raças. Essa ênfase na restauração da "ordem natural" da sociedade estava plenamente de acordo com a retórica reacionária que Bonaparte ouvia do lobby colonial na França.[82]

Era um objetivo também compartilhado, embora de maneira mais elíptica, em "Idées sur Saint-Domingue" (1801): aqui, a servidão humana não era mencionada pelo nome, mas o autor observava que o poder europeu na colônia repousava mais na força moral do que na coerção física, e que essa autoridade tinha sido irreversivelmente destruída pela revolução — opinião comum entre os brancos coloniais, tanto *grands* como *petits*. Esse texto traçava um retrato mais confuso de Toussaint: de um lado, ele era fraco e sujeito à influência de seus conselheiros europeus, e talvez dos britânicos; de outro, era uma poderosa figura militar, cujo poder repousava fundamentalmente na força de seu exército. Não era monarquista nem republicano, mas adotaria "qualquer sistema de governo que fosse pessoalmente mais vantajoso". A solução proposta pelo autor para a restauração da ordem branca era o envio de um exército europeu de 24 mil homens, que desembarcaria no norte, no oeste e no sul e enfrentaria a tropa de Toussaint; os soldados negros que não fossem mortos em combate deveriam ser "transportados de volta para a África", a fim de que não sobrassem mais negros armados na ilha. Os trabalhadores agrícolas que restassem então estariam "livres" (ele queria dizer que voltariam a ser escravizados) para se dedicar inteiramente às plantations.[83]

Um retrato igualmente lúgubre da colônia foi traçado pelo naturalista Michel-Étienne Descourtilz, que chegou a Saint-Domingue em abril de 1799 e permaneceu até 1803. Como já vimos, Toussaint facilitou suas pesquisas e o ajudou a recuperar as plantations pertencentes aos parentes de sua mulher francesa.[84] No entanto, ele demonstrou pouca gratidão pelo protetor em suas longas memórias, só publicadas em 1809, quando suas lembranças tinham sido afetadas negativamente pela expulsão dos franceses de Saint-Domingue (e portanto por suas próprias perdas pessoais). Seu relato dos encontros com Toussaint ofereciam vislumbres interessantes do entourage do líder e da deferência com que era tratado por assessores civis e militares. Além disso, havia passagens divertidas sobre os encontros secretos de Toussaint com suas amantes — num dos casos, com o marido da madame devidamente guardando a entrada da sala de encontro dos amantes. Descourtilz percebeu, também, seu apreço pela música (em 1800, ele tinha um conjunto de quarenta músicos), a obsessão com que supervisionava todos os preparativos na igreja para a missa dominical e seus longos e frequentes apartes durante os sermões dos padres.

No entanto, apesar do tom hostil, Descourtilz não conseguia esconder sua admiração pelas faculdades intelectuais de Toussaint, confirmadas quando ele o viu ditar várias cartas simultaneamente para os secretários, e corrigir cada texto até que cada palavra dissesse exatamente o que ele pretendia. Essa "acuidade literária" impressionou muito Descourtilz, que o declarou "digno do gênio anunciado pelo filósofo Raynal".[85]

Aqueles anos foram descritos da forma mais fascinante nos escritos de Jacques Périès, alto funcionário francês do departamento do tesouro da colônia que ali chegou em 1800. Diferentemente da maioria dos memorialistas até aqui mencionados, Périès sabia das coisas, ocupando um cargo no coração da máquina administrativa colonial; além disso, estabeleceu um pequeno negócio em Cap, que o envolveu na agitada esfera comercial de Saint-Domingue. Em março de 1801, foi-lhe oferecido o cargo de coletor de impostos na municipalidade de Cap. Ali estava um homem em contato com os setores mais representativos da vida pública de Saint-Domingue: convivia com as elites brancas civis, políticas e empresariais, dava-se bem com altas patentes negras do Exército e cruzara com Toussaint em numerosas ocasiões. Num perfil biográfico inédito, escrito poucos anos depois, ele foi incapaz de ocultar seu encantamento: "Ele era uma figura única: uma memória excepcional, um ardente desejo de aprender, um senso de ambição incomensurável, uma firmeza inflexível mas fundamentada, uma ousadia de imaginação fizeram dele uma espécie de fenômeno, mais notável ainda quando se leva em conta seu físico e sua cor".[86]

Mas Périès logo se desiludiu. A principal razão foi ter sido excluído por Toussaint de seu "círculo branco".[87] Apesar de se darem bem, o prudente governador o mantinha à distância, suspeitando — com razão, como se veria — que sua lealdade fosse duvidosa; Toussaint, aparentemente, não confirmou sua nomeação para a municipalidade de Cap.[88] Havia outras razões para a insatisfação de Périès: ele esperava conseguir o arrendamento de um considerável pedaço de terra na antiga parte espanhola da colônia, mas seu requerimento foi indeferido;[89] e ele era vítima do que lhe parecia uma perseguição mesquinha de oficiais negros (em particular de homens de Moyse), notadamente quando foi chamado para participar

Movimentos rápidos e incertos 371

da limpeza coletiva de uma ravina nos arredores de Cap. No fundo, não conseguia aceitar a perda de status sofrida por funcionários brancos na nova Saint-Domingue, para a qual não estava preparado intelectual ou emocionalmente. Em abril de 1801, estava desesperado para ir embora da colônia, escrevendo longas cartas ao ministro da Marinha nas quais suplicava por outro posto no serviço diplomático francês e confessava estar "sofrendo transes cruéis".[90]

Nada disso era particularmente inusitado, e certamente havia outros funcionários brancos que compartilhavam suas aflições. O notável é a maneira pela qual Périès resolveu manifestar a insatisfação com Saint-Domingue a seus superiores, e a rapidez com que suas opiniões se converteram numa extrema e agressiva forma de racismo. Ele criticava violentamente a "total desorganização" da administração e afirmava que o comércio em Saint-Domingue tinha "entrado em colapso" — o que era evidentemente falso. Em julho de 1800, distorceu deliberadamente os sofrimentos dos brancos, que estariam sendo "atormentados e humilhados";[91] um mês depois, falava em críticos brancos de Toussaint "encarcerados e assassinados em prisões horríveis"; não havia absolutamente qualquer prova disso, nem mesmo qualquer sugestão nesse sentido em outras memórias de brancos enviadas a Paris em 1800-2.[92] Na verdade, no relatório de março de 1801, o principal representante britânico ressaltou enfaticamente que os brancos eram bem tratados, e que todos os que retornaram da Jamaica receberam de volta suas propriedades.[93]

Para Périès o verdadeiro problema era a emergência de uma nova classe dominante: ele afirmava que "dois terços" das terras de Saint-Domingue agora estavam nas mãos dos negros, graças à sistemática política de Toussaint de arrendar propriedades de exilados para seus altos funcionários.[94] É verdade que isso provocava ressentimentos entre os brancos da colônia, como demonstrado numa carta de um colono que retornou a Saint-Domingue ao saber da promessa de Toussaint de devolver propriedades para seus proprietários pré-revolucionários: apesar de reiteradas tentativas, sua plantation ainda estava confiscada;[95] outra carta enviada ao governo francês também dizia que "as melhores fazendas foram entregues aos generais, aos chefes de divisão e aos comandantes regionais".[96] Périès, no entanto, foi muito mais cru, dizendo que "malfeitores negros instituíram um reinado de tirania nesta colônia; só eles ocupam os cargos civis e militares importantes, e os brancos agora foram degradados, e não podem nem mesmo se dizer franceses, tal é o ódio contra a palavra entre esses homens perversos".[97]

O que havia de mais notável na alienação de Périès era a retórica cruel com que descrevia a população negra, parecida com a dos *colons* racistas, cujos círculos claramente frequentava. Ele repetia as alegações de que os negros "não foram feitos para a liberdade", que "sua alma era verdadeiramente escura como seus corpos" e que eram naturalmente predispostos apenas "à pilhagem e ao roubo".[98] Recorrendo aos escritos de Moreau de Saint-Méry, tentava dar uma base científica a seu racismo distinguindo os negros congos da colônia dos da Côte de l'Or: enquanto estes eram pacíficos e trabalhadores, aqueles (a maioria em Saint-Domingue) eram "apenas capazes de violência e criminalidade, que correm em seu sangue" — e este, disse ao ministro francês da Marinha, era "o mesmo sangue que corre nas veias de Toussaint".[99] Depois de assistir à cerimônia em Cap, onde se banqueteou ao lado dos líderes da colônia, Périès escreveu que a nova Constituição criara "um despotismo absoluto", e que a lei e a ordem tinham entrado em colapso total: "Os furtos agora são comuns nas cidades e também no interior". Alegava ainda que cinco *colons* brancos, "todos homens de boas famílias", tinham sido trancafiados por ousarem criticar a Constituição de Toussaint. Afirmou, além disso, que a tranquilidade só seria garantida com uma intervenção militar francesa e a deportação de "todos os negros que usam dragonas, seja qual for a patente"[100] — linguagem estranhamente parecida com a usada mais tarde nas instruções de Bonaparte a seu exército invasor.

Todos esses desafios ao poder de Toussaint — as dúvidas sobre sua excessiva concentração de autoridade executiva, o ressentimento dos trabalhadores negros das plantations de Saint-Domingue contra seu regime

Movimentos rápidos e incertos 373

trabalhista, a contestação abafada de seu governo por uma minoria de brancos e o contraste cada vez maior entre os valores morais que ele pregava e as aspirações materiais de seus oficiais e soldados — culminaram numa série de rebeliões que estouraram no segundo semestre de outubro de 1801 na colônia.

Em meados de outubro, a agenda de Toussaint o levou a Léogâne, Saint-Marc e Port-Républicain em vários compromissos oficiais. Era principalmente dever, mas misturado com prazer também: ele retornou a Saint-Marc com a mulher Suzanne para assistir ao casamento de Dessalines com Claire-Heureuse, um dos acontecimentos mais festivos do calendário social de Saint-Domingue. Acompanhado pelo noivo, ele seguiu para Verrettes, onde tinha sido convidado a assistir a uma cerimônia de consagração da nova igreja da paróquia. Foi ali, em 22 de outubro, que os dois homens foram informados de um levante nas plantations do norte, com massacres de homens, mulheres e crianças brancos; a maior parte dos assassinatos ocorrera em Limbé, Acul, Port-Margot, Marmelade, Dondon e Grande-Rivière.[101] De acordo com fontes consulares britânicas, cerca de 370 pessoas haviam sido mortas.[102] Toussaint agiu com rapidez para pacificar essas áreas, concentrando os insurgentes em Marmelade e perseguindo-os até Souffrière, onde os dispersou; mandou Dessalines ao norte para atacar todas as posições rebeldes. Tinha havido uma tentativa de realizar uma grande rebelião em Cap, na qual todos os brancos da cidade deveriam ser massacrados; a conspiração foi prontamente suprimida por Christopher. Como disse Toussaint numa proclamação subsequente, todos aqueles incidentes eram parte de uma insurreição mais geral "contra o governo e os brancos nos territórios do norte". Os conspiradores haviam conseguido apoio alegando que Toussaint tinha "vendido os cidadãos negros aos brancos", e que Dessalines e Christopher eram cúmplices nesse arranjo; em Limbé, os conspiradores chegaram a mostrar aos moradores as correntes que seriam usadas para escravizá-los novamente.[103]

O fato de invencionices tão lúgubres ganharem força em toda a colônia, e no próprio departamento batizado com o nome de Toussaint, foi motivo de imenso constrangimento para ele, e um sinal claro da instabilidade do clima político nos últimos meses de 1801. Boatos sobre divisões entre os líderes de suas forças armadas tinham começado a circular; um relato de autoria de um *colon* do sul até previa que "grandes acontecimentos prejudiciais a Toussaint" teriam lugar dentro em breve.[104] Alguns acreditavam que ele havia instigado pessoalmente a insurgência de outubro para poder expulsar seus adversários no Exército e esmagar qualquer resistência a seu regime entre os trabalhadores das plantations, e ao mesmo tempo lembrar aos *colons* brancos que ele era de fato seu único salvador e protetor.[105] Esses boatos chegaram até Roume na Filadélfia, onde foram reciclados num relatório febril para seu ministro em Paris. Roume, agora inimigo implacável de Toussaint, chegou à conclusão de que o governador era "o autor e diretor" da rebelião. Todas as provas circunstanciais apontavam para ele, escreveu Roume: a mobilização dos trabalhadores das plantations e a ameaça de queimar e saquear Cap tinham sido táticas usadas por Toussaint contra sucessivos agentes franceses, inclusive ele próprio; suspeitas também eram a ausência de quaisquer julgamentos e a execução sumária dos conspiradores, cujo objetivo era impedir a revelação de informações comprometedoras.[106]

Roume afirmou ainda que Toussaint tinha encenado a insurreição devido a seu "desprezo" pelos cidadãos de Cap, que eram republicanos convictos, diferentemente dos "anglófilos" de Port-Républicain, em cuja companhia se sentia mais à vontade; ele queria, portanto, destruir a cidade para poder construir uma nova capital "e imortalizar seu nome" em Gonaïves; a rebelião de outubro de 1801 fora portanto motivada pelo "ódio e ambição despóticos" de Toussaint.[107] Roume, claro, não fornecia qualquer prova para essas alegações mirabolantes. E, embora Toussaint certamente fosse capaz de atos maquiavélicos, é difícil imaginá-lo desestabilizando deliberadamente uma ordem política que se esforçara tanto para construir. O massacre de brancos, em particular, estava em total desacordo com toda a estratégia política e econômica que vinha adotando até aquele momento, estreitamente ligada a seu empenho em tranquilizar as autoridades francesas a respeito de sua lealdade. Mas essas histórias sobre restauração da escravatura, apesar de falsas, eram politicamente significativas; mostravam

Movimentos rápidos e incertos 375

o ódio crescente contra os brancos entre os *cultivateurs*, bem como entre setores da população negra urbana; o principal slogan dos insurgentes era "morte aos brancos".[108] Atiçada por alguns comandantes militares do próprio Toussaint, alguns dos quais encabeçaram a rebelião, essa violência era uma resposta crua à arrogância e ao racismo cada vez mais descarado com que homens e mulheres negros eram tratados nas plantations pela velha classe dominante.

Esses temores quanto à volta da escravidão também eram um reflexo da crescente perda de apoio de Toussaint entre algumas pessoas que tinham formado sua base; a riqueza de sua nova elite negra, combinada com draconianos regulamentos trabalhistas e sua recusa em permitir que trabalhadores das plantations tivessem acesso à propriedade da terra, prejudicou a reputação de Toussaint nas comunidades negras. Como já dissemos, havia uma incidência significativa de *marronage* nas plantations do norte, e algumas forças rebeldes se alimentavam desses grupos. Mas até mesmo entre os trabalhadores das plantations a estrela de Toussaint tinha perdido o brilho. Durante seus meses de exílio forçado em Dondon (um dos principais pontos da insurgência), Roume testemunhara pessoalmente essa alienação entre os moradores, tanto *bossales* como os nascidos ali: o agente francês observou que "a totalidade dos africanos negros e um número considerável de crioulos" sentiam-se traídos pelo governador, achando que tinham sido usados por ele "como trampolim para o poder supremo"; além disso, estavam "furiosos" com a decisão de importar trabalho escravo para a colônia, vista por eles como uma violação da promessa sagrada da revolução — inscrita na própria Constituição de Toussaint — de acabar para sempre com a servidão humana na ilha. Roume, claro, estava longe de ser um observador imparcial, mas não há dúvida de que suas impressões capturaram o mal-estar entre os trabalhadores das plantations de Saint-Domingue sobre a política do governador.[109]

Logo se soube que o principal arquiteto da revolta de outubro de 1801 foi ninguém mais ninguém menos que Moyse. Nos relatórios recebidos de seus oficiais, Toussaint era informado de que os rebeldes repetidamente davam vivas ao comandante do norte; em Plaisance, por exemplo, cantaram "o general Moyse está por trás de nós", acrescentando: "É ele que nos apoia, é ele o nosso líder".[110] Desde o fim da guerra com Rigaud, o jovem e agressivo sobrinho de Toussaint — tinha apenas 28 anos — sentia-se cada vez mais frustrado, não escondendo de ninguém sua contrariedade com a estratégia do tio. Criticava o código trabalhista de Toussaint, pelo severo tratamento que dispensava aos trabalhadores negros nas plantations. Além disso, estava apaixonadamente empenhado em combater a escravidão: como um dos mais ardorosos defensores dos cidadãos negros vendidos como escravizados em Santo Domingo,[111] era hostil aos planos de Toussaint de introduzir a servidão por contrato na colônia. Interpelara o tio sobre esse artigo da Constituição, e achava, de modo geral, que sua visão do bem comum tinha ido longe demais na proteção dos interesses dos *grands blancs*, a quem desprezava.

Moyse tinha dito a seus seguidores em Cap que sua hora logo chegaria: "Os franceses não são bons neste país, e são os únicos que nos atrapalham; vou tornar a vida deles tão difícil que eles vão se sentir obrigados a ir embora e abandonar suas propriedades".[112] Essas opiniões, acompanhadas pela intimidação rotineira de moradores brancos de Cap por sua milícia, tornaram-no imensamente popular nas comunidades negras do norte, e acreditava-se até que ele fosse a favor de um acesso popular mais amplo à propriedade da terra — embora se tratasse mais de pose do que de compromisso. Moyse não era um igualitário: reservava as melhores terras no departamento do norte para seus colegas militares mais próximos e levava uma vida de opulência; como outros destacados comandantes de Toussaint, acumulara considerável fortuna pessoal em terras e bens; sua renda anual era estimada em 1,2 milhão de *livres*.[113] Corriam os mais variados boatos sobre sua riqueza pessoal; dizia-se, por exemplo, que 7 milhões de *livres* em ouro foram encontrados em sua casa no momento de sua prisão.[114]

Toussaint facilmente frustrou a tentativa de Moyse de dar um *coup de force*. Ainda que tivesse suas raízes em questões de princípio, a insurreição fora mal planejada e canhestramente executada. Além disso, ficou claro que não havia o menor apetite na colônia por uma guerra racial aberta contra os brancos; por isso a ordem política que o governador tinha esta-

Movimentos rápidos e incertos

belecido se manteve, pelo menos por ora. Mas os acontecimentos deixaram
Toussaint abalado: ele confessou que a rebelião jamais "se apagaria de sua
memória", e que seu coração estava "sangrando de dor"[115] — sobretudo
porque conhecia pessoalmente muitos brancos que foram mortos, e porque
os insurgentes eram cidadãos negros, chefiados por um homem que era
não apenas um dos heróis da revolução, mas um parente próximo que ele
considerava um filho adotivo.

Mas não era hora de lamentar. Toussaint jurou que o derramamento de
sangue inocente seria "vingado", e que "a justiça seria feita de forma a deter
até o mais ousado dos canalhas".[116] Cumpriu a ameaça. Moyse foi preso,
levado para Port-de-Paix e julgado por uma comissão militar especialmente
designada, que ouviu depoimentos contra ele de Toussaint e vários oficiais.
O acusado não teve permissão de defender-se, foi considerado culpado de
conspiração e executado no forte de Port-de-Paix. Morreu como um bravo,
recusando a venda nos olhos e comandando pessoalmente o pelotão de
fuzilamento. O oficial branco que presidiu a comissão, o brigadeiro-general
François Pageot, foi imediatamente deportado de Saint-Domingue; tinha
tentado permitir que Moyse depusesse (o governador, que não deixava
passar nem esquecia nada, também o repreendeu por recusar-se a endossar
a Constituição de 1801). Embora não tivesse dúvida da culpabilidade de
Moyse, Pageot escreveu depois que o julgamento tinha sido "truncado"
por Toussaint e publicado numa forma adulterada.[117]

A tolerância de Toussaint com os pecados cometidos por negros também era coisa do passado. A restauração da ordem na região norte foi
realizada com brutalidade extrema. Dezenas de *cultivateurs* foram sumariamente executados, alguns pelo simples fato de serem de uma localidade
que tinha sido controlada por comandantes rebeldes. Quando recuperaram
Plaisance, por exemplo, Dessalines e seus soldados trucidaram trabalhadores das plantations a golpes de sabre e baioneta, e todos os prisioneiros
capturados durante o combate foram mortos a facada. Para não ficar atrás
de seu lugar-tenente, Toussaint encenou um espetáculo horrível em Cap
no começo de novembro de 1801, reunindo a população para a execução
de quarenta rebeldes acorrentados uns aos outros; entre eles estava Joseph

Flaville, um dos altos comandantes da região norte, que comandara pessoalmente os insurgentes na área de Limbé. Toussaint fez um discurso ameaçador e anunciou a iminente execução de Moyse; jurou que qualquer um que ameaçasse a ordem pública teria o mesmo fim, ainda que fosse seu próprio filho. Três canhões colocados em frente aos prisioneiros os reduziram a pedaços: a multidão se dispersou aterrorizada.[118] A Place d'Armes — local de alegres comemorações poucos meses antes, quando Toussaint proclamou a Constituição— agora estava encharcada de sangue.

O CASO MOYSE FOI UMA TRAGÉDIA PESSOAL para Toussaint, e revelou falhas crescentes em sua liderança. Depois da insurreição de Rigaud, quando houve traição dentro das fileiras de seus oficiais superiores, ele passara a confiar cada vez mais nos parentes de sangue — os três comandantes principais da invasão de Santo Domingo tinham sido Moyse, Paul Louverture e Charles Bélair, seu sobrinho. Mas aparentemente continuava vulnerável até mesmo dentro desse grupo privilegiado. Era também uma questão de estilo pessoal: como a maioria dos líderes carismáticos que se fazem por conta própria, ele se tornou inteiramente dono de si mesmo; no começo de 1801, falava da "ilha inteira de Saint-Domingue unida sob minha autoridade".[119] Relutava extremamente em comunicar suas intenções até a seus mais importantes oficiais, ou em dividir algum poder real com eles.

Haviam surgido também diferenças de estratégia: a revolta de Moyse foi em parte deflagrada por sua convicção de que o regime de Toussaint era severo demais com seus apoiadores naturais, os *cultivateurs* negros, e brando demais com os brancos. Christophe, por sua vez, achava que o empenho de Toussaint em conquistar autonomia, afastando-se da França, era um erro perigoso; a partir do começo de 1801, o comandante de Cap começou a emitir discretos sinais aos franceses de que talvez pudesse ser um governante local mais dócil do que o governador, se o cargo ficasse vago.[120] Nesse sentido, a nova Constituição de Toussaint, com seu dispositivo sobre a designação do sucessor, teve o efeito paradoxal de desestabilizar sua liderança. E Christopher não era o único a pensar mais alto do que lhe convinha; Dessalines não participou do processo constitucional em nenhuma fase, e muito provavelmente interpretava essa exclusão como sinal de que não seria um dos favoritos na linha de sucessão.

Outra fonte potencial de instabilidade para Toussaint era o delicado malabarismo de suas relações com as autoridades britânicas, que continuaram por boa parte de 1801. Ele sentia-se frustrado com o lento progresso de suas decisões, e até mesmo os *loas* pareciam conspirar contra ele: o navio em que viajava seu enviado Pennetier na volta de Londres naufragou; por um momento, Toussaint recusou-se a acreditar na notícia, achando que os britânicos o haviam sequestrado (ou, como disse com originalidade típica, o haviam "tornado invisível").[121] Explorando sua combinação característica de descaso e sedução, cortejou os representantes britânicos locais e os trouxe para o seu lado. W. L. Whitfield, o subagente em Port-Républicain, atestou a boa-fé de Toussaint e ressaltou que ele não tinha planos de minar a estabilidade da Jamaica; seu único interesse era consolidar sua "independência".[122] O governador estabeleceu uma relação particularmente boa com Edward Corbet, que chegou à colônia no começo de 1801 para atuar como agente britânico em Port-Républicain. Corbet era um funcionário altamente competente, e seus relatórios diplomáticos eram cheios de admiração pela eficiência de Toussaint, pelo tratamento humano dispensado aos *colons* brancos e por seu "despotismo perfeito"; desde o início, foi contra o assédio de navios de Toussaint pelos britânicos.[123] Toussaint manifestou sua "decepção" com o governo britânico por não ser mais receptivo em suas negociações com ele, e disse a Corbet que os "únicos" amigos de Saint-Domingue eram os americanos — o que, claro, produziu a reação ressentida que Toussaint desejava. O governador afirmava reiteradamente que tudo que fazia no trato com os franceses era "manter as aparências", e que ele e seus colegas oficiais tinham jurado "não admitir nenhuma outra autoridade nesta ilha além da que existe no momento, que é, na verdade, um governo negro independente"; se os franceses tentassem mandar um novo agente para a colônia, o funcionário "não seria recebido". Se os britânicos o tratassem com "lealdade", e com "honra", concluiu Toussaint tentadoramente, "poderiam ter a ilha inteira sob sua influência"; até deixou Corbet levantar a possibilidade de os britânicos serem aceitos de volta em Môle Saint-Nicolas.[124]

A tática funcionou. Antes de ir embora da Jamaica, Balcarres solenemente disse a seu sucessor Nugent e a seus superiores em Londres que "a boa-fé dos britânicos é dirigida, por meu intermédio, tanto aos Estados Unidos da América como ao chefe Toussaint".[125] Era uma declaração notável, vinda de um homem que três anos antes denunciara o general negro como "bandoleiro", e precisara ser convencido por Maitland de que chegar a bons termos com ele era um "mal necessário". Com a bênção de seu governo, Nugent acabaria negociando uma extensão da convenção de 1799 com o enviado de Toussaint, Bunel. O acordo, negociado por Corbet do lado britânico,[126] foi assinado em meados de novembro de 1801: navios britânicos teriam acesso a Gonaïves, Jérémie, Les Cayes e Jacmel nos mesmos termos previamente aplicados a Cap e Port-Républicain, e Toussaint concordou em permitir que os britânicos nomeassem representantes nessas localidades. Agricultores franceses exilados, que se refugiaram na Jamaica nos anos 1790, também teriam permissão para retornar a suas propriedades em Saint-Domingue, cabendo ao governador determinar a quantidade e o ritmo dessas restituições.[127]

A implementação desse acordo seria atropelada pelos acontecimentos, como logo veremos. Mas o simples fato de ter sido assinado já dava uma ideia da estatura inquestionável de Toussaint na região. O fascínio com Toussaint espalhou-se até pelas camadas da alta sociedade branca jamaicana: após passar uma noite ouvindo o representante britânico em Saint-Domingue contar as proezas de Toussaint, a mulher do novo governador, Maria, escreveu entusiasmada em seu diário: "Depois do jantar uma grande conversa com o sr. Corbet sobre o general Toussaint L'Ouverture, que foi particularmente interessante. Deve ser um homem maravilhoso, e acredito que realmente tem ótimas intenções".[128]

Em Saint-Domingue, a reação imediata dos moradores comuns de Cap ao esmagamento da rebelião de Moyse foi, compreensivelmente, de alívio. A comunidade americana da cidade fez uma proclamação agradecendo ao governador por ter restaurado a ordem "com sensatez e energia",[129]

Movimentos rápidos e incertos

enquanto os funcionários municipais manifestaram sua gratidão a Toussaint e a Christophe por "trazerem a cidade de volta da beira do túmulo" — sem dúvida eles também se imaginaram naquele limiar arrepiante. Aplaudindo o "justo castigo dos criminosos", saudaram o advento de "um novo amanhecer" na colônia.[130] Um comerciante britânico de Gonaïves elogiou a "ação imediata e vigorosa" de Toussaint para sufocar a rebelião, observando que a segurança de Saint-Domingue ficaria "seriamente comprometida" sem a sua presença.[131]

Para Toussaint, no entanto, a lição imediata deixada pela rebelião de Moyse foi que mais medidas seriam necessárias para impedir novas ocorrências. Em seu decreto de 10 de novembro ele investiu contra os "vagabundos e maus indivíduos" de Cap que começaram a reunir-se ali, representando "uma ameaça à ordem pública e à sociedade em geral". A maioria desses vagabundos tinha saído das plantations para se refugiar nas cidades da colônia porque não queria mais trabalhar nas lavouras; no entanto, observou Toussaint com severidade, "num país livre, a liberdade consiste não em seguir os próprios caprichos, mas em fazer aquilo que estamos predestinados a fazer". Ele ordenou a todas as seções da Guarda Nacional de Cap que realizassem um censo imediato de todos os homens, mulheres e crianças acima de doze anos em suas respectivas áreas, para determinar se estavam empregados e tinham residência fixa: os que não conseguissem preencher esses requisitos deveriam ser imediatamente mandados de volta para as plantations. Qualquer cidadão que escondesse um vagabundo em casa incorreria em multa (de 25 *portugaises*, se fosse rico, dez se fosse pobre); qualquer um que abrigasse qualquer "perturbador da paz" ou "indivíduo conhecido como má pessoa" seria processado e correria o risco de ser condenado à morte.[132]

Mas isso tudo foram apenas as preliminares. A resposta completa de Toussaint à rebelião de Moyse veio no decreto de 4 de frimário do ano x (25 de novembro de 1801). Ainda que se baseasse em muitas proclamações anteriores, era um documento extraordinário em todos os sentidos do termo: na extensão (mais de sete páginas), na quantidade de tópicos abordados, no tom às vezes intimidatório e autoritário, e na escala das medidas repressivas que propunha. Era notável, também, por seu tom altamente pessoal e emocional: foi baixado quatro dias após a execução de Moyse, sem dúvida um momento traumático. Toussaint recordava-se de tempos mais felizes, quando Moyse era um de seus mais bravos guerreiros e gostava de identificar-se como o "bom filho" de Toussaint.[133] Poucos meses antes, Moyse escrevera a Isaac e a Placide em Paris para lhes dizer que a família estava muito orgulhosa de seus êxitos nos estudos.[134] Toussaint tinha repassado na mente suas discussões recentes e antigas com o sobrinho: lembrara-lhe "mil vezes" que um exército não poderia funcionar sem as virtudes da disciplina e da obediência; pregara-lhe, também, as "santas máximas da nossa religião e os deveres de um cristão", e fizera "tudo a seu alcance" para convencê-lo a "mudar suas inclinações imorais" e "trazê-lo de volta ao caminho da retidão". Mas, no fim, Moyse recusara-se a seguir o conselho "paterno" de Toussaint, e "pereceu miseravelmente".[135]

De maneira significativa, Toussaint não fez nenhuma menção explícita às discussões entre os dois sobre o tratamento dado aos trabalhadores das plantations, o lugar legítimo dos *colons* em Saint-Domingue ou a emancipação da colônia do domínio francês. Em vez disso, a rebelião de Moyse servia como exemplo edificante do declínio geral da ética pública e privada. Toussaint voltou ao tema republicano da corrupção da moralidade cívica, abordado em suas proclamações anteriores. Mas dessa vez não poupou ninguém: primeiro atacou os pais negligentes, "especialmente nas cidades", que permitiam que os filhos crescessem "na ociosidade" e sem uma compreensão adequada de seus deveres para com a sociedade; notou que esses jovens tinham licença para usar "joias e brincos" desde a mais terra idade, e desenvolver "um gosto pela preguiça e pelo luxo". Também criticou as mulheres jovens, que acabavam na prostituição, e cujo espírito de libertinagem era uma grande fonte de desordem social; os empregados domésticos, que precisavam ser vigiados para não roubar ou se entregar à "ociosidade" (um grande vício, aos olhos de Toussaint); estrangeiros recém-chegados, que às vezes manifestavam "opiniões perigosas" que poderiam ter consequências lamentáveis; servidores públicos e comandantes do Exército que não respeitavam seus votos matrimoniais e tinham "várias concubinas em casa"; e "um grande número" de trabalhadores das plantations, que permitiam que os filhos levassem uma vida de dissipação nas cidades, e cuja preguiça era potencialmente uma "ameaça" à sociedade. Voltando a citar seu ideal de bem comum, ele afirmou, com vigor, que "essa classe de homens precisa ser convencida, mesmo a contragosto, a desempenhar um papel socialmente útil".[136]

O decreto terminava com um conjunto de medidas que exibiam uma mistura caracteristicamente louverturiana de eficiência, ardor e excentricidade, indo do dever imperativo dos comandantes militares de combater a "sedição" até a emissão de carteiras de identidade para todos os cidadãos, renováveis a cada seis meses (ao visitar Santo Domingo no começo de 1802, Toussaint ordenou que todos os cidadãos recebessem imediatamente essas carteiras).[137] A sedição era definida em termos vagos, que incluíam "declarações que possam afetar a tranquilidade pública"; qualquer "crioulo" natural da colônia culpado desse crime seria condenado a seis meses de trabalhos forçados ("com uma corrente no pé"), ao passo que "estrangeiros" seriam deportados; era a primeira vez que Toussaint distinguia a população da colônia usando esse critério. A execução "plena" do decreto trabalhista de outubro de 1800 foi reafirmada — mas a lição que Toussaint tirou da insurreição de Moyse foi que as medidas que havia apresentado não eram suficientemente draconianas. Por isso, dessa vez, instruiu seus comandantes militares locais a prepararem listas completas de todos os trabalhadores de plantations em suas áreas e enviá-las ao gabinete do governador, a fim de servirem de base para "fixar os *cultivateurs* a suas plantations". Uma repressão mais rigorosa da *marronage* foi anunciada, também: qualquer trabalhador que deixasse seu alojamento sem autorização seria caçado pelo exército, levado de volta e privado de seu passaporte por três meses. Numa nova tentativa de proteger as plantations de influências externas nocivas, ninguém que não fosse empregado poderia lá permanecer, e até mesmo os militares só seriam admitidos em caso de visita aos pais.[138]

Em meio a todas essas medidas repressoras, Toussaint não desistiu de sua ambição de salvaguardar o êxtase conjugal dos casais de Saint-Domingue; assim, não contente em exigir que soldados, oficiais e trabalhadores das plantations obtivessem autorização pessoal junto a ele antes de se casar, em demandar a reconciliação de casais infelizes e em limitar o número de concubinas por casa, Toussaint agora ameaçava grandes sanções contra qualquer um que "sabidamente tivesse destruído ou tentado destruir um casamento": sempre pronto para a briga, o cruzado da moralidade avisava a todos os sedutores da colônia que "prestariam contas pessoalmente ao governador".[139]

11. A árvore da liberdade negra

DEPOIS DE SUFOCAR A REBELIÃO de Moyse e reafirmar sua autoridade em todo o território mediante vigorosa demonstração de força, Toussaint sem dúvida esperava ter direito a um tempo para respirar. Mas a folga durou pouco. O cenário diplomático da Europa estava mudando, e no começo de outubro de 1801 a França e a Grã-Bretanha assinaram acordos preliminares que abriram caminho para a paz entre os dois implacáveis rivais. Toussaint imediatamente compreendeu as implicações potencialmente desastrosas dessa trégua franco-britânica, se ela fosse confirmada, para Saint-Domingue. A paz harmonizaria os interesses das principais potências imperialistas da Europa e reduziria o incentivo para que os britânicos e seus aliados regionais mantivessem relações privilegiadas com ele. Pior ainda, traria o fim do bloqueio naval britânico do Atlântico, possibilitando o envio de uma expedição militar francesa para derrubar seu regime. Quando a notícia do acordo chegou a Saint-Domingue no começo de dezembro, a colônia já fervilhava de boatos sobre uma iminente invasão francesa.[1]

Essas histórias apocalípticas circulavam havia algum tempo, e costumavam ser produto de desejos distorcidos — e da imaginação delirante — dos *colons* mais reacionários. Mas dessa vez Toussaint sabia que elas eram mais substantivas. Num mau agouro, suas negociações com os britânicos, que vinham rendendo tantos frutos, foram abruptamente encerradas pelo governador Nugent no fim de novembro de 1801. O novo governador jamaicano tinha sido informado pelo secretário britânico de Guerra, Lord Hobart, de que os franceses estavam despachando um grande exército para reconquistar Saint-Domingue, e de que sua política de bom entendimento com a colônia não deveria prosseguir.[2] Nugent imediatamente notificou

Toussaint, e ordenou a todos os agentes e súditos britânicos em Saint-Domingue que se retirassem para a Jamaica.[3] Embora Nugent não mencionasse explicitamente uma invasão francesa em sua carta para Toussaint, não havia dúvida de que este entendera perfeitamente sua proximidade; num encontro no começo de dezembro com o representante britânico Whitfield, com a presença de Dessalines, ele se queixou de que a França e a Grã-Bretanha estavam conspirando para tomar "medidas ofensivas" contra ele, e jurou que qualquer invasão de Saint-Domingue enfrentaria "resistência"; disse ainda que jamais entregaria o comando ou permitiria que seu exército fosse "desmobilizado".[4] Uma semana depois, Whitfield informou que Toussaint estava "recrutando diariamente para o seu exército, e comprando todos os cavalos que consegue", antes de concluir: "Lamento dizer, mas acho que ele pretende medir forças com as legiões de Bonaparte".[5]

Toussaint resolveu fazer uma proclamação a fim de preparar seu povo para o ataque francês. Impresso num grande cartaz branco e distribuído em toda a colônia, seu "Adresse" começava lançando dúvidas sobre o boato de que soldados franceses estivessem a caminho "para destruir a colônia e a liberdade de que ela desfruta"; histórias como essa só podiam ser espalhadas por forças "maldosas". Tendo confirmado o boato ao negá-lo, acrescentou que Bonaparte tinha juntado "todos os negros e pessoas de cor que viviam na França" e opunham-se a ele e os estava enviando para lutar contra seus compatriotas; que o governo francês mantinha seus dois filhos "como reféns", e recusava-se a soltá-los, apesar das reiteradas demandas do pai para que voltassem; e que o objetivo da invasão era "eliminar os soldados e oficiais do exército colonial e trazê-los de volta à escravidão".

Descrevendo os filhos como "um bem que legitimamente me pertence",[6] Toussaint disse estar "muito irritado" com sua ausência contínua. Lamentou o tratamento dado pelo governo francês a seus filhos, como se fossem "peões", violando os princípios de "honra e equidade". Era "inconcebível" — ele queria dizer extraordinário — que a França atacasse Saint-Domingue depois de seus cidadãos revolucionários darem a vida para proteger os interesses franceses contra inimigos internos e externos, e transformarem uma "colônia caótica" numa "empresa próspera".

Essa "ingratidão", comentou, incisivamente, era indigna dos franceses. Em contraste com o tom prepotente de suas últimas proclamações, ele agora cumulava de elogios o povo de Saint-Domingue, "composto em sua maior parte de proprietários de terras honestos, pessoas decentes e bons pais", que desejavam "paz e prosperidade". Apelava também para a lealdade dos oficiais e soldados de seu exército: "A obediência", lembrou mais uma vez, era "a mais elevada das virtudes militares", e ele lhes mostraria "o caminho a ser seguido".

Na metade da proclamação, quando fez uma pausa para refletir sobre o que o futuro poderia reservar, o tom de Toussaint tornou-se sombrio. Ao saber que a França poderia despachar uma força invasora contra ele, declarara, numa conversa privada: "A França não tem o direito de nos escravizar, nossa liberdade não lhe pertence. É um direito nosso, e saberemos defendê-la, ou morreremos". Contemplando, agora abertamente, a iminente agressão francesa, Toussaint declarou que um ataque a Saint-Domingue seria um "ato desnaturado". Numa analogia inspirada por seus valores crioulos e católicos, comparou essa eventualidade à tentativa, por parte de um pai e de uma mãe, de matar o próprio filho. Nessa situação "monstruosa", as normas éticas de obediência filial teriam que ser suspensas, e era dever do filho defender-se e colocar seu destino nas mãos de Deus. Ele exortou os cidadãos de Saint-Domingue a se prepararem para seguir o seu exemplo, e encarar os invasores com dignidade e coragem. "Se eu tiver que morrer nessas circunstâncias", concluiu Toussaint, "enfrentarei a morte honradamente, como um soldado que levou uma vida exemplar."[7]

Toussaint tinha programado bem o momento da proclamação: seis dias antes de sua publicação, uma grande frota militar partira da França com destino a Saint-Domingue. A bordo iam Isaac e Placide, os dois filhos por cujo retorno em segurança ele rezava havia tempos: voltavam para a família, mas acompanhados de um exército invasor (incluindo, como conjecturavam os boatos, um pequeno grupo de dissidentes negros e mestiços de Saint-Domingue, entre os quais seu velho inimigo André Rigaud). A carta de Bonaparte, longamente esperada, também estava a caminho, mas seu conteúdo apaziguador não passava de um estratagema sinistro: o objetivo francês era reocupar a colônia, restaurar a supremacia branca e eliminar o governador e todo o grupo dominante que tinha surgido sob sua liderança. O momento de acerto de contas tinha chegado para Toussaint: sua resposta determinaria seu destino pessoal, e o da revolução que tinha audaciosamente defendido durante uma década.

TOUSSAINT COSTUMA SER ACUSADO de provocar Bonaparte com suas ações destemperadas durante os últimos anos de seu regime, e mais genericamente de não se esforçar para aplacá-lo. É improvável que ele pudesse ter feito qualquer coisa para impedir a invasão, por motivos que logo ficarão claros. Mas a acusação específica de não ter tentado conquistar a amizade de Bonaparte é infundada. Como vimos, Toussaint lhe escreveu várias cartas a partir de 1800, todas sem resposta. E os Bonaparte tinham uma dívida com Toussaint: a família Beauharnais, de Josefina, baseada na Martinica, possuía consideráveis interesses econômicos em Saint-Domingue, como numerosas e lucrativas plantations de cana-de-açúcar em Léogâne. A produção havia parado durante os primeiros anos revolucionários, mas, em 1798, ao saber que Toussaint restaurara a ordem na colônia, Josefina escreveu-lhe uma carta diretamente, implorando ajuda: na época, Bonaparte estava ausente, na campanha do Egito. Toussaint interveio de imediato para colocar as plantations em condições de funcionar, e logo Josefina voltava a receber uma polpuda renda de suas propriedades em Saint-Domingue.[8] Ficou tão agradecida que convidou os filhos de Toussaint várias vezes para almoçar e jantar em suas residências parisienses na rue Chantereine e na rue de la Victoire, e elogiava o general efusivamente; tinha uma queda particular por Placide.[9] Ao voltar, Bonaparte sem dúvida foi informado pela mulher da generosa intervenção de Toussaint e ficou muito satisfeito. Mais tarde, quando conheceu os filhos do comandante-chefe, disse-lhes que o pai deles era "um grande homem, que prestou eminentes serviços à França".[10]

Partidários de Toussaint em Paris, como o parlamentar Louis Rallier, recomendaram a Bonaparte que o apoiasse, afirmando que ele era de longe o mais eficiente defensor dos interesses franceses na colônia.[11] Essa opinião

A *árvore da liberdade negra* 389

favorável era reforçada por figuras progressistas em seu entourage, notadamente o almirante Laurent Truguet, ex-ministro e um de seus principais conselheiros navais, e o conselheiro de Estado Daniel Lescallier, chefe do escritório colonial e especialista em Antilhas. Ambos eram admiradores sinceros de Toussaint, além de republicanos convictos que se opunham à escravidão; Lescallier havia sido membro da Société des Amis des Noirs. Nos primeiros meses de 1801, o primeiro cônsul parecia ter decidido dar todo apoio a Toussaint; redigiu uma carta nomeando-o *"capitaine-général"* da parte francesa da colônia, e garantindo-lhe que gozava da "maior confiança" do governo em Paris.[12] Acusando recebimento de todas as cartas anteriores, e saudando-o como o "principal representante da república", Bonaparte o exortou a manter a paz e a ordem, e continuar supervisionando o desenvolvimento da agricultura (particularmente, é de supor, na área de Léogâne).[13] Designou um novo enviado francês a Saint-Domingue, e em suas minuciosas instruções o aconselhou a "não aborrecer" Toussaint e a "fazer todos os habitantes apoiarem sua liderança". Claramente bem informado sobre as crenças religiosas do governador, até instruiu o funcionário a ir à igreja regularmente.[14]

Mas a carta de Bonaparte nunca foi enviada, e no fim de março de 1801 Toussaint foi secretamente removido do registro de funcionários militares franceses. Qual terá sido a causa dessa reviravolta dramática? Os críticos tendem a atribuir a mudança de opinião do primeiro cônsul a ações específicas de Toussaint, como a internação de Roume e a promulgação da Constituição. Mas a cronologia não confirma nada disso. No começo de 1801, Bonaparte já sabia que as relações de Roume com Toussaint estavam rompidas, e era justamente por isso que ia mandar outro funcionário. A Constituição só foi proclamada em julho de 1801 — e a notícia levou meses para chegar a Paris. Se houve um acontecimento isolado que sem dúvida deixou Bonaparte furioso foi a tomada do território espanhol de Santo Domingo por Toussaint, comunicada ao governo francês em meados de fevereiro de 1801. O primeiro cônsul viu nisso um ato de insubordinação; mas é implausível que esse fato, por si, como alegam muitos historiadores, tenha levado Bonaparte a resolver lançar uma expedição tão gigantesca contra Toussaint. Ao ser informado da tomada de Santo Domingo, o ministro francês da Marinha respondeu, laconicamente, ao comandante-chefe: "Já que está feito, pensemos agora em como tirar proveito disso". Quando desembarcaram em Saint-Domingue, as forças invasoras francesas não tinham planos de devolver o território ao controle espanhol.[15]

A mudança de Bonaparte em relação a Saint-Domingue foi mais um processo do que um acontecimento, e começou nos meses seguintes ao golpe de 18 de brumário, com a política sistemática de remover funcionários coloniais suspeitos de simpatia pela causa negra. Em janeiro de 1800, planos para enviar uma frota de navios franceses a Saint-Domingue foram abandonados; uma das principais razões foi que Lescallier, que deveria se tornar o principal administrador da colônia, era chegado demais a Toussaint e à revolução negra.[16] Bonaparte também revogou a nomeação de Laveaux pelo Diretório como agente francês em Guadalupe, nesse caso também por suas excessivas afinidades com os negros: quando chegou à colônia para assumir o cargo em março de 1800, o aliado de Toussaint foi preso por funcionários locais, seguindo instruções de Bonaparte, e enviado de volta à França.[17] Durante uma discussão de assuntos coloniais no Conselho de Estado em agosto de 1800, Bonaparte falou de seu empenho em "restabelecer a ordem e introduzir a disciplina" em lugares como Saint-Domingue, onde a escravidão tinha sido abolida.[18] Sua atitude negativa em relação à colônia consolidou-se com o fluxo constante de informações deletérias que o governo francês recebia de funcionários contrários a Toussaint e de cidadãos de Saint-Domingue, como já vimos. As conotações raciais nesses escritos agora eram explícitas. Uma das vozes mais significativas era a do renegado general francês Kerverseau, que ardia de ressentimento por sua saída humilhante de Santo Domingo em janeiro de 1801. Poucos meses depois, ele escreveu um extenso memorando para o governo francês defendendo o envio imediato de uma expedição militar a Saint-Domingue, que tinha sido "tomada por africanos"; o objetivo deveria ser "a reabilitação política dos brancos" e a "expulsão da colônia de todos os que usurparam o poder" — isto é, os líderes negros.[19] Bonaparte o incluiu na expedição francesa,

A árvore da liberdade negra

e as opiniões de Kerverseau claramente influenciaram seus objetivos políticos.

Outra facção de grande importância nessa polarização racial era o revigorado lobby colonial na França, que se tornou mais presente no entourage de Bonaparte ao longo de 1801. Sentimentos a favor da invasão e da escravidão voltaram à moda entre as classes comerciais e capitalistas francesas, e Bonaparte não tentava esquivar-se deles, muito pelo contrário. Essas opiniões eram fortemente representadas entre seus novos recrutas para o Conselho de Estado, que incluíam figuras conservadoras como Fleurieu, ex-ministro da Marinha; Moreau de Saint-Méry, advogado colonial e defensor dos agricultores; Barbé de Marbois, o último *intendant* do ancien régime em Saint-Domingue, que continuava a ser um vigoroso defensor do comércio de escravizados;[20] e Pierre Victor Malouet, que aconselhara os britânicos a invadirem a colônia depois de 1793 a fim de restaurar a servidão humana. Em outubro de 1801, Bonaparte nomeou Denis Decrès para o cargo de ministro da Marinha, e ele também compartilhava as opiniões de Malouet sobre a escravidão, acreditando que o decreto da Convenção que a abolira em 1794 tinha sido um erro.

No início de outubro de 1801, Bonaparte voltou-se totalmente contra Toussaint, ordenando a Decrès que preparasse uma grande força expedicionária a Saint-Domingue. Mais tarde, em Santa Helena, embora reconhecendo que fora um erro ordenar a invasão, Napoleão culpou o Conselho de Estado, Josefina e os "gritos estridentes do lobby colonial" por envenenarem suas relações com o regime de Toussaint.[21] Trata-se, porém, de uma clássica justificativa a posteriori; na verdade, a responsabilidade primária é totalmente dele. Ele nem sequer tinha a desculpa da ignorância, pois o enviado de Toussaint, Charles Vincent, chegou a Paris no começo de outubro, justamente quando ele dava suas ordens finais para a invasão de Saint-Domingue. Vincent teve dois encontros com Bonaparte, e foi instruído a ajudar nos planos franceses fornecendo mapas detalhados da ilha, bem como informações sobre figuras administrativas e militares locais.[22] Apesar de denunciar a "perda de direção"[23] de Toussaint, Vincent alertou Bonaparte e seu ministro da Marinha contra a expedição, recusando-se a tomar parte dela. Num perfil biográfico posterior, Vincent afirmou que o primeiro cônsul estava totalmente equivocado, e que é quase certo que agiria de outra forma se tivesse "pessoalmente visto ou ouvido Toussaint, ainda que por um breve instante".[24]

Na verdade, Vincent previu o curso dos acontecimentos que viriam em seguida: a resistência da maioria dos cidadãos negros; as desvantagens estratégicas e logísticas que o exército francês enfrentaria pela falta de familiaridade com o terreno, e os problemas de reabastecimento; os efeitos arrasadores do clima; e a manifestação de doenças — tudo culminando na perda da própria colônia. Bonaparte, confiante no poder de seu exército, e esperando usar Saint-Domingue como a espinha dorsal de um império econômico francês que incluiria as colônias caribenhas, Guiana, Louisiana e Flórida, ignorou solenemente essas advertências.[25] Sua visão de Saint-Domingue estava àquela altura totalmente contaminada pelo racismo do lobby colonial: ele disse a Vincent que não iria "tolerar uma única dragona nos ombros desses negros", e ordenou que moradores negros e mestiços das colônias fossem proibidos de entrar na França.[26] Em maio de 1802, quando a França restaurou o comércio de escravizados na Martinica, Bonaparte foi ainda mais direto em sua conversa com Truguet: "Sou a favor dos brancos, porque sou branco; não tenho outra razão, e esta me basta. Como pudemos conceder a liberdade a africanos, a homens sem qualquer civilização, que não tinham a menor ideia do que era uma colônia, ou, por falar nisso, do que era a França? Se a maioria dos membros da Convenção entendesse o que estava fazendo, e conhecesse as colônias, será que eles teriam abolido a escravidão [em 1794]? Duvido muito".[27]

EM 29 DE JANEIRO DE 1802, os primeiros navios da frota francesa foram avistados em Cabo Samaná, na parte nordeste do território. Toussaint estava visitando Santo Domingo na época, como parte do reforço das defesas costeiras; imediatamente se dirigiu a cavalo para inspecionar a cena com sua guarda. Viu pelo menos 25 navios franceses ancorados, incluindo dez navios de linha, os maiores transportadores da época: cada um era

A *árvore da liberdade negra* 393

capaz de transportar mil homens. Vasculhando o horizonte, conseguiu distinguir as silhuetas de outras dezenas de navios de guerra rumando para Saint-Domingue. Percebeu de imediato as dimensões da operação que Bonaparte tinha preparado. Não era um exercício de intimidação, ou uma demonstração tática de força como prelúdio de negociações políticas: o exército francês tinha chegado para travar uma guerra de extermínio contra ele e seu povo. Virando-se para seus oficiais, declarou: "Vamos morrer. Toda a França veio para Saint-Domingue. Foram enganados e vieram atrás de vingança".[28] Escreveu ao irmão Paul em Santo Domingo dizendo que era hora de resistir até o fim: "Não poupe ninguém, porque é vencer ou morrer".[29] A última e mais crucial luta de Toussaint tinha começado.

Apesar de ter ficado impressionado com o tamanho da frota invasora de Bonaparte, ele vinha se preparando para essa possibilidade havia algum tempo. Além de fortalecer as defesas costeiras, tinha desviado parte das receitas alfandegárias para importar mais armas e munição dos Estados Unidos;[30] essas remessas americanas continuaram chegando ao longo de 1801.[31] Há também sugestões de que Toussaint tinha feito com a Jamaica um acordo bom para os dois lados: segundo um relatório francês, citando fontes britânicas na ilha, ele estabelecera um "lucrativo comércio de armas e munição" com as autoridades jamaicanas. Quando chegava a Saint-Domingue, o material era encaixotado em recipientes de mogno especialmente projetados para impedir a ação danosa dos elementos e levado para locais estratégicos nas montanhas do interior. Esses depósitos de armas e munição foram cuidadosamente escondidos nas montanhas, e as estradas que conduziam a eles foram alargadas para permitir a passagem de peças de artilharia.[32] Um relatório militar francês calculava em 140 mil o número de armas em Saint-Domingue no fim de 1801, das quais pelo menos 30 mil fornecidas a Toussaint pelos americanos.[33] Um número significativo dessas armas permaneceu escondido, e posteriormente desempenharia um papel importante na guerra contra os franceses.

Mas embora as armas — as armas leves, pelo menos — fossem relativamente abundantes, Toussaint estava ciente de que uma de suas fraquezas era a falta de efetivos: no fim de 1801, tendo dado baixa a milhares de ex-*cultivateurs* para trabalhar na restauração do sistema de plantations, ele ficara com uma força de apenas 20 mil homens prontos para o combate, número que tinha esperado aumentar consideravelmente ao longo de 1802.[34] A maior parte desses soldados (cerca de 11 mil) estava nas divisões do sul e do oeste sob o comando de Dessalines, e o restante repartia-se entre a divisão do norte, comandada por Christophe, e a divisão do leste, sob Augustin Clervaux.[35] Os homens de Toussaint enfrentavam uma força expedicionária francesa cuja primeira leva chegou de Brest, Rochefort e Lorient; uma segunda leva proveniente de Toulon e Cádiz desembarcou em meados de fevereiro, elevando o total de soldados franceses para 20 mil.[36] Uma porção significativa vinha do exército do Reno, um corpo de elite que incluía soldados com distintos serviços prestados nas guerras revolucionárias; entre os oficiais havia homens que tinham combatido na Europa, no Caribe (em Saint-Domingue, Guadalupe e Martinica) e na campanha egípcia de Bonaparte.

Com seus batalhões espalhados pelo território, Toussaint deu instruções aos lugares-tenentes para impedirem que os franceses desembarcassem e tivessem acesso às principais cidades costeiras, se necessário revidando; caso a situação ficasse insustentável, deveriam retirar-se para o interior depois de atear fogo em suas posições.[37] O plano fracassou em Port-Républicain e Santo Domingo — neste último caso devido à incompetência do irmão de Toussaint, Paul, que foi enganado e teve que se render a Kerverseau.[38] Toussaint ficou particularmente irritado com a perda de Port-Républicain, onde os franceses puseram as mãos em 3,5 milhões de *livres* guardados na tesouraria; a localização dos cofres trancados foi traiçoeiramente revelada por Joseph Idlinger:[39] Toussaint exigiu que os fundos lhe fossem devolvidos.[40] Os invasores tomaram Fort-Liberté depois de um combate acirrado e massacraram quase todos os seiscentos homens que se renderam — o primeiro de muitos crimes de guerra.[41] No entanto, o general Jacques Maurepas, comandante militar de Port-de-Paix, ofereceu vigorosa resistência: reuniu uma força composta de soldados e camponeses locais, declarando que estavam "todos prontos para lutar pela própria liberdade" e que os invasores seriam recebidos com "balas de canhão vermelhas como fogo".[42] Cumpriu a ameaça, e infligiu severas baixas às forças francesas despachadas para tomar a cidade. Em seguida, Maurepas incendiou Port-de-Paix, como fora instruído a fazer, e retirou-se para uma plantation fortificada nas proximidades, de onde esmagou o restante da unidade francesa; atiradoras desempenharam um importante papel nessa primeira derrota do exército expedicionário.[43]

O maior prêmio para os invasores era Cap, e Toussaint correu para lá, chegando bem antes da frota inimiga. Primeiro dirigiu uma manobra diversionária que levou os navios para Port-Margot, ponto de desembarque bem mais a oeste do que a baía de Acul. De acordo com várias testemunhas, ele então entrou sorrateiramente na cidade disfarçado de camponês congo.[44] Ali, instruiu Christophe a retardar um pedido de desembarque, feito por intermédio de um oficial francês, dizendo-lhe para responder que estava aguardando ordens do governador — que ouvia a conversa numa sala ao lado. A pausa foi aproveitada para queimar a cidade: depois da evacuação dos moradores, óleo fervendo, açúcar e barris aquecidos de rum foram derramados nas ruas e nos edifícios, e as chamas logo provocaram a explosão do arsenal. Mais de 90% da cidade foi destruída, incluindo o celeiro — um golpe arrasador sofrido pelos invasores, mesmo antes de colocarem os pés em Saint-Domingue.[45] Um grupo precursor francês tinha tentado distribuir uma proclamação assinada por Bonaparte, prestativamente traduzida para o crioulo. Invocando os princípios republicanos da amizade e da fraternidade, ele prometia preservar a liberdade e a paz na colônia, ao mesmo tempo que exortava a população de Saint-Domingue a jurar lealdade às forças invasoras. Os que se recusassem, advertia o primeiro cônsul, seriam considerados "traidores" e "devorados pelo fogo, como cana-de-açúcar seca".[46] No caso, foi o texto de Bonaparte que virou fumaça.

O primeiro cônsul talvez esperasse ter mais sorte com outra missiva, endereçada pessoalmente a Toussaint, na qual tentava cooptá-lo. Habilmente redigida (provavelmente com a ajuda de Vincent), lisonjeava Toussaint descrevendo-o como "um dos principais cidadãos do maior país do mundo", e "o primeiro de sua cor a ter alcançado posição de tamanho destaque". Enquanto o repreendia por alguns aspectos da Constituição de 1801, que eram "contrários à dignidade e soberania do povo francês", assegurava-o de sua "estima irrestrita", e prometia-lhe "consideração, honras e fortuna".[47] A carta foi despachada com os dois filhos de Toussaint, acompanhados pelo tutor Coisnon. Isaac e Placide dirigiram-se devidamente a Ennery, onde voltaram a reunir-se com a mãe e o pai, que não os viam havia seis anos. Ainda que estivesse mais comovido de ver os filhos do que poderia dizê-lo com palavras, Toussaint imediatamente percebeu o estratagema de Bonaparte e pôs a carta de lado antes de terminar de ler. Disse aos filhos e ao tutor que se de fato quisesse a paz o primeiro cônsul não teria enviado uma frota de navios de guerra a Saint-Domingue.[48]

TOUSSAINT ESTAVA CERTO sobre as intenções hostis de Bonaparte. Em suas instruções secretas para a expedição contra Saint-Domingue, escritas no fim de outubro de 1801, o primeiro cônsul tinha exposto meticulosamente seus planos para a restauração da autoridade francesa na colônia, os quais incluíam, especificamente, medidas para eliminar o governador. Nesse documento extraordinário, no qual a amplitude das ambições contrarrevolucionárias só fica clara quando lido na íntegra, Bonaparte distingue três "períodos" para a ocupação francesa: no primeiro e no segundo estavam previstas a tomada das principais áreas costeiras e a eliminação de todos os rebeldes que se opusessem às forças francesas. Nessas fases de pacificação, Toussaint e seus apoiadores seriam "cumulados de gentilezas" se cooperassem, mas submetidos à corte marcial e executados "dentro de 24 horas" se resistissem. Durante o terceiro período, que deveria seguir-se imediatamente aos dois primeiros, Toussaint e seus generais "não existiriam mais", e haveria um gigantesco expurgo entre os líderes revolucionários de Saint-Domingue. Toussaint seria capturado e despachado para a França, enquanto todos os "suspeitos" de simpatia por seu regime seriam presos e deportados — "qualquer que seja a sua cor";[49] entre os primeiros a serem despachados para a França estariam Bernard Borgella, Étienne Viard e André Collet, três dos autores brancos da Constituição de 1801 de Toussaint.

A reimposição da ordem francesa incluía uma forte dose de imperialismo cultural: o fechamento de todos os estabelecimentos de ensino, e o envio de crianças crioulas para a França; os padres leais a Toussaint também deveriam voltar para a França, assim como "as mulheres brancas que se prostituíam com os negros". Havia uma ordem hierárquica no destino dos deportados; além das mulheres, a França ficaria reservada para os colaboradores negros dos invasores, a Guiana para os brancos que se haviam comprometido com Toussaint, e a Córsega nativa de Bonaparte seria o ponto de descarte dos "negros e pessoas de cor que se comportaram mal". Também seriam forçados a exilar-se "todos" os indivíduos que haviam assinado a Constituição de 1801 de Toussaint (cujo destino não estava especificado, mas talvez fosse também a Córsega).[50] Os soldados negros da colônia seriam desarmados *en masse* e mandados de volta para as plantations, e não haveria mais uma classe de proprietários de terra negros: todas as propriedades arrendadas no regime de Louverture seriam devolvidas aos antigos donos brancos; "nenhum negro acima de capitão" permaneceria no posto. Havia uma breve referência à escravidão no documento: o "objetivo político" francês era transformar os cidadãos negros desarmados em "agricultores livres", enquanto os de Santo Domingo voltariam a ser escravizados. Essa planejada restauração da escravatura na parte leste de Hispaniola, um ano depois de sua abolição por Toussaint, era uma ilustração extraordinária da incoerência do pensamento de Bonaparte: a ideia de que reintroduzir a escravidão num território francês não teria qualquer efeito nos territórios vizinhos era absolutamente delirante, como os acontecimentos futuros demonstrariam.[51]

O oficial incumbido de "garantir que a colônia seja para sempre propriedade da França" era o cunhado de Bonaparte, Charles Victoire-Emmanuel Leclerc, marido de sua irmã Pauline. Foi uma escolha desastrosa. Tratava-se de um homem de imensa ganância e vaidade, inteiramente inadequado para a tarefa, sem qualquer experiência de combate fora da Europa e quase nenhuma compreensão das complexidades da cultura revolucionária da colônia. Sem nenhum dos talentos de Bonaparte, tinha todos os seus defeitos — notadamente a crença na superioridade inata das forças brancas europeias e a convicção de que todos os negros eram "covardes" que tinham "medo da guerra".[52] Humilhado pelo desastroso desembarque em Cap (finalmente entrou na destruída cidade em 6 de fevereiro), e incapaz de conseguir a lealdade de Toussaint em resposta à carta do primeiro cônsul, Leclerc declarou o governador um "delinquente" em 17 de fevereiro.[53] Ocultando seus verdadeiros objetivos, tentou atrair numerosos altos oficiais negros de Toussaint, uma relação dos quais tinha sido fornecida por Bonaparte.[54] Muitos passaram para o lado dos invasores, ao receberem garantias de que manteriam seus cargos (e propriedades): entre os primeiros a capitular estiveram Clervaux e Laplume, os comandantes dos territórios do leste e do sul, logo seguidos por Maurepas; numerosos comandantes locais na região norte também passaram para o lado francês, notadamente em Port-Margot, Acul e Plaisance.[55]

Em meados de fevereiro, após desembarcar todos os seus soldados em Fort-Liberté, Cap, Port-de-Paix e Port-Républicain e assegurar o controle das áreas costeiras, Leclerc resolveu cercar o exército de Toussaint enviando cinco divisões para capturar Gonaïves e Saint-Marc, se encontrar no interior e derrotá-lo de um só golpe. Encabeçadas pelos generais Hardÿ, Desfourneaux, Rochambeau, Debelle e Boudet, as tropas francesas avançaram rapidamente, capturando Marmelade, Dondon, Vallière e Saint--Raphaël. Mas as forças de Christophe e Dessalines as obrigaram a recuar e romperam a tentativa de cerco — Christophe conseguira convencer os *cultivateurs* do norte a entrarem na luta contra os invasores.[56] Toussaint não tinha a menor intenção de capitular, e, apesar da redução de suas forças pela deslealdade — um historiador que fez exaustivas entrevistas com seus ex-soldados no Haiti calcula que em meados de fevereiro sobravam-lhe apenas 6 mil homens[57] —, transbordava de confiança e energia. Toussaint sentiu-se revigorado pela perspectiva de defender Saint-Domingue contra os franceses: vestir novamente o traje de libertador nacional era um retorno feliz ao espírito de suas campanhas heroicas dos anos 1790. Seus instintos de guerra republicanos, adormecidos durante os últimos anos de seu governo, agora voltaram com força. Pouco depois de ver a frota francesa em Samaná, ele fez um poderoso discurso para os soldados, lembrando-lhes da "tortura e crueldade" que seus ancestrais escravizados tinham sofrido nos últimos três séculos e de sua "gloriosa conquista de liberdade" na década anterior. Os franceses tinham chegado a Saint-Domingue não em nome do patriotismo e da liberdade, mas para trazer de volta a escravidão, a serviço do "ódio e da ambição do cônsul, que é meu inimigo, porque é inimigo de vocês". O destino dos invasores já estava decidido: "Os que escaparem da nossa espada receberão a morte das mãos do nosso clima vingativo".[58] Na mesma veia, Toussaint instruiu um de seus leais comandantes do sul, Dommage, a "provocar uma *levée en masse* dos trabalhadores das plantations" e alertá-los contra os brancos que vieram da Europa, "cujo objetivo declarado é escravizá-los".[59]

E, embora esse levante sulista tenha fracassado por causa da traição de Laplume, Toussaint ainda podia contar com a força irresistível de Dessalines, que, como vimos, tinha previsto a invasão francesa e estava totalmente preparado para ela, material e emocionalmente. A estratégia geral de Toussaint, estabelecida numa mensagem a seu general, era simples: até a chegada da "estação chuvosa" em meados do ano, que iria "livrar a colônia de seus inimigos", "o fogo e a destruição" deveriam ser os principais instrumentos de resistência popular aos franceses. Ele ordenou a Dessalines que enviasse alguns de seus melhores homens para incendiar Port-Républicain e depois disso travar uma guerra de atrito, hostilizando posições francesas nas planícies. Suas instruções sobre a política de terra arrasada declaravam: "É imperativo que a terra que foi banhada por nosso suor não forneça alimento de espécie alguma ao inimigo. Rasguem as estradas com tiros e joguem as carcaças de cavalos mortos nas fontes; destruam e queimem tudo, para que os que vieram nos escravizar de novo tenham sempre diante dos olhos a imagem do inferno que merecem".[60]

Essa carta foi interceptada, mas Dessalines já se adiantara. Correu para o sul, onde suas colunas queimaram e incendiaram tudo que encontraram pelo caminho. A cidade de Léogâne foi reduzida a cinzas depois de sua chegada em 9 de fevereiro, incluindo as propriedades coloniais amorosamente restauradas de Josefina; depois de visitar a cena, um oficial francês comentou que as destruições tinham sido executadas "com um decoro particular, e até mesmo com solenidade".[61] Saint-Marc teve o mesmo fim, com Dessalines pessoalmente ateando fogo no próprio palácio, que acabara de ser construído. Centenas de brancos que tinham recebido alegremente a invasão francesa foram massacrados, e o seu sepultamento foi proibido: seus cadáveres em decomposição serviriam para espalhar o terror entre as forças francesas. Aonde quer que fosse, Dessalines divulgava a mensagem de Toussaint, de resistência em massa, a soldados e camponeses locais. Em Saint-Michel, segundo um comandante militar local, ele convocou os soldados negros para dizer que o "inimigo chegou a Cap e planeja restaurar o ancien régime na colônia, e tirar nossas liberdades, que nos custaram tantos sacrifícios, para nos levar de volta à horrorosa escravidão". Dessalines falou-lhes dos primeiros momentos da rebelião dos escravizados em 1791, quando nenhum deles tinha armas: a situação agora era diferente, e ele os exortou a se mobilizarem contra os invasores, aconselhando os que não tinham armas a "utilizar suas facas e quaisquer outras armas letais que pudessem encontrar".[62] O naturalista Michel-Étienne Descourtilz, que sobreviveu graças à intervenção de Claire-Heureuse Dessalines, que o escondeu debaixo de sua cama, ouviu Dessalines repetir a profecia de Toussaint sobre a dificuldade que as forças de ocupação teriam para sobreviver: "Sejam corajosos, os franceses vão começar bem, mas logo adoecerão, e morrerão como moscas".[63]

A campanha da primavera de 1802, que durou 72 dias, foi a resistência final de Toussaint, e a maior. Levando seus homens, e a si mesmo, ao extremo dos limites físicos, e secundado competentemente por comandantes como André Vernet e Charles Bélair,[64] ele se utilizou de seu cabedal de conhecimentos e experiências militares, combinando os recursos da guerra convencional com as técnicas do combate de guerrilha. Constantemente em movimento, e dormindo numa tábua poucas horas por noite, ele obrigava os franceses a longas e cansativas marchas para procurá-lo nas montanhas, mas continuava fora do alcance deles, apesar de seus esforços frequentes e cada vez mais desesperados para encontrá-lo.[65] Depois de incendiar Gonaïves, ele se retirou para as montanhas de Cahos, a fim de recuperar as armas escondidas, e hostilizou implacavelmente as posições

Esta representação de uma cena de batalha nos primeiros meses da invasão francesa de Saint-Domingue em 1802 mostra os soldados de Leclerc (à esq., de uniforme) lutando contra as forças coloniais de Toussaint.

francesas. Privando os invasores de descanso e suprimentos, preparava emboscadas letais para suas tropas: um comandante francês informou que estava "perdendo muitos homens para os rebeldes, que estão espalhados pelas matas e montanhas; eles matam todos os retardatários nas estradas, atacam nossas colunas e depois se retiram rapidamente, graças a seu perfeito conhecimento da região".[66] Toussaint sabia exatamente quando e onde lançar esses ataques, graças à sua rede de emissários. Viajando no emaranhado traiçoeiro de florestas, ravinas e montanhas nas regiões do interior com Leclerc, Norvins, seu secretário, não escondia sua admiração pela eficiência dos informantes de Toussaint:

[...] colados às rochas e escondidos nas árvores quando chegávamos e partíamos, esses homens seguiam e precediam nossas marchas pelas matas, onde se orientavam por trilhas que só eles conheciam e eram capazes encontrar mesmo nas noites mais escuras, utilizando-se da claridade natural das estrelas. Toussaint mandava suas ordens para os combatentes nos momentos mais inesperados por intermédio desses homens. Eles jamais traíam seus segredos, e as ordens eram sempre escrupulosamente executadas, fossem quais fossem — como se ele estivesse presente.[67]

Até que ponto os ataques de Toussaint e suas forças eram prejudiciais? O conceito de "sucesso" adquire um significado mais amplo numa guerra basicamente irregular: do ponto de vista de Toussaint tratava-se também de estabelecer que seus homens eram combatentes igualmente valorosos, desestabilizando os franceses e minando qualquer sensação de progresso da campanha que pudessem ter. Ele claramente alcançou esses objetivos, como um oficial francês reconheceria depois: "O inimigo era como uma hidra de mil cabeças: renascia depois de cada golpe que desferíamos. Bastava uma ordem de Toussaint Louverture para seus homens reaparecerem e cobrirem todo o território diante de nós".[68] E até mesmo por critérios convencionais logo ficou claro que a guerra não se desenrolava de acordo com o plano geral de Bonaparte: um mês depois de desembarcar, Leclerc ainda estava atolado no "primeiro período", e não parecia nada perto de concluí-lo. No fim de fevereiro de 1802, os franceses estavam, como eles próprios admitiam, seriamente debilitados: os vários combates com as forças de Toussaint tinham custado a Leclerc mais de 4 mil soldados, por morte, ferimentos ou doenças — em 27 de fevereiro ele escreveu para o ministro da Marinha pedindo reforços urgentes de 12 mil soldados, "para salvar a colônia".[69] Um mês depois, Leclerc estava tão desmoralizado que escreveu a Bonaparte pedindo para ser chamado de volta à França.[70] No fim de abril, apesar de reiterados esforços franceses para encontrá-lo e derrotá-lo, Toussaint ainda comandava uma força de 4 mil homens e "um considerável número de trabalhadores armados", e mantinha o controle geral das regiões montanhosas do norte e do oeste.[71]

A eficácia da campanha de Toussaint era sem dúvida impulsionada pela inclusividade dos combatentes — seus "filhos", como os chamava. Mesmo tendo sido abandonado por seu chefe de estado-maior, o general Agé, que

A *árvore da liberdade negra*   403

se rendera às forças francesas em Port-Républicain, vários oficiais brancos continuaram leais a ele, como Barada, o ex-comandante militar de Cap; eles se juntaram a Toussaint na batalha, alguns perdendo a vida; a divisão de Dessalines também tinha soldados brancos. Toussaint recrutou auxiliares entre bandos ferozmente independentes de combatentes *marrons*, como Petit-Noël Prieur em Dondon, Macaya em Limbé e Acul, Sylla em Mapou (perto de sua própria base em Ennery), e o velho camarada Sans-Souci em Grande-Rivière. No começo dos anos 1800, Sans-Souci tinha se tornado o líder militar mais poderoso da região norte; depois de inicialmente apoiar os franceses, juntou-se ao levante e recebeu a patente de coronel nas forças de Toussaint; apoiava competentemente as frequentes escaramuças do governador contra as forças de Leclerc estacionadas em Cap.[72] Ao atravessar regiões montanhosas, Toussaint também recrutava trabalhadores agrícolas para o seu exército, um número significativo dos quais eram mulheres nascidas na África.[73] Toussaint tinha retornado ao ponto de partida: combatentes mulheres também haviam desempenhado papel importante nos primeiros meses da insurreição dos escravizados em 1791.

Ao lado desses brancos, crioulos, *bossales* e mulheres, havia extravagantes combatentes mestiços, como Bazelais, Larose, Morriset e Gabart (futuro herói da decisiva Batalha de Vertières em novembro de 1803); um dos mais intrépidos era Louis-Daure Lamartinière.[74] Esse filho ilegítimo de um agricultor branco sulista de Léogâne era brigadeiro no exército de Toussaint e um patriota feroz; tinha tentado, sem êxito, impedir o desembarque dos franceses em Port-Républicain matando a tiro um colega oficial que sugerira a rendição. Toussaint nomeou Lamartinière um dos comandantes do forte de Crête-à-Pierrot, localidade estratégica nas montanhas à beira do rio Artibonite defendida por 1200 soldados, nove canhões e trincheiras de quatro metros e meio de profundidade. No começo de março, os franceses atacaram, e o cerco que se seguiu foi o embate militar mais duradouro da campanha da primavera. Os franceses de início foram repelidos por Dessalines; um contra-ataque da cavalaria de Toussaint, chefiado por Morisset, os derrotou, e feriu gravemente o comandante francês, Debelle. Seguiram-se mais duas cargas francesas, das quais Leclerc, seu chefe de estado-maior Dugua e Rochambeau participaram. Esses assaltos também fracassaram, e Leclerc foi ferido na virilha. Toussaint deu instruções para que uma segunda fortificação fosse construída num morro próximo, o que ajudou a fortalecer a posição de seus soldados; Lamartinière ficou com o comando.[75] Embora a tropa de Toussaint tenha perdido quase metade de seu efetivo, as mortes francesas chegaram a 1500 — um número maior do que o dos guardiões do forte. Apesar de cercado por 12 mil soldados franceses, Lamartinière realizou uma ousada fuga noturna e conseguiu rastejar através das linhas inimigas com a maioria dos combatentes que lhe restavam. Por pouco não capturaram Rochambeau na saída; o general francês só salvou o pescoço porque correu para a mata próxima. Um dos mais bravos defensores do forte foi Marie-Jeanne, mulher de Lamartinière, que usava trajes mamelucos e reabastecia continuamente os defensores com munição e pólvora; de vez em quando também atirava contra os franceses.[76]

Toussaint não ficou apenas na defensiva; no começo de março de 1802, lançou um contra-ataque sustentado contra posições francesas e conseguiu retomar Saint-Michel, Marmelade, Saint-Raphaël e Dondon, quase isolando Leclerc completamente em Cap; tinha até esperança de usar o cerco em Crête-à-Pierrot para lançar um ataque surpresa a Cap, capturar o comandante francês e seus principais oficiais e despachá-lo de volta para a França;[77] como em suas campanhas contra os espanhóis e os britânicos, ele se jogava diretamente na linha de frente. Por exemplo, quando um combate com as forças de Rochambeau em 23 de fevereiro em Ravine-à--Couleuvres, perto de Ennery, transformou-se num desesperado combate corpo a corpo, Toussaint lutou ao lado de sua força de 3 mil soldados, incentivando-os e empurrando-os de volta para a batalha em várias ocasiões, quando parecia que os franceses estavam levando vantagem; "arriscou mil mortes" durante esse combate de seis horas.[78] O carisma de Toussaint era evidente quando ele reanimava sua tropa; talvez o momento mais notável tenha sido quando ele percebeu que havia na força francesa soldados de seu próprio 9º regimento, comandado por Maurepas, que passara para o lado francês. Avançando audaciosamente em direção aos soldados, perguntou-lhes se estavam dispostos a matar seu "pai" e os próprios "irmãos"; embora um oficial tenha disparado contra ele, a maioria do regimento baixou as armas ao ver o antigo comandante, e muitos caíram de joelhos e imploraram a Toussaint que os perdoasse.[79]

Toussaint estava em seu elemento. Provocou os adversários, baixando uma proclamação em 1º de março de 1802 na qual respondia ao decreto em que Leclerc o declarava delinquente. Ele refutou o comandante francês ponto por ponto, declarando que Leclerc e seus generais é que eram os verdadeiros delinquentes. Ridicularizou a "pérfida" afirmação de Leclerc de que tinha vindo em paz, alegando que se esse fosse o caso seus navios estariam carregados de mercadorias, e não de soldados. Acrescentou que no começo estava pronto para aceitar as "opiniões benévolas" de Bonaparte — uma interpretação generosa da carta do primeiro cônsul; Toussaint teve o cuidado de não o atacar diretamente por escrito. Mas Leclerc não lhe dera tempo de responder. Na verdade, tudo era culpa de Leclerc: era um incompetente e tinha escolhido trazer "morte e desolação" para a colônia; até o incêndio de Cap era de sua responsabilidade (mentira descarada, mas ele sabia que poderia funcionar). Ao mesmo tempo, Toussaint reafirmou sua posição como governante legítimo de Saint-Domingue em virtude da Constituição de 1801, e desancou os oficiais superiores que tinham vindo com o exército invasor, como o traidor Kerverseau. Profeticamente, descreveu o brutal Rochambeau, que sucederia a Leclerc, como o "destruidor de negros e homens de cor". Sobre a promessa francesa de agraciar os habitantes da colônia com "liberdade", a resposta de Toussaint foi secamente sarcástica: "Não se pode dar a alguém o que já é dele". Reveladoramente, a proclamação terminava com a observação de que Saint-Domingue devia sua liberdade não à França, mas a "Deus" e "à luta de seu povo contra a tirania".[80]

Na última semana de março de 1801, Toussaint começou a sondar os franceses sobre a possibilidade de uma trégua. Essa iniciativa não era, em si, surpreendente. Durante toda a sua carreira ele foi fiel a seu nome, e

interagiu com o inimigo pelos motivos táticos mais variados e sensatos —
para ganhar tempo, para jogar os adversários uns contra os outros, para
fortalecer as opções de que dispunha e criar novas. Ainda que a retirada de
Crête-à-Pierrot tivesse sido uma *défaite glorieuse* para seu exército, não deixou de ser um revés; ele agora precisava ver se conseguia compensá-lo com
uma esperta manobra de negociação. Isso também era exatamente o que
havia feito muitas vezes antes: forjar elementos de liberdade mesmo nas
circunstâncias mais dificultosas.

Ele resolveu abordar o general Jean Boudet, um dos altos oficiais de
Leclerc. Foi uma escolha sensata. Boudet era companheiro de farda de
Bonaparte, tendo lutado ao lado dele na Batalha de Marengo. Não tinha
nenhum dos instintos assassinos de seus colegas oficiais, e entendeu que a
revolução transformara a vida social no Caribe (lutara e ajudara a expulsar
os britânicos de Guadalupe durante a campanha de 1794-5 chefiada por
Victor Hugues). Boudet também tinha sido ferido em Crête-à-Pierrot, e
foi obrigado a abandonar o comando: Toussaint sabia, portanto, que ele
conhecia, por experiência própria, a coragem de seus soldados. Professava
livremente suas convicções republicanas, mas segundo boatos servira-se
de maneira generosa dos cofres públicos quando os franceses capturaram
Port-Républicain.[81] A primeira carta de Toussaint a Boudet se perdeu, mas
pode-se deduzir seu conteúdo pela resposta do general, datada de 1º de abril
de 1801. Toussaint tentava comunicar-se diretamente com Bonaparte por
seu intermédio, passando por cima de Leclerc. Não era fácil manipular
Boudet, que lembrou a Toussaint que Leclerc era não apenas seu comandante, mas também cunhado de Bonaparte: tentar agir por suas costas
era inútil. Criticou Toussaint pela Constituição, que tinha "levantado a
bandeira da independência" na colônia aparentemente abrindo as portas
para uma monarquia hereditária, o que era incompatível com os princípios
republicanos (embora isso não tenha impedido o mesmo Boudet de jurar
lealdade ao império hereditário de Napoleão dois anos depois). Deixando
claro que falava com a aprovação de seu comandante, encerrou a carta
fazendo um apelo a Toussaint para acabar com o "derramamento de sangue francês".[82]

A árvore da liberdade negra 407

Toussaint respondeu dez dias depois. Estava disposto a iniciar discussões, desde que fosse tratado com "franqueza e lealdade"; fora assim que Laveaux o tratara no passado, e em troca tinha contado com sua "obediência absoluta". A longa resposta de Toussaint abordava uma ampla variedade de questões políticas, o que nos dá uma ideia das pressões conflitantes a que estava submetido enquanto refletia sobre suas opções. De início, voltou a insistir em seu histórico de lealdade em Saint-Domingue. Como líder que havia restaurado a ordem e o bom governo na colônia, ficara desolado com o fato de os franceses terem resolvido atacá-lo tão pouco tempo depois de ele e suas forças terem sufocado a rebelião "perversa e criminosa" de novembro de 1801 (sem que Toussaint soubesse, as instruções secretas de Bonaparte identificavam Moyse como um dos principais líderes negros a serem eliminados). Toussaint reafirmou sua lealdade à França, dizendo ter sido abordado por "potências estrangeiras" em várias ocasiões, sempre rejeitando as aproximações em favor da França, porque "ela foi a única que proclamou a liberdade dos negros"; aqui não conseguiu resistir a outra cutucada em Leclerc, acusando-o de recusar-se a negociar com ele "porque era negro".[83]

Apesar disso, Toussaint também se esforçou ao máximo para defender sua Constituição de 1801. Refutou a acusação de que tentara afastar-se da França ("Se os habitantes da colônia quisessem, teriam se tornado independentes há muito tempo"), e fez um sermão para o general jacobino francês sobre as virtudes da descentralização constitucional: "A experiência mostra que o sistema legislativo de um país tem necessariamente que ser adaptado a seu clima, à natureza de sua agricultura e aos valores e costumes de seu povo". Respondendo, indignado, à acusação de Boudet de que estava tentando estabelecer uma monarquia na colônia, Toussaint afirmou que sempre tinha sido "o melhor amigo da república" e continuaria ao lado de seu "imenso povo", que ainda depositava toda a confiança nele e contava com ele para defendê-lo contra a invasão francesa. Na verdade, vinha planejando afastar-se do cargo de governador quando a produção agrícola estivesse plenamente restaurada; sabia, porque tinha "sólido bom senso", que não poderia governar para sempre, e que "o homem poderoso de hoje é o impotente de amanhã". De qualquer maneira, acrescentou, não tinha inclinação nem capacidade para tornar seu governo hereditário; o sucessor receberia sua investidura numa transição ordeira.[84]

A carta para Boudet lança luz sobre o estado de espírito de Toussaint às vésperas de suas discussões com os franceses. Ele não estava dobrado nem derrotado, e suas experiências no campo de batalha o haviam reconectado com o espírito combativo do povo: na verdade, ele se sentia revigorado pela determinação demonstrada pelo povo durante toda a campanha da primavera. Mas também sabia que não dispunha dos recursos militares necessários para derrotar os franceses àquela altura e precisava de mais tempo; daí sua tentativa de explorar a possibilidade de uma solução política que preservasse as conquistas essenciais da revolução, consagradas em sua Constituição, enquanto esperava que a doença fizesse o seu inevitável estrago no exército invasor.[85] No fim, o principal fator que fez a balança pender para o acordo foi a situação estratégica real, que atingira um incômodo impasse no fim de abril de 1802. Os franceses mantinham o controle das principais áreas costeiras, ainda que sua autoridade fosse frágil e seu exército estivesse muito debilitado: nessa altura, metade do exército que chegara com Leclerc estava morta, ferida ou contaminada pela febre amarela.

Apesar disso, embora as forças de Toussaint ainda controlassem uma faixa significativa de territórios (Marmelade, parte do norte de Plaisance, Saint-Raphaël, Mirebalais, Petit e Grand Cahos, bem como algumas posições na planície de Artibonite), ele não tinha homens em número suficiente para desferir um golpe decisivo contra os invasores; um de seus comandantes locais informou que só poderia fornecer um pequeno grupo de guias, porque os demais estavam "em condição lamentável" e a maioria dos cavalos estava ferida.[86] Havia dificuldade também em encontrar voluntárias para ajudar como enfermeiras ou lavadeiras em hospitais militares: "Membros da comunidade são convocados a usar sua influência moral sobre aqueles que permanecem em casa e vivem na indolência, para coagi-los a se candidatarem a essas vagas".[87] Muitos de seus próprios lugares-tenentes tinham desertado; o último a fazê-lo

A árvore da liberdade negra

foi Christophe (em 26 de abril) — um contratempo significativo, porque ele levou seus 5 mil soldados. Toussaint tinha insistido inutilmente que eles traçassem uma estratégia conjunta para lidar com Leclerc, a fim de preparar uma segunda grande ofensiva.[88] A traição espreitava até mesmo em seu círculo mais próximo: entre os que agora trabalhavam para enfraquecê-lo estava seu antigo secretário Pascal, dispensado em novembro de 1801. Nessa altura, Pascal já era um agente francês que escrevia cartas a Paris sobre a "perigosa situação" de Toussaint; ele forneceu muitas informações aos franceses sobre o chefe quando eles desembarcaram.[89]

Talvez houvesse também uma razão mais profunda: Toussaint não conseguia romper de maneira definitiva com a França. Diferentemente daqueles a seu lado, como Dessalines, que já começavam a pensar a sério em independência, o governador ainda acreditava, de alguma forma, que só uma Saint-Domingue francesa poderia garantir a segurança e a prosperidade da colônia a longo prazo. Ainda que Bonaparte e Leclerc fossem encarnações do mal, tinha havido, e voltaria a haver, outros franceses virtuosos como "Papa" Laveaux, e aqueles valentes sans-culottes que defenderam seu país contra o ataque imperial em Valmy. A admiração de Toussaint pela tradição francesa de guerra republicana defensiva continuava intacta, e refletia-se no fato de ele não demonstrar animosidade pessoal contra os soldados do exército invasor e tratar os capturados com humanidade, segundo os princípios do *droit des gens*, assim como muitos de seus comandantes (notadamente Maurepas).[90] Essa identificação persistente com a mitologia revolucionária francesa era compartilhada pelos soldados de Toussaint — no auge de uma das batalhas em Crête-à-Pierrot, seus soldados negros tinham espontaneamente cantado *A Marselhesa* a plenos pulmões enquanto rechaçavam um ataque francês. Toussaint disse-o com simplicidade numa carta a Leclerc: "Nunca deixamos de ser franceses".[91]

O comandante da força expedicionária gostou muito de saber desses sentimentos. Os dois homens se encontraram em Cap no começo de maio, e chegaram a um acordo sobre a cessação imediata dos combates e o desarmamento dos *cultivateurs* que participavam da luta contra os invasores. Toussaint foi recebido com honras militares e o "mais profundo respeito" dos moradores.[92] Então, fez uma exigência que sabia de antemão que Leclerc não aceitaria — sua nomeação como *"lieutenant-général"* da colônia —, para conseguir o que de fato desejava: a anistia e a integração de todos os seus oficiais e soldados no exército francês; insistiu, especificamente, que o acordo incluísse Dessalines, o terror dos brancos. Leclerc concordou, mas só porque esperava voltar Dessalines contra o comandante. Em 7 de maio, Leclerc patrocinou um farto almoço de reconciliação, com a presença de altos oficiais dos dois lados; entre os convidados estavam quatro futuros líderes do Haiti: Dessalines e Christophe, que tinham lutado com Toussaint, e Alexandre Pétion e Jean-Pierre Boyer, que viajaram a Saint-Domingue a bordo da frota invasora. Ainda desconfiado dos franceses, Toussaint comeu apenas uma fatia de gruyère.[93] Mas não tinha perdido nem um pouco da impertinência: quando Leclerc lhe perguntou onde encontraria as armas e munição para continuar lutando, se resolvesse dar prosseguimento à guerra, respondeu, com brandura: "Eu as roubaria de seus estoques".[94]

TOUSSAINT FOI ACLAMADO PELOS SOLDADOS quando voltou a seu quartel em Marmelade. Despediu-se, com emoção, de seu chefe de estado-maior, Jean-Pierre Fontaine, e de seus intrépidos soldados de cavalaria, alguns dos quais lutavam a seu lado desde as campanhas épicas do começo dos anos 1790. Pelos termos do acordo com Leclerc, sua guarda foi redistribuída para Cap e Plaisance, e ele só teve permissão para ficar com um séquito simbólico de soldados.[95] Em seguida, partiu para uma de suas propriedades em Ennery, a Habitation Sancey, onde prometeu ajudar a mandar de volta para suas plantations os *cultivateurs* insurgentes da região de Gonaïves.[96] Ao passar mais tempo nas quatro plantations de café que possuía na área, começou a vislumbrar a vida sossegada que tantas vezes desejara: cercado da família, recebia militares, civis e dignitários religiosos locais, e fazia cavalgadas diárias. O ritmo, no entanto, era qualquer coisa, menos agradável: velhos hábitos custam a desaparecer.[97]

Ainda ressentido com os termos do acordo com Toussaint, amplamente visto como uma humilhação pessoal, Leclerc estava decidido a mostrar a Bonaparte que ainda controlava a situação. Em março de 1802, o primeiro cônsul escrevera para lembrá-lo das instruções secretas que recebera, pedindo especificamente que os "principais bandoleiros" fossem deportados para a França assim que os cidadãos negros estivessem desarmados.[98] Incapaz de cumprir essa tarefa, Leclerc resolveu atacar o próprio Toussaint. Começou por enviar soldados para intimidar os camponeses da área em torno de Ennery e expulsá-los das plantations de Toussaint. Este queixou-se ao comandante local em Gonaïves do "comportamento insultuoso",[99] e então, como a desordem continuasse, escreveu para o chefe do estado-maior de Leclerc.[100] Além disso, um aliado de Toussaint, Sylla, recusara-se a depor suas armas, e os franceses responsabilizaram o comandante por incentivá-lo a resistir. Descobriu-se que a principal fonte dessas informações provocativas era Dessalines, que agora trabalhava ativamente contra o ex-chefe.[101] Era voz corrente que, logo após o desembarque da expedição de Leclerc, Toussaint tinha consultado um adivinho vodu, que previu que ele seria traído por seu principal lugar-tenente; como se viu, a profecia era correta.[102]

Em 7 de junho, os franceses armaram uma arapuca para Toussaint, convidando-o para um encontro na plantation de Georges com um de seus comandantes locais, o general Jean-Baptiste Brunet. Dizendo-se seu "amigo sincero", Brunet escreveu pedindo sua ajuda para proteger a área contra "bandoleiros" e levar os camponeses de volta ao trabalho. Toussaint respondeu na última carta que escreveria como homem livre: reafirmou seu compromisso com o bem público e manifestou o desejo de ajudar, desde que fosse tratado com "honra".[103] Honra era a última coisa que passava pela cabeça de Leclerc: uma hora depois de entrar na casa onde o encontro deveria ocorrer, Toussaint foi preso pelos homens de Brunet e posto num navio que partiu imediatamente para Cap. Seu empregado, a mulher, a sobrinha e os filhos também foram detidos, e soldados franceses saquearam sua propriedade em Ennery, roubando dinheiro, roupas, móveis e obras de arte; a pretexto de procurar documentos de Toussaint, o ajudante de ordens de Brunet, Grand-Seigne, forrou os bolsos com todas as joias que conseguiu encontrar.[104]

Leclerc justificou a prisão de Toussaint alegando que ele vinha conspirando contra os franceses desde o início da trégua. Baixou uma proclamação acusando-o de incitar a insubordinação de Dessalines (que tinha relatado isso a Leclerc) e Sylla (que se retirara de Mapou e continuava em fuga).[105] O comandante francês também produziu uma carta supostamente escrita por Toussaint e endereçada a seu antigo chefe de estado-maior Fontaine, que agora fazia parte do estado-maior de Leclerc. Toussaint supostamente pedia a Fontaine para espalhar o boato de que os *cultivateurs* de sua região não queriam mais trabalhar; também o instruiu a dizer ao comandante militar de Borgne, que tinha o nome maravilhoso de Gingembre Trop Fort [gengibre muito forte], para fazer os camponeses de sua área não se empenharem no trabalho.[106] Além de promover essa campanha de resistência passiva, Toussaint teria indagado sobre a saúde de Leclerc e gracejado sobre o surto de febre amarela, cujas primeiras vítimas estavam sendo tratadas no Hospital Providence em Cap. "A Providência", alegava ele, "veio nos salvar."[107]

O trocadilho parecia autenticamente louverturiano, e não há dúvida de que Toussaint acreditava que os franceses acabariam sendo destruídos pelas doenças; tinha dito exatamente isso em sua carta de 8 de fevereiro a Dessalines, e muitas vezes depois em seus discursos para a tropa e para as forças auxiliares; era por isso que confiava, corretamente, que a ocupação francesa não teria sucesso a longo prazo. O tranquilo incentivo a atividades subversivas por outras pessoas, enquanto se mantinha afastado, também era um truque clássico. Dito isso, Toussaint jamais passaria por escrito essas instruções potencialmente incriminadoras: esse tipo de recado era dado oralmente, por homens que (como Norvins tinha comentado) prefeririam morrer a revelar seus segredos. Toda a sua correspondência, depois da submissão a Leclerc, mostra que Toussaint respeitou escrupulosamente os arranjos militares que havia firmado, a ponto de enviar toda a munição em seu poder para o perplexo comandante local francês em Gonaïves. Esse estava longe de ser o comportamento de um homem que esperava retomar os combates num futuro próximo.[108]

Se Toussaint realmente escreveu ou não qualquer dessas coisas quase não vem ao caso. Bonaparte tinha reiterado sua ordem para capturar o co-

A *árvore da liberdade negra*   413

mandante-chefe, e cedo ou tarde Leclerc teria ido atrás dele. A verdadeira questão é saber por que um homem que tinha escapado de dezenas de emboscadas em sua carreira deixou-se capturar com tanta facilidade. Ao se encontrar com Leclerc em Cap apenas um mês antes, ele chegara com um dia de antecedência, cercado por trezentos soldados e um séquito de guardas empunhando seus sabres. Um oficial francês que esteve com ele em meados de maio achou-o "extremamente cauteloso".[109] Ainda em 5 de junho, em sua resposta a Brunet, ele se queixou de Leclerc, deixando claro que não considerava seu comportamento "honroso". Apesar disso, mesmo tendo sido alertado de que o encontro com Brunet era uma armadilha, decidiu ir sozinho, levando apenas um ajudante de ordens e um empregado doméstico.[110] É possível que tivesse se tornado confiante demais, achando que conseguira neutralizar o desafio francês à sua posição, pelo menos por ora, e que contava com a vantagem estratégica. Além disso, subestimara a escala das traições à sua volta: a correspondência entre Brunet e Leclerc depois da prisão de Toussaint indica que alguns membros de seu círculo íntimo tinham sido subornados, e forneciam informações aos franceses.[111]

Pode ter havido outro fator. A sucessão de Toussaint agora estava no horizonte: sua Constituição tinha estabelecido um sistema claro que lhe permitia designar o próximo governador, como tinha mencionado — um tanto imprudentemente — em sua carta para Boudet. Essa perspectiva acentuou os conflitos entre seus subordinados, que os franceses não perderam tempo em explorar; em especial, o ressentimento de Dessalines contra seu comandante. Dessalines mantinha estreito contato com Brunet antes da captura de Toussaint, e numa de suas conversas queixou-se amargamente de que o governador não lhe dava o devido valor, e não o envolvera no projeto da Constituição. Esse exemplo não foi citado por acaso: Dessalines aparentemente percebera que tinha pouca probabilidade de ser escolhido no caso de uma sucessão formal, e deu seu apoio tácito à operação de Brunet, selando com isso o destino de Toussaint.

O PRISIONEIRO CHEGOU A BREST em 9 de julho. Foi sua primeira viagem de navio. Ficou confinado em sua cabine durante toda a travessia, e não teve permissão para entrar em contato com os membros de sua família que estavam a bordo. Na verdade, uma vez na França, foi separado deles e nunca mais voltaria a vê-los. Escreveu uma carta de protesto a Bonaparte, implorando-lhe que poupasse a mulher, Suzanne, "uma mãe que merece a clemência e a boa vontade de um país generoso e liberal".[112] Placide, que pegara em armas contra os franceses, foi detido, separadamente, na cidadela de Belle-Île, e o restante da família (Suzanne, os filhos Isaac e Saint-Jean, a nora Victoire, a sobrinha Louise Chancy e a empregada Justine) foi despachado para Bayonne.[113] Mais tarde, eles foram levados para Agen, e mantidos sob rigorosa vigilância durante todo o reinado de Napoleão. Depois de detidos num castelo em Brest por um mês, Toussaint e seu leal empregado Mars Plaisir foram transferidos para o Fort de Joux, e ali internados em 24 de agosto de 1802. A provação final de Toussaint tinha começado.[114]

As autoridades fizeram tudo que estava a seu alcance para dobrá-lo, tanto física como psicologicamente. Ele não recebeu nenhuma comunicação da família, e não foi informado sobre onde estava sendo mantida; só conseguiu enviar uma carta para Suzanne um mês depois de sua chegada. A fortaleza medieval onde estava preso ficava no interior do leste da França, nas montanhas do Jura, uma austera localidade escolhida deliberadamente em virtude do clima frio e da distância do mar — Leclerc morria de medo de que ele fugisse e retornasse a Saint-Domingue ("sua simples presença teria incendiado a colônia").[115] Mesmo com a ajuda do espírito de Makandal essa fuga teria sido impossível; ele era mantido na seção de segurança máxima no andar mais alto da prisão. Ficava em sua cela, sem permissão para receber material de leitura ou visitantes, e até seu consumo de açúcar — que misturava em todas as bebidas, como seu único luxo — era racionado, assim como a lenha para aquecer a cela.[116] Apesar de seus reiterados pedidos por um julgamento, permaneceu preso sem acusação. E como Bonaparte achasse que ele não estava sendo suficientemente dócil, logo começaram as pequenas humilhações: primeiro, Mars Plaisir,

Toussaint foi levado para esta prisão nas montanhas do Jura, no leste da França, no fim de agosto de 1802. O Fort de Joux era uma fortaleza medieval, e foi deliberadamente escolhido em virtude do clima frio e da distância do mar. Toussaint lá permaneceu até sua morte, em abril de 1803.

sua única companhia real, foi removido do Fort de Joux para Nantes.[117] Então, todos os seus objetos de uso pessoal foram confiscados, incluindo o relógio, as esporas, o chapéu e até mesmo a navalha. Por fim, no final de outubro de 1802, novas instruções foram recebidas do governo francês: sua cela foi vasculhada, à procura de dinheiro e joias, e negaram-lhe qualquer pedaço de papel. Seu uniforme militar foi levado, e o governador da prisão instruído a chamá-lo apenas de "Toussaint".[118]

Toussaint Louverture não se dobrou. Enfrentou esse tratamento degradante com dignidade e teimosia; segundo o testemunho posterior de um de seus guardas, quando tirou os trajes militares jogou-os na direção do oficial e disse: "Leve isto para o seu dono".[119] Em setembro de 1802, Bonaparte mandou um de seus ajudantes de ordens, o general Caffarelli, interrogar o cativo, para que ele reconhecesse seus atos traiçoeiros e revelasse onde estava o seu butim oculto: isso se tornou uma obsessão para o primeiro cônsul, que chegou a mandar interrogar Mars Plaisir sobre o assunto.[120] Os britânicos, sempre mercenários, também achavam que Toussaint tinha acumulado um "imenso tesouro".[121] Segundo boatos, amplamente difundidos no exército invasor, ele teria dado ordem para que seis subordinados escondessem sua fortuna nas montanhas de Cahos, em Saint-Domingue, mandando executá-los logo depois para proteger o segredo.[122] Apesar do absurdo lógico da história (ele teria que mandar matar também os que haviam matado os seis homens, e assim por diante), Caffarelli repetiu a história para Toussaint, que a repudiou desdenhosamente. Na verdade, ele negou tudo: que tivesse entrado em conluio com britânicos e americanos, que sua Constituição fosse sediciosa e que tivesse guardado dinheiro na Jamaica, nos Estados Unidos ou na Inglaterra. Disse ainda que jamais foi rico; tudo que tinha estava em suas propriedades. Era verdade, mas ele também se deu ao luxo de divertir-se à custa do interrogador: quando perguntado sobre como havia adquirido essas propriedades, respondeu: "Minha mulher é rica".[123] Depois de sete encontros com Toussaint, e de ser exposto a seus longos monólogos, Caffarelli foi abrigado a admitir a Bonaparte que falhara em sua missão, e que o prisioneiro, "senhor de si, matreiro e habilidoso", o tapeara perfeitamente.[124]

Toussaint chegou inclusive a convencer Caffarelli a atuar como seu emissário, e levar de volta a Paris o que chamava de seu "relatório" para o primeiro cônsul.[125] Esse relatório, seu último texto em prosa, foi ditado a Jeannin, o secretário do Fort de Joux, ao longo de seu primeiro mês na prisão, e ficou conhecido como a sua *Mémoire*.[126] Ele costuma ser rejeitado como mais uma tentativa de autojustificação, ou, na melhor das hipóteses, como um apelo inútil à magnanimidade de Bonaparte. Mas representa algo muito mais profundo. Em setembro de 1802, Toussaint não tinha a menor ilusão de que sairia vivo do Fort de Joux. Pensava assim não só por ter compreendido perfeitamente a índole vingativa de Bonaparte, mas também porque sentia que sua própria saúde começava a deteriorar-se. A *Mémoire*, nesse sentido, também foi escrita para a posteridade, e era ao mesmo tempo uma clara manifestação de respeito misturada com um toque de arrependimento e uma mensagem sutil, mas poderosa, de insubordinação revolucionária. Deveria ser lida como uma narrativa edificante da luta entre a virtude e a corrupção republicanas, ou, como dizia numa de suas metáforas favoritas, entre "luz e treva".[127]

Ele se estendeu sobre os serviços prestados à república a partir de 1794, notando com a autoconfiança de sempre que seriam necessários "muitos volumes" só para relacionar suas proezas militares. Ressaltou seu patriotismo, acrescentando que tinha arriscado a vida pela França em incontáveis ocasiões e "derramado seu sangue" pela pátria; um dos ferimentos que recebeu fora causado por uma bala que ainda estava alojada em seu quadril direito (ele poderia ter mencionado também, claro, a perda de quase todos os dentes da frente).[128] No entanto, a recompensa por todos esses sacrifícios tinha sido sua prisão e deportação, como um "criminoso comum". Toussaint aqui aborda a questão de sua raça, observando que esse tratamento certamente não teria sido dado a um "general branco", e que as indignidades que sofria estavam sem dúvida ligadas à sua cor. Então inverteu o argumento racista: "Mas a minha cor... a minha cor me impediu de servir ao meu país com zelo e lealdade? A cor da minha pele prejudica de alguma forma a minha honra e a minha bravura?".[129]

Como administrador, Toussaint dedicara-se inteiramente à colônia, imbuindo em seus compatriotas um sentimento de espírito público. Ele apresentou uma defesa robustamente republicana de sua controvertida política trabalhista: "Se obriguei meu povo a trabalhar foi para que aprendesse a apreciar o valor real da liberdade, que é diferente da simples licenciosidade; foi para impedir a corrupção cívica; foi para a felicidade geral da colônia, e no interesse da república".[130] Seu histórico era de impecável serviço à república, com "honra, fidelidade e probidade". Tinha administrado as finanças da colônia "solidamente, e no interesse público", e ressaltou — com razão — que Leclerc, ao desembarcar, encontrara milhões nos cofres públicos da colônia em todo o território.[131] O comandante francês destruíra essa ordem pacífica ao chegar sem ser anunciado, e atacar os habitantes trabalhadores da colônia; era uma "fonte do mal". Aqui, Toussaint manteve a estratégia de culpar Leclerc e poupar Bonaparte, mas nenhum leitor poderia deixar de perceber o argumento: foram os franceses que, agredindo sem que houvesse provocação, destruíram a harmonia de Saint-Domingue.[132]

A Constituição de 1801, também, foi transformada num contraste entre pureza e decadência. Os franceses tinham visto o documento como prova de suas intenções "criminosas". Rejeitando vigorosamente a acusação, Toussaint insistiu na integridade de seus motivos: tinha tentado lidar com a "urgência" motivada pela ausência de leis adequadas para a colônia. O processo fora exemplar, com a designação de delegados constituintes por assembleias locais, a produção de um rascunho por esses representantes e o envio do texto ao governo francês. Acima de tudo, o resultado era um exemplo perfeito de constitucionalismo republicano, pois o texto se baseava no "caráter e nos hábitos dos moradores da colônia"[133] — uma referência velada, mas incisiva, à abolição da escravatura, consagrada na Constituição para proteger Saint-Domingue contra qualquer tentativa francesa de restaurá-la. Esse argumento específico não foi mencionado na *Mémoire*, mas Toussaint não deixou dúvidas em seus leitores, impregnando o texto de metáforas tiradas da escravidão; a certa altura, ele se compara a alguém cuja "perna e língua tinham sido cortadas fora", e que fora "enterrado vivo".[134]

A *árvore da liberdade negra*   419

Como já vimos, subjacente aos valores éticos de Toussaint havia uma forte crença na harmonia da natureza. O comportamento dos soldados de Leclerc ao destruir a colônia lhe permitiu introduzir outro contraste arrasador em sua narrativa: a diferença entre a pureza inocente e bucólica dos cidadãos naturais de Saint-Domingue e a rapacidade dos invasores. Ele ilustrou esse fato observando que a tropa do general Hardÿ tinha saqueado uma de suas plantations e roubado todos os animais, incluindo seu cavalo Bel-Argent.[135] Isso acontecera no fim de março de 1802, enquanto a guerra ainda estava sendo travada, mas mesmo após o cessar-fogo suas plantations em Ennery tinham sido sistematicamente pilhadas por soldados franceses. Durante três semanas, eles tomaram os bens dos camponeses locais, chegando a cortar bananas à porta de sua própria casa; ele também notou certa vez que as frutas que eles carregavam "não estavam sequer maduras"; a intenção aqui era contrastar a suposta "civilização" dos invasores franceses com a barbárie de suas práticas.[136]

Com a narrativa de sua própria experiência, Toussaint indicava mais genericamente, fazendo vênia à *Histoire philosophique*, de Raynal e Diderot, a selvagem brutalidade do exército invasor francês para com as populações locais da colônia — de todas as cores. Isso também era cem por cento verdadeiro. Durante a travessia do Atlântico para Saint-Domingue, onde lhes disseram que encontrariam riquezas incalculáveis, os soldados franceses prenderam bolsas especiais nos cintos, na esperança de ali guardarem seu ouro.[137] Na verdade, um ano após a chegada da frota francesa, a colônia se transformara num teatro de corrupção e apropriação indébita em escala colossal. Alguns brancos logo começaram a lamentar o fim dos bons tempos do governo de Toussaint: um morador de Cap, queixando-se do "achaque" de comércios pelos oficiais franceses, comentou: "Os homens que estão aqui só querem dinheiro, dinheiro e mais dinheiro".[138]

O CATIVO ESCREVEU PARA BONAPARTE no começo de outubro de 1802, fazendo o que seria seu último apelo à "humanidade" do primeiro cônsul. Reconhecia que talvez tivesse cometido alguns "erros", mas alegava que o governo francês fora "totalmente enganado sobre Toussaint Louverture", e que desde a revolução servira à França com "fidelidade, probidade, zelo e coragem", e trabalhado pela "honra e glória" do país. Ressaltando que Bonaparte era um homem de família, evocou Pierre-Baptiste, a quem se referiu como o "pai" que lhe mostrara o "caminho da virtude"; esperava que o coração de Bonaparte fosse "tocado" por seu sofrimento, e que ele "concedesse sua liberdade".[139] Como era de prever, não obteve resposta, e logo as etapas finais de seu martírio vieram em rápida sucessão. Os abusos das autoridades presidiárias aumentaram, com vistorias noturnas regulares de sua cela. Quando veio o inverno de 1802-3, sua saúde piorou rapidamente; perdeu peso, começou a padecer de uma tosse crônica e queixava-se de constantes dores de cabeça e de estômago. Recebeu pouca assistência médica, e em 7 de abril de 1803 o governador da prisão o encontrou morto na cela, curvado perto da lareira. O corpo foi sepultado na capela do forte.[140] Apesar do mito de que teria abandonado sua fé no cativeiro, Toussaint morreu católico: referiu-se duas vezes a Deus em sua última carta, e descreveu-se como "coroado de espinhos".[141]

Na época da morte de Toussaint, a vantagem militar em Saint-Domingue escapara decisivamente das mãos das forças de ocupação. O plano de três períodos de Bonaparte para a reconquista da colônia era uma lembrança distante, e o homem encarregado de executá-lo morreu de febre amarela em novembro de 1802. Meses antes de sua morte, Leclerc sabia que estava tudo perdido. O avanço dos insurgentes é que então se desenrolou em três períodos. O primeiro começou com a decisão francesa de restaurar a escravidão na vizinha Guadalupe; ao chegar a Saint-Domingue no começo de agosto de 1802, logo após a captura de Toussaint, a notícia provocou rebeliões generalizadas na colônia e arruinou todos os esforços para desarmar os *cultivateurs*. Em outubro de 1802, começou o segundo período, quando todos os generais negros e mestiços que tinham servido à França até aquele momento (Christophe, Dessalines, Pétion e Clervaux) aderiram à rebelião — que já se tornara uma insurreição geral. Essa fase culminaria no acordo de Arcahaie de maio de 1803, no qual todos os generais locais juraram lealdade a Dessalines, que foi designado comandante-

-chefe da insurgência; foi nesse momento que ele criou a futura bandeira haitiana azul e vermelha, arrancando a faixa branca da bandeira tricolor francesa. O período final foi marcado pela venda da Louisiana para os Estados Unidos em abril de 1803, assinalando o fim do sonho bonapartista de um império ocidental, e a derrota das forças francesas na Batalha de Vertières em novembro de 1803, seguida da evacuação das tropas de ocupação da parte francesa do território. Em 1º de janeiro de 1804, Dessalines proclamou a independência do novo estado do Haiti.[142]

O conflito que ficaria conhecido como Guerra de Independência do Haiti por vezes é descrito como a segunda morte de Toussaint Louverture. Ele não queria se libertar da França, e até o último momento se manteve fiel à crença de que os franceses perceberiam que seus objetivos não poderiam ser alcançados pela força militar, e que era possível chegar a um arranjo com os líderes revolucionários de Saint-Domingue bom para os dois lados. Não se tratava de uma ideia inteiramente irrealista: o próprio Bonaparte reconheceu mais tarde, em Santa Helena, que a expedição contra Saint-Domingue fora um erro catastrófico, um dos maiores que cometera na vida, e que deveria ter "fechado um acordo com Toussaint, nomeando-o vice-rei".[143] A Guerra de Independência, no entanto, conseguiu a mobilização total das massas rurais, coisa que Toussaint não havia conseguido durante a campanha da primavera, e que acabou sendo levada a cabo pelos próprios generais que o haviam traído, apesar de lhe deverem tudo. Depois disso, Dessalines sistematicamente eliminou os seguidores e aliados de Toussaint, fossem brancos ou negros. O regime que emergiu após a independência, e que explicitamente rejeitava a herança europeia da colônia, parecia a antítese do sonho de Toussaint de uma república multirracial. Era como se, apesar de ter fracassado em todos os outros aspectos, Bonaparte finalmente tivesse atingido seu objetivo de fazer Toussaint "deixar de existir".

Mas essa conclusão seria apressada. Toussaint foi o primeiro a compreender a natureza real do conflito. Ao ver a frota francesa na baía de Samaná, percebeu que os invasores só teriam êxito em seu projeto de retomar Saint-Domingue se restaurassem a escravidão. Chegou a essa conclusão mesmo antes do próprio Napoleão; com o tempo, o primeiro cônsul admitiu para Leclerc, por intermédio de seu ministro da Marinha, em junho de 1802, que a população negra da colônia teria que "retornar à condição original, da qual foi uma infelicidade tirá-la".[144] Apesar de Leclerc se recusar a cumprir suas instruções, e ser com frequência elogiado por sua humanidade, suas opiniões sobre restaurar a ordem branca na colônia não eram menos radicais. Um mês antes de morrer, ele disse a Bonaparte que o único jeito de preservar o domínio francês na colônia seria "destruir todos os negros das montanhas, homens e mulheres, e manter as crianças de menos de doze anos; destruir metade dos negros que vivem nas planícies; e não deixar na colônia um só homem de cor que tenha usado uma dragona".[145]

O sucessor de Leclerc, Rochambeau, cumpriu essas instruções genocidas ao pé da letra; sob seu hediondo reinado, as execuções em massa proliferaram, e milhares de homens, mulheres e crianças foram mortos numa campanha de terror. Os meios de execução incluíam tiros, forca, decapitação, queima e afogamento; além disso, Rochambeau trouxe cães de caça de Cuba.[146] Um dos assassinados foi Pierre-Baptiste, padrasto de Toussaint, a quem o prisioneiro prestara homenagem em sua *Mémoire* e a cujo filho Simon tinha escrito uma carta no fim de janeiro de 1802;[147] embora tivesse mais de cem anos de idade e fosse cego, o patriarca de Haut-du-Cap foi arrancado de casa por soldados franceses e afogado no mar, por nenhuma razão conhecida, além de suas ligações de família com Toussaint. Em abril de 1803, Rochambeau escreveu a Bonaparte pedindo que Toussaint fosse despachado de volta a Saint-Domingue, para que pudesse ser enforcado "com o maior decoro". Ele também recomendava que a escravidão fosse restaurada, como em Guadalupe, e que o *Code Noir* se tornasse "mais severo", concedendo-se aos agricultores brancos "o direito de vida e morte" sobre seus escravizados.[148]

Toussaint não apenas previu a natureza da guerra de libertação; também concebeu a estratégia adotada com êxito pelos insurgentes. A ocultação meticulosa de armas, a política de terra arrasada, a destruição sistemática do aparelho econômico da colônia (a produção de açúcar paralisada por completo no fim de 1802), a concentração de forças rebeldes em

A *árvore da liberdade negra*   423

terras mais elevadas e o apelo à *levée en masse* — todas essas ideias eram dele próprio;[149] no começo de 1802, um alto oficial francês admitiu que a guerra estava sendo travada "inteiramente nos termos de Toussaint".[150] Christophe mais tarde se referiu a essa estratégia como "o sistema de Toussaint", lamentando que ele e outros generais não o tivessem compreendido nem lhe dado total apoio em sua implementação.[151] Toussaint estava certo também ao prever a devastação do exército francês: em meados de 1804, de um total de 44 mil soldados que tinham chegado a Saint-Domingue em sucessivas levas, os franceses tinham perdido cerca de 85% para a morte, os ferimentos e as doenças (proporção muito parecida com a das perdas sofridas anteriormente pelos britânicos). Acima de tudo, a unificação da resistência sob um único comando central, alcançada em maio de 1803, era um princípio fundamental de Toussaint. Não há dúvida de que, se estivesse em Saint-Domingue depois de junho de 1802, ele teria encabeçado a insurreição com a mesma autoconfiança e o mesmo estilo demonstrados na campanha da primavera; e provavelmente o teria feito sem o derramamento de sangue em que pereceram brilhantes comandantes negros como Charles Bélair, Sylla, Sans-Souci e Macaya.

Toussaint Louverture influenciou decisivamente os rumos da Guerra de Independência do Haiti. Mas travá-la o trouxe de volta a seu eu republicano, lembrando-o das qualidades extraordinárias do "povo imenso" cujo destino ele comandou a partir de meados dos anos 1790. Na época da invasão francesa, o povo de Saint-Domingue já tinha compreendido, graças principalmente a Toussaint, que sua liberdade não era uma dádiva concedida por uma autoridade bondosa, mas um direito conquistado com luta; durante suas inspeções militares, ele costumava pegar um fuzil, brandi-lo no ar e gritar: "Isto é a nossa liberdade". O povo sabia, também, que esse direito lhe seria tirado caso se deixasse desarmar, e que seu poder estava na força coletiva. Eis aqui outro legado de Toussaint: enquanto embarcava no navio que o levaria embora de Gonaïves, ele declarou a seus captores: "Atacando-me, os senhores cortaram a árvore da liberdade negra em Saint-Domingue. Mas ela voltará a brotar de suas raízes, pois elas são muitas e profundas".[152]

12. Herói universal

Logo depois da Revolução Haitiana, Toussaint e seus camaradas desapareceram da consciência histórica ocidental. Isso não significava, porém, que sua fama popular sumira com ele nas montanhas do Jura — pelo contrário. Ao longo dos séculos xix e xx, ele se tornou uma figura icônica, não só no recém-independente Estado do Haiti, mas em toda a região atlântica — uma lenda que simbolizava o poder revigorante da revolução de Saint-Domingue e incentivava os que lutavam pela emancipação dos escravizados e pela fraternidade universal, bem como por mudanças políticas radicais na sociedade. Encarcerado por seu ataque ao quartel de Moncada, Fidel Castro revelou em 1954 em sua cela de prisão que o episódio histórico que o inspirava a "transformar Cuba de alto a baixo" era "a insurreição dos escravos negros no Haiti". E completou: "Numa época em que Napoleão imitava César, e a França se parecia com Roma, a alma de Espártaco renasceu em Toussaint Louverture".[1]

Essa característica inspiradora já era evidente nos últimos anos do regime de Toussaint em Saint-Domingue, que estabeleceram sua reputação internacional como herói emancipador de todos aqueles que contestavam as classes dominantes escravistas — e aterrorizante bicho-papão dos defensores da escravatura.[2] No fim do século xviii e começo do século xix, uma onda de rebeliões de escravizados de uma nova espécie surgiu em todo o Caribe e nas Américas, com uma mudança de foco das revoltas individuais para os esforços conscientes visando a derrubar a escravidão como sistema.[3] Foi nesse contexto que os revolucionários de Saint-Domingue incitaram a imaginação coletiva de sua época — um fenômeno bastante notável se levarmos em conta que o próprio Toussaint praticamente nada fez para exportar

Herói universal

sua revolução para outros territórios. Apesar disso, um culto louverturiano espontâneo tornou-se bastante visível — e audível: no repertório da música popular da região, Toussaint era saudado pela conquista da igualdade racial e por demonstrar que Saint-Domingue era capaz de governar-se a si própria de forma ordeira. Uma das muitas canções compostas por escravizados jamaicanos em sua homenagem, e ouvidas com frequência nas ruas de Kingston em 1799, dizia: "Negro, branco ou pardo, [eram] todos a mesma coisa". Toussaint era aplaudido também como uma contraforça capaz de neutralizar o poder das potências coloniais e imperiais: logo após retirar Santo Domingo do controle espanhol, soube-se que negros forros e escravizados nas colinas acima de Coro, no oeste da Venezuela, que já se haviam rebelado em 1795, comemoraram abertamente a vitória de seu ídolo, a quem chamavam de "o incendiário", antes de terminarem cantando em coro ameaçador para as autoridades: "Eles que se cuidem!".[4]

Figuras notórias às vezes personificam características contrastantes, e, assim, juntamente com os ideais harmoniosos de boa governança e de igualdade racial, essas idealizações populares também alimentavam o mito subversivo do poder negro. Na colônia holandesa de Curaçau, no sul do Caribe, um levante de escravizados em 1795 foi inspirado não só no abolicionismo de Saint-Domingue, mas também em seus líderes carismáticos, que serviam como modelos republicanos para seus camaradas escravizados: um dos rebeldes executados pelas autoridades holandesas chamava a si mesmo de "Toussaint", e muitos pais negros começaram a dar esse nome aos filhos.[5] Esse lado combativo da lenda de Toussaint era tão potente que ajudou a instigar revoltas no fim de 1797 até mesmo na republicana Guadalupe, onde a escravidão tinha sido formalmente abolida: primeiro na dependência de Marie-Galante, depois na cidade de Lamentin, insurgentes convocaram trabalhadores das plantations a derrubar, pela violência, o poder econômico dos brancos. Sua retórica invocava, explicitamente, o exemplo de Saint-Domingue, onde, afirmavam, "todo mundo faz o que bem entende, e todos os que comandam são negros", e "mulheres brancas escolhem os negros". Funcionários franceses locais achavam que a expulsão de Sonthonax da colônia por Toussaint funcionara como gatilho dessas insurreições.[6]

Similarmente, em maio de 1799, quando uma conspiração de negros e mestiços na cidade costeira de Maracaibo, na Venezuela, foi sufocada, as autoridades descobriram que seu objetivo era introduzir ali "o mesmo sistema de liberdade e igualdade" existente em Saint-Domingue:[7] complôs parecidos foram descobertos no Brasil e no Uruguai, onde os princípios louverturianos eram espalhados por escravizados e homens de cor alfor-riados.[8] Esse ideal de poder negro por vezes se cristalizava em histórias, objetos materiais e boatos relativos ao exército republicano de Toussaint. Depois que ele expulsou os britânicos de Saint-Domingue em 1798, circu-laram pela região histórias sobre seus "planos secretos" para atacar Santo Domingo, controlada pelos espanhóis (o que ele de fato fez), e também para enviar forças expedicionárias a Cuba, Jamaica, Santa Lúcia, Tobago, Porto Rico, México e Estados Unidos.[9] Em julho de 1798, habitantes brancos da Virgínia ficaram apavorados com persistentes boatos de que "numerosos navios" de Saint-Domingue rumavam para a baía de Chesapeake "trans-portando negros armados".[10] Dois anos depois, a "figura distante de Tous-saint" pairava sobre a conspiração de escravizados de Gabriel Prosser.[11]

Não havia limites geográficos: uma história que chegou ao conheci-mento das autoridades cubanas em 1800 sugeria até que Toussaint tinha a intenção de controlar "todo o globo".[12] Havia também variações bastante específicas dessas fábulas: um jornal de Baltimore informou que, apesar do desejo de Toussaint de implementar planos de dominação mundial, falta-vam-lhe recursos para financiar suas operações. A solução que encontrou foi chantagear as autoridades jamaicanas, ameaçando atacar a ilha se elas não lhe pagassem 200 mil *gourdes* a cada três meses — prova de que no mito da onipotência de Toussaint havia lugar também para sua meticulosa preocupação com os detalhes.[13]

TOUSSAINT LOUVERTURE FOI O PRIMEIRO super-herói negro dos tempos modernos. Os principais elementos de sua notoriedade já estavam presen-tes na época em que saiu da cena política no começo do século XIX: era visto como salvador, herói militar e emblema marcial de masculinidade, legisla-

Herói universal 427

dor (sua Constituição de 1801 foi um marco particularmente importante), símbolo da negritude emancipada e, como disse William Wordsworth em seu poema "A Toussaint Louverture", de 1802, da "mente indomável do homem". Em consonância com a prática vodu de deificação de ancestrais poderosos, e apesar de seus próprios esforços para suprimir a religião popular de Saint-Domingue nos últimos anos de seu regime, Toussaint também acabou assumindo seu lugar, com Dessalines, entre os *loas* do Haiti;[14] de acordo com a tradição haitiana, suas principais decisões foram iluminadas por Ogum, o deus guerreiro.[15] Um canto vodu tradicional prestava homenagem aos dois homens na luta pela independência haitiana: Toussaint, "sem medo de morrer mal", e Dessalines, o "Touro do Haiti".[16]

Como vimos, a lenda de Toussaint foi consolidada inicialmente por meio de narrativas populares orais sobre as proezas dos revolucionários de Saint-Domingue que passaram a fazer parte da memória coletiva e do folclore do Haiti, e das quais voltaram a tomar posse comunidades de escravizados, de negros alforriados e de mestiços da região atlântica. Essas histórias, como seu assunto, espalharam-se numa velocidade extraordinária: já tinham começado a circular logo depois da insurreição de 1791 e da primeira sequência de vitórias militares de Toussaint contra os espanhóis em 1794-5. Uma carta de um preocupado agricultor branco na colônia britânica de Tobago, em 1794, notava que muitos escravizados imbuídos das ideias de "fraternidade" agora se julgavam "iguais a seus senhores"; ele temia que eles logo se juntassem para "exterminar os proprietários nas colônias".[17] Essas ideias revolucionárias mais tarde foram difundidas por meio de jornais, panfletos e gravuras baratas, bem como artefatos como broches, jaquetas militares e colares com retratos de líderes revolucionários, passados adiante por viajantes que entravam e saíam do Haiti. Marujos negros desempenhavam um papel crucial nessa rede internacional de comunicações desenvolvida nos portos atlânticos, em lojas maçônicas, bares, pensões, casas de penhores e cafés.[18] Em 1805, um ano depois da independência haitiana, descobriu-se que oficiais negros da milícia do Rio de Janeiro usavam no pescoço retratos em miniatura de Dessalines.[19] Essas histórias de Saint-Domingue interagiam criativamente com mobilizações

428   *O líder e o mito*

políticas locais, ajudando a forjar uma arena multinacional para o desenvolvimento de ideias radicais contra a escravatura.[20]

Os mitos de Saint-Domingue povoavam essa imaginação revolucionária atlântica das maneiras mais variadas. Um ano depois da independência haitiana, ao planejarem uma revolta contra plantations de propriedade de franceses, africanos escravizados em Trinidad se juntaram num ritual que trazia ecos da cerimônia de Bois-Caïman de 1791, cantando: "Ei, Saint-Domingue, lembrem-se de Saint-Domingue!".[21] Toussaint e seus camaradas eram invocados ali num ambiente quase religioso. A solidariedade demonstrada pela Sociedade dos Irlandeses Unidos em 1798 a seus irmãos negros em Saint-Domingue era mais abertamente ideológica. Republicanos irlandeses, cuja rebelião fora brutalmente reprimida, costumavam comparar sua própria situação sob domínio britânico a uma forma de escravidão. Ao ser informado da invasão francesa de Saint-Domingue, o líder republicano irlandês James Napper Tandy manifestou sua solidariedade a Toussaint — notando que "somos todos da mesma família, negros e brancos, obra do mesmo criador". Poucos anos depois, outro membro da Sociedade dos Irlandeses Unidos, John Swiney, deu a um dos filhos o nome Toussaint — prática amplamente adotada por progressistas atlânticos ao longo do século XIX. Numa nota mais triste e lamentosa, o poeta antiescravagista irlandês James Orr publicou "Toussaint's Farewell to St. Domingo" em 1805: em sua evocação de dor, devastação e usurpação, e de escravização de países pequenos por países grandes, ele delicadamente entreteceu os destinos e as aspirações de Saint-Domingue com os da Irlanda.[22]

Como os autores das rebeliões de escravizados no Caribe ou nas Américas raramente eram tão alfabetizados quanto os republicanos irlandeses, poucos traços documentais de suas atividades ainda restam nos arquivos, e portanto não dispomos de muitas provas diretas de como as tradições heroicas foram apropriadas nesses ambientes locais. Uma exceção notável foi a vizinha ilha de Cuba, que se tornou um dos mais ativos focos revolucionários na região, em parte como resultado da triplicação da população de escravizados na época da Revolução Haitiana: entre 1795 e 1812, houve dezenove conspirações ou insurreições significativas em Cuba, notada-

Herói universal 429

mente em Havana, mas também em Puerto Príncipe, Bayamo, Santa Cruz e Güines. Um grande número de testemunhos de insurgentes capturados, transcritos e guardados em arquivos coloniais espanhóis, ressaltava o quanto os líderes, as imagens e os valores associados a Saint-Domingue influenciaram a consciência política de escravizados e negros alforriados cubanos nessa época.[23]

Tão fascinados eram aqueles homens e mulheres com a transformação em curso em Saint-Domingue que Toussaint Louverture e seus camaradas se tornaram nomes muito conhecidos de todos; um jornal cubano afirmou que os moradores locais conheciam os acontecimentos da Revolução Haitiana "quase de cor".[24] Não era exagero. O nome de Toussaint e de seus colegas líderes revolucionários frequentemente aparecia em respostas dadas por escravizados quando interrogados sobre sua participação em rebeliões cubanas. Mesmo quando negavam qualquer envolvimento em atividades conspiratórias, os prisioneiros contavam que figuras como Toussaint costumavam ser tema de conversa entre os escravizados cubanos. Em numerosas ocasiões, seu nome era usado deliberadamente como meio de recrutamento: prometia-se aos escravizados que eles viriam a servir como comandantes militares em rebeliões futuras, em posições parecidas com a de Toussaint em Saint-Domingue. Havia claramente, nas comunidades de cubanas escravizados, um amplo entendimento de seu papel como combatente e libertador.[25]

A conspiração de 1806 na região de Güines, área de intenso cultivo de cana-de-açúcar onde o regime escravista era especialmente brutal, demonstrou que o mito haitiano poderia servir ao mesmo tempo como modelo de "liberdade absoluta" para rebeldes individuais e como base intelectual para várias aspirações revolucionárias. Os três chefes presos e interrogados pelas autoridades foram Mariano Congo, escravizado nascido na África, Francisco Fuertes, crioulo de Cuba, e Estanislao, escravizado "francês" que tomara parte na revolução de Saint-Domingue; o trio invocava ao mesmo tempo ideais africanos, europeus e caribenhos. Neste caso, escravizados insurgentes combinavam princípios republicanos clássicos com valores monárquicos, ao mesmo tempo que se envolviam em danças rituais tradicionais e em sacrifício de leitões. Mas o denominador comum e principal agente mobilizador era Saint-Domingue, cujos rebeldes, como Toussaint, eram admirados por terem tido "peito" para tomar seu destino nas próprias mãos. Ao visitar uma plantation local para mobilizar os escravizados, Fuertes travou uma "prolongada discussão" sobre o Haiti e suas conquistas: elogiou entusiasticamente as qualidades marciais de seus líderes e sua conquista da liberdade, que fez deles "os senhores absolutos" de seu país.[26] O ideal de fortalecimento da capacidade negra estava no cerne da lenda de Toussaint.

Saint-Domingue estava igualmente presente na cabeça de revolucionários cubanos que atuavam nas cidades. Em 1812, depois de uma série de insurreições lançadas ou planejadas em várias cidades de província, autoridades prenderam José Antonio Aponte, artista e artesão negro livre que morava na periferia de Havana. Ex-capitão da milícia local e um dos principais membros de uma sociedade fraternal africana, sua rede de contatos incluía artesãos que sabiam ler e escrever, chefes de *cabildo* e milicianos, bem como escravizados africanos.[27] Durante o interrogatório de Aponte e seus camaradas rebeldes, planos ambiciosos de um levante geral para emancipar os escravizados cubanos surgiram, assim como o boato (espalhado por eles mesmos) de que autoridades haitianas haviam despachado dois oficiais e 5 mil homens armados, que aguardavam nos morros em torno de Havana o momento de se juntarem à rebelião cubana. Entre os objetos encontrados durante a busca realizada na casa de Aponte havia uma jaqueta militar azul (traje do exército revolucionário desde os tempos de Toussaint), que ele provavelmente usara para dar credibilidade às histórias de envolvimento haitiano.[28]

O objeto mais intrigante encontrado na biblioteca de Aponte foi um caderno de desenhos de ilustres heróis internacionais: ele incluía não só uma imagem de George Washington e retratos de divindades gregas, romanas e reis abissínios, mas ilustrações de revolucionários haitianos como Christophe, Dessalines e Toussaint Louverture. O caderno, sobre o qual Aponte foi interrogado durante três dias, fora montado com imagens que ele havia colecionado ao longo de anos entre estivadores negros das docas na capital cubana; como milhares de homens e mulheres em Saint-Domin-

Herói universal 431

gue, eles guardavam esses retratos em casa como relíquias. Aponte tinha tirado cópias para usar como referência durante reuniões revolucionárias em sua casa. Não há registro do que ele dizia especificamente sobre Toussaint, mas dá para imaginar que o general negro seria um modelo perfeito de seu eclético ideal de emancipação republicana.[29]

EM 1824, o autor mestiço e parlamentar haitiano Hérard Dumesle publicou sua *Voyage dans le nord d'Hayti*. Nascido na cidade sulista de Les Cayes, da qual serviu como representante eleito, Dumesle apresentou uma evocação poética da tumultuada história de seu país após a independência. O primeiro governante do novo Estado, Dessalines, jurou em abril de 1804 que "nenhum colono ou europeu" poria os pés no Haiti "como senhor ou proprietário"; quase todos os colonos brancos que restavam no território foram mortos.[30] Dessalines proclamou-se imperador em outubro de 1804, mas seu reinado teve curta duração, pois ele foi assassinado dois anos depois. Sua morte foi seguida pela divisão do território em um reino nortista, governado por Christophe de 1807 a 1820, e uma república sulista, governada de 1807 a 1818 pelo líder mestiço Alexandre Pétion, outro herói da Guerra de Independência do Haiti, por quem Dumesle tinha grande admiração. Ao longo de suas viagens, Dumesle colheu depoimentos de moradores e visitou locais revolucionários de significado histórico — daí o subtítulo *Révélations des lieux et des monuments historiques*. Graças às informações que reuniu nessas fontes diversas, pôde apresentar uma narrativa minuciosa da cerimônia de Bois-Caïman; sua obra é uma das primeiras escritas no Haiti a claramente celebrar as contribuições revolucionárias dos escravizados negros de Saint-Domingue.[31]

Um dos momentos mais notáveis ocorreu durante a visita do autor à mansão construída por Pétion em Volant-le-Thor, no nordeste do Haiti. Ao entrar no magnífico salão, Dumesle descobriu que ele tinha sido projetado por Pétion como tributo ao heroísmo universal. Como na galeria íntima de Aponte, havia ali representações de europeus distintos que haviam lutado para libertar a humanidade do flagelo da escravidão, como

Raynal, Grégoire e William Wilberforce, que desempenhara um papel de destaque na proibição do comércio de escravizados pela Grã-Bretanha em 1807. A sala também ostentava retratos de "grandes conquistadores da antiguidade", como Alexandre, Aníbal e César. O que chamou particularmente a atenção de Dumesle, porém, foi uma lista de oito nomes haitianos, colocados ao lado desse luminares e inscritos em letras douradas: sete eram pessoas de cor, incluindo os eminentes mártires Ogé e Chavannes. O único nome negro, colocado à direita de seu velho inimigo Rigaud, era o de Toussaint Louverture.[32]

Dumesle ficou confuso ao ver essa homenagem a Toussaint: no começo de sua *Voyage* ele o havia descrito como um homem "devorado pela sede de dominação" e um "tirano sanguinário" responsável por terríveis atrocidades durante a guerra no sul;[33] essa era a opinião comum entre os intelectuais mestiços do Haiti durante a primeira metade do século XIX.[34] Mas ele não pôde deixar de refletir que, apesar de seus defeitos, Toussaint era uma figura excepcional. Na verdade, a apresentação na sala de visitas de Pétion era sintomática do destino póstumo de Toussaint em sua terra natal. Historiadores mestiços criticavam-no com severidade, e ele foi oficialmente repudiado por líderes negros como Dessalines e Christophe, seus ex-subordinados. Mas Toussaint não desaparecia. Continuava a ser uma presença magnética na cabeça e na memória de seus compatriotas; os veteranos que haviam lutado em seu exército continuavam a reverenciá-lo, e guardavam imagens e relíquias dele; mais tarde, contariam suas histórias para o historiador Thomas Madiou, cujos relatos dos embates militares da época revolucionária baseavam-se, amplamente, em depoimentos de ex-combatentes.[35] Diga-se a seu favor que Pétion acabou aceitando a visão deles dos heróis eminentes de seu país. Embora tivesse sido um adversário implacável de Toussaint antes de 1802 (tomou o partido de Rigaud durante a guerra no sul, e voltou para lutar contra ele no exército invasor de Leclerc), ele reconheceu seu papel essencial na definição do destino do povo haitiano e na promoção do ideal de emancipação dos escravizados no mundo atlântico. Pétion sem dúvida tinha em mente esse legado republicano quando ofereceu asilo a Simón Bolívar no fim de 1815, no momento

Herói universal 433

em que a mansão em Volant estava sendo concluída, e prestou assistência crucial à campanha do libertador pela independência sul-americana.[36]

Toussaint apareceu pela primeira vez na iconografia oficial do Estado haitiano no começo dos anos 1820, quando o presidente mestiço Jean-Pierre Boyer encomendou uma série de gravuras para homenagear os grandes homens do país. Depois da morte de Christophe e de Pétion, as forças de Boyer invadiram o norte e restauraram o governo unificado do Haiti em 1820, e a inclusão de Toussaint era um reflexo de sua admiração pessoal. Tinha conhecido o comandante-chefe em seus tempos de jovem oficial, quando fora incumbido por ele de formar um regimento de cavalaria no oeste.[37] Mas tratava-se principalmente de um gesto político, destinado a encontrar um símbolo consensual para a "unidade recém-descoberta" do país, e em particular um símbolo que tivesse apelo para as populações negras do norte.[38] No começo dos anos 1820, o Haiti ainda era amplamente tido como um Estado pária — não reconhecido pelas grandes potências e por elas ameaçado militarmente. Em 1822, seguindo as pegadas de Toussaint, Boyer voltou a invadir Santo Domingo, que retornara ao domínio espanhol, onde mais uma vez aboliu a escravidão. Como preço do reconhecimento pela França, acabou forçado a concordar em pagar uma indenização catastrófica de 150 milhões de francos como compensação aos franceses pela perda da colônia.[39] Naqueles tempo tão difíceis, Toussaint poderia servir como ícone apropriado do nacionalismo haitiano.[40]

As quatro gravuras de Boyer, destinadas à divulgação pública, foram produzidas na França, com as autoridades haitianas supervisionando cuidadosamente a escolha de cada episódio histórico, e a redação dos textos ilustrativos. Foram desenhadas por pelo menos dois artistas diferentes, e, em sintonia com as sensibilidades estéticas dos líderes mestiços haitianos, os traços de Toussaint foram um pouco europeizados — contrastando com a aparência "negroide" que caracterizava mais genericamente a forma como ele era representado na primeira metade do século xix.[41] A primeira imagem foi intitulada *Encontro de Toussaint Louverture com o general Maitland*. Toussaint aparecia mostrando ao oficial britânico alguns documentos, e a longa legenda explicava que ele tinha recebido ordem para prender o britânico — mas o comandante-chefe se recusara, declarando que isso seria uma "desonra", uma vez que Maitland o procurara com pureza de intenções.[42] O incidente ocorreu, como vimos no capítulo 7, na época das negociações de Toussaint que resultaram na Convenção Maitland em 1799: a ideia aqui era ressaltar o verdadeiro espírito republicano de Toussaint; destacar, através de seu senso de integridade, a confiabilidade absoluta do governo haitiano; e comemorar esse momento histórico na conquista da soberania do país.

Com efeito, a segunda gravura, *Toussaint Louverture proclama a Constituição de 1801*, mostrava o governador segurando o documento sagrado na presença dos "delegados do povo legalmente reunidos": um endosso importante do argumento consistentemente apresentado por Toussaint de que o texto tinha sido produzido dentro da lei; uma criança pequena, no colo da mãe, simbolizava o fim da escravidão "para sempre". A presença de um padre no primeiro plano e o olhar bondoso do Todo-Poderoso, assistindo a tudo das alturas, davam um forte tom de religiosidade à imagem, cuja composição era muito parecida, em estilo, com a clássica pintura de Guillaume Guillon-Lethière, *O juramento dos ancestrais* (1822), mostrando Dessalines e Pétion fazendo o juramento da independência (ver Prancha 10). A ligação entre a Constituição de Toussaint e a declaração de 1804 era explicitada na legenda, que dizia que "a Constituição da República do Haiti"[43] fora proclamada em 1801 — um elegante anacronismo, mas que visava à verdade mais profunda de resgatar Toussaint como um dos pais da pátria.

A imagem seguinte era mais íntima, recriando o momento trágico no começo de 1802 quando, na esteira da invasão de Leclerc, os filhos de Toussaint foram levados de volta para o pai pelo tutor Coisnon numa tentativa de assegurar sua lealdade. O governador aparecia numa postura de nobre insubordinação, recusando-se a ser convencido pelo emissário de Napoleão, apesar dos apelos da mulher e dos filhos. A legenda dizia que Toussaint mandava Coisnon "levar de volta" Isaac e Placide, pois queria ser "leal a seus irmãos e a seu Deus".[44] Nesse caso também se tratava de uma simplificação exagerada: na época, apenas Isaac insistiu com o pai para aceitar as condições de Napoleão, e logo mudou de ideia. Mas era

Herói universal 435

uma representação perfeita do conceito de fraternidade de Toussaint, que tinha por base tanto o seu republicanismo como a sua fé cristã. A imagem também exibia seu patriotismo como exemplo de conduta cívica — daí a disposição de sacrificar até mesmo a família para proteger seu povo contra a escravização.

Seguindo as convenções do gênero heroico, a imagem final na série de Boyer era a morte de Toussaint. Ele era mostrado morrendo nos braços do leal empregado Mars Plaisir, que, a bem da verdade, na época da morte do patrão tinha sido removido havia tempos do Fort de Joux. O prisioneiro aparecia na postura clássica do martírio cristão, os braços estendidos, uma faixa de luz iluminando-o através da janela do cubículo da prisão, simbolizando sua ascensão ao Céu; *A morte de Marat*, de David, era uma óbvia fonte de inspiração para essa obra. O tema principal aqui, mais uma vez, é a virtude republicana de Toussaint, como a legenda deixa claro: "Assim terminou a vida de um grande homem. Seus talentos e qualidades lhe valeram a gratidão dos compatriotas; a posteridade colocará seu nome entre os dos legisladores mais virtuosos e patrióticos".[45] Tamanha era a força de seu apelo popular que Boyer encomendou um retrato duplo logo depois, no qual ele mesmo aparece ao lado de Toussaint.[46] Essas quatro gravuras falam, acima de tudo, da capacidade de Toussaint de encarnar as experiências de seu povo durante a luta pela liberdade e de incitar a imaginação coletiva; nas palavras subsequentes de um eminente etnologista haitiano, a vida de Toussaint inspirou "muitas histórias e lendas" na cultura popular do país, bem como algumas de suas "superstições mais duradouras".[47]

Com essa entrada no panteão haitiano, o renascimento póstumo de Toussaint estava completo. Sua lenda percorrera distâncias consideráveis, tanto no tempo como no espaço, antes desse retorno espetacular à terra natal. Duas décadas depois de seu exílio forçado de Saint-Domingue, Toussaint ressurgiu como a única figura capaz de simbolizar, plausivelmente, as diferentes tradições da nação haitiana e manter sua coesão em face de um mundo agressivo e hostil. Nos versos de "L'Haïtiade", o mais sofisti-

A primeira de uma série de gravuras encomendadas pelo presidente haitiano Boyer apresenta Toussaint num encontro com Maitland, mostrando-lhe duas cartas: a de Roume, exigindo a prisão do britânico, e sua própria resposta, dizendo que essa ação seria desonrosa.

A segunda gravura de Boyer mostra o governador segurando a Constituição perante os "delegados do povo legalmente reunidos"; uma criança pequena, no colo da mãe, simboliza o fim da escravidão. A presença de um padre em primeiro plano e o olhar bondoso do Todo-Poderoso dão à imagem um forte tom de religiosidade.

A terceira gravura recria o momento, no começo de 1802, em que, na esteira da invasão de Leclerc, os filhos de Toussaint são devolvidos à família pelo tutor Coisnon, numa tentativa de assegurar sua lealdade. O governador, desafiadoramente, manda Coisnon "levar de volta" Isaac e Placide, pois deseja ser "leal a seus irmãos e a seu Deus".

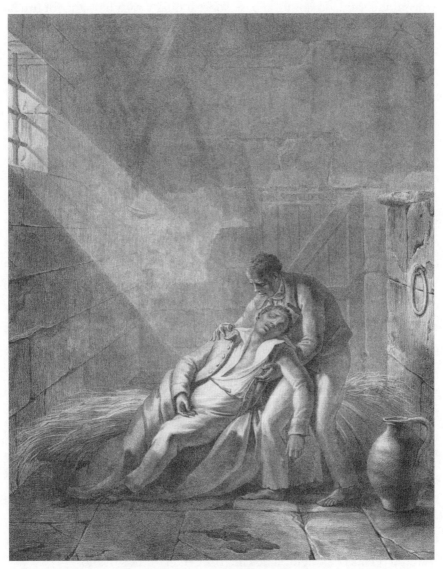

A imagem final da série de Boyer representa a morte de Toussaint. O prisioneiro aparece na postura clássica de martírio cristão, os braços estendidos, uma faixa de luz iluminando-o através da janela do cubículo da prisão, simbolizando sua ascensão ao Céu.

cado poema épico dedicado à revolução durante a era pós-independência, Toussaint é saudado como "a base sobre a qual a raça haitiana foi fundada".[48] Seus compatriotas celebraram sua memória ao longo do século XIX, e em 1903 um jornalista que visitava o Haiti conheceu uma mestiça com mais de cem anos de idade que dizia ser afilhada de Toussaint.[49]

A EPOPEIA DE SAINT-DOMINGUE FICOU GRAVADA no coração e na mente de haitianos e progressistas atlânticos, mas nada se comparava ao fervor com que foi adotada por afro-americanos.[50] Desde o início homens e mulheres negros nos Estados Unidos acompanharam o desenrolar da Revolução Haitiana com profundo interesse. A sensação de proximidade, tanto física como intelectual, era acentuada pela presença nos Estados Unidos de dezenas de refugiados de todas as raças que começaram a chegar de Saint-Domingue nos anos 1790, e pela frequência das viagens na direção contrária. Numerosos marinheiros que trabalhavam em navios americanos tinham origem africana, e as histórias que traziam de volta de suas viagens caribenhas davam um sentido quase transcendental aos acontecimentos revolucionários e a seus líderes.[51] Essa aura de mistério mobilizou escravizados conspiradores, como Denmark Vesey e Nat Turner, mas com o tempo a lenda de Saint-Domingue também inspirou discursos, manifestações, comemorações e canções, dando nome a instituições nos Estados Unidos. Em momentos específicos, a revolução também provocou um significativo êxodo populacional: por exemplo, cerca de 10 mil afro-americanos se mudaram para o Haiti nos anos 1820.[52] O Estado recém-criado simbolizava o poder militar negro e a igualdade racial: em seu *Appeal to the Coloured Citizens of the World* (1829), o escritor abolicionista David Walker chamou o Haiti de "a glória dos negros e o terror dos tiranos".[53]

Ao mesmo tempo, histórias heroicas sobre Saint-Domingue e a Revolução Haitiana estimulavam formas novas e criativas de imaginar a negritude afro-americana. Isso desempenhou um papel importante no surgimento da consciência nacionalista negra nos Estados Unidos, ao mesmo tempo que promovia um sentimento comum de pertencimento

Herói universal 441

em comunidades de descendentes de africanos em outros países. Em 1855, um artigo no *Anti-Slavery Bugle*, publicado em New Lisbon (Ohio), saudava Toussaint como o "herói de Saint-Domingue" e manifestava a esperança de que a história de sua vida pudesse ajudar a destruir "esse cruel preconceito de cor que nega aos negros os direitos de cidadão".[54] Pouco antes do início da Guerra Civil, um capelão da Carolina do Sul notou que no Sul dos Estados Unidos, onde havia 4 milhões de escravizados em 1860, "o nome de Toussaint Louverture passou de boca em boca até se tornar uma palavra secreta familiar" que simbolizava "o amor universal da liberdade".[55] Negros livres contrastavam os direitos desfrutados pelos haitianos com a violência, o racismo e a privação de direitos políticos que costumavam sentir na pele no Norte.[56] E, devido a sua combinação singular de radicalismo político e religiosidade, Toussaint funcionava também como um canal de transmissão entre duas vertentes do pensamento político afro-americano do século XIX sobre a abolição da escravatura: a revolucionária, que se inspirava na luta do Haiti por autodeterminação, e a religiosa, que situava a luta pela emancipação dos escravizados no contexto de uma versão renovada de evangelismo cristão.[57]

A presença magnética de Toussaint foi poderosamente ilustrada no *Freedom's Journal*, o primeiro jornal afro-americano. Publicado em Nova York de 1827 a 1829, ele procurava desenvolver um senso de solidariedade entre os negros nos Estados Unidos, ao mesmo tempo que ligava seus destinos à diáspora africana no mundo inteiro. Havia várias colunas dedicadas ao Haiti e aos "homens extraordinários" que ele tinha produzido.[58] Em maio de 1827, o jornal publicou um relato biográfico de Toussaint, em três partes. A intenção desse retrato extravagante do "Espártaco Negro", como era explicitamente chamado, era apresentá-lo como um ideal a ser imitado — uma demonstração vívida de que "nada faltava aos negros nas mais elevadas qualificações mentais", e de que eles podiam estar "impregnados de energias heroicas, capazes de brandir a espada da guerra, e empunhar o cetro do império".[59] O artigo descrevia a Saint-Domingue louverturiana como uma idade de ouro, "avançando, como por encanto, rumo a seu antigo esplendor" sob o governo de seu "anjo da guarda", que era saudado igualmente por negros e brancos com "satisfação universal".[60] A liderança carismática de Toussaint foi marcada por seu senso de integridade, sua dedicação à "ordem e à regularidade" e sua recusa a ceder à corrupção: era, portanto, a encarnação adequada das virtudes.[61] Observavam-se especialmente a "rigorosa sobriedade" de sua vida pessoal e seu empenho em reformar os "modos frouxos e licenciosos" das mulheres brancas; "seu lema", declarava o artigo, com aprovação, "era que as mulheres deveriam sempre aparecer em público como se estivessem indo para a igreja".[62]

Apesar de apelarem, aqui, para uma concepção tradicional de masculinidade, os acontecimentos da Revolução Haitiana, e especificamente a memória de Toussaint, eram também invocados para honrar o fortalecimento das mulheres. Uma narrativa fictícia em quatro partes, intitulada "Theresa: a Haytien Tale", publicada no *Freedom's Journal* em 1828, descrevia o envolvimento ativo de uma jovem negra em Saint-Domingue na época da guerra de libertação contra o exército invasor de Leclerc. Descobrindo informações essenciais sobre os iminentes planos franceses de atacar posições de Toussaint, a heroína, Theresa, se viu obrigada a fazer uma escolha penosa entre proteger seu país e comprometer a segurança da mãe Paulina e da irmã Amanda. A "intrépida" jovem optou pelo caminho patriótico, e conseguiu fazer chegar as informações vitais às mãos do governador em seu acampamento militar. O "bondoso e paternal" Toussaint recebeu-a com gratidão e concedeu-lhe "todas as distinções devidas à virtude excelsa".[63]

A Sociedade Antiescravagista Americana, com sede em Nova York, tinha Toussaint como modelo de cidadão. Um dos primeiros números do periódico da sociedade, em 1835, trazia uma imagem do líder revolucionário haitiano na primeira página, descrevendo a cena em que ele rejeitou a tentativa de Napoleão de subjugá-lo, em 1802, usando a devolução dos dois filhos como forma de suborno. A legenda citava as palavras de Toussaint: "Leve-os de volta, se tiver que ser assim; prefiro ser leal aos meus irmãos e ao meu Deus". O periódico descrevia Toussaint como "o George Washington de Saint-Domingue", que deu "união, energia e uma Constituição sábia a seus compatriotas, e, com sua bravura, rechaçou todos os inimigos e pôs fim a guerras civis e de insurreição". Notando que sua vida era uma prova eloquente da igualdade dos negros, o texto concluía: "Pode-se, com segurança, lançar ao mundo o desafio de produzir um caráter mais nobre do que o de Toussaint L'Ouverture".[64]

Toussaint tornou-se também uma das principais atrações no circuito de palestras afro-americanas, particularmente para os oradores que tentavam desviar a atenção dos aspectos mais violentos da Revolução Haitiana, simbolizados por figuras como Dessalines, ressaltando, em vez disso, as características harmoniosas, ordeiras e regenerativas da revolução; essas qualidades eram geralmente estruturadas em torno da religiosidade de Toussaint. Numa palestra pública dada em fevereiro de 1841, o líder comunitário James McCune Smith ressaltou que Toussaint era, acima de tudo, um "pacificador", um "homem cristão" com uma "alma não poluída pela degradação que o cercava". Adotando a comparação bastante generalizada entre Toussaint e o "vingador da raça negra" de Raynal, Smith afirmou que o revolucionário negro preferiu "vingar aqueles abusos com o perdão". De fato, segundo Smith, depois que assumiu o poder supremo, Toussaint tirou da cabeça qualquer pensamento de guerra e conquista, ainda que pudesse "facilmente provocar profundas transformações em todo o arquipélago do oeste". Como governante de Saint-Domingue, sua prioridade absoluta foi demonstrar que a raça negra era "inteiramente capaz de alcançar a liberdade e a autonomia"; assim foi o legado extraordinário desse "benfeitor da humanidade".[65]

Essa ênfase no gênio e na elevação cristã de espírito de Toussaint pôde ser ouvida no fim dos anos 1850 e começo dos anos 1860. Tinha por base as obras sobre Toussaint de pregadores abolicionistas, mais notavelmente em *The Hour and the Man* (1841), romance da escritora inglesa Harriet Martineau do qual Toussaint era o personagem principal. Os escritos de Martineau eram amplamente distribuídos entre abolicionistas americanos; ela descreveu seu herói como uma figura voltada para a família que encarnava as virtudes estoicas da tolerância e da misericórdia, e demonstrava, por intermédio de sua liderança, que os negros eram capazes de governar.[66] Uma biografia de Louverture de autoria do escritor inglês John

THE
ANTI-SLAVERY RECORD.

VOL. I.   APRIL, 1835.   NO. 4.

'Take them back, since it must be so; I am determined to be faithful to my brethren and to my God."

TOUSSAINT L'OUVERTURE.

The friends of the enslaved are continually told that the Africans are an *inferior race*. If this were true, it would be no good reason for enslaving them. But it is not. The world may safely be challenged to produce a nobler character than that of Toussaint L'Ouverture—the George Washington of St. Domingo. Calumny has striven to paint him a monster.—She has brought the printing presses of both continents to her aid—but in vain.

Toussaint Louverture foi uma das figuras icônicas do movimento antiescravagista americano durante o século xix. Aqui ele é descrito como o "George Washington de Saint-Domingue", e a imagem, copiada da gravura de Boyer (ver p. 438), mostra a cena na qual ele rejeita a tentativa de Napoleão de subjugá-lo, em 1802, usando a devolução dos dois filhos como forma de suborno.

Belly Beard foi publicada nos Estados Unidos em 1863 e amplamente promovida por americanos de origem africana; concluía que, para Toussaint, "Deus era a única realidade e o soberano bem".[67] A demanda pelo livro foi tão grande em meados dos anos 1860 que várias vezes ele desapareceu dos estoques dos fornecedores.[68]

Numa série de palestras feitas pelo padre afro-americano James Theodore Holly, Toussaint era descrito como "um amigo firme e servo de Deus e da humanidade"; seu histórico de "herói e estadista" era também interpretado como prova irrefutável da capacidade negra de autonomia. O único defeito do líder revolucionário — e Holly não se referia, nesse caso, apenas a Saint-Domingue — era sua "confiança exagerada na palavra do homem branco".[69] Falando na Virgínia sobre sua fuga da escravidão, Eliza Wood encerrou seu discurso com um tributo entusiástico ao "estadista e mártir negro" Toussaint Louverture.[70] O divulgador mais eminente do herói haitiano foi o abolicionista Wendell Phillips, formado em Harvard, cujas palestras sobre o grande homem, publicadas num panfleto em 1861, insistiam em suas qualidades humanas, sua confiabilidade e seu senso de misericórdia cristã: eis alguém que "jamais deixou de cumprir sua palavra" e cujo lema era "sem retaliação". Tomando certa liberdade com os registros históricos, Phillips chegou a alegar que, depois de sua captura, Toussaint tinha instruído o filho a "esquecer" o que os franceses fizeram com ele; era o modelo do "soldado, estadista, mártir".[71] Uma das grandes influências sofridas por Phillips foi o romance de Martineau, que ele carregava consigo em seus compromissos de palestrante.[72] Em 1862, ele fez uma palestra sobre Toussaint no Smithsonian em Washington, na presença do presidente Abraham Lincoln;[73] seu discurso tornou-se um clássico, reproduzido com frequência na imprensa americana[74] e motivo de inspiração para gerações de bem-sucedidos oradores de ensino médio; trechos do texto continuaram a ser lidos em reuniões cívicas de afro-americanos ainda no século xx.

Apesar disso, nessa torrente de fervor religioso, a imagem revolucionária de Toussaint não foi destruída; seu heroísmo masculino ressurgiu poderosamente na época da Guerra Civil Americana. Esforços para aumentar o número de voluntários negros no exército da União depois de 1861 faziam apelos à memória da Revolução Haitiana, com referências frequentes e explícitas a Toussaint. Uma convocação dirigida a recrutas negros em Massachusetts sugeria que ingressar no exército daria ao afro-americano "a oportunidade de demonstrar as qualidades que a experiência desta guerra, bem como a história das batalhas de Toussaint, mostrou que ele possui". Outra convocação referia-se aos recrutas afro-americanos, surpreendentemente, como "Toussaints negros", cujos "talentos e princípios superiores" ajudariam a promover não só a causa da emancipação dos escravizados, mas também a integração mais ampla dos negros na sociedade americana.[75]

O 54º regimento de Massachusetts era a base de muitos desses combatentes afro-americanos. Durante um de seus combates mais famosos, o ataque ao Fort Wagner, na Carolina do Sul, em julho de 1863, uma companhia do regimento adotou o nome "Guardas de Toussaint"; um de seus valorosos combatentes era Toussaint L'Ouverture Delany, filho do escritor e abolicionista afro-americano Martin Delany; como em outras partes do Atlântico, batizar meninos afro-americanos com o nome do herói da Revolução Haitiana tinha se tornado comum nos Estados Unidos. As habilidades médicas de Toussaint também eram celebradas, e sua memória estava associada ao oferecimento de assistência para soldados: uma instituição médica estabelecida por negros alforriados em Alexandria, Virgínia, em 1863, para cuidar de soldados negros feridos, recebeu o nome de L'Ouverture Branch Hospital.[76] Em sua crônica posterior do papel dos soldados negros na guerra civil, George Washington Williams sugeriu a existência de uma conexão central entre a Revolução Haitiana e a Guerra Civil Americana: ambas tinham sido travadas para acabar com a escravidão, e ele via a conquista da emancipação nos Estados Unidos como uma continuação da obra de Toussaint.[77]

No fim do século xix, Toussaint e a Revolução Haitiana se haviam tornado símbolos poderosos de emancipação coletiva, inspirando homens e mulheres em todos os quadrantes, do Atlântico às comunidades maoris na Nova Zelândia: em 1863, um de seus jornais comparava a luta dos maoris

Herói universal

para recuperar seus direitos negados pelos colonos europeus à dos revolucionários haitianos durante sua Guerra de Independência.[78] Na Guerra de Independência de Cuba (1895-8), o exemplo de Toussaint era a todo tempo invocado, e ele foi especificamente comparado com uma de suas figuras heroicas, Antonio Maceo, que ficou conhecido nos Estados Unidos como o "Toussaint Louverture cubano".[79] Ao mesmo tempo, o que aconteceu em Saint-Domingue servia como fulgurantes pontos de referência histórica para progressistas que tentavam refletir sobre (e reimaginar) o sistema internacional, e para intelectuais negros cada vez mais contestadores do ordenamento racial do mundo.[80] Rejeitando o influente panfleto de Arthur Gobineau sobre a superioridade da raça branca, o intelectual positivista haitiano Anténor Firmin defendeu a vida e as realizações de Toussaint Louverture como provas irrefutáveis do princípio da igualdade racial.[81]

À medida que a norma da supremacia racial branca se consolidava mais ostensivamente nas últimas décadas do século XIX, vozes críticas também se utilizavam da lenda de Toussaint para celebrar as contribuições negras à civilização global. Poucos expoentes dessa contranarrativa foram mais eloquentes do que o abolicionista e líder dos direitos civis afro-americano Frederick Douglass. Um dos grandes oradores de sua geração, Douglass estava especialmente bem situado para fazer comentários sobre o significado do Haiti para a história mundial. A epopeia de Saint-Domingue incitou sua imaginação durante toda a vida, e ele foi até o fim um defensor apaixonado de Toussaint Louverture. Serviu como cônsul-geral americano residente no Haiti de 1889 a 1891, e depois foi nomeado pelo governo haitiano para atuar como comissário em seu pavilhão na Exposição Universal de Chicago em 1893 — que ostentava, entre outros objetos, um destacado busto de Toussaint.[82]

Em seus discursos, Douglass lembrava aos ouvintes que, na época da revolução em Saint-Domingue, "todas as ilhas vizinhas eram escravistas", e que "a mão dela foi contra o mundo cristão, e a mão do mundo cristão foi contra ela". A liberdade do Haiti não foi "concedida como uma dádiva", mas "conquistada como um direito" — notadamente contra os "bravos e competentes guerreiros" enviados por Napoleão.[83] Em luta direta contra a supressão da história haitiana no mundo ocidental, Douglass dizia que os critérios pelos quais se julgavam internacionalmente as revoluções eram fortemente influenciados por considerações raciais. Dessa forma, a luta de George Washington pela liberdade era universalmente elogiada, ao passo que a de Saint-Domingue era ignorada em silêncio — ou, pior ainda, condenada como bárbara. A ausência de "monumentos de mármore" para celebrar revolucionários negros não acontecia por acaso: "cor e raça fazem toda a diferença". Douglass viu muitos "bustos e retratos" de Toussaint no Haiti, e confirmou que ele era "negro sem mistura"; mas notou que a reputação de Toussaint mesmo entre as elites do Haiti não era tão elevada quanto deveria ser. Elas o acusavam de ser "francês demais", apesar de adotarem, elas próprias, maneirismos e hábitos culturais franceses — exemplo clássico do tipo de alienação neocolonial que Frantz Fanon mais tarde chamaria de "embranquecimento".[84]

A majestade da Revolução Haitiana, no relato de Douglass, girava em torno de Toussaint — "figura única" que se destacava e era "sem precedente" (quando seu nome foi mencionado pela primeira vez, notou a estenógrafa de seu primeiro discurso em Chicago, houve "prolongado aplauso"). Com sua extraordinária liderança, ele tinha transformado os escravizados negros da colônia em guerreiros temíveis. Isso foi conseguido simplesmente pela força de sua personalidade: "O fogo e a fortaleza de ânimo de seus soldados vinham dele próprio". Sua capacidade de fazer as pessoas acreditarem em si mesmas e na grande causa da liberdade, apesar de suas próprias origens como escravizado, também atestava sua grandeza. Toussaint era um modelo, ainda, porque em meio a todos os horrores da revolução permaneceu fiel ao ideal de "misericórdia", e concentrava suas energias na administração e na organização efetivas da colônia. Acima de tudo, a vida e as realizações de Toussaint foram motivadas por uma missão "junto a todo o mundo branco": a de despertar um entendimento universal do imperativo moral da emancipação. "A escravidão do mundo cristão foi mais perturbada por ele do que por qualquer homem antes dele."[85]

Isso permitia a Douglass abordar a contribuição haitiana mais ampla para a civilização global. Ainda que não fosse muito próspero no século

Herói universal 449

XIX, e continuasse afligido por divisões políticas e miséria social, o incipiente Estado haitiano tivera um impacto transformador nas questões mundiais. Os gregos trouxeram a beleza da filosofia para a humanidade, e Roma o amor pelo direito; o espírito comercial da Britânia governara os mares, enquanto os alemães tinham ensinado o mundo a pensar; os Estados Unidos estabeleceram o ideal do regime democrático moderno (não havia, claro, espaço para os franceses nesse desfile de glória histórica mundial). A contribuição seminal do Haiti tinha sido "servir à causa da liberdade universal". Pois os revolucionários de Saint-Domingue lutaram não apenas em benefício próprio: "Interligados com sua raça e combatendo por sua liberdade, eles combateram pela liberdade de todos os negros do mundo". A Revolução Haitiana tinha atuado como "o emancipador pioneiro original do século XIX".[86]

Graças aos esforços de Douglass, e também aos de sucessivas gerações de escritores, jornalistas, divulgadores e pregadores, a ressonância da lenda de Toussaint Louverture na cultura afro-americana foi prodigiosa: ele era aclamado como um modelo das qualidades de "liderança, independência e sacrifício".[87] A imprensa exerceu papel preponderante na disseminação desse ideal. A partir de meados do século XIX, jornais negros e progressistas em Washington, Nova York, San Francisco e Chicago, e também em cidades menores de Ohio, das Carolinas, de Oregon, Indiana, Utah, Kentucky, Louisiana, Minnesota e Montana, celebravam o "Espártaco Negro"[88] e citavam seu nome em cronologias gerais da história mundial moderna, dando a devida atenção à natureza seminal da Revolução Haitiana. Artigos citavam palavras suas, especialmente a declaração sobre a "árvore da liberdade" (que aparecia com ligeiras variações),[89] e contavam histórias de suas proezas, que iam desde resumos de suas ações revolucionárias à publicação de séries sobre sua vida e suas conquistas.[90] Seu nome (escrito com apóstrofo) era dado a crianças afro-americanas e tido como símbolo "da quintessência da confiabilidade", como no caso de Toussaint L'Ouverture Lambert, empregado dos correios de Detroit que "jamais faltou ao trabalho um dia sequer em cinquenta anos".[91] O nome Toussaint também foi adotado por muitas associações políticas, artísticas e culturais americanas: uma delas, a Toussaint Louverture Literary Society, em St. Paul, Minnesota, era uma fraternidade irlandesa que celebrava as ligações históricas entre as revoluções irlandesa e haitiana;[92] no mesmo espírito, uma organização sediada em Washington chamada The Knights of Toussaint Louverture realizou um comício em 1915 para protestar contra a adoção de leis de segregação no Distrito de Colúmbia.[93] Um filme sobre Toussaint, o "Abraham Lincoln do Haiti", foi escrito, produzido e dirigido em 1920 por Clarence E. Muse, que viria a ser um dos principais astros de cinema afro-americanos de sua geração.[94] Imagens de Toussaint proliferavam nos Estados Unidos: gravuras suas eram vendidas, exibidas com destaque em eventos comemorativos e usadas por empresas para vender jornais, livros, relógios, produtos de seguro e até mesmo cerveja: em 1940, a cervejaria Pfeiffer, de Michigan, publicou um grande anúncio no *Detroit Tribune* celebrando Toussaint como "um nome inspirador na história negra"; incluía um belo desenho dele com a legenda de Wendell Phillips: "soldado, estadista, mártir".[95]

DURANTE SEU TEMPO COMO CÔNSUL, Douglass testemunhou diretamente esforços agressivos para promover interesses militares e econômicos americanos no Haiti, e foi contra seus compatriotas que tentavam transformar o país num "protetorado" americano. Defensores dessa política neoimperial acabaram prevalecendo, e em 1915 o presidente Woodrow Wilson ordenou a invasão do país, dando início a uma ocupação brutal que durou quase duas décadas e que contradizia frontalmente a nobre retórica liberal de Wilson sobre o direito de autodeterminação nacional. Durante aqueles anos, o Haiti se tornou, para todos os efeitos, um Estado vassalo, perdendo a soberania econômica e política: o legislativo foi dissolvido, e uma nova Constituição, que pela primeira vez permitia a posse de terras por estrangeiros, foi adotada à força; a segregação racial ao estilo americano foi introduzida e protestos populares eram reprimidos com violência.[96]

Enquanto crescia gradualmente tanto nos Estados Unidos como no Haiti, a oposição à ocupação militar americana se aglutinava em torno da

Herói universal 451

memória de Toussaint. Em 1920, o internacionalista radical Hubert Harrison denunciou a invasão no jornal *Negro World*, e exortou os negros a não permitirem que "a terra de L'Ouverture fique como uma flor caída sob as patas dos suínos".[97] No Haiti, a resistência à presença americana inspirou diretamente a formação, em dezembro de 1923, da Société Haïtienne d'Histoire, de Géographie et de Géologie, que agrupou os intelectuais do país numa tentativa de reafirmar a distinta herança cultural do país, arraigada em suas origens africanas; entre os fundadores estavam Jean Price-Mars, Dantès Bellegarde e Alfred Nemours.[98] Significativamente, seu primeiro presidente foi Horace Pauléus Sannon, o principal especialista haitiano em Toussaint Louverture; na primeira reunião da sociedade, em março de 1924, Sannon explicitamente vinculou o estudo de heróis do passado à inspiração para a resistência coletiva contra a ocupação americana: "Em tempos de crise, todos os povos instintivamente olham para trás em busca de lições de patriotismo coletivo em sua história".[99] O terceiro volume da biografia de Toussaint escrita por Sannon, publicado em 1933 no auge da ocupação americana, tratava da invasão francesa de Saint-Domingue e terminava com a proclamação da independência haitiana — um lembrete evidente do que seu povo era capaz de fazer em face de uma "opressão sangrenta e odiosa".[100]

O ensino de história como uma forma de libertar comunidades negras do "servilismo da mente" também ocupou o centro da obra do líder pan-africanista jamaicano Marcus Garvey. Em seus esforços para despertar um senso de orgulho entre os homens e mulheres de origem africana, ele celebrava a grandeza dos governantes etíopes e dos guerreiros zulus, bem como as revoltas de escravizados dissidentes; em 1920, Garvey declarou que o próximo conflito global seria uma guerra racial, liderada por um "novo Toussaint Louverture da raça negra", à frente de um exército de "400 milhões para forjar um imperialismo africano e um nacionalismo africano".[101] Garvey sempre reservava um lugar especial em seu panteão para Toussaint, cujo "talento como soldado e estadista ofuscava o de Cromwell, Napoleão e Washington".[102] Quando o movimento comunista internacional se desenvolvia no entreguerras, o revolucionário de Saint-Domingue também foi apropriado por intelectuais marxistas como a personificação de um ideal radicalmente diferente de heroísmo. Em 1929, o escritor negro antilhano radical Cyril Briggs afirmou que Toussaint pertencia a uma linhagem histórica de "mártires do proletariado mundial", e servia de inspiração para "a luta atual contra a classe dominante".[103]

Um ano depois, um jovem afro-americano de nome Jacob Lawrence chegou com sua família ao Harlem. Tinha treze anos de idade, e alimentava o sonho de tornar-se artista; como adolescente, tinha ouvido oradores contarem as proezas de importantes heróis negros nas igrejas, nas escolas, nos clubes e nas ruas do bairro. Através dessa educação popular, tomou conhecimento sobre a vida de Nat Turner, Denmark Vesey, Frederick Douglass, W. E. B. Du Bois e Marcus Garvey, que também se tornaram seus ícones. Mas a figura que mais estimulou a imaginação de Lawrence foi Toussaint Louverture, de quem ouviu falar pela primeira vez numa palestra na Associação Cristã de Moços do Harlem — a tal ponto que a ele dedicou sua primeira grande obra. Expostas pela primeira vez em Baltimore, em 1939, suas 41 pinturas narrativas de Toussaint e da revolução de Saint-Domingue tornaram-se um dos monumentos da iconografia política moderna. Cada imagem trazia uma breve legenda contando a história da Revolução Haitiana, da imposição da escravatura às conquistas militares e políticas de Toussaint, e à subsequente Guerra de Independência do Haiti. O objetivo geral, como Lawrence declarou depois, era usar o exemplo da Revolução Haitiana para contestar a "escravidão econômica e racial" dos tempos modernos.[104]

Com sua extraordinária modernidade, suas linhas simples, suas cores dinâmicas e a poderosa representação da bruta energia da revolução — notadamente nos seis retratos equestres de Toussaint —, as pinturas de Lawrence em certo sentido foram a culminação da heroica notoriedade louverturiana. O gênio de Lawrence estava na capacidade de nos deixar entrever como Toussaint era imaginado por gerações de homens e mulheres negros na região do Atlântico a partir do começo do século XIX. Ao mesmo tempo, as pinturas e suas legendas integravam Toussaint às emergentes tradições emancipatórias da política pan-africana. O Toussaint

Em 1940, a cervejaria Pfeiffer, de Michigan, publicou um grande anúncio celebrando o papel inspirador de Toussaint na condução do povo haitiano para a independência. Incluía um belo desenho dele e a legenda de Wendell Phillips: "Soldado, estadista, mártir".

de Lawrence era cria do Haiti até a medula, mas era também um internacionalista caribenho inspirado pelas transformações que ocorriam nos Estados Unidos e na França; um homem de ação, mas também um pensador, que planejava cuidadosamente as diferentes etapas de suas intervenções políticas; um gênio excepcional, mas também um comandante que sabia tirar proveito das aptidões de seus subordinados; uma figura solitária, mas também um chefe cuja capacidade de luta vinha da força coletiva do povo de Saint-Domingue; um guerreiro feroz, mas também um líder tolerante e humano. A legenda da imagem final, imponente, de Dessalines fazia um contraste desfavorável entre seu estilo ditatorial e a "liderança mais liberal" encarnada por Toussaint.[105]

A série de Lawrence sobre Toussaint situava-se no limiar de outro grande momento histórico: a intensificação da consciência anti-imperialista, e o surgimento de movimentos populares a favor da autodeterminação em todo o mundo colonial. Quando essa luta começava a ganhar velocidade nos anos 1930, Toussaint e a Revolução Haitiana ajudaram a neutralizar afirmações em curso de que os súditos coloniais não tinham capacidade de autogovernar-se. Essas figuras heroicas também eram citadas para contestar algo que, àquela altura, já se tornara uma opinião convencional no mundo ocidental sobre a abolição da escravatura: a de que ela tinha sido, essencialmente, resultado da benevolência humanitária europeia. O caso do Haiti era usado para mostrar que a emancipação fora alcançada através dos esforços dos próprios escravizados — um exemplo que tinha implicações óbvias para a busca de autodeterminação e fortalecimento político coletivo pelos povos colonizados.

Todas essas dimensões de anticolonialismo convergiram na obra do intelectual marxista trinitário C. L. R. James. Num artigo escrito em 1933, James denunciou a continuação da escravatura em partes do Império Britânico, um século depois de a Lei da Abolição ter sido aprovada pela Câmara dos Comuns.[106] Poucos anos antes da publicação de *Os jacobinos negros*, sua seminal biografia política de Toussaint Louverture, James escreveu uma

Herói universal

peça em três atos a respeito dele. Ela foi encenada no Westminster Theatre em 1936, tendo no papel principal seu amigo Paul Robeson, o radical ator e cantor afro-americano que admirava Toussaint desde os tempos do ensino médio.[107] Apesar de questionar os aspectos mais autoritários do regime de Toussaint e sua relutância em romper com a França, a peça era um tributo a ele e ao destemor de seu povo, sintetizado nas palavras que James pôs na boca de Toussaint num confronto com seus carcereiros franceses: "Vocês podem derrotar um exército, mas não podem derrotar um povo que pegou em armas".[108] Dessa maneira, a peça destilava os debates em curso sobre a libertação negra e o anticolonialismo entre progressistas caribenhos, afro-americanos e pan-africanos.

O apelo exercido por Toussaint na imaginação anticolonial cresceu depois da Segunda Guerra Mundial. Robeson foi um exemplo notável, fazendo campanha pelos direitos civis dos afro-americanos e apoiando guerras de libertação nacional contra potências imperiais europeias. Em 1954 — no momento em que Fidel Castro comparava Toussaint a um Espártaco moderno em Cuba —, Robeson fez uma comparação explícita entre as lutas no Haiti e no Vietnã: na esteira da derrota do exército colonial francês por forças vietnamitas na Batalha de Dien Bien Phu, ele descreveu o líder revolucionário Ho Chi Minh como "o Toussaint do Vietnã". Advertindo profeticamente contra a intervenção americana, Robeson fez um apelo aos afro-americanos para que não apoiassem a causa do "imperialismo branco".[109] Mais ou menos na mesma época, o poeta comunista chileno Pablo Neruda incluiu Toussaint Louverture na homenagem épica aos libertadores latino-americanos em seu *Canto geral*: descrevendo-o como um "monarca natural" que "ataca, cerra o pasto, sobe, ordena, expulsa, desafia", ele saúda seu ardente legado revolucionário, graças ao qual "ardem as penhas, falam os ramos escondidos, se transmitem as esperanças".[110]

Toussaint e a Revolução Haitiana apareceram também nas obras dos primeiros escritores africanos anticoloniais, como o poeta angolano Viriato da Cruz, cujo poema "Mamã negra" mostrava Toussaint como símbolo global de resistência e rebelião, juntamente com escravizados cubanos e músicos de jazz. Essa presença era ainda mais pronunciada no movimento cultural pan-africanista anticolonial conhecido como *négritude*, que se desenvolveu entre pensadores francófonos e figuras políticas a partir dos anos 1930, e que assumiu formas diferentes, às vezes contrastantes: por exemplo, Léopold Sédar Senghor, um dos fundadores intelectuais da *négritude*, raramente mencionava Saint-Domingue em suas obras, embora sua "Prière de paix", de 1948, representasse como o coração do mundo pan-africano colonizado "o amado Haiti, que ousou proclamar Humanidade em face do Tirano".[111] Para o escritor René Depestre, um dos fundadores do Partido Comunista Haitiano, Toussaint Louverture simbolizava a luta para restaurar um "Haiti livre, próspero e independente" em face da ditadura brutal de François Duvalier, mais conhecido como "Papa Doc", que governou o país despoticamente de 1957 a 1971.[112]

Alguns escritores na tradição da *négritude* recorriam a Toussaint para refletir sobre a tensão política e cultural da emancipação colonial. Em sua peça *Monsieur Toussaint*, apresentada pela primeira vez em 1961 no auge da Guerra de Independência da Argélia, o poeta martinicano Édouard Glissant imaginou Toussaint em seu cárcere francês travando um diálogo através do espaço e do tempo com figuras que tinha encontrado ao longo da vida, de Makandal e Bayon de Libertat a Laveaux, Rigaud, Moyse e o próprio sucessor, Dessalines. Ao remover a fronteira física entre a França e Saint-Domingue, Glissant libertou o prisioneiro dos limites de sua cela; suas conversas com os mortos também o religavam a uma das antigas tradições culturais do Haiti, e portanto a suas raízes crioulas e africanas. Essa "visão profética do passado" estava no coração do ideal de *négritude* de Glissant como exercício de libertação intelectual, no qual histórias perdidas ou esquecidas eram criativamente recriadas por súditos coloniais.[113]

Apesar disso, pelo menos para o Toussaint de Glissant, essa viagem de volta para casa apenas criava um paradoxo mais profundo, uma vez que o herói trágico, apesar de libertado de sua cela, continuava prisioneiro do conflito entre sua lealdade à França e a defesa dos interesses de seu próprio povo. Essa contradição existencial foi acentuada ainda mais agudamente em *Îles de tempête* (1973), do dramaturgo marfinense Bernard Dadié, que começava pintando um retrato favorável de Toussaint, mas depois zom-

Herói universal 457

bava dele por causa de sua dependência material e intelectual da França. Os heróis supremos da Revolução Haitiana, para Dadié, eram Dessalines e Moyse, que afirmavam que a dependência de Toussaint para com os colonos brancos, e sua insistência em manter estreitos laços coloniais com a França, só poderia levar ao desastre. A certa altura da peça, Moyse repreende o tio, fazendo uma pergunta que capturava vividamente a difícil situação pós-colonial: "Quando vamos deixar de viver com nossos olhos eternamente voltados para a Europa?".[114]

Essa acusação de eurofilia excessiva — e ingênua — costumava ser feita a Toussaint por alguns detratores negros, tanto na diáspora como no Haiti. A figura que o defendia mais vigorosamente dessas alegações era, apropriadamente, o pensador que inventara o conceito de *négritude:* o poeta radical martinicano Aimé Césaire. A revolução de Saint-Domingue era, para ele, um momento de importância decisiva na história moderna do Caribe, e ele sempre a evocava em peças, ensaios e poemas — notadamente em seu *Diário de um retorno ao país natal* (1939, em que descrevia o Haiti como o Estado onde "a *négritude* se levantou pela primeira vez e afirmou a crença em sua humanidade".[115] Numa das passagens mais famosas do poema, descreveu Toussaint tristemente sozinho em seu cárcere, "aprisionado pela brancura", mas ao mesmo tempo resistindo aos "gritos brancos de uma morte branca".[116] Toussaint orientou Césaire em seu despertar intelectual sobre as brutais realidades do racismo colonial francês e nos momentos decisivos de sua vida política, notadamente quando criou seu Partido Progressista na Martinica em 1945: mais tarde ele observou que não queria entrar na arena política, mas, como Toussaint no começo dos anos 1790, os acontecimentos não lhe permitiram outra opção.[117]

Toussaint e a Revolução Haitiana estavam por trás do *Discurso sobre o colonialismo* (1950), de Césaire, uma das primeiras críticas modernas abrangentes do colonialismo, que previu muitos dos temas principais posteriormente desenvolvidos por pensadores pós-coloniais, como Frantz Fanon e Edward Said — notadamente o efeito "descivilizador" do colonialismo nas populações nativas. Césaire juntou todos esses elementos históricos, pessoais e filosóficos em seu ensaio sobre Toussaint e a Revolução Haitiana, publicado, pela primeira vez, em 1960. Esse vasto relato era uma contestação a *Os jacobinos negros*, de C. L. R. James, que tinha retratado a Revolução Haitiana como decorrente, em grande parte, da Revolução Francesa. Para Césaire, no entanto, apesar de ter sido influenciada pelos acontecimentos franceses, a revolução de Saint-Domingue desenvolveu-se "segundo leis e objetivos próprios"; foi um "tipo colonial de revolução".[118] Essa distinção era consequência de sua dimensão social, que Césaire analisou exaustivamente, ressaltando a abordagem contraditória e hipócrita da emancipação negra pelos revolucionários franceses (incluindo Robespierre e os *montagnards*); ele foi especialmente severo a respeito da elaboração de uma versão "republicana" do *Code Noir* em 1793, que segundo seu comentário sarcástico "é uma leitura muito interessante".[119]

Apesar das críticas a alguns aspectos da liderança de Toussaint, como a militarização da política, o tributo de Césaire era entusiástico. Ele o descreveu como o fundador da independência haitiana, que preparara o terreno para Dessalines; um construtor de nações que despertara a consciência espiritual de seu povo; e um mártir que se sacrificara conscientemente pelo bem de todos: sua "grandeza" estava na devoção resoluta à emancipação de seu povo — todas as raças e etnias combinadas.[120] Tendo conseguido destruir a "ontologia" do colonialismo — a ideia de que os brancos tinham o direito natural de governar, e de que os negros eram por natureza inferiores —, Louverture foi "o primeiro grande líder anticolonialista que o mundo conheceu".[121]

Césaire também tratou firmemente da crítica de que Toussaint tinha permanecido ligado demais aos franceses (acusação frequentemente assacada contra o próprio Césaire, que não fez campanha pela independência da Martinica). Como líder, Toussaint tinha "interiorizado" os princípios de liberdade e igualdade, e habilmente utilizado os recursos culturais à sua disposição para atrair os escravizados para a causa revolucionária — o que explica seu apelo aos ideais caribenhos e monárquicos, o que César defendeu vigorosamente.[122] É fato que sua Constituição de 1801 não continha a palavra "mágica" independência, mas se tratava de uma tentativa ardilosa de impedir uma invasão militar francesa — e nada tinha a ver com

Herói universal 459

"uma predileção negra pela ditadura", como os detratores de Toussaint costumavam alegar. Na verdade, sua Constituição foi uma "contribuição preciosa para a ciência política moderna", tendo sido a primeira tentativa de formular uma teoria de dominação imperial que permitisse às colônias desenvolver suas próprias leis e instituições, ao mesmo tempo que preservava laços formais com a França. A "brilhante intuição" de Toussaint, portanto, antecipou-se à ideia de uma "Comunidade Francesa", na qual as colônias pudessem orgânica e pacificamente evoluir para a autonomia; seu único defeito foi estar 150 anos à frente de seu tempo. Toussaint foi — e esse era um epitáfio apropriado — um "precursor" da política emancipatória moderna.[123]

ESCRAVIZADOS E LIBERTOS, artistas e estadistas, estivadores e intelectuais, nacionalistas negros e pan-africanos, cristãos devotos e materialistas inflexíveis, rebeldes utópicos e conservadores amantes da ordem, trabalhadores cubanos aguerridos e poetas irlandeses lacrimosos: a lenda de Toussaint Louverture atingia uma galeria estonteantemente vasta, reverberando em todo o mundo atlântico e fora dele, e incentivando novas formas de pensamento político, ao mesmo tempo que interagia de maneiras incontáveis com lutas de emancipação locais. Em ambientes mais caseiros, a história de Toussaint servia também como um curso de virtudes. Evocando sua infância nos Estados Unidos nos anos 1940 e nos anos 1950 como filha de intelectuais judeus engajados, a teórica da literatura Cora Kaplan lembrava-se dos "deuses da casa" reverenciados como heróis seculares da família; essa lista eclética juntava William Shakespeare, Ludwig van Beethoven, Tom Paine, Karl Marx, Frederick Douglass, Eleanor Roosevelt — e Toussaint Louverture.[124]

Em sua robustez, plasticidade e constante capacidade de renovar-se, a lenda de Toussaint manifestava os traços clássicos do heroísmo político moderno. Resumia em si as figuras do grande capitão, do líder providencial, do pai da pátria, do sábio (com mais de um traço de sobrenaturalismo caribenho), do libertador nacional e do mártir virtuoso. Ironicamente, sua lenda mais parecia a de seu flagelo, Napoleão Bonaparte: no começo do século XIX, os dois homens costumavam ser comparados, e a pintura neoclássica de Louverture a cavalo, de Denis Volozan, era muito semelhante em estilo à representação de *Napoleão cruzando os Alpes*, de Jacques-Louis David. Havia considerável sobreposição, também, em suas origens insulares, em suas representações como salvadores e em suas demonizações lúgubres, racistas, como se ambos fossem bichos-papões, e no trágico fim que cada um deles teve, banidos para localidades igualmente isoladas — com o toque de justiça poética no fato de que o tratamento humilhante dado a Napoleão pelos britânicos reproduzia tal e qual a insensibilidade com que ele próprio tratara Toussaint, incluindo as instruções para que não fosse chamado por seu título adequado.[125]

Havia também fascinantes semelhanças na ressurreição póstuma e no subsequente apelo global dos dois homens, bem como nas relações indecisas com suas respectivas pátrias, com alguns haitianos e corsos achando que Toussaint e Napoleão tinham se afastado demais das raízes nativas. Mas uma comparação mais refinada revela três grandes diferenças, que distinguem a singularidade da lenda de Toussaint. A primeira é que o mito de Napoleão se baseava em sua própria e radical reinvenção no *Mémorial de Sainte-Hélène*, onde usou suas conversas com Las Cases, o autor, para se apresentar como discípulo fiel da Revolução Francesa, pai do nacionalismo moderno e (o mais improvável) homem de paz. A lenda de Toussaint não repousava, originariamente, em qualquer narrativa definitiva de si mesmo, ou em qualquer conjunto de textos primários; mesmo em sua *Mémoire*, descoberta nos arquivos franceses pelo historiador haitiano Saint-Rémy e publicada pela primeira vez em 1853, ocupou lugar relativamente marginal nas narrativas póstumas laudatórias em torno de seu nome.[126]

Além do mais, havia um componente visual muito maior no mito de Napoleão do que no de Toussaint, com bustos, retratos, imagens e (em última análise) estátuas desempenhando um papel importante na difusão de sua lenda no século XIX, que atingiu o ponto mais alto na solene cerimônia oficial que acompanhou o retorno de suas cinzas aos Invalides em 1840. Já a lenda de Toussaint, diferentemente, era transmitida sobretudo

Herói universal 461

pelas tradições populares, e — apesar das gravuras encomendadas pelo presidente Boyer — com relativamente pouco apoio de instituições oficiais do Estado ou de grupos políticos organizados. Por último, mas não menos importante, embora a competência militar estivesse no cerne dos mitos de Napoleão e de Toussaint, o do imperador era, essencialmente, o de um conquistador com delírios de grandeza, na tradição imperial de Alexandre, César e Carlos Magno, enquanto Toussaint simbolizava a tradição da guerra justa de resistência popular ao império, sendo um de seus fundadores.[127]

Lendas políticas são poderosos veículos de ideais e valores coletivos, e nesse sentido também o legado de Toussaint foi altamente influente. Ajudou a manter, e com o tempo a destacar, a questão central da raça na política global. Conseguiu isso, inicialmente, através de sua associação com as lutas coletivas de emancipação de escravizados ao longo do século XIX (a escravidão só foi abolida formalmente em Cuba em 1886), e com a batalha subsequente para confrontar a ordem internacional que legitimava o domínio imperial e colonial e rejeitava o princípio da igualdade racial até pelo menos meados do século XX. Durante esse processo, Toussaint inspirou o primeiro paladino negro do mundo, imortalizado no conto "Mister Toussan" (1941), de Ralph Ellison, no qual o jovem Riley evocava "um desses caras africanos chamado Toussan" que "deu uma surra em Napoleão", "abateu a tiros os soldados brancos pobres" de seu retiro nas montanhas e "quase matou de susto o pessoal branco".[128]

Mas, embora se costume dizer que a lenda de Toussaint encarna ideais marciais, essa masculinidade não se limitava a suas arrojadas vitórias no campo de batalha. Ela também contestava arraigados estereótipos racistas no mundo ocidental, ajudando a associar negritude a noções de racionalidade, boa governança, sobriedade e perdão. Seu legado permitia ligar visões diferentes, e por vezes conflitantes, de negritude na era moderna: o reformista e o revolucionário; o separatista e o transnacionalista; o caribenho e o africano; o católico e o vodu; o religioso e o secular; e o marxista e o anti-imperial. A personalidade carismática de Toussaint, e sua capacidade de superar fronteiras dentro do espectro ideológico, também explica sua ressonância tão forte no moderno Sul Global; havia qualquer coisa de inconfundivelmente louverturiana no interesse obstinado de Frantz Fanon pela revolução; na indomável energia física e discursiva de Fidel Castro; na astúcia estratégica e na capacidade de transformar fraqueza material em força política de Ho Chi Minh e Yasser Arafat; e no generoso espírito de reconciliação de Nelson Mandela.

Acima de tudo, o legado de Toussaint forneceu a mitologia histórica para uma forma de republicanismo antiescravagista, que se desenvolveu a partir da revolução de Saint-Domingue no fim do século XVIII e se espalhou pelo Atlântico. Enraizado em comunidades de origens africanas e no conceito de fraternidade, esse republicanismo era uma maneira de pensar ideologicamente distinta de suas variantes americana e francesa. Esse republicanismo, cuja história só agora começa a ser desenterrada, serviu de base às lutas pela emancipação dos escravizados no século XIX, bem como à batalha pelos direitos civis nos Estados Unidos. Mais tarde, inspirou uma vertente do anticolonialismo que enfatizava ideais compartilhados de justiça e uma visão de cidadania baseada em valores políticos comuns, e não em etnicidade, e que reafirmava a clássica oposição republicana à conquista imperial e à ocupação militar.[129]

Conclusão

Uma inspiração para a nossa época

EM 1975, a escritora negra Ntozake Shange concluiu sua peça em versos *For Colored Girls Who Have Considered Suicide/ When the Rainbow Is Enuf*. Nessa obra, que se tornou um dos clássicos do repertório dramático feminista moderno, sete afro-americanas discutiam suas experiências com o racismo e o sexismo na sociedade, e as estratégicas criativas que inventavam para resistir. Uma das personagens, a "Lady in Brown", falava de sua surpresa ao descobrir Toussaint Louverture quando era uma criança de oito anos em St. Louis. Depois de participar de um concurso de leitura na biblioteca local, ela ficou embasbacada com a maneira pela qual Toussaint Louverture livrara o Haiti da escravidão, "cum os espírito de veios africanos morto que saiu do chão". Como encontrou o livro sobre Toussaint numa "sala de leitura para adultos", no entanto, ela foi eliminada da competição. O desapontamento serviu apenas para aumentar a obsessão por seu herói: "Ele estava morto e vivo para mim". Toussaint se tornou seu "amante secreto" e seu confidente, dando-lhe conselhos sobre "como tirar meninas brancas" de seu "jogo da amarelinha". Frustrada com sua situação, ela resolveu fugir para o Haiti, mas conheceu um jovem que se mostrou um substituto mais adequado — principalmente porque se chamava "Toussaint Jones".[1]

A bela evocação de Shange ressaltava não só a persistente qualidade da lenda de Toussaint, mas também sua adorável capacidade de reinvenção. Outrora símbolo de masculinidade negra, o revolucionário de Saint-Domingue agora inspirava uma feminista de segunda onda a desestabilizar noções tradicionais de autoridade política e cultural. Enquanto o acesso restrito a Toussaint na biblioteca refletia o empenho de forças do establishment em preservar seu poder, a exuberante apropriação do herói pela narradora celebrava as alegrias transgressivas da rebelião. De fato, essa identificação produziu um Toussaint que se libertou, ele mesmo, da imagem um tanto pesada construída por gerações anteriores de homens — ali estava um Toussaint jovem, brincalhão, maliciosamente subversivo e totalmente imerso nas tradições africanas e vodus de Saint-Domingue. O Toussaint de Shange era um convite para desafiarmos representações estereotipadas da negritude, expressas na "ideia monolítica de que todos são iguais". Ele também serviu de estímulo para rejeitarmos o conformismo intelectual e assumirmos o controle do nosso destino, em vez de "ficarmos sentados esperando pelas autoridades" — fossem brancas ou negras.[2]

A partir das últimas décadas do século xx, o mito de Toussaint atingiu novas alturas. Como no caso da peça de Shange, romancistas, poetas, dramaturgos, pintores e músicos valeram-se de sua vida para explorar uma ampla variedade de questões pessoais e até íntimas. Ao mesmo tempo, ele foi formalmente canonizado como ícone global por instituições públicas. Continuava sendo, claro, um poderoso emblema de nacionalismo haitiano e da promessa de um futuro melhor: quando o padre católico e teólogo da libertação Jean-Bertrand Aristide venceu a eleição presidencial haitiana de 1990, retratos murais de Toussaint (cujas realizações Aristide celebrava) apareceram em todo o país.[3] Ele também foi representado cheio de vigor juvenil numa estátua erguida em Haut-du-Cap, perto do lugar onde nasceu na plantation de Bréda, e o bicentenário de sua Constituição de 1801 foi amplamente comemorado, com seu rosto retratado numa nova cédula de vinte *gourdes*.[4] No mesmo espírito, bustos homenageando sua memória apareceram em Miami e Montreal, duas cidades com comunidades haitianas grandes e há muito estabelecidas. Exatamente quando era festejado pelas diásporas americanas, uma estátua muito alta de Toussaint buscou resgatar a herança pan-africana do líder revolucionário na cidade de Aladá, no Benim, onde há também um projeto para construir um museu em sua homenagem (ver Pranchas 14 e 16).[5] Seus ideais progressistas não foram esquecidos: um busto saúda seu papel como emancipador e libertador em Santiago de Cuba. Uma efígie reluzente surgiu no novo Museu Nacional

Conclusão   465

de História e Cultura Afro-Americana em Washington, onde um Toussaint em tamanho natural, armado com um exemplar de sua Constituição,
desponta perto de Jefferson e um monte de tijolos representando seus
escravizados; da mesma forma, na África do Sul, Toussaint foi escolhido
para fazer parte da Galeria de Líderes em Freedom Park, o monumento
oficial à luta contra o apartheid.[6]

Talvez o sinal mais espetacular da condição olímpica de Toussaint seja
sua entrada simbólica em abril de 1998 no Panteão, a residência parisiense
dos líderes eminentes da França. O antigo pária de Saint-Domingue foi
oficialmente ungido como um dos *grands hommes* da república. A inscrição
comemorativa enaltece-o como "combatente da liberdade, arquiteto da
abolição da escravatura e herói haitiano" — homenagem graciosa, mas
que poderia ter sido animada pela vitalidade de Shange: "TOUSSAINT liderou seu exército de zumbis/espíritos ambulantes disparando canhões para
libertar o Haiti".[7]

O FIM DO SÉCULO XX FOI TAMBÉM um marco nas representações literárias
de Toussaint. Por muito tempo, a escrita criativa sobre a Revolução Haitiana foi dominada por produções teatrais e poéticas: entre o fim dos anos
1790 e 1975, houve nada menos do que 63 peças sobre Saint-Domingue
escritas por dramaturgos da África, do Caribe, da Europa, da Escandiná-
via e dos Estados Unidos.[8] No melhor dos casos, essas obras eram ricas,
complexas e notáveis em termos dramáticos, e ofereciam representações
ideológicas conflitantes de Toussaint, tipicamente divididas entre visões
revolucionárias e conservadoras.[9] Mas tendiam a ver a epopeia de Saint-
-Domingue de um ponto de vista externo. Em particular, não se esforça-
vam muito para imaginar os acontecimentos da perspectiva dos próprios
agentes — um eco literário da "supressão" que Michel-Rolph Trouillot
notou como característica definidora da historiografia da revolução.[10]

Dois exemplos, separados por um século, ilustram o argumento. Apesar
do título, o drama *Toussaint Louverture* (1850), de Alphonse de Lamartine, tinha pouco a dizer sobre sua liderança militar e política, menos ainda sobre as

transformações sociais ocorridas em Saint-Domingue durante os anos 1790. Na verdade, ainda que defendesse superficialmente a ideia de igualdade racial, a peça insistia no mantra republicano do século XIX de que os escravizados de Saint-Domingue deviam sua liberdade à intervenção das autoridades francesas, e não às suas próprias ações — a peça foi escrita dois anos depois da abolição da escravatura pela Segunda República em 1848. Além disso, o texto estava repleto de conotações paternalistas sobre a superioridade estética e intelectual da Europa. O Toussaint de Lamartine era fisicamente feio e desprezava o próprio corpo; as qualidades que admirava — inteligência, coragem, resolução e patriotismo — eram todas definidas pelos franceses; e ele parecia fascinado por Napoleão, com quem se comparava obsessivamente: "ele, o maior dos brancos, eu, o maior dos negros".[11]

Uma perspectiva diferente, mas também depreciativa, estava presente em *O reino deste mundo* (1949), de Alejo Carpentier, um dos romances modernos mais famosos sobre a Revolução Haitiana. Diferentemente de Lamartine, Carpentier resolveu narrar os acontecimentos pelos olhos de um escravizado negro, Ti Noël. À exceção de Christophe e (rapidamente) Dessalines, os grandes líderes de Saint-Domingue quase não aparecem no romance; Toussaint está ausente por completo. Mas a relação de Ti Noël com a revolução era basicamente passiva, e no fim a história dele servia, em essência, para ressaltar sua futilidade. Carpentier tratava explicitamente da dimensão espiritual da Revolução Haitiana, com algumas passagens eloquentes sobre Makandal, o "Senhor do Veneno" que era "investido de poderes sobre-humanos". Ti Noël era um de seus seguidores, e como adepto do vodu mais tarde assistiu à cerimônia de Bois-Caïman. Apesar da ênfase nos aspectos maravilhosos, no geral Carpentier descrevia a religião dos escravizados de Saint-Domingue como algo niilista: ela não aparecia como um ideal emancipador, ou sequer como um conforto para as cicatrizes da escravidão, mas como uma força selvagem, destruidora. Dessa maneira, ainda que a vitória de Dessalines contra os franceses fosse atribuída às "divindades da pólvora e do fogo", a orgia de violência e ódio racial de inspiração vodu acabou consumindo a própria revolução, e a Ti Noël restou contemplar uma terra arrasada, "invadida por cacto e por mato".[12]

Conclusão 467

A perspectiva do bicentenário da Revolução Haitiana em 2004 serviu de estímulo a obras literárias mais complexas. O movimento foi em grande parte impulsionado por escritores de origens caribenhas, e não por acaso coincidiu com um retorno ao centro do palco da figura icônica da revolução. Um dos colaboradores mais ilustres desse renascimento de Toussaint foi o poeta e dramaturgo santa-lucense Derek Walcoltt. Seu drama sobre a revolução, *The Haitian Earth*, foi produzido pela primeira vez em 1984; era o ponto culminante de um envolvimento de uma vida inteira com a epopeia de Saint-Domingue, que começara com sua peça *Henri Christophe* (1950) e seu espetáculo histórico *Drums and Colours* (1961). Heroísmo e seus arquétipos populares eram assuntos de grande interesse de Walcott, e em *The Haitian Earth* foram encarnados por Yette, uma jovem mestiça, e Pompey, um condutor negro de escravizados; seu caso de amor, trágico e malfadado, simbolizava o sonho republicano de uma sociedade multirracial em Saint-Domingue. Walcott contrastava reiteradamente as nobres ambições do "bom médico Toussaint" com a fraqueza narcisista de Dessalines e Christophe (que, na peça, ordenou a execução de Yette por ter tentado rogar-lhe uma praga).[13] Corajoso, compassivo e humano em sua liderança, Toussaint era o verdadeiro patriota da Revolução Haitiana, e sua traição e seu exílio aparecem como a maior tragédia do movimento.[14]

Houve, também, indagações críticas sobre suas políticas mais controvertidas. Era o caso, notavelmente, de *In the Time of the Revolution*, peça de Maryse Condé sobre a luta contra a escravidão em Guadalupe e Saint-Domingue, encenada pela primeira vez em 1989, o ano do bicentenário da Revolução Francesa. Condé saudava a "história extraordinária" de Toussaint, o "Espártaco Negro" que compreendeu que "tinha que usar seus próprios meios, os meios do homem negro". Mas Condé censurava severamente sua recusa a dividir a terra entre os camponeses e seu duro regime nas plantations: o narrador do drama descrevia-o como um líder "assustador", e condenava seus métodos brutais de disciplina. Dito isso, quando Toussaint foi capturado pelos soldados de Leclerc e deportado em 1802, e os franceses restauraram a escravidão em Guadalupe, Condé creditou ao espírito louverturiano a deflagração da resistência popular; um dos comandantes rebeldes resumiu seu papel inspirador com o seguinte comentário: "Os brancos levaram Toussaint. Mas há milhares de Toussaints em Saint-Domingue!".[15]

Uma das evocações literárias mais sutis e originais foi o romance *La deuxième mort de Toussaint-Louverture* (2001), de Fabienne Pasquet, em que o herói revolucionário retorna na condição de *loa* a seu cárcere no Fort de Joux em 1807, agora ocupado pelo poeta e dramaturgo prussiano Heinrich von Kleist. Pasquet, cujo pai era haitiano, retratou um Toussaint magnífico em virilidade e ecletismo cultural, usando seu conhecimento de ervas medicinais para curar o joelho ferido do prisioneiro, recorrendo a mitos vodus, ameríndios e africanos para celebrar as virtudes curativas da natureza, e engajando-se num cativante diálogo filosófico com Kleist sobre o significado da vida, no qual joga água fria nas fantasias românticas e grandiloquentes do prussiano. Numa notável inversão da relação hierárquica tradicional entre o Iluminismo europeu e seus súditos coloniais, Toussaint, o sábio, é que desempenhou um papel catártico, extraindo a "sombra" junguiana de Kleist, seu eu suprimido (e melhor). Ele faz o prussiano adotar um amor absoluto pela vida, e o instrui sobre os ideais de resistência patriótica, liberdade universal e transformação progressista; comparando uma revolução a um incêndio no mato, observa: "Para que se transforme numa chama de liberdade, este incêndio precisa ser contido e controlado, atiçado em alguns lugares, reduzido em outros".[16]

Fort de Joux — um lugar de memória louverturiana infalivelmente popular — também serviu como pano de fundo para *Moi, Toussaint Louverture* (2004), autobiografia fictícia de autoria do romancista haitiano Jean-Claude Fignolé. Aqui também Toussaint era apresentado no papel de oráculo, projetando-se no tempo para se comparar a outros líderes providenciais como Bismarck, Mao e De Gaulle. Mas esse era um herói soturno, atormentado por remorsos ao repassar sua carreira e contemplar a problemática história de sua terra natal no decorrer dos séculos XIX e XX. O Toussaint de Fignolé era provocador principalmente em seus comentários sobre o Haiti contemporâneo. Distanciava-se do país, afirmando ser um "general francês"; ridicularizava a noção de que haitianos faziam parte de uma comunidade

Conclusão 469

mais ampla de descendentes de africanos (esses dois comentários podem ser interpretados como críticas de Fignolé a atitudes sociais elitistas no Haiti, e não como convicções que o autor de fato atribuísse a Toussaint). O herói revolucionário reconhecia alguns erros — em particular o de sucumbir ao vício do "cesarismo" e o de permitir que seu legado fosse apropriado por ditadores brutais como os Duvalier: depois da ditadura de François, o filho Jean-Claude governou o Haiti despoticamente de 1971 a 1986. Mais dramaticamente, lamentava a desintegração cívica e moral da sociedade haitiana, notando que os descendentes da revolução de Saint-Domingue se tornaram um "povo de sombras". Mas esse profeta do apocalipse não tinha perdido completamente o senso de humor, e lamentava não ter sido convidado para a inauguração de sua estátua no Benim.[17]

O fascinante romance de Fignolé demonstrou a repercussão contemporânea da lenda de Toussaint, refletida também na trilogia ficcional de Madison Smartt Bell sobre a Revolução Haitiana.[18] De fato, o mito de Toussaint se tornou, para tomar de empréstimo uma expressão de Sartre, o *"horizon indépassable"* da imaginação literária haitiana contemporânea. Para seus admiradores caribenhos, o papel fundamental de Toussaint foi atuar como repositório simbólico, soldando (junto com Dessalines) os diferentes elementos da tradição revolucionária haitiana,[19] ao mesmo tempo que assumia a posição de precursor do ideal de *négritude*.[20] Essa síntese foi invocada com mais força na obra do romancista haitiano Jean Métellus, mais notadamente em *Toussaint Louverture, le précurseur*, que apareceu pela primeira vez em 2004 e voltou a ser publicado depois de sua morte em 2014. Métellus apresentou uma nobre defesa do legado de Toussaint, que servia de modelo não só para a história do anticolonialismo, mas também para as lutas contemporâneas contra a injustiça e o racismo no Sul Global. Fazendo eco a uma opinião generalizada entre os haitianos, o romance insistia na originalidade intelectual de Toussaint e em sua perfeita capacidade de combinar influências europeias, africanas e caribenhas. Métellus estendeu-se sobre os poderes medicinais de Toussaint, que se fundamentavam no culto da natureza e expressavam uma forma de espiritualidade altamente pessoal — espiritualidade que provinha e ao mesmo tempo se distinguia da fé vodu e dos valores católicos. Na parte final do romance — inevitavelmente, no cárcere do Fort de Joux —, Métellus trouxe Toussaint de volta a esse tema com uma representação vividamente tropical de seu maquiavelismo: "Para conquistar esta liberdade que sempre nos foi negada, lanço mão de todos os ardis do reino animal: o da aranha que acaba emaranhando sua presa, o da raposa que hipnotiza suas vítimas, e o da serpente, que paralisa seu agressor".[21]

JUSTAMENTE QUANDO O STATUS de Toussaint como um dos gigantes modernos do Caribe era confirmado, sua reputação pública na França, também, atingia novas alturas. Seu ingresso no Panteão em 1998 foi um marco simbólico numa virada histórica mais genérica na França, com o início de debates coletivos sobre o significado da escravidão na história francesa moderna. Esse processo testemunhou notadamente a aprovação da Lei Taubira pela Assembleia Nacional em maio de 2001, reconhecendo o comércio de escravizados e a escravidão como crimes contra a humanidade. A isso se seguiu a designação oficial de um dia específico no calendário (10 de maio) para a comemoração da abolição da escravatura. Desde 2006, essa *"journée nationale"* tem sido marcada por cerimônias formais em determinados locais de memória em toda a França, bem como por iniciativas de instituições de ensino e associações culturais para promover uma maior consciência da história da escravidão.[22]

A criação de novos monumentos públicos em memória do ícone de Saint-Domingue é uma característica fundamental desse esforço francês para reexaminar sua história de escravidão. O nome de Toussaint foi dado a escolas, ruas, praças, teatros e até estacionamentos em numerosas localidades, como Paris, Bobigny, Saint-Denis, Angers, Poitiers, Montpellier, Clermont-Ferrand, Narbonne e Niort; no Château de l'Isle-de-Noé (Gers), outrora sede do clã Noé, os proprietários da plantation de Bréda, existe agora uma *"allée* Toussaint Louverture"*, e a aldeia dedicou-lhe um monumento em 2003; a família Noé também doou para o vizinho Musée des Beaux-Arts, em Mirande, o que, segundo consta, era a bengala de Toussaint

Louverture.[23] No mesmo ano, a municipalidade de Bordeaux inaugurou uma placa na casa onde morou Isaac Louverture, que ali morreu exilado em 1854, e também criou — talvez de forma não muito feliz — um "beco Toussaint Louverture" na cidade. No Château de Cormatin, na Borgonha, onde Étienne Laveaux morou de 1809 até sua morte em 1828, uma placa comemora sua amizade com Toussaint Louverture, o "líder da insurreição dos escravos". A cidade de Nantes, que em outros tempos foi o maior porto de comércio de escravizados da França, construiu um memorial da abolição da escravatura e deu a uma praça o nome de Toussaint. Monumentos em sua homenagem apareceram em todos os cantos da França metropolitana: na região de Paris, a cidade de Massy ergueu uma estátua de bronze de Toussaint em uma de suas praças principais; em maio de 2005, a municipalidade de Grenoble inaugurou uma placa para Louverture no prédio da prefeitura, e no mesmo ano um busto de Toussaint foi instalado à beira do rio Garona, em Bordeaux, onde milhares de escravizados foram comprados e vendidos; desde 2009, o Musée d'Aquitaine da cidade tem dedicado exposições permanentes à história da escravidão atlântica. Nas montanhas do Jura, o antigo e despojado cárcere de Toussaint no Fort de Joux foi valorizado por um busto do grande homem, e também por uma placa comemorativa (ambos doados pelo governo haitiano). O monumento mais imponente a surgir na França foi uma estátua de bronze, em tamanho natural, do escultor senegalês Ousmane Sow, que já havia produzido uma escultura altamente elogiada, *Toussaint Louverture et la vieille esclave* [Toussaint Louverture e a velha escrava]. Inaugurada em maio de 2015, na cidade de La Rochelle, na costa ocidental, também um dos principais portos de comércio de escravizados da França, a obra de Sow mostra Toussaint lendo, absorto, uma cópia de sua Constituição de 1801 (ver Prancha 16).

A estátua de Sow, uma fina simbiose de motivos europeus, caribenhos e africanos, parecia uma serena ilustração da reconciliação da França com o herói revolucionário de Saint-Domingue, e do desejo de encarar diretamente sua história colonial desde o começo do século XXI. Mas uma inspeção mais rigorosa revelava a existência de uma tensão. Ainda que a entrada de Toussaint no Panteão fosse um gesto considerável do Estado francês, era um gesto tardio, feito depois de mais de uma década de campanha de associações antiescravagistas. Em outras palavras: era mais fácil — e bem menos problemático — homenagear o abolicionismo branco do que a resistência negra à escravidão: Victor Schoelcher, o líder republicano (e biógrafo de Toussaint) que supervisionou o fim definitivo da escravidão, entrou no Panteão em 1948. Os lugares escolhidos para sediar alguns dos monumentos a Toussaint pareciam trair um persistente desconforto das autoridades francesas locais: foi esse, claramente, o caso do busto de Bordeaux, colocado bem longe do centro da cidade. Da mesma forma, a estátua de Sow foi instalada no pátio do Musée du Nouveau Monde, e portanto fora do alcance imediato do público. O museu ficava num prédio (o Hôtel Fleuriot) que levava o nome de um dos principais comerciantes de escravizados de La Rochelle — uma justaposição no mínimo deselegante.

A confirmação da inquietante presença de Toussaint na memória coletiva francesa poderia ser encontrada nas formas conflitantes de descrevê-lo nos diferentes monumentos públicos. A inscrição do Panteão dizia que morreu "no exílio" ("*déporté*") no Fort de Joux — expressão estranhamente inapropriada, levando em conta que ele era francês na época de sua morte e morreu na França. Já na estátua de Sow, diferentemente, usava os trajes de um governador francês. A placa de Grenoble contornou prudentemente a questão de sua nacionalidade, celebrando-o como abolicionista republicano — mas, para ilustrar esse fato, citava sua metáfora da "árvore da liberdade", pronunciada quando ele foi preso pelos soldados de Leclerc; a declaração previu a luta pela independência de Saint-Domingue. Nenhuma das inscrições explicava por que Toussaint foi capturado; nem que foi preso traiçoeiramente pelo exército francês; nem que os homens que o prenderam foram mandados por Bonaparte para restaurar a escravidão no Caribe. Esses subterfúgios e contradições refletiam a incapacidade, por parte da tradição republicana francesa, de ir além de seus relatos egocêntricos sobre a escravatura e sua abolição e de lidar com a atitude hesitante da revolução de 1789 sobre igualdade racial. Os monumentos oficiais em memória de Toussaint mostravam a relutância da França em afastar-se demais da "doce utopia colonial" sobre

Conclusão 473

DANS CE CHÂTEAU VÉCUT DE 1809 À SA MORT
LE GÉNÉRAL ETIENNE MAYNAUD DE LAVAUX
1751 · 1828

GOUVERNEUR DE St DOMINGUE (1793·96), IL FUT L'ALLIÉ
ET L'AMI DE TOUSSAINT LOUVERTURE,
CHEF DES ESCLAVES RÉVOLTÉS.
IL REÇUT A. DE LAMARTINE AU CHÂTEAU DE CORMATIN
ET LUI TRANSMIT SES CONVICTIONS ANTI - ESCLAVAGISTES.
SON ACTION ET SES ÉCRITS INSPIRÈRENT
LA LOI D'ABOLITION DE 1848.

No Château de Cormatin, na Borgonha, onde o governador de Saint-Domingue, Étienne Laveaux, morou a partir de 1809, esta placa comemora sua amizade com Toussaint Louverture, o "líder da insurreição dos escravos". Ela também celebra a influência de Laveaux sobre Lamartine, que mais tarde desempenhou papel crucial na abolição da escravatura pela Segunda República.

a história de seu império — ou seja, a de que a escravidão foi produto do *ancien régime*, e que foi extirpada da comunidade nacional pela revolução; de que esse desfecho resultou da intervenção francesa esclarecida, e não da ação revolucionária dos próprios escravizados negros; e de que as autoridades coloniais atuaram amistosamente em defesa dos interesses das populações negras que viviam sob domínio imperial.[24]

Essas ambivalências foram desenvolvidas num drama em duas partes sobre Toussaint transmitido pela televisão francesa em 2012. Dirigido pelo cineasta franco-senegalês Philippe Niang, *Toussaint Louverture* trazia o ator haitiano-americano Jimmy Jean-Louis no papel principal. Que esse filme tenha sido feito já era algo notável, levando em conta a ausência de qualquer tratamento cinematográfico significativo da Revolução Haitiana fosse na Europa ou nos Estados Unidos;[25] e as virtudes pessoais de Toussaint (dignidade, coragem, amor à família e desejo de uma vida melhor para os negros) foram retratadas com simpatia. Mas a representação geral dele e da Saint-Domingue do fim do século XVIII era caricatural ao extremo. A escravidão foi atenuada para não ferir sensibilidades francesas: ficava a impressão de tratar-se de um sistema de trabalho pacífico, consensual, no qual os trabalhadores das plantations participavam dos lucros. Na verdade, o Toussaint de Niang declarava ter sido, ele mesmo, um escravizado "feliz" até que a *Histoire philosophique* de Raynal e Diderot lhe abriu os olhos. A invasão militar francesa, também, recebeu tratamento positivo, com um arrojado Leclerc aparecendo como um oficial moralmente escrupuloso que recorreu à força com relutância em face da insubordinação de Toussaint. Guiando-se pela ortodoxia neoimperial, o filme na verdade atribuía a Toussaint a culpa pela guerra, em particular à sua Constituição de 1801, apresentada como um ato de arbitrária teimosia. Não havia alusão a planos franceses para restaurar a escravidão no Caribe, ou à feroz brutalidade das forças de Rochambeau; todas as atrocidades vistas na tela eram cometidas por insurgentes negros enlouquecidos, motivados a "matar os brancos" por sua primitiva religião vodu. Com sua visão nostálgica das plantations dos brancos, seu retrato paternalista de Toussaint e sua estigmatização dos revolucionários negros haitianos, o filme de Niang ilustrava a persistência do *roman national* colonialista francês (ver Prancha 15).[26]

O RESSURGIMENTO FRANCÊS de Toussaint indicava que, mesmo sendo altamente elástica, sua lenda não aceitava interpretações simplistas. Nesse sentido, os monumentos franceses (e seus limites) refletiam conversas em curso em países ex-escravistas e ex-colonialistas sobre a criação de espaços públicos mais inclusivos, nos quais figuras que resistiram à escravidão pudessem ser homenageadas, e prédios e monumentos públicos associados à defesa de opiniões a favor da supremacia branca removidos ou rebatizados. Na França, por exemplo, havia começado um debate local sobre o status do general Leclerc na cidade de Pontoise, com alguns cidadãos achando

Conclusão

inapropriado que esse "criminoso de guerra" ainda fosse homenageado.[27] Na Grã-Bretanha, discussões sobre os legados ativos do colonialismo até agora tiveram resultados modestos, como ficou claro na malsucedida campanha para remover uma estátua do imperialista britânico Cecil Rhodes de Oxford.[28] Os Estados Unidos têm sido muito mais diretos nos dois sentidos, notadamente com a construção de uma estátua homenageando Denmark Vesey em Charleston e a destruição de vários importantes monumentos confederados — apesar de ainda restarem mais de setecentos em todo o país, principalmente no Sul. Em 2017, o ativista nova-iorquino Glenn Cantave iniciou uma animada discussão ao sugerir que a estátua de Colombo em Nova York fosse substituída pela de Toussaint Louverture.[29]

A verdadeira essência da lenda de Louverture, tal como promovida por artistas criadores, escritores e educadores, é vigorosamente discordante — e universalista. O pintor haitiano-americano Jean-Michel Basquiat capturou esse espírito combativo em seu *Toussaint L'Ouverture v. Savonarola*, obra neoexpressionista que celebrava a humanidade atemporal de Toussaint colocando-o lado a lado com o tormento florentino da corrupção e do despotismo papal.[30] Da mesma forma, o poeta afro-guianense John Agard escreveu um "agradecimento" de Toussaint ao poema de Wordsworth em sua homenagem: apesar de jamais ter posto os pés na Grã-Bretanha, o Toussaint de Agard fala de sua "língua" que alcançava da "Europa ao Daomé", e saúda o "irmão" cumbriano em sua devoção comum ao "doce aroma da liberdade".[31] O ex-jogador de futebol francês Lilian Thuram, da seleção que venceu a Copa do Mundo, um grande militante internacional contra o racismo, tinha Toussaint como uma de suas "estrelas negras", uma luz de fraternidade que poderia ajudar a instruir as gerações mais jovens sobre as realizações dos homens e mulheres de origem africana.[32] A revista de história em quadrinhos *Jour J*, que trata de episódios históricos contrafactuais, mostrou Toussaint sendo solto da prisão francesa em 1802 por um combatente da liberdade irlandês e recebendo uma "segunda oportunidade", que ele aproveitou imediatamente para libertar da escravatura seus irmãos americanos.[33] Essa visão ambiciosa também constava da declaração de intenções do Lycée Toussaint Louverture em Pontarlier

(Doubs), que saudava Toussaint como o "precursor" da luta global pela igualdade racial, e fundador de uma tradição de internacionalismo revolucionário, cujas encarnações modernas incluíam Martin Luther King e Nelson Mandela.[34] Essa imagem foi amplificada num grafite republicano de 2016 em West Belfast em homenagem a Frederick Douglass, mostrando Toussaint a cavalo junto com Mandela e King, e em companhia de figuras lendárias da emancipação negra, como Abraham Lincoln, Rosa Parks, Paul Robeson, Muhammad Ali, Bob Marley, Steve Biko e Angela Davis.[35]

Visto sob essa luz, Toussaint é muito mais do que uma relíquia gloriosa do passado, a ser mencionada em aniversários oficiais. A luta louverturiana continua a ser uma fonte de inspiração intelectual e renovação progressista — especialmente nestes tempos de populismo —, e serve como lembrete de que as injustiças globais de hoje, dentro das sociedades e em todas as sociedades, têm profundas raízes históricas. A vida de Toussaint também é um clássico exemplo de ideais e virtudes republicanos — a dignidade igual de todos os humanos, independentemente de raça, crença ou cor; a firmeza e a coragem, mesmo diante de forças inimigas de superioridade esmagadora; a integridade e a recusa a ceder em matéria de valores fundamentais; a coexistência e o perdão, em vez da separação e do ódio; e acima de tudo a audácia de vislumbrar um mundo organizado de acordo com princípios radicalmente diferentes. Essa ética pode servir de base efetiva para trazer de volta uma política de esperança e não de medo, e promover um internacionalismo robusto que desafie os falsos ídolos do etnonacionalismo e da "política de identidade", evitando, ao mesmo tempo, o negativismo piegas que costuma corroer as narrativas pós-coloniais.

A música é a forma de arte que captura melhor o espírito universalista da promessa louverturiana, e oferece um desfecho adequado para a nossa odisseia. O próprio Toussaint era um grande amante da música, como foi descrito em algumas obras literárias mais recentes: por exemplo, Métellus imaginou-o tocando o *banza*, um violino de quatro cordas muito usado nas danças de escravizados em Saint-Domingue no fim do período colonial. Na verdade, todas as gerações musicais encontraram inspiração na vida de Toussaint: das aguerridas canções de escravos e

Conclusão

libertos caribenhos e afro-americanos no século xix aos membros do clube musical Toussaint Louverture em Wilmington, Delaware,[36] e ao clássico poema sinfônico pan-africano de Samuel Coleridge-Taylor, *Toussaint L'Ouverture* (1901), passando pelo tributo à Revolução Haitiana prestado pela gravadora Black Swan, cujos fonógrafos incluíam um modelo "L'Ouverture",[37] e criações de posteriores lendas do jazz como Duke Ellington e Charles Mingus, bem como o trompetista de jazz e bandleader nova-iorquino Donald Toussaint Louverture Byrd.[38] Em setembro de 1977, o compositor David Blake estreou sua ópera *Toussaint* no London Coliseum, uma evocação lírica dos últimos sete anos de vida do libertador, que falava usando terminologia bíblica e se inspirava tanto no vodu como na presença serena da mulher Suzanne.[39]

Num "conto musical" lançado pela primeira vez em CD em 2012, Jérôme Brie imaginou os últimos dias de Toussaint, "o astro negro que iluminou com sua luz singular o mundo à sua volta".[40] O rock moderno também tem festejado Toussaint, com uma elogiada composição em sua homenagem do guitarrista mexicano-americano Carlos Santana em 1970, e uma obra mais recente, e adequadamente excêntrica, intitulada "Bring The Sun/Toussaint Louverture", de autoria do grupo experimental americano Swans; a peça, de 34 minutos, apresenta fórmulas mágicas sangrentas pronunciadas num contexto de explosões de instrumentos de sopro e cavalos a galope. Indagado sobre a canção, o compositor Michael Gira revelou que era sua homenagem "metafísica" à Revolução Haitiana, e que "ela surgiu a partir da necessidade de letras para músicas que vinha tocando. Comecei a gritar 'Toussaint!' e encontrei as palavras compatíveis com o fenômeno".[41]

Gira não foi o único artista possuído pelo espírito louverturiano. Em seu álbum *From the Hut, to the Projects, to the Mansion*, o rapper haitiano Wyclef Jean transformou-se em "Toussaint St Jean", figura do bairro que "não admite desrespeito", enquanto seu camarada britânico Akala aplaudia as ideias "à prova de bala" de Toussaint. Não querendo ficar para trás, a banda haitiana Chouk Bwa [Toco de Árvore], que fez sua primeira turnê britânica em 2018, tirou seu nome da famosa metáfora de Toussaint sobre a "árvore da liberdade". Oriunda de Gonaïves, que o grande homem tanto amava, a banda promovia com orgulho uma vertente diferente de seu legado, apresentando peças altamente percussivas impregnadas de sensibilidade vodu. Sua canção "Neg Ayesyen" [Homem haitiano] invocava Makandal, Toussaint e Dessalines e homenageava o povo haitiano, "filhos de Nagô, Congo e Daomé". A cantora Edele Joseph sintetizou a mensagem louverturiana otimista da banda: "A missão é levar energia positiva para o povo... essa energia não tem fronteiras".[42]

Agradecimentos

Apesar de ter passado a vida inteira estudando vários aspectos da história, da política e da cultura francesas modernas, antes de começar este livro eu nunca tinha investigado a história do colonialismo francês no Caribe. Um dos prazeres de escrever esta biografia foi descobrir a história extraordinária do Haiti e as qualidades notáveis de seu povo: seu calor humano, sua criatividade, sua determinação e seu orgulho pelas conquistas dos fundadores revolucionários. O que tornou essa história ainda mais gratificante de aprender foi o fato de ela ter me levado de volta a minhas raízes mauricianas. Eu já sabia que o crioulo de Maurício tem numerosas afinidades com o crioulo haitiano. Agora, depois de escrever o livro, sei o quanto minha ilha natal no oceano Índico teve em comum com a Saint-Domingue do fim do período colonial, antes que ela se tornasse o estado independente do Haiti. No fim dos anos 1790, Maurício (conhecida na época como Île de France) era uma colônia francesa produtora de açúcar, e seus colonos europeus levaram para lá milhares de escravizados africanos, assim como fizeram em Saint-Domingue. Mas esses homens e mulheres, embora não tenham conseguido vencer a escravidão, como conseguiram os haitianos, resistiram com todos os meios a seu dispor. Na verdade, lembro-me de ouvir histórias, quando menino, sobre rebeliões de *marrons* (escravizados fugidos) contra o sistema de plantations encabeçadas por figuras carismáticas como Diamamouve, Tatamaka e Madame Françoise, princesa malgaxe escravizada que liderou um bem-sucedido movimento de resistência no sudeste da ilha. Devido ao grande número de escravizados fugidos que viviam em seus assentamentos e cavernas no começo do século XIX, a região em torno da montanha Le Morne ficou conhecida como "República Marron".

Por um acaso ainda mais feliz, a maior parte das fontes primárias do livro, incluindo quase todos os manuscritos de Toussaint Louverture, foi parar na França. Desse modo, a pesquisa para esta biografia foi feita em muitos dos meus velhos refúgios: Bibliothèque Nationale, Archives Nationales, Archives de Paris, Archives Diplomatiques e Service Historique de la Défense em Paris; Archives Nationales d'Outre-Mer em Aix-en-Provence; e arquivos departamentais em Bordeaux e Nantes. Ela foi suplementada pelo material extremamente interessante que encontrei em arquivos britânicos (Arquivos Nacionais em Kew, arquivos do Exército Nacional, Biblioteca Britânica em Londres e Biblioteca Bodleiana em Oxford), assim como nos Estados Unidos (principalmente na Biblioteca do Congresso em Washington e no Schomburg Centre da Biblioteca Pública de Nova York; também me utilizei das vastas coleções digitais da Universidade da Flórida). Agradeço a todos os bibliotecários e arquivistas que me ajudaram.

Enquanto pesquisava e escrevia este livro, tive a sorte de contar com o apoio generoso de numerosas instituições. Meus mais calorosos agradecimentos ao Departamento de Política e Relações Internacionais da Universidade de Oxford, ao Small Research Grants Scheme da Academia Britânica e ao fundo Travelling Scholarships da Society of Authors, por me concederem subsídios substanciais para ajudar a conduzir pesquisas na França, na Grã-Bretanha, nos Estados Unidos e no Haiti. Sou igualmente grato aos mestres e docentes do Balliol College, em Oxford (e em particular a meus colegas de filosofia, política e economia e à tutora sênior Nicky Trott), por me concederem uma licença sabática na primavera e no outono de 2018, quando realizei a maior parte do trabalho nos arquivos.

Nos últimos dois anos discuti alguns dos temas centrais do livro em vários lugares: no seminário de "História do pensamento político" no University College, em Oxford; numa sessão conjunta dos seminários de "História europeia" e "Francês moderno" no Institute of Historical Research, em Londres; no Bruce's Brunch do Balliol College, em Oxford; e no seminário sobre "Primórdios da história moderna" na History Faculty de Oxford. Tenho uma grande dívida com todos os que me receberam e assistiram a essas palestras; seu incentivo, suas observações e perguntas ajudaram imensamente a tornar mais claras minhas ideias sobre muitas questões.

Quero agradecer calorosamente a Jim Gill, amigo de verdade, brilhante agente literário e uma fortaleza moral durante todo o processo de produção deste livro. Vários amigos leram o texto e fizeram comentários e sugestões imensamente proveitosos, tanto em pontos específicos como em questões conceituais e históricas mais amplos. Minha sincera gratidão a David Bell, Edward Berenson, Sophie Berlin, Richard Drayton, Nadia Hilliard, Karma Nabulsi, Julia Nicholls, Barnaby Raine, Calvin Runnels, Robbie Shilliam e Quentin Skinner. Eles também ajudaram a tornar este livro melhor. Julian Jackson e Robert Gildea ajudaram em meus pedidos de subsídios, e variadas formas de apoio prático e moral foram-me oferecidas por Jocelyn Alexander, Diana Berruezo-Sánchez, Chris Bongie, Henri Bovet, Tony Crowley, Edouard Duval-Carrié, David Ekserdjian, Ada Ferrer, James Fox, Oliver Franklin, Julia Gaffield, Adom Getachew, Jessica Hollows, Vinesh Hookoomsing, Yanick Lahens, Nathan Perl-Rosenthal, Neha Shah, Anne Simonin, Abdel Razzaq Takriti e Wolfgang Windel; agradeço calorosamente a todos.

Foi uma alegria estar novamente nas mãos da Allen Lane, e sou grato a todos os membros da equipe que produziu este livro: Isabel Blake, Richard Duguid, Anna Hervé, Linden Lawson, Imogen Scott, Ben Sinyor, Alice Skinner e o indexador, Christopher Phipps. Cecilia Mackay mais uma vez correspondeu à reputação de extraordinária editora de imagens, descobrindo magnífico material ilustrativo. Sou

Agradecimentos

especialmente grato a meu editor Stuart Proffitt, que trabalhou comigo em todas as etapas, das primeiras sugestões de que Toussaint seria o assunto até meticulosas discussões sobre o meu primeiro rascunho de texto; seus comentários foram invariavelmente argutos. Foi extremamente estimulante — e divertido — trabalhar com esse verdadeiro *artiste du livre*.

Minha inspiração definitiva, como sempre, veio de Karma Nabulsi. Foi por intermédio de sua erudição desbravadora sobre as lutas democráticas e revolucionárias contra o Império nos séculos XVIII e XIX que encontrei Toussaint pela primeira vez, e compreendi que ele pertencia, amplamente, a essa tradição republicana de guerra, particularmente como poderosa encarnação de seu ideal de fraternidade. Karma foi minha musa nessa jornada excepcional, oferecendo-me sábios conselhos em tudo que escrevi, influenciando meu pensamento a cada passo, e ouvindo pacientemente quando eu falava, cheio de animação, das minhas descobertas nos arquivos ou dividia com ela meu baú de histórias sobre Toussaint e Dessalines. Sou-lhe grato por tudo que me ensinou e por estar sempre ao meu lado. A ela, dedico este livro.

S. H.
Oxford, dezembro de 2019

Notas

Abreviações

AGI   Arquivos Gerais das Índias
AGS   Arquivos Gerais de Simancas
AN   Archives Nationales, Paris
ANOM Archives Nationales d'Outre-Mer, Aix-en-Provence
BNF   Bibliothèque Nationale de France
NAM   Templar Study Centre and Archive, National Army Museum, Londres

Introdução: A originalidade de Toussaint Louverture (pp. 15-32)

1. Proclamação de Toussaint, 25 ago. 1793. AN AE II 1375.
2. Para uma visão geral dos principais eventos em Saint-Domingue, do fim do século XVIII à declaração da independência do Haiti, ver Jeremy Popkin, *A Concise History of the Haitian Revolution* (Oxford: Wiley-Blackwell, 2012), e David Geggus, *The Haitian Revolution: A Documentary History* (Indianapolis: Hackett Publishing Company, 2014).
3. Ver David Armitage e Sanjay Subrahmanyam (Orgs.), *The Age of Revolutions in Global Contexts* (Basingstoke: Palgrave Macmillan, 2009); e Rafe Blaufarb, *The Revolutionary Atlantic: Republican Visions 1760-1830* (Nova York: Oxford University Press, 2017).
4. Toussaint para o ministro da Marinha, 9 de prairial do ano V (28 maio 1797). AN AFIII 210.
5. Para uma discussão mais detalhada do contexto mais amplo da Revolução Haitiana, ver Robin Blackburn, "Haiti, slavery, and the age of democratic revolution", *The William and Mary Quarterly*, v. 63, n. 4, out. 2006.
6. Discurso no festival da liberdade geral, Môle Saint-Nicolas, 16 de pluvioso do ano VIII (5 fev. 1800). ANOM CC9B 9.
7. Citado em James Alexander Dun, *Dangerous Neighbours: Making the Haitian Revolution in Early America* (Filadélfia: University of Pennsylvania Press, 2016), p. 149.
8. *London Gazette*, 12 dez. 1798.
9. Citado em Grégory Pierrot, "'Our hero': Toussaint Louverture in British representations", *Criticism*, v. 50-54, p. 598, outono 2008.
10. Ver Susan Buck-Morss, *Hegel, Haiti and Universal History* (Pittsburgh: University of Pittsburgh Press, 2009).

Notas 483

11. Citado em Donald Hickey, "America's response to the slave revolt in Haiti, 1791--1806", *Journal of the Early Republic*, v. 2, n. 4, p. 368, inverno 1982.

12. Hobart a Nugent, Downing Street, Londres, 18 nov. 1801. Arquivos Nacionais, Kew, CO 137/106.

13. Citado em Christer Petley, *White Fury: A Jamaican Slaveholder and the Age of Revolution* (Oxford: Oxford University Press, 2018), pp. 176-7.

14. Ver, a partir de 1798, o *Gazette of the United States and Daily Advertiser* (Filadélfia) e o *National Intelligencer and Washington Advertiser* (Washington). Biblioteca do Congresso, Historic American Newspapers.

15. Sobre esse padrão mais amplo de fortalecimento político dos escravizados, ver em particular Eugene Genovese, *From Rebellion to Revolution: Afro-American Slave Revolts in the Making of the Modern World* (Baton Rouge: Louisiana State University Press, 1979); sobre a revolução como fonte de terror e inspiração nos Estados Unidos, ver Ashli White, *Encountering Revolution: Haiti and the Making of the Early Republic* (Baltimore: Johns Hopkins University Press, 2010) e Elizabeth Maddock Dillon e Michael Drexler (Orgs.), *The Haitian Revolution and the Early United States* (Filadélfia: University of Pennsylvania Press, 2016).

16. A assinatura anual do jornal, que custava US$ 2,50 por ano, trazia como brinde "uma bela fotografia do ilmo. sr. Frederick Douglass ou de Toussaint L'Ouverture". *New National Era*, 16 abr. 1874. Biblioteca do Congresso, Historic American Newspapers.

17. Médéric Louis Élie Moreau de Saint-Méry, *Description topographique, physique, civile, politique et historique de la partie française de l'isle Saint-Domingue* (Paris, 1797), v. I, p. 105.

18. Sobre a história da capital, ver Roland Devauges, "Une capitale antillaise: Port--au-Prince (Haïti)", *Les Cahiers d'Outre-Mer*, pp. 7-26, 1954. Sobre as cidades costeiras, ver David Geggus, "As principais cidades portuárias de Saint-Domingue no fim do século XVIII", em P. Liss e F. Knight (Orgs.), *Atlantic Port Cities* (Knoxville: University of Tennessee Press, 1991).

19. Jean Saint-Vil, "Villes et bourgs de Saint-Domingue au XVIIIe siècle (essai de géographie historique)", *Les Cahiers d'Outre Mer*, p. 251. 1978.

20. Nos últimos anos do século XVIII, em conformidade com as mudanças territoriais introduzidas pela Revolução Francesa, as províncias tornaram-se departamentos.

21. François Girod, *La vie quotidienne de la société créole (Saint-Domingue au 18e siècle)* (Paris: Hachette, 1972), pp. 71-2.

22. Laurent Dubois, *Avengers of the New World* (Cambridge, Mass.: Harvard University Press, 2004), p. 26.

23. Alexandre de Laujon, *Souvenirs et voyages* (Paris, 1835), p. 124.

24. Ver M.-A. Menier e G. Debien, "Journaux de Saint-Domingue", *Revue d'Histoire des Colonies*, v. 36, 1949, e Jean Fouchard, "Les joies de la lecture à Saint-Domingue", *Revue d'Histoire des Colonies*, v. 41, 1954; ver também o clássico de Fouchard, *Le Théâtre à Saint-Domingue* (Porto Príncipe: Imprimerie de l'État, 1955).

25. Para uma análise mais detalhada do Cercle e da vida científica na Saint-Domingue pré-revolucionária em geral, ver James McClellan III, *Colonialism and Science: Saint--Domingue in the Old Regime* (Baltimore: Johns Hopkins University Press, 1992).

26. Julius Scott, *The Common Wind: Afro-American Currents in the Age of the Haitian Revolution* (Londres: Verso, 2018), p. 115.

27. A obra clássica sobre o assunto é *Les révoltes blanches à Saint-Domingue au XVIIe et XVIIIe siècles*, de Charles Frostin (Rennes: Presses Universitaires de Rennes, 2008 [1975]).

28. Henri-Baptiste Grégoire, *Mémoire en faveur des gens de couleur ou sang-mêlés de Saint-Domingue* (Paris, 1789), pp. 7-8.

29. *Ordonnance du Roi, concernant les Procureurs & Économes-gérans des habitations situées aux Isles sous le Vent, du 17 Décembre 1784* (Paris, 1785), p. 5.

30. Citado em Girod, *La vie quotidienne de la société créole*, p. 189.

31. Conversa com Edward Corbet, relatada em carta de Corbet Port-Républicain, 21 jul. 1801. Arquivos Nacionais, Kew, CO 137/105.

32. Ver Fritz Daguillard, *Toussaint Louverture: mystérieux dans la gloire* (Porto Príncipe: Musée du Panthéon National Haïtien, 2003), pp. 11-5.

33. Jacques de Norvins, *Souvenirs d'un historien de Napoléon* (Paris, 1896), v. 2, p. 362.

34. George E. Simpson e J. B. Cinéas, "Folk tales of Haitian heroes", *Journal of American Folklore*, v. 54, n. 213-4, p. 184, jul./dez. 1941.

35. Louis Dubroca, *Vie de Toussaint Louverture, chef des noirs insurgés* (Paris, 1802), p. 53; Thomas Prosper Gragnon-Lacoste, *Toussaint Louverture* (Paris, 1877), p. 1.

36. Para um resumo desse relato histórico mestiço, ver David Nicholls, *From Dessalines to Duvalier: Race, Color and National Independence in Haiti* (Cambridge: Cambridge University Press, 1979), pp. 90-1, 95, 97.

37. Victor Schoelcher, *Vie de Toussaint Louverture* (Paris: Karthala, 1982 [1889]).

38. Horace Pauléus Sannon, *Histoire de Toussaint Louverture*, 3 v. (Porto Príncipe: Imprimerie Héraux, 1920-33).

39. Para uma avaliação abrangente da biografia de Toussaint de autoria de James, ver a coleção editada por Charles Forsdick e Christian Høgsbjerg, *The Black Jacobins Reader* (Durham, NC: Duke University Press, 2017).

40. Ver Richard Drayton e David Motadel, "Discussion: the futures of global history", *Journal of Global History*, v. 13, n. 1, p. 7, 2018.

41. Ver especialmente Alyssa Goldstein Sepinwall (Org.), *Haitian History: New Perspectives* (Nova York: Routledge, 2013); e seu artigo "Beyond 'The Black Jacobins': Haitian Revolutionary historiography comes of age", *Journal of Haitian Studies*, v. 23, n. 1, primavera 2017.

42. Jean Fouchard, *Les marrons de la liberté* (Paris: Éditions de l'École, 1972; Carolyn Fick, *The Making of Haiti: The Saint-Domingue Revolution from Below* (Knoxville: University of Tennessee Press, 1990).

43. Ver especialmente Ada Ferrer, *Freedom's Mirror: Cuba and Haiti in the Age of Revolution* (Nova York: Cambridge University Press, 2014).

44. Mimi Sheller, "Sword-bearing citizens: militarism and manhood in nineteenth--century Haiti", em Sepinwall (Org.), *Haitian History*, p. 157.

45. Michael O. West e William G. Martin, "Haiti, I'm sorry: the Haitian Revolution and the forging of the black international", em Michael O. West, William G. Martin

Notas 485

e Fanon Che Wilkins (Orgs.), *From Toussaint to Tupac: The Black International Since the Age of Revolution* (Chapel Hill: University of North Carolina Press, 2009), p. 76.

46. Pierre Pluchon, *Toussaint Louverture, un révolutionnaire noir d'Ancien Régime* (Paris: Fayard, 1989).

47. Philippe Girard, *Toussaint Louverture: A Revolutionary Life* (Nova York: Basic Books, 2016), pp. 4-5.

48. Philippe Girard, *The Slaves Who Defeated Napoleon: Toussaint Louverture and the Haitian War of Independence 1801-1804* (Tuscaloosa, AL: University of Alabama Press, 2011), pp. 9-10 e 43.

49. David Scott, *Conscripts of Modernity: The Tragedy of Colonial Enlightenment* (Durham, NC: Duke University Press, 2004), p. 210.

50. Celeste-Marie Bernier, *Characters of Blood: Black Heroism in the Transatlantic Imagination* (Charlottesville: University of Virginia Press, 2012), p. 7.

51. Ver, por exemplo, seu relatório oficial sobre "o restabelecimento da ordem nas montanhas de Port-de-Paix", 7 de brumário do ano V (28 out. 1796). ANOM CC9A 13.

52. Gordon K. Lewis, *Main Currents in Caribbean Thought: The Historical Evolution of Caribbean Society in its Ideological Aspects, 1492-1900* (Baltimore: Johns Hopkins University Press, 1987), p. 27.

53. Ver Laurent Dubois, "An enslaved Enlightenment: rethinking the intellectual history of the French Atlantic", *Social History*, v. 31, n. 1, p. 12, fev. 2006; sobre a ideia de uma cultura diaspórica híbrida em termos mais gerais, ver a obra clássica de Paul Gilroy, *The Black Atlantic* (Londres: Verso, 1993).

54. Nick Nesbitt, "Turning the tide: the problem of popular insurgency in the historiography of the Haitian Revolution", *Small Axe*, v. 27, p. 31, out. 2008; sobre o tema, ver também o excelente artigo de Adom Getachew, "Universalism after the post-colonial turn: interpreting the Haitian Revolution", *Political Theory*, v. 44, n. 6, pp. 821-45, 2016.

55. Leclerc, "Campagne du Limbé, et détail de quelques événements qui ont eu lieu dans ce quartier, jusqu'au 20 juin 1793", s.d. [1793]. ANOM CC9A 8.

56. Relatório do agente francês Roume, 15 de messidor do ano VII (3 jul. 1799). Arquivos Nacionais, Kew, CO 137/104.

57. Toussaint para Pascal, 26 de germinal do ano VII (15 abr. 1799). Arquivos Nacionais, Kew, CO 245/2.

58. Ver, por exemplo, a carta de Toussaint aos cidadãos de Petite-Montagne, 29 de nivoso do ano IV (19 jan. 1796). BNF NAF 12104.

59. Ver Quentin Skinner, *Liberty Before Liberalism* (Cambridge: Cambridge University Press, 1998).

60. Ver especialmente Toussaint, "Discurso aos cidadãos aptos a portarem armas", Cap, 15 de pluvioso do ano V (3 fev. 1797), *Bulletin Officiel de Saint-Domingue*, 12 fev. 1797.

61. Sobre esse tema, ver cap. 3 em Michel-Rolph Trouillot, *Silencing the Past* (Boston, Mass.: Beacon Press, 1995).

62. Sobre essa questão, ver Charles Forsdick e Christian Høgsbjerg, *Toussaint Louverture: A Black Jacobin in the Age of Revolutions* (Londres: Pluto Press, 2017), p. 147.

63. Yanick Lahens, "Le 19e siècle, ce grand inconnu", palestra no Collège de France, 1 abr. 2019.

64. "Toussaint Louverture: A finding list of his letters and documents in archives and collections (public and private) of Europe and America". Documentos de Joseph Boromé, Sc MG 714, Box 2, Biblioteca Pública de Nova York.

65. Patrice Gueniffey, *Bonaparte* (Paris: Gallimard, 2013), p. 595.

66. Joseph Boromé, "Some desiderata in Caribbean biography", *Caribbean Quarterly*, v. 19, n. 4, p. 29, dez. 1973.

67. Hippolyte de Saint-Anthoine, *Notice sur Toussaint Louverture* (Paris, 1842), p. 30.

68. Toussaint para Hédouville, 7 de termidor do ano VI (25 jul. 1798). ANOM CC9B 6.

69. Toussaint para Lescallier, 21 de prairial do ano VI (9 jun. 1798). ANOM CC9A 14.

70. Toussaint para Charles-François Liot, cônsul comercial, Filadélfia, Cap, 3 jul. 1801. Arquivos do Ministério das Relações Exteriores da França, CCC, Filadélfia V.

71. Stuart Hall, "Cultural identity and diaspora", em P. Williams e L. Chrisman (Orgs.), *Colonial Discourse and Postcolonial Theory: A Reader* (Nova York: Routledge, 1994), p. 235.

72. Toussaint para Antoine Chanlatte (coronel do exército republicano francês), 27 ago. 1793. ANOM CC9A 8.

73. Jean Fouchard, "Toussaint Louverture", *Revue de la Société Haïtienne d'Histoire, de Géographie et de Géologie*, n. 164, p. 41, set./dez. 1989.

74. Toussaint para Renne de Saba, 28 de germinal VII (17 abr. 1799). Biblioteca do Congresso, Divisão de Manuscritos, Documentos de Toussaint Louverture.

75. Carta de Madame Louverture para Toussaint, 24 jul. 1794. Archives Départementales de la Gironde, Collection Marcel Chatillon, 61 J 18.

76. Toussaint para Laveaux, 16 set. 1795. BNF NAF 12103. Bilhete de Toussaint datado de 30 de nivoso do ano X (20 jan. 1802). Collection Edmond Mangonès, Universidade da Flórida, citado em Boromé, "A finding list".

77. Toussaint para o ministro da Marinha, 24 de germinal do ano VII (13 abr. 1799), citado em *Testament politique de Toussaint Louverture* (Paris, 1855), p. 5.

1. A alma de um homem livre (pp. 35-62)

1. *"Né dans l'esclavage, mais ayant reçu de la nature l'âme d'un homme libre"*. Relatório de Toussaint ao Diretório, 18 de frutidor do ano V (4 set. 1797). AN AFIII 210.

2. Anna Julia Cooper, *Slavery and the French and Haitian Revolutionists* (Lanham, MD: Rowman & Littlefield, 2006), p. 102.

3. Consistem basicamente em relatos financeiros anuais, listas de escravizados, relatórios de trabalho e instruções administrativas. Para uma descrição completa dessas fontes, ver Gabriel Debien, *Les esclaves aux Antilles françaises, XVII-XVIIIe*

Notas   487

siècles (Basse Terre: Société d'Histoire de la Guadeloupe e Fort de France: Société d'Histoire de la Martinique, 1974), pp. 9-38.

4. Isaac Louverture, *Notes sur la vie de Toussaint Louverture*, p. 325. BNF NAF 6864.

5. Charles Vincent, *Notice sur Dominique Toussaint Louverture*, s.d. Archives Diplomatiques Paris-La Courneuve, 23MD/2 (memórias e documentos, Haiti).

6. Sobre a família de Toussaint, ver Alfred Nemours, *Histoire de la famille et de la descendance de Toussaint Louverture* (Porto Príncipe: Imprimerie de l'État, 1941).

7. Ver a tese de doutorado de Christian Frances Mobley, *The Kongolese Atlantic: Central African Slavery & Culture from Mayombe to Haïti* (Duke University, 2015).

8. O artigo clássico sobre o assunto é John Thornton, "'I am the subject of the King of the Congo': African political ideology and the Haitian Revolution", *Journal of World History*, v. 4, n. 2 (outono 1993).

9. Sobre os proprietários, ver Jean-Louis Donnadieu, *Un grand seigneur et ses esclaves. Le comte de Noé entre Antilles et Gascogne* (Toulouse: Presses Universitaires du Mirail, 2009).

10. O artigo XI declarava que "filhos nascidos de um casamento entre escravos serão escravos". *Le Code Noir* (Paris, 1685), p. 5.

11. David Geggus, "Toussaint Louverture and the slaves of the Bréda plantations", *Journal of Caribbean History*, v. 20, n. 1, p. 36, 1985-6.

12. "Fatras" era usado para se referir a escravizados feridos ou incapacitados.

13. Saint-Rémy, *Vie de Toussaint* (Paris: Moquet, 1850), p. 8.

14. Vincent, *Notice sur Dominique Toussaint Louverture*.

15. Isaac Louverture, *Notes historiques sur Toussaint Louverture*. BNF NAF 6864.

16. Antoine Métral, *Histoire de l'insurrection des esclaves dans les nord de Saint-Domingue* (Paris, 1818), p. 53.

17. *Code Noir*, p. 8.

18. Fick, *The Making of Haiti*, p. 21.

19. Isaac Louverture, *Notes historiques*. BNF NAF 12409.

20. François Cliquot, "Nouvelle description de l'île d'Haïti", manuscrito inédito, 1843. Archives Diplomatiques Paris-La Courneuve, 23MD/2 (memórias e documentos, Haiti).

21. Debien, *Les esclaves aux Antilles françaises*, p. 285.

22. Ibid., p. 287.

23. Charles Frostin, "Méthodologie missionnaire et sentiment religieux en Amérique française au 17e et 18e siècles: le cas de Saint-Domingue", em *Cahiers d'Histoire*, Universidades de Clermont, Lyon e Grenoble, v. 24, n. 1, p. 24, 1979. Ver mais genericamente François Kawas, *Sources documentaires de l'histoire des jésuites en Haïti aux XVIIIe et XXe siècles* (Paris: L'Harmattan, 2006).

24. Numa carta de 9 de abril de 1799 a Grégoire, um padre local, o padre Constantin de Luxembourg, disse ter tido seu jantar servido por "Toussaint, escravo no hospital dos Irmãos da Caridade"; citado em Adolphe Cabon, *Notes sur l'histoire religieuse d'Haïti* (Porto Príncipe: Petit Séminaire Collège Saint-Martial, 1933), p. 44.

25. John Thornton, *Africa and Africans in the Making of the Atlantic World* (Cambridge: Cambridge University Press, 1998), p. 319.

26. Ver David Richardson, "Slave exports from West and Central Africa, 1700-1810: new estimates of volume and distribution", *Journal of African History*, v. 30, pp. 10-4, 1989.

27. Phillipe Girard e Jean-Louis Donnadieu, "Toussaint before Louverture: new archival findings on the early life of Toussaint Louverture", *William and Mary Quarterly*, v. 70, n. 1, p. 46, jan. 2013.

28. Dubois, *Avengers*, p. 42; ver, mais genericamente, Gérard Barthélémy, *Créoles-Bossales: conflit en Haïti* (Petit-Bourg, Guadalupe: Ibis Rouge, 2000).

29. Citado em Debien, *Les esclaves aux Antilles françaises*, p. 321.

30. Regnaud de Beaumond para sua mãe, Saint-Marc, 6 abr. 1785, citado em Gabriel Debien, "Saint-Domingue avec deux jeunes économes de plantation", *Société Haïtienne d'Histoire, de Géographie et de Géologie*, v. 16, n. 58, p. 61, jul. 1945.

31. Hilliard d'Auberteuil, *Considérations sur l'état présent de la colonie française de Saint-Domingue*, Paris, v. 2, p. 68, 1776.

32. Frantz Fanon, *The Wretched of the Earth* (Londres: Penguin, 2001), p. 32.

33. Moreau de Saint-Méry, *Description topographique*, v. 1, p. 29.

34. O maior grupo eram os congos. Ver David Geggus, "Sex ratio, age and ethnicity in the Atlantic slave trade", *Journal of African History*, v. 30, n. 1, 1989; Debien, *Les esclaves aux Antilles françaises*, p. 48.

35. Bernard Gainot, *La révolution des esclaves: Haïti, 1763-1803* (Paris: Vendémiaire, 2017), p. 50.

36. Gragnon-Lacoste, *Toussaint Louverture*, pp. 3-4.

37. Ver Baron Alexandre-Stanislas de Wimpffen, *Saint-Domingue à la veille de la Révolution* (Paris: L. Michaud, 1911), p. 90.

38. Rachel Beauvoir Dominique, "La valeur sociale du vaudou à travers l'histoire", *Museum International*, v. 62, n. 4, p. 108, 2010.

39. Sobre as características gerais do vodu haitiano no fim do século XVIII, ver Michel Laguerre, *Voodoo and Politics in Haiti* (Houndmills: Palgrave Macmillan, 1989), pp. 32-3.

40. Patrick Bellegarde-Smith, "Resisting freedom: cultural factors in democracy: the case for Haiti", em Claudine Michel e Patrick Bellegarde-Smith (Orgs.), *Vodou in Haitian Life and Culture* (Nova York: Palgrave Macmillan, 2006), p. 101.

41. Robbie Shilliam, "Race and Revolution at Bwa Kayiman", *Millenium*, v. 45, n. 3, p. 280, 2017.

42. Alfred Métraux, *Le vaudou haïtien* (Paris: Gallimard, 1958), p. 40.

43. Stephen Alexis, *Black Liberator: The Life of Toussaint Louverture* (Londres: E.Benn, 1949), p. 12.

44. Para uma discussão mais detalhada dessas técnicas, ver Karol Weaver, *Medical Revolutionaries: The Enslaved Healers of E18th-Century Saint-Domingue* (Chicago: University of Illinois Press, 2006), pp. 69-75.

45. Saint-Rémy, *Vie de Toussaint*, p. 8. AN 18 AP 3, Papiers Bréda; carta de 3 fev. 1785.

46. Isaac Louverture, *Notes sur la vie de Toussaint Louverture*, pp. 336-7.

Notas

47. Isaac Louverture, *Notes historiques*. BNF NAF 12409.
48. Toussaint, *Réfutation de quelques assertions d'un discours prononcé au Corps législatif, le 10 Prairial, an cinq, par Viénot Vaublanc*, Cap, 8 de brumário do ano VI (29 out. 1797), pp. 18-9.
49. *Code Noir*, artigos XI, XV, XXVIII e XXXI; para uma discussão mais detalhada, ver Frédéric Régent, *La France et ses esclaves* (Paris: Grasset, 2007), pp. 66-87.
50. De Wimpffen, *Saint-Domingue à la veille de la Révolution*, pp. 63-4, n. 2; para uma análise mais detalhada da crueldade com os escravizados na colônia, ver Fouchard, *Marrons de la liberté*, pp. 103-29.
51. Geggus, "Toussaint Louverture and the slaves of the Bréda plantations", pp. 36-7.
52. Gragnon-Lacoste, *Toussaint Louverture*, pp. 6-7.
53. Jacques de Cauna, "La famille et la descendance de Toussaint Louverture", em J. de Cauna (Org.), *Toussaint Louverture et l'indépendance d'Haïti* (Paris: Karthala, 2004), p. 183.
54. Vincent, *Notice sur Dominique Toussaint Louverture*.
55. Ibid.
56. Gragnon-Lacoste, *Toussaint Louverture*, pp. 14-5.
57. Ver Jean-Louis Donnadieu, "La famille oubliée de Toussaint Louverture", *Bulletin de la Société Archéologique et Historique du Gers*, n. 401, 2011.
58. Ibid, p. 359.
59. Karen McCarthy Brown, "Afro-Caribbean spirituality: a Haitian case study", em Michel e Bellegarde-Smith (Orgs.), *Vodou in Haitian Life and Culture*, p. 6.
60. François de Kerverseau, relatório ao governo francês, 1 de germinal do ano IX (22 mar. 1801). ANOM CC9B 23.
61. AN 18 AP 3, Papiers Bréda; correspondência de Bayon de Libertat.
62. "Toussaint Louverture", *Le Moniteur Universel*, 9 jan. 1799.
63. Ver, por exemplo, Schoelcher, *Vie de Toussaint Louverture*, p. 387.
64. Toussaint para Diretório, 30 de messidor do ano V (18 jul. 1797). AN F7 7321.
65. Sua emancipação foi uma extraordinária conquista individual, especialmente levando-se em conta que as alforrias no fim da era colonial eram na maior parte das vezes concedidas a mulheres ou a homens que tinham feito o serviço militar — mas mesmo os números destes últimos haviam diminuído acentuadamente perto do fim do século XVIII: em 1789, de uma população regional de mais de 190 mil, apenas sete homens negros foram libertados no norte de Saint-Domingue. Ver David Geggus, "Saint-Domingue on the eve of the Haitian Revolution", em D. Geggus e N. Fiering (Orgs.), *The World of the Haitian Revolution* (Bloomington: Indiana University Press, 2009), p. 9.
66. Marie-Antoinette Menier, Gabriel Debien e Jean Fouchard, "Toussaint Louverture avant 1789. Légendes et réalités", *Conjonction*, n. 143, 1977.
67. Contrato de arrendamento entre Philippe-Jasmin Désir e Toussaint Bréda, Cap, 17 ago. 1779. ANOM G3 527. O contrato foi cancelado, por consentimento de ambas as partes, em julho de 1781.
68. AN 18 AP 3, Papiers Bréda.

69. Jacques de Cauna e Jean-Louis Donnadieu, "Quand le Comte de Noé écrit à Toussaint Louverture", *Outre-Mers. Revue d'Histoire*, n. 358-90, p. 297, 2008.

70. Girard e Donnadieu, "Toussaint before Louverture", pp. 68-9.

71. Isaac Louverture, *Notes historiques*. BNF NAF 6864.

72. "Toussaint Louverture, l'Aquitaine, et les Gascons", em De Cauna (Org.), *Toussaint Louverture et l'indépendance d'Haïti*, p. 190.

73. Carta de Bayon, descendente de Rose Louverture, de 19 de dezembro de 1878, citada em Alfred Nemours, "Lieux et data de la naissance et de la mort de Toussaint Louverture", em *Toussaint Louverture fonde à Saint-Domingue la liberté et l'égalité* (Porto Príncipe: Imprimerie du Collège Vertières, 1945), p. 13.

74. AN 18 AP 3, Papiers Bréda; contas de Bayon relativas ao ano de 1788.

75. Debien, *Les esclaves aux Antilles françaises*, pp. 318-9.

76. Ver tabela em Régent, *La France et ses esclaves*, p. 189.

77. Gabriel Debien, "A propos du trésor de Toussaint Louverture", *Société Haïtienne d'Histoire, de Géographie et de Géologie*, v. 17, n. 62, p. 35, jul. 1946.

78. Sue Peabody, "Négresse, mulâtresse, citoyenne: gender and emancipation in the French Caribbean", em Pamela Scully e Diana Paton (Orgs.), *Gender and Slave Emancipation in the Atlantic World* (Durham, NC: Duke University Press, 2005), pp. 61-2.

79. Registro de escravizados na plantation de Bréda, dezembro de 1785, reproduzido em Jean-Louis Donnadieu, "Nouveaux documents sur la vie de Toussaint Louverture", *Bulletin de la Société d'Histoire de la Guadeloupe*, v. 166-7, p. 133, 2013.

80. Ibid., p. 136.

81. Ibid., p. 129.

82. Ibid., p. 136.

83. Guillaume-Thomas Raynal e Denis Diderot, *Histoire philosophique des Deux Indes* (Genebra, 1780), v. 1, p. 545.

84. Michel-Rolph Trouillot, "An unthinkable history: the Haitian Revolution as a non-event", em Sepinwall (Org.), *Haitian History*, p. 40.

85. Louis Sala-Molins, *Dark Side of the Light: Slavery and the French Enlightenment* (Minneapolis: University of Minnesota Press, 2006), p. 124.

86. Guillaume-Thomas Raynal, *Essai sur l'administration de Saint-Domingue* (Paris, 1785), pp. 14-5.

87. Dantès Bellegarde, *Histoire du peuple Haïtien* (Porto Príncipe, 1953), p. 59.

88. Fouchard, *Les marrons de la liberté*, p. 388.

89. Moreau de Saint-Méry, *Description topographique*, v. 1, p. 653.

90. Para uma visão mais cética, que sugere que toda a "conspiração" Makandal foi produto da paranoia exacerbada dos agricultores brancos, ver Trevor Burnard e John Garrigus, *The Plantation Machine: Atlantic Capitalism in French Saint-Domingue and British Jamaica* (Filadélfia: University of Pennsylvania Press, 2016).

91. Sobre Makandal e sua lenda em Saint-Domingue na segunda metade do século XVIII, ver a seção três de Pierre Pluchon, *Vaudou, sorciers, empoisonneurs. De Saint-Domingue à Haïti* (Paris: Karthala, 1987).

Notas

92. Jason Daniels, "Recovering the fugitive history of marronage in Saint-Domingue, 1770-1791", em *Journal of Caribbean History*, v. 46, n. 2, p. 131, 2012.

93. Girard e Donnadieu, "Toussaint before Louverture", pp. 64, 66.

94. Anúncio no jornal *Affiches Américaines*, 7 abr. 1784, tirado de *Le marronage à Saint--Domingue*. Disponível em: <www.marronnage.info>.

95. Relatório de dezembro de 1785 citado em Donnadieu, "Nouveaux documents sur la vie de Toussaint Louverture", p. 126; para mais relatórios sobre *marronage* na plantation de Bréda em 1790, ver Debien, *Les esclaves aux Antilles françaises*, p. 458.

96. Sobre a fusão do ritual africano com a prática católica no vodu, ver Métraux, *Le vaudou haïtien*, p. 288.

97. "*Respecté par les Africains comme une espèce de* Macanda [sic]", ênfase no texto. Relatório de Kerverseau ao governo francês, 1 de germinal do ano IX (22 mar. 1801). ANOM CC9B 23.

98. Frederick Douglass, "Toussaint Louverture", manuscrito sem data. Documentos de Frederick Douglass, Biblioteca do Congresso.

99. Roger Dorsinville, *Toussaint Louverture ou la vocation de la liberté* (Paris: Julliard, 1965), p. 94.

100. Discurso de Toussaint em crioulo no sul de Saint-Domingue, 1799, citado em Pélage-Marie Duboys, *Précis historique des Annales de la Révolution à Saint-Domingue*, v. 2, p. 80. BNF NAF 14879.

101. Contas de Bayon, citadas em Debien, *Les esclaves aux Antilles françaises*, p. 242.

102. Gérard Barthélémy, "Toussaint Louverture, noir libre", *Revue de la Société Haïtienne d'Histoire, de Géographie et de Géologie*, v. 83, n. 236, pp. 23-78, jan./jun. 2009.

103. Vincent, *Notice sur Dominique Toussaint Louverture*; é quase certo que essa informação tenha vindo de Pierre-Baptiste, que Vincent conheceu em 1801.

104. Scott, *The Common Wind*, p. 28.

105. Donnadieu, "Nouveaux documents sur la vie de Toussaint Louverture", p. 127.

106. Girard e Donnadieu, "Toussaint before Louverture", p. 55.

107. Sobre o infame caso de 1788, no qual o agricultor Nicolas Lejeune foi absolvido da acusação de tortura, apesar das provas avassaladoras que o incriminavam, ver Malick Ghachem, "Prosecuting torture: the strategic ethics of slavery in pre-revolutionary Saint-Domingue", *Law and History Review*, v. 29, n. 4, nov. 2011. Ver também o estudo de Ghachem sobre os debates jurídicos na Saint-Domingue do fim do período colonial, *The Old Regime and the Haitian Revolution* (Nova York: Cambridge University Press, 2012).

108. Agradeço a Robbie Shilliam por essa sugestão perspicaz.

109. Franklin Midy, "L'exception Haïtienne", em Marcel Dorigny (Org.), *Haïti, première république noire*, edição especial de *Outre-Mers. Revue d'histoire*, XC, pp. 133, 135, 2003.

110. Charles Malenfant, *Des colonies et particulièrement de celle de Saint-Domingue* (Paris, 1814), pp. 93-4, n. 1.

III. Nemours, *Toussaint Louverture fonde à Saint-Domingue la liberté et l'égalité*, p. 19; Bellegarde-Smith, "Resisting freedom", pp. 102-3.

2. As portas do destino (pp. 63-96)

1. Toussaint, proclamação do acampamento Turel, 29 ago. 1793. AN AA 53.
2. Dubois, *Avengers*, p. 176.
3. Toussaint, proclamação do acampamento Turel.
4. Testemunho de Guillaume Moulinet, 24 dez. 1791. AN D/XXV/63, dossiê 635.
5. Isaac Louverture, *Notes historiques*. BNF NAF 6864.
6. Citado em Ralph Korngold, *Citizen Toussaint* (Londres: Victor Gollancz, 1945), p. 86.
7. Ata da reunião de 8 de abril de 1788, citada em Jean-Pierre Barlier, *La Société des Amis des Noirs 1788-1791* (Paris: Éditions de l'Amandier, 2010), p. 94.
8. Para o estudo de um caso, ver Elodie Lambert, "L'intervention des habitants de Champagney pour l'abolition de l'esclavage des noirs dans leur cahier de doléances (1789)", *Bulletin de la Société d'Histoire de la Guadeloupe*, n. 172, set./dez. 2015.
9. Ver Gabriel Debien, *Les colons de Saint-Domingue et la Révolution. Essai sur le Club Massiac* (Paris: A. Colin, 1953); e Déborah Liébart, "Un groupe de pression contre révolutionnaire: le club Massiac sous la Constituante", *Annales Historiques de la Révolution Française*, n. 354, out./dez. 2008).
10. Assemblée Nationale, *Décret du 15 mai 1791*, p. 4. AN D/XXV/3.
11. Henri-Baptiste Grégoire, *Lettre aux citoyens de couleur et nègres libres* (Paris, 1791), p. 12.
12. Carta de Raimond, citada em Geggus, *The Haitian Revolution*, p. 44.
13. David Geggus, *Slavery, War, and Revolution: The British Occupation of Saint--Domingue 1793-1798* (Nova York: Oxford University Press, 1982), pp. 34-5.
14. Garran Coulon, *Rapport sur les troubles de Saint-Domingue, fait au nom de la Commission des Colonies*, v. 1 (Paris, 1797), pp. 170-1.
15. *Convocation de l'Assemblée coloniale* (Porto Príncipe, 1790), pp. 2-3.
16. *Doutes proposés à l'Assemblée Nationale, par un membre de l'Assemblée générale de la partie française de Saint-Domingue* (Paris, 1790).
17. Tanguy de la Boissière, *Réflexions imparciales d'un citoyen sur les affaires de Saint--Domingue* (Porto Príncipe, 1789).
18. Petição de pessoas de cor livres à assembleia da província do norte, 10 nov. 1789. Archives Départementales de la Gironde 61 J 15.
19. Schoelcher, *Vie de Toussaint Louverture*, p. 5; Dubois, *Avengers*, p. 64.
20. Mensagem de Ogé à assembleia da província do norte, 29 out. 1790, citada em Geggus, *The Haitian Revolution*, p. 63.
21. John Garrigus, "Vincent Ogé 'jeune' (1757-91): social class and free colored mobilization on the eve of the Haitian Revolution", *The Americas*, v. 68, n. 1, p. 34, jul. 2011.

Notas   493

22. Carta de Henry, capitão visitante de um navio francês, Cap, 27 set. 1791. AN D/xxv/78.

23. Scott, *The Common Wind*, pp. 111-7.

24. Félix Carteaux, *Soirées bermudiennes* (Bordeaux, 1802), pp. 76-7.

25. Citado em Fick, *The Making of Haiti*, p. 86.

26. Wimpffen, *Saint-Domingue à la veille de la Révolution*, entrada relativa a julho de 1790, p. 186.

27. Ver, por exemplo, o testemunho do escravizado Antoine, de janeiro de 1791, em Fick, *The Making of Haiti*, apêndice C, pp. 267-9.

28. Relatório de François Barbé-Marbois, de 10 de outubro de 1789, citado em Geggus, *The Haitian Revolution*, p. 76.

29. "Mon Odyssée", citado em Jeremy Popkin, *Facing Racial Revolution: Eyewitness Accounts of the Haitian Insurrection* (Chicago: University of Chicago Press), p. 79.

30. Daí a expressão local "heureux comme les esclaves à Gallifet" [felizes como os escravos de Gallifet].

31. Carta, 25 set. 1791. AN D/xxv/78.

32. Garran Coulon, *Rapport sur les troubles de Saint-Domingue*, v. 2 (Paris, 1798), p. 214.

33. Anon, "La Révolution de Saint-Domingue", citado em Popkin, *Eyewitness Accounts*, pp. 50, 53.

34. Para mais discussão, ver Kate Ramsey, *The Spirits and the Law: Vodou and Power in Haiti* (Chicago: University of Chicago Press, 2011), pp. 42-4.

35. Fick, *The Making of Haiti*, p. 95; sobre a contínua repercussão de Bois-Caïman na memória coletiva haitiana contemporânea, ver Rachel Beauvoir-Dominique e Eddy Lubin, *Investigations autour du site historique du Bois-Caïman* (Cap-Haïtien: ISPAN, 2000).

36. Schoelcher, *Vie de Toussaint Louverture*, p. 89.

37. C. L. R. James, *The Black Jacobins: Toussaint L'Ouverture and the San Domingo Revolution* (Nova York: Vintage Books, 1989), p. 90.

38. Sannon, *Histoire de Toussaint Louverture*, v. 1, p. 9.

39. Ver, por exemplo, Roume, "Précis historique de la Révolution de Saint-Domingue", Paris, 3 de brumário do ano III (24 out. 1794). AN D/xxv/3.

40. Citado em Beaubrun Ardouin, *Études sur l'histoire d'Haïti* (Paris, 1854), v. 1, p. 228.

41. Carta de 15 de abril de 1790, com a observação "recebida em 20 de junho". ANOM cc9A 4 (correspondência dos governadores-gerais, 1789-90).

42. "Certificado de Toussaint Louverture, general em Dondon", Dondon, 15 jul. 1793. Archivo General de Simancas (ARGS), Guerra Moderna 7157; citado em Boromé, "A finding list".

43. Toussaint para Rallier, 26 de germinal do ano VII (15 abr. 1799). Arquivos Nacionais, Kew, CO 245/2.

44. Dubois, "An enslaved Enlightenment", p. 11.

45. Sobre Lahaye, ver Chris Bongie, "A flexible quill: Abbé de Lahaye's role in late colonial Saint-Domingue", *Atlantic Studies*, v. 15, n. 4, pp. 476-503, 2018. Sobre o apoio

do clero à rebelião de escravizados, ver, em termos genéricos, Laënnec Hurbon, "Le clergé catholique et l'insurrection", em Laënnec Hurbon (Org.), *L'insurrection des esclaves de Saint-Domingue* (Paris: Karthala, 2000), p. 32; ver também Erica R. Johnson, *Philanthropy and Race in the Haitian Revolution* (Nova York: Palgrave Macmillan, 2018), cap. 1.

46. Kerverseau, relatório ao governo francês, 1 de germinal do ano IX (22 mar. 1801). ANOM CC9B 23.

47. Joubert, "Renseignements sur la position actuelle du Limbé, et depuis le commencement de la Révolte", s.d. [fim de 1791]. AN D/XXV/78.

48. Jacques de Cauna, "Toussaint Louverture et le déclenchement de l'insurrection des esclaves du Nord en 1791", em Alain Yacou (Org.), *Saint-Domingue espagnol et la révolution nègre d'Haïti* (Paris: Karthala, 2007), pp. 152-3.

49. Ver *Discours de M. de Cambefort, comandante particulier de la ville du Cap, à l'Assemblée provinciale du Nord, dans la séance du 10 Novembre 1791* (Cap, 1791).

50. Fouchard, *Marrons de la liberté*, p. 532.

51. Para alguns historiadores, essas cartas não foram escritas por Toussaint, mas por Jeannot, o que é possível, mas improvável.

52. Ver Antonio del Monte y Tejada, *Historia de Santo Domingo* (Santo Domingo, 1890), v. 3, pp. 154-5.

53. "Lettre signée Médecin Général, datée de Grande-Rivière, 15 octobre 1791", em ibid., p. 155.

54. Carta aos comissários civis, 12 dez. 1791, assinada pelos generais Jean-François e Biassou e pelos comissários Manzau, Aubert e Toussaint. AN D/XXV/1/1.

55. Testemunhos de René Guillemeton e René Cossait, 24 dez. 1791. AN D/XXV/63 (635).

56. Gabriel Le Gros, *Récit historique sur les événemens qui se sont succédés dans les camps de la Grande-Rivière, du Dondon, de Sainte-Suzanne & autres, depuis le 26 octobre 1791, jusqu'au 24 décembre de la même année* (Paris, 1793), p. 7.

57. Ibid., p. 17.

58. Popkin, *Facing Racial Revolution*, p. 57.

59. Gros, *Récit historique*, pp. 26-7.

60. Testemunhos de prisioneiros, 24 dez. 1791. AN D/XXV/63, dossiê 635.

61. Guy Lemarchand, "A propos des révoltes et des révolutions de la fin du XVIIIe siècle", *Annales Historiques de la Révolution Française*, n. 340, p. 164, abr./jun. 2005.

62. Fick, *The Making of Haiti*, p. 162.

63. Proclamação de 24 de setembro, citada em Geggus, *The Haitian Revolution*, p. 82.

64. Gros, *Récit historique*, p. 17.

65. Carta de Tousard, 27 nov. 1791, citada em Geggus, *The Haitian Revolution*, p. 87.

66. Dorigny, em Hurbon (Org.), *L'insurrection des esclaves de Saint-Domingue*, p. 108.

67. Para o texto completo da *Lettre*, ver Nathalie Piquionne, "Lettre de Jean-François, Biassou et Belair", *Annales Historiques de la Révolution Française*, n. 311, pp. 132-5, 1998.

68. Sobre os escritos de Milscent, de forma mais geral, ver Alexandra Tolin Schultz, "The *Créole Patriote*: the journalism of Claude Milscent", *Atlantic Studies*, v. 11, n. 2, 2014.

Notas 495

69. Por exemplo, Nathalie Piquionne, em "Lettre de Jean-François, Biassou et Belair", p. 137.

70. Biassou para Lahaye, *curé* de Dondon, s.d. [1792]. ANOM CC9A 7.

71. Ver especialmente a correspondência de Biassou e Jean-François (1792-3). AN D/ xxv/12.

72. Não confundir com Charles Bélair, sobrinho de Toussaint e futuro general do exército revolucionário.

73. Ver Bongie, "A flexible quill", pp. 493-6.

74. Ver Scott, *The Common Wind*, pp. xv-xvi.

75. Piquionne, "Lettre de Jean-François, Biassou et Belair".

76. Convocação de Biassou, 24 ago. 1792. AN D/xx/12.

77. Carta de Matías de Armona ao governador García, 20 e 30 ago. 1793, citada em Geggus, *The Haitian Revolution*, p. 110.

78. Biassou para Lahaye, cura de Dondon, 28 out. 1792. ANOM CC9A 7.

79. Ver, por exemplo, a proclamação de Biassou em 14 ago. 1793. AN D/xxv/12 (correspondência de Biassou e Jean-François).

80. Testemunhos de prisioneiros brancos, 24 dez. 1791; e interrogatório de escravizado prisioneiro, 2 abr. 1792. AN D/xxv/63, dossiê 635.

81. Alain Yacou, "La stratégie d'éradication de Saint-Domingue", em Yacou (Org.), *Saint-Domingue espagnol*, p. 180.

82. Ibid., p. 141.

83. Relatório de 3 jan. 1794, Santo Domingo. AGI, citado em Gérard Laurent, *Trois mois aux archives d'Espagne* (Porto Príncipe: Imprimerie Les Presses Libres, 1956), p. 45.

84. AGS, relatório de 22 jul. 1793, Santo Domingo; citado em Antonio Jesús Pinto Tortosa, *Santo Domingo: Una colonia en la encrucijada 1790-1820* (Madri: FEHME, 2017), p. 85.

85. Resposta de Toussaint ao comandante francês do setor ocidental, acampamento Bassin-Cayman, 25 jun. 1793. AN D/xxv/20.

86. Ver, por exemplo, o documento de 1 set. 1793, atribuindo a patente de capitão a Talamon. AN AA55/1511.

87. Saint-Rémy, *Vie de Toussaint*, p. 85.

88. Thomas Madiou, *Histoire d'Haïti* (Porto Príncipe: Imprimerie Courtois, 1847), v. 1, p. 164.

89. García a Toussaint, Bayaja, 16 fev. 1794. AGI, citado em Laurent, *Trois mois aux archives d'Espagne*, p. 53.

90. Proclamação de Sonthonax, Cap, 30 dez. 1792.

91. Artigo de Sonthonax em *Révolutions de Paris*, n. 63, 25 set. 1790, citado em Geggus, *The Haitian Revolution*, p. 102.

92. A correspondência foi denunciada por Jean-François em carta às autoridades espanholas em 17 de setembro de 1793. AGS, citado em Tortosa, *Santo Domingo*, p. 88.

93. Étienne Polverel, Jean-Antoine Ailhaud e Léger-Félicité Sonthonax, "Proclamation au nom de la nation aux hommes libres de Saint-Domingue", Cap, 24 set. 1792.

94. Para um estudo detalhado dos acontecimentos de 1793, ver Jeremy Popkin, *You Are All Free: The Haitian Revolution and the Abolition of Slavery* (Cambridge: Cambridge University Press, 2010).

95. James, *The Black Jacobins*, p. 124.

96. Proclamação de Toussaint, 8 ago. 1793. AN AA55/1511.

97. Uma dessas reuniões, marcada para 10 de agosto, foi mencionada em carta de 1793 pelo oficial republicano Antoine Chanlatte, citada por Gérard Laurent, *Erreurs et vérités dans l'histoire d'Haïti* (Porto Príncipe: Imprimerie Tehomme, 1945), p. 364.

98. Proclamação de Toussaint, 25 ago. 1793. AN AEII 1375.

99. Ver Georges Corvington, *Port-au-Prince au cours des ans*, v. 2 (Porto Príncipe: Imprimerie Henri Deschamps, 1992), p. 150. A ocupação britânica será discutida mais detalhadamente no capítulo 3.

100. Tortosa, *Santo Domingo*, p. 92.

101. Isaac Louverture, *Notes historiques*. BNF NAF 12409.

102. Toussaint para Don García, 20 mar. 1794, citado em Ardouin, *Études sur l'histoire d'Haïti*, v. 2, p. 420.

103. Toussaint para Don García, 27 mar. 1794, citado em ibid., v. 2, pp. 423-6.

104. Ibid. Em suas notas históricas, Isaac Louverture observa: "Biassou maculou a causa pela qual lutava vendendo negros aos espanhóis". BNF NAF 12409.

105. Ver Carlos Esteban Deive, *Los refugiados franceses en Santo Domingo* (Santo Domingo: Universidad Nacional Pedro Henríquez Ureña, 1984), pp. 110-9.

106. Carta de Laplace a Don García, Fort-Dauphin, 4 abr. 1794. BNF NAF 12102.

107. Memorando assinado por Biassou, Jean-François e Toussaint, Saint-Raphaël, 16 nov. 1793. AGI, citado em Laurent, *Trois mois aux archives d'Espagne*, pp. 46-7.

108. Cartas de Toussaint de 20 e 27 mar. 1794, citadas em Ardouin, *Études sur l'histoire d'Haïti*, v. 2, pp. 422 e 426.

109. Ibid., p. 425.

110. Ver David Geggus, "From his most Catholic Majesty to the godless Republic: the 'volte-face' de Toussaint Louverture and the ending of slavery in Saint-Domingue", *Outre-Mers. Revue d'histoire*, n. 241, pp. 481-99, 1978.

111. Ibid., apêndice.

112. Ver o dossiê de 1795, no qual Leonart justifica sua conduta sobre as perdas para Toussaint de territórios controlados pelos espanhóis. Archivo General de Simancas, SGU, LEG, 6855, 51.

113. Ver o capítulo (baseado em fontes de arquivos espanhóis) de Carlos Esteban Deive, "Les débuts de la révolution nègre: Toussaint Louverture change de camp, d'après des documents inédits", em Yacou (Org.), *Saint-Domingue espagnol*, pp. 187-201.

114. Carta de García, 6 ago. 1796, citada em Tortosa, *Santo Domingo*, p. 116.

115. Relatório de um oficial francês local para Laveaux, Plaisance, 10 ago. 1793. BNF NAF 12012.

116. Ver relatório completo de Laveaux sobre essa campanha do início de 1793, abr. 1793. AN D/XXV/50, correspondência de Laveaux.

Notas 497

117. Laurent, *Erreurs et vérités dans l'histoire d'Haïti*, p. 364.
118. Toussaint para Laveaux, 18 maio 1794. BNF NAF 12102.
119. Toussaint para Laveaux, 7 jul. 1794. BNF NAF 12102.
120. Relatório de Laveaux à Convenção, Port-de-Paix, 1 de vindemiário do ano III (22 set. 1794). ANOM CC9A 9.
121. Relatório de Laveaux, Port-de-Paix, 25 mar. 1795. ANOM CC9A 10.

3. Bravos guerreiros republicanos (pp. 97-134)

1. Carta de Toussaint aos chefes militares de Petite-Rivière, 29 de nivoso do ano III (18 jan. 1795). BNF NAF 12103.
2. Michael Duffy, "World-wide war, 1793-1815", em P. J. Marshall (Org.), *The Oxford History of the British Empire*, v. 2 (Oxford: Oxford University Press, 1998), p. 186.
3. My Odyssey", citado em Popkin, *Facing Racial Revolution*, p. 266.
4. Geggus, *Slavery, War, and Revolution*, p. 68.
5. Toussaint para Laveaux, 31 jan. 1795, em *Toussaint Louverture, Lettres à la France* (Bruyères-le-Châtel: Nouvelle Cité, 2011); esta edição da correspondência de Toussaint com Laveaux constitui parte importante dos documentos BNF NAF 12102--12103-12104, e todas as cartas para Laveaux citadas neste capítulo e no próximo referem-se a ela.
6. A data da transferência não foi especificada, e Santo Domingo permaneceu sob controle espanhol até 1801, quando o exército de Toussaint invadiu o território. Ver capítulo 8.
7. Adolphe Thiers, *Histoire du Consulat et de l'Empire* (Paris, 1865), v. 4, p. 173. Para pontos de vista igualmente desdenhosos, ver Pluchon, *Toussaint Louverture*, p. 563.
8. Fick, *The Making of Haiti*.
9. Karma Nabulsi, *Traditions of War: Occupation, Resistance, and the Law* (Oxford: Oxford University Press, 1999).
10. Carta de Toussaint aos generais Beauvais e Laplume, 29 de floreal do ano VI (2 jun. 1798). ANOM CC9A 19.
11. Relatório de Laveaux à Comissão Marinha e Colonial da Convenção Nacional, 25 mar. 1795. ANOM CC9A 10.
12. Toussaint para Laveaux, 20 out. 1795.
13. Toussaint para Laveaux, 18 mar. 1796.
14. Bernard Gainot, "Le général Laveaux, gouverneur de Saint-Domingue, député néo-jacobin", *Annales Historiques de la Révolution Française*, n. 278, pp. 436, 452, 1989.
15. Relatório de Laveaux, 1794. ANOM CC9A 8, correspondência do general Laveaux.
16. Ver Carolyn Fick, "The Haitian Revolution and the limits of freedom", *Social History*, v. 32, n. 4, p. 400, nov. 2007.
17. Relatório de Laveaux, 6 fev. 1794. ANOM CC9A 8.
18. Toussaint para Laveaux, 31 ago. 1796.

19. Carta de Laveaux, 9 set. 1795, em Girard Papers, American Philosophical Society, Filadélfia, citado em White, *Encountering Revolution*, p. 148.

20. Carta sem data de Toussaint para Laveaux (provavelmente fim de 1798 ou início de 1799). BNF NAF 12104, f. 417.

21. Proclamação de Toussaint, 18 fev. 1795. BNF NAF 12103.

22. *A Carmanhola* era cantada pelos exércitos republicanos franceses como grito de guerra; também servia para zombar dos que apoiavam a monarquia.

23. Vincent, *Notice sur Dominique Toussaint Louverture*.

24. Saint-Anthoine, *Notice sur Toussaint Louverture*, pp. 26-7, 30.

25. Michel e Bellegarde-Smith (Orgs.), *Vodou in Haitian Life and Culture*, p. 205.

26. Laguerre, *Voodoo and Politics in Haiti*, p. 65.

27. Thomas Madiou, *Histoire d'Haïti* (Porto Príncipe, 1847), v. 1, p. 199; ver também Toussaint para Laveaux, 21 out. 1794.

28. Toussaint para Laveaux, 6 ago. 1795.

29. Toussaint para Laveaux, 7 jul. 1794.

30. Madiou, *Histoire d'Haïti*, p. 211.

31. Ibid.

32. Isaac Louverture, *Notes historiques*. BNF NAF 12409.

33. Toussaint para Laveaux, 30 set. 1795.

34. Madiou, *Histoire d'Haïti*, p. 210.

35. Toussaint para Laveaux, 5 dez. 1795.

36. Carta do comissário francês Sonthonax para Toussaint, Cap, 24 de floreal do ano V (13 maio 1797). BNF NAF 8987, Papiers Sonthonax.

37. Carta para o general Pierre Michel, 13 jul. 1796. BNF NAF 12103.

38. Madiou, *Histoire d'Haïti*, p. 202; Isaac Louverture, *Réfutation des assertions avancées dans l'Histoire du Consulat et de l'Empire por M. Thiers, concernente ao general Toussaint Louverture, par Isaac Louverture*, Bordeaux, 18 ago. 1845. BNF NAF 6864.

39. Toussaint para Laveaux, 17 ago. 1796.

40. Relatório de Toussaint, 26 de nivoso do ano VII (15 jan. 1799). Arquivos Nacionais, Kew, CO 245/2.

41. Madiou, *Histoire d'Haïti*, p. 279.

42. Toussaint para Laveaux, 31 ago. 1794.

43. Isaac Louverture, *Notes historiques*. BNF NAF 12409.

44. Marcus Rainsford, *An Historical Account of the Black Empire of Hayti* (Londres, 1805), p. 244.

45. Toussaint para Laveaux, 14 ago. 1794.

46. Toussaint para Laveaux, 30 set. 1795.

47. Rainsford, *An Historical Account*, p. 283.

48. Ibid., p. 218.

49. Fick, *The Making of Haiti*, p. 111.

50. Toussaint para Laveaux, 4 out. 1794; Madiou, *Histoire d'Haïti*, pp. 200-1; Geggus, *Slavery, War, and Revolution*, p. 128. Brisbane foi atingido por um tiro no pescoço

Notas 499

durante uma carga de cavalaria de Toussaint em fevereiro do ano seguinte e morreu em consequência do ferimento.

51. Toussaint para Laveaux, 25 jan. 1795.

52. Toussaint para Laveaux, 19 jan. 1796.

53. Toussaint para os generais Beauvais e Laplume, 8 de pluvioso do ano VI (27 jan. 1798). ANOM CC9A 19.

54. Toussaint para Laveaux, 19 jul. 1794.

55. *The Haitian Journal of Lieutenant Howard* (Knoxville: University of Tennessee Press, 1985), p. 39.

56. Ibid., p. 59.

57. Henry de Poyen-Bellisle, *Histoire militaire de la révolution de Saint-Domingue* (Paris, 1899), p. 54.

58. Toussaint para Laveaux, 14 set. 1795.

59. Howard, p. 60.

60. M. Grouvel, *Faits historiques sur Saint-Domingue* (Paris, 1814), pp. 93, 97-8.

61. Howard, p. 81.

62. Toussaint fez uma lista dos territórios que capturou para a república a partir de 1794 em sua carta a Rallier, 26 de germinal do ano VII (15 abr. 1799). Arquivos Nacionais, Kew, CO 245/2.

63. Geggus, *Slavery, War, and Revolution*, p. 157.

64. Toussaint para Laveaux, 13 ago. 1796.

65. "Procès-verbal de l'expédition du général divisionnaire Toussaint Louverture sur le Mirebalais et sa dépendance", 20 de germinal do ano V (9 abr. 1797). Archives Départementales de la Gironde, Collection Marcel Chatillon, 61 J 18.

66. Ibid.

67. Proclamação de Toussaint, Mirebalais, 22 de germinal do ano V (11 abr. 1797). ANOM CC9A 12.

68. Madiou, *Histoire d'Haïti*, p. 279.

69. "Procès-verbal de l'expédition du général divisionnaire Toussaint Louverture sur le Mirebalais et sa dépendance".

70. Toussaint para Laveaux, 5 e 7 dez. 1795.

71. Petição de oficiais do 5º regimento para Toussaint, 31 jan. 1796. BNF NAF 12104.

72. Carta de Dubuisson, comandante de Fort Louverture, para Toussaint, 18 abr. 1796. BNF NAF 12104.

73. Toussaint para Laveaux, 7 jul. 1796.

74. Relatório de Toussaint, Port-de-Paix, 9 de ventoso do ano V (27 fev. 1797). ANOM CC9A 12.

75. Relatório militar de Toussaint, 1 jul. 1798. ANOM CC9A 23.

76. Toussaint para Hédouville, 9 ago. 1798. ANOM CC9A 23.

77. A queixa é mencionada em carta de Sonthonax para Toussaint, 15 de brumário do ano V (5 nov. 1796). BNF NAF 8986, Papiers Sonthonax.

78. Toussaint para Laveaux, 18 maio 1794; 4 out. 1794; e 24 abr. 1796.

79. Toussaint para Laveaux, 5 fev. 1795 e 18 jul. 1796.

80. Toussaint para Laveaux, 23 dez. 1795.

81. Toussaint para os generais Beauvais e Laplume, 29 de floreal do ano VI (2 jun. 1798). ANOM CC9A 19.

82. Madiou, *Histoire d'Haïti*, p. 212.

83. Geggus, *Slavery, War, and Revolution*, pp. 224, 318.

84. Toussaint, "Procès-verbal de la campagne ouverte le 13 de pluvioso do ano VI contre les ennemis de la République", 29 de floreal do ano VI (18 maio 1798). ANOM CC9A 19.

85. Toussaint para Laveaux, 9 dez. 1794.

86. Toussaint para Laveaux, 15 out. 1795.

87. "Réponse à l'adresse faite par Jean-François à ses soi-disants frères du Dondon", 13 jun. 1795 BNF NAF 12103.

88. Pamphile de Lacroix, *La Révolution de Haïti* (Paris: Karthala, 1995), p. 214.

89. Relatório de Toussaint para o ministro da Marinha, 4 de germinal do ano VII (24 mar. 1799). Arquivos Nacionais, Kew, CO 245/2.

90. "Procès-verbal de l'expédition du général divisionnaire Toussaint Louverture sur le Mirebalais et sa dépendance".

91. Para relato de uma dessas operações, ver a carta de Dessalines a Toussaint, 11 maio 1796. BNF NAF 12103.

92. Ver, por exemplo, o relatório de Toussaint sobre a intervenção de Dessalines em Petite-Rivière, 13 de germinal do ano VII (2 abr. 1799). Arquivos Nacionais, Kew, CO 245/2.

93. Jacques de Cauna, "L'entourage, la famille, et la descendance", em De Cauna (Org.), *Toussaint Louverture et l'indépendance d'Haïti*, pp. 183-6.

94. Isaac Louverture, *Notes historiques sur Loussaint Louverture.* BNF NAF 12409.

95. Ver Claude B. Auguste, "Les Congos dans la Révolution Haïtienne", *Revue de la Société Haïtienne d'Histoire, de Géographie et de Géologie*, v. 46, n. 168, dez. 1990.

96. Sobre o incidente de Dieudonné, ver Toussaint para Laveaux, 24 fev. 1796.

97. Isaac Louverture, *Notes historiques sur Toussaint Louverture.* BNF NAF 12409.

98. *"Une morale véhémente"*, 9 dez. 1794.

99. Vincent, *Notice sur Dominique Toussaint Louverture.*

100. Petição dirigida a Toussaint pelo segundo batalhão da 141ª meia brigada (1798). ANOM CC9A 18.

101. Toussaint para os generais Beauvais e Laplume, 8 de pluvioso do ano VI (27 jan. 1798). ANOM CC9A 19.

102. Toussaint, "Ordre de marche donné au général Dessalines", Petite-Rivière, 15 de pluvioso do ano VI (3 fev. 1798). ANOM CC9A 19.

103. Toussaint para Christophe, acampamento Maugé, 28 de pluvioso do ano VI (16 fev. 1798). Boromé, "A finding list", p. 100.

104. "Ordre de marche donné au général Dessalines".

105. *"S'amuser à tirailler"*, ibid.

Notas 501

106. Carta de Toussaint em defesa do capitão Mayandon, 24 de frimário do ano VI (14 dez. 1797). Rochambeau Papers, Universidade da Flórida.

107. Toussaint aos chefes militares de Petite-Rivière, 29 de nivoso do ano III (18 jan. 1795). BNF NAF 12103.

108. Toussaint, "Adresse aux officiers, sousofficiers, et soldats composant l'armée en marche", 4 de pluvioso do ano VI (23 jan. 1798). ANOM CC9A 19.

109. Vincent, *Notice sur Dominique Toussaint Louverture*.

110. Toussaint, "Procès-verbal de la campagne ouverte le 13 de pluvioso do ano VI contre les ennemis de la République".

111. Toussaint para Hédouville, 6 de floreal do ano VI (25 abr. 1798). ANOM CC9A 23.

112. Toussaint, "Adresse aux officiers".

113. Ibid.

114. Toussaint para Morin, 28 de germinal do ano III (17 abr. 1795), citado em *Mémoires du citoyen Morin, comandant militaire au quartier des Verrettes* (Port-de-Paix, s.d.), p. 23.

115. Toussaint, "Adresse aux généraux de brigade et aux chefs des colonnes", 24 de ventoso do ano VI (14 mar. 1798). ANOM CC9A 19.

116. Toussaint, "Adresse aux officiers".

117. Schoelcher, *Vie de Toussaint Louverture*, p. 391.

118. Isaac Louverture, *Notes historiques sur Toussaint Louverture*. BNF NAF 12409.

119. Madiou, *Histoire d'Haïti*, p. 236; este episódio será mais bem discutido no início do capítulo 4.

120. Ver carta de Toussaint a Huin, 13 de floreal do ano VI (2 maio 1798). ANOM CC9A 18.

121. Toussaint para Hédouville, Port-Républicain, 17 de floreal do ano VI (6 maio 1798). ANOM CC9A 23.

122. Discurso do prefeito de Saint-Marc, 20 de floreal do ano VI (9 maio 1798). ANOM CC9A 19.

123. BNF NAF 14878, citado em Geggus, *The Haitian Revolution*, p. 133.

124. Corvington, *Port-au-Prince au cours des ans*, v. 2, pp. 143-4.

125. Toussaint para Laveaux, 21 out. 1794.

126. Toussaint para Laveaux, 30 set. 1795.

127. Toussaint para Laveaux, 14 jul. 1795.

128. Carta do comandante do Cordon para Toussaint, 15 set. 1795. BNF NAF 12103.

129. Relatório, Santo Domingo, 29 ago. 1796. AGI, citado em Tortosa, *Santo Domingo*, pp. 143-4.

130. Proclamação de Toussaint, 25 de pluvioso do ano VI (13 fev. 1798). ANOM CC9A 19.

131. Relatório de Toussaint, 9 de prairial do ano V (28 maio 1797). ANOM CC9A 13.

132. Ver, por exemplo, os relatórios militares britânicos locais relativos aos primeiros meses de 1798. Arquivos Nacionais, Kew, WO 1/68 e WO 1/69.

133. Madiou, *Histoire d'Haïti*, p. 279.

134. Toussaint para Laveaux, 14 set. 1795.

135. Isaac Louverture, *Notes historiques sur Toussaint Louverture*. BNF NAF 12409.

136. Rainsford, *An Historical Account*, pp. 248-9.

137. Carta do comissário de prisioneiros de guerra britânico a Toussaint, 7 nov. 1795. BNF NAF 12103.

138. Sobre prisioneiros negros, ver a carta de Toussaint a Whyte, 13 de germinal do ano VI (2 abr. 1798), ANOM CC9A 18; também a troca de cartas entre Toussaint e Maitland, 29 de prairial do ano VI (17 jun. 1798), ANOM CC9A 23.

139. Toussaint, "Procès-verbal de la campagne ouverte le 13 de pluvioso do ano VI contre les ennemis de la République".

140. "Lettre s.d. de Jean-Baptiste Lapointe, comandant pour sa majesté britannique aux Arcahayes, trouvée lors de la prise du camp Dubourg". ANOM CC9A 19.

141. Sobre a carreira de Lapointe, ver Placide David, "Un terroriste: Jean-Baptiste Lapointe", em *Sur les rives du passé* (Montreal: Éditions Leméac, 1972), pp. 155-80.

142. Toussaint para John Whyte, s.d. ANOM CC9A 19.

143. Roume ao ministro da Marinha, Santo Domingo, 2 de frimário do ano VII (22 nov. 1798). ANOM CC9A 18.

144. Sannon, *Histoire de Toussaint Louverture*, v. 2, pp. 60-1.

145. "Morin, chef de brigade, au Directoire Exécutif, Paris", 28 de nivoso do ano VII (17 jan. 1799). ANOM CC9A 23.

146. Sobre o trabalho desses hospitais militares, ver "Précis des services de Joseph Antoine Idlinger, commissaire ordonnateur à Saint-Domingue". Archives de la Seine, Paris, DQ10-1418, dossiê Joseph Idlinger.

147. Toussaint para Flaville, 26 jun. 1795. BNF NAF 12103.

148. Toussaint para Laveaux, 19 jul. 1794.

149. *"Honnête homme"*. Discurso de Toussaint à população de Arcahaie, 22 de ventoso do ano VI (12 mar. 1798). ANOM CC9A 19.

150. Toussaint para Laveaux, 4 out. 1794.

151. Isaac Louverture, *Réfutation*.

152. Toussaint para Laveaux, 7 jul. 1795.

153. Saint-Rémy, *Vie de Toussaint Louverture*, p. 187, n. 1.

154. Laveaux, "Résumé des observations et réflexions sur la colonie", 1 de vindemiário do ano III (22 set. 1794). ANOM CC9A 9.

155. Numa carta de 23 de maio de 1796, Dufay, membro da Assembleia francesa, escreveu a Laveaux: "Estou totalmente de acordo com sua opinião de que precisamos de uma força *formidável* de soldados europeus em Saint-Domingue"; grifo do original.

156. "Les officiers et les soldats de l'armée sous les ordres de Toussaint Louverture, général de brigade des armées de la République, à la Convention Nationale". Cordon de l'Ouest, Saint-Domingue, 14 de frimário do ano IV (5 dez. 1795). ANOM CC9A 12.

157. Citado em Charles Malenfant, "Observations sur Saint-Domingue", 23 de pluvioso do ano VI (11 fev. 1798). ANOM CC9A 19.

158. Toussaint para Hédouville, 22 de germinal do ano VI (11 abr. 1798). ANOM CC9A 23.

159. Toussaint, "Procès-verbal de la campagne ouverte le 13 de pluvioso do ano VI contre les ennemis de la République".

160. Ibid.

Notas 503

161. Vincent, *Notice sur Dominique Toussaint Louverture*.
162. Toussaint, "Procès-verbal de la campagne ouverte le 13 de pluvioso do ano VI contre les ennemis de la République".

4. Uma única família de amigos e irmãos (pp. 137-72)

1. Relatório de Laveaux para o ministro da Marinha, Cap, 8 de termidor do ano IV (26 jul. 1796). ANOM CC9A 12.
2. Citado em Schoelcher, *Vie de Toussaint Louverture*, p. 172.
3. Pamphile de Lacroix, *La Révolution de Haïti*, p. 194.
4. Madiou, *Histoire d'Haïti*, p. 237.
5. James, *The Black Jacobins*, p. 173.
6. Michel-Étienne Descourtilz, *Voyages d'un naturaliste* (Paris, 1809), v. 3, p. 246.
7. Henry Perroud, *Précis des derniers troubles qui ont eu lieu dans la partie du nord de Saint-Domingue* (Cap-Français, 1796).
8. Toussaint para Vincent, 30 de vindemiário do ano VI (21 out. 1797). Arquivos do Museu Nacional de História e Cultura Afro-Americana, Washington, DC.
9. Toussaint para Vincent, Port-de-Paix, 29 de termidor do ano VII (16 ago. 1799). Cartas inéditas de Toussaint Louverture, Archives Diplomatiques Paris-La Courneuve, 23MD/2 (memórias e documentos, Haiti).
10. Toussaint para Laveaux, Gonaïves, 23 maio 1797. BNF NAF 12104.
11. Madiou, *Histoire d'Haïti*, pp. 193-4.
12. Sobre o elogio de Rigaud a seu "corajoso e intrépido amigo" Villatte, ver carta de Rigaud a Laveaux, Les Cayes, 20 de termidor do ano II (7 ago. 1794) AN AFIII 209.
13. Madiou, *Histoire d'Haïti*, pp. 76-7.
14. Toussaint para Laveaux, 21 abr. 1796.
15. Juste Chanlatte, *Réflexions politiques sur les troubles et la situation de la partie françoise de Saint-Domingue* (Paris, 1792), p. 17.
16. Vincent, *Notice sur Dominique Toussaint Louverture*.
17. Ver, por exemplo, "Rapport au Directoire Exécutif", Paris, 30 de termidor do ano IV (17 ago. 1796). ANOM CC9A 12.
18. Toussaint para Laveaux, 4 out. 1794.
19. Toussaint para Laveaux, 25 jan. 1795.
20. Toussaint para Laveaux, 31 jan. 1795.
21. Toussaint para Laveaux, 6 fev. 1795.
22. Toussaint para Laveaux, 14 abr. 1796.
23. Toussaint para Laveaux, 5 jun. 1796.
24. Toussaint para Laveaux, 12 mar. 1796.
25. Proclamação de Toussaint aos cidadãos de Gros-Morne, 30 de germinal do ano IV (19 abr. 1796). *Courrier Français*, 19 jul. 1796.
26. Relatório de Laveaux para o ministro da Marinha, Cap, 24 de pluvioso do ano IV (13 fev. 1796). ANOM CC9A 11.

27. Ibid.

28. Schoelcher, *Vie de Toussaint Louverture*, p. 172.

29. Toussaint para Laveaux, 5 dez. 1795.

30. Toussaint para Laveaux, 7 jul. 1795.

31. Toussaint para Laveaux, 21 jul. 1795.

32. Toussaint para Laveaux, 4 out. 1794. Um *portugaise* era meia onça de ouro; valia oito *gourdes*.

33. Toussaint para Laveaux, 15 jan. 1796.

34. Toussaint para Laveaux, 11 maio 1796.

35. Toussaint para Laveaux, 25 de pluvioso do ano IV (14 fev. 1796). Archives Départementales de la Gironde, Collection Marcel Chatillon, 61 J 18.

36. Toussaint, "Rapport sur le rétablissement de l'ordre dans la montagne du Port-de--Paix", vindemiário-brumário do ano V (set./out. 1796). ANOM CC9A 13.

37. Relatório de Raimond para o ministro da Marinha, 18 de brumário do ano V (8 nov. 1796). ANOM CC9A 12.

38. Citado em Vincent, *Notice sur Dominique Toussaint Louverture*.

39. Toussaint para Laveaux, 10 jul. 1795.

40. Toussaint para Dieudonné, 12 fev. 1796. BNF NAF 12104.

41. Toussaint para Laveaux, 5 abr. 1796.

42. Citado em Delatte, "Mémoire sur les évènements de Fort-Liberté", 16 de frimário do ano VII (6 dez. 1798). ANOM CC9A 22.

43. Toussaint para Laveaux, 20 fev. 1796. BNF NAF 12104.

44. Ibid.

45. Toussaint para Laveaux, 6 de fevereiro e 31 out. 1795.

46. Toussaint para Laveaux, 26 jun. 1795.

47. Toussaint para Laveaux, 15 abr. 1796.

48. Toussaint para Laveaux, 19 abr. 1796.

49. Toussaint para Laveaux, 17 jun. 1795.

50. Madiou, *Histoire d'Haïti*, p. 181.

51. Ver, por exemplo, Pluchon, *Vaudou*, pp. 138-9.

52. Ver, por exemplo, Toussaint para Laveaux, 15 jun. 1794 e 10 ago. 1794.

53. Toussaint para Laveaux, 6 mar. 1796.

54. Proclamação de Toussaint, Gonaïves, 10 de frutidor do ano IV (27 ago. 1796). Biblioteca do Congresso, Documentos de Toussaint Louverture.

55. Toussaint para Laveaux, 6 mar. 1796.

56. Toussaint para Laveaux, 21 jul. 1795.

57. Toussaint para Laveaux, 14 set. 1795.

58. Toussaint para Laveaux, 22 fev. 1796.

59. Dubois, *Avengers*, pp. 201-2.

60. Thornton, *Africa and Africans*, pp. 207, 208 e 213.

61. Proclamação de Toussaint de 25 abr. 1796, citada em Schoelcher, *Vie de Toussaint Louverture*, p. 175.

Notas

62. O Conseil des Cinq Cents foi estabelecido em consequência da Constituição do ano III, e convocado pela primeira vez em outubro de 1795. Foi dissolvido em 1799 após o golpe de Estado de 18 de brumário.

63. Toussaint para Laveaux, 17 ago. 1796. BNF NAF 12103.

64. Sobre a partida de Laveaux e seu papel na Assembleia Francesa, ver Gainot, "Le général Laveaux", pp. 444-5.

65. Marcel Dorigny e Bernard Gainot, *La Société des Amis des Noirs 1788-1799* (Paris: EDICEF, 1998), pp. 317-9.

66. Em carta a Domergue jeune, logo após seu retorno à colônia, Sonthonax declarou-se "fundador da liberdade em Saint-Domingue"; carta de 19 de prairial do ano IV (7 jun. 1796). BNF NAF 8986, Papiers Sonthonax.

67. Carta de 20 jun. 1796, citada em Robert Louis Stein, *Léger Félicité Sonthonax: The Lost Sentinel of the Republic* (Cranbury, NJ: Fairleigh Dickinson University Press, 1985), p. 138.

68. Toussaint para o Diretório, 13 de pluvioso do ano V (1 fev. 1797). AN AFIII 210.

69. Ver Sonthonax para Toussaint, 13 de messidor do ano IV (trompete, 1 jul. 1796), e seus agradecimentos a Toussaint pelo cavalo, 7 de pluvioso do ano V (26 jan. 1797). BNF NAF 8986 e 8987, Papiers Sonthonax.

70. Carta de 14 jun. 1796, Stein, *Léger Félicité Sonthonax*, p. 159.

71. Relatório de Sonthonax para o ministro da Marinha, 26 de floreal do ano V (15 maio 1797). ANOM CC9A 13.

72. Sonthonax a Toussaint, 11 e 29 de brumário do ano V (1 e 19 nov. 1796). BNF NAF 8986, Papiers Sonthonax.

73. Toussaint para Sonthonax, s.d. BNF NAF 12104. Sonthonax para Toussaint, 24 de prairial do ano IV (12 jun. 1796), e para Madame Louverture, 19 de messidor do ano IV (7 jul. 1796). BNF NAF 8986, Papiers Sonthonax.

74. Ver Michel Roussier, "L'Éducation en France des enfants de Toussaint Louverture", *Revue Française d'Histoire d'Outre-Mer*, n. 236, pp. 308-49, 1977.

75. Stein, *Léger Félicité Sonthonax*, p. 129.

76. Toussaint para Laveaux, 5 jun. 1798.

77. Toussaint para Chanlatte, 27 ago. 1793. ANOM CC9A 8.

78. Sonthonax para Directory, 8 de pluvioso do ano VI (27 jan. 1798). AN AFIII 210.

79. Citado em François de Kerverseau, relatório ao governo francês, 1 de germinal do ano IX (22 mar. 1801). ANOM CC9B 23.

80. Sonthonax para Toussaint, Cap, 27 de floreal do ano V (16 maio 1797). BNF NAF 8987, Papiers Sonthonax.

81. Sonthonax para Toussaint, 14 de frutidor do ano IV (31 ago. 1796). BNF NAF 8986, Papiers Sonthonax.

82. Vincent, *Notice sur Dominique Toussaint Louverture*.

83. Toussaint para Philippe-André-Joseph Létombe, cônsul-geral francês, Cap, 9 de nivoso do ano VI (29 dez. 1797). Arquivos do Ministério das Relações Exteriores da França.

84. Toussaint para o Diretório, 30 de messidor do ano v (18 jul. 1797). AN F7 7321, dossiê B4/5915.

85. Ver decreto dos comissários de Saint-Domingue, Cap, 28 de brumário do ano v (18 nov. 1796); ele observava que Bayon de Libertat tinha chegado à colônia, estava *"gravement prévenu d'émigration"*, e ordenava sua prisão imediata e deportação para a França a fim de responder a acusações criminais. BNF NAF 6847, Papiers Sonthonax.

86. Sonthonax para Toussaint, 7 de frimário do ano v (27 nov. 1796). BNF NAF 8986, Papiers Sonthonax.

87. Sonthonax para Toussaint, 6 de floreal e 16 de messidor do ano v (25 abr. e 4 jul. 1797). BNF NAF 8987 e 8988, Papiers Sonthonax; ver também François Bléchet, "La seconde mission de Sonthonax à Saint-Domingue", *Revue Française d'Histoire d'Outre-Mer*, v. 84, n. 316, p. 82, 1997.

88. Vincent, *Notice sur Dominique Toussaint Louverture*.

89. Citoyen B*** (François Marie Bottu), *La Liberté générale, ou les colons à Paris* (Cap, 1796).

90. Madiou, *Histoire d'Haïti*, p. 250.

91. Ver, por exemplo, as conversas de Toussaint com Sonthonax sobre quem era o encarregado geral das operações militares, na carta de Sonthonax a Toussaint de 21 de messidor do ano IV (9 jul. 1796). BNF FR 8986, Papiers Sonthonax.

92. Sonthonax para Toussaint, 6 de messidor do ano IV (24 jun. 1796). BNF NAF 8986, Papiers Sonthonax.

93. Sonthonax para Toussaint, 3 e 7 de termidor do ano v (21 e 25 jul. 1797). BNF NAF 8988, Papiers Sonthonax.

94. Sonthonax para Toussaint, 22 de frutidor do ano IV (8 set. 1796). BNF NAF 8986, Papiers Sonthonax.

95. Moyse escreveu que a partida de Sonthonax provocaria "desunião do povo", 19 de floreal do ano v (8 maio 1797). AN D/XXV/13.

96. Proclamação da municipalidade de Gonaïves, 25 de floreal do ano v (14 maio 1797). BNF NAF 6847, Papiers Sonthonax.

97. Télémaque to Sonthonax, Cap, 4 de frutidor do ano v (21 ago. 1797). BNF NAF 6846, Papiers Sonthonax.

98. Gérard Laurent, *Le Commissaire Sonthonax à Saint-Domingue* (Porto Príncipe: La Phalange, 1965), v. 2, p. 148.

99. Toussaint para Sonthonax, 3 de frutidor do ano v (20 ago. 1797). AN AFIII 210.

100. Sessão extraordinária da municipalidade de Cap, 19 de floreal do ano v (8 maio 1797). BNF NAF 6847, Papiers Sonthonax.

101. Toussaint, "Aux citoyens composant l'administration municipale de la ville du Cap", 5 de frutidor do ano v (22 ago. 1797). AN AFIII 210.

102. Toussaint para Julien Raimond, Petite-Anse, 3 de frutidor do ano v (20 ago. 1797). ANOM CC9A 14. Ver também relatórios de Julien Raimond ao Diretório, 18 de frutidor do ano v (ANOM CC9A 14) e 24 de frutidor do ano v (4 e 10 set. 1797). AN AFIII 210.

Notas

103. Proclamação de Toussaint e seu estado-maior para Sonthonax, 3 de frutidor do ano v (20 ago. 1797). Service Historique de la Défense, Vincennes, B7 caixa 1, correspondência de Toussaint Louverture.

104. Toussaint para Maurepas, Petite-Anse, 8 de frutidor do ano v (25 ago. 1797). AN AFIII 210.

105. Proclamação de Toussaint, Cap, 12 de frutidor do ano v (29 ago. 1797). AN AFIII 210.

106. Toussaint para Laveaux, 1 jun. 1798.

107. Carta de 15 jun. 1796, citada em Stein, *Léger Félicité Sonthonax*, p. 154.

108. Sonthonax para o ministro da Marinha, Paris, 17 de frimário do ano VIII (8 dez. 1799). ANOM CC9A 23.

109. Todas as citações tiradas de Toussaint, "Rapport au Directoire Exécutif", Cap-Français, 18 de frutidor do ano v (4 set. 1797). AN AFIV 1213.

110. Toussaint, "Extrait du rapport adressé au Directoire Exécutif", Cap, set. 1797.

111. Proclamação da municipalidade de Jean-Rabel, 20 de vindemiário do ano VI (11 out. 1797). AN AFIII 210.

112. Proclamação da municipalidade de Petite-Rivière, 28 de vindemiário do ano VI (19 out. 1797). AN AFIII 210.

113. Carta de J.-P. Lamontagne, 24 de vindemiário do ano VI (15 out. 1797). AN AFIII 210.

114. O ministro da Marinha, Truguet, fez assinaturas dos principais jornais para Toussaint. Ver carta de Sonthonax a Toussaint, 10 de termidor do ano IV (28 jul. 1796). BNF NAF 8986, Papiers Sonthonax.

115. *Discours de Villaret-Joyeuse au Conseil des Cinq Cents*, 12 de prairial do ano v (31 maio 1797) (Paris, 1797), pp. 4, 6-7.

116. Gros, *De l'affranchissement des noirs* (Paris, 1797), p. 2; ver também *De la nécessité d'adopter l'esclavage en France* (Paris, 1797). Para uma discussão mais detalhada dos debates no lobby colonial nesse momento, ver Baptiste Biancardini, "L'opinion coloniale et la question de la relance de Saint-Domingue 1795-1802", *Annales historiques de la Révolution Française*, v. 382, out./dez. 2015). Ver, em termos mais gerais, Yves Benot, *La Révolution Française et la fin des colonies* (Paris: La Découverte, 1989), e Claude Wanquet, *La France et la première abolition de l'esclavage* (Paris: Karthala, 1998).

117. Toussaint para o Diretório, Cap, 8 de brumário do ano VI (29 out. 1797). ANOM CC9A 14. Sobre a livraria de Moreau na Filadélfia, ver Sara E. Johnson, "Moreau de Saint-Méry: itinerant bibliophile", *Library and Information History*, v. 31, n. 3, pp. 171-97, 2015.

118. *Discours sur l'état de Saint-Domingue et sur la conduite des agens du Directoire, prononcé par Viénot-Vaublanc, séance du 10 Prairial an V* (29 maio 1797) (Paris, 1797).

119. Relatório de Raimond para o ministro da Marinha, 28 de vindemiário do ano VI (19 out. 1797). ANOM CC9A 13.

120. Ver Bernard Gainot, "La députation de Saint-Domingue au Corps Législatif du Directoire", *Outre-Mers. Revue d'Histoire*, n. 316, pp. 95-110, 1997.

121. *Réponse d'Étienne Laveaux, général de division, ex-gouverneur de St-Domingue, aux calomnies que le citoyen Viénot-Vaublanc, cólon de St-Domingue et membre du Conseil des*

Cinq-Cents, s'est permis de mettre dans son discours prononcé à la séance du 10 Prairial dernier (Paris, 1797), p. 15.

122. Toussaint para o ministro da Marinha, 29 de vindemiário do ano VI (20 out. 1797). ANOM CC9A 14.

123. Toussaint para o Diretório, Cap, 8 de brumário do ano VI (29 out. 1797). ANOM CC9A 14.

124. *Discours sur l'état de Saint-Domingue*, p. 12.

125. Toussaint, *Réfutation*.

126. Ibid., p. 5.

127. Ibid., pp. 9-10, 14.

128. Ibid., pp. 12-3.

129. Ibid., p. 10.

130. Ibid., pp. 22-3.

131. Ibid., p. 6.

132. Ibid., p. 10.

133. Ibid., pp. 18-9.

134. *"Vrais français"*. Ibid., p. 15.

135. Ver capítulo 2.

136. Toussaint, *Réfutation*, pp. 18, 32.

137. Toussaint para o Diretório, 14 de brumário do ano VI (4 nov. 1797). AN AFIII 210.

138. Toussaint para Vincent e Desfontaines, Cap, 10 de brumário do ano VI (31 out. 1797). Cartas inéditas de Toussaint Louverture, Archives Diplomatiques Paris-La Courneuve, 23MD/2 (memórias e documentos, Haiti).

139. Toussaint para Lescallier, 21 de prairial do ano VI (9 jun. 1798). ANOM CC9A 14.

140. Toussaint, *Réfutation*, pp. 28-9.

141. *"Une chose accidentelle"*; Isaac Louverture, *Réfutation*.

142. Noé para Toussaint, Londres, 6 abr. 1799. Arquivos Nacionais, Kew, CO 137/50. Essa correspondência também é mencionada em carta do governador da Jamaica, Balcarres, ao duque de Portland, em 21 mar. 1800. Arquivos Nacionais, Kew, CO 137/104.

143. Saint-Anthoine, *Notice sur Toussaint Louverture*, p. 23.

144. Toussaint para Laveaux, Cap, 1 jun. 1798. BNF NAF 12104.

145. Toussaint para Rallier, 26 de germinal do ano VII (15 abr. 1799). Arquivos Nacionais, Kew, CO 245/2.

146. Sobre a "abstração impossível" da cidadania colonial francesa, ver Silyane Larcher, *L'autre citoyen: l'idéal républicain et les Antilles après l'esclavage* (Paris, 2014).

147. Toussaint, *Réfutation*, p. 32.

5. O agente não está indo bem (pp. 173-207)

1. Balcarres para Maitland, Kingston, Jamaica, 4 jul. 1798. NAM, 6807/183/1, pp. 39-43 ss.

2. Dorigny e Gainot, *La Société des Amis des Noirs*, p. 307.

Notas 509

3. *Observations du général du génie Vincent* (Paris, 1824), pp. 9-10.

4. *Déclaration du citoyen Baud* (1797), citado em Christian Schneider, "Le Colonel Vincent, officier de génie à Saint-Domingue", *Annales historiques de la Révolution française*, n. 329, p. 107, 2002.

5. Para mais detalhes biográficos sobre Hédouville, ver Antoine Michel, *La mission du général Hédouville à Saint-Domingue* (Porto Príncipe: Imprimerie La Presse, 1929).

6. "Susceptible de bien deviner les personnes avec lesquelles il a affaire"; carta em coleção privada haitiana, citada em Faine Scharon, *Toussaint Louverture et la révolution de Saint-Domingue* (Porto Príncipe: Imprimerie de l'État, 1957), v. 2, p. 129.

7. Toussaint para o ministro da Marinha, 19 de prairial do ano VI (7 jun. 1798). AN EE 1991.

8. Toussaint para Lescallier, 21 de prairial do ano VI (9 jun. 1798). ANOM CC9A 14.

9. Toussaint para Hédouville, 22 de germinal do ano VI (11 abr. 1798). ANOM CC9A 23.

10. Toussaint para Hédouville, acampamento de Gros-Morne, 15 de floreal do ano VI (4 maio 1798). ANOM CC9A 23.

11. Toussaint para Hédouville, 18 de germinal do ano VI (7 abr. 1798). ANOM CC9B 6.

12. Toussaint para Hédouville, 22 de germinal do ano VI (11 abr. 1798). ANOM CC9A 23.

13. Toussaint para Hédouville, 6 de floreal do ano VI (25 abr. 1798). ANOM CC9B 6.

14. Hédouville para Toussaint, 3 de prairial do ano VI (22 maio 1798). ANOM CC9A 23.

15. Toussaint para Hédouville, 18 de floreal, 8 e 11 de prairial do ano VI (7, 27 e 30 maio 1798). ANOM CC9B 6.

16. Citado em *Mémoire abrégé des événements de l'île de Saint-Domingue, 1789-1807*, em De Cauna (Org.), *Toussaint Louverture et l'indépendance d'Haïti*, p. 94, n. 138.

17. Discurso de Toussaint na *fête des victoires*, Cap, 20 de prairial do ano VI (8 jun. 1798). ANOM CC9B 6.

18. Toussaint para Hédouville, 14 de prairial do ano VI (2 jun. 1798). ANOM CC9B 6.

19. Hédouville para Toussaint, 6 de messidor do ano VI (24 jun. 1798). ANOM CC9A 23.

20. Toussaint para Hédouville, 22 de messidor do ano VI (10 jul. 1798). ANOM CC9A 23.

21. Ver, por exemplo, Toussaint para Hédouville, 24 de floreal do ano VI (31 maio 1798). ANOM CC9B 6.

22. Dessalines para Hédouville, 17 de messidor do ano VI; Toussaint para Hédouville, 21 de messidor do ano VI (5 e 9 jul. 1798). ANOM CC9A 23.

23. Discurso de Toussaint em Port-Républicain, 21 de messidor do ano VI (9 jul. 1798). ANOM CC9A 23.

24. Relatório de Hédouville ao Diretório, s.d. (an VI). ANOM CC9A 19.

25. Hédouville para Toussaint, 7 de messidor do ano VI (25 jun. 1798). ANOM CC9A 23.

26. Hédouville para Toussaint, 23 de messidor do ano VI (11 jul. 1798). ANOM CC9A 23.

27. Toussaint para Hédouville, 29 de messidor do ano VI (17 jul. 1798). ANOM CC9B 6.

28. Toussaint para Hédouville, 1 de frutidor do ano VI (18 ago. 1798). ANOM CC9B 6.

29. Toussaint para Hédouville, s.d. [início a meados jul. 1798]. ANOM CC9A 23.

30. Hédouville para Toussaint, 5 de vindemiário do ano VII (26 set. 1798). ANOM CC9A 23.

31. Maitland para Dundas, 18 mar. 1798. Arquivos Nacionais, Kew, WO 1/69.

32. Hédouville para Toussaint, Cap, 9 de messidor do ano VI (27 jun. 1798). ANOM CC9A 23.

33. Toussaint para Maitland, 8 de floreal do ano VI (27 abr. 1798), e para Huin, 9 de floreal do ano VI (28 abr. 1798). ANOM CC9A 18.

34. História contada em "Character of Toussaint Louverture", *The National Intelligencer and Washington Advertiser*, 17 ago. 1801.

35. Maitland para Dundas, 10 maio 1798. Arquivos Nacionais, Kew, WO 1/69.

36. Toussaint para Charles Vincent, Cap, 10 de nivoso do ano VII (30 dez. 1798). Cartas inéditas de Toussaint Louverture, Archives Diplomatiques Paris-La Courneuve, 23MD/2 (memórias e documentos, Haiti).

37. "Conventions secretes", acampamento da Pointe Bourgeoise, 31 ago. 1798. Arquivos Nacionais, Kew, WO 1/70.

38. Maitland para Balcarres, 31 ago. 1798. Arquivos Nacionais, Kew, WO 1/70.

39. *Mémoire abrégé des événements de l'île de Saint-Domingue*, 1789-1807, pp. 96-7.

40. Toussaint para Hédouville, 16 de frutidor do ano VI (2 set. 1798). ANOM CC9A 23.

41. A carta de Toussaint a Maitland agradecendo o presente era de 27 de floreal do ano VI (16 maio 1798). ANOM CC9A 18.

42. Toussaint para Hédouville, 29 de frutidor do ano VI (15 set. 1798). ANOM CC9A 23. Apesar dos esforços de Toussaint, alguns escravizados nas áreas ocupadas pelos britânicos foram enviados para a Jamaica; um documento nos arquivos britânicos relativos a 1799 fornece uma lista de 515 *"nègres cultivateurs français réfugiés en Jamaïque"*. Arquivos Nacionais, Kew, CO 137/102.

43. Hédouville para Toussaint, 9 e 16 de floreal do ano VI (28 abr. e 5 maio 1798). ANOM CC9A 23.

44. Hédouville para Toussaint, 23 de frutidor do ano VI (9 set. 1798). ANOM CC9A 23. "Proclamation portant amnistie en faveur des habitants de Jérémie et du Môle, par le général de division Hédouville", Cap, 28 de termidor do ano VI (15 ago. 1798). Universidade da Flórida, documentos originários de Saint-Domingue 1789-1802, rolo 9, n. 40.

45. Duboys, *Précis historique*, v. 2, p. 19.

46. Toussaint para Hédouville, 29 de frutidor do ano VI (15 set. 1798). ANOM CC9A 23.

47. Hédouville para Toussaint, 12 de termidor do ano VI (30 jul. 1798). ANOM CC9A 20.

48. Toussaint para Hédouville, 1 de vindemiário do ano VII (22 set. 1798). ANOM CC9B 6.

49. Ibid.

50. Hédouville para Toussaint, primeiro dia complementar do ano VI (17 set. 1798). ANOM CC9A 23.

51. Proclamação de Hédouville, 1 de brumário do ano VII (22 out. 1798). ANOM CC9A 23.

52. Ver, por exemplo, sua carta de 16 de prairial do ano VI (4 jun. 1798) aos *citoyennes* Fontanges e Emilie e Pauline Descahaux em Paris, lembrando-os de sua generosa política de anistia em áreas libertadas do controle britânico. Manuscritos de Toussaint Louverture, Bibliothèque Municipale, Nantes.

53. *Le Citoyen véridique, ou Gazette du Port-Républicain*, 26 set. 1798. ANOM CC9B 8.

Notas

54. Boerner para Hédouville, 10 de frutidor do ano VI (27 ago. 1798). ANOM CC9A 23.

55. Relatório de Hédouville ao Diretório, s.d. AN AFIII 210.

56. Comandante militar de Saint-Louis-du-Nord para Hédouville, 23 de frutidor do ano VI (9 set. 1798). ANOM CC9A 23.

57. Ver carta de Hédouville para Boerner, 20 de messidor do ano VI (8 jul. 1798). ANOM CC9A 23.

58. Hédouville para Toussaint, 24 de messidor do ano VI (12 jul. 1798). ANOM CC9A 23.

59. Toussaint para Hédouville, 22 de messidor do ano VI (10 jul. 1798). ANOM CC9B 6.

60. Toussaint para Hédouville, 19 de floreal do ano VI (8 maio 1798). ANOM CC9B 6.

61. Hédouville para Toussaint, 23 de frutidor do ano VI (9 set. 1798), ANOM CC9A 23; "oito onças", Toussaint para Hédouville, 13 de messidor do ano VI (1 jul. 1798), ANOM CC9B.

62. Hédouville para Toussaint, 3 de messidor do ano VI (21 jun. 1798), ANOM CC9A 20; Boerner para Dessalines, 25 de messidor do ano VI (13 jul. 1798), ANOM CC9A 23.

63. Toussaint para Hédouville, 13 de messidor do ano VI (1 jul. 1798). ANOM CC9B 6.

64. Dessalines para Hédouville, 25 de messidor do ano VI (13 jul. 1798). ANOM CC9A 23.

65. Hédouville para Toussaint, primeiro dia complementar do ano VI (17 set. 1798). ANOM CC9A 23.

66. Toussaint para Hédouville, 27 de floreal do ano VI (16 maio 1798); Hédouville para Toussaint, 3 de prairial do ano VI (22 maio 1798), ANOM CC9A 20; Toussaint para Hédouville ("*je suis fâché*"), 11 de prairial do ano VI (30 maio 1798), ANOM CC9B 6.

67. Toussaint para Hédouville, 1 de frutidor do ano VI (18 ago. 1798). ANOM CC9B 6.

68. Hédouville para Toussaint, 6 de frutidor do ano VI (23 ago. 1798). ANOM CC9A 23.

69. Toussaint para Hédouville, 13 de termidor do ano VI (31 jul. 1798). ANOM CC9A 23.

70. Toussaint para Hédouville, 5 de frutidor do ano VI (22 ago. 1798). ANOM CC9A 23.

71. Toussaint para Hédouville, 15 de vindemiário do ano VII (6 out. 1798). ANOM CC9A 23.

72. Toussaint para Hédouville, 26 de vindemiário do ano VII (17 out. 1798). ANOM CC9A 23.

73. Toussaint para Hédouville, 1 de vindemiário do ano VII (22 set. 1798). ANOM CC9A 23.

74. Relatório de Hédouville ao Diretório, s.d. AN AFIII 210.

75. Citado em Vincent, *Notice sur Dominique Toussaint Louverture*; ver também Scharon, *Toussaint Louverture*, p. 175.

76. Toussaint para Hédouville, s.d. [1798]. AN AFIV 1213.

77. "Discours du général Hédouville, agent particulier du Directoire Exécutif, prononcé le 1er Vendémiaire an VII" (22 set. 1798), Cap, 1798, p. 3.

78. Toussaint para Hédouville, 5 e 16 de frutidor do ano VI (22 ago. e 2 set. 1798); 1 e 4 de vindemiário do ano VII (22 e 25 set. 1798). ANOM CC9B 6.

79. Toussaint para Hédouville, Arcahaie, 17 de termidor do ano VI (4 ago. 1798), ANOM CC9B 6; e Port-Républicain, 21 de termidor do ano VI (8 ago. 1798), ANOM CC9A 23.

80. Hédouville para Toussaint, Cap, 21 de termidor do ano VI (8 ago. 1798). ANOM CC9A 23.

81. *Arrêté concernant la police des habitations, et les obligations réciproques des propriétaires ou fermiers et des cultivateurs*, Cap, 6 de termidor do ano VI (24 jul. 1798). ANOM CC9B 9.

82. Hédouville para Toussaint, primeiro dia complementar do ano VI (17 set. 1798). ANOM CC9A 23.

83. Carta circular de Toussaint a todos os comandantes militares, 2 de vindemiário do ano VII (23 set. 1798), ANOM CC9B 8; Toussaint para Hédouville, 1 de vindemiário do ano VII (22 set. 1798), ANOM CC9A 23.

84. Relatório do brigadeiro Jaubert para Toussaint, quinto dia complementar do ano VI (21 set. 1798). ANOM CC9A 23.

85. Municipalidade de Petit-Goâve a Toussaint, 1 de vindemiário do ano VII (22 set. 1798). ANOM CC9A 23.

86. Boerner para Hédouville, 16 de frutidor do ano VI (2 set. 1798). ANOM CC9A 23.

87. Hédouville para Moyse, 14 de vindemiário do ano VII (5 out. 1798). ANOM CC9A 23.

88. Claude B. Auguste, "Les Congos dans la Révolution Haïtienne", *Revue de la Société Haïtienne d'Histoire, de Géographie et de Géologie*, v. 46, n. 168, p. 25, dez. 1990.

89. Toussaint para o ministro da Marinha, 4 de germinal do ano VII (24 mar. 1799). Arquivos Nacionais, Kew, CO 245/2.

90. Contado em Godard, "Rapport sur la situation morale et politique de Saint-Domingue", 17 de termidor do ano VII (4 ago. 1799). ANOM CC9A 22.

91. Citado em *Mémoire abrégé des événements de l'île de Saint-Domingue, 1789-1807*, p. 98.

92. Relatório de Hédouville para o Diretório, s.d. AN AFIII 210.

93. Proclamação da administração municipal de Cap, 7 de brumário do ano VII (28 out. 1798). AN AFIV 1213.

94. Toussaint, "Aux citoyens Président et membres de la commune du Cap", 3 de brumário do ano VII (24 out. 1798). AN AFIV 1213.

95. Proclamação da administração municipal de Cap, 7 de brumário do ano VII (28 out. 1798). AN AFIV 1213.

96. Toussaint para Dessalines, out. 1798, citado em Deborah Jenson, "Toussaint Louverture, spin doctor?", em Doris Garraway (Org.), *Tree of Liberty: Cultural Legacies of the Haitian Revolution in the Atlantic World* (Charlottesville: University of Virginia Press, 2008), pp. 52-5.

97. Proclamação da municipalidade de Gonaïves, 6 de brumário do ano VII (27 out. 1798). AN AFIII 210.

98. Proclamação da municipalidade de Petite-Rivière, 8 de brumário do ano VII (29 out. 1798). AN AFIII 210.

99. Proclamação da municipalidade de Plaisance, 2 de brumário do ano VII (23 out. 1798). AN AFIII 210.

100. Proclamação da municipalidade de Marmelade, 2 de brumário do ano VII (23 out. 1798). AN AFIII 210.

101. Proclamação da municipalidade de Gros-Morne, 8 de brumário do ano VII (29 out. 1798). AN AFIII 210.

102. Proclamação da municipalidade de Gonaïves, 6 de brumário do ano VII (27 out. 1798). AN AFIII 210.

103. Proclamação da municipalidade de Port-à-Piment e Terre-Neuve, 2 de brumário do ano VII (23 out. 1798). AN AFIII 210.

Notas 513

104. Proclamação da municipalidade de Toussaint Louverture, 3 de brumário do ano VII (24 out. 1798). AN AFIII 210.

105. Ibid.

106. "Lettre du citoyen Ignace, commandant militaire, au conseil municipal de Port--à-Piment et Terre-Neuve", 8 de brumário do ano VII (29 out. 1798). AN AFIII 210.

107. Proclamação da municipalidade de Petite-Rivière, 8 de brumário do ano VII (29 out. 1798). AN AFIII 210.

108. Petição de cidadãos de Toussaint Louverture ao general-chefe, brumário do ano VII (out. 1798). AN AFIII 210.

109. Petição de Petite-Rivière, 8 de brumário do ano VII (29 out. 1798). AN AFIII 210.

110. Carta sem data de Hédouville para o ministro da Marinha. ANOM CC9A 23.

111. Relatório de Hédouville ao Diretório, s.d. AN AFIII 210.

112. Relatório de Roume para o ministro da Marinha, Santo Domingo, 2 de frimário do ano VII (22 nov. 1798). ANOM CC9A 18.

113. Proclamação de Hédouville, 1 de brumário do ano VII (22 out. 1798). ANOM CC9A 23.

114. Hédouville para Rigaud, 1 de brumário do ano VII (22 out. 1798). ANOM CC9A 20; este conflito será discutido no capítulo 7.

115. Citado em Delatte, "Mémoire sur les événements de Fort-Liberté", 16 de frimário do ano VII (6 dez. 1798). ANOM CC9A 22.

116. Maitland para Dundas, Londres, 26 dez. 1798. Arquivos Nacionais, Kew, WO 1/70.

117. Harcourt para Toussaint, Gonaïves, 20 abr. 1799. Service Historique de la Défense, Vincennes, B7 caixa 1, correspondência de Toussaint Louverture.

118. *London Gazette*, 12 dez. 1798.

119. Relatório de Hédouville para o Diretório, s.d. AN AFIII 210.

120. "Li aurait mieux fait de baisser pour hausser que hausser pour baisser". Citado em "Rapport anonyme sur les cause et les suites du depart d'Hédouville", frimário do ano VII (nov. 1798). ANOM CC9A 19.

121. Toussaint, relatório para o Diretório, Cap, 22 de brumário do ano VII (12 nov. 1798). AN AFIV 1213.

122. Toussaint, "Aux citoyens Président et membres de la commune du Cap".

123. Toussaint para Perodin, 28 de germinal do ano VII (17 abr. 1799). Arquivos Nacionais, Kew, CO 245/2.

124. Proclamação da municipalidade de Marmelade.

125. "Rapport anonyme sur la situation à Saint-Domingue", nivoso do ano VIII (dez. 1799). ANOM CC9A 18.

6. Cidadãos virtuosos (pp. 208-39)

1. Juin e d'Hébécourt para o ministro da Marinha, 10 de brumário do ano IX (1 nov. 1800). ANOM CC9A 21.

2. Relatório administrativo, 28 de germinal do ano VII (17 abr. 1799). Arquivos Nacionais, Kew, CO 245/2.

3. Relatado em *The Sumter Banner* (Sumterville, SC), 25 abr. 1849. Biblioteca do Congresso, Historic American Newspapers.

4. Pamphile de Lacroix, *La Révolution de Haïti*, p. 244.

5. Malenfant, Des colonies, p. 93.

6. Isaac Louverture, *Réfutation*.

7. "Après Bon Dieu, c'est François Makandal", citado em Franklin Midy, "Vers l'indépendence des colonies à esclaves d'Amérique: l'exception Haïtienne", *Outre-Mers. Revue Historique*, n. 340-41, p. 132, 2003.

8. Alain Le Bihan, *Loges et chapitres de la Grande Loge et du Grand Orient de France (2e moitié du XVIIIᵉ siècle)* (Paris: Bibliothèque Nationale, 1967), pp. 389-95.

9. *Tableau des ss. qui composent la R.L. de S.J. de J.em* (Port-Républicain, 1800). BNF Gallica NUMM-316971.

10. Sobre as ligações maçônicas no entourage de Toussaint, ver Jacques de Cauna, "Toussaint Louverture, l'Aquitaine, et les Gascons", em De Cauna (Org.), *Toussaint Louverture et l'indépendance d'Haïti*, pp. 197-9.

11. François de Kerverseau, relatório ao governo francês, 1 de germinal do ano IX (22 mar. 1801). ANOM CC9B 23.

12. Sobre os assuntos municipais de Gonaïves, ver a carta de Roume para Toussaint, 15 de germinal do ano VII (4 abr. 1799), Arquivos Nacionais, Kew, CO 245/2. Sobre Cazes, ver De Cauna, "Toussaint Louverture, l'Aquitaine, et les Gascons", p. 200.

13. Jean Fouchard, "Toussaint Louverture", *Revue de la Société Haïtienne d'Histoire, de Géographie et de Géologie*, n. 164, p. 41, set./dez. 1989.

14. Ver carta de Toussaint a Perroud sobre a entrega de um engenho de açúcar em Acul; Gonaïves, 10 de brumário do ano IV (1 nov. 1795). Archives Municipales, Reims, Collection Tarbé, XXI-105.

15. Saint-Anthoine, *Notice sur Toussaint Louverture*, p. 26.

16. Isaac Louverture, *Notes historiques sur Toussaint Louverture*. BNF NAF 12409.

17. Rainsford, *An Historical Account*, p. 252.

18. Ver, por exemplo, a carta de Sonthonax para Toussaint, 7 de vindemiário do ano IV (29 set. 1795), sobre a nomeação (bem-sucedida) de seu candidato Chenaux para juiz de paz em Petite-Rivière. BNF NAF 8986, Papiers Sonthonax.

19. Toussaint para Isaac e Placide Louverture, Cap, 25 de germinal do ano VII (14 abr. 1799). Manuscritos de Toussaint Louverture, Bibliothèque Municipale, Nantes.

20. Toussaint para o ministro da Marinha, 25 de germinal do ano VII (14 abr. 1799). Arquivos Nacionais, Kew, CO 245/2.

21. Toussaint para Monginot e *citoyenne* Flanet, 20 de ventoso do ano VI (10 mar. 1798). ANOM CC9A 18.

22. Relatório para o Diretório, 23 de pluvioso do ano VII (11 fev. 1799). AN AFIII 210.

23. Isaac Louverture, *Notes historiques*. BNF NAF 12409.

24. Ver carta de Toussaint para Grégoire, Cap, 23 de brumário do ano VII (13 nov. 1798); citada em *Annales de la religion*, v. 8, 1799.

25. Isaac Louverture, *Notes historiques*. BNF NAF 12409.

Notas

26. Sobre o entourage religioso de Toussaint, ver Jean Fritzner Étienne, "L'Église et la révolution des esclaves à Saint-Domingue (1791-1804)", *Histoire, monde et culturas religieuses*, n. 29, pp. 27-8, 2014/1.

27. Isaac Louverture, *Notes historiques*. BNF NAF 12409.

28. Jean Fouchard, "Toussaint Louverture", *Revue de la Société Haïtienne d'Histoire, de Géographie et de Géologie*, n. 164, p. 41, set./dez. 1989.

29. Jacques Périès, *La révolution de Saint-Domingue*. Biblioteca Britânica MS 38074, f. 20.

30. Madiou, *Histoire d'Haïti*, v. 2, p. 91.

31. Uma dessas orações é citada em Duboys, *Précis historique*, v. 2, p. 172.

32. Toussaint, "Adresse à tous les militaires", 22 de floreal do ano V (11 maio 1797). AN FIII/201.

33. Toussaint, "Adresse à tous les militaires composant l'armée de Saint-Domingue", 19 de vindemiário do ano VII (10 out. 1798). ANOM CC9A 23.

34. Ver, por exemplo, sua carta à municipalidade de Port-Républicain, 30 de messidor do ano VI (18 jul. 1798). ANOM CC9B 6.

35. Toussaint, "Proclamation aux soldats de l'Armée", Cap, 1796.

36. Toussaint, "Adresse à tous les militaires".

37. Isaac Louverture, *Notes historiques*. BNF NAF 12409.

38. Toussaint, "Adresse à tous les militaires".

39. Toussaint, *Aux citoyens Président et membres de la Commune du Cap*, 3 de brumário do ano VII (24 out. 1798). AN AFIII 210.

40. Discurso de Toussaint na cerimônia da árvore da liberdade em Môle Saint-Nicolas, 15 de vindemiário do ano VII (6 out. 1798). ANOM CC9B 9.

41. Ibid.

42. Toussaint para Laveaux, 14 set. 1795 BNF NAF 12103. Ver também correspondência de Laveaux com Toussaint a respeito da convocação de assembleias locais, ano V. AN D/XXV/50.

43. Duboys, *Précis historique*, v. 2, p. 37.

44. Desfontaines foi enviado à França para explicar ao governo francês por que Toussaint expulsara Sonthonax; ver sua carta ao ministro da Marinha, 11 de brumário do ano V (1 nov. 1796). ANOM CC9A 13. Ver também a carta de Toussaint ao conselheiro estadual Lescallier, 21 de prairial do ano VI (9 jun. 1798). ANOM CC9A 14.

45. Ver, por exemplo, o relatório de Laplume a Toussaint sobre as assembleias de Léogâne, Grand-Goâve e Petit-Goâve, 10 de germinal do ano VII (30 mar. 1799). ANOM CC9A 22.

46. *Aux administrateurs municipaux des divers départements de Saint-Domingue*, Port-Républicain, 19 de frimário do ano VII (9 dez. 1798). Universidade da Flórida, Documentos originários de Saint-Domingue 1789-1802, rolo 9, n. 42. A proclamação foi assinada por Dessalines, Clervaux, Laplume, Christophe e mais de trinta comandantes regionais.

47. Toussaint à administração municipal de Cap, Gonaïves, 1 de germinal do ano IV (21 mar. 1796). BNF NAF 12104.

48. Ver carta de Sonthonax para Toussaint sobre o assunto, 19 de messidor do ano IV (7 jul. 1796). BNF NAF 8986, Papiers Sonthonax.

49. Isso ocorreu em 1º de dezembro de 1800 e é mencionado em Duboys, *Précis historique*, v. 2, p. 178.

50. Ver, por exemplo, sua resposta (negativa) à municipalidade de Môle, 16 de germinal do ano IX (6 abr. 1801). ANOM CC9A 28.

51. "Ordonnance du général Toussaint Louverture", 13 dez. 1794. BNF NAF 12102.

52. "Proclamation de Toussaint Louverture aux administrations municipales de la colonie, et à ses concitoyens", 16 de pluvioso do ano IX (5 fev. 1801) ANOM CC9B 9.

53. Toussaint, *arrêté*, 22 de pluvioso do ano IX (11 fev. 1801). ANOM CC9B 9.

54. Isaac Louverture, *Notes historiques sur Toussaint Louverture*. BNF NAF 12409.

55. Sonthonax para Toussaint, Cap, 8 de prairial do ano V (27 maio 1797). BNF NAF 8988, Papiers Sonthonax.

56. Toussaint, *ordonnance*, 17 de termidor do ano IX (5 ago. 1801). ANOM CC9B 9.

57. Isaac Louverture, *Notes historiques*. BNF NAF 12409.

58. Relatório ao Ministério da Marinha, floreal do ano V (abr. 1797). ANOM CC9A 13.

59. Relatório ao Ministério da Marinha, germinal do ano VII (mar. 1799), citado em Geggus, *The Haitian Revolution*, p. 158.

60. Toussaint, "Lettre de service du général de brigade Maurepas", 14 de floreal do ano IX (14 maio 1801). ANOM CC9B 9.

61. Toussaint, *Pour le soulagement de l'humanité souffrante*, 2 de nivoso do ano VIII (23 dez. 1799). ANOM CC9B 9.

62. Carta da municipalidade de Môle Saint-Nicolas a Toussaint, 27 de ventoso do ano IX (18 mar. 1801). ANOM CC9B 9. Toussaint concedeu-lhes a isenção.

63. Toussaint, "Proclamation à tous les Français qui sont au Môle", acampamento da Pointe Bourgeoise, 9 de vindemiário do ano VII (30 set. 1798). Archives de la Seine, Paris, DQ10-1418, dossiê Joseph Idlinger.

64. Ver Geggus, *Slavery, War, and Revolution*, p. 140.

65. "Liste des personnes les plus capables de gérer les affaires communales", Môle Saint-Nicolas, 11 de brumário do ano IX (2 nov. 1800). ANOM CC9B 9.

66. Declaração do conselho municipal de Môle, 4 de brumário do ano X (26 out. 1801). ANOM CC9B 9; ver capítulo 10.

67. "Adresse de l'administration municipale du Môle au citoyen Ministre de la Marine", 10 de frutidor do ano VIII (28 ago. 1800). ANOM CC9B 9.

68. Proclamação da municipalidade de Môle Saint-Nicolas, 10 de pluvioso do ano VIII (30 jan. 1800). ANOM CC9B 9.

69. "Discours de l'administration municipale du Môle", 16 de pluvioso do ano VII (4 fev. 1799). ANOM CC9A 21.

70. Todas as citações de Rochefort são extraídas de seus dois discursos, transcritos integralmente nos relatórios municipais de Môle Saint-Nicolas sobre a celebração da *fête de la liberté générale*, 16 de pluvioso do ano VIII e ano IX (5 fev. 1800 e 1801). ANOM CC9B 9.

Notas

71. Discurso na cerimônia da Guarda Nacional, Môle Saint-Nicolas, 10 de frimário do ano VII (30 nov. 1798). ANOM CC9B 9.

72. Proclamação municipal, Môle Saint-Nicolas, 12 de pluvioso do ano VIII (1 fev. 1800). ANOM CC9B 9.

73. Proclamação municipal, Môle Saint-Nicolas, 26 de vindemiário do ano VII (17 out. 1798). ANOM CC9B 9.

74. Proclamação municipal, Môle Saint-Nicolas, 1 de floreal do ano X (21 abr. 1802). ANOM CC9B 9.

75. Ver, por exemplo, a proclamação municipal de Môle Saint-Nicolas, 28 de vindemiário do ano VII (19 out. 1798). ANOM CC9B 9.

76. Proclamação municipal, Môle Saint-Nicolas, 15 de vindemiário do ano X (7 out. 1801). ANOM CC9B 9.

77. Proclamação de Toussaint, Cap, 7 de floreal do ano VIII (27 abr. 1800). ANOM CC9B 18.

78. Proclamação municipal, Môle Saint-Nicolas, 4 de brumário do ano VII (25 out. 1798). ANOM CC9B 9.

79. Proclamação municipal, Môle Saint-Nicolas, 3 de brumário do ano VII (24 out. 1798). ANOM CC9B 9.

80. Proclamação municipal, Môle Saint-Nicolas, 9 de prairial do ano VIII (29 maio 1800). ANOM CC9B 9.

81. Proclamação municipal, Môle Saint-Nicolas, 18 de vindemiário do ano VIII (10 out. 1799). ANOM CC9B 9.

82. Proclamação municipal, Môle Saint-Nicolas, 27 de vindemiário do ano VII (18 out. 1798). ANOM CC9B 9.

83. Proclamação municipal, Môle Saint-Nicolas, 28 de vindemiário do ano VII (19 out. 1798). ANOM CC9B 9.

84. Proclamação municipal, Môle Saint-Nicolas, 5 de ventoso do ano VII (23 fev. 1799). ANOM CC9B 9.

85. Proclamação municipal, Môle Saint-Nicolas, 6 de ventoso do ano IX (25 fev. 1801). ANOM CC9B 9.

86. Toussaint para Roume, 14 de nivoso do ano VIII (4 jan. 1800). ANOM CC9B 1.

87. Toussaint para Christophe, Verrettes, 3 abr. 1798. Documentos de Nemours, Universidade de Porto Rico; citado em Boromé, "A finding list".

88. Isaac Louverture, *Notes historiques*. BNF NAF 12409.

89. Discurso de Jujardy para o aniversário da fundação da República Francesa, Môle Saint-Nicolas, 1 de vindemiário do ano VIII (23 set. 1799). ANOM CC9A 23.

90. Rainsford, *An Historical Account*, p. 255.

91. Placide David, "Vie amoureuse de Toussaint Louverture", em *Sur les rives du passé*, p. 101.

92. Relatório do representante britânico Hugh Cathcart, Port-Républicain, 26 nov. 1799. Arquivos Nacionais, Kew, CO 245/1.

93. Relatório de Roume ao Diretório, 23 de pluvioso do ano VII (11 fev. 1799). AN AFIII 210.

94. Proclamação da municipalidade de Saint-Marc, dirigida ao ministro da Marinha da França, 12 de germinal do ano VIII (2 abr. 1800). ANOM CC9B 17.

95. Proclamação da municipalidade de Ennery, 19 de floreal do ano V (8 maio 1797). AN AFIII 210.

96. Descourtilz, *Voyages d'un naturaliste*, v. 2, p. 121.

97. Proclamação da municipalidade de Arcahaie, 22 de germinal do ano VIII (12 abr. 1800). ANOM CC9B 17.

98. Proclamação da municipalidade de Terre-Neuve, 22 de pluvioso do ano VII (10 fev. 1799). ANOM CC9A 21.

99. Proclamação da municipalidade de Terre-Neuve, 1 de floreal do ano VIII (21 abr. 1800). ANOM CC9B 17.

100. Roume relata ao ministro da Marinha, Port-Républicain, 1 de pluvioso e 29 de germinal do ano VII (20 de janeiro e 18 abr. 1799). Arquivos Nacionais, Kew, CO 245/2.

101. Marin-Gallon, "Bouquet à l'armée victorieuse, commandée par le général Toussaint Louverture", *Le Citoyen véridique, ou Gazette du Port-Républicain*, 30 de ventoso do ano VIII (21 mar. 1800). ANOM CC9A 24.

102. Deliberação da municipalidade de Port-Républicain dirigida ao ministro da Marinha da França, 13 de germinal do ano VIII (3 abr. 1800). ANOM CC9B 17.

103. Proclamação da municipalidade de Gonaïves, 22 de vindemiário do ano VI (13 out. 1797). AN AFIII 210.

104. Proclamação da municipalidade de Gonaïves dirigida ao ministro da Marinha da França, 19 de germinal an VIII (9 abr. 1800). ANOM CC9B 17.

105. Municipalidade de Cap para Ministério da Marinha, prairial do ano VIII (maio 1800). ANOM CC9B 2.

106. Jacques Périès, *La révolution de Saint-Domingue*. Biblioteca Britânica MS 38074, f. 15.

7. Grande margem de manobra (pp. 243-77)

1. Relatório de Toussaint para o ministro da Marinha, 4 de vindemiário do ano VII (25 set. 1798). ANOM CC9A20.

2. Mats Lundahl, "Toussaint Louverture and the war economy of Saint-Domingue, 1796-1802", *Slavery and Abolition*, v. 6, n. 2, pp. 125-6, 1985.

3. *Observations sur la situation actuelle de la colonie de Saint-Domingue, par Rallier, député d'Ille et Vilaine*, Paris, 16 de frimário do ano VIII (7 dez. 1799). ANOM CC9A 23.

4. Someruelos para Urquijo, Havana, 6 ago. 1799, AGI, citado em Scott, *The Common Wind*, p. 208; sobre o regime escravista em Cuba, ver Ferrer, *Freedom's Mirror*.

5. A carta de Toussaint é mencionada em uma troca de cartas entre autoridades espanholas em Cuba, em abril de 1800, e citada em Ada Ferrer, "Talk about Haiti", em Sepinwall (Org.), *Haitian History*, p. 141.

6. Hyde Parker para Lord Spencer, 19 maio 1799, citado em Scott, *The Common Wind*, p. 205.

Notas

7. "Offres séduisantes"; Toussaint para Roume, 12 de prairial do ano VII (31 maio 1799). Arquivos Nacionais, Kew, CO 137/104.

8. Ver, por exemplo, o relatório sobre a bem-sucedida campanha de Toussaint contra os britânicos na *Gazette of the United States and Daily Advertiser* (Filadélfia), 1 maio 1798.

9. Para uma discussão mais detalhada, ver Ashli White, "The political of 'French negroes' in the United States", em Sepinwall (Org.), *Haitian History*.

10. Carta de Toussaint, 22 de frutidor do ano VII (8 set. 1799). ANOM CC9A 26.

11. Ver seu *Rapport de Philippe-Rose Roume sur sa mission à Saint-Domingue* (Paris, 1793).

12. "Acte de naissance de Rose-Marie Gabrielle ROUME, fille de Philippe-Rose ROUME, agente du Directoire exécutif de la colonie de Saint-Domingue, habitant à Port-Républicain, et de Marie-Anne-Élisabeth ROCHARD-L'EPINE, née le 28 Brumaire an VIII". AN MC/ET/XXXI/703.

13. "Courses trop violentes"; Roume para Toussaint, 22 de frimário, 22 de nivoso e 9 de germinal do ano VII (12 dez. 1798, 11 jan. e 29 mar. 1799). Arquivos Nacionais, Kew, CO 245/2.

14. Em sua *Vie de Toussaint Louverture* (1850), Saint-Rémy comentou que esse retrato foi "preservado religiosamente pela família de Roume" em Paris.

15. Toussaint para Roume, 10 de brumário do ano VII (31 out. 1798). ANOM CC9A 18.

16. Carta da municipalidade de Cap para Roume, 12 de brumário do ano VII (2 nov. 1798). ANOM CC9A 18.

17. Toussaint para Roume, 5 de frimário do ano VII (25 nov. 1798). Arquivos Nacionais, Kew, CO 245/2.

18. Toussaint para Roume, 17 de ventoso do ano VII (7 mar. 1799). Arquivos Nacionais, Kew, CO 245/2.

19. Roume para Toussaint, 23 de frimário e 30 de ventoso do ano VII (13 dez. 1798 e 20 mar. 1799). ANOM CC9A 20.

20. Roume para Toussaint, 4 de pluvioso do ano VIII (24 jan. 1800). ANOM CC9B 1.

21. Roume para Toussaint, 21 de vindemiário do ano VIII (13 out. 1799). ANOM CC9A 26.

22. Roume para Toussaint, 15 de pluvioso do ano VIII (4 fev. 1800). ANOM CC9B 1.

23. Roume para Toussaint, 16 de nivoso do ano VIII (6 jan. 1800). ANOM CC9B 17.

24. "Précis des services de Joseph Antoine Idlinger, commissaire ordonnateur à Saint-Domingue". Archives de la Seine, Paris, DQ10-1418, dossiê Joseph Idlinger.

25. Alexander DeConde, *The Quasi-War: The Politics and Diplomacy of the Undeclared War with France, 1797-1801* (Nova York: Scribner, 1966), p. 140.

26. A carta de Toussaint foi escrita em novembro de 1798. Sobre a notável vida e carreira do casal Bunel, ver Philippe Girard, "Trading races: Joseph and Marie Bunel, a diplomat and a merchant in revolutionary Saint-Domingue and Philadelphia", *Journal of the Earlu Republic*, v. 30, n. 3, pp. 351-76, outono 2010.

27. Toussaint para Adams, 6 nov. 1798, citado em "Letters of Toussaint Louverture and Edward Stevens", *American Historical Review*, out. 1910, pp. 66-7; ver também a carta de Toussaint para Bunel, Cap, 17 de nivoso do ano VII (6 jan. 1799), citada em Boromé, "A finding list".

28. Stevens para Pickering, Cap, 3 maio 1799, em "Letters of Toussaint Louverture and Edward Stevens".

29. White, *Encountering Revolution*, p. 157.

30. Ibid.

31. Roume para Toussaint, 2 de brumário do ano VIII (24 out. 1799). ANOM CC9A 26.

32. Discurso de Roume no aniversário da *fête de la liberté générale*, 20 de pluvioso do ano VIII (9 fev. 1800). ANOM CC9B 1.

33. Roume para Toussaint, 15 de termidor do ano VII (2 ago. 1799). ANOM CC9A 25.

34. Roume para o ministro da Marinha, 27 de termidor do ano VII (14 ago. 1799), Arquivos Nacionais, Kew, CO 137/104; a informação foi confirmada em relatório de Douglas para Balcarres, Port-Républicain, 21 ago. 1799, Arquivos Nacionais, Kew, CO 137/102.

35. *Mémoire abrégé des évènements de l'île de Saint-Domingue, 1789-1807*, pp. 100-1.

36. Philippe Girard, "Black Talleyrand: Toussaint Louverture's diplomacy, 1798-1802", *William and Mary Quarterly*, v. 66, n. 1, p. 110, jan. 2009.

37. "État sommaire des denrées coloniales exportées du Cap Français depuis le 1er Vendémiaire an 8 jusqu'au 20 Fructidor, Cap, 25 Fructidor an VIII" (12 set. 1800). Archives de la Seine, Paris, DQ10-1418, dossiê Joseph Idlinger.

38. Roume para Toussaint, 12 de brumário do ano VIII (3 nov. 1799). ANOM CC9A 26.

39. Toussaint para Roume, 5 de floreal do ano VIII (25 abr. 1800). ANOM CC9B 2.

40. Toussaint para Roume, 5 de frimário do ano VIII (26 nov. 1799). ANOM CC9A 26.

41. Citado em Dun, Dangerous Neighbours, p. 153.

42. Placide Justin, *Histoire politique et statistique de l'île d'Hayti* (Paris, 1826), pp. 331-2.

43. Ronald Angelo Johnson, *Diplomacy in Black and White: John Adams, Toussaint Louverture and their Atlantic World Alliance* (Athens, GA: University of Georgia Press, 2014), p. 101.

44. Stevens para Pickering, 26 out. 1799, em "Letters of Toussaint Louverture and Edward Stevens".

45. Stevens para Pickering, 24 jun. 1799, ibid.

46. Ibid.

47. Ibid.

48. Stevens para Pickering, 13 fev. 1800, ibid.

49. Roume para Toussaint, 9 de frimário do ano VIII (30 nov. 1799). ANOM CC9A 26.

50. Maitland para Toussaint, Londres, 15 jan. 1799. Service Historique de la Défense, Vincennes, B7, caixa 1, correspondência de Toussaint Louverture.

51. Maitland para Toussaint, porto de Cap, 14 maio 1799. Service Historique de la Défense, Vincennes, B7 caixa 1, correspondência de Toussaint Louverture.

52. Maitland para Toussaint, baía de Gonaïves, 20 maio 1799. Service Historique de la Défense, Vincennes, B7 caixa 1, correspondência de Toussaint Louverture.

53. Toussaint para Roume, 12 de prairial do ano VII (31 maio 1799). Arquivos Nacionais, Kew, CO 137/104.

Notas 521

54. "Propositions du général en chef de l'armée de Saint-Domingue à son Excellence l'honorable brigadier-général Maitland", s.d. [maio 1799]. Service Historique de la Défense, Vincennes, B7 caixa 1, correspondência de Toussaint Louverture.

55. "Convention secrette [sic] arrêtée entre l'Honorable Brigadier General Maitland et le général en chef de Saint-Domingue Toussaint L'Ouverture [sic], Arcahaye, 25 Prairial an VII" (13 jun. 1799). Service Historique de la Défense, Vincennes, B7 caixa 1, correspondência de Toussaint Louverture. Ver também Alfred Nemours, *Histoire des Relations internationales de Toussaint Louverture* (Porto Príncipe: Imprimerie du Collège Vertières, 1945), pp. 185-90.

56. Balcarres para Portland, Kingston, Jamaica, 7 dez. 1799. NAM, 6807/183/1, pp. 121-6 ss. Ver também Stevens para Maitland, 23 maio 1799, em "Letters of Toussaint Louverture and Edward Stevens".

57. Seus navios foram proibidos de navegar além de um raio de 24 quilômetros da costa de Saint-Domingue; também havia restrições à tonelagem e ao tamanho das tripulações. Ver Maitland para Hyde Parker, 31 maio 1799. Arquivos Nacionais, Kew, CO 137/102.

58. Maitland para Stevens, 23 maio 1799. Ibid., p. 237.

59. Maitland para Balcarres, a bordo do HMS *Camilla*, 17 jun. 1799. NAM, 6807/183/1, pp. 143-53 ss.

60. Balcarres para Portland, 14 jul. 1799. Arquivos Nacionais, Kew, CO 137/102.

61. Sasportas para Roume, 22 de germinal do ano VII (11 abr. 1799). ANOM CC9B17.

62. Roume para Sasportas, 1 de termidor do ano VII (19 jul. 1799). ANOM CC9B17.

63. Roume, *arrêté*, 13 de frutidor do ano VII (30 ago. 1799). ANOM CC9B 17.

64. Ver as duas cartas de Toussaint para Roume, datadas de 2 de brumário do ano VIII (24 out. 1799). ANOM CC9A 26.

65. Roume fez um relato sucinto dos preparativos para a invasão da Jamaica (incluindo suas conversas com Toussaint) em carta para Pons, 2 de pluvioso do ano VIII (22 jan. 1800). ANOM CC9B 1.

66. Toussaint para Charles Vincent, Cap, 10 de nivoso do ano VII (30 dez. 1798). Cartas inéditas de Toussaint Louverture, Archives Diplomatiques Paris-La Courneuve, 23MD/2 (memórias e documentos, Haiti).

67. A carta de Raimond foi endereçada a Christophe e é citada na carta de Stevens para Pickering, 30 set. 1799, em "Letters of Toussaint Louverture and Edward Stevens".

68. Balcarres para Portland, Jamaica, 28 out. 1799. Arquivos Nacionais, Kew, CO 137/103; uma cópia da apresentação de Besse foi anexada à carta.

69. Stevens para Pickering, 30 set. 1799, em "Letters of Toussaint Louverture and Edward Stevens".

70. Para detalhes sobre a captura, o interrogatório e o julgamento de Sasportas, ver relatório de Balcarres para Portland, 31 dez. 1799 e 1 jan. 1800. Arquivos Nacionais, Kew, CO 137/103.

71. Ver, especialmente, Gabriel Debien e Pierre Pluchon, "Un plan d'invasion de la Jamaïque en 1799 et la politique anglo-américaine de Toussaint Louverture", *Revue de la Société Haïtienne d'Histoire, de Géographie et de Géologie*, v. 36, n. 119, pp. 36-7, jul. 1978; Girard, "Black Talleyrand", pp. 106-7.

72. Balcarres para Stevens, Jamaica, 29 out. 1799. Arquivos Nacionais, Kew, CO 137/105.

73. Balcarres para Portland, Kingston, Jamaica, 7 dez. 1799. NAM, 6807/183/1, pp. 121-6 ss.

74. Toussaint para Balcarres, 8 out. 1799; resposta de Balcarres, 24 out. 1799. Arquivos Nacionais, Kew, CO 137/103.

75. Os navios carregavam 104 canhões e mais de quatrocentos soldados. Ver relatório da Jamaica, 20 dez. 1799. Arquivos Nacionais, Kew, WO 1/74.

76. Scott, *The Common Wind*, p. 207.

77. Toussaint para Cathcart, 19 dez. 1799. Arquivos Nacionais, Kew, CO 245/1.

78. Ver Douglas para Toussaint, 24 set. e 12 out. 1799. Arquivos Nacionais, Kew, CO 137/103.

79. Toussaint para Balcarres, 21 dez. 1799. Arquivos Nacionais, Kew, WO 1/74.

80. Toussaint escreveu a Parker pela primeira vez em setembro pedindo que seus cruzadores "não fossem molestados" no sul de Saint-Domingue; ver Parker para Toussaint, 10 set. 1799, Arquivos Nacionais, Kew, WO 1/74. No início de novembro, ele escreveu especificamente a respeito da planejada operação contra Rigaud, pedindo apoio naval britânico; ver Toussaint para Parker, Port-Républicain, 10 nov. 1799, Arquivos da Jamaica; citado em Boromé, "A finding list".

81. Toussaint para Roume, Jacmel, 8 de pluvioso do ano VIII (28 jan. 1800). ANOM CC9B 1.

82. Citações de Toussaint em relatório do subagente britânico Robinson, 29 jan. 1800. Arquivos Nacionais, Kew, WO 1/74.

83. Roume para Toussaint, 2 de nivoso do ano VIII (23 dez. 1799). ANOM CC9A 26.

84. Toussaint para Roume, 23 de nivoso do ano VIII (13 fev. 1800). ANOM CC9B 1.

85. Toussaint para Roume, 27 de nivoso e 3 de pluvioso do ano VIII (17 e 23 jan. 1800). ANOM CC9B 1.

86. Roume para Toussaint, 3 de pluvioso do ano VIII (23 jan. 1800). ANOM CC9B 1.

87. Toussaint para Roume, 8 de pluvioso do ano VIII (28 jan. 1800). ANOM CC9B 1.

88. Toussaint para Roume, 8 de floreal do ano VIII (28 abr. 1800). ANOM CC9B 1.

89. Arambarri para Someruelos, 19 fev. 1800, citado em Matt Childs, "'A French black general arrived to conquer the island': images of the Haitian revolution in Cuba's 1812 Aponte rebellion", em David Geggus (Org.), *The Impact of the Haitian Revolution in the Atlantic World* (Columbia: University of South Carolina Press, 2001), p. 139.

90. "Le salut de mon pays"; Toussaint para Roume, 22 de frutidor do ano VII (8 set. 1799). ANOM CC9A 26; ênfase adicionada.

91. Toussaint para Roume, 23 de nivoso do ano VIII (13 jan. 1800). ANOM CC9B 1.

92. Roume para Toussaint, 3 de pluvioso do ano VIII (23 jan. 1800). ANOM CC9B 1.

93. Proclamação de Roume, Cap, 14 de ventoso do ano VIII (5 mar. 1800). ANOM CC9B 1.

94. Toussaint para Roume, 18 de ventoso do ano VIII (9 mar. 1800). ANOM CC9B 1.

Notas 523

95. Ver carta de Roume para Rigaud, 2 de ventoso do ano VII (20 fev. 1799); ver também o relatório de Laplume para Toussaint, 16 de floreal do ano VII (5 maio 1799). ANOM CC9A 22.

96. Proclamação de Rigaud, Les Cayes, 14 de prairial do ano VII (2 jun. 1799). ANOM CC9A 25.

97. Roume para Toussaint, 29 de messidor do ano VII (17 jul. 1799). ANOM CC9A 25.

98. *Réponse du citoyen Toussaint Louverture aux calomnies et aux écrits mensongers du général de brigade Rigaud*, Gonaïves, 30 de floreal do ano VII (19 maio 1799); também publicado no *Bulletin Officiel de Saint-Domingue*, n. 24 e 25, 19 e 24 de prairial do ano VII (7 e 12 jun. 1799).

99. Toussaint para Roume, 6 de frutidor do ano VII (23 ago. 1799). ANOM CC9A 25.

100. Tenente Lacroix para Toussaint, 23 de vindemiário do ano VIII (15 out. 1799). ANOM CC9A 23.

101. Toussaint para Vincent, Port-de-Paix, 29 de termidor do ano VII (16 ago. 1799). Cartas inéditas de Toussaint Louverture, Archives Diplomatiques Paris-La Courneuve, 23MD/2 (memórias e documentos, Haiti).

102. Toussaint para Vincent, Port-de-Paix, 3 de frutidor do ano VII (20 ago. 1799). Cartas inéditas de Toussaint Louverture, Archives Diplomatiques Paris-La Courneuve, 23MD/2 (memórias e documentos, Haiti).

103. *Toussaint Louverture, général en chef de l'Armée de Saint-Domingue aux cultivateurs et aux hommes de couleur égarés*, Port-de-Paix, 12 de termidor do ano VII (30 jul. 1799). Universidade da Flórida, Coleção Saint-Domingue (A, 45).

104. Citado em Corvington, *Port-au-Prince au cours des ans*, v. 2, p. 178.

105. Pela versão de Vincent, Toussaint avisou às pessoas de cor que elas estavam "no caminho da autodestruição" e que ele as mantinha na "palma da mão"; se movesse um dedo, todos seriam "esmagados". Vincent, *Notice sur Dominique Toussaint Louverture*.

106. Toussaint para Roume, 13 de termidor do ano VII (31 jul. 1799). ANOM CC9A 25.

107. Proclamação de Toussaint, 8 de frutidor do ano VII (25 ago. 1799). ANOM CC9B 9.

108. Toussaint para Roume, 10 de termidor do ano VII (28 jul. 1799). ANOM CC9A 25.

109. Relatório de Toussaint para o ministro da Marinha, 4 de germinal do ano VII (24 mar. 1799). Arquivos Nacionais, Kew, CO 245/2.

110. Toussaint para Roume, 4 de termidor do ano VII (22 jul. 1799). ANOM CC9A 25.

111. Toussaint para Roume, 10 de termidor do ano VII (28 jul. 1799). ANOM CC9A 25.

112. Relatório de Douglas para Balcarres, Porto Príncipe, 15 ago. 1799. Arquivos Nacionais, Kew, CO 137/102.

113. Toussaint para Roume, 13 de germinal e 12 de termidor do ano VII (2 abr. e 30 jul. 1799). ANOM CC9A 25.

114. História relatada por Toussaint em carta a Roume, 25 de termidor do ano VII (12 ago. 1799). ANOM CC9A 25.

115. Carta do almirante Hyde Parker, comandante da frota naval do Caribe Britânico, para Spencer, Primeiro Lord do Almirantado, citada em Michael Palmer, *Stoddert's*

War: *Naval Operations during the Quasi-War with France 1798-1801* (Columbia, SC: University of South Carolina Press, 1987), p. 161.

116. Maitland para Balcarres, 17 jun. 1799, a bordo do HMS *Camilla*. NAM, 6807/183/1, pp. 143-53 ss.

117. Relatório de Roume para o ministro da Marinha, 27 de termidor do ano VII (14 ago. 1799). ANOM CC9A 25.

118. Para mais detalhes sobre esses incidentes, ver carta de Toussaint para Roume, 21 de messidor do ano VII (9 jul. 1799). ANOM CC9A 25.

119. Toussaint para Roume, 20 de termidor do ano VII (7 ago. 1799). ANOM CC9A 25.

120. Toussaint, "Aux citoyens composant la garnison du Môle", 1 de termidor do ano VII (19 jul. 1799). ANOM CC9A 21.

121. Toussaint para Roume, 25 de termidor do ano VII (12 ago. 1799). ANOM CC9A 25.

122. Proclamação de Roux, prefeito de Saint-Louis-du-Nord, 24 de messidor do ano VII (12 jul. 1799). ANOM CC9A 25.

123. Toussaint para Roume, 10 de termidor do ano VII (28 jul. 1799). ANOM CC9A 25.

124. Toussaint para Roume, 4 de termidor do ano VII (22 jul. 1799). ANOM CC9A 25.

125. Toussaint para Roume, 21 de frutidor do ano VII (7 set. 1799). ANOM CC9A 26.

126. Toussaint para Roume, 6 de frutidor do ano VII (23 ago. 1799). ANOM CC9A 25.

127. Relatório de Dessalines para Toussaint, 21 de vindemiário do ano VIII (13 out. 1799). ANOM CC9A 26.

128. Toussaint para Roume, segundo dia complementar do ano VII (18 set. 1799). ANOM CC9A 26.

129. Ver, por exemplo, o relatório do comandante Latour, da Guarda Nacional, a respeito dos assassinatos perpetrados pelos soldados de Rigaud em Mirebalais, 1 de frutidor an VII (18 ago. 1799). ANOM CC9A 22.

130. "Anéantir"; Roume para Toussaint, 29 de messidor do ano VII (17 jul. 1799). ANOM CC9A 25.

131. Duboys, *Précis historique*, v. 2, p. 92.

132. Sanon Desfontaines para Roume, Gonaïves, 2 de termidor do ano VII (20 jul. 1799). ANOM CC9A 25.

133. Carta de Pierre Lyonnet (ex-funcionário florestal em Saint-Domingue) para o ministro da Marinha, 1 de vindemiário do ano IX (23 set. 1800), ANOM CC9A 26; para um informe específico das atrocidades em Port-Républicain, ver o relatório de Cathcart para Maitland, 31 out. 1799, Arquivos Nacionais, Kew, CO 245/1.

134. Carta de François Dubois e Germain Crespin para o ministro da Marinha, Havana, 26 de prairial do ano VIII (15 jun. 1800). ANOM CC9B 17.

135. Proclamação de Toussaint, em *Bulletin officiel de Saint-Domingue*, n. 12, 29 de frimário do ano VIII (20 dez. 1799).

136. Vincent, "Considérations sur les moyens de faire cesser la guerre civile à Saint-Domingue", 6 de floreal do ano VIII (26 abr. 1800). ANOM CC9B 17.

137. Proclamação de Toussaint, 20 de messidor an VIII (9 jul. 1800). Cartas inéditas de Toussaint Louverture, Archives Diplomatiques Paris-La Courneuve, 23MD/2 (memórias e documentos, Haiti).

Notas 525

138. Proclamação de Toussaint, 30 de messidor do ano VIII (19 jul. 1800). ANOM CC9B 9.

139. Proclamação de Toussaint, 26 de frimário do ano VIII (17 dez. 1799). ANOM CC9B 1.

140. Toussaint para Roume, 22 de nivoso do ano VIII (12 jan. 1800). ANOM CC9B 1.

141. Stevens para Pickering, 16 mar. 1800, em "Letters of Toussaint Louverture and Edward Stevens".

142. Roume para Toussaint, 4 de frimário do ano VIII (25 nov. 1799). ANOM CC9A 26.

143. Stevens para Pickering, 24 jun. 1799, em "Letters of Toussaint Louverture and Edward Stevens".

144. Para descrição de um desses confrontos, ver a carta de Stevens para Pickering, 16 jan. 1800.

145. Toussaint para o comandante Silas Talbot, Port-Républicain, 26 de germinal do ano VIII (16 abr. 1800), em *Revue de la Société Haïtienne d'Histoire, de Géographie et de Géologie*, v. 18, n. 66, pp. 64-6, jul. 1947.

146. Johnson, *Diplomacy in Black and White*, p. 123.

147. Circular de Toussaint às autoridades civis e militares, Les Cayes, 17 de termidor do ano VIII (5 ago. 1800). ANOM CC9B 9.

148. Decreto de Toussaint, Les Cayes, 30 de termidor do ano VIII (18 ago. 1800). Service Historique de la Défense, Vincennes, B7 caixa 1, correspondência de Toussaint Louverture.

149. Proclamação de Toussaint ao exército, 12 de frutidor do ano VIII (30 ago. 1800). ANOM CC9B 9.

150. Duboys, *Précis historique*, v. 2, pp. 197-8.

151. "Sans son appui, l'ouvrage des hommes est périssable, et ses desseins sont plus mobiles que les flots agités de la mer", proclamação de Toussaint, Les Cayes, 18 de termidor do ano VIII (6 ago. 1800). ANOM CC9B 2.

152. Toussaint para a administração municipal de Cap, 12 de germinal do ano VIII (2 abr. 1800); citado em Duboys, *Précis historique*, v. 2, p. 151. Ver também o decreto de Toussaint de 10 de frimário do ano IX (1 dez. 1800). ANOM CC9B 9.

153. Ver carta de Toussaint para Vollée, 21 de nivoso do ano VIII (11 jan. 1800), na qual instrui seu funcionário a não conceder mais arrendamentos sem a sua permissão. ANOM CC9B 1.

154. "Pas un sou"; bilhete de Toussaint para Idlinger, Léogâne, 27 de nivoso do ano VIII (17 jan. 1800). ANOM CC9B1.

155. Relatório das reuniões dos representantes britânicos com Toussaint, 29 jan. 1800. Arquivos Nacionais, Kew, WO 1/74.

156. Toussaint para Vincent, Port-Républicain, 19 de messidor do ano VII (7 jul. 1799). Cartas inéditas de Toussaint Louverture, Archives Diplomatiques Paris-La Courneuve, 23MD/2 (memórias e documentos, Haiti).

157. Isaac Louverture, *Notes historiques sur Toussaint Louverture*. BNF NAF 12409.

158. Balcarres para Hyde Parker, 5 fev. 1800; e para Portland, 23 mar. 1800. Arquivos Nacionais, Kew, CO 137/105 e CO 137/104.

159. Toussaint para Portland, 30 de ventoso do ano VIII (21 mar. 1800). Arquivos Nacionais, Kew, WO 1/74.

160. Pennetier era fluente em inglês, e Toussaint usou seus serviços como intérprete em Port-Républicain. Ver Toussaint para Roume, 28 de frimário do ano VIII (19 dez. 1799). ANOM CC9A 26.

161. Toussaint para Maitland, 11 mar. 1800. Arquivos Nacionais, Kew, WO 1/74.

162. Toussaint para Portland, 11 mar. 1800. Arquivos Nacionais, Kew, WO 1/74.

163. Portland para Balcarres, Londres, 19 mar. 1801. NAM, 6807/183/1, pp. 273-83 ss.

164. Harcourt para Balcarres, 11 abr. e 8 maio 1799. Arquivos Nacionais, Kew, CO 137/102.

165. Relatório Whitfield para Corbet, 21 jan. 1801. Arquivos Nacionais, Kew, CO 245/1.

166. Relatório Cathcart para Maitland, Port-Républicain, 26 nov. 1799. Arquivos Nacionais, Kew, CO 245/1.

167. Graham T. Nessler, *An Islandwide Struggle for Freedom: Revolution, Emancipation and Re-Enslavement in Hispaniola, 1789-1809* (Chapel Hill: University of North Carolina Press, 2016), p. 99.

168. Citado em Donald Hickey, "America's response to the slave revolt in Haiti, 1791--1806", *Journal of the Early Republic*, v. 2, n. 4, p. 367, inverno 1982.

169. Ver W. Jeffrey Bolster, *Black Jacks: African American Seamen in the Age of Sail* (Cambridge, Massachusetts: Harvard University Press, 1997).

170. "Character of Toussaint Louverture", *National Intelligencer and Washington Advertiser*, 17 ago. 1801.

171. Sobre o encontro de Toussaint e Geneviève em Les Cayes, ver Ardouin, *Études sur l'histoire d'Haiti*, v. 5, p. 198.

8. Não há tempo a perder (pp. 278-309)

1. Constituição de 22 de frimário do ano VIII (13 dez. 1799), em A. C. Bouyer (Org.), *Constitutions Françaises* (Paris, 1848), p. 142.

2. Citado em Pluchon, *Toussaint Louverture*, p. 322.

3. As citações desta seção são tiradas de três cartas de Vincent para o conselheiro estadual Lescallier em 4 de floreal, 7 de messidor e 16 de messidor do ano VIII (24 abr., 26 jun. e 5 jul. 1800). ANOM CC9B 17.

4. Sobre este assunto, ver também Madiou, *Histoire d'Haïti*, v. 2, p. 106.

5. Harcourt para Balcarres, 8 maio 1799. Arquivos Nacionais, Kew, CO 137/102, ênfase no texto.

6. Balcarres para Portland, 14 set. 1800. Arquivos Nacionais, Kew, CO 137/104.

7. Relatório de Chanlatte para o ministro da Marinha, 13 ago. 1800. ANOM CC9B 18.

8. Ministro da Marinha para Toussaint, brumário do ano IX (out. 1800). ANOM CC9B 18.

9. Relatório de Godard para o ministro da Marinha, 17 de termidor do ano VII (4 ago. 1799). ANOM CC9A 22.

10. Carta para o ministro da Marinha, 19 de prairial do ano VIII (8 jun. 1800). ANOM CC9A 27.

Notas

11. Toussaint para Roume, 25 de termidor do ano VII (12 ago. 1799), citado em Ardouin, *Études sur l'histoire d'Haiti*, v. 4, p. 35.

12. Toussaint para Roume, 13 de ventoso do ano VIII (4 mar. 1800). ANOM CC9B 1.

13. Toussaint para Roume, 27 de nivoso do ano VIII (17 jan. 1800). ANOM CC9B 1.

14. Declaração de Michel Pérèz, 12 jan. 1800. ANOM CC9B 1.

15. Roume para Toussaint, 24 de pluvioso do ano VIII (13 fev. 1800). ANOM CC9B 1.

16. Toussaint para Roume, 28 de nivoso do ano VIII (18 jan. 1800). ANOM CC9B 1.

17. Ver, por exemplo, Girard, que, com base nos desmentidos das autoridades espanholas em Santo Domingo, afirma que a escravatura "não foi sequer um motivo secundário" para as ações de Toussaint. "Black Talleyrand", pp. 111-2.

18. Toussaint para Laveaux, 29 de frimário do ano IV (20 dez. 1795). BNF NAF 12103.

19. As próprias forças de Toussaint foram atacadas traiçoeiramente ao assumirem o controle da cidade de Lascahobas. Sobre a "perfídia atroz" dos espanhóis nessa época, ver os relatórios de Sonthonax, 25 e 27 de termidor do ano IV (12 e 14 ago. 1796). BNF 8986, Papiers Sonthonax.

20. Roume para Moyse, 26 de vindemiário do ano VIII (18 out. 1799). ANOM CC9A 26.

21. Toussaint para Roume, 28 de nivoso do ano VIII (18 jan. 1800). ANOM CC9B 1.

22. Roume para Toussaint, 4 de pluvioso do ano VIII (24 jan. 1800). ANOM CC9B 1.

23. Toussaint para Roume, 8 de ventoso do ano VIII (27 fev. 1800). ANOM CC9B 1.

24. Todos esses detalhes foram tirados do diário de Roume, intitulado "Journal du transport de l'agent du gouvernement au Haut-du-Cap", datado de 5 de floreal do ano VIII (25 abr. 1800). ANOM CC9B 2.

25. Proclamação da municipalidade de Gros-Morne, 20 de germinal do ano VIII (10 abr. 1800). ANOM CC9B 2.

26. Proclamação da municipalidade de Dondon, 20 de germinal do ano VIII (10 abr. 1800). ANOM CC9B 2.

27. Roume, "Journal".

28. Relatório de Roume para o ministro da Marinha, 27 de prairial do ano VIII (16 jun. 1800). ANOM CC9B 1.

29. Roume para Toussaint, 13 de floreal do ano VIII (3 maio 1800). ANOM CC9B 2.

30. Relatório de Roume para o ministro da Marinha, 19 de prairial do ano VIII (8 jun. 1800). ANOM CC9B 2.

31. Carta de Toussaint, 7 de floreal do ano VIII (27 abr. 1800). ANOM CC9B 1.

32. Ver capítulo 2.

33. García para Roume, 24 de floreal do ano VIII (14 maio 1800). ANOM CC9B 1.

34. Carta de García, 27 abr. 1800, citada em Itamar Olivares, "La cession de Santo Domingo à la France", *Mélanges de la Casa de Velázquez*, v. 30, n. 2, p. 67, 1994.

35. Petição de dignitários de Santo Domingo para Bonaparte, 28 abr. 1800. ANOM CC9B 17.

36. Petição dos habitantes de Santo Domingo, 16 maio 1800. ANOM CC9B 1.

37. Proclamação de García, 21 maio 1800, citada em Tortosa, *Santo Domingo*, p. 185.

38. Roume para Toussaint, 24 de prairial do ano VIII (13 jun. 1800). ANOM CC9B 1.

39. Roume para Toussaint, 18 de prairial do ano VIII (7 jun. 1800). ANOM CC9B 1.

40. Roume para Toussaint, 27 de prairial do ano VIII (16 jun. 1800). ANOM CC9B 1.

41. Decreto de Roume, 27 de prairial do ano VIII (16 jun. 1800). ANOM CC9B I.

42. Toussaint para Roume, 18 de prairial do ano VIII (7 jun. 1800). ANOM CC9B I.

43. Ver, por exemplo, a carta de Toussaint para Joseph Idlinger, 28 de vindemiário do ano VIII (20 out. 1799). Boromé, "A finding list".

44. Toussaint para Roume, 9 de messidor do ano VIII (28 jun. 1800). ANOM CC9B I.

45. Roume, *Moyens proposés au gouvernement français par son agent à Saint-Domingue pour la réorganisation de cette colonie, sans recourir aux voies de rigueur*, Cap, 22 de prairial do ano VIII (11 jun. 1800). ANOM CC9B 2.

46. Ibid.

47. Ibid.

48. Ibid.

49. "Réformé de toutes ses idées coloniales", ibid.

50. *Compte-rendu sur Saint-Domingue par le citoyen Michel, général de division*, Paris, ano IX (1800). AN AFIV 1213.

51. Ibid.

52. Ibid.

53. Toussaint para Bonaparte, s.d. [jun. 1800]. AN AFIV 1213.

54. Nemours, *Histoire de la famille et de la descendance de Toussaint-Louverture*, pp. 149-54; a missão fracassou porque as autoridades francesas descobriram e mantiveram os agentes de Toussaint sob rigorosa vigilância.

55. Citado em *Observations du général du génie Vincent*, p. 11. A escravidão foi abolida por efeito da Revolução Francesa em Saint-Domingue, Guadalupe e Guiana, mas continuou em vigor na ilha Bourbon (Réunion), onde os *colons* se negaram a aceitar o decreto de abolição de 1794. Em 1802, a escravidão foi restaurada formalmente na ilha.

56. Todos os detalhes do incidente constavam de relatório enviado para Roume por um oficial francês que viajava com Michel. Ver relatório do brigadeiro-general Pageot, 20 de prairial do ano VIII (9 jun. 1800); Pageot comentou que não se tratava de incidente isolado: *"Il se vendait souvent des noirs français que des voleurs enlevaient"*. ANOM CC9B I.

57. Toussaint, *Règlement relatif à la culture*, 20 de vindemiário do ano IX (12 out. 1800). ANOM CC9B 9.

58. Vincent para o ministro da Marinha, 27 de floreal do ano IX (17 maio 1801). ANOM CC9A 28.

59. Sannon, *Histoire de Toussaint Louverture*, v. 2, pp. 213-4.

60. Lear para Douglas, Cap, 28 ago. 1801. Arquivos Nacionais, Kew, CO 137/106.

61. Toussaint para Roume, 5 de frimário do ano IX (26 nov. 1800). ANOM CC9B 2.

62. Proclamação de Toussaint, Cap, 5 de frimário do ano IX (26 nov. 1800). ANOM CC9B 2.

63. Citado em Sannon, *Histoire de Toussaint Louverture*, v. 2, pp. 216-7.

64. Proclamação de Toussaint, San Jean de la Maguana, 14 de nivoso do ano IX (4 jan. 1801). ANOM CC9B 9.

65. Emilio Cordero Michel, *La revolución haitiana y Santo Domingo* (Santo Domingo: Universidad Abierta para Adultos, 2000), p. 252.

Notas

66. Esses detalhes foram em grande parte tirados de Toussaint, *Procès-verbal de la prise de possession de la partie espagnole de Saint-Domingue, Santo Domingo*, 12 de ventoso do ano IX (3 fev. 1801). BNF LKI2-1277.

67. Tortosa, *Santo Domingo*, p. 191.

68. Toussaint, *Proclamation aux concitoyens de la partie française de Saint-Domingue*, 13 de pluvioso do ano IX (2 fev. 1801). Arquivos Nacionais, Kew, CO 137/105.

69. Chanlatte, *Précis historique des faits qui ont précédé l'invasion du territoire de la partie ci-devant Espagnole de Saint-Domingue par Toussaint Louverture*, Paris, 8 de prairial do ano IX (28 maio 1801). ANOM CC9B 18.

70. Sobre a recepção desses homens pelas autoridades e a reação na Venezuela ao que se passava em Santo Domingo, ver Jean-Pierre Tardieu, "La province du Venezuela et l'insurrection de Saint-Domingue", *Annales historiques de la Révolution Française*, v. 390, pp. 129-54, 2017.

71. Isaac Louverture, *Notes historiques*.

72. Citado em Vincent, *Notice sur Dominique Toussaint Louverture*.

73. Gilbert Guillermin, *Journal historique de la révolution de la partie est de Saint--Domingue* (Filadélfia, 1810), pp. 313-4. O autor era um oficial francês e testemunhou o que descreveu.

74. Ibid., p. v.

75. Toussaint para García, 26 de pluvioso do ano IX (15 fev. 1801), citado em Ardouin, *Études sur l'histoire d'Haiti*, v. 4, p. 66. De acordo com Périès, Toussaint lhe disse que havia 900 mil *gourdes* nos cofres de Santo Domingo quando tomou o território espanhol, mas que García havia conseguido levar a maior parte do dinheiro. Jacques Périès, *La révolution de Saint-Domingue*. Biblioteca Britânica MS 38074, f. 17, n.17.

76. Relatórios diplomáticos do fim de janeiro e começo de fevereiro de 1801, citados em Tortosa, *Santo Domingo*, p. 189.

77. Toussaint para Bonaparte, 23 de pluvioso do ano IX (12 fev. 1801), Santo Domingo. Archives Nationales d'Haïti (documento online).

78. Toussaint para Bonaparte, 23 de pluvioso do ano IX (12 fev. 1801). AN AB XIX 5002, Papiers Leclerc.

79. Vincent, *Notice sur Dominique Toussaint Louverture*.

80. Toussaint para Roume, 2 de floreal do ano IX (22 abr. 1801). ANOM CC9B 2.

81. Toussaint para a municipalidade de Cap, 11 de frutidor do ano IX (29 ago. 1801). ANOM CC9B 2. Roume embarcou em 16 de frutidor (3 set.) e chegou a Nova York em 1 de vindemiário do ano X (23 set. 1801). Ver carta ao cônsul-geral francês Pichon, mesma data. Archives Diplomatiques Paris-La Courneuve, 40CP/37.

82. Citado em Sannon, *Histoire de Toussaint Louverture*, p. 223.

83. Ardouin, *Études sur l'histoire d'Haïti*, v. 4, p. 303.

84. Tortosa, *Santo Domingo*, pp. 201, 203.

85. Ver José Luis Saez, *La iglesia y el negro esclavo en Santo Domingo: una historia de tres siglos* (Santo Domingo: Ciudad Colonial de Santo Domingo, 1994), p. 561.

86. Nessler, *An Islandwide Struggle for Freedom*, p. 131.

87. Memórias de Gaspar Arredondo y Pichardo, citadas em Emilio Cordero Michel, "Toussaint en Saint-Domingue espagnol", em Yacou (Org.), *Saint-Domingue espagnol*, p. 256.

88. Michel, ibid., p. 255.

89. Proclamação de Toussaint, Santo Domingo, 19 de pluvioso do ano IX (8 fev. 1801). ANOM CC9B 18.

90. Proclamação de Toussaint, Santo Domingo, 19 de pluvioso do ano IX (8 fev. 1801). ANOM CC9B 9; grifo meu. Isso também explicaria por que Toussaint não achou necessário proclamar a abolição da escravidão em Santo Domingo: se o território agora estava sob a lei francesa, a escravidão humana tornava-se automaticamente proibida.

91. Pamphile de Lacroix, *La Révolution de Haïti*, pp. 258-9.

92. Toussaint para García, Santo Domingo, 27 de pluvioso do ano IX (16 fev. 1801). Boromé, "A finding list".

93. Proclamação de Toussaint, Santo Domingo, 23 de pluvioso do ano IX (12 fev. 1801). ANOM CC9B 9.

94. Proclamação de Toussaint, Santo Domingo, 18 de pluvioso do ano IX (7 fev. 1801). ANOM CC9B 9.

95. Pierre Lyonnet, *Statistique de la partie espagnole de Saint-Domingue* (Paris, 1800).

96. Ver Descourtilz, *Voyages d'un naturaliste*, v. 2, p. 448.

97. Proclamação de Toussaint, Santo Domingo, 19 de pluvioso do ano IX (8 fev. 1801). ANOM CC9B 9.

98. Proclamação de Toussaint, Santo Domingo, 12 de ventoso do ano IX (3 mar. 1801). ANOM CC9B 9.

99. Toussaint para Dupré, Azua, 11 de pluvioso do ano X (31 jan. 1801); citado em Dupré, *Mémoire*, 6 de vindemiário do ano XI (28 set. 1802). ANOM CC9A 32.

100. Proclamação de Toussaint, Azua, 21 de nivoso do ano IX (11 jan. 1801). ANOM CC9B 18.

101. Isaac Louverture, *Notes historiques*.

102. Proclamação de Toussaint, Santo Domingo, 26 de ventoso do ano IX (17 mar. 1801). ANOM CC9B 9.

103. Proclamação de Toussaint, Santo Domingo, 23 de frutidor do ano IX (10 set. 1801). ANOM CC9B 9.

104. Citado em Tortosa, *Santo Domingo*, p. 196, n. 258.

105. Madiou, *Histoire d'Haïti*, v. 2, p. 86.

106. Emilio Cordero Michel, *La revolución haitiana y Santo Domingo*, p. 256.

107. Fernando Pérez Memén, *La política religiosa de Toussaint L'Ouverture en Santo Domingo* (Santo Domingo: Museo del Hombre Dominicano, 1984), p. 20.

108. Carta de Doña Francisca Valerio, Santiago, jan. 1802, citada em Michel, "Toussaint en Saint-Domingue espagnol", p. 255.

109. "Diario de lo ocurrido en Santo Domingo desde el 1º de enero de 1801 hasta el 20 del mismo", AGI, citado em Boromé, "A finding list".

110. Proclamação de Toussaint, Santo Domingo, 15 de nivoso do ano X (5 jan. 1802). ANOM CC9B 9.

Notas   531

9. Na região das águias (pp. 310-43)

1. Proclamação de Toussaint, Santo Domingo, 16 de pluvioso do ano ix (5 fev. 1801). ANOM CC9B 9.
2. Citado em Sannon, *Histoire de Toussaint Louverture*, v. 3, p. 4.
3. Louis Dubroca, *La Vie de Toussaint-Louverture, chef des noirs insurgés de Saint--Domingue* (Paris, 1802), p. 43.
4. James, *The Black Jacobins*, p. 266.
5. Madiou, *Histoire d'Haïti*, v. 2, p. 96.
6. Ver, especialmente, Julia Gaffield, "Complexities of imagining Haiti: a study of national Constitutions 1801-1807", *Journal of Social History*, v. 41, n. 1, outono 2007); Nick Nesbitt, *Universal Emancipation: The Haitian Revolution and the Radical Enlightenment* (Charlottesville: University of Virginia Press, 2008); Lorelle D. Semley, "'To Live and Die, Free and French': Toussaint Louverture's 1801 Constitution and the original challenge of black citizenship", *Radical History Review*, v. 115, 2013; Philip Kaisary, "Hercules, the Hydra, and the 1801 Constitution of Toussaint Louverture", *Atlantic Studies*, set. 2015; e Sibylle Fischer, "Inhabiting rights", *L'esprit créateur*, v. 56, n. 1, primavera 2016.
7. Dorigny e Gainot, *La Société des Amis des Noirs*, pp. 324-5.
8. Para uma discussão esclarecedora da questão, ver Sibylle Fischer, *Modernity Diasavowed: Haiti and the Cultures of Slavery in the Age of Revolution* (Durham, Carolina do Norte: Duke University Press, 2004), pp. 265-6.
9. Toussaint para o ministro da Marinha, Santo Domingo, 23 de pluvioso do ano ix (12 fev. 1801). Archives Départementales de la Gironde, Collection Marcel Chatillon, 61 J 18.
10. *Constitution républicaine des colonies française* [sic] *de Saint-Domingue en soixante--dix-sept articles, concernant la liberté des nègres, des gens de couleurs et des blancs*, Port--Républicain, 19 de floreal do ano ix (9 maio 1801). BNF LK12-554.
11. Citado em Placide Justin, *Histoire d'Hayti*, p. 340.
12. *The Papers of Alexander Hamilton* (Nova York: Columbia University Press, 1975), v. 22, pp. 492-3.
13. Jean-Baptiste Lapointe para o governo britânico, Londres, maio 1800. Arquivos Nacionais, Kew, WO 1/73.
14. Relatório do governador Manuel Guevara Vasconcelos, Caracas, 29 jan. 1801. Archivo General de Indias, Estado 59, n. 17.
15. Toussaint escreveu a respeito da "sotte crédulité" dos britânicos em carta ao ministro da Marinha da França, 25 de termidor do ano vii (12 ago. 1799). Arquivos Nacionais, Kew, CO 137/104.
16. Relato de Corbet de suas conversas com Toussaint, Port-Républicain, 21 jul. 1801. Arquivos Nacionais, Kew, CO 137/105.
17. Relatório de Raimond a Bonaparte, s.d. [1800]. ANOM CC9B 2. Para uma avaliação mais geral de Raimond, ver John D. Garrigus, "Opportunist or Patriot? Julien

Raimond (1744-1801) and the Haitian Revolution", *Slavery and Abolition*, v. 28, n. 1, 2007.

18. Jacques Périès, *La révolution de Saint-Domingue*. Biblioteca Britânica MS 38074, pp. 24-5 ss.

19. Placide Justin, *Histoire d'Hayti*, p. 341.

20. Sannon, *Histoire de Toussaint Louverture*, v. 3, p. 5.

21. Laurent Dubois, *Haiti: The Aftershocks of History* (Nova York, 2012), p. 34.

22. Por razões óbvias, nenhum relatório das discussões foi enviado à França, mas uma cópia das atas da sessão de abertura foi parar misteriosamente nos arquivos britânicos; ver a próxima nota.

23. "Seleção dos arquivos da Assembleia Central de Saint-Domingue", Port--Républicain, 28 mar. 1801. Arquivos Nacionais, Kew, CO 137/106.

24. Artigo 34, ibid.

25. "Seleção dos autos da Assembleia Central de Saint-Domingue".

26. *Constitution républicaine*.

27. Gaston de Nogérée, recordações sem título da época que passou em Saint--Domingue. Documentos de Nogérée, AN AB/XIX/5002.

28. Ibid.

29. Ibid.

30. Toussaint para o ministro da Marinha, 6 de frutidor do ano IX (24 ago. 1801). AN AFIV 1213.

31. Artigo 15, *Constitution républicaine*.

32. Nogérée, recordações.

33. "Seleção dos autos da Assembleia Central de Saint-Domingue".

34. Nogérée, recordações.

35. Ibid. O discurso de Dessalines costumava ser citado nas memórias de *colons* relativas a esse período; ver, por exemplo, *Considérations politiques sur la révolution des colónias françaises, mais particulièrement sur celle de Saint-Domingue, par Guillaume--Thomas DUFRESNE, colon de cette isle* (1805). BNF NAF 4372, f. 291.

36. Ver, por exemplo, Henry Perroud, *Projet d'une nouvelle organization de la colonie de Saint-Domingue*, 1 de germinal do ano IX (22 mar. 1801). ANOM CC9A 28.

37. *Faits historiques sur la colônia de Saint-Domingue, 1800.* AN AB XIX 3226.

38. Carta de Roux, ex-morador de Saint-Domingue, 1 de prairial do ano VIII (21 maio 1800). ANOM CC9B 2.

39. Proclamação da municipalidade de Gros-Morne, 20 de germinal do ano VIII (10 abr. 1800). ANOM CC9B 2.

40. Proclamação da municipalidade de Croix-des-Bouquets, 27 de germinal do ano VIII (17 abr. 1800). ANOM CC9B 17.

41. Citado em Madiou, *Histoire d'Haïti*, v. 2, p. 98.

42. Toussaint, *Program de la cérémonie qui aura lieu le 18 Messidor*, Cap, 15 de messidor do ano IX (4 jul. 1801). ANOM CC9B 18.

Notas 533

43. *Procès-verbal de la cérémonie qui a eu lieu, au Cap-Français, le 18 Messidor, l'an neuvième de la République Française, une et indivisible, jour de la proclamation de la Constitution.* ANOM CC9B 18; as citações seguintes são todas dessa fonte.

44. Ibid., pp. 3-4.

45. Ibid., pp. 7-9.

46. Ibid., pp. 5-6.

47. Ibid., p. 6.

48. Artigo 76, *Constitution républicaine*.

49. Jacques Périès, *La révolution de Saint-Domingue*. Biblioteca Britânica MS 38074, f. 27.

50. *Procès-verbal de la cérémonie qui a eu lieu, au Cap-Français, le 18 Messidor, l'an neuvième de la République Française, une et indivisible, jour de la proclamation de la Constitution,* pp. 11-2.

51. Charles Vincent, "Précis de mon dernier voyage à Saint-Domingue", Paris, 20 de pluvioso do ano X (9 fev. 1802). AN AFIV 1212.

52. Vincent para o ministro da Marinha, 29 de prairial do ano VIII (18 jun. 1800). ANOM CC9A 28.

53. Vincent, "Précis de mon dernier voyage".

54. Ibid.

55. Ibid.

56. Carta de Toussaint, 27 de messidor do ano IX (16 jul. 1801). Nessa época, Pichon já havia escrito a Toussaint, informando-o sobre boatos de que ele estaria prestes a declarar-se independente da França e tornar o governo um cargo "hereditário". Ver Pichon para Toussaint, 4 de termidor do ano IX (23 jul. 1801). Archives Diplomatiques Paris-La Courneuve, 40CP/37.

57. Pascal também fez a mesma recomendação ao comissário francês na Filadélfia; ver sua carta para Pichon, 2 de termidor do ano IX (21 jul. 1801). ANOM CC9A 28.

58. Citado em Vincent, *Notice sur Dominique Toussaint Louverture*.

59. Vincent, "Précis de mon dernier voyage".

60. Vincent para Toussaint, Cap, 29 de messidor do ano IX (18 jul. 1801). AN AFIV 1212.

61. O texto foi publicado no *National Intelligencer* (Washington D.C.) em 12 ago. 1801 e, depois, por outros jornais americanos, sobretudo na Filadélfia.

62. Pichon para Toussaint, Georgetown, 5 de frutidor do ano IX (23 ago. 1801). Archives Diplomatiques Paris-La Courneuve, 40CP/37. No começo do século XIX, Argel, apesar de formalmente fazer parte do Império Otomano, tornou-se um dos centros de pirataria da Barbária, e seus navios envolviam-se em ataques a navios europeus e americanos.

63. Pichon para Toussaint, Georgetown, 9 de frutidor do ano IX (27 ago. 1801). Archives Diplomatiques Paris-La Courneuve, 40CP/37.

64. Vincent para Toussaint, Filadélfia, frutidor do ano IX (ago. 1801). AN AFIV 1212.

65. Artigo 40, *Constitution républicaine*.

66. Vincent para Toussaint, frutidor do ano IX (ago. 1801). AN AFIV 1212.

67. Ibid.

68. Pichon para o ministro da Marinha da França, 18 de frutidor do ano ix (5 set. 1801). ANOM CC9A 28.

69. Vincent a Toussaint, frutidor do ano ix (ago. 1801). AN AFIV 1212.

70. Toussaint para Bonaparte, 27 de messidor do ano ix (16 jul. 1801). AN AFIV 1213.

71. Toussaint para Bonaparte, 6 de frutidor do ano ix (24 ago. 1801). AN AFIV 1213.

72. A fonte de informação de Pichon nesse caso foi Edward Stevens, que secretamente ajudou Roume durante sua provação em Dondon. Pichon mencionou Roume especificamente em pelo menos quatro cartas para Toussaint: 4 de prairial, 4 de termidor, 5 e 9 de frutidor do ano ix (24 maio, 23 jul., 23 e 27 ago. 1801). Quando Roume foi solto e chegou aos Estados Unidos, Pichon agradeceu a Toussaint (carta de 8 de vindemiário [30 set.]), mas sem deixar de queixar-se da maneira como o tratara, e dizendo que fundos da Agência num total de 22 mil *livres* em dinheiro (e o mesmo valor em pedras preciosas) deixados por ele sob a guarda do presidente da municipalidade de Cap haviam sido "apropriados". Archives Diplomatiques Paris-La Courneuve, 40CP/37.

73. Toussaint para o ministro da Marinha, 27 de messidor do ano ix (16 jul. 1801). AN AFIV 1213.

74. Toussaint para o ministro da Marinha, 10 de frutidor do ano ix (28 ago. 1801). AN AFIV 1213.

75. Toussaint para Bonaparte, 7 de frutidor do ano ix (25 ago. 1801). AN AFIV 1213.

76. Relatório de Periès para o ministro da Marinha, 10 de frutidor do ano ix (28 ago. 1801). ANOM CC9B 18. Mas sua morte foi, em certo sentido, uma bênção, já que o nome de Raimond estava no topo da lista dos apoiadores de Toussaint marcados para morrer nas mãos do exército invasor francês em 1802.

77. *Anecdotes de la révolution de Saint-Domingue, racontées par Guillaume Mauviel, évêque de la colonie (1799-1804)* (Saint-Lô, 1885), p. 39.

78. Bonaparte para Toussaint, 27 de brumário do ano x (18 nov. 1801), em T. Lentz (Org.), *Napoléon Bonaparte: Correspondance générale* (Paris: Fayard, 2006), v. 3, p. 853.

79. *Constitution républicaine*, grifo meu.

80. Em carta a Toussaint de 4 de termidor do ano ix (22 jul. 1801), Pichon menciona sua carta a Pascal, dando-lhe a data de 27 de messidor (16 jul. 1801). Archives Diplomatiques Paris-La Courneuve, 40CP/37.

81. Pascal para Pichon, Cap, 20 de frutidor do ano ix (7 set. 1801). ANOM CC9B 18.

82. A respeito dessa tradição constitucional republicana mais ampla, ver Nabulsi, *Traditions of War.*

83. Para mais detalhes, ver Charles Vincent, "Notice sur un grand nombre d'hommes civils et militaires atuellement dans la colonie de Saint-Domingue" (1802). ANOM Collection Moreau de Saint-Méry F3 59.

84. *Lois de la colonie française de Saint-Domingue* (Cap, 1801).

85. *Loi sur les costumes*, 24 de termidor do ano ix (12 ago. 1801), ibid., pp. 102-4.

86. Artigo 30, *Constitution républicaine*.

Notas   535

87. Ver, por exemplo, Claude Moïse, *Le projet national de Toussaint Louverture* (Porto Príncipe, 2001), p. 33; ver também o capítulo sobre "monarquismo presidencial" em Robert Fatton Jr, *The Roots of Haitian Despotism* (Boulder, CO: Lynne Rienner, 2007), pp. 81-130.

88. O governador foi incumbido de "supervisionar o respeito às obrigações ou outros compromissos assumidos pelos fazendeiros e seus representantes para com os trabalhadores". Artigo 35, *Constitution républicaine.*

89. Ver, em particular, o artigo 33 da Constituição, que confia a supervisão do bom funcionamento da sucessão do executivo ao oficial de mais alta patente. *Constitution républicaine.*

10. Movimentos rápidos e incertos (pp. 347-84)

1. *Loi sur la division du territoire de la colonie française de Saint-Domingue*, 14 de messidor do ano IX (3 jul. 1801).

2. *Arrêté de Toussaint Louverture, gouverneur de Saint-Domingue, aux citoyens du départe-ment Louverture*, Cap-Français, 25 de messidor do ano IX (14 jul. 1801). ANOM CC9B 9.

3. *Bulletin officiel de Saint-Domingue*, 19 de messidor do ano IX (8 jul. 1801).

4. Para uma descrição vívida da vida social na Saint-Domingue da época colonial, ver Rainsford, *An Historical Account*, pp. 220-8.

5. Ver, por exemplo, a carta de Toussaint para Idlinger pedindo-lhe para preparar um maço de cartas para ele assinar, *Quartier Général d'Héricourt*, 12 de brumário do ano X (3 nov. 1801). Rochambeau Papers, Universidade da Flórida.

6. Bunel para Nugent, Jamaica, set. 1801. Arquivos Nacionais, Kew, CO 137/106.

7. Pichon para Toussaint, Georgetown, 26 de germinal e 5 de floreal do ano IX (16 e 25 abr. 1801); Toussaint para Pichon, Cap, 14 de messidor do ano IX (3 jul. 1801). Archives Diplomatiques Paris-La Courneuve, 40CP/37.

8. Relatório para o ministro da Marinha da França, Nova York, 14 de prairial do ano IX (3 jun. 1801). ANOM CC9A 28.

9. Tobias Lear para James Madison, Cap, 20 jul. 1801. Documentos de Madison, Arquivos Nacionais, Washington D.C.

10. Lear para Madison, Cap, 30 ago. 1801. Documentos de Madison, Arquivos Nacionais, Washington D.C.

11. Toussaint para Lear, 25 nov. 1801. Coleção Toussaint Louverture, Smithsonian Institution, Washington D.C.

12. "Activité dévorante": Pascal para Pichon, Cap, 20 de frutidor do ano IX (7 set. 1801). ANOM CC9B 18.

13. Toussaint, *Instructions aux fonctionnaires publics, civils et militaires*, 24 de floreal do ano IX (14 maio 1801). ANOM CC9A 28.

14. Ibid.

15. Citado em Vincent, *Notice sur Dominique Toussaint Louverture.*

16. Toussaint para Julien Raimond, Cap, 6 de prairial do ano IX (26 maio 1801). Biblioteca Pública de Nova York, coleções digitais.

17. Ver capítulo 6.

18. Toussaint para Pichon, Cap, 1 de termidor do ano IX (20 jul. 1801); Pichon para Toussaint, Georgetown, 9 de frutidor do ano IX (27 ago. 1801). Archives Diplomatiques Paris-La Courneuve, 40CP/37.

19. Toussaint, *arrêté*, 14 de termidor do ano IX (2 ago. 1801). ANOM CC9B 18.

20. Relatório de Corbet para Balcarres, Port-Républicain, 31 mar. 1801. NAM, 6807/183/1, pp. 285-91 ss.

21. Toussaint, *Règlement relatif à la culture*, 18 de floreal do ano IX (8 maio 1801). ANOM CC9B 18.

22. Sannon, *Histoire de Toussaint Louverture*, v. 3, p. 13.

23. Toussaint, *arrêté*, 22 de messidor do ano IX (11 jul. 1801). ANOM CC9B 18.

24. Madiou, *Histoire d'Haïti*, v. 2, p. 117.

25. "Maîtres voleurs"; Toussaint, *Avis*, 9 de termidor do ano IX (28 jul. 1801). ANOM CC9B 18.

26. *Instructions aux fonctionnaires publics.*

27. Ver relatório de Whitfield para Corbet, 8 maio 1801. Arquivos Nacionais, Kew, CO 137/105.

28. Isso será discutido mais a fundo no próximo capítulo.

29. Robinson para Balcarres, Port-Républicain, 13 set. 1800. Arquivos Nacionais, Kew, CO 137/105.

30. Toussaint para Corbet, Port-Républicain, 11 de germinal do ano IX (1 abr. 1801). NAM, 6807/183/1, pp. 302-20 ss.

31. Relatório de Corbet para Balcarres, 31 mar. 1801. Arquivos Nacionais, Kew, CO 137/105.

32. Proclamação de Toussaint, 16 de germinal do ano IX (6 abr. 1801). ANOM CC9B 18.

33. Proclamação de Toussaint, 9 de floreal do ano IX (29 abr. 1801). NAM, 6807/183/1, f. 345.

34. *Adresse de Toussaint Louverture général en chef de l'armée de Saint-Domingue aux militaires de tout grade*, Cap, 6 de floreal do ano IX (26 abr. 1801). *Bulletin Officiel du Port-Républicain*, 29 de floreal do ano IX (19 maio 1801). NAM, 6807/183/1, f. 344.

35. Madiou, *Histoire d'Haïti*, v. 2, p. 105.

36. *Loi sur la religion catholique, apostolique et romaine*, 16 de messidor do ano IX (5 jul. 1801).

37. Relatório para o ministro da Marinha da França, Nova York, 14 de prairial do ano IX (3 jun. 1801). ANOM CC9A 28.

38. Fritzner Étienne, "L'Église et la révolution des esclaves", p. 19.

39. *Profession de foi des ministres du culte catholique du département du Nord*, Cap, 11 de germinal do ano IX (1 abr. 1801). ANOM CC9B 18.

40. Guillaume Mauviel, "Mémoire sur la colonie de Saint-Domingue", manuscrito inédito, 1805. AN FIV 1212. Sobre Mauviel, ver em termos gerais Gabriel Debien,

Guillaume Mauviel, evêque constitutionnel de Saint-Domingue (Basse-Terre, Guadalupe: Société d'Histoire de la Guadeloupe, 1981).

41. Toussaint, *arrêté*, 19 de floreal do ano IX (9 maio 1801). ANOM CC9B 9.

42. Toussaint, portaria, Port-Républicain, 14 de nivoso do ano VIII (4 jan. 1800). ANOM CC9B 9.

43. Ramsey, *The Spirits and the Law*, p. 48. O artigo 3 da *Loi sur la religion* determinava que nenhuma cerimônia religiosa poderia ser realizada "antes do nascer do sol ou depois do pôr do sol".

44. Proclamação de Toussaint, 24 de vindemiário do ano X (16 out. 1801). ANOM CC9B 18.

45. *Instructions aux fonctionnaires publics.*

46. Madiou, *Histoire d'Haïti*, v. 2, p. 109.

47. Pichon para o ministro da Marinha, 18 de frutidor do ano IX (5 set. 1801). ANOM CC9A 28.

48. Ver L. Darondel, "La fortune de Toussaint Louverture et Stephen Girard", *Revue de la Société Haïtienne d'Histoire, de Géographie et de Géologie* (jul. 1943); e Gabriel Debien, "À propos du trésor de Toussaint Louverture", *Revue de la Société Haïtienne d'Histoire, de Géographie et de Géologie* (jul. 1946); os supostos valores variavam de 2 milhões a 40 milhões de dólares.

49. Toussaint, *Règlement relatif à la culture*, 20 de vindemiário do ano IX (12 out. 1801). ANOM CC9B 9.

50. Ver a proclamação de Dessalines, Port-Républicain, no *Bulletin Officiel du Port-Républicain*, 29 de floreal do ano IX (19 maio 1801).

51. Toussaint, "Ordonnance sur la répression des propos incendiaires", 5 de brumário do ano IX (27 out. 1800). ANOM CC9B 9.

52. Gabriel Debien, *Plantations et esclaves à Saint-Domingue* (Dacar: Universidade de Dacar, 1962), p. 161.

53. Nugent para Portland, Jamaica, 5 set. 1801. Arquivos Nacionais, Kew, CO 137/106.

54. Mauviel, "Mémoire sur la colonie de Saint-Domingue".

55. Toussaint, memorando para funcionários civis e militares, 28 de frutidor do ano IX (15 set. 1801). ANOM CC9B 18.

56. Toussaint para Pichon, 14 de messidor e 23 de termidor do ano IX (3 jul. e 11 ago. 1801). Archives Diplomatiques Paris-La Courneuve, 40CP/37.

57. Proclamação de Toussaint, 8 de vindemiário do ano X (30 set. 1801). ANOM CC9B 9.

58. Proclamação de Toussaint, 16 de vindemiário do ano X (8 out. 1801). ANOM CC9B 9.

59. Pluchon, *Toussaint Louverture*, p. 400.

60. Proclamação de Toussaint, s.d. [começo de 1802]. ANOM CC9B 9.

61. *Commerce de la colonie pendent l'An VIII.* ANOM CC9A 28.

62. Relatório para Bonaparte, 1 de termidor do ano IX (20 jul. 1801). AN AFIV 1213.

63. Lundahl, "Toussaint Louverture and the war economy of Saint-Domingue", p. 135.

64. Claude Auguste e Marcel Auguste, *L'expédition Leclerc 1801-1803* (Porto Príncipe: Imprimerie H. Deschamps, 1985), p. 15.

65. Vincent, "Notice sur un grand nombre d'hommes civils et militaires".

66. Depois que foi expulso para os Estados Unidos, Roume comentou em carta a Pichon que Toussaint tinha lido toda a sua correspondência "nos últimos dezoito meses", Nova York, 1 de vindemiário do ano x (23 set. 1801). Archives Diplomatiques Paris-La Courneuve, 40CP/37.

67. Carta para o Ministério da Marinha da França, Cap, 6 de prairial do ano VIII (26 maio 1800). AN AFIV 1212.

68. Carta para Guiton de Maulévrier, Cap, 21 de frimário do ano VIII (12 dez. 1799), citado em De Cauna (Org.), *Toussaint Louverture et l'indépendance d'Haïti*, p. 74.

69. "Quelques observations sur le parti à prendre, relativement à la colonie de Saint-Domingue", 27 de vindemiário do ano IX (19 out. 1800). ANOM CC9A 28.

70. Malenfant, *Des colonies*, p. 78.

71. Carta de Pierre-Jacques de la Ferronays, abr. 1801, citada em Paul Cheney, *Cul de Sac: Patrimony, Capitalism, and Slavery in French Saint-Domingue* (Chicago: University of Chicago Press, 2017), p. 187.

72. Duboys, *Précis historique*, v. 2, p. 6.

73. Carta de Guilhou, Port-Républicain, 10 de brumário do ano IX (1 nov. 1800). ANOM CC9A 28.

74. Guilhou para Toussaint, s.d. [fim de 1801]. ANOM CC9A 32.

75. Carta do oficial médico-chefe Decout, Les Cayes, 15 de brumário do ano x (6 nov. 1801). ANOM CC9A 28.

76. Ver carta de Toussaint para Deseulle, 23 de termidor do ano v (10 ago. 1797), ANOM CC9A 15; ver também Toussaint para Vincent, 30 de vindemiário do ano VI (21 out. 1797), AN AFIII 210.

77. Toussaint para Roume, Port-de-Paix, 25 de termidor do ano VII (12 ago. 1799). ANOM CC9A 25.

78. Deseulle para Toussaint, Cap, 14 de frutidor do ano IX (1 set. 1801). ANOM CC9B 2.

79. Ibid.

80. "Mémoire sur la colonie de Saint-Domingue", 1801. AN AFIV 1212.

81. "Notice sur Toussaint Louverture, au général Bonaparte", 1801. AN AFIV 1212.

82. "Lettre d'un colon de Saint-Domingue au premier consul" (começo de 1802). AN AFIV 1213.

83. "Idées sur Saint-Domingue", 1801. AN AFIV 1212.

84. Toussaint para Descourtilz, Cap, 14 de frutidor do ano IX (1 set. 1801). Archives Départementales de la Gironde, Collection Marcel Chatillon, 61 J 18.

85. Descourtilz, *Voyages d'un naturaliste*, v. 3, pp. 245-6, 249, 253.

86. Jacques Périès, *La révolution de Saint-Domingue*. Biblioteca Britânica MS 38074, f. 7.

87. Ibid., pp. 18-9 ss.

88. Périès para o ministro da Marinha, 25 de brumário do ano IX (16 nov. 1800). ANOM CC9B 18.

89. Ver "Demande de concession de la Compagnie Périès dans l'ancienne partie espagnole". ANOM CC9A 23.

90. Périès para o ministro da Marinha, 25 de germinal an IX (15 abr. 1801). ANOM CC9B 18.

Notas

91. Carta de Périès, 15 de messidor do ano VIII (4 jul. 1800). ANOM CC9B 18.

92. Carta de Périès, 25 de termidor do ano VIII (13 ago. 1800). ANOM CC9B 18.

93. Relatório de Edward Corbet para Balcarres, Port-Républicain, 31 mar. 1801. NAM, 6807/183/1, pp. 285-91 ss.

94. Carta de Périès, 25 de brumário do ano IX (16 nov. 1800). ANOM CC9B 18.

95. Carta dez. 1802, Port-au-Prince, citada em Gabriel Debien, "Réfugiés de Saint--Domingue aux États-Unis", *Revue de la Société Haïtienne d'Histoire, de Géographie et de Géologie*, v. 21, n. 79, pp. 20-1, out. 1950.

96. Carta para o ministro da Marinha da França, 1 de floreal do ano IX (21 abr. 1801). ANOM CC9A 24.

97. Carta de Périès, 25 de germinal do ano IX (15 abr. 1801). ANOM CC9B 18.

98. Carta de Périès, 30 de messidor do ano VIII (19 jul. 1800), ANOM CC9B 18. Repetiu o argumento mais tarde em suas memórias: "sejam livres ou escravos", os negros eram "criminosos pela própria natureza" (*"ne connaissent d'autre vertu que le crime"*). Périès, *La révolution de Saint-Domingue*. Biblioteca Britânica MS 38074, f. 38.

99. Carta de Périès, 25 de termidor do ano VIII (13 ago. 1800). ANOM CC9B 18.

100. Carta de Périès, 27 de termidor do ano IX (15 ago. 1801). ANOM CC9B 18.

101. Carta, 8 de brumário do ano X (30 out. 1801). ANOM CC9B 18.

102. Relatório de Whitfield para Nugent, Port-Républicain, 5 dez. 1801. Arquivos Nacionais, Kew, CO 137/106.

103. Toussaint, *Récit des événements qui se sont passés dans la partie Nord de Saint--Domingue depuis le 29 Vendémiaire jusqu'au 13 Brumaire an X*, p. 11. ANOM CC9B 18.

104. "Coup d'oeil of the actual Situation of the Colony of Saint-Domingue", s.d. [1801]. Arquivos Nacionais, Kew, WO 1/72.

105. Esta era, notadamente, a opinião de Périès; ver *La révolution de Saint-Domingue*. Biblioteca Britânica MS 38074, pp. 29-30 ss.

106. Roume para o ministro da Marinha, Filadélfia, 11 de frimário do ano X (2 dez. 1801). ANOM CC9B 2.

107. Ibid.

108. Relatório de Corbet, 16 nov. 1801. Arquivos Nacionais, Kew, CO 137/106.

109. Roume para o ministro da Marinha, Nova York, 3 de vindemiário do ano X (25 nov. 1801). ANOM CC9B 2.

110. Toussaint, *Récit des événements*, p. 3.

111. Ver, por exemplo, a carta de Moyse para o conselho municipal de Montéchrist, 28 de ventoso do ano VIII (19 mar. 1800), na qual acusava as autoridades de cumplicidade no tráfico de seres humanos. ANOM CC9B 17.

112. Citado em Delatte, "Mémoire sur les évènements de Fort-Liberté", 16 de frimário do ano VII (6 dez. 1798). ANOM CC9A 22.

113. Claude B. Auguste, "L'Affaire Moyse", *Revue de la Société Haïtienne d'Histoire, de Géographie et de Géologie*, n. 180-1, p. 9, jul./out. 1994.

114. Relatório de Whitfield para Nugent, Port-Républicain, 5 dez. 1801. Arquivos Nacionais, Kew, CO 137/106.

115. Toussaint, *Récit des événements*, p. 11.

116. Ibid.

117. Pageot para o ministro da Marinha, Filadélfia, 10 de pluvioso do ano x (30 jan. 1802). ANOM CC9B 18.

118. Madiou, *Histoire d'Haïti*, v. 2, p. 123.

119. Toussaint para o representante britânico, 11 de germinal do ano ix (1 abr. 1801). NAM, 6807/183/1, pp. 302-20 ss.

120. Ver, por exemplo, a carta de Roume para o ministro da Marinha exaltando os méritos de Christophe como leal aliado francês, Nova York, 3 de vindemiário do ano x (25 set. 1801). ANOM CC9B 2.

121. Whitfield para Toussaint, 20 jan. 1801, Arquivos Nacionais, Kew, CO 245/1; Toussaint para Balcarres, Santo Domingo, 1 fev. 1801, CO 137/105.

122. Relatório de Whitfield para John King, Whitehall, 17 jun. 1801. Arquivos Nacionais, Kew, CO 137/106.

123. Corbet para Balcarres, 6 mar. 1801. Arquivos Nacionais, Kew, CO 245/1.

124. Corbet informa a Balcarres, 31 mar. e 21 jul. 1801, e a Nugent, 9 set. 1801. Arquivos Nacionais, Kew, CO 137/105 e CO 137/106.

125. Balcarres para o vice-almirante Hugh Seymour, 28 jul. 1801. Arquivos Nacionais, Kew, CO 137/105.

126. Ver últimas informações de Corbet para Nugent sobre as discussões, Kingston, 24 out. 1801. Arquivos Nacionais, Kew, CO 137/106.

127. Acordo Bunel-Corbet, Kingston, Jamaica, 16 nov. 1801. NAM, 6807/183/1, pp. 131--42 ss.

128. Philip Wright (Org.), *Lady Nugent's Journal of her Residence in Jamaica from 1801 to 1805* (Kingston, Jamaica: University of West Indies Press, 2002), anotação relativa a 21 out. 1801.

129. "Adresse des citoyens des États-Unis d'Amérique résidant au Cap Français", 21 de brumário do ano x (12 nov. 1801). ANOM CC9B 18.

130. Proclamação da municipalidade de Cap, 19 de brumário do ano x (10 nov. 1801). ANOM CC9B 18.

131. Carta do sr. Law, Gonaïves, 26 out. 1801. Arquivos Nacionais, Kew, CO 137/106.

132. Decreto Toussaint, Cap, 19 de brumário do ano x (10 nov. 1801). ANOM CC9B 18.

133. Carta de Moyse para Toussaint, 15 de frutidor do ano VII (1 set. 1799). ANOM CC9A 26.

134. Moyse para Isaac e Placide Louverture, 12 de ventoso do ano ix (3 mar. 1801). Bibliothèque Municipale, Nantes.

135. Decreto de Toussaint, Cap, 4 de frimário do ano x (25 nov. 1801). ANOM CC9B 9.

136. Ibid.

137. Decreto de 10 jan. 1802, Santo Domingo, "Diario de lo ocurrido en Santo Domingo".

138. Decreto de Toussaint, Cap, 4 de frimário do ano x (25 nov. 1801). ANOM CC9B 9.

139. Ibid.

Notas 541

11. A árvore da liberdade negra (pp. 385-423)

1. Ver, por exemplo, a carta de Borgella a Toussaint, de 30 de janeiro de 1802, na qual ele menciona boatos que circularam na colônia "nos últimos dois meses". ANOM CC9B 19.
2. Memorando secreto de Lord Hobart, Downing Street, Londres, 18 nov. 1801. Arquivos Nacionais, Kew, CO 137/106.
3. Toussaint para Nugent, 8 dez. 1801, Arquivos Nacionais, Kew, CO 137/106; carta de Nugent, Jamaica, 29 nov. 1801, NAM, 6807/183/1, pp. 439-40 ss.
4. Whitfield para Nugent, Port-Républicain, 9 dez. 1801. Arquivos Nacionais, Kew, CO 137/106.
5. Whitfield para Corbet, Port-Républicain, 17 dez. 1801. Arquivos Nacionais, Kew, CO 137/107.
6. Depois de tentar recuperá-los de maneira sorrateira (ver capítulo 8), ele pediu formalmente que seus dois filhos lhe fossem devolvidos em fevereiro de 1801. Toussaint para o ministro da Marinha, Santo Domingo, 23 de pluvioso do ano IX (12 fev. 1801). Archives Départementales de la Gironde, Collection Marcel Chatillon, 61 J 18.
7. Proclamação de Toussaint, Port-Républicain, 19 de frimário do ano X (20 dez. 1801). ANOM CC9B 9.
8. Auguste Nemours, *Histoire de la guerre d'indépendance de Saint-Domingue* (Paris e Nancy: Berger-Levrault, 1925), v. 1, p. 1.
9. Nemours, *Histoire de la famille et de la descendance de Toussaint-Louverture*, p. 363.
10. *Mémoires d'Isaac fils de Toussaint Louverture sur l'expédition des français sous le Consulat de Napoléon Bonaparte*. BNF NAF 12409.
11. Rallier enviou para Bonaparte uma cópia de suas *Observations sur la situation actuelle de la colonie de Saint-Domingue* (1800). AN AFIV 1212.
12. O rascunho do documento, datado de 17 de pluvioso do ano IX (6 de fevereiro de 1801), ainda se encontra na pasta pessoal de Toussaint nos Arquivos Nacionais. AN EE 1991.
13. Carta de Bonaparte, 13 de ventoso do ano IX (4 mar. 1801), citada em Sannon, *Histoire de Toussaint Louverture*, v. 3, p. 36.
14. Instruções ao prefeito colonial, citadas em ibid., p. 37.
15. Ministro da Marinha para Toussaint, abr. 1801, ANOM CC9B 18; ver também decreto de cônsules sobre Santo Domingo, 7 de brumário do ano X (30 out. 1801).
16. Instruções ao contra-almirante Lacrosse, 4 jan. 1800. Napoleão Bonaparte, *Correspondance générale*, v. 3, pp. 22-4.
17. Gainot, "Le général Laveaux, gouverneur de Saint-Domingue", p. 451.
18. *Journal du Comte P.-L. Roederer, ministre et conseiller d'état* (Paris, 1909), citado em Geggus (Org.), *The Haitian Revolution*, p. 171.
19. Relatório de Kerverseau, 7 set. 1801. ANOM CC9B 23.
20. François Barbé de Marbois, *Réflexions sur la colonie de Saint-Domingue* (Paris, 1796).

542   *O maior revolucionário das Américas*

21. Emmanuel de Las Cases, *Mémorial de Sainte-Hélène*, org. de M. Dunan (Paris: Flammarion, 1983), v. 1, pp. 714-6.

22. Ver, especialmente, a carta de Vincent para o comandante da expedição, Paris, 27 de brumário do ano x (18 nov. 1801). ANOM Collection Moreau de Saint-Méry F3 283.

23. Charles Vincent, "Réflexions sur l'état actuel de la colonie de Saint-Domingue et sur les moyens d'y rétablir l'autorité de la metrópole", 21 de vindemiário do ano x (13 out. 1801). ANOM Collection Moreau de Saint-Méry F3 283.

24. Vincent, *Notice sur Dominique Toussaint Louverture*.

25. *Observations du général du génie Vincent*, p. 13.

26. Citado em Sannon, *Histoire de Toussaint Louverture*, v. 3, p. 33; o decreto proibindo negros e pessoas de cor foi promulgado em julho de 1802.

27. Citado em Antoine-Clair Thibaudeau, *Mémoires sur le Consulat* (Paris, 1827), pp. 120-1. Sou grato a David Bell por chamar minha atenção para esse trecho.

28. Citado em Pamphile de Lacroix, *La Révolution de Haïti*, p. 283.

29. Toussaint para Paul Louverture, 17 de pluvioso do ano x (6 fev. 1802). Boromé, "A finding list".

30. Ver, por exemplo, o acordo que fez com o comerciante americano James Gillespie, 5 de vindemiário do ano ix (27 set. 1800), citado em Nemours, *Relations internationales*, pp. 152-3.

31. Ver o relatório de Whitfield para Corbet sobre a chegada a Cap de um brigue americano transportando armas, 19 maio 1801. NAM, 6807/183/1, f. 341. Ver também o relatório do funcionário da Agência Francesa Liot para Pichon, Cap, 25 de termidor do ano ix (13 ago. 1801), sobre um acordo de venda de armas americanas concluído entre Toussaint e um comerciante americano de nome Holmes. Archives Diplomatiques Paris-La Courneuve, 40CP/37.

32. Relatório do comissário francês, Filadélfia, 14 de prairial do ano ix (3 jun. 1801). ANOM CC9A 28.

33. Relatório militar para o ministro da Marinha da França, 2 de ventoso do ano xi (21 fev. 1803). ANOM CC9A 30.

34. Bilhete de Toussaint para Borgella, 12 dez. 1801; citado em Duboys, *Précis historique*, v. 2, pp. 227-8.

35. Pamphile de Lacroix, *La Révolution de Haïti*, p. 284.

36. Relatório militar francês, 20 fev. 1802. ANOM CC9B 23. Ver também Nemours, *Histoire militaire*, v. 1, p. 114; outros 24 mil soldados foram enviados durante o conflito.

37. Ver, por exemplo, a carta de Leandre, comandante de La Saline, para Toussaint, 4 de ventoso do ano x (23 fev. 1802); Archives Départementales de la Gironde, 61 J 18. Ver também Nemours, *Histoire militaire*, v. 1, p. 194.

38. Toussaint escreveu duas cartas de seu quartel-general em Saint-Marc para o irmão, numa delas exortando-o a continuar resistindo em Santo Domingo, e na outra (a ser usada apenas no caso de o emissário ser interceptado pelos franceses) a cooperar com os franceses. As forças de Kerverseau capturaram o emissário, e o

Notas 543

general francês enganou Paul Louverture enviando-lhe a segunda carta. Os dois textos, datados de 20 de pluvioso do ano x (9 fev. 1802), estão incluídos na correspondência de Kerverseau. Archives Départementales de la Gironde, Collection Marcel Chatillon, 61 J 24.

39. *Précis des services de Joseph Antoine Idlinger, commissaire ordonnateur à Saint-Domingue.* Archives de la Seine, Paris, DQ10-1418, dossiê Joseph Idlinger.

40. Toussaint para Leclerc, Gonaïves, 22 de pluvioso do ano x (11 fev. 1802). AN AB XIX 5002, Papiers Leclerc.

41. Claude Auguste e Marcel Auguste, *L'expédition Leclerc 1801-1803*, p. 93.

42. Relatório de Maurepas para Toussaint, 6 fev. 1802. Archives Départementales de la Gironde, Collection Marcel Chatillon, 61 J 18.

43. Relatório de Maurepas para Toussaint, 11 e 14 fev. 1802. Archives Départementales de la Gironde, Collection Marcel Chatillon, 61 J 18.

44. Pluchon, *Toussaint Louverture*, p. 478.

45. Girard, *The Slaves Who Defeated Napoleon*, pp. 90-1.

46. Proclamação de Bonaparte, 17 de brumário do ano x (8 nov. 1801).

47. Bonaparte para Toussaint, 18 nov. 1801.

48. Antoine Métral, *Histoire de l'expédition militaire des français à Saint-Domingue* (Paris, 1825), p. 59. Coisnon fez um relato mais fantasioso da reunião em carta para Leclerc. Ver Archives Départementales de la Gironde, Collection Marcel Chatillon, 61 J 18.

49. Notas de Bonaparte para instruções a Leclerc, 31 out. 1801; Archives Nationales AFIV/863; também em Gustav Roloff, *Die Kolonialpolitik Napoleons I* (Munique, 1899), apêndice.

50. Para um estudo detalhado do fenômeno, com base em fontes de arquivos franceses, ver Charles Bonaparte Auguste e Marcel Bonaparte Auguste, *Les déportés de Saint-Domingue* (Quebec: Éditions Naaman, 1979).

51. Ibid.

52. Leclerc para o ministro da Marinha, 17 de messidor do ano x (6 jul. 1802), *Lettres du général Leclerc* (Paris: Ernest Leroux, 1937), p. 182.

53. Ibid., pp. 98-100.

54. "Notice sur un grand nombre d'hommes civils et militaires".

55. Girard, *The Slaves Who Defeated Napoleon*, pp. 121-2.

56. Nemours, *Histoire militaire*, v. 1, p. 227; Auguste, *L'expédition Leclerc 1801-1803*, pp. 134-5.

57. Madiou, *Histoire d'Haïti*, v. 2, pp. 182-3.

58. Discurso de Toussaint, 19-20 de pluvioso do ano x (8-9 fev. 1802), citado em Métral, *Histoire de l'expédition des français à Saint-Domingue*, pp. 67-8.

59. Toussaint para Dommage, 9 fev. 1802, citado em Sannon, *Histoire de Toussaint Louverture*, v. 3, p. 59.

60. Toussaint para Dessalines, 8 fev. 1802, citado em ibid., p. 58.

61. Almirante Villaret de Joyeuse para Leclerc, 3 de ventoso do ano x (22 fev. 1802). AN AB XIX 5002, Papiers Leclerc.

62. Citado em relatório do oficial francês Jean Figeac, 14 de vindemiário do ano XI (6 out. 1802). ANOM CC9A 32.

63. Descourtilz, *Voyages d'un naturaliste*, v. 3, pp. 304-6, 359 n. 1.

64. Várias cartas de Vernet para Toussaint, de março e abril de 1802, encontram-se nos documentos de Rochambeau; há também uma cópia da carta de Belair para Toussaint, Habitation Mayance, 21 de germinal do ano X (11 abr. 1802). Rochambeau Papers, Universidade da Flórida.

65. Ver, por exemplo, a carta frustrada do general Desfourneaux para Leclerc, Plaisance, 15 de ventoso do ano X (16 mar. 1802). AN 135AP/6, Papiers Rochambeau.

66. Carta do comandante Dalton, 5 de germinal do ano X (26 mar. 1802), citada em Nemours, *Histoire militaire*, v. 2, p. 410.

67. Jacques de Norvins, *Souvenirs d'un historiador de Napoléon*, v. 2, p. 376.

68. Pamphile de Lacroix, *La Révolution de Haïti*, p. 325.

69. Leclerc para Decrès, 27 fev. 1802. ANOM CC9B 19.

70. Leclerc para Bonaparte, 25 mar. 1802, em *Lettres du général Leclerc*, pp. 116-7.

71. Leclerc para o ministro da Marinha, 21 abr. 1802, ibid., pp. 130-2.

72. Algumas cartas de Sans-Souci para Toussaint sobreviveram; uma delas, de março de 1802, escrita em seu quartel-general em Grande-Rivière, encontra-se na coleção de Kurt Fisher na Biblioteca Pública de Nova York; outra, de abril de 1802, é citada em Auguste, *L'expédition Leclerc 1801-1803*, pp. 147-8; há também duas cartas do começo de abril de 1802 nos documentos de Rochambeau. Rochambeau Papers, Universidade da Flórida.

73. Girard, *The Slaves Who Defeated Napoleon*, p. 121.

74. Madiou, *Histoire d'Haïti*, v. 2, p. 203.

75. Carta de Dessalines de 14 mar. 1802, em De Cauna (Org.), *Toussaint Louverture et l'indépendance d'Haïti*, p. 14; *Mémoires d'Isaac Louverture*, p. 261.

76. Madiou, *Histoire d'Haïti*, v. 2, p. 222; Saint-Rémy, *Vie de Toussaint*, p. 368.

77. Nemours, *Histoire militaire*, v. 1, p. 255.

78. Métral, *Histoire de l'expédition des français à Saint-Domingue*, p. 69.

79. Ibid., p. 87.

80. Proclamação de Toussaint, 10 de ventoso do ano X (1 mar. 1802); citada em Sannon, *Histoire de Toussaint Louverture*, v. 3, pp. 75-81.

81. Duboys, *Précis historique*, v. 2, p. 259.

82. Boudet para Toussaint, Port-Républicain, 11 de germinal do ano X (1 abr. 1802). AN AB XIX 5002, Papiers Leclerc.

83. Toussaint para Boudet, quartel-general de Dondon, 21 de germinal do ano X (11 abr. 1802). AN AB XIX 5002, Papiers Leclerc.

84. Ibid.

85. Auguste, *L'expédition Leclerc 1801-1803*, p. 116.

86. André Vernet para Toussaint, Saint-Michel, 10 de floreal do ano X (30 abr. 1802). Rochambeau Papers, Universidade da Flórida.

87. Toussaint, *arrêté*, 9 de floreal do ano X (29 abr. 1802). ANOM CC9B 9.

Notas 545

88. Toussaint para Christophe, 8 de floreal do ano x (28 abr. 1802). Archives Départementales de la Gironde, Collection Marcel Chatillon, 61 J 18; o envelope trazia o aviso *"service militaire très pressé"*. Sobre a segunda ofensiva, ver Nemours, *Histoire militaire*, v. 1, pp. 266, 270-1.

89. Norvins, *Souvenirs d'un historien de Napoléon*, v. 2, pp. 308-9, 362-3.

90. Ver sua carta para Toussaint, 14 fev. 1802: "Embora este exército [francês] tenha vindo para nos privar de nossa liberdade, não posso deixar de tratar humanamente os soldados cativos. Pois não é deles que devemos sentir raiva, mas de seus chefes". Archives Départementales de la Gironde, Collection Marcel Chatillon, 61 J 18.

91. Toussaint para Leclerc, Verrettes, 25 de pluvioso do ano x (14 fev. 1802). AN AB XIX 5002, Papiers Leclerc.

92. Pamphile de Lacroix, *La Révolution de Haïti*, p. 349.

93. Norvins, *Souvenirs d'un historien*, v. 2, pp. 395-6.

94. *Mémoires d'Isaac Louverture*, p. 292.

95. Leclerc para Toussaint, 17 de floreal do ano x (7 maio 1802), e resposta de Toussaint 22 de floreal do ano x (12 maio 1802); Toussaint acabou recebendo uma guarda de doze soldados. AN AB XIX 5002, Papiers Leclerc.

96. Toussaint para Leclerc, 22 de floreal do ano x (12 maio 1802). AN AB XIX 5002, Papiers Leclerc.

97. *Mémoires d'Isaac Louverture*, pp. 295-6.

98. Bonaparte para Leclerc, 16 mar. 1802, citada em Sannon, *Histoire de Toussaint Louverture*, v. 3, p. 102.

99. Toussaint para comandante de Gonaïves, 25 de floreal (15 maio 1802). AN 135AP/6, Papiers Rochambeau.

100. Toussaint para Dugua, 25 maio 1802. AN AB XIX 5002, Papiers Leclerc.

101. Em carta para Leclerc, de 21 de prairial do ano x (22 maio 1802), Dessalines queixou-se de ter recebido emissários de Toussaint vindos de Plaisance em busca de instruções para "continuar a rebelião". AN 135AP/6, Papiers Rochambeau. Sobre a resistência de Sylla, ver Auguste, *L'expédition Leclerc 1801-1803*, pp. 163-7.

102. Contado em Descourtilz, *Voyages d'un naturaliste*, v. 3, p. 186.

103. Toussaint para Brunet, 16 de prairial do ano x (5 jun. 1802). AN 135AP/6, Papiers Rochambeau.

104. *Mémoires d'Isaac Louverture*, pp. 307-8.

105. Proclamação de Leclerc, 22 de prairial do ano x (11 jun. 1802), *Gazette Officielle de Saint-Domingue*, 4 de messidor do ano x (23 jun. 1802).

106. Sobre o destino "maravilhoso e magnífico" de Gingembre, que acabou sendo deportado para a Córsega com muitos dos mais fervorosos apoiadores de Toussaint, ver Nemours, *Histoire militaire*, v. 2, pp. 300-43.

107. Carta de Toussaint, 7 de prairial do ano x (27 maio 1802), citada em Sannon, *Histoire de Toussaint Louverture*, v. 3, p. 108, n. 2.

108. Toussaint para Leclerc, 22 de floreal do ano x (12 maio 1802). AN AB XIX 5002, Papiers Leclerc.

109. Relatório do brigadeiro Pesquidon, 30 de floreal do ano X (20 maio 1802). AN 135AP/6, Papiers Rochambeau.

110. Brunet para Leclerc, Habitation Georges, 7 jun. 1802. AN 135AP/6, Papiers Rochambeau.

111. Dois "emissários" (espiões) que "seguiam os movimentos de Toussaint" receberam 1200 francos. Um crédito separado de 4 mil francos para "despesas extraordinárias" também menciona "presentes para Dessalines e sua mulher, e dinheiro pago a seus oficiais". Brunet para Leclerc, Habitation Georges, 19 jun. 1802. AN 135AP/6, Papiers Rochambeau.

112. Toussaint para Bonaparte, Brest, 1 de termidor do ano X (20 jul. 1802). AN AFIV 1213.

113. Relatório do prefeito de Bayonne, 14 de frutidor do ano X (1 set. 1802). AN EE 1991.

114. Sobre esse período, ver Nemours, *Histoire de la captivité et de la mort de Toussaint Louverture* (Paris e Nancy: Berger-Levrault, 1929).

115. Leclerc para o ministro da Marinha, 17 de messidor do ano X (6 jul. 1802), em P. Roussier (Org.), *Lettres du général Leclerc*, p. 183.

116. Nemours, *Histoire de la captivité*, pp. 51 e 57.

117. A ordem veio diretamente de Bonaparte, e foi transmitida por seu ministro da Guerra, Berthier (carta de 13 de frutidor do ano X [31 ago. 1802] para Fouché) AN 135AP/6, Papiers Rochambeau.

118. Baille para o ministro da Marinha, 10 de brumário do ano XI (1 nov. 1802). ANOM CC9B 18.

119. Testemunho recolhido por Dubois e transmitido em carta para Grégoire, Paris, 25 maio 1823. BNF NAF 6864.

120. Mars Plaisir para Isaac Louverture, Paris, 3 out. 1815. BNF NAF 6864.

121. Ver relatório de Whitfield para Nugent, 5 dez. 1801. Arquivos Nacionais, Kew, CO 137/106.

122. Pamphile de Lacroix, *La Révolution de Haïti*, p. 312; ver também Périès, *La révolution de Saint-Domingue*, f. 35.

123. Philippe Artières (Org.), *Journal du général Caffarelli* (Paris: Mercure de France, 2016), p. 126.

124. Relatório de Caffarelli para Bonaparte, 2 de vindemiário do ano XI (24 set. 1802), AN EE 1991; ver também Henry Gauthier-Villars, "La captivité de Toussaint Louverture", *Revue Bleue*, 23 jan. 1892.

125. Toussaint para Bonaparte, 30 de frutidor do ano X (17 set. 1802). AN AFIV 1213.

126. Jeannin para Isaac Louverture, Fort de Joux, 24 nov. 1810. BNF NAF 6864.

127. Toussaint Louverture, *Mémoires*, org. de Artières, p. 93.

128. Ibid., pp. 99-100.

129. Ibid., pp. 89-90.

130. Ibid., p. 62.

131. Ibid., p. 96.

132. Ibid., p. 94.

133. Ibid., p. 92.

Notas

547

134. Ibid., p. 91.

135. Ibid., p. 66.

136. Ibid., p. 76.

137. Duboys, *Précis historique*, v. 2, p. 261.

138. Carta de Follin, 22 mar. 1803, Cap, em Gabriel Debien, "Vers la fin de l'expédition de Saint-Domingue", *Caribbean Studies*, v. 11, n. 2, p. 100, jul. 1971.

139. Toussaint para Bonaparte, 17 de vindemiário do ano XI (8 out. 1802). AN AFIV 1213.

140. A capela do forte foi destruída em 1879, e com isso os restos mortais de Toussaint se perderam para sempre.

141. Toussaint para Bonaparte, 17 de vindemiário do ano XI (8 out. 1802). AN AFIV 1213.

142. Ver Julia Gaffield (Org.), *The Haitian Declaration of Independence* (Charlottesville e Londres: University of Virginia Press, 2016).

143. Charles Tristan Montholon, *Récits de la captivité de l'empereur Napoléon à Sainte-Hélène* (Paris, 1847), v. 2, p. 52.

144. Carta do ministro da Marinha Decrès para Leclerc, 25 de prairial do ano X (14 jun. 1802), em *Lettres du général Leclerc*, p. 285.

145. Leclerc para Bonaparte, 15 de vindemiário do ano XI (7 out. 1802), ibid., p. 256.

146. Métral, *Histoire de l'expédition des français à Saint-Domingue*, pp. 176-86.

147. Toussaint para Simon Baptiste, 7 de pluvioso do ano X (27 jan. 1802), Santo Domingo; Boromé, "A finding list".

148. Rochambeau para Bonaparte, Cap, 23 de germinal do ano XI (14 abr. 1803). AN AFIV 1213.

149. Nemours, *Histoire militaire*, v. 2, p. 173.

150. General Hardÿ para Leclerc, 16 de ventoso do ano X (7 mar. 1802). AN AB XIX 5002, Papiers Leclerc.

151. Citado em Pamphile de Lacroix, *La Révolution de Haïti*, pp. 366-7.

152. Citado em Lélia Justin Lhérisson, *Les héros de l'indépendance dans l'histoire d'Haïti* (Porto Príncipe, 1954), p. 3.

12. Herói universal (pp. 424-62)

1. Carta de 15 abr. 1954, em Ann Bardach (Org.), *The Prison Letters of Fidel Castro* (Nova York: Nation Books, 2007).

2. Sobre o "trauma cultural" causado pela revolução de Saint-Domingue entre as elites brancas na região atlântica, ver Alejandro Gómez, *Le spectre de la révolution noire* (Rennes: Presses Universitaires de Rennes, 2013).

3. Ver David Geggus, "Slave rebelion during the Age of Revolution", em Wim Klooster e Gert Oostindie (Orgs.), *Curaçao in the Age of Revolutions* (Leiden: KITLV Press, 2011); Genovese, *From Rebellion to Revolution*, p. 3.

4. Exemplos citados em Geggus, *The Haitian Revolution*, p. 188; sobre a Jamaica e a Revolução Haitiana, ver Michael Mullin, *African in America: Slave Acculturation*

and Resistance in the American South and the British Caribbean (Chicago: University of Illinois Press, 1992), pp. 216-7.

5. Citado em Scott, *The Common Wind*, p. 180.

6. Ver Laurent Dubois, "The promise of revolution: Saint-Domingue and the struggle for autonomy in Guadeloupe 1797-1802", em Geggus (Org.), *The Impact of the Haitian Revolution*, pp. 113, 116-7.

7. Relatório militar, citado em Aline Helg, "A fragmented majority: free 'of all colours', Indians, and slaves in Caribbean Colombia during the Haitian Revolution", ibid., p. 159.

8. Para mais exemplos, ver Oruno D. Lara, "L'influence de la Révolution haitienne dans son environment caraïbe", *Présence Africaine*, v. 1, pp. 89-103, 2004.

9. Consuelo Naranjo Orovio, "Le fantasme d'Haïti: l'élaboration intéressée d'une grande peur", em Yacou (Org.), *Saint-Domingue espagnol*, p. 639.

10. Citado em James Sidbury, "Saint-Domingue in Virginia: ideology, local meanings, and resistance to slavery 1790-1800", *Journal of Southern History*, v. 63, n. 3, p. 547, ago. 1997.

11. Douglas Egerton, *Gabriel's Rebellion: The Virginia Slave Conspiracies of 1800 and 1802* (Chapel Hill: University of North Carolina Press, 1993), p. 48; ver também Michael Nicholls, *Whispers of Rebellion: Narrating Gabriel's Conspiracy* (Charlottesville: University of Virginia Press, 2012).

12. Relatório, jun. 1800, citado em Ada Ferrer, *Freedom's Mirror*, p. 152.

13. Relatório do cônsul francês para o ministro da Marinha, Filadélfia, 30 set. 1800. ANOM CC9B 2.

14. Uma lista de divindades vodus preparada a partir de nove fontes na região de Plaisance em meados do século xx incluía uma de nome "Monsieur Toussaint". George Eaton Simpson, "The belief system of Haitian vodun", *American Anthropologist*, v. 47, n. 1, p. 45, jan./mar. 1945.

15. Odette Mennesson-Rigaud, "Le rôle du vaudou dans l'indépendance d'Haïti", *Présence Africaine*, v. 1, p. 64, 1958.

16. Citado em Laurent Dubois, "Thinking Haitian independence in Haitian vodou", em Gaffield (Org.), *The Haitian Declaration of Independence*, p. 209.

17. John Balfour para Henry Dundas, Tobago, 15 fev. 1794. Correspondência de Henry Dundas, Biblioteca Bodleiana, Oxford, MSS W.Ind.S.8.

18. Sobre o papel dos marinheiros, ver Scott, *The Common Wind*, cap. 2.

19. Matthias Assunção, "L'adhésion populaire aux projets révolutionnaires dans les sociétés esclavagistes", *Caravelle*, n. 54, p. 295, 1990.

20. Ver Janet Polasky, *Revolutions Without Borders* (New Haven: Yale University Press, 2015).

21. Citado em Michael Craton, *Testing the Chains: Resistance to Slavery in the British West Indies* (Ithaca, NY e Londres: Cornell University Press, 1982), p. 236.

22. Kevin Whelan, "The Green Atlantic: radical reciprocities between Ireland and America in the long eighteenth century", em Kathleen Wilson (Org.), *A New Imperial History* (Cambridge: Cambridge University Press, 2004), pp. 232 e 234.

Notas

549

23. Sobre as lutas políticas dos escravizados cubanos na primeira metade do século XIX, ver Alain Yacou, *La longue guerre des nègres marrons de Cuba (1796-1852)* (Paris: Karthala, 2009).

24. *Gaceta de Madrid*, 18 maio 1804, citado em Ada Ferrer, "Speaking of Haiti", em Geggus (Org.), *The Impact of the Haitian Revolution*, p. 224.

25. Ibid., p. 235.

26. Ada Ferrer, "La société esclavagiste cubaine et la révolution Haïtienne", *Annales. Histoire, sciences sociales*, pp. 352-5, 2003/2.

27. Manuel Barcia, "Revolts among enslaved Africans in nineteenth-century Cuba", *Journal of Caribbean History*, pp. 178-9, 2005/2.

28. Matthew Childs, "'A French black general arrived to conquer the island': images of the Haitian revolution in Cuba's 1812 Aponte rebellion", em Geggus (Org.), *The Impact of the Haitian Revolution*, p. 148.

29. Ibid., pp. 136, 143-4.

30. Proclamação de Dessalines, Cap, 28 abr. 1804. ANOM CC9B 23.

31. Hérard Dumesle, *Voyage dans le nord d'Hayti* (Les Cayes, 1824), pp. 85-9.

32. Ibid., pp. 310-1.

33. Ibid., pp. 159, 176.

34. Para uma discussão mais detalhada, ver Erin Zavitz, "Revolutionary narrations: early nineteenth century Haitian historiography and the challenge of writing counter-history", *Atlantic Studies*, v. 14, n. 3, 2017.

35. Thomas Madiou, *Histoire d'Haïti*.

36. Sobre as influências significativas do Haiti no pensamento de Bolívar, ver Sibylle Fischer, "Bolívar in Haiti: republicanism in the revolutionary Atlantic", em Caria Calargé, Raphael Dalleo, Luis Duno-Gottberg e Clevis Headley (Orgs.), *Haiti and the Americas* (Jackson: University Press of Mississippi, 2013).

37. Sonthonax para Toussaint, Cap, 13 de prairial do ano V (1 jun. 1797). BNF NAF 8988, Papiers Sonthonax.

38. Carlo Célius, "Neoclassicism and the Haitian revolution", em Geggus (Org.), *The Impact of the Haitian Revolution*, p. 378.

39. Aproximadamente 21 bilhões de dólares em valores do século XXI.

40. Para uma excelente discussão sobre as restrições internacionais inicialmente impostas ao Estado haitiano e seu impacto na política interna, ver Robert Shilliam, "What the Haitian Revolution might tell us about development, security, and the politics of race", *Comparative Studies in Society and History*, v. 50, n. 3, pp. 778-808, jul. 2008.

41. Ver Helen Weston, "The many faces of Toussaint Louverture", em Agnes Lugo-Ortiz e Angela Rosenthal, *Slave Portraiture in the Atlantic World* (Nova York: Cambridge University Press, 2013), pp. 356-7.

42. François Grenier, *Entrevue de Toussaint Louverture et du général Maitland* (1821).

43. *Toussaint Louverture proclame la constitution de 1801*, artista desconhecido, s.d. (*c.* 1822).

44. *Entrevue de Toussaint Louverture et de ses enfants*, artista desconhecido, s.d. (*c.* 1822).

45. *Mort de Toussaint Louverture*, artista desconhecido, s.d. (*c.* 1822).

46. Célius, "Neoclassicism and the Haitian revolution", p. 378.

47. Jean Price-Mars, *Ainsi parla l'oncle* (Nova York: Parapsychology Foundation Inc., 1928), p. 28.

48. "O Muse, now to the new songs I tune to my lyre", trecho de "The Haïtiade" (1827-8), em Doris Kadish e Deborah Jenson (Orgs.), *Poetry of Haitian Independence* (New Haven: Yale University Press, 2015), p. 125; a autoria não foi estabelecida definitivamente, mas para alguns críticos literários o poema pode ser do filho de Toussaint, Isaac; ibid., pp. xxviii-xxix.

49. *The Denison Review* (Denison, Iowa), 8 jul. 1903. Biblioteca do Congresso, Historic American Newspapers.

50. Alfred N. Hunt, *Haiti's Influence on Antebellum America* (Baton Rouge: Louisiana State University Press, 1988), p. 190.

51. Sobre o papel desempenhado pelos marinheiros negros, ver, em termos gerais, Gilroy, *Black Atlantic*, e Peter Linebaugh e Marcus Rediker, *The Many-Headed Hydra* (Londres: Verso, 2002).

52. Ver Sara Fanning, *Caribbean Crossing: African Americans and the Haitian Emigration Movement* (Nova York: New York University Press, 2017); ver também Matthew J. Smith, *Liberty, Fraternity, Exile: Haiti and Jamaica after Emancipation* (Durham, NC: University of North Carolina Press, 2014).

53. David Walker, *Appeal to the Coloured Citizens of the World*, org. de P. Hinks (University Park, PA: Pennsylvania State University Press, 2000), p. 23.

54. *Anti-slavery Bugle*, 28 abr. 1855. Biblioteca do Congresso, Historic American Newspapers.

55. *Weekly Anglo-African*, 15 fev. 1862, citado em Matthew Clavin, "American Toussaints: symbol, subversion, and the Black Atlantic tradition in the American Civil War", em Maurice Jackson e Jacqueline Bacon (Orgs.), *African Americans and the Haitian Revolution* (Nova York: Routledge, 2010), p. 115.

56. Sara Fanning, "The roots of early black nationalism: Northern African Americans' invocations of Haiti in the early nineteenth century", *Slavery and Abolition*, v. 28, n. 1, pp. 62-3, abr. 2007.

57. Para uma discussão mais detalhada dessas duas tradições, ver Michael O. West e William G. Martin, "Haiti, I'm sorry: the Haitian revolution and the forging of the black international", em West, Martin e Wilkins (Orgs.), *From Toussaint to Tupac*, pp. 91-7.

58. Para uma análise mais detalhada, ver Jacqueline Bacon, "A revolution unexampled in the history of man: the Haitian revolution in *Freedom's Journal*, 1827-1829", em Jackson e Bacon (Orgs.), *African Americans and the Haitian Revolution*.

59. *Freedom's Journal*, sexta-feira, 4 maio 1827.

60. *Freedom's Journal*, sexta-feira, 11 maio 1827. A principal fonte aqui foi a obra de Pamphile de Lacroix sobre a Revolução Haitiana.

Notas 551

61. *Freedom's Journal*, sexta-feira, 18 maio 1827.
62. *Freedom's Journal*, sexta-feira, 11 maio 1827.
63. Trecho de "Theresa: a Haytien Tale", *Freedom's Journal*, jan./fev. 1828, em Jackson e Bacon (Orgs.), *African Americans and the Haitian Revolution*, pp. 174-5.
64. *The Anti-Slavery Record*, v. 1, n. 4, abr. 1835. Agradeço a Oliver Franklin por me emprestar sua cópia pessoal deste documento.
65. James McCune Smith, "Lecture on the Haytien Revolutions", 26 fev. 1841, trechos reproduzidos em Jackson e Bacon (Orgs.), *African Americans and the Haitian Revolution*, pp. 177-83.
66. Harriet Martineau, *The Hour and the Man* (Londres, 1841).
67. John Relly Beard, *Toussaint L'Ouverture, a Biography and Autobiography* (Boston, 1863), p. 292; esta versão incluía uma tradução das memórias de Toussaint escritas no Fort de Joux.
68. Brandon Byrd, "Black republicans, black republic: African Americans, Haiti, and the promise of reconstruction", *Slavery and Abolition*, v. 36, n. 4, p. 550, 2015.
69. James Theodore Holly, *A vindication of the capacity of the negro race for self-government, and civilised progress, as demonstrated by historical events of the Haytian revolution* (New Haven, 1857).
70. Byrd, "Black republicans, black republic", p. 551.
71. Wendell Phillips, *One of the Greatest Men in History: Toussaint Louverture* (Nova York e Boston, 1861).
72. Susan Belasco, "Harriet Martineau's black hero and the American antislavery Movement", *Nineteenth Century Literature*, v. 55, n. 2, p. 177, set. 2000.
73. Schuyler Colfax, "Recollections of Wendell Phillips' lecture in Washington in 1862", *The Indianapolis Journal*, 18 abr. 1884.
74. Ver, por exemplo, "Wendell Phillips's oration on Toussaint Louverture", *New York Daily Tribune*, 13 mar. 1863.
75. *Weekly Anglo-African*, 19 dez. 1863; e *New York Independent*, 4 fev. 1864, citado em Clavin, "American Toussaints", p. 110.
76. Ibid., pp. 111-2 e 116.
77. George Washington Williams, *A History of the Negro Troops in the War of the Rebellion* (Nova York, 1888), pp. 45-6.
78. Robbie Shilliam, *The Black Pacific* (Londres: Bloomsbury, 2015), p. 147.
79. Ver, por exemplo, os artigos sobre Maceo no *Hawaiian Star*, 12 fev. 1897, e no *The Nashville Globe*, 22 jan. 1909.
80. Para uma análise mais detalhada, ver Robin Kelley, "'But a local phase of a world problem': black history's global vision 1883-1950", *Journal of American History*, v. 86, n. 3, dez. 1999.
81. Anténor Firmin, *De l'égalité des races humaines: anthropologie positive* (Paris, 1885), pp. 545-60.
82. Sobre a vida de Douglass, ver a biografia de David Blight, *Frederick Douglass: Prophet of Freedom* (Nova York: Simon & Schuster, 2018).

83. Frederick Douglass, *Lecture on Haiti* (Chicago, 1893), pp. 209-10.
84. Frederick Douglass, "Toussaint Louverture", *The Colored American* jul. 1903, pp. 487, 489, 491-2; Frantz Fanon, *Black Skins, White Masks* (Nova York: Grove Press, 1967), p. 100.
85. Ibid., pp. 490-1.
86. Douglass, *Lecture on Haiti*, pp. 205, 208-9.
87. Mitch Kachun, "Antebellum African Americans, public commemoration, and the Haitian revolution", *Journal of the Early Republic*, v. 26, n. 2, p. 52, verão 2006.
88. George Kilmer, "A Black Spartacus", *The Roanoke Times* (Roanoke, VA), 3 out. 1893.
89. Em sua edição de 27 de abril de 1906, o *Montana Plaindealer* apresentou esta versão: "Podem até me matar, senhores, mas o Haiti viverá livre e independente, pois finquei as raízes da liberdade tão profundamente no solo haitiano que a França jamais será capaz de arrancá-las". Biblioteca do Congresso, Historic American Newspapers.
90. Entre abril e maio de 1897, o jornal *The Broad Axe* (Salt Lake City) publicou uma série em sete partes sobre Toussaint. Biblioteca do Congresso, Historic American Newspapers.
91. Artigo em *The Kansas City Sun*, 17 abr. 1920. Biblioteca do Congresso, Historic American Newspapers.
92. Programa da Toussaint Louverture Literary Society para a comemoração do Dia de São Patrício, *St Paul Daily Globe* (Minnesota), 15 mar. 1896. Biblioteca do Congresso, Historic American Newspapers.
93. *The Evening Star* (Washington), 21 fev. 1915. Biblioteca do Congresso, Historic American Newspapers.
94. Reportagem em *Cayton's Weekly* (Seattle), 13 nov. 1920. Biblioteca do Congresso, Historic American Newspapers.
95. *The Detroit Tribune*, 13 jul. 1940. Biblioteca do Congresso, Historic American Newspapers.
96. Sobre a ocupação americana, ver Dantès Bellegarde, *La résistance haïtienne* (Montreal: Éditions Beauchemin, 1937); ver também sua obra *La nation haïtienne* (Paris: J. de Gigord, 1938).
97. Citado em Musab Younis, "The Grand Machinery of the World: Race, Global Order, and the Black Atlantic", tese de doutorado, Universidade de Oxford, 2017, p. 276.
98. Sobre um panorama da vida intelectual haitiana durante esse período, ver Magdaline Shannon, *Jean-Price Mars, the Haitian Elite, and the American Occupation 1915-1935* (Londres: Macmillan, 1996); sobre a formação da Société, ver pp. 166-7.
99. Citado em Joseph Guerdy, "Société Haïtienne d'Histoire, de Géographie et de Géologie", *Le Nouvelliste*, 7 dez. 2012.
100. Sannon, *Histoire de Toussaint Louverture*, v. 3, p. 205.
101. Discurso de Garvey na reunião da UNIA, Nova York, mar. 1920, em R. Hill (Org.), *The Marcus Garvey and Universal Negro Improvement Association Papers* (Berkeley: University of California Press, 1983), v. 2, p. 255.

Notas 553

102. Marcus Garvey, "African Fundamentalism" (1925), em John Henrik Clarke e Amy Jacques Garvey (Orgs.), *Marcus Garvey and the Vision of Africa* (Nova York: Vintage Books 1974), p. 156.

103. Citado em Charles Forsdick e Christian Høgsbjerg, *Toussaint Louverture: A Black Jacobin*, p. 138.

104. Citado em Carolyn Williams, "The Haitian Revolution and a North American Griot: the life of Toussaint L'Ouverture by Jacob Lawrence", em Martin Munroe e Elizabeth Walcott-Hackshaw (Orgs.), *Echoes of the Haitian Revolution* (Kingston, Jamaica: University of the West Indies Press, 2009), p. 78.

105. Os textos relativos a cada imagem podem ser encontrados em Patricia Hill, *Painting Harlem Modern: The Art of Jacob Lawrence* (Berkeley: University of California Press, 2009), pp. 62-8.

106. C. L. R. James, "Slavery today: a shocking exposure", *Tit-Bits*, 5 ago. 1933.

107. Lindsey Swindall, *Paul Robeson: A Life of Activism and Art* (Lanham, MD: Rowman and Littlefield, 2013), p. 18.

108. C. L. R. James, *Toussaint Louverture: The Story of the Only Successful Slave Revolt in History. A Play in Three Acts*, org. de Christian Høgsbjerg (Durham, NC: Duke University Press, 2013), p. 127.

109. Paul Robeson, "Ho Chi Minh is the Toussaint L'Ouverture of Indo-China", *Freedom*, mar. 1954.

110. Pablo Neruda, "Toussaint Louverture", em *Canto general*, trad. [para o inglês] de Jack Schmitt (Berkeley: University of California Press, 2000), p. 117. [Ed. bras.: *Canto geral*. Trad. de Paulo Mendes Campos. 13. ed. Rio de Janeiro: Bertrand Brasil, 2006.]

111. "Prière de paix", em *Hosties noires*; em Léopold Sédar Senghor, *Poèmes* (Paris, 1973), p. 90.

112. René Depestre, "Haiti as a myth and as a reality", *Tricontinental*, v. 13, p. 7, jul. 1969. Agradeço a Neha Shah por ter chamado minha atenção para este artigo.

113. Édouard Glissant, prefácio a *Monsieur Toussaint* (Paris: Gallimard, 1998), p. 9.

114. Bernard Dadié, *Îles de tempête* (Paris: Présence Africaine, 1973), p. 80.

115. Aimé Césaire, *Cahier d'un retour au pays natal* (Paris: Présence Africaine, 1983), p. 24.

116. Ibid., pp. 25-6.

117. Hurley, em Garraway (Org.), *Tree of Liberty*, p. 126.

118. Aimé Césaire, *Toussaint Louverture: La Révolution française et le problème colonial* (Paris: Présence Africaine, 1981), p. 24.

119. Ibid., p. 185.

120. Ibid., pp. 195-6.

121. Ibid., p. 205.

122. Ibid., p. 199.

123. Ibid., p. 345. Para uma avaliação mais geral das opiniões de Césaire e Senghor a respeito de soberania, ver Gary Wilder, *Freedom Time: Negritude, Decolonization, and the Future of the World* (Durham, NC: Duke University Press, 2015).

124. Cora Kaplan, "Black Heroes/White Writers: Toussaint L'Ouverture and the literary imagination", *History Workshop Journal*, v. 46, p. 33, 1998.

125. Ver Sudhir Hazareesingh, *The Legend of Napoleon* (Londres: Granta, 2004).

126. Joseph Saint-Rémy, *Mémoires du général Toussaint Louverture, écrits par lui-même* (Paris, 1853).

127. Ver Karma Nabulsi, *Traditions of War*.

128. Ralph Ellison, "Mister Toussan", em *Flying Home and Other Stories* (Londres: Random House, 1998), pp. 26, 27, 30.

129. Ver Tiffany Ruby Patterson e Robin Kelley, "Unfinished migrations: reflections on the African diaspora and the making of the modern world", *African Studies Review*, v. 43, n. 1, pp. 30-2, abr. 2000.

Conclusão (pp. 463-78)

1. Ntozake Shange, *For Colored Girls Who Have Considered Suicide / When the Rainbow Is Enuf* (Londres: Prentice Hall, 1997), pp. 26-9.

2. Henry Blackwell, "An interview with Ntozake Shange", *Black American Literature Forum*, v. 13, n. 4, pp. 135, 137, inverno 1979.

3. Ver Karen McCarthy Brown, "Art and resistance: Haiti's political murals, October 1994", *African Arts*, v. 29, n. 2, out. 1994.

4. Ver, especialmente, o panfleto *Toussaint Louverture, précurseur de l'indépendance d'Haïti* (Porto Príncipe, 2001).

5. Pierre Lepidi, "La route des esclaves", *Le Monde*, 22 jan. 2018.

6. Stephen R. Davis, *The ANC's War Against Apartheid* (Bloomington: Indiana University Press, 2018).

7. Shange, *For Colored Girls Who Have Considered Suicide / When the Rainbow Is Enuf*.

8. Jean Jonassaint, "Towards new paradigms in Caribbean studies", em Garraway (Org.), *Cultural Legacies of the Haitian Revolution*, pp. 205-6.

9. Sobre as dimensões literárias do mito de Toussaint, ver Philip Kaisary, *The Haitian Revolution in the Literary Imagination* (Charlottesville: University of Virginia Press, 2014); e Isabel Lamell, *Der Toussaint-Louverture-Mythos* (Bielefeld: De Gruyter, 2015).

10. Sobre as representações de Toussaint no século xix, ver Marlene Daut, *Tropics of Haiti: Race and the Literary History of the Haitian Revolution in the Atlantic World* (Liverpool: Liverpool University Press, 2015), cap. 8.

11. Alphonse de Lamartine, *Toussaint Louverture* (Paris, 1857), p. 58.

12. Alejo Carpentier, *The Kingdom of this World* (Nova York: Farrar, Straus and Giroux, 1989), pp. 36, 108-9.

13. Derek Walcott, "The Haitian Earth", em *The Haitian Trilogy* (Nova York: Farrar, Straus and Giroux, 2002), p. 353.

14. Para uma discussão mais detalhada dos escritos de Walcott sobre a Revolução Haitiana, ver Edward Baugh, "Of Men and Heroes: Walcott and the Haitian revolution", *Callaloo*, v. 28, n. 1, pp. 45-54, inverno 2005.

Notas 555

15. Maryse Condé, *In the Time of the Revolution*, pp. 466 e 488.
16. Fabienne Pasquet, *La deuxième mort de Toussaint-Louverture* (Arles: Actes Sud, 2001), p. 73.
17. Jean-Claude Fignolé, *Moi, Toussaint Louverture, avec la plume complice de l'auteur* (Mont-Royal, Quebec: Ville Mont-Royal Plume & Encre, 2004), pp. 23, 185, 205, 277.
18. Madison Smartt Bell, *All Souls' Rising* (Nova York: Pantheon, 1995), *Master of the Crossroads* (Nova York: Pantheon, 2000) e *The Stone that the Builder Refused* (Nova York: Pantheon, 2004).
19. Ver Anthony Georges-Pierre, "Toussaint Louverture face à l'histoire", *Le Nouvelliste*, 17 mar. 2014.
20. Discurso de Pierre Buteau na comemoração do 214º aniversário da morte de Toussaint, Université de la Fondation Aristide, Haïti. *Le Nouvelliste*, 6 abr. 2017.
21. Jean Métellus, *Toussaint Louverture, le précurseur* (Paris: Le Temps des Cerises, 2014), p. 280. Métellus escreveu uma peça sobre Toussaint, publicada em 2003.
22. Para uma discussão mais detalhada, ver Renaud Hourcade, "L'esclavage dans la mémoire nationale française: cadres et enjeux d'une politique mémorielle en mutation", *Droit et Cultures*, v. 66, pp. 71-86, 2013.
23. Lucie Poulvélarie, "L'Isle de Noé: abolition de l'esclavage, un haut-lieu de mémoire", *La Dépêche*, 15 maio 2013.
24. François Bancel, Pascal Blanchard e Françoise Vergès, *La République coloniale, essai sur une utopie* (Paris: Albin Michel, 2003), p. 154. Para uma discussão mais detalhada, ver Christine Chivallon, "L'émergence récente de la mémoire de l'esclavage dans l'espace public: enjeux et significations", *Revue d'Histoire Moderne et Contemporaine*, n. 52, pp. 64-81, 2005/5; ver também o estudo mais pormenorizado de sua autoria, *L'esclavage, du souvenir à la mémoire* (Paris: Karthala, 2012).
25. Sobre as representações cinematográficas da revolução e da escravidão em termos gerais, ver Alyssa Goldstein Sepinwall, "Slavery, memory, and the Haitian revolution in Chris Rock's Top Five", *Journal of American Culture*, v. 41, n. 1, mar. 2018.
26. *Toussaint Louverture*, direção de Philippe Niang, 180 minutos, France-Télévisions, 2012.
27. Julie Ménard, "Pontoise: cette statue est scandaleuse, c'est un criminel de guerre", *Le Parisien*, 12 set. 2017. Ver, em termos mais gerais, Myriam Cottias, "Faut-il déboulonner les statues des 'héros' controversés?", *La Croix*, 11 out. 2017.
28. Ver Amia Srinivasan, "Under Rhodes", *London Review of Books*, v. 38, n. 7, 31 mar. 2016.
29. "Columbus statue should be replaced with Toussaint Louverture", *Chicago Defender*, 5 dez. 2017.
30. Ver André Marie e Yinda Yinda, "Mémoires indociles: de Louverture à Basquiat", *Tumultes*, n. 27, pp. 69-88, 2006.
31. John Agard, "Toussaint L'Ouverture acknowledges Wordsworth's sonnet 'To Toussaint L'Ouverture'", 2006.
32. Lillian Thuram, *Mes étoiles noires* (Paris: Éditions des Noyelles, 2009).

33. Fred Duval, Jean-Pierre Pécau e Dim. D, *Jour J: Les fantômes d'Hispaniola* (Paris: Delcourt, 2018).

34. Ver <http://www.lycee-toussaintlouverture.com>.

35. Tony Crowley, "Murals of Northern Ireland". Disponível em: <http://ccdl.libraries.claremont.edu/cdm/singleitem/collection/mni/id/5993/rec/5>.

36. Um artigo no *Evening Journal* (Wilmington, Delaware) de 1º de julho de 1893, mencionava o "clube Toussaint Louverture", observando que era "formado inteiramente por homens de cor" e fazia suas reuniões no número 109 da West 34th Street.

37. David Suisman, "Co-workers in the kingdom of culture: Black Swan records and the political economy of African American music", *Journal of American History*, v. 90, n. 4, p. 1311, mar. 2004.

38. Maurice Jackson, "'Friends of the Negro! Fly with me, the Path is open to the sea': remembering the Haitian revolution in the history, music, and culture of the African American people", *Early American Studies*, v. 6, n. 1, pp. 98-9, primavera 2008.

39. Ver entrevista de David Blake a Gerald Larner em *The Musical Times*, v. 118, n. 1615, pp. 721-7, set. 1977. Agradeço a David Ekserdjian por chamar minha atenção para esta ópera.

40. Jérôme Brie, *Les derniers jours de Toussaint Louverture* (Grinalbert Polymedia, 2012).

41. Michael Gira, entrevista, *Stereogum*, 7 maio 2014.

42. Doug DeLoach, "Chouk Bwa: deep roots, borderless energy", *Songlines*, 3 mar. 2018.

Cronologia

1697

setembro A Espanha cede para a França o terço ocidental de Hispaniola, que se torna a colônia de Saint-Domingue.

***c.* 1740**

Nascimento de Toussaint na propriedade de Bréda.

1758

janeiro Execução de François Makandal, líder da primeira grande conspiração de escravizados.

1763

novembro Expulsão dos jesuítas de Saint-Domingue.

1772

Bayon de Libertat torna-se administrador da propriedade de Bréda (até 1789); designa Toussaint seu cocheiro.

1774

janeiro, abril Morte de Hippolyte e Pauline, pais de Toussaint.

***c.* 1775**

Toussaint é emancipado.

1782

Toussaint casa-se com Suzanne Baptiste (com quem tem dois filhos, Isaac, n. 1786, e Saint-Jean, n. 1791).

1784

dezembro Decreto real pedindo tratamento mais "humano" para com os escravizados é rejeitado pelos colonos de Saint-Domingue.

1788

fevereiro Criação, na França, da Société des Amis des Noirs, abolicionista e liberal.

1789

janeiro Formação de assembleias coloniais em Saint-Domingue.

julho Começa a Revolução Francesa, com a queda da Bastilha.

agosto Assembleia Nacional francesa adota a Declaração dos Direitos do Homem e do Cidadão.

setembro Pessoas de cor livres e donas de propriedades fazem petição à Assembleia Nacional francesa exigindo iguais direitos civis e políticos.

outubro Assembleia Colonial de Saint-Domingue bloqueia reformas da França e nega direitos a pessoas de cor livres.

1790

março Assembleia Nacional francesa concede plenos poderes legislativos a Saint--Domingue, e evita a questão dos direitos de pessoas de cor livres.

maio Assembleia Colonial declara a autonomia de Saint-Domingue em relação à França (Assembleia fechada por autoridades locais legalistas em julho).

outubro Tentativa de rebelião por líder mestiço livre Vicente Ogé no norte.

1791

fevereiro Ogé é executado em Cap.

maio Assembleia Nacional francesa concede poder de veto a Saint-Domingue sobre legislação colonial.

julho Nova Assembleia de Saint-Domingue dominada por partidários da supremacia branca.

agosto Insurreição de escravizados começa no norte de Saint-Domingue; envolvido em seu planejamento, Toussaint torna-se secretário do líder rebelde Biassou.

setembro-dezembro Toussaint aparece como figura-chave entre os líderes rebeldes, protege prisioneiros brancos e defende um acordo com a Assembleia Colonial.

novembro Morte de Boukman, um dos principais líderes da rebelião de escravizados.

1792

janeiro Fracasso dos esforços de conciliação; Toussaint comanda sua própria força militar, formada basicamente por escravizados *marrons* (fugidos).

abril Nova Assembleia Legislativa francesa põe fim à discriminação racial nas colônias.

agosto Toussaint assiste à celebração em homenagem ao rei francês.

julho *Lettre originale des chefs nègres révoltés.*

setembro Chegada de comissários franceses a Saint-Domingue; a França torna-se uma república.

Cronologia 559

dezembro Comissário Sonthonax proclama a república em Saint-Domingue; Toussaint promovido a general do exército rebelde.

1793

janeiro Após a execução do rei francês, a Espanha declara guerra à França.

maio Aliança formal espanhola com Jean-François e Biassou contra os franceses.

junho Toussaint torna-se general nas forças auxiliares espanholas; nos meses seguintes, toma Dondon, Marmelade, Verrettes, Petite-Rivière e Plaisance dos franceses.

agosto Sonthonax abole a escravidão no norte de Saint-Domingue (abolição estendida ao oeste em setembro, e ao sul em outubro); Toussaint adota o nome "Louverture".

setembro Forças britânicas começam uma ocupação de cinco anos de partes do sul e do oeste de Saint-Domingue.

novembro Toussaint assina acordo de reconciliação com Jean-François e Biassou depois de mediação espanhola.

dezembro Toussaint captura Gonaïves, consolidando o controle espanhol de todo o norte de Saint-Domingue (à exceção de Cap).

1794

fevereiro Decreto da Convenção abole a escravidão em todas as colônias francesas.

março Toussaint denuncia Biassou, começa reaproximação com franceses.

abril Captura de Guadalupe pelos britânicos, depois da tomada de Martinica (em março).

maio Monarquistas massacrados em Gonaïves; Toussaint reagrupa campo republicano e traz os territórios que controla para o lado francês.

junho Toussaint é designado comandante dos territórios ocidentais sob controle francês; captura de Porto Príncipe pelos britânicos.

outubro Toussaint toma Saint-Michel e Saint-Raphaël dos espanhóis.

1795

junho Toussaint retoma Mirebalais dos britânicos, depois de cinco meses de luta.

julho Espanha assina o Tratado de Basileia com a França, abandona todas as posições em Santo Domingo; Toussaint é promovido a brigadeiro-general.

agosto Toussaint lança ataques em grande escala contra posições britânicas em Saint--Domingue.

outubro Nova Constituição francesa estabelece o Diretório, com o Conseil des Cinq Cents como Câmara Baixa.

1796

março Toussaint salva o governador Laveaux de uma tentativa de golpe por pessoas de cor em Cap, e é nomeado seu vice.

maio Chegam da França novos comissários, entre eles Sonthonax e Raimond.

julho Isaac Louverture e seu meio-irmão Placide são mandados à França para estudar.

agosto Britânicos impõem severa derrota às forças de Toussaint e recapturam Mirebalais.

outubro Laveaux deixa Saint-Domingue para ocupar uma cadeira no Conseil des Cinq Cents.

1797

abril Contrarrevolucionários monarquistas conquistam maioria nas eleições legislativas francesas.

maio Toussaint nomeado comandante-chefe do exército de Saint-Domingue.

maio Discurso de Viénot de Vaublanc no Conseil des Cinq Cents denuncia revolução negra em Saint-Domingue.

agosto Toussaint obriga Sonthonax a deixar Saint-Domingue.

setembro Golpe de Estado de 18 do frutidor do ano V em Paris, monarquistas derrotados.

outubro Toussaint publica *Réfutation de quelques assertions d'un discours prononcé au Corps législatif, le 10 Prairial, an cinq, par Viénot Vaublanc.*

1798

janeiro Lei sobre colônias adotada no legislativo francês incorpora totalmente Saint-Domingue.

abril Novo agente francês Hédouville chega a Saint-Domingue.

julho *Arrêté concernant la police des habitations,* de Hédouville, provoca insatisfação generalizada entre trabalhadores.

agosto Britânicos concluem retirada negociada de Saint-Domingue com Toussaint; tratado secreto sobre comércio e não agressão.

setembro Toussaint desafia Hédouville concedendo anistia a exilados.

outubro Hédouville foge da colônia depois de Toussaint orquestrar uma insurreição contra ele.

dezembro Philippe Roume designado agente francês em Saint-Domingue.

1799

março Edward Stevens designado cônsul americano em Saint-Domingue.

Cronologia

maio *Réponse du citoyen Toussaint Louverture aux calomnies et aux écrits mensongers du général de brigade Rigaud.*

junho Tentativa de insurreição contra Toussaint e começo da guerra das facas contra Rigaud no sul; extensão do tratado de 1789 entre Toussaint e Maitland.

agosto Toussaint recupera controle total do norte e do oeste.

novembro Golpe do 18 de brumário de Bonaparte derruba Diretório; nova Constituição acaba com o direito das colônias de serem representadas no legislativo nacional.

dezembro Fracasso da conspiração republicana na Jamaica; navios de Toussaint apreendidos pelos britânicos.

1800

março Jacmel cai em poder das forças de Toussaint, com ajuda naval americana (e depois Grand-Goâve, em abril).

abril Toussaint coage Roume a aprovar a tomada de Santo Domingo pelos franceses.

junho Chegada de delegação nomeada por cônsules (Vincent, Raimond, Michel).

agosto Vitorioso na guerra do sul, Toussaint entra em Les Cayes; Rigaud foge.

outubro Decreto trabalhista de Toussaint estabelece regime draconiano nas plantations.

novembro Toussaint condena Roume a exílio interno em Dondon.

1801

janeiro Toussaint invade Santo Domingo, expulsa autoridades espanholas e abole a escravidão; Hispaniola unificada sob governo republicano francês.

fevereiro Toussaint anuncia criação de uma Assembleia Central incumbida de redigir uma nova Constituição para a colônia.

março Membros da Assembleia Central são designados e começam suas deliberações.

maio *Instructions aux fonctionnaires publics*, de Toussaint.

julho Constituição de Saint-Domingue apresentada em cerimônia em Cap; Toussaint nomeado governador vitalício da colônia, e escravidão abolida "para sempre".

outubro Bonaparte ordena envio de 20 mil soldados para derrubar Toussaint; rebelião de Moyse.

novembro Decreto de Toussaint de 4 de frimário do ano x: luta contra "sedição" ampliada.

dezembro Proclamação de Toussaint anuncia iminente invasão militar francesa.

1802

janeiro Primeiros navios da expedição de Leclerc avistados ao largo de Santo Domingo; começa a invasão francesa.

fevereiro Toussaint incendeia Cap e não se rende; lança campanha de primavera contra as forças francesas.

março Batalha de Crête-à-Pierrot: franceses tomam forte, mas sofrem numerosas baixas.

maio Toussaint aceita cessar-fogo e retira-se para Ennery; Bonaparte restaura a escravidão em Martinica, Tobago e Santa Lúcia, depois em Guadalupe e na Guiana.

junho Toussaint e família capturados e deportados para a França.

julho Decreto governamental proíbe entrada de negros e mestiços na França.

agosto Toussaint encarcerado no Fort de Joux; notícias da restauração da escravidão em Guadalupe reacendem a resistência em Saint-Domingue.

setembro Toussaint dita sua *Mémoire*.

outubro Dessalines e Pétion unem-se contra a ocupação francesa e divulgam convocação geral às armas.

novembro Leclerc morre de febre amarela, sendo sucedido por Rochambeau.

1803

abril Morte de Toussaint no Fort de Joux.

maio Acordo de Arcahaie: unificação das forças insurgentes negras e mestiças de Saint-Domingue sob a liderança de Dessalines.

novembro Derrota final dos franceses na Batalha de Vertières, Rochambeau capitula.

dezembro Forças francesas deixam Saint-Domingue.

1804

janeiro Dessalines proclama o novo estado do Haiti.

Glossário

aladá: grupo ancestral de Toussaint, que recebeu o nome do reino africano

agente: o mais alto representante colonial francês

ancien régime: sistema político francês anterior à Revolução de 1789

Artibonite: o maior rio de Saint-Domingue

blanc: pessoa branca (às vezes com a distinção entre *petit* e *grand*)

bossale: pessoa nascida na África

cabildos: municipalidades no território espanhol de Santo Domingo

cercle: audiências em que Toussaint se reunia com pessoas comuns

Code Noir: livro de regras francês codificando o tratamento dos escravizados

colon: colono branco

commandeur: capataz (depois da revolução, conhecido como *conducteur*)

congo: maior grupo étnico da população negra de Saint-Domingue

crioulo: natural de Saint-Domingue

crioulo: vernáculo de Saint-Domingue, combinando francês, línguas africanas e dialetos locais

cultivateur: trabalhador de plantation

curé: padre

escalin: unidade monetária criada por Toussaint em Santo Domingo

exilado: francês que fugiu da colônia durante a revolução

Fatras-Bâton ("vara fina"): apelido dado a Toussaint em sua juventude

fon: língua falada pelos aladás

gens de couleur: mestiços

gourde: unidade monetária de Saint-Domingue

gourdin: um quarto de um *gourde*

Guarda Nacional: milícia de cidadãos

guerra das facas: conflito entre Toussaint e Rigaud (1799-1800)

habitation: plantation

Hispaniola: nome dado à ilha pelos espanhóis

houngan: sacerdote vodu

kalinda: dança de escravizados

levée en masse: revolta coletiva

liberté générale: emancipação da escravidão

libre: escravizado liberto (*ancien libre*: libertado antes da revolução; *nouveau libre*: libertado a partir de 1793)

lieue: légua, unidade de distância, equivalente a cerca de 4,5 quilômetros

livre: unidade monetária

loa (*lwa*): espírito vodu

Makandal: líder revolucionário escravizado de meados do século XVIII

manumissão: alforria

marron: escravizado fugido (daí *marronage*)

metrópole: França continental

mulâtre, mulâtresse: mulato, mulata

Ogum: espírito guerreiro vodu

Port-Républicain: nome de Porto Príncipe a partir de 1793

propriétaire: proprietário de terras

tafiá: aguardente feita do melaço de açúcar

tainos: indígenas originais de Saint-Domingue

vodu: sistema spiritual e modo de vida centrado no culto aos espíritos

Créditos das imagens

Todos os esforços para contatar os detentores de direitos autorais foram realizados. Os editores ficarão contentes de corrigir, em edições futuras, erros ou omissões que vierem a ser apontados.

Pranchas

1. Toussaint Louverture, litografia colorida à mão por Nicolas-Eustache Maurin, publicada por F. S. Delpech, 1832, Free Library of Philadelphia, John Frederick Lewis Portrait Collection (foto: Bridgeman Images).
2. Detalhe de um mapa topográfico de Saint-Domingue, 1760 (foto: Bibliothèque Nationale de France, Département Cartes et Plans).
3. (no alto) Refinaria de açúcar, versão colorizada de uma ilustração original de Denis Diderot, *Encyclopédie, ou Dictionnaire Raisonné des Sciences, des Arts et des Métiers*, 1762, v. I, gravura I (foto: City of Vancouver Archives, British Columbia Sugar Refining Fonds); (embaixo) escravizados trabalhando no pátio de uma plantation nas Índias Ocidentais, versão colorizada de uma ilustração original de Jean-Baptiste du Tertre, *Histoire Générale des Antilles habitées par les François*, 1667 (foto: Leonard de Selva/ Bridgeman Images).
4. *A parte francesa da ilha de Saint-Domingue em 1789*, mapa de Daniel Derveaux, c. década de 1930, baseado num original do século XVIII de autoria de G. Delisle (foto: Archives Charmet/ Bridgeman Images).
5. (no alto) *O incêndio da cidade de Cap-Français em 21 de junho de 1793*, gravura colorida de Jean-Baptiste Chapuy no estilo de Jean-Louis Boquet (foto: Archives Charmet/ Bridgeman Images); (embaixo) *Decreto da Convenção Nacional abolindo a escravidão em 1794*, desenho atribuído a Nicolas-André Monsiau, Musée Carnavalet, Paris (foto: Paris Musées).
6. (no alto à esquerda) Léger-Félicité Sonthonax, retrato de autoria de artista desconhecido, Musée du Panthéon National Haïtien, Port-au-Prince (foto: MUPANAH); (no alto à direita) Gabriel Hédouville, retrato de autoria de Jean-Baptiste Paulin Guérin, Château de Versailles (foto: © RMN-Grand Palais [Château de Versailles]/ Gérard Blot/ Jean Schormans); (embaixo à esquerda) Thomas Maitland, retrato de autoria de John Hoppner, Thirlestane Castle, Lauder (foto: Christie's/ Bridgeman Images); (embaixo à direita) Charles Emmanuel Leclerc, retrato de autoria de François Joseph Kinson, Château de Versailles (foto: © RMN-Grand Palais [Château de Versailles]/ Gérard Blot).

7. (no alto à esquerda) Isaac Louverture, retrato de autoria de artista desconhecido, Musée du Panthéon National Haïtien (foto: © Fonds Jacques de Cauna, MUPANAH, 2003); (no alto à direita) Placide Louverture, retrato de autoria de artista desconhecido, Musée du Panthéon National Haïtien (foto: © Fonds Jacques de Cauna, MUPANAH, 2003); (no centro à esquerda) Louise Chancy, retrato de autoria de Séjour Legros, 1821, Musée du Panthéon National Haïtien (foto: © Fonds Jacques de Cauna, MUPANAH, 2003); (no centro à direita) Toussaint Louverture, retrato de autoria de Louis Rigaud, 1877, Yale Center for British Art. Emprestado pelo Museu Peabody de História Natural (foto: Yale Center for British Art).

8. Théodore Géricault, *Épisode de la guerre coloniale: Noir sur un cheval cabré*, 1818-9 (foto: Christie's/ Bridgeman Images).

9. *Toussaint Louverture montado em seu cavalo Bel-Argent*, desenho de autoria de Denis Alexandre Volozan, *c*. 1800-25, Musée d'Aquitaine, Bordeaux (foto: © JM Arnaud, mairie de Bordeaux).

10. *O juramento dos ancestrais*, pintura de Guillaume Guillon-Lethière, 1822, anteriormente no Musée National d'Haïti, agora no Musée du Panthéon National Haïtien, Porto Príncipe (foto: © RMN-Grand Palais/Gérard Blot).

11. (no alto) Toussaint Louverture a cavalo, pintura de Jacob Lawrence, n. 32 da série *A vida de Toussaint L'Ouverture*, 1938, Aaron Douglas Collection, Amistad Research Center, New Orleans © The Jacob and Gwendolyn Knight Lawrence Foundation, Seattle/ Artists Rights Society (ARS), Nova York e DACS, Londres 2020 (foto: Amistad Research Center); (embaixo) *Toussaint L'Ouverture, Haiti*, pintura de autoria de William H. Johnson, *c*. 1945. Smithsonian American Art Museum. Doação da Harmon Foundation (foto: SAAM).

12. *Toussaint emanando amarelo*, pintura de autoria de Edouard Duval-Carrié, 2008 (foto © Edouard Duval-Carrié, reprodução devidamente autorizada pelo artista).

13. (no alto) Selo comemorativo dos 150 anos da Revolução Haitiana, lançado no Haiti, 1954 (foto: Wolfgang Windel, Haiti Philatelic Society); (no centro à esquerda) selo comemorativo do bicentenário da morte de Toussaint, lançado no Haiti, 2003 (foto: Wolfgang Windel, Haiti Philatelic Society); (no centro) selo representando Toussaint, lançado no Daomé, 1963 (foto: Hipstamps/ J. Freedom Stamps); (no centro à direita) obliteração comemorativa da morte de Toussaint, lançada em Pontarlier, perto do Fort de Joux, França, 1991 (foto: Wolfgang Winde Haiti Philatelic Society); (embaixo) envelope do primeiro dia comemorativo do bicentenário da revolução dos escravizados, lançado em Cuba, 1991 (foto: Wolfgang Windel, Haiti Philatelic Society).

14. (no alto) Moeda de prata de dez *gourdes* com o rosto de Toussaint, cunhada no Haiti, 1968 (foto: Heritage Auctions); (no centro) moeda de 2500 francos comemorativa do bicentenário da Lei da Abolição do Comércio de Escravos de 1807, cunhada no Senegal, 2007 (foto: Allnumis); (embaixo) cédula de vinte *gourdes*, emitida no Haiti, 2001 (foto: coleção particular).

15. (no alto à esquerda) Capa da primeira edição inglesa de *O reino deste mundo*, de Alejo Carpentier, 1957; (no alto à direita) capa do programa da peça *Os jacobinos negros*,

de C. L. R. James, produzida pela Talawa Theatre Company, 1968, v&a Theatre & Performance Collection, Londres (foto: © Talawa Theatre Company); (embaixo) cartaz do filme *Toussaint Louverture*, dirigido por Philippe Niang, 2012 (foto: Eloa Prod/ La Petite Reine/ France Télévision).

16. (no alto à esquerda) estátua de Toussaint, *c.* 1989, Aladá, Benim; (no alto à direita) busto de Toussaint de autoria de James Mastin, 2002, Fort de Joux, França (foto: Christophe Finot); (embaixo à esquerda) estátua de Toussaint de autoria de Ousmane Sow, 2014, Musée du Nouveau Monde, La Rochelle, França (foto: Julien Chauvet); (embaixo à direita) busto de Toussaint de autoria de Dominique Dennery, 2017, Parc Toussaint-Louverture, Montreal, Canadá (foto: Alain Quevillon).

17. *Bwa Kayiman Haiti*, pintura de Nicole Jean-Louis, *c.* 2010 (© Nicole Jean-Louis).

Ilustrações no texto

p. 22. Primeira página do jornal *Affiches Américaines*, 25 dez. 1784 (foto: University of Florida Library).

p. 38. Folha de rosto do *Code Noir*, edição de 1743 (foto: af Fotografie/ Alamy).

p. 54. Toussaint lendo *Histoire philosophique des Deux Indes*, de Raynal e Diderot, ilustração de John R. Beard, *The Life of Toussaint L'Ouverture: The Negro Patriot of Hayti*, edição de 1853 (foto: Harvard University Library).

p. 71. *Incendie de la Plaine du Cap — Massacre des Blancs par les Noirs, 22 Août 1791*, ilustração de *France Militaire*, 1833 (foto: Heritage Images/ Alamy).

p. 79. Página de abertura de *Récit historique*, de Gabriel Le Gros, 1793. Archives Nationales, Paris (foto: University of Florida Library).

p. 90. *Proclamação da abolição da escravidão*, de Sonthonax, em crioulo, 29 ago. 1793 (foto: © Centre Historique des Archives Nationales).

p. 102. Toussaint Louverture, ilustração de I. Barlow, em *An Historical Account of the Black Empire of Hayti*, de Marcus Rainsford, 1805. (foto: cortesia da John Carter Brown Library).

p. 170. Página de abertura de *Réfutation de quelques assertions d'un discours prononcé au Corps législatif, le 10 Prairial, an cinq, par Viénot Vaublanc*, de Toussaint, 1797 (foto: Archives Nationales d'Outre-Mer, Aix-en-Provence).

p. 178-9. Carta de Toussaint para Gabriel Hédouville, *c.* abr./maio de 1798. Archives Nationales, Paris (foto: o autor).

p. 214. Carta de Toussaint para os filhos Isaac e Placide, 14 abr. 1799 (foto: Bibliothèque Municipale, Nantes).

p. 222-3. Proclamação de oficiais do Exército para as municipalidades, exortando-as a apoiarem Toussaint, 9 dez. 1798. Archives Nationales d'Outre-Mer, Aix-en-Provence (foto: University of Florida Library).

p. 226-7. Plano de Toussaint para a cidade de Aquin, Saint-Domingue, 1799 (foto: Bibliothèque Nationale de France, Département Cartes et Plans).

p. 228-9. Plano da cidade de Môle-Saint-Nicolas, Saint-Domingue, 1804 (foto: Bibliothèque Nationale de France, Département Cartes et Plans).

p. 265. Proclamação de Toussaint "para *cultivateurs* e homens de cor enganados pelos inimigos da França e da verdadeira liberdade", 30 jun. 1799, Archives Nationales d'Outre-Mer, Aix-en-Provence (foto: University of Florida Library).

p. 307. Proclamação de Toussaint "para todos os habitantes do velho território espanhol", em francês e espanhol, 2 jun. 1801, Archives Nationales d'Outre-Mer, Aix-en--Provence (foto: University of Florida Library).

p. 323. Programa da cerimônia de 18 de messidor para comemorar a nova Constituição, 4 jul. 1801. Archives Nationales d'Outre-Mer, Aix-en-Provence (foto: University of Florida Library).

p. 327. Página de abertura da *Constitution Républicaine des colonies Française de Saint--Domaingue... concernant la liberté des Nègres, des gens de couleurs et des blancs*, 1801 (foto: Bibliothèque Nationale de France, Département Réserve des Livres Rares).

p. 353. Aviso divulgado por Toussaint, 28 jul. 1801. Archives Nationales d'Outre-Mer, Aix-en-Provence (foto: University of Florida Library).

p. 401. *Revolta em Saint-Domingue, 16 de setembro de 1802*, gravura de Jean-François Pourvoyeur no estilo de Martinet, de *Histoire Universelle du XIX*ᵉ *siècle* (foto: Bibliothèque Nationale de France, Cabinet des Estampes).

p. 415. O Fort de Joux, França, gravura de Augustin François Lemaître de *L'Univers pittoresque*, 1845 (foto: DeAgostini/ Bridgeman Images).

p. 436. *Toussaint L'Ouverture apresentando cartas ao general Maitland*, gravura de François Grenier, 1821 (foto: Alamy).

p. 438. *A Constituição da República do Haiti, 1801*, gravura de artista anônimo, publicada por Villain, *c.* 1822 (foto: Library of Congress Prints and Fotographs Division, Washington, DC).

p. 437. *Toussaint L'Ouverture e os filhos*, gravura de artista anônimo, publicada por Villain, *c.* 1822 (foto: Library of Congress Prints and Photographs Division, Washington, DC).

p. 439. *A morte de Toussaint L'Ouverture*, gravura de artista anônimo, publicada por Villain, *c.* 1822 (foto: Library of Congress Prints and Photographs Division, Washington, DC).

p. 444. Primeira página de *The Anti-Slavery Record*, v. 1, n. 4, abr. 1835. Coleção de Oliver Franklin, reprodução devidamente autorizada.

p. 453. Anúncio com Toussaint divulgado pela Pfeiffer Brewing Company, Detroit, 1940 (foto: *The Detroit Tribune*).

p. 473. Placa comemorativa com os nomes de Laveaux, Toussaint e Lamartine, Château de Cormatin, Borgonha (foto: Deposit Photos).

Índice remissivo

As páginas indicadas em itálico referem-se às figuras.

abolição da escravatura: abolição geral
na França e nas colônias (1794), 16, 95-6,
232, 391-2, prancha 5; comemorações de,
230-3, 264, 470-3, prancha 14; consagrada
na constituição de 1801 de Saint-Domingue, 312, 315, 324, 327, 343, 418; decretos
revolucionários franceses, 66, 78; em
Saint-Domingue (1793), 26-7, 64, 78, 88, 90,
94-5, 147; em Santo Domingo (1801), 304-5,
530n90; pela Segunda República francesa
(1848), 466, 473
abolicionistas: na França, 27, 66, 78, 80, 151,
168, 389; na Grã-Bretanha, 432, 443, 454;
nos Estados Unidos, 442-54
acordo de paz franco-britânico (1801), 385
Acul, 149, 270, 373, 395, 398, 403
Adams, John, 250-1, 276
Affiba (primeira mulher do pai de Toussaint), 42, 46, 277
Affiches Américaines (jornal), 22
África do Sul, 465
Agard, John, 475
Agé, Pierre: chefe do estado-maior de Tous-
saint, 105, 120, 157, 166, 279, 295, 402; missão
a Santo Domingo, 289-91, 296-7, 299
Agen, 414
agricultura em Saint-Domingue, 18, 243-4,
306, 341, 358-63, prancha 3
aja (povo), 45
Akala (rapper), 477
aladá (povo), 36, 42-4, 149
Aladá, Benim, 464, prancha 16
Alexandre, o Grande, 298, 432, 461
Alexandria, Virgínia, 446
Ali, Muhammad, 476
Allier (secretário pessoal de Toussaint), 364
Alliot, Paul, 283
Angers, 470
Aníbal, 17, 432
Annual Register (periódico), 17

Antheaume (sacerdote), 215, 295
anticolonialismo, 26, 454-62, 469, 475
Anti-Slavery Bugle (periódico), 441
Anti-Slavery Record (periódico), 444
Aponte, José Antonio, 430-1
Aquin, 226, 228
Arafat, Yasser, 462
Arambarri, Miguel de, 262
Arcahaie, 88, 106, 184, 239, 267, 271
Arcahaie, acordo de (maio de 1803), 420
Ardouin, Beaubrun, *Études sur l'histoire
d'Haïti*, 23, 303
Ardouin, Céligny, 73
Argélia, Guerra de Independência, 456
Aristide, Jean-Bertrand, 464
Armona, Matías de, 86, 92
Artaud, Noël, 145, 156
Artibonite, rio e vale, 18, 98, 106, 114, 122,
177, 403, 408
Assembleia Central (Saint-Domingue, 1801):
cláusula para revisão da constituição, 343;
formação e membros, 310, 314, 339; recom-
pensas para membros, 338; redação da
constituição, 314-9, 324, 340; redação das
"leis orgânicas", 314, 316, 324, 337, 340, 347
Augustin (meio-irmão de Toussaint), 46
Azua, 284-5, 290, 300, 308

Baco, 298
Balcarres, Alexander Lindsay, conde de,
governador da Jamaica: correspondência
com o governo britânico, 174, 184, 256,
282; medo da revolução de Saint-Domingue, 258; recebe planos secretos para a
invasão da Jamaica, 259; negocia com o
enviado de Toussaint, 349; conquistado
por Toussaint, 260, 275, 355, 380
Balthasar, Madame (assessora religiosa), 216
Baltimore, 426, 452
Bani, 300

Bánica, 98, 115, 126, 224

Baptiste, Pierre (padrinho de Toussaint), 46, 331, 420, 422

Baptiste, Simon, 422

Baptiste, Suzanne *ver* Louverture, Suzanne

Barada (comandante de Cap-Français), 403

Barade, 89

Barbé de Marbois, François, 391

Basquiat, Jean-Michel, *Toussaint L'Ouverture v. Savonarola*, 475

Bayon de Libertat, Antoine-François: início da vida e carreira, 48; administrador da propriedade de Bréda, 48, 50-2, 56, 59, 75; terras e propriedades, 49-50; maçom, 210; Toussaint como cocheiro de, 48, 50, 52, 56, 58, 60, 100; emancipação de Toussaint e, 49-50; relações posteriores de Toussaint com, 50-1, 154-5; família foge quando começa a revolução, 50, 71-2; exílio nos Estados Unidos, 50, 155; retorna a Saint--Domingue, 50, 254-5, 177, 184

Bayonne, 414

Bazelais (comandante mestiço), 403

Béagé (administrador da plantation de Bréda), 40, 43

Beard, John Relly, *Toussaint L'Ouverture*, 443, 445

Beauharnais, família, 388

Beethoven, Ludwig van, 459

Bélair, Charles, 120, 378, 400, 423

Belair, Gabriel, 81

Bel-Argent (cavalo de Toussaint), 17, 301, 419

Belfast, 476

Bell, Madison Smartt, *All Souls' Rising*, 469-70

Bellegarde, Dantès, 451

Bernier, Celeste-Marie, *Characters of Blood*, 26

Besse, Martial, 257, 259

Biassou, Georges: vida pré-revolução, 75; líder da insurgência, 75, 77, 86, 88, 107; signatário da *Lettre originale* de julho de 1792, 81; organiza comemoração em homenagem ao rei francês, 82-3; promove Toussaint ao posto de general, 84; contatos com espanhóis, 84; rompimento com Toussaint, 89-93, 96; apoio de Toussaint à viúva de, 308

Biko, Steve, 476

Biret (brigadeiro), 128

Birète (ajudante de ordens), 120

Bisquet (comandante monarquista), 118

Black Swan (gravadora), 477

Blake, David, *Toussaint*, 477

Blanchelande, Philibert François Rouxel de, 73, 79

Bléigat, Marie Eugénie (mais tarde Sonthonax), 152

Bobigny, 470

Bois-Caïman, cerimônia de (agosto de 1791), 72, 75, 428, 431, prancha 17

Boissieu, Barthélémi, 229

Bolivar, Simón, 432

Bonaparte, Napoleão: início da carreira militar e ascensão ao poder, 248-9, 259, 388, 394, 406; sobre as qualidades dos comandantes militares, 130; golpe de Estado de novembro de 1799, 249, 282, 311, 339, 390, 505n62; envia delegação a Saint-Domingue (junho de 1800), 278-80, 282, 313, 328; operação de Toussaint em Santo Domingo e, 282, 293, 297, 302, 389-91; constituição de 1801 de Toussaint e, 317, 331, 333, 335-8, 339, 389; preparativos para a expedição de Saint-Domingue, 355, 389-92, 396-8, 407; lança invasão, 393-5, 421; devolve os filhos de Toussaint, 396, 434, 438, 442, 444; tentativa de negociações de Toussaint com, 406-7; deportação e prisão de Toussaint, 410-3, 416-7, 419, 422; retirada das forças francesas de Saint-Domingue, 421; vida posterior, 421, 460; Toussaint comparado a, 17, 248, 298, 424, 451, 460-1

Bonaparte, Pauline, 397

Bordeaux, 16, 471-2

Borgella, Bernard, 221, 314, 322-4, 331, 338, 364, 396

Borgne, 412

Boromé, Joseph, 30

Boudet, Jean, 398, 406, 408, 413

Boukman, Dutty "Zamba", 75

Bourgeau Fils (morador de Môle Saint-Nicolas), 229

Bourges (agricultor preso), 182

Boyer, Jean-Pierre, 410, 433, 435; encomenda gravuras, 433-40, 436-9, 444, 461

Brasil, 426-7

Bravoure (navio), 202

Bréda, conde Pantaléon de (primeiro proprietário da plantation), 37

Bréda, plantation de, 37, 43-5, 48, 50-1, 54-5, 152; durante a revolução, 72, 169

Índice remissivo

Brest, 394, 414
Brie, Jérôme, 477
Briggs, Cyril, 452
Brisbane, Thomas, 110, 141, 498n50
Brissot, Jacques Pierre, 66, 80
Brunet, Jean-Baptiste, 411-3
Bullet, Guillaume, 75
Bullet, Jeannot, 59, 75, 79
Bulletin Officiel de Saint-Domingue, 348
Bunel, Joseph, 183, 216, 250, 287, 349, 361, 364, 380, 519n26
Byrd, Donald Toussaint Louverture, 477

caça, proibição da, 235
Cádiz, 394
Caffarelli, Marie-François Auguste de, 416-7
Cahos, montanhas de, 142-3, 400, 408, 416
Cantave, Glenn, 475
Cap, Jean-Baptiste, 74
Cap-Français (características): economia, 19, 250, 253; localização, 18-9; população total e composição étnica, 166; vida cultural, 20, 211, 239; vida religiosa, 40-1, 46
Cap-Français (cronologia): pré-revolução, 18-20, 67, 69; começo da revolução, 71, 72, 97; incêndio de (1793), 63, 86, 164, prancha 5; mais tarde na revolução, 196-7, 201, 207; sob governo republicano, 234, 239, 250, 256, 354; transferência do escritório da Agência Francesa para, 248; durante a guerra das facas, 267; cerimônia para adoção da constituição (julho de 1801), 321-6, *323*, 372; durante a rebelião de Moyse e depois, 373, 376, 377, 380-1; durante a invasão francesa e a Guerra de Independência, 395, 398, 403-4, 411; incêndio de (1802), 395, 405
capuchinhos, 41, 75
Carlos Magno, 461
Carpentier, Alejo, *O reino deste mundo*, 466, prancha 15
Casimiro (oficial em Santo Domingo), 304
Castro, Fidel, 424, 455, 462
Cathcart, Hugh, 260, 263
catolicismo, 40-1, 56, 59-60, 215-7, 239, 316, 357; *ver também* capuchinhos; jesuítas
Cazenave, Blanc, 142
Cazes (comerciante de Gonaïves), 211
Cécile (primeira mulher de Toussaint), 47
Cercle des Philadelphes (organização científica), 20

Césaire, Aimé, 457-8
César, Júlio, 424, 432, 461; *Comentários sobre a guerra gálica*, 108
Chancy, Bernard, 120, 277
Chancy, Geneviève (meia-irmã de Toussaint), 46, 277
Chancy, Jacques, 120
Chancy, Louise, 277, 414, prancha 7
Chanlatte, Antoine, 31, 282, 290, 299, 300-1
Charbonnière, 110, 182
Charleston, 361, 475
Chavannes, Jean-Baptiste, 68, 141, 432
Chevalier (comandante regional), 142
Chouk Bwa (banda), 477
Christophe, Henri: caráter e reputação, 119, 430, 466-7; comandante no exército de Toussaint, 119, 122, 132; comandante de Cap-Français, 119, 236, 295; na cerimônia de promulgação da constituição, 326; opiniões sobre a constituição, 331, 378; riqueza e propriedades, 359; durante a rebelião de Moyse, 373, 381; crescente descontentamento com o regime de Toussaint, 378; provável sucessor no governo, 378; durante a invasão francesa e a Guerra de Independência, 394, 395, 398, 409-10, 420; vida posterior, 423, 430; morte, 433
Citoyen véridique, ou *Gazette du Port-Républicain* (jornal), 188, 239
Clément, plantation de, 75
Clermont-Ferrand, 470
Clervaux, Augustin, 114, 120, 394, 398, 420
Club Massiac, 67
Code Noir (livro de regras da escravidão), 37, *38*, 39, 45, 86, 422, 458
Coisnon (tutor dos filhos de Toussaint), 396, 434, *438*, 543n48
Coleridge-Taylor, Samuel, *Toussaint L'Ouverture*, 477
Collet, André, 314, 396
Colombo, Cristóvão, 18, 301, 475
comunismo stalinista, 26
Condé, Maryse, *In the Time of the Revolution*, 467
Condorcet, Nicolas de Caritat, marquês de, 66
Congo, Mariano, 429
"conspiração de 30 de ventoso" (março de 1796), 125, 137-43, 156, 165, 220, 264
constituição de 1801 (Saint-Domingue), 155, 230, 310-43, *327*, 360-1, 418, 434, *437*, 464;

cerimônia de promulgação, 321-6, *323*, 329, 372

constituição de 22 de frimário do ano VIII (França, 1799), 311, 315; artigo 91, 278, 310, 312-3, 336

constituição de 5 de frutidor do ano III (França, 1795), 151, 315

Corbet, Edward, 379-80

Cormatin, Château de, 471, *473*

Córsega, 397

Coupé (ajudante de ordens), 236

Créole Patriote, Le (jornal), 81

Crête-à-Pierrot, Batalha de (1802), 403-4, 406, 409

crioulo (idioma), 37, 41, 61

Croix-des-Bouquets, 113, 320

Cromwell, Oliver, 451

Cruz, Viriato da, "Mamã negra", 455

Cuba, 244, 269, 283, 303, 424, 426, 428-30, 455, 461; Guerra de Independência, 447; comemoração da revolta de escravizados de Saint-Domingue de 1791, prancha 13

Cul-de-Sac, planície de, 18, 148

Curaçau, 425

d'Hébécourt, Augustin, 120, 225, 285, 297

d'Orléans, Pierre-Joseph, 108

Dadié, Bernard, *Îles de tempête*, 456

Danty (comandante regional), 142

Datty, Étienne, 146

David, Jacques-Louis: *A morte de Marat*, 435; *Napoleão cruzando os Alpes*, 460

David, Placide, 237

Davis, Angela, 476

Debelle, Jean-François, 398, 403

Declaração dos Direitos do Homem e do Cidadão (França, 1789), 63, 66-8, 80, 94, 231

Decrès, Denis, 391

Delany, Martin, 446

Delany, Toussaint Louverture, 446

Delribal (administrador da plantation de Bréda), 50, 56

Depestre, René, 456

Desbruges (comandante monarquista), 114

Descahaux, Madame (proprietário de terras de Ennery), 212

Descourtilz, Michel-Étienne, 306, 369-70, 400

Deseulle, Jean-Michel, 366-7

Desfontaines, Sanon, 168, 180, 220, 515n44

Desfourneaux, Edme, 108, 156, 398

Désir, Philippe-Jasmin, 50, 60

Dessalines (coronel mestiço), 120

Dessalines, Claire-Heureuse, 373, 400

Dessalines, Jean-Jacques, prancha 10; começo da vida e ligação com Toussaint, 60; caráter e reputação, 119, 321, 427, 430, 443, 454, 457, 466-7, 469; comandante no exército republicano, 84, 119, 122, 132, 321; retomada de Mirebalais e, 114, 119; relações com o agente Hédouville, 180, 190; durante a guerra das facas, 270, 272, 302, 319; operação de Toussaint em Santo Domingo e, 295; como possível sucessor no governo, 319; previsão da invasão francesa, 319, 399; ausente na cerimônia constitucional, 326, 379; riqueza e propriedades, 359; responsável pela inspeção das plantations, 360; casamento, 373; durante a rebelião de Moyse, 373, 377; crescente descontentamento com o regime de Toussaint, 378; preparativos contra a invasão francesa e, 386; durante a invasão francesa e a Guerra de Independência, 394, 398-400, 403, 409-10, 420; prisão e deportação de Toussaint e, 412-3, 546n111; declaração de independência do Haiti, 420, 434; governo no Haiti, 420-1, 431

Dessources (comandante colon), 107-8, 110, 127, 187, 206

Detroit Tribune (jornal), 450, *453*

Diderot, Denis, 54; *Histoire philosophique des Deux Indes*, 28, 53-4, *54*, 69, 419, 474; *ver também* Raynal, Guillaume-Thomas

Dien Bien Phu, Batalha de (1954), 455

Dieudonné, Pierre, 120, 145

divórcio *ver* leis de casamento e divórcio

"docos" (bando de combatentes), 120, 149

Dommage, Jean-Baptiste, 399

Dondon, 84-5, 91, 93, 105, 115, 286, 347, 373, 398, 403-4; Roume desterrado em, 299, 302, 375

Dorsinville, Roger, 58

Douglas, Charles, 259, 263

Douglass, Frederick, 18, 35, 58, 447-50, 452, 459, 476

Du Bois, W. E. B., 452

Dubois, Laurent, 315

Duboys, Pélage-Marie, 366

Dubroca, Louis, *Vie de Toussaint Louverture*, 23, 311

Índice remissivo

Dubuisson (ajudante de ordens), 120
Dubuisson, acampamento, 126
Dugua, Charles, 404
Dumai, Nicolas, 229
Dumesle, Hérard, *Voyage dans le nord d'Hayti*, 431
Dundas, Henry, 97
Dupuis (secretário de Toussaint), 211
Duval-Carrié, Edouard, *Toussaint emanando amarelo*, prancha 12
Duvalier, François "Papa Doc", 456, 469
Duvalier, Jean-Claude "Baby Doc", 469

Egito, campanha de Napoleão Bonaparte no, 249, 259, 388, 394
El Portezuelo, 300
Ellington, Duke, 477
Ellison, Ralph, "Mister Toussan", 461
Ennery, 91, 93, 176, 238; quartel-general de Toussaint, 212, 254, 410, 419
Equiano, Olaudah, 35
escolas e nível de instrução: em Saint-Domingue, 225, 233, 340, 397; em Santo Domingo, 305
escravidão em Saint-Domingue: alforrias, 52, 489n65; expectativa de vida dos escravizados, 46; importância econômica, 20, 23; movimentos de resistência dos escravizados e primeiras revoltas, 20, 55, 59-60, 99; número de escravizados, 20; restauração pelos britânicos, 97; tratamento dos escravizados, 20, 37, 39, 42, 45-6; *ver também* abolição da escravatura; Code Noir; *marrons* (escravizados fugidos)
escravizados fugidos *ver marrons*
Espártaco, Toussaint comparado a, 17, 28, 53, 137, 232, 238, 424, 455
Espinville, marquês d', 127
Exposição Universal de Chicago (1893), 447-8
Ezili Kawoulo (espírito), 55

Fanchette, Marie, 216
Fanon, Frantz, 42, 448, 457, 462
febre amarela, 130, 408, 420
feminismo, 25, 463
Ferret (comandante dos gendarmes), 39, 224
Ferrié (médico), 183
Fick, Carolyn, *The Making of Haiti*, 24
Fignolé, Jean-Claude, *Moi, Toussaint Louverture*, 468

Filadélfia, 162, 253, 359
Firmin, Anténor, 447
Fisson, Madame (amante de Toussaint), 32
Flanet, Madame (moradora da Île de la Tortue), 213, 351
Flaville, Joseph, 377-8
Fleurieu, Charles Pierre Claret, conde de, 391
Flórida, 392, 464
Fontaine, Jean-Pierre, 410, 412
Forfait, Pierre-Alexandre Laurent, 282, 296, 338
Fort de Joux, montanhas do Jura, 414-6, *415*, 468, 471, prancha 16
Fort Wagner, Batalha de (1863), 446
Fort-Dauphin, 97, 105, 196
Fort-Liberté, 196-7, 200, 203, 208, 394, 398
Fossette, La, 197
Fouchard, Jean, *Les marrons de la liberté*, 24
Fouqueau (presidente do tribunal civil), 236, 322, 324-5, 364
Freedom's Journal, 441-2
Fuertes, Francisco, 429

Gabart, Louis (comandante mestiço), 120, 403
Gallifet, plantation de, 70
Gaou Guinou, rei de Aladá, 36
García y Moreno, Joaquín: governador de Santo Domingo espanhola, 84-5, 87, 92, 93; intenção de Toussaint de tomar o território e, 289-91, 298-300; invasão militar de Toussaint e, 300-1; capitulação ante Toussaint, 301-2; expulso da ilha, 302
Gariadete, Madame (assessora religiosa), 216
Garvey, Marcus, 451-2
Gazette du Port-Républicain, 188, 239
Gemir y Lleonart, Juan Bautista, 92-3
Georgetown, 332
Géricault, Théodore, *Épisode de la guerre coloniale: Noir sur un cheval cabré*, prancha 8
Gingembre Trop Fort (comandante de Borgne), 412
Gira, Michael, 477
Girard, Philippe, 25
Girard, Stephen, 103
Glissant, Édouard, *Monsieur Toussaint*, 456
Gobineau, Arthur de, 447
Godard (funcionário do Ministério da Marinha francês), "Rapport sur la situation morale et politique de Saint-Domingue", 283

golpes de Estado (França): de setembro de 1797, 168, 206; de novembro de 1799, 249, 278, 282, 311, 339, 390, 505n62

Gonaïves, 19, 156; durante a revolução, 85, 91-3, 110, 116, 177, 276; sob controle republicano, 211-2, 215, 220, 239, 380; durante a guerra das facas, 267, 271; como capital do departamento de Louverture, 347; durante a invasão francesa e a Guerra de Independência, 398, 400, 410

Gonzalez (naturalista), 291

Gragnon-Lacoste, Thomas Prosper, *Toussaint Louverture*, 23

Grand Bois, montanha, 98, 113-4

Grand Bwa (espírito), 218

Grande-Rivière, 75, 82, 145, 196, 213, 286, 373, 403

Grand-Goâve, 264, 270

Grand-Seigne, Étienne (ajudante de ordens do general Brunet), 411

Grant, tenente-coronel (enviado britânico a Saint-Domingue), 257

Granville (tutor de Saint-Jean Louverture), 213

Grégoire, abade Henri Jean-Baptiste, 27, 67, 69, 215, 357, 432

Grenoble, 471-2

Gros, Gabriel Le: relato da insurreição de 1791, 77, 79; secretário de Jean-François Papillon, 77, 80

Gros-Morne, 142, 199, 221, 286-7, 320, 347

Guadalupe, 97, 312, 390, 394, 406, 420, 425

Guenon, Marthe, 348

Guerra Civil Americana, 441, 445

guerra das facas (1799-1800), 260, 263-73, 312; origens, 203, 256, 263, 281; vitória de Toussaint, 30, 270, 272-3, 279

Guerra do Vietnã, 455

guerre des couteaux ver guerra das facas (1799-1800)

Guiana, 168, 312, 392, 397

Guilhou (advogado de Port-Républicain), 366

Guillon-Lethière, Guillaume, *O juramento dos ancestrais*, 434, prancha 10

Güines, conspiração de (Cuba, 1806), 429

Guy (comandante regional), 142

Guybre (secretário pessoal de Toussaint), 364

Haiti, pós-independência, 421, 431, 433, 448, 455, 450-1, 464, 468

"Haïtiade, L'" (poema), 435, 550n48

Halaou (líder rebelde de Cul-de-Sac), 148

Hall, Stuart, 31

Hamilton, Alexander, 251, 313

Hardÿ, Jean, 398, 419

Harrison, Hubert, 451

Hatrel, Pierre (comissário de guerra), 339

Haut-du-Cap, 37, 40, 44, 46, 464; durante a revolução, 76, 198, 286, prancha 2

Havana, 429-30

Hédouville, Gabriel de: antecedentes e caráter, 175; nomeado agente do Diretório em Saint-Domingue, 175, 251, 282; conflito com Toussaint, 173-96, 243, 246; relações com o rival de Toussaint, Rigaud, 194, 202, 206, 246, 263; *Arrêté concernant la police des habitations*, 194, 198-9; Toussaint orquestra revolta contra, 196-202; fuga de Saint-Domingue, 173, 202-5, 244; Relatório de Toussaint sobre, 205-7, 211, 247

Hegel, Georg Wilhelm Friedrich, 17

herbalismo, 43-4

Hércules, 298

Héricourt, quartel-general de, 196

Heródoto, *História*, 108

Hinche, 224

Hippolyte (pai de Toussaint), 42-4, 46

Ho Chi Minh, 455, 462

Hobart, Robert, Lord, 17, 385

Holly, James Theodore, 445

Howard, Thomas, *Haitian Journal*, 111-2

Hugues, Victor, 406

Huin, Christophe, 125, 184, 211, 297

Hulin (lojista), 348

Idlinger, Joseph, 250, 364, 394, 535n5

Isle-de-Noé, Château de l', 470

Jacmel, 270, 272, 287, 380

Jamaica, 19, 174, 184, 334, 349, 354, 379-80, 393; insurreições e resistência de escravizados, 143, 166, 257-63, 275; conspiração republicana francesa para expulsar britânicos (1799), 255-6, 258-63, 275

James, C. L. R.: *Os jacobinos negros*, 23, 26, 72, 138, 458; "Slavery today; a shocking exposure", 454; *Toussaint Louverture* (peça), 454

Jasmin (comandante *bossale*), 120

Jean, Wyclef, 477

Índice remissivo

Jean-François (líder rebelde) *ver* Papillon, Jean-François
Jean-Louis, Jimmy, 473
Jean-Louis, Nicole, *Bwa Kayiman Haiti* (pintura de Bois-Caïman), prancha 17
Jeannin (secretário do Fort de Joux), 417
Jeannot (líder rebelde) *ver* Bullet, Jeannot
Jean-Rabel, 116, 160, 267
Jeanton, Jean, 126
Jefferson, Thomas, 17
Jérémie, 20, 88, 97, 99, 184, 186, 264, 266, 316, 380
jesuítas, 40-1, 46, 57, 60
Johnson, William H., *Toussaint L'Ouverture, Haiti* (1945), prancha 11
Josefina, imperatriz, 388, 391, 399
Joseph, Edele, 478
Jour J (revista de história em quadrinhos), 475
Jujardy, Joseph, 229, 237

Kanapaux, Guillaume, 229
Kaplan, Cora, 459
Kerverseau, François-Marie de, 283, 285, 300-1, 390, 394, 405, 542n38
King, Martin Luther, 476
Kleist, Heinrich von, 468
Knights of Toussaint Louverture (organização americana), 450

La Rochelle, 471-2, prancha 16
Labelinaye (comandante *bossale*), 120
Lacoste (oficial médico-chefe do exército), 183, 211
Lacour (membro da Assembleia Central), 314, 318, 331
Lacroix, Pamphile de, *La Révolution de Haiti*, 138, 209
Lafayette, Gilbert du Motier, marquês de, 66
Laforgue (lojista), 348
Lagarde (comissário do governo), 364
Lahaye, abade Guillaume Sylvestre de, 74, 82
Lamartine, Alphonse de, *Toussaint Louverture*, 465
Lamartinière, Louis-Daure, 403-4
Lamartinière, Marie-Jeanne, 404
Lambert, Toussaint L'Ouverture, 449
Lamontagne (juiz de paz), 161
Laplace, Jean-Baptiste, 91

Laplume (comandante *bossale*), 120, 124, 132, 190, 269-70, 273, 398-9
Lapointe, Jean-Baptiste, 128
Larose (comandante mestiço), 403
Las Cases, Emmanuel de, *Mémorial de Sainte-Hélène*, 460
Lascahobas, 98, 105, 113, 115, 527n19
Laveaux, Étienne Maynaud de ("Papa"): caráter e início de carreira, 95, 101; governador de Saint-Domingue, 95-6, 100, 123, 132; relações com Toussaint, 95-6, 100-3, 142-3, 152, 243, 267; tentativa de golpe contra ("conspiração de 30 de ventoso"), 125, 137-43, 156, 165, 220, 264; nomeia Toussaint seu vice, 137-8; retorna a Paris, 151, 173; deputado no Conseil des Cinq Cents, 151, 155, 163; criticado no discurso de Viénot de Vaublanc, 162-3; Bonaparte revoga nomeação em Guadalupe, 390; comemoração, 471, 473; correspondência de Toussaint com, 95, 100-1, 105-6, 108, 111, 115-6, 121, 126, 131, 143, 147, 149, 152, 157, 219, 284
Lavette, Gille, 107
Lawrence, Jacob, 452, 566n11
Laxavon, 305
Lear, Tobias, 321, 350
Leclerc (agricultor de Limbé), 28
Leclerc, Charles Victoire-Emmanuel, prancha 6; antecedentes e caráter, 397; expedição contra Saint-Domingue, 401, 398-405, 408; negociações de cessar-fogo, 405-6, 409-10; prisão e deportação de Toussaint, 411-3; fracasso da expedição, 420-1, 423; morte, 420; homenageado, 474
leis de casamento e divórcio, 230, 316, 362-3, 383
Lenormand de Mézy, plantation de, 74
Léogâne, 20, 97, 182, 253, 269, 373, 388-9, 399
Les Cayes, 18, 431; começo da revolução, 67; durante a guerra das facas, 270-2; sob controle republicano, 277, 380
Lescallier, Daniel, 169, 175, 332, 389-90
Lesuire (comandante da Île de la Tortue), 213
Lettre originale des chefs nègres révoltés (julho de 1792), 80-2
Levy, Nathan, 253
Limbé, 28, 49, 161, 403; durante a rebelião de Moyse, 373, 378
Limonade, 286

Linasse, plantation de, 39, 224
Lincoln, Abraham, 445, 476
List, Charles, 229
loas (espíritos vodus), 43, 379, 427
Loko (espírito), 44
London Gazette, 17, 204
Lorient, 394
Louisiana, 392; venda para os Estados Unidos, 421
Louverture (departamento), 347, 373
Louverture, Isaac (filho de Toussaint), prancha 7; nascimento, 47; infância, 52, 72, 91-2; estudos na França, 47, 152, 213, *214*, 296, 382; Toussaint pede que seja mandado de volta a Saint-Domingue, 297, 338, 386; de novo com a família em Saint-Domingue, 387, 396, 434, *438*, 442, *444*; deportação e internamento na França, 414; casamento, 277; morte, 471; *Notes historiques sur Toussaint Louverture*, 36, 44, 107
Louverture, Jean-Pierre (irmão de Toussaint), 84, 89, 120
Louverture, Paul (irmão de Toussaint), 72, 84, 120, 191, 211, 300, 355, 378, 393-4, 543n38
Louverture, Placide (enteado de Toussaint), 47-8, 52, 152, 213, *214*, 296, 338, 382, 387-8, 396, 414, 434, *438*, 442, *444*, prancha 7
Louverture, Saint-Jean (filho de Toussaint), 47, *214*, 414
Louverture, Suzanne (mulher de Toussaint), 47, 49, 52, *54*, 72, 91-2, 139, 373, 396, 411, 414, *438*, *444*, 477
Louverture, Toussaint; antecedentes familiares, 15, 36, 41-2; nascimento, 36; infância e começo como escravizado, 35-49; morte dos pais, 44-5, 46; casamentos e filhos, 47, 49; cocheiro de Bayon de Libertat, 48, 50-1, 56, 58, 60, 100; emancipado da escravidão, 25, 49-51, 489n65; juventude como liberto, 49-52, 58-62; arrendatário de plantation e proprietário de escravizados, 25, 50; ligações iniciais com líderes revolucionários, 59, 75; primeiros anos revolucionários, 63-5, 72-96; treinamento militar, 107; criação de força militar autônoma, 78, 84-5, 94, 98, 131; assiste à celebração em homenagem ao rei francês, 82-3; promovido a general no exército espanhol, 84; aliança com forças espanholas e primeiros êxitos militares,

85-7; proclamações de agosto de 1793, 64-5, 72, 82, 87; adota o nome Louverture, 65; reage à abolição da escravatura em Saint-Domingue, 88, 147; rompimento com Jean-François Papillon e Georges Biassou, 88-9, 91-3, 96; abandona os espanhóis e transfere sua lealdade aos franceses, 30, 89-96, 110; relações iniciais com o governador Laveaux, 95-6, 100-3, 105, 108, 142, 243; campanhas militares contra as forças monarquistas espanholas, britânicas e francesas, 97-100, 104-34, 141-2; salva Laveaux de tentativa de golpe, 137-42, 220; Laveaux nomeia-o vice, 137-8; mobilização de cidadãos negros para a causa republicana, 143-50; Laveaux deixa Saint-Domingue, 151, 173; chegada de Sonthonax como governador, 151-2; manda filhos estudarem na França, 152, *214*; rompe relações com Sonthonax, 152-9, 171, 173, 243; nomeado comandante-chefe do exército de Saint-Domingue, 156; obriga Sonthonax a deixar Saint-Domingue, 151, 160, 173, 366, 515n44; publica refutação do discurso de Viénot-Vaublanc, 45, 164-72, *170*, 201; disputa com Hédouville, agente do Diretório, 173-96, 243, 246, 251; negociação da retirada britânica de Saint-Domingue, 174, 182-7, 189, 192, 216; orquestra revolta contra Hédouville, 196-202; expulsa Hédouville de Saint-Domingue, 173, 202-7, 244, 247; conclusão do tratado de comércio e não agressão com os britânicos, 204, 244; consolidação do apoio local e planos para regeneração de Saint-Domingue, 208-39, 274; torna-se mais autônomo com relação à França e desenvolve novas relações econômicas e diplomáticas, 243-77; garante a nomeação de Roume para suceder Hédouville, 246-8; é informado da ascensão de Napoleão Bonaparte ao poder, 248-9; estabelece vínculos diplomáticos e comerciais com os Estados Unidos, 250-5, 276; Convenção Maitland e relações com os britânicos, 256-8, 260-1, 268-9, 276, 282, 313, 329, 348, 354-5, 379, 433, *436*; opõe-se ao plano francês para expulsar os britânicos da Jamaica, 257-63, 275; rompe relações com Roume, 261-2, 275, 279, 284-8, 290, 320, 389; insurreição de Rigaud e a guerra das facas, 246, 256, 260, 264-73, 281, 312, 378; vitória contra Rigaud, 30, 272-3, 279; planeja tomar Santo Domingo, 281-97; envia Roume para o desterro, 299; invasão e tomada de Santo Domingo, 30, 299-309, 352, 378, 383, 389, 425; criação da Assembleia Central e redação da constituição de 1801, 155, 230, 310-9, 324, 333-4, 338-43, 360-1, 418, 434, 437; assume plenos poderes executivos e é nomeado governador vitalício, 318-20, 329, 331, 333, 341, 367; cerimônia de promulgação da constituição, 321-6, 323, 329, 372; remete constituição para Paris, 328-37; liberta Roume do desterro, 337; novas reformas e consolidação do poder, 347-63, 367, 375; preparativos de defesa contra ataques estrangeiros, 354-5, 392-3; relatos locais e opiniões sobre seu regime, 364-72, 375; sufoca a rebelião de Moyse, 373-7; consequências da rebelião e sua resposta, 377-8, 380-3; negociações para ampliar convenção com os britânicos, 379-80, 385-6; proclamação sobre a iminente invasão militar francesa, 386-8; durante a invasão francesa, 392-405, 422-3; filhos voltam da França, 387, 396, 434, 438, 442, 444; negociações de cessar-fogo, 405-11; prisão e deportação para a França, 411-3; encarceramento no Fort de Joux, 414-9; dita a *Mémoire*, 417-9; morte, 415, 420, 435, 439; reputação póstuma, simbolismo e significado histórico, 15-8, 23-6, 101, 174, 232, 238-9, 424-78 pranchas 13, 14, 16

CARÁTER E CARACTERÍSTICAS: abstinência de álcool, 103; alcunhas, 16-7, 37, 39, 53, 132, 137, 239; amantes, 32; ambiguidade, 35; aspecto físico, 37, 58, 107, 152, 212, 448; assinatura, 65, 210, 214; atenção aos detalhes, 208, 280; aura messiânica, 209-10; autoconfiança, 40, 65, 173, 185, 280, 417; autoimagem, 28, 31, 37, 417-9; biografias, 23-6, 311, 443; boa pontaria, 105; caligrafia e assinatura, 65, 178, 179, 210, 214; carisma, 77, 103, 404, 441; casamentos e filhos, 47; como "ave de rapina", 28, 133; como comandante militar, 97-100, 103-34, 209, 216; compaixão e generosidade, 213, 351; concepção de tempo, 342; concisão, 35; conhecimento de botânica e amor às plantas, 32, 43, 366; contradições, 32; coragem, 105, 350, 404; curador, 43-4, 59, 446;

determinação, 26, 35, 38, 281; dignidade, 416; diplomacia e pacificação, 27, 30, 144, 173-4, 185, 203, 245, 276-7, 348; discrição, 21, 53, 58, 74; disfarces da aparência, 21, 53; doenças e lesões, 37, 106, 113, 148, 420; eficiência, 280, 379; estética, 358; estilo literário, 30-182, 205; estoicismo, 31, 106; estrategista, 107-12, 130; fé na palavra escrita, 30; finanças, 183, 358-60, 416; gênio intuitivo, 28; gosto pela solidão, 39; gosto pelo sigilo, 21, 32, 58, 274, 281; habilidades como cavaleiro, 17, 32, 39, 279, 366; habilidades esportivas, 39; hábitos alimentares, 32, 58, 103-4, 209, 281, 410; hábitos de sono, 58, 103, 106; hábitos de trabalho, 279; heroísmo e ousadia, 104-5, 350, 404; higiene pessoal, 32; humanidade e misericórdia, 77, 103, 122, 127-9, 131, 133, 142, 204, 379, 409; humor e jocosidade, 31, 76, 173, 341; idiomas que falava, 42, 44, 61, 149; impaciência, 32; importância da família, 32, 48, 120; independência de espírito, 58; inteligência, 48, 61, 279-80, 370; interesses musicais, 32, 131, 152, 212, 236, 369, 476; leituras, 28, 53, 108; maquiavelismo, 28, 246, 374, 470; melancolia, 39; memória, 104, 208, 280; missivista, 30-1, 112, 178-79, 280; mobilidade e hiperatividade, 58, 104-6, 209, 279, 349; moralidade pessoal, 213; obstinação, 35; oratória e retórica, 57, 77, 144; orgulho, 58, 173; paternalismo, 174, 362; patriotismo francês, 32, 168, 247, 409, 417; pensamento político original, 28, 52-62, 322-6, 339-43; perfeccionismo, 319; poder visionário, 35, 306; pragmatismo, 32, 59, 76; preocupação com a educação dos filhos, 32, 152, 213; proximidade com a natureza, 28, 35, 39, 306, 419; qualidades de liderança, 26, 64, 76, 173-4, 204, 209, 441-2; recato, 152; religião e espiritualismo, 16, 31, 40-1, 43, 54, 56-60, 186, 215-8, 308, 356-7, 369, 420, 442-3; representações na literatura e tributos, 427-8, 435, 442-3, 455-61, 463-70, 474-6; resistência física, 105, 279, 350; retratado em filmes, 450, 473-4; retratos e imagens, 23, 54, 102, 247, 433-40, 436-9, 444, 450, 452, 453, 461, 464, 471-2, 475-6; sobrenome, 37, 65; sobriedade, 103, 350; sumiço dos olhos do público, 21, 57, 176-7, 281, 287; suposto preconceito contra mestiços, 23, 47, 140-2; supostos dons

sobrenaturais, 21, 44, 57, 104, 107, 207; suscetibilidade, 173; sutileza, 31; trajes, 58, 101, 104, 212, 267; tributos na música, 425, 427, 477-8; voz, 131-2, 216
OPINIÕES E IDEIAS SOBRE: aplicação da lei, 224, 227, 235, 341, 352, 354; bem comum, 28, 181, 217, 221, 233, 238, 325, 341, 349; cidadania, 138, 171, 201, 218, 325, 343; Deus, 32, 65, 187, 216, 274, 420; dinheiro, 351; disciplina, 84, 119-26, 180; emancipação, 64, 78, 86-7, 91, 94, 100, 275; escravidão, 45, 56, 60; estereótipos sobre os negros, 164-8; fraternidade, 138, 142-50, 157, 169-72, 238, 342; higiene pública, 234; ideias científicas, 16; instrução, 225, 233; justiça, 352; liberdade pessoal, 15, 28, 218-9, 325; monarquia, 73, 83, 92; papel dos funcionários municipais, 220-4, 235-6, 350-1; perda de tempo, 32, 302, 342; progresso, 16, 343; republicanismo, 94-5, 145-6, 168, 262; separação de poderes, 350; sobriedade, 235; sua negritude e herança africana, 31, 41-3, 60, 417; sua vida de escravizado, 35, 58; trabalho, 180, 219, 325, 359, 418; vida de soldado, 97, 99, 103-34, 216, 218, 326, 355; violência, 32, 58, 64, 131, 148, 164
Luís xvi, rei da França: celebração de seu dia de festa (agosto de 1792), 82-3; execução, 85, 87

Macaya (líder de milícia), 149, 403, 423
Maceo, Antonio, 447
maçonaria, 20, 211
Mademoiselle (comandante bossale), 120, 149
Madiou, Thomas, *Histoire d'Haïti*, 23, 138, 432
Maitland, Thomas, prancha 6; antecedentes e caráter, 183; negociações para a retirada britânica de Saint-Domingue, 183-5, 189; tratado de 1798 com Toussaint sobre comércio e não agressão, 184-5, 204, 244; ampliação do tratado de 1799 (Convenção Maitland), 256-7, 260-1, 268-9, 276, 329, 348, 354-5, 434, 436; relações posteriores com Toussaint, 379
Makandal, François, 54-5, 57, 59-60, 74, 414
makandalismo, 55-7, 94, 139, 210, 215
Malouet, Pierre Victor, 391
Mancebo (membro da Assembleia Central), 314
Mandela, Nelson, 462, 476
Mandeville, Bernard, *A fábula das abelhas*, 180

Manigat (juiz de paz), 196
maoris, 446
Mapou, 403, 412
maquiavelismo, 28, 246, 258, 263, 374, 470
Marengo, Batalha de (1800), 406
Marini (padre), 315
Marley, Bob, 476
Marmelade, 85, 91, 93, 199, 201, 347, 373, 398, 404, 408, 410
marrons (escravizados fugidos), 20, 24, 144, 360, 383, prancha 17; anúncios para recaptura, *22*; milícias e sociedades secretas, 55, 60, 208; nas forças de Toussaint, 120, 403; técnicas militares, 109, 112
Mars Plaisir (empregado de Toussaint), 414-6, 435
Martin, Claude, 120
Martineau, acampamento, 118, 132-3
Martineau, Harriet, *The Hour and the Man*, 443
Martinica, 97, 165, 312, 388, 392, 458
Marx, Karl, 459
marxismo, 452, 454, 461
Massachusetts, 54º regimento de, 446
Maurepas, Jacques, 132, 225, 270, 394, 398, 404, 409
Maurin, Nicolas-Eustache, retrato de Toussaint, 247, prancha 1
Mauviel, Guillaume, arcebispo de Saint-Domingue, 357
Médard (ajudante general), 236
Mémoire (Toussaint Louverture, 1853), 417-9, 422, 460
Mercier, Louis-Sébastien, *L'An 2440*, 238
Métellus, Jean, 469, 476, 555n21
Métral, Antoine, 39
Miami, 464
Michaud (brigadeiro do exército de Toussaint), 128
Michaud (comandante insurgente), 77
Michel, Claude-Étienne, 295-7, 313
Michel, Pierre, 156, 268, 271
Milscent, Claude, 81
Mingus, Charles, 477
Mirabeau, Honoré Gabriel Riqueti, conde de, 66
Mirande, 470
Mirebalais, 97-8, 105; recapturada por Toussaint, 113-5, 119, 125, 127; sob controle republicano, 219, 408
Môle Saint-Nicolas: localização e clima, 227; ocupação britânica, 88, 99, 225; retirada

britânica, 183-6; sob controle republicano, 218, 226-36, 298, 379; durante a guerra das facas, 267, 269-70

Molière (padre), 215, 315

Moniteur Universel (jornal), 49, 51

montagnards, 458

Montagne Noire, 145, 182

Montesquieu, Charles-Louis de Secondat, barão de, 28, 325, 350

Montpellier, 470

Montreal, 464, prancha 16

Mont-Rouy, 147

Moreau de Saint-Méry, Médéric Louis Élie, 43, 162, 372, 391

Morin (secretário de Thomas Brisbane), 110

Morisset (comandante de cavalaria mestiço), 120, 143, 403

Mornet, Christophe, 114, 191, 267, 271

mortalidade infantil, 37

Moustique, 268

movimento pelos direitos civis (Estados Unidos), 455, 462

Moyse (sobrinho de Toussaint): família, 52; vida na plantation de Bréda, 52; comandante do exército de Toussaint, 84, 117, 132; detido pelos espanhóis, 92; relações com o governador Sonthonax e o agente Hédouville, 156, 195, 200; autoridade no departamento do norte, 200, 314, 376; plano de Toussaint de tomar Santo Domingo e, 285, 288, 295; queda do agente Roume e, 286-8, 299; comando na invasão de Santo Domingo, 300-2, 378; recusa a servir na Assembleia Central, 314; na cerimônia de promulgação da constituição de 1801, 321, 326; opiniões sobre a constituição, 331, 377; riqueza e propriedades, 359, 376; rebelião de outubro de 1801, 373-7, 407; prisão e execução, 377-8, 381; rescaldo da rebelião, 377-8, 380-1, 383

Mugnoz (membro da Assembleia Central), 314

Muse, Clarence, 450

Nabulsi, Karma, *Traditions of War*, 100

Nanete, senhorita (assessora religiosa), 216

Nantes, 16, 416, 471

Napoleão I, imperador *ver* Bonaparte, Napoleão

Narbonne, 470

Nathan (intérprete de Toussaint), 211, 358

négritude, movimento, 456-7, 469

Neyba, 115

Niang, Philippe, *Toussaint Louverture*, 473-4, prancha 15

Niort, 470

Nizao, rio, 300

Noé, conde Louis-Pantaléon de (herdeiro da plantation de Bréda), 50, 169

Noé, família, 56, 470

Noël, Pierre, 229

Nogérée, Gaston, 314, 316-7, 319, 333, 336, 340, 343, 365

nome de Toussaint dado a crianças, 428, 446, 449

nome de Toussaint dado a lugares, 199, 347, 470

Norvins, Jacques de, 401, 412

Nova Zelândia, 446

Nugent, Maria, Lady, 380

Nugent, sir George, governador da Jamaica, 349, 380, 385

Ogé, Vincent, 68, 82, 141, 432

Ogum (espírito), 104, 175, 427

Orr, James, "Toussaint's Farewell to St. Domingo", 428

Ouanaminthe, 84-5

Pageot, François, 300, 377, 528n56

Paine, Tom, 459

Panteão, entrada de Toussaint no, 465, 470-2

Papa Legba (espírito), 66, 174

Papillon, Jean-François: vida antes da revolução, 59, 75; caráter e opiniões, 76, 80; líder insurgente, 75-7, 80, 88, 145, 164; signatário da *Lettre originale* de julho de 1792, 81; assiste à celebração em homenagem ao rei francês, 83; rompimento com Toussaint, 88-92, 96; derrotas militares infligidas pelas forças de Toussaint, 98, 105, 118, 145; exorta os soldados de Toussaint a mudar de lado, 118; forçado a deixar Saint-Domingue, 98

Parker, sir Hyde, 184, 261, 268, 275, 355, 522n80

Parks, Rosa, 476

Pascal, Henri, 211, 315, 331, 340, 350, 358, 409, 533n57

Pasquet, Fabienne, *La deuxième mort de Toussaint-Louverture*, 468

Pauline (mãe de Toussaint), 42, 44, 46

Pélagie (mãe adotiva de Toussaint), 45-6, 52
Pennetier (enviado de Toussaint a Londres), 276, 379, 526n160
Périès, Jacques, 370-2, 529n75
Perry, Christopher, 273
Pétion, Alexandre, 410, 420, 431, 433-4
Petite-Anse, 139, 286
Petite-Montagne, 110, 143
Petite-Rivière, 85, 93, 106, 110, 122, 142, 149, 160, 199, 201, 224
Petit-Goâve, 195, 264
Petitoire, Joseph, 361
Pfeiffer, cervejaria (Michigan), 450, *453*
Phillips, Wendell, 445, 450, *453*
Pichon, Louis-André, 331-2, 334, 337, 340, 349, 351, 359, 361, 533n56, 534n72
Pickering, Timothy, 250, 252, 254-5
Pierre-Baptiste *ver* Baptiste, Pierre
Pitt, William, 97-8
Plaisance, 85, 91, 347, 375, 377, 398, 408, 410, 548n14
Pluchon, Pierre, *Toussaint Louverture*, 25
Plutarco, *Vidas paralelas*, 108
Poitiers, 470
polícia e judiciário em Saint-Domingue, 224, 227, 236, 340, 352-4
Pontarlier, 475
Pontoise, 474
Port-à-Piment, 199
Port-de-Paix, 97, 103, 144, 146, 268, 270, 377, 395, 398
Portland, William Cavendish-Bentinck, duque de, 276
Port-Margot, 373, 395, 398
Porto Príncipe (Port-Républicain), 18, 68, 148, 182, 211; começo da revolução, 67-8; ocupação britânica, 88, 97, 99, 110, 125, 184; retirada britânica, 183-7, 191; retomada pelas forças de Toussaint, 126; sob controle republicano, 180, 182, 210, 221, 236, 239, 248, 256, 263, 276, 352, 360; durante a guerra das facas, 266-7, 271; reuniões da Assembleia Central, 310, 314; durante a invasão francesa e a Guerra de Independência, 394, 398-9, 403, 406
Port-Républicain *ver* Porto Príncipe
pós-modernismo, 26
Pourvoyeur (empreiteiro), 47
Prevost, Pierre, 229
Price-Mars, Jean, 451
Prieur, Noël, 120, 132, 403

prisioneiros de guerra, tratamento por parte de Toussaint, 77, 127-8, 133, 409
proclamação do acampamento Turel (29 de agosto de 1793), 64, 72, 82
produção de mogno, 307
Prosser, Gabriel, 426

"quase guerra" (França-Estados Unidos, 1798-1800), 245

Raimond, Julien, 144, 157, 163, 259, 313-5, 328, 338, 534n76
Rainsford, Marcus, *Historical Account of the Black Empire of Hayti*, 102
Rallier, Louis, 244, 332, 388
Ramadou, Pierre, 229
Ravine-à-Couleuvres, Batalha de (1802), 404
Raynal, Guillaume-Thomas, 28, 54, 137-8, 370, 432, 443; *Histoire philosophique des Deux Indes*, 28, 53-4, *54*, 69, 419, 474; *ver também* Diderot, Denis
Réfutation de quelques assertions d'un discours prononcé au Corps législatif par Viénot Vaublanc (Toussaint Louverture, outubro 1797), 45, 164-72, *170*, 201
republicanismo irlandês, 428, 450, 476
Revolução Francesa (1789), 16, 63, 66-70, 86, 103, 164, 357; *ver também* Declaração dos Direitos do Homem e do Cidadão
Revolução Haitiana (características): número total de vítimas, 105, 126, 196, 243, 264, 272, 373, 394, 402, 404, 422; impacto, simbolismo e significado histórico, 16, 17, 27, 243, 421-2; bolsa de estudos e redação criativa sobre, 24-6, 29-30, 431-3, 451, 454-9, 465-70; singularidade, 16, 27, 424, 461-2
Revolução Haitiana (cronologia), 557-562; origens, 59, 63, 66-70, 557-8; insurreição de agosto de 1791, 63, 66, 70-6, 71, 84, 403, 558; cessar-fogo e negociações de acordo, 76-7, 80, 405-11, 558; retomada do conflito, 78, 558; *Lettre originale des chefs nègres révoltés*, 80-2, 558; contraofensiva francesa, 84-5; aliança dos insurgentes com as forças espanholas e primeiros êxitos militares, 85, 88, 92-3, 559; franceses declaram a abolição da escravatura, 26-7, 64, 78, 88, 90, 94, 558; britânicos entram no conflito, 88, 97-8, 559; Toussaint abandona os espanhóis e transfere sua lealdade aos franceses, 30, 92-6, 110, 559; campanhas

Índice remissivo

militares de Toussaint contra as forças monarquistas espanholas, britânicas e francesas, 97-100, 104-34, 141-2, 144, 559; retirada espanhola, 98, 281, 559; retirada britânica, 98, 130, 183-7, 189, 192, 204, 216, 560; guerra das facas entre Toussaint e Rigaud, 203, 256, 260, 264-73, 312, 378; vitória de Toussaint contra Rigaud, 30, 270, 273, 279; tomada de Santo Domingo por Toussaint, 30, 281-309, 378, 383, 389, 425; criação da Assembleia Central e redação da constituição de 1801, 155, 230, 310-43, 434, *437*; Toussaint sufoca rebelião de Moyse, 373-7, 407; rescaldo da rebelião de Moyse, 377-8, 380-3; preparativos contra a invasão francesa, 354, 385-92, 393-4, 396-8; expedição de Leclerc e Guerra de Independência, 99, 149, 392-405, *401*, 419-23; prisão e deportação de Toussaint, 411-3; acordo de Arcahaie, 420; retirada das forças francesas, 421; declaração de independência do Haiti, 421, 434

Rhodes, Cecil, 475

Rigaud, André: início de carreira, 140; controle das províncias do sul, 156, 182, 192, 202, 206; suspeita de envolvimento na conspiração de 30 de ventoso, 140; relações com o agente Hédouville, 194, 202, 206, 246, 263; apoio dos britânicos, 255, 260, 268; insurreição e guerra das facas contra Toussaint, 246, 256, 260, 263-73, 281, 312, 378; derrotado por Toussaint, 30, 270, 272-3, 279; fuga de Saint-Domingue, 270; perdão de Toussaint para apoiadores sobreviventes, 321; com a expedição de Leclerc para derrubar Toussaint, 270, 387, 432

Rigaud, Louis, retrato de Toussaint, prancha 7

Rio de Janeiro, 427

Ritchie, Robert, 253

Robeson, Paul, 455, 476

Robespierre, Maximilien, 160, 458; Toussaint comparado a, 17

Rochambeau, Donatien de Vimeur, visconde de, 162, 166, 398, 404-5, 422, 474

Rochard, Marie-Anne, *ver* Roume, Marie--Anne

Rochefort (escrivão municipal de Môle Saint-Nicolas), 227, 230-2, 516n70

Rochefort, Charente-Maritime, 394

Rollin (comandante da Guarda Nacional), 233

Roosevelt, Eleanor, 459

Roume de Saint-Laurent, Philippe-Rose: antecedentes e caráter, 246-7; família, 246; substitui Hédouville como agente francês em Saint-Domingue, 202, 246-8, 274, 365; relações iniciais e opiniões sobre Toussaint, 129, 247-8; chama a atenção de Toussaint para Napoleão Bonaparte, 248-9; estabelecimento de relações diplomáticas de Toussaint com os Estados Unidos e, 252, 254-5; ampliação do tratado de Toussaint com os britânicos e, 256; plano para expulsar os britânicos da Jamaica, 257-63, 275; rompimento de relações com Toussaint, 262, 275, 279, 284-8, 290, 320, 389; guerra das facas entre Toussaint e Rigaud e, 264, 266, 268, 271; operação da Toussaint para tomar Santo Domingo e, 283-300; desterro em Dondon, 299, 302, 375, 534n72; constituição de 1801 e, 313, 335; libertado do desterro e autorizado a deixar Saint-Domingue, 337-8; na Filadélfia, 338, 374; resposta à rebelião de Moyse em Saint-Domingue, 374

Roume, Marie-Anne (née Rochard), 246, 288, 299

Roume, Rose-Marie, 247, 299

Roumillat, Jacques, 229

Rousseau, Jean-Jacques, 28, 167, 325, 341, 367

Roxas (membro da Assembleia Central), 314

Said, Edward, 457

Saint-Denis, 470

Saint-Domingue: divisões administrativas, 18-9, 208; agricultura, 18, 243-4, 306, 341, 358-63; burocracia e governo local, 20, 208-10, 217-26, 340, 342-3, 347, 350-1, 364; sistema de classes, 20, 348; vida cultural, 20, 36, 348, 357; primórdios da história colonial, 17; economia, 19-20, 243-4, 250, 252, 347-8, 352, 358-63; grupos étnicos, 41-3, 68, 348; suprimento de produtos alimentares e rações, 115-6, 189-90, 234, 250, 252, 306, 352; polícia e judiciário, 224, 227, 236, 340, 352, 354; localização, 18-9; população total e distribuição, 19, 68, 208; correios, 279, 348, 365; finanças e gastos públicos, 351-2; vida religiosa e espiritual, 36, 40-1, 56, 60, 356-7; escolas e nível de instrução, 225,

233, 340, 397; topografia, 18; transporte, 19, 348; *ver também* escravidão em Saint-Domingue

Saint-Domingue, revolução *ver* Revolução Haitiana

Sainte-Suzanne, 196, 286

Saint-Jean, 98

Saint-Louis-du-Nord, 121, 150, 189, 269

Saint-Malo, 105

Saint-Marc, 19; começo da revolução, 67; ocupação britânica, 88, 97, 99, 106-7, 110, 112, 116, 141, 147; retirada britânica, 125, 180, 184-5, 190; sob controle republicano, 195, 236, 354; durante a guerra das facas, 267, 271; durante a invasão francesa e a Guerra de Independência, 398, 400

Saint-Michel, 93, 224, 400, 404

Saint-Raphaël, 89, 93, 104, 224, 398, 404, 408

Saint-Rémy, Joseph: *Mémoires du général Toussaint Louverture*, 417-9, 422, 460; "Vie de Toussaint", 23

Sala-Molins, Louis, 53

Samaná, baía de, chegada da frota francesa, 306, 392, 398

Samaná, região de, 306

San Juan, 300

Sannon, Horace Pauléus, 451; *Histoire de Toussaint Louverture*, 23, 315, 451

Sans-Souci, Jean-Baptiste, 59, 120, 149, 196, 200, 403, 423, 544n72

Santa Lúcia, 97, 426

Santana, Carlos, 477

Santiago (Santo Domingo), 290, 300, 304, 305, 308-9, 339, 357

Santiago de Cuba, 245, 269, 464

Santo Domingo (cidade), 300-1, 305, 309, 394

Santo Domingo (território): controle espanhol, 72, 84, 91, 244, 281-4; cedido à França no Tratado de Basileia (1795), 98, 281, 284; escravidão em, 283-4, 303-4, 376; invasão e captura por Toussaint, 30, 281-309, 352, 378, 383, 389, 425; abolição da escravatura, 303-5, 530n90; durante a invasão francesa, 392, 394; restauração da escravatura, 397; volta para o controle espanhol, 433; invadido por Boyer, 433; escravidão abolida novamente, 433

São Bartolomeu, massacre de (França, 1572), 272

Sartre, Jean-Paul, 469

Sasportas, Isaac, 257, 259-60, 275

Savonarola, Girolamo, 475

Schoelcher, Victor, 472; *Vie de Toussaint Louverture*, 23-4, 72

Scott, David, *Conscripts of Modernity*, 26

Senghor, Léopold Sédar, 456

Shakespeare, William, 459

Shange, Ntozake, *For Colored Girls Who Have Considered Suicide/ When the Rainbow Is Enuf*, 463-4

Sheridan, Eugene Macmahon, 253

Singla (líder de Petit-Goâve), 195

Skinner, Quentin, 28

Smith, James McCune, "Lecture on the Haytien Revolutions", 443

Sociedade Antiescravagista Americana, 442

Société des Amis des Noirs, 66, 80, 151, 169, 311, 389

Société Haïtienne d'Histoire, de Géographie et de Géologie, 451

Someruelos, Salvador José de Muro, marquês de, 262

Sonthonax, Léger-Félicité, prancha 6; aparência e caráter, 151-2; comissário civil em Saint-Domingue (1792-94), 78, 86, 151; decreto de abolição (agosto de 1793), 78, 88, 90, 94-5; governador de Saint-Domingue (1796-97), 152-62, 165, 224; rompimento de relações com Toussaint, 152-9, 171, 176, 243; forçado por Toussaint a deixar Saint-Domingue, 151, 160, 173, 366; criticado no discurso de Viénot de Vaublanc, 162-3

Sonthonax, Marie Eugénie, 152

Souffrière, 373

Sow, Ousmane, estátuas de Toussaint, 471-2, prancha 6

Stevens, Edward, 251-5, 256, 259-60, 273, 276, 303, 321, 348, 534n72

suprimentos de alimentos e rações, 115-6, 189-90, 234, 250, 252, 306, 352

Swans (grupo musical), 477

Swiney, John, 428

Swiney, Toussaint, 428

Sylla (comandante bossale), 120, 403, 411-2, 423

tainos, povo indígena, 19, 29, 43, 60

Tandy, James Napper, 428

Tannerie, La (acampamento fortificado), 84, 95

Taubira, lei (França, 2001), 470

Taylor, Simon, 17

Índice remissivo 583

Télémaque, Charles-Cézar, 157, 236
Terre-Neuve, 142, 199, 239
Tessier (ourives), 309
"Theresa: a Haytien Tale" (história fictícia publicada em capítulos), 442
Thiers, Adolphe, 99
Thuram, Lilian, 475
Tobago, 426-7
Toiny (vereador de Môle Saint-Nicolas), 229
Tortue, Île de la, 213
Toulon, 394
Toussaint Louverture (cidade), 199, 201
Toussaint Louverture (filme para a televisão, 2012), 473-4
Toussaint Louverture Literary Society (Minnesota), 450
Tratado de Basileia (1795), 98, 281, 284
Trinidad, 428
Trouillot, Michel-Rolph, 29, 465
Truguet, Laurent, 152, 389, 392, 507n114
Turner, Nat, 18, 440, 452

Uruguai, 426
uss *Augusta*, 273
uss *Constitution*, 273
uss *Experiment*, 273
uss *General Greene*, 273

Vallery (comandante regional), 142
Vallière, 88, 196, 398
Vaublanc, conde de *ver* Viénot, Vincent--Marie
Vegécio, *Compêndio da arte militar*, 108
Vendeia, 162, 175, 204
Venezuela, 301, 313, 425, 529n70
Vernet, André, 85, 132, 400, 544n64
Verrettes, 85, 110, 118, 141-2, 147, 220, 373
Vertières, Batalha de (1803), 403, 421
Vesey, Denmark, 18, 440, 452, 475
Viard, Étienne, 314, 396
Viénot, Vincent-Marie, conde de Vaublanc: antecedentes e caráter, 162; discurso ao Conseil des Cinq Cents (maio de 1797), 162-72, 206; refutação de Toussaint, 45, 164, 170, 172, 201; fuga da França, 168
Villatte, Jean, 137, 139-41, 150, 264
Vincent, Charles: engenheiro civil e emissá-

rio de Toussaint, 139, 275, 328, 364; maçom, 211; relações com Toussaint e família, 139; contestação de Toussaint ao discurso de Viénot de Vaublanc e, 168; nomeação de Roume para substituir Hédouville e, 247; informa Toussaint do golpe de Estado de Bonaparte, 249; durante a guerra das facas, 272; membro da delegação consular em Saint-Domingue, 278-80, 298, 313; observações sobre Toussaint, 278-80, 284; durante a operação de Toussaint em Santo Domingo, 297-8, 328; missão a Paris para entregar a nova constituição, 328-35, 391; conversas com Toussaint sobre a constituição, 328-35; invasão de Saint-Domingue por Bonaparte e, 395; correspondência de Toussaint com, 139, 249, 258, 266, 297
Virgínia, 426, 446
vodu (fé espiritual e modo de vida), 24, 55-6, 59-60, 66, 101, 104, 148, 197, 216, 218, 427; proibição do, 235, 358
Volant-le-Thor, 431, 433
Vollée (administrador financeiro), 183, 364
Volozan, Denis, *Toussaint Louverture montado em seu cavalo Bel-Argent*, 460, prancha 9

Walcott, Derek, 467
Walker, David, *Appeal to the Coloured Citizens of the World*, 440
Washington, George, 430, 448; Toussaint comparado a, 17, 442, 451
Whitfield, W. L., 379, 386
Wilberforce, William, 432
Williams, George Washington, *A History of the Negro Troops in the War of the Rebellion*, 446
Wilmington, Carolina do Norte, 361
Wilmington, Delaware, 477
Wilson, Woodrow, 450
Wood, Eliza, 445
Wordsworth, William, "A Toussaint Louverture", 427, 475

Yuna, rio, 306

Zamor, Charles, 196

ESTA OBRA FOI COMPOSTA POR MARI TABOADA EM DANTE PRO E
IMPRESSA EM OFSETE PELA GRÁFICA SANTA MARTA SOBRE PAPEL PÓLEN SOFT
DA SUZANO S.A. PARA A EDITORA SCHWARCZ EM AGOSTO DE 2021

A marca FSC® é a garantia de que a madeira utilizada na fabricação do papel deste livro provém de florestas que foram gerenciadas de maneira ambientalmente correta, socialmente justa e economicamente viável, além de outras fontes de origem controlada.